古文字與中華文明傳承發展工程
復旦大學出土文獻與古文字研究中心

甲骨金文語文論稿

鄔可晶 著

上海古籍出版社

圖書在版編目(CIP)數據

甲骨金文語文論稿 / 鄔可晶著. -- 上海：上海古籍出版社，2024.9
（出土文獻與古文字研究叢書）
ISBN 978-7-5732-1061-6

Ⅰ. ①甲… Ⅱ. ①鄔… Ⅲ. ①甲骨文－文集②金文－文集 Ⅳ. ①K877.1-53②K877.3-53

中國國家版本館 CIP 數據核字(2024)第 065481 號

責任編輯：許佳瑩
封面設計：黄　琛
技術編輯：耿瑩褘

出土文獻與古文字研究叢書
甲骨金文語文論稿
鄔可晶　著
上海古籍出版社出版發行
(上海市閔行區號景路 159 弄 1-5 號 A 座 5F　郵政編碼 201101)
(1) 網址：www.guji.com.cn
(2) E-mail：guji1@guji.com.cn
(3) 易文網網址：www.ewen.co
上海展强印刷有限公司印刷
開本 700×970　1/16　印張 35.5　插頁 5　字數 511,000
2024 年 9 月第 1 版　2024 年 9 月第 1 次印刷
ISBN 978-7-5732-1061-6
K·3560　定價：168.00 元
如有質量問題，請與承印公司聯繫
電話：021-66366565

前　　言

　　十餘年來,我陸續寫了若干篇關於甲骨文、金文的文章,現從中挑選出自覺並非全無參考價值的 25 篇,匯於一編,向學界同仁和廣大讀者請教。我對商周甲骨、青銅器本體素無研究,主要關注甲骨文、金文中的語言文字問題,所使用的也不過是語文學的方法,名之曰"甲骨金文語文論稿",庶幾近實。

　　下面對本集文章的編排略作介紹。《説古文字裏舊釋"陶"之字》以下 5 篇,所涉材料較廣,可算是從文字音韻訓詁角度對有關古文字問題所作的綜合討論,因而編爲一組;《釋"穗"》以下 7 篇,主要考釋甲骨文中的疑難字,或以考釋甲骨文字爲出發點,兼及金文和戰國文字,因而編爲一組;《説金文"瞀"及相關之字》以下 9 篇,釋讀金文中的疑難字詞和語句,因而編爲一組;《説"卬"》以下 4 篇,主要研究出土文獻所見字詞關係、上古漢語詞彙辨析和詞義訓釋的具體問題,但也論及一些甲骨金文材料的解讀,因而編爲一組。《我的出土文獻與古文字學習研究之路》原是一篇訪談形式的學術自述,其中談到的有些話題似可與本集所表現出來的學術旨趣、研究方法相參證,因而把它附在集末,權充後記。

　　本集所收諸文,基本上都於 2023 年底之前在各種學術書刊上正式發表過,只在學術會議上宣讀者暫不收入;唯《釋"敱"》一篇是未刊稿。此文草於 2012 年 12 月,定稿於 2015 年 4 月,雖因故一直未曾刊出,但在古文字研究者間應已有流傳,劉釗先生 2015 年發表的《釋甲骨文中的"役"字》、陳劍先生 2017 年發表的《據〈清華簡(伍)〉的"古文虞"字説毛公鼎和殷墟甲骨文的有關諸字》等文中還有所引述。現不揣謭陋,收入本集。我與施瑞峰先生合寫的《説"朕"、"斧"》一文,原稿太長,在發表前應《文史》編輯部的要求作過不止一次壓縮、删减,編輯也幫我們修改過。好在論文集没有字數的限制，此次就據原稿收入，與刊於《文史》者稍有不同。

　　編入本集的 25 篇文章和 1 篇"代後記"，每篇我都或多或少加了"編按"：少則 1 條，多則 20 條，新加"編按"共計約 188 條；一條"編按"的字數，少則 4、5 字，多則 1240 餘字。除少數技術性的"編按"（包括説明所引拙文已收入本集；文中引用的學者的未刊稿或一般不容易讀到的文章，如後已正式發表或又收入通行易得之書，則加按語説明）外，"編按"的主要内容有以下這些：徵引撰寫文章時失引的重要材料或已有研究成果，補充有必要增補的新出材料，根據學者最新的研究和我們現在的認識更正原文錯誤或不準確的觀點和表述（有些不準確的表述或錯誤的内容已徑删改，但於其後加"編按"説明情況），對學界後出的與原文有關的不同觀點予以適當的回應；原文未及展開的問題，如有新的材料和研究可資進一步討論者，有時也會在"編按"中加以討論。總之，本集所加的"編按"體現了我對一些問題的最新的看法，改變甚或否定自己舊説者不在少數，這在學術探索中是再正常不過的事情了。本集所以題曰"論稿"，正表明集中所收文章遠非定論，它們只是學習、思考過程中形成的階段性認識而已。我願這些"論稿"永遠"未定"，隨時做好繼續修正的準備。

　　最後，要對資助本書出版的復旦大學出土文獻與古文字研究中心、"古文字與中華文明傳承發展工程"協同攻關創新平臺，惠允資助的中心劉釗教授等老師謹表謝忱。中心的 2023 届碩士畢業生、現在上海古籍出版社任職的許佳瑩承擔本書的責編工作，指出了書中的一些疏失，不辭辛苦，特此致謝。

鄔可晶
2023 年 12 月 25 日

目　　録

前言　　001

説古文字裏舊釋"陶"之字　　001
"夒"及有關諸字綜理　　021
古文字中舊釋"散"之字辨析　　052
説"朕"、"灷"（與施瑞峰合著）　　076
説"脊"、"觗"　　141

釋"穗"　　152
試釋殷墟甲骨文的"達"字　　165
釋"䭣"　　191
甲骨文"弔"字補釋　　212
釋"櫟"　　227
"夒"、"若"補釋　　249
"丸"字續釋
　　——從清華簡所見的一種"邊"字談起　　260

説金文"貧"及相關之字　　284
釋"奥"　　310
金文"儔器"考　　331
談談所謂"射女"器銘（附：釋"轆"）　　352
西周金文所見有關"九旗"的資料　　372

鄭太子之孫與兵壺"項首"別解　　　　　　　　　　384
釋青銅器銘文中處於自名位置的"盂"、"盟"等字　　394
文公之母弟鐘銘補釋　　　　　　　　　　　　　　407
東周題銘零釋（兩篇）　　　　　　　　　　　　　418

説"卯"　　　　　　　　　　　　　　　　　　　　428
説"囘"　　　　　　　　　　　　　　　　　　　　479
"弱"、"約"有關字詞的考察　　　　　　　　　　　500
"三壽"辨義　　　　　　　　　　　　　　　　　　528

我的出土文獻與古文字學習研究之路（代後記）　　549

説古文字裏舊釋"陶"之字

清同治年間出土的春秋中期齊國的鑄鎛（器主名之字實非"鑄"，當釋"國"。①爲便稱引，姑仍舊説），銘文開頭器主"自報家門"之語云：

齊辟鼂弔（叔）之孫，躋仲之子國……②

"鼂"字原作如下之形：

自楊樹達釋之爲《説文》訓"柔革工也"的"鞄"、讀"鼂弔"爲"鮑叔"，③久已獲得公認。④ 2009年發表的春秋晚期齊器鮑子鼎，⑤器主"鼂子"之"鼂"作如下之形：

---

① 參看傅修才《東周山東諸侯國金文整理與研究》，399～402頁，復旦大學博士學位論文（指導教師：裘錫圭），2017年10月。
② 中國社會科學院考古研究所編《殷周金文集成（修訂增補本）》，第1册320～321頁00271號，北京：中華書局，2007年。
③ 楊樹達《齊子仲姜鎛之鼂叔即鮑叔説》，《輔仁學誌》14卷1、2期合刊，1946年；楊樹達《積微居金文説（合訂本）》，100～101頁，北京：中華書局，1997年。
④ 據孫剛《東周齊系題銘研究》考察，《山西通志·金石記》卷八九·一五所錄清人楊篤説，已先於楊樹達指出鎛銘"鼂""當爲'鞄'通'鮑'"，並謂"鼂叔"即"鮑叔"。[10、412頁，吉林大學博士學位論文（指導教師：馮勝君），2012年12月。]但其説並無影響，楊樹達似亦未見，故致失引。
⑤ 吴鎮烽《鮑子鼎銘文考釋》，《中國歷史文物》2009年第2期，50～55頁；吴鎮烽編著《商周青銅器銘文暨圖像集成》，第5卷208～210頁02404號，上海：上海古籍出版社，2012年。

研究者即援楊説徑釋爲"鞄(鮑)"。

《説文·五下·缶部》：

> 匋，瓦器也。从缶、包省聲。古者昆吾作匋。案《史篇》讀與缶同。

本來《説文》所謂"省聲"或"省形"，有不少可疑的例子。① 即以與"包"有關者而論，《十四上·車部》分析"軍"字、《九上·苟部》分析"苟"字"从包省"，就顯然不確；《十三下·田部》"甸"字，徐鍇《繫傳》分析爲"從田、包省聲"，也少有人信（大徐本無"聲"字）。只是由於鱻鎛从"陶"聲的"鼙"即"鞄"字，"陶"又从"匋"聲，《説文》"匋""包省聲"的分析遂爲大家所普遍接受，以至於研究古音的學者要把"匋"、"陶"的上古聲母擬作 *bl- 或 *b·l-。②

春秋晚期的齊器齊鮑氏鐘，器主自稱"齊鼙氏孫"，③其中"鼙"字作如下之形：

于省吾最早指出"鼙"即"鞄"。④ 既然"鼙"、"鞄"爲一字，"鼙氏"無疑也是"鮑氏"。⑤ 根據此鐘銘"陶"寫作"隝"，學者們把金文中的下列諸字

---

① 參看陳世輝《略論〈説文解字〉中的"省聲"》，《古文字研究》第一輯，北京：中華書局，1979 年，144～146 頁；裘錫圭《文字學概要（修訂本）》，159～161 頁，北京：商務印書館，2013 年。

② 參看鄭張尚芳《上古音系（第二版）》，138、480 頁，上海：上海教育出版社，2013 年。鄭張先生爲了解釋"匋"、"陶"中古變爲定母，將其上古聲母中的 *l-（"陶"有以母一讀）擬作塞化的 *l'-；从"匋"聲而中古讀定、透母者，其上古聲母亦擬作 *l'-。

③ 《殷周金文集成（修訂增補本）》，第 1 册 149～150 頁 00142 號。

④ 于省吾《雙劍誃吉金文選》上一·七，93 頁，北京：中華書局，1998 年。

⑤ 參看蘇建洲《清華簡第五册字詞考釋》，《出土文獻》第七輯，153 頁，上海：中西書局，2015 年。

均釋爲"陶"：

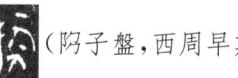（阧子盤，西周早期①） （戈父辛鼎，西周早期②）

（阧舩，西周早期。③ 字形取自蓋銘，器銘此字不清）

（伯阧鼎，西周中期④）、（不其簋、蓋，西周晚期⑤）

後二形顯然是"陶"，前四形可隸定爲"阧"，一般認爲"阧"、"陶"乃一字異體。林清源先生發現"阧"字"'勹'旁之上往往各有一道短橫畫"；他認爲這種短橫畫"大概用以表示土石之形"，"在西周晚期金文中，'勹'旁之上表示土石之形的短橫畫，被替換成義符'土'旁"，後來"表示器物材質的義符'土'旁，又被替換成表示器物成品的義符'缶'旁，再將重複構件簡化爲一個，即成"陶"字。⑥ 殷墟一期賓組卜辭和三、四期無名組卜辭裏有如下之字：

（《合集》5788） （《合集》8844。，摹本取自《新甲骨文編（增訂本）》793 頁）

（《屯南》2154） （《屯南》2259）

細審拓本，《屯南》二形"人/勹"旁亦皆有小點或小短畫，與上引金文"阧"

---

① 《殷周金文集成（修訂增補本）》，第 7 册 5424 頁 10105 號。
② 《殷周金文集成（修訂增補本）》，第 2 册 1220 頁 02406 號。
③ 吴鎮烽編著《商周青銅器銘文暨圖像集成續編》，第 3 卷 201~203 頁 0893 號，上海：上海古籍出版社，2016 年。
④ 《殷周金文集成（修訂增補本）》，第 2 册 1332 頁 02630 號。
⑤ 《殷周金文集成（修訂增補本）》，第 4 册 2712~2715 頁 04328、04329 號。
⑥ 林清源《楚簡"陶"字考釋》，復旦大學出土文獻與古文字研究中心編《戰國文字研究的回顧與展望》，226 頁，上海：中西書局，2017 年。

一致。《甲骨文字編》爲此二例摹出小點,①甚是。《新甲骨文編(增訂本)》把這些字形都收在"陶"下,②顯然認爲它們就是金文的"阝匋(陶)"字。"阝匋"、"陶"釋爲"陶",差不多已是"學界多年來的共識"。③

　　戰國楚簡中也數見"陶"字:

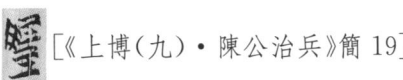[《上博(九)·陳公治兵》簡19]

[《上博(九)·邦人不稱》簡3]

(包山簡111)　　(郭店《語叢四》簡22)

第1、2形位於下方的"匋",其"勹"旁有所簡省,第3形則索性把下面的"勹"完全省去。第4形右旁上下二"匋"省變得比較厲害,但沒有問題仍是"陶"。有些學者將楚簡"陶"字改釋爲"陸",這是缺乏根據的,蘇建洲先生已作過很好的辨析。④【編按:荆州棗林鋪造紙廠46號楚墓所出《齊桓公自莒返于齊》簡1"鮑叔"之"鮑"作(《出土文獻研究》第二十一輯圖版壹,上海:中西書局,2022年),即上引齊鮑氏鐘之"鼕"字。其所從"陶"於"土"下增"又",已與"陸"訛混。但究其字源,顯然不能釋爲"陸"。】

　　上舉楚簡諸"陶"字中,最可確定其讀法的是郭店楚墓竹簡《語叢四》一例。此字所在簡文爲:"山亡(無)陶則坨(陁),成(城)無蓑則坨(陁),士亡(無)友不可。"⑤"坨"所讀之"陁",古訓"小崩"或"壞落",與"墮"當是音義極近的親屬詞。"城無蓑"的"蓑",郭店簡整理者引《公羊傳·定公元

――――――――――

① 李宗焜《甲骨文字編》,467頁,北京:中華書局,2012年。
② 劉釗等《新甲骨文編(增訂本)》,793頁,福州:福建人民出版社,2014年。
③ 蘇建洲《清華簡第五册字詞考釋》,《出土文獻》第七輯,154頁。
④ 蘇建洲《清華簡第五册字詞考釋》,《出土文獻》第七輯,150～155頁。
⑤ 荆門市博物館《郭店楚墓竹簡》,釋文注釋217～218頁,北京:文物出版社,1998年;武漢大學簡帛研究中心、荆門市博物館編著《楚地出土戰國簡册合集(一)·郭店楚墓竹書》,168、170頁,北京:文物出版社,2011年。

年》"不蓑城也","謂以草覆城"。① 這句話的意思是城如無草覆蓋就會崩墮,與"士無友不可"相類。陳劍先生指出,講"山"一句中的"𨼂",楊澤生先生釋字雖不確,但他據此字从"勹"而讀爲"覆",認爲簡文"是說山如果没有遮蔽就會崩",則甚可取;"簡文此下三句,蓋以山有草木爲覆、城牆有苫蓑爲覆,比喻士亦當以友自覆"。② 蘇建洲先生對此又有補説。③ 看來,《語叢四》的"𨼂"讀爲覆蓋的"覆"於文義最適,大概是合乎事實的。"覆"和"鮑叔"之"鮑"一樣,也是唇音字。這似乎又爲"匋"的上古聲母中帶*b-提供了證明。

然而從字音和楚簡用字情況來看,《説文》以"匋"从"包省聲"、前人釋"𨸏""𨼂"爲"匋",並不是無可動搖的定論。

字音方面,林義光早就以"匋包不同音"而不從《説文》"包省聲"之説。④ 近年魏宜輝先生在《説"匋"》一文(以下簡稱"魏文")中也指出:"'匋'與'包'、'缶'雖然韻部相同,而定母和幫母兩聲紐遠隔,從音韻上看它們似乎不應該有互諧或通假的關係。"⑤所謂"匋"爲定母、"包""缶"爲幫母,實際上都是指中古聲母説的("包"又讀並母)。"匋"字中古還有以母一讀。中古的定母、以母,與幫、並母等唇音無涉。从"匋"得聲的"淘"、"萄"、"啕"、"騊"、"蜪"、"裪"、"綯"等,中古也都是定母字("蜪"又有透母一讀)。古書中"陶"與"滔"、"蹈"、"逃"等字通用,⑥"滔"屬透母,"蹈"、"逃"皆屬定母。"掏"爲"搯"之或體,"搯"也是透母字。當"喜悦"講的"陶",多以爲假借爲"悦"。"悦"也是定母字。總之,與"匋"、"陶"諧聲或通假的字,它們的中古聲母不外乎定母、透母,決無唇音字夾雜其間。如果"匋"、"陶"的上古聲母中帶有唇音*b-,反倒是十分奇怪的事。

楊樹達釋"䜌"爲鞄(鮑)"時,曾引《説文・三上・言部》的一條材料

---

① 荆門市博物館《郭店楚墓竹簡》,釋文注釋219頁。
② 陳劍《語叢四釋文注釋》,未刊稿,見蘇建洲《清華簡第五册字詞考釋》引,《出土文獻》第七輯,154、155頁。
③ 同上注所引蘇文,154~155頁。
④ 林義光《文源》六・一七,211頁,上海:中西書局,2012年。
⑤ 《古文字研究》第二十九輯,633頁,北京:中華書局,2012年。
⑥ 高亨、董治安《古字通假會典》,742頁,濟南:齊魯書社,1989年。

證明“匋”、“包”二聲可通：

　　詢，往來言也。一曰小兒未能正言也。一曰祝也。从言、匋聲。
詾，詢或从包。

“詢”从“匋”聲，《廣韻》平聲豪韻讀“徒刀切”，與“陶”、“綯”、“萄”、“啕”、“騊”、“蜪”、“裪”等同音。《集韻》平聲豪韻他刀切饕小韻：“詜，往來言也。一曰小兒語不正。”《玉篇・言部》“詜”字：“詜詢，言不節也。”“詜”是透母字，“詜”、“詢”蓋一語分化。“詾”既爲“詢”之或體，亦當讀“徒刀切”的音，但“包”及从“包”得聲之字，從來没有讀爲定母的。《集韻》平聲豪韻蒲褎切袍小韻：“詾，詾譖，亂語。”“蒲褎切”的讀音正與其字从“包”聲相合。過去的《説文》學家已指出，玄應《一切經音義》卷四“諠譁”注引《三蒼》有“諠，言語詢詢往來也”之訓，“往來言”、“言不節”大概就是諠譁之類的意思。① 當“亂語”講的“詾譖”，也是諠譁聲亂的意思（“譖”即“嘈”字，字書訓“喧也”）。所以，“詾”讀“詢”音，很可能是同義换讀的結果，此字本當讀並母。

　　用字方面，戰國楚簡中已有明確用爲“陶”的字，其形如下：

［葛陵簡甲三 244“～人昆聞受（授）二”］

（郭店《窮達以時》簡 2—3“舜耕於歷山，～拍於河浦”）

［《上博（二）・容成氏》簡 13“昔舜耕於歷丘，～於河濵”］

［《上博（二）・容成氏》簡 29“皋～”］　（同上）

前三例一般釋爲“匋”，讀爲陶器或製陶之“陶”；後二例用作皋陶之“陶”。魏文把楚簡“匋”隸定爲“窑”（關於“窑”字應如何看待，詳下文）。《容成

① 丁福保編纂《説文解字詁林》，3063～3064 頁，北京：中華書局，1988 年。

氏》二例皋陶之"陶"字,魏文指出前一例左旁實即"窑",後一例的左旁寫壞,本亦爲"窑";這兩個字從"土"從"窑"、"窑"亦聲,"應該是表示'瓦器'之'陶'的一個異體字"。① 其説可從。

曾侯乙墓所出喪葬簡裏,簡123、137 有"一氏裪"之文,整理者疑讀爲當"汗襦"或"短衣"講的"衹裯"。② 這兩個"裪"字寫作:

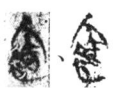

其"匋"旁也是从"宀"的。"衹裯"之"裯",《廣韻》平聲豪韻讀"都牢切",是中古端母字,端、透、定爲一系【編按:上古*L-系聲母之字中古無讀端母者,"裪"讀爲"裯"不可信。"氏裪"當如何讀,有待於進一步研究】。

值得注意的是,楚簡中也出現了用爲鮑叔之"鮑"的字。其字數見於《上海博物館藏戰國楚竹書(五)》所收的《鮑叔牙與隰朋之諫》(含《競建内之》)篇,現舉一例於下:

（簡7）

整理者隸定爲"鞄",讀爲"鮑",引《考工記》鄭注"鮑,故書或作鞄"。③ "鞄"無疑當分析爲從"革"、"缶"聲,即"鞄"字異體。上博簡整理者在注釋中還指出,古璽和古陶文裏也有"鞄"字,皆應讀爲"鮑"。④ 按古璽之例見於《古璽彙編》3544 著録的一方齊印,羅福頤先生雖誤釋爲"鞠",但已正確注出"鞄"。⑤ 此字用爲姓氏,應即鮑叔之"鮑"。陶文之例見於《古陶文彙編》3·405:"鞄里窑(匋/陶)□(此字舊釋爲'取'或'牙',似皆不可信)。"何琳儀先生疑"鞄"爲"鞠"之省文,讀爲"陶"。⑥ 但是此片陶文已有

---

① 《古文字研究》第二十九輯,636 頁。
② 湖北省博物館編《曾侯乙墓》,上册 522～523 頁,北京:文物出版社,1989 年。
③ 馬承源主編《上海博物館藏戰國楚竹書(五)》,釋文考釋 167 頁,上海:上海古籍出版社,2005 年。
④ 同上注。
⑤ 故宫博物院編《古璽彙編》,329 頁,北京:文物出版社,1981 年。
⑥ 何琳儀《戰國古文字典》,248 頁,北京:中華書局,1998 年。

"窑(匋/陶)"字,"鞄"只能是"鞄"而非"陶"。"鞄里"可能是鞄工聚居之里。

郭店簡《窮達以時》簡 13 有"無(璑)苓(琭)堇(瑾)愈(瑜)坵山石"之語,裘錫圭先生指出"坵"當讀爲"包"。① 此字又見於包山簡 255"蜜某(梅)一坵","坵"即盛器"缶"之繁體(此簡"缶"字或从"石")。②"缶"、"包"皆唇音幽部字。"缶"增从"土",與上舉《容成氏》"匋(陶)"增从"土"同例。

由上述楚簡用字情況可以知道,楚文字用"缶"聲字記録"鞄/鮑"、"包"等讀 *b-或 *p-聲之詞,用"窑(匋)"聲字記録"陶"或音近之詞,彼此畛域分明。這跟"匋"、"陶"的諧聲和通假情況可以相互印證。郭店《忠信之道》簡 1 有如下一字:

應該也是"窑"字。學者有釋爲"匋"、"寶"二説,③從上面的討論來看,當以釋"匋"爲是。此字所在簡文云:"不諝不窑(匋),忠之至也。"④"匋"疑讀爲"謟"或"韜",⑤《晏子春秋·内篇問下》"叔向問人何若則榮晏子對以事君親忠孝"章:"和於兄弟,信於朋友,不謟過,不責得。"孫星衍曰:"杜預注《左傳》:'謟,藏也。'"⑥此"謟"與韜藏之"韜"可能是同一語的異寫,也可能是從"韜"派生出來的一個詞。"不謟(或'韜')"指不隱瞞、不掩藏,可與指"不僞飾"之"不諝(僞)"並提。古人多以"盡中心"、"盡己"訓"忠","不僞不謟"之義正與"忠"合。此篇簡 3 也有"窑(匋)"字,但文義不明,

---

① 張富海《北大中國古文獻研究中心"郭店楚簡研究"項目新動態》引,簡帛研究網,2003 年 6 月 2 日。
② 參看何琳儀《戰國古文字典》,244 頁。
③ 參看武漢大學簡帛研究中心、荆門市博物館編著《楚地出土戰國簡册合集(一)·郭店楚墓竹書》,71 頁。
④ 荆門市博物館《郭店楚墓竹簡》,圖版 45 頁,釋文注釋 163 頁。
⑤ 魏宜輝、周言《讀〈郭店楚墓竹簡〉札記》亦讀"匋"爲"謟",但訓爲"欺詐",與我們的看法不同。見《古文字研究》第二十二輯,235 頁,北京:中華書局,2000 年。
⑥ 吴則虞《晏子春秋集釋》,上册 287 頁,北京:中華書局,1962 年。

待考。

其他各系文字中，"缶"聲字與"宎(匋)"聲字所表之詞的聲母，似也不相混雜。除難以深論的人名、地名外，秦國石鼓文《車工》有"吾車既好，吾馬既駓"，一般讀"駓"爲"田車既好，四牡孔阜"（《詩·小雅·吉日》）之"阜"。"阜"也是*b-聲母字。齊陶文屢見"烑里"之文（《古陶文彙編》3·628～637、642～644），何琳儀先生讀"烑"爲"炮"，指"燒製陶器"，"或地名"。① 竊疑"烑"是从"火"从"缶"的會意字，實即"陶"之別構（燒陶需用火）。燕國陶文中，有不少"陶攻（工）"、"陶君（尹）"之文（《古陶文彙編》4·1～125），"陶"字多作 ⚬、⚬ 等"缶"形。何琳儀先生以"缶"逕讀爲"陶"。② 《戰國文字編》也把有些燕陶文用爲"陶"之字收在"缶"字條下（見其書334頁），郭永秉先生則認爲這些"缶"的字形實是"匋"。③ 魏文認爲燕系以"缶"爲"陶"，乃是同義換讀，但也不排除是"宎(匋)"的簡省的可能性。④ 諸說之中，當以郭說最爲合理。魏文已舉出燕陶有明顯寫作"宎(匋)"之例：⚬（《古陶文彙編》4·95）。與此形相比較，⚬（4·83）無非"缶"的豎畫上不加飾筆罷了，其字也以釋"宎(匋)"爲宜。至於 ⚬（《古陶文彙編》4·79）、⚬（4·61）等"宎(匋)"，最上部分也應是"宀"而非"缶"的頂部。與"缶"的豎畫相交之筆有不小的彎度，這才是"缶"的頂部斜畫的省變。不過，古文字加在豎畫上的短横（指事符號或飾筆）也可變爲斜筆或彎筆，如前引上博簡《鮑叔牙與隰朋之諫》"鞄"所从之"缶"，所以有些作 ⚬ 等形的"宎(匋)"，看起來就與"缶"字混而不別了。此類"宎(匋)"似可視爲"宀"旁與"缶"的頂部斜畫合而爲一，彼此共用。陶文中使用頻度較高的字，因刻寫簡省而存在訛混現象，毫不奇怪。【編按：

---

① 何琳儀《戰國古文字典》，247頁。
② 同上注所引書，242～244頁。
③ 郭永秉《從戰國楚系"乳"字的辨釋談到戰國銘刻中的"乳(孺)子"》，同作者《古文字與古文獻論集續編》，7頁，上海：上海古籍出版社，2015年。
④ 《古文字研究》第二十九輯，639頁。

西周春秋金文中有用爲"寶"的"窑",其字當分析从"宀"、"缶"聲,即"寶"之異體,與戰國文字中的"窑(匋)"非一字,只是偶然同形。】

前面説過,"鞷"在齊鮑氏鐘裏用爲"鞄(鮑)"【編按:上引新出棗紙簡以及最近報道的荆州秦家嘴 1093 號戰國楚墓所出《四王五霸》(暫名)亦以"鞷"爲"鮑"】,"臽"在郭店《語叢四》裏用爲"覆",可見"勹"、"臽"當屬"缶"聲字一系,而與"匋"、"陶"無關。

但是,畢竟鑾鎛、鮑子鼎的"鞷"就是"鞄"。金文裏又有一些讀爲"寶"的"匋"字[如筍伯盨"子子孫孫永匋(寶)用"等,例見魏文];春秋中期的魯少司寇盤的 字,①一般釋讀爲"永寶用"的"寶",徐寶貴先生認爲是"寶貴"二字合文,②無論如何其所从"匋"也是讀"寶"音的。《臨淄齊墓》第一集所收東夏莊戰國墓 M5 所出宋鼎銘"右庖"之"庖"作 ,此字除去"肉"的聲旁,魏文指出與金文讀爲"寶"的"匋"是一字。③ 要徹底推翻"匋"从"包省聲"、"勹""臽"釋爲"陶"的舊説,還必須對這些材料作出合理的解釋。

魏文根據戰國文字"匋"多作"窑",認爲"匋"字本應从"宀","窑"从"宀"从"缶"會意,即《説文》訓"瓦器也"或"瓦器窑也"(後者爲《詩·大雅·綿》正義引)的"匋/陶"的本字,"'宀'表示燒製陶器的窑竈,'缶'代表窑竈中的陶器";④《説文》小篆"匋"从"勹",是由 類寫法的"宀"旁訛變而來的。⑤ 金文用爲"寶"或"庖"的"匋"和鑾鎛、鮑子鼎"鞷(鞄)"所從的"匋",魏文隸定爲"㕻"(我們下文加以沿用)。基於"匋"原作"窑"的認識,魏文認爲"㕻"與"匋"非一字,前者是一個兩聲字,"'勹(伏)'與'缶'都是聲符"。⑥

---

① 《殷周金文集成(修訂增補本)》,第 7 册 5457 頁 10154 號。
② 徐寶貴《金文研究五則》,張光裕、黃德寬主編《古文字學論稿》,97~101 頁,合肥:安徽大學出版社,2008 年。
③ 《古文字研究》第二十九輯,637 頁。
④ 同上注所引書,636 頁。
⑤ 同上注所引書,638 頁。
⑥ 同上注所引書,636~637 頁。

魏文把"匋"、"䎽"區分開來，思路十分正確，對於"阝"、"陶"的研究也是一個重要貢獻；但他對"匋"、"䎽"二字的具體分析卻是有問題的。

單育辰先生在反對釋前引楚簡从"阜"諸字爲"陶"的文章裏，認爲楚簡的"窑（匋）"字是從金文 ![]、![]、![] 等所謂"匋"變來的，"不過其所從的'勹'演變爲'宀'而已"。① 其説與魏文對"窑（匋）"的分析針鋒相對。金文所謂"匋"實即"䎽"，跟楚簡的"窑（匋）"字當然不能混爲一談。撇開此點不管，單、魏二家關於"窑（匋）"字字形的分析，都有可取之處。

"窑（匋）"在齊、燕、三晉等系的璽印、陶文、貨幣中亦屢見，魏文已有列舉。② 不過，在這些使用"窑"的區系裏，也不乏从"勹"的"匋"字，其用法與"窑"無别。③ 而且有些"匋"的"勹"旁，僅比"宀"的頂端多一![]、![]、![]、![] 之類的筆畫而已。上舉曾侯乙簡的"綯"字，其聲旁"匋"所從，似也在"勹"、"宀"之間。由此可知"窑"的"宀"旁確如單育辰先生所説，是從"勹"旁變來的。④ "窑"、"匋"實本一字。

現所見楚文字的"匋"，似皆寫作"窑"，連一例从"勹"的也看不到。《古璽彙編》0231 著録一方楚璽，印文第二字爲"窑"。以齊陶文"匋"可在"勹"内加"八"、"×"形筆畫例之，⑤"窑"應該就是"窑（匋）"的繁構（作爲"窯"的異體的"窑"，實乃"窰"的簡省，與璽文"窑"不是一個字）。我們知道，古文字"宀"、"穴"二旁常通用，"竈"字或从"宀"便是明證。如果當時的楚人（也許還應包括齊、燕、晉等地的一部分人）不認爲"匋"字从"宀"，恐怕就不會爲它換用"穴"旁了。這樣看來，魏文"窑"爲會意字的説法，也不是没有道理，至少很可能是符合戰國楚人的心理的。但也應該指出，此種會意字"窑"，是

---

① 單育辰《佔畢隨録之十八》，簡帛網，2015 年 4 月 22 日。
② 更多字例可參看黄德寬主編《古文字譜系疏證》，698～700 頁，北京：商務印書館，2007 年。
③ 參看上注所引書，698～701 頁。
④ 田煒《古璽探研》30 頁注②舉"匈"、"軍"等字"勹"旁變作"宀"形之例（上海：華東師範大學出版社，2010 年），郭永秉《從戰國楚系"乳"字的辨釋談到戰國銘刻中的"乳（擩）子"》又舉"乳"字所从"勹"或省變似"宀"形（《古文字與古文獻論集續編》，7 頁），並可參閲。
⑤ 參看黄德寬主編《古文字譜系疏證》，701 頁。

對"匋"的變體加以重新分析而得到的,並不是憑空另造之字。

魏文把會意的"窑"説爲"瓦器",謂此字在"表現陶器的同時,一併交代燒陶的窯竈"的"宀",似乎稍嫌迂曲。徐灝《説文解字注箋》言"'窯'即'匋'之異文耳";魏文則主張"窑(匋/陶)"、"窯"非一字異體,但有可能"是具有同源關係的親屬詞"。①《廣雅·釋宫》"匋,窯也",王念孫《疏證》:"匋,通作陶。……陶與窯,聲相近。《大雅·緜》篇'陶復陶穴',鄭箋云:'復者,復於土上;鑿地曰穴。皆如陶然。'是陶即窯也。"②這些意見較有啓發性。我認爲"窯"這個詞可能是從"匋(陶)"分化出來的,"匋(陶)"原來也可指製陶燒瓦的竈(即"所以作陶"者),所以楚璽"窑(匋/陶)"字從"穴"作。《説文·七下·穴部》:"窯,燒瓦竈也。"慧琳《一切經音義》卷十三:"陶,《集訓》:'窯也,燒瓦器土室也。'"可證。把可以表示燒製陶瓦器的竈(土室)的意思的字改造爲從"宀",是很自然的。

即使不算那些寫作"窑"的"匋",楚系之外的戰國各系文字中,從"勹"的"匋"或"陶"字已不鮮見,如齊璽"匋(陶)都坏(璽)"的"匋"作 (《古璽彙編》0272),所從爲"勹"甚明,秦文字"匋"、"陶"甚至只見從"勹"的寫法。③ 前面提過的鮑子鼎,銘文有所媵之女"仲匋姒","匋"字二見:

謝明文先生指出"'匋'顯然不宜讀作'鮑氏'之'鮑',因爲銘文中'鮑氏'之'鮑'作'鞄',而'仲匋姒'銘文中兩見,'仲'後一字皆作'匋',可見'匋'、'鞄'用法有別"。據此,謝先生對吴鎮烽先生提出來的"匋"爲私名的意見加以肯定。④ 這個私名"匋"既不讀"鮑",似有可能就讀"陶"之類的音。鮑子鼎是春秋晚期器,時代比戰國璽陶等文字資料更早。所以,《説文》小

---

① 《古文字研究》第二十九輯,640 頁注⑬。
② 王念孫《廣雅疏證》,208~209 頁,北京:中華書局,1983 年。
③ 參看王輝主編《秦文字編》,824、1994 頁,北京:中華書局,2015 年。
④ 謝明文《談談周代金文女子稱謂研究中應該注意的幾個問題》,《出土文獻》第十輯,56 頁,上海:中西書局,2017 年。

篆"匋"從"勹"的寫法是淵源有自的，"窑"反而應是"匋"的變體。據魏文所舉，"宀"寫作似只見於楚簡文字，並且出現次數不多，①顯然不具有普遍性。從這一點看，"匋"也不可能是由"窑"變來的。

林義光認爲"匋"字"从人持缶"會意，②其字似象一人燒陶製瓦，應該就是"作陶器"(《孟子·告子下》："萬室之國，一人陶，則可乎?"趙岐注："使一人陶瓦器。"上引《窮達以時》、《容成氏》說舜"陶於河濱"，"陶"也指"陶瓦器")或"所作之陶器"的"陶"的本字。"陶"字從"阜"、"匋"聲，按《說文》，其本義爲"再成丘"(《十四下·阜部》)。《爾雅·釋丘》"丘一成爲敦丘，再成爲陶丘"，劉熙《釋名·釋丘》說"陶丘"之名："於高山上一重作之，如陶竈然。"郝懿行《爾雅義疏》謂"匋是瓦器，丘形重累似之"。③ 若此，"陶"所從得聲的"匋"當兼有意。

雖然"匋"本即從"人"或"勹"，但"匋"、"窑"非一字的見解仍可成立。我們認爲"窑"其實是"阝"的省變之體。

前舉西周早期的阝子盤，銘文所記賞賜對象爲"勹姛(姒)"。我們隸定爲"勹"的字，其形如下：

跟前引賞賜者"阝子"之"阝"字對照一下，不難看出"勹"就是"阝"省去"阜"旁的簡體，二"勹"形上還相當忠實地保留着短橫。"阝"後來變作"陶"。我們雖未找到"陶"省去"阜"旁的寫法，但西周中期的帥鼎中的如下一字：④

---

① 《古文字研究》第二十九輯，638頁。
② 林義光《文源》六·一七，211頁。
③ 參看林清源《楚簡"陶"字考釋》，復旦大學出土文獻與古文字研究中心編《戰國文字研究的回顧與展望》，226～227頁。
④ 《殷周金文集成(修訂增補本)》，第2冊1442頁02774號。

各家公認是"𦥑"的省形。"勹"比"㔾"更爲簡省。"𦥑"、"𦥑"省作"㔾"、"勹",並不影響字形的表意功能,詳下文的説明。

有一件商代晚期的子作婦嫺卣,①"嫺"字原作如下之形:

（器銘）　　（蓋銘）

仔細觀察,此字所從的"匋"與真正的"匋"尚有出入,主要是"勹"上有一短橫。這一特徵十分重要,我認爲是把"𦥑"與"𦥑"、"𦥑"聯繫起來的關鍵。這個"嫺"字所從的"匋"形,實際上是把𦥑子盤那樣的"㔾"省去一個,並加注"缶"聲而成的。"㔾"簡省爲"勹",與帥鼎"勹"字同例。"𦥑"既可讀爲"鞄(鮑)"、"覆",加注"缶"聲是很合適的。"𦥑"在金文中讀"寶"、"庖"等,其音與"𦥑"所讀之詞至近。如果加注"缶"聲的"㔾(𦥑)"的簡體再把"勹"上的短橫省略,自然就變成了"𦥑"。"𦥑"字在"㔾"下加"土"演變爲"𦥑"後,"㔾"上的短橫就都省了,所以"㔾(𦥑)"的簡體"勹"下增"缶"而省略短橫,也是情理中事。

現在看來,"𦥑"字的演變計有二途:一是通過簡化和增加聲符"缶",變出後來的"𦥑"字;一是通過增加義符"土"變爲"𦥑",又經簡化而變出帥鼎"勹"字。"勹"似頗少見,估計早已遭到淘汰,但其所從出的"𦥑"則爲戰國楚文字所承用;"𦥑"的使用時間較長,直到戰國時代還偶然參與構字。

"𦥑"用爲"寶"者,基本上見於西周中期以後器(如《集成》02073的□律鼎、《集成》04422的筍伯盨、《商周青銅器銘文暨圖像集成續編》0433的壬卯簋等)。西周早中期的嗇父盤、盂銘文裏的 𦥑、𦥑 字,見於"作兹女(母)～盤/盂"一語,一般也讀爲"寶"。② 不過從字形看,用爲"寶"的"𦥑"皆从俯伏之"勹",此字"从人持缶",似即"匋"。③ 然則"兹母匋"當爲女

---

① 《殷周金文集成(修訂增補本)》,第4册3351頁05375號。
② 《殷周金文集成(修訂增補本)》,第7册5410頁10075號、第6册4948頁09416號。
③ 參看林義光《文源》六·一七,211頁。

名,"盤/盉"前没有修飾語。青銅器銘文中自名前不加"寶"等修飾語的情況,並不罕見。近時公布的春秋器薛仲蕾簠有"仲妊兹母"之名,①春秋早期的妊兹母簠有"妊兹母"之名,②"妊"是姓氏,"仲"是排行,"兹母"亦私名。前引鮑子鼎有"仲匋姒"之名。疑"兹母"乃女字,③"匋"爲女名,"兹母匋"是字＋名的稱呼方式,與"孟明視"、"白乙丙"、"西乞術"等同例。郭家莊東南1號商代墓葬出土的一件鼎上有女名"鳥女(母)甗"(《近出殷周金文集録》276),不知是否也屬於同類格式。西周中期的虢簋有"休朕君公伯"之語,④"君"上一字似也是"匋"而非"䍃"。西周時代"䍃"、"匋"二字大體還是分得清的。但是"匋"所從的"人"變作"勹"之後(可能在入春秋以後),由"勹(阜)"省變而來的"䍃"很容易與意指"作陶"或"所作之陶"的"匋"混同。本文開頭所舉䜌鎛、鮑子鼎用爲"鞄(鮑)"的"𦉢",其所從之"陶"實爲"阜"、"𨸏"而非"陶丘"之"陶",就是典型的例子。《説文》所引《史篇》"匋""讀與缶同",這個"匋"或亦"䍃"之遺存。戰國文字裏雖也有"匋",但除秦系外,還大量使用"匋"的變體"窑",楚文字則幾乎只用"窑"字。以"窑"爲"匋",或許正有避免與"䍃"字相混的意圖。

　　"阜"已見於殷墟一期卜辭,應是此字之初形。古文字中的有些"阜",實是豎起來的"山"形,⑤如果把甲骨文"阜"字横過來,可得其形爲:

很像有一些人趴伏在山坡上。結合"陶"在郭店《語叢四》中讀爲"覆"的用法,頗疑"阜"、"陶"是表示埋伏、伏兵的"覆"的表意初文。埋伏與覆蔽、覆蓋,義本相因(古人以"覆"訓"伏"之例甚多)。《左傳·桓公十二年》:"楚人坐其北門而覆諸山下,大敗之。"杜預注:"覆,設伏兵而待之。"同書《襄

---

① 吴鎮烽編著《商周青銅器銘文暨圖像集成續編》,第2卷242～246頁0503～0505號。
② 同上注所引書,第2卷234頁0499號。
③ 關於上古女子有字,參看王國維《女字説》,同作者《觀堂集林》,上册163～165頁,北京:中華書局,1959年。
④ 《殷周金文集成(修訂增補本)》,第3册2351頁04167號。
⑤ 甲骨文"阞"字,《殷墟花園莊東地甲骨》14、288、352作"出",即"阜"、"山"爲一事之證。

公十三年》:"養叔曰:'吴乘我喪,謂我不能師也,必易我而不戒。子爲三覆以待我,我請誘之。'"杜注:"覆,伏兵也。""阠"、"𨸏"當然也可能就是爲覆蔽、覆蓋的"覆"所造的,埋伏義則是覆蔽義的引申。【編按:小臣牆刻辭有从"阠"、从"妥"之字(《合集》36481),疑當讀爲與"覆"音近的"俘"。見本書所收《説"卬"》。】

"阠"所从"勹"上的短横或小點,如非無意義的贅畫,似可認爲表示趴伏的人身上有所覆蓋、遮蔽,以防暴露。西周早期以降的"阠",人形從"𨸏"上分離出來變爲獨立的"勹",這樣的"阠"容易讓人産生是形聲字的印象。此時,在"勹"下增从"土"作"𨸏",大概就是爲了更好地表達伏覆的字義。伏覆於"𨸏"跟伏覆於"土",對於"覆"來說是一回事。"覆"之初文"阠"所以選擇从"𨸏",蓋因"𨸏"、"覆"音近,可起表音作用。那些尚存代表遮覆物的短横的"勹"、"舀"以及象人伏於土的"匋",雖不从"𨸏",它們的字形本身也能表示出"覆"義。所以,與其把"勹"、"匋"簡單視爲"阠"、"𨸏"的形省,不如視爲"覆"的字形較簡的表意異體("舀"則是在此種異體上加注"缶"聲),更爲妥當。郭永秉先生曾釋戰國文字中的"倒山形"之字爲"覆",①但那是顛覆、翻覆之"覆",我們釋"阠"、"𨸏"等字爲"埋伏"或"覆蔽"之"覆",與郭説並無矛盾。

既知"阠"、"𨸏"是"覆"的初文,金文用爲"寶"、"庖"等的"舀"和用爲"鞄(鮑)"的"𩫖"所从之"匋",都是"阠"、"𨸏"的異體,它們跟"匋"、"陶"實不相干,只是在春秋戰國時的某些區系文字(如齊文字)中,曾因字形混同而難於分辨;那末,爲"匋"、"陶"構擬上古音時,就可以不必再在其聲母中加入*b-了。②【編按:[法]沙加爾《上古漢語詞根》已指出"匋"很可能與"窯"同源,"故'匋'一定是簡單的 *ᵃlu>daw 而已"(138 頁,龔群虎譯,上

---

① 郭永秉《釋清華簡中倒山形的"覆"字》,《古文字與古文獻論集續編》,262～272 頁。

② 鄭張尚芳《上古音系(第二版)》138 頁説:"'匋'徒刀切 *l'uu<bl'uu 與'缶'* plu 是同源異形的轉注字,《説文》云'案史篇讀與缶同'。而'陶'又音餘昭切 luu,其原始形式 bluu 正與藏文 phru陶器 對當。"其實,藏文指陶器的 phru 很可能與漢語的"缶""對當",而非"陶"(參看潘悟雲《漢語歷史音韻學》,206 頁,上海:上海教育出版社,2000 年)。如按鄭張先生塞化的 l 的看法,"匋"、"陶"的上古音擬作 *l'uu 即可。

海：上海教育出版社,2019 年)。】古文字資料裏其他"阝"、"陶"用例也當循"覆"、"包"之音作解。

《上海博物館藏戰國楚竹書(九)》所收《陳公治兵》簡 19"申(陳)於陶阮(岡),則雁飛"的"陶","苦行僧"(網名)讀爲"阜",謂"'阜岡'與古書中的'阜陵'、'陵岡'、'山岡'相似,都是兩個近義詞連用"。① 其説可從。《三國志·吳書·張紘傳》裴松之注引《江表傳》"紘謂權曰",有"地勢岡阜連石頭"之語,"岡阜"、"阜岡"同意。其文時代雖較晚,亦足資參考。

《上海博物館藏戰國楚竹書(九)》所收《邦人不稱》簡 3"【戰】於(?)曲陶"的"曲陶",當是地名,似可讀爲"曲阜",當然這個"曲阜"不會是山東的曲阜。魯國的曲阜,蓋因"委曲長七八里,雒北芒阪,即爲阜也"而得名(《風俗通義·山澤·阜》)。楚國境内也有"曲阜"之地,故得此名,是完全可能的。西周晚期不其簋銘"汝以我車宕伐玁狁于高陶"的地名"高陶",與"曲陶"構詞相類,似可讀爲"高阜"。古代以"阜"煞尾的地名,尚有"堂阜"(見《左傳·莊公九年》、《文公十五年》等)、"觀阜"(見《水經注·汾水》等)、"大阜"等,不獨"曲阜"爲然。甲骨文"阝"亦皆作地名或方國名,②其地待考,不知與西周早期金文中"阝子"之"阝"是否有關。

帥鼎銘文開頭云：

　　帥唯懋,陞(況)念王母堇(勤)勾、自作後。……(下略)

李學勤先生讀"陞"爲"況",訓"滋"、"益"。③ 但古書裏這種"況"一般是副詞。鼎銘"況"承"帥唯懋"言,當是連詞,意近"又"或"亦",似由"滋"、"益"義虚化而成。"況"、"矧"常互訓,"矧"在古書和金文中也有訓"亦"或"又"之例,④情況與"況"相似。

李學勤先生指出,鼎銘的"王母"不能用古書中的祖母義來理解,這裏

---

① 《〈陳公治兵〉初讀》帖子第 33 樓發言,簡帛網"簡帛論壇",2013 年 1 月 6 日。
② 于省吾主編《甲骨文詁林》,1260 頁姚孝遂按語,北京：中華書局,1996 年。
③ 李學勤《魯器帥鼎》,同作者《綴古集》,89 頁,上海：上海古籍出版社,1998 年。
④ 裘錫圭《説金文"引"字的虚詞用法》,《裘錫圭學術文集·金文及其他古文字卷》,45～49 頁,上海：復旦大學出版社,2012 年。

當指帥的母親。① 此說甚是。但李先生以"勻自作後"爲句,"勻"釋爲"陶"、訓爲"養","自"訓"以","意爲養以爲嗣",②則可商。李先生所據裴學海《古書虛字集釋》訓"以"之"自",覈其例,皆介詞;此處"陶自作後"的"自"如訓"以",似爲連詞,二者恐難牽合。何況"勻"釋爲"陶"也是靠不住的。

我們認爲"勻"當屬上句,可讀爲"覆"。《禮記·樂記》:"天地訢合,陰陽相得,煦嫗覆育萬物。"又,《詩·小雅·蓼莪》:"父兮生我,母兮鞠我。拊我畜我,長我育我。顧我復我,出入腹我。欲報之德,昊天罔極。"高亨《今注》:"復借爲覆,庇護之意。"③覆育、覆護之"覆",當由覆蓋義引申而來。"勻"、"腹"亦音近可通,"出入腹我"的"腹"一般訓爲"抱",但鼎銘的"勻"讀爲"腹",意思嫌太實,不如讀爲"覆"、當"撫養"或"庇護"講爲好。

"自作後"的"自作",與豳公盨銘"天……迺(乃)自作配"的"自作"語同。後者是"天爲自己立配"的意思。④ 據李學勤先生研究,帥鼎銘文牽涉西周前期魯國公族內部糾葛,"帥是伯禽之孫,別子的嫡嗣。他的母親把他撫養成人,作爲嗣子,公孫的流脈因此得正,這段話當有複雜的家庭糾紛爲其背景。帥作器鑄銘,也就是爲了紀念其母對他的恩惠"。⑤ 所以"自作後"的施事者當與"勤勻(覆)"一致,也是王母,意謂王母爲自己立後人,也就是把帥立爲自己(王母那一支)的嗣子。"王母勤覆、自作後"都是"念"的賓語。這兩句話的大意是說:帥是戀勉的,又感念王母辛勤撫養、庇護以及王母立己爲嗣子的恩德。

我推測,王母可能不是帥的親生母親,而是宗子(嫡子)的夫人,帥本庶出,被這位王母收養,受到她的庇護,並過繼爲宗嗣,故帥作器感念。"王"古訓"大"、訓"尊"(如《周禮·天官·獻人》"春獻王鮪",鄭注:"王鮪,鮪之大者。"),"王母"疑指諸母中之最大、最尊貴者,即宗子、嫡君之夫人。

---

① 李學勤《魯器帥鼎》,同作者《綴古集》,89 頁。
② 同上注。
③ 高亨《詩經今注》,308 頁,上海:上海古籍出版社,1980 年。
④ 裘錫圭《豳公盨銘文考釋》,《裘錫圭學術文集·金文及其他古文字卷》,154 頁。
⑤ 李學勤《魯器帥鼎》,同作者《綴古集》,90 頁。

最後,將本文所論"阞(覆)"、"匋/陶"二系字的字形演變大略圖示於下,以便省覽:

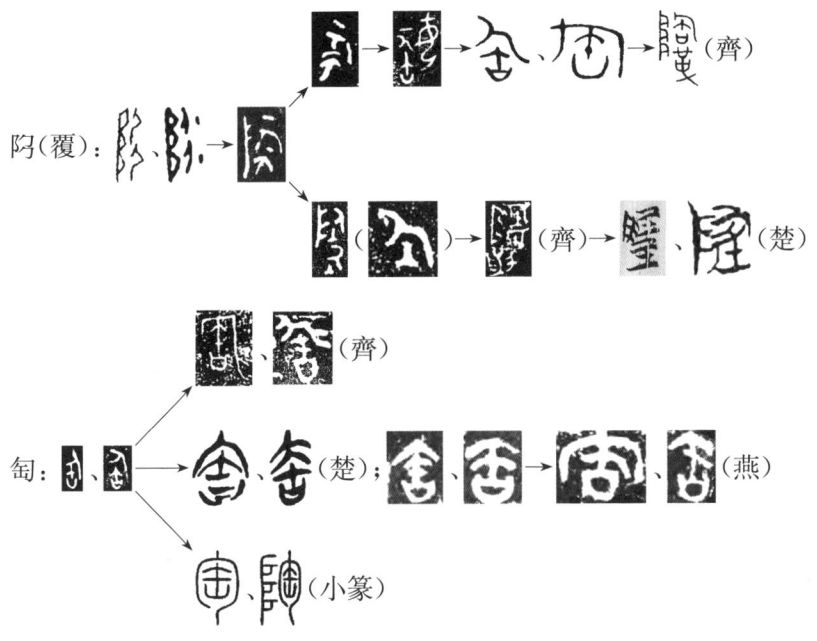

追記:

本文曾在"古文字與漢語歷史音韻研究"高端論壇上宣讀(浙江財經大學,2018 年 3 月 30 日),得到與會的劉釗、張富海、謝明文等先生賜教。劉釗先生認爲郭店簡《語叢四》"山無陮則坨(陁)"的"陮",也有可能讀爲當"草叢生"講的"葆"。如其説,"葆"也是唇音字,與"覆"音近。謝明文先生認爲《合集》27435 的 與本文討論的"阞"、"匀"有關,此字所在卜辭爲"～云(雲)",與"不易日"對貞,可讀爲"覆雲"。謝先生據此認爲"阞"、"匀"是從"匀"聲的形聲字。張富海先生並疑"匀"可能是重複之"複"字。這當然是有可能的。不過,這樣一來,"阞"的造字本義就不得而知了;"匀"字爲何又在伏覆人身上加小點或短横,似不易解釋。而且,重複之"複"應是訓"往來"的"復"的引申義的分化字[參看裘錫圭《文字學概要

(修訂本)》,236頁,北京:商務印書館,2013年],古人會不會爲這樣的"複"另造一個與其母字完全無關的表意字,也很難說。如果卜辭"彳云"確當讀爲"覆雲",我認爲"彳"字象眾人趴伏於道路,也可視爲埋伏、伏兵義的"覆"的表意初文的異體。古代作戰於小路設伏,是很常見的。

蒙安徽大學的向紆同學賜告,葛英會《古代典籍與出土資料中的匋、陶、窑字——兼論商周金文徽幟字 及相關問題》[原載《考古學研究(四)》,180〜186頁,北京:科學出版社,2000年;收入同作者《古漢字與華夏文明》,161〜167頁,上海:上海古籍出版社,2010年]已指出燕陶文"匋"字的"簡式","所从冂(引者按:葛文所說的'冂'即我們所說的'宀')與所从缶字上部筆畫合爲一體,即與缶字沒有區別";並認爲古陶文中那些加"八"、"×"形的"窑"與"窑""乃是由一個字繁簡兩式造成的意義相關,讀音相近的分化字"。草此文時失於徵引,是極不應有的疏失。

謹向對本文提出寶貴意見的劉釗、郭永秉、張富海、謝明文、向紆等先生以及匿名審稿人,深致謝忱。

原載《文史》2018年第3輯(總第124輯)。

"夒"及有關諸字綜理

一

　　1925 年，王國維在爲清華學校研究院開設"古史新證"課程所撰寫的講義裏，把殷墟甲骨卜辭所見殷先公🐒，釋爲"夒"。① 王氏講義裏的這部分內容，是根據他此前已發表的《殷卜辭中所見先公先王考》及《續考》改寫的；②但作於 1917 年的《先公先王考》和《續考》，均釋此字爲"㚈"，③與講義不同，釋爲"夒"當是王氏後來的新見。④ 此說現爲甲骨學者所普遍接受，已成定論。

　　王國維考釋甲骨文"夒"字時，指出西周晚期毛公鼎的🐒，⑤即"是

---

①　王國維《古史新證——王國維最後的講義》，6～9 頁，北京：清華大學出版社，1994 年。
②　參看裘錫圭《前言》，《古史新證——王國維最後的講義》，2 頁；《裘錫圭學術文集·雜著卷》，111 頁，上海：復旦大學出版社，2012 年。
③　王國維《觀堂集林》卷第九《史林一》，《王國維全集》第八卷，264～266、288 頁，杭州：浙江教育出版社，2009 年。
④　中華書局 1959 年影印的《觀堂集林（附別集）》，以王國維死後商務印書館輯印的全集爲底本。此本所收《殷卜辭中所見先公先王考》"㚈"條內容，已全部改用王氏晚年《古史新證》釋"夒"之文，見 411～413 頁，並參看書首《出版説明》2 頁；但《續考》"高祖㚈"條仍沿舊文釋"㚈"而未改（438 頁），以致前後矛盾。
⑤　中國社會科學院考古研究所編《殷周金文集成（修訂增補本）》，第 2 册 1534～1543 頁 02841 號，北京：中華書局，2007 年。

字",並讀此字所在鼎銘爲"我弗作先王夒(羞)"。① 其説甚是。② 商至西周早期金文"夒"作 ▨、▨ 等形,③湖北隨州葉家山 M27.3 出土的西周早期壺銘"夒"作 ▨(▨),④毛公鼎"夒"字即由此變成。春秋時期金文"夒"作 ▨(秦子簋蓋)、⑤ ▨(夒膚瑚),⑥已與小篆 ▨ 十分接近。孫常叙先生對"夒"字字形演變,有較爲精確的解説:

▨ 自是母猴之 ▨ 本字(引者按:此點不確,詳下文),象形。▨ 之 ▨,乃其身首 ▨、▨、▨ 之變。▨,則其前爪 ▨、▨ 之變。▨,則其身後尻尾 ▨、▨ 之變。而 ▨ 則其足下 ▨、▨ 之變也。一言畢之,▨ 即 ▨ 之略加整齊者耳。⑦

《説文·五下·夊部》分析"夒""从頁,巳,止、夊,其手足",現在看來,各個構件在甲骨金文的"夒"字中都能一一找到其來源。需要補充説明的是,上舉西周金文"夒"字首上或多或少有毛髮,春秋金文以至小篆的"夒"所从之"頁",顯然就由這種帶毛髮的形體簡省而來,不能認爲是遠

---

① 王國維《古史新證——王國維最後的講義》,7頁。按,王氏把毛公鼎此句"我"之前的"俗"字屬上句讀作"康能四國俗"(王國維《毛公鼎銘考釋》,《古史新證——王國維最後的講義》,133頁),非是。今一般以"俗"字屬下,讀爲"俗(欲)我弗作……"。
② 毛公鼎此字當釋"夒",大概是日本學者高田忠周最早指出來的,但他未及甲骨文"夒"字。高田氏又認爲毛公鼎此字是"擾"字"異文",則不可從。其説見高田忠周《古籀篇》,第 3 册 1400 頁,臺北:大通書局,1982 年。
③ 董蓮池《新金文編》,上册 709 頁,北京:作家出版社,2011 年。此書從舊説誤釋爲"憂"。
④ 吴鎮烽編著《商周青銅器銘文暨圖像集成》,第 22 卷 73 頁 12202 號,上海:上海古籍出版社,2012 年。
⑤ 同上注所引書,第 11 卷 155~158 頁 05172 號。
⑥ 吴鎮烽編著《商周青銅器銘文暨圖像集成續編》,第 2 卷 235~237 頁 0500 號,上海:上海古籍出版社,2016 年。此字釋"夒",器當稱"瑚",皆據李春桃《夒膚瑚銘文新釋》,《古代文明》2015 年第 4 期,56~57 頁。
⑦ 孫常叙《周客鼎考釋》,《孫常叙古文字學論集》,142 頁,長春:東北師範大學出版社,1998 年。參看張世超、孫淩安、金國泰、馬如森《金文形義通解》,1413 頁,京都:中文出版社,1996 年。

紹殷墟甲骨文不帶毛髮的"夒"的寫法。"首"之繁體"頁"本有毛髮形，後亦省去，與"夒"的變化同例。傳抄古文"瓊"作 、，①所從"夒"首上有表示毛髮的筆畫，可視爲對上舉西周金文"夒"形的繼承。總之，從字形上說，![]、![]等字釋爲"夒"，是決無可疑的。

《説文》："夒，貪獸也。一曰：母猴，似人。"前人已謂"母猴"即"沐猴"、"獼猴"，當"母猴"講的"夒"後來寫作"獿"、"猱"。② 甲骨文"夒"字，身後大都有上翹的短尾（後變爲"巳"），但也有少數似因書刻簡率而省略的，③學者們多認爲其字象獼猴之形。姚孝遂先生指出，殷墟卜辭"夒"除用爲先公名外，還有個別"用爲沐猴者"，如《合》8984、10468。④ 姚先生所舉"用爲沐猴"的兩版卜辭，"夒"字作 ![]、![]（以上爲《合》8984）、![]（《合》10468），與卜辭常見的用爲先公名的"夒"作 ![]、![]者，字形方面的主要差別在於前者手形覆下，後者手形朝上。此外，《合》8984 二例首上有毛髮，但《合》10468 一例則無，與一般的先公名"夒"相同。西周以降"夒"字亦有帶不帶毛髮二體，已見上述。故此點可不予計較。姚孝遂先生注意到用爲先公名之"夒"與"用爲沐猴者"的字形有所差別，認爲"二者形體在甲骨文已有所區分。當屬同源分化"，因而主張分別隸定爲"夒"與"猱"。⑤姚先生對字形的辨析是很有道理的。

王國維在 1916 年發表的《毛公鼎銘考釋》中，懷疑毛公鼎 ![] "即古羞字，象以手掩面之形，殆羞恥之本字也"。⑥ 當時王氏還沒有把鼎銘此字

---

① 此字舊皆誤歸在"瓊"字下，前人指出實當釋"瓊"。參看李春桃《古文異體關係整理與研究》，31～32 頁，北京：中華書局，2016 年。
② 參看丁福保編纂《説文解字詁林》，5626～5628 頁，北京：中華書局，1988 年。
③ 李宗焜《甲骨文字編》，374～376 頁，北京：中華書局，2012 年。
④ 于省吾主編《甲骨文字詁林》，1499 頁，北京：中華書局，1996 年。
⑤ 于省吾主編《甲骨文字詁林》，1499 頁。
⑥ 王國維《古史新證——王國維最後的講義》，133～134 頁。吳闓生《吉金文録》也有同樣的説法，見周法高、張日昇等編《金文詁林》，香港：香港中文大學，1974 年，3618 頁引。

與"夒"聯繫起來,釋爲"羞恥之本字"大概主要是根據其用法推衍的。不過,我們認爲此字釋爲"夒"與釋爲羞恥之"羞",並不矛盾。如果"夒"單純只象獼猴之形,就沒有必要始終強調其手形朝上、"以手掩面"的樣子。所以,姚孝遂先生隸定爲"㺇"的那種手形覆下之字,可以認爲確實是"夒/㺇"的象形字;而象獼猴手形朝上、"以手掩面"的後來演變爲"夒"的字,則可從王國維說釋爲羞恥之"羞",也就是說,"夒"實是羞恥之"羞"的初文。羞恥之"羞"字所以取用獼猴掩面的形象(對"夒/㺇"的象形字稍加改造而成,即姚孝遂先生所謂的"同源分化"),獼猴之"夒/㺇"與"羞"音近,顯然是重要原因。①

《合》21101 的 (摹本②)、《合》21102 的 ,字形屬於姚孝遂先生所定"用爲沐猴者",即"夒/㺇"字;從辭例看,卻都用爲先公名"夒"。此二例見於自組小字類卜辭,是殷墟卜辭中時代較早的。可能當時尚未將"夒/㺇"、"夒"從字形與用法的對應上加以區分,或雖已區分,但執行得不夠嚴格;所謂"同源分化",例外總是存在的(另參下文)。

二

"夒"字的問題看起來好像已經講清楚了,其實不然。西周金文裏又有如下一些字:

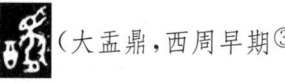(大盂鼎,西周早期③) 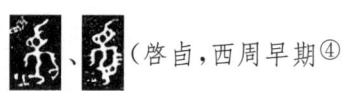(啓卣,西周早期④)

---

① "夒"、"柔"與"羞"不但古韻同部,它們的聲母也很相近。參看張富海《帛書〈周易〉補釋三則》,《華學》第十二輯,199 頁,廣州:中山大學出版社,2017 年。《廣雅·釋詁四》:"粗、雜、錯,厠也。"王念孫《疏證》指出"'粗'與'糅'同"(《廣雅疏證》,第二册 696 頁,上海:上海古籍出版社,2016 年)。"粗"、"羞"皆從"丑"聲,"粗"、"糅"既爲一字,亦可證"柔"、"羞"音近。

② 李宗焜《甲骨文字編》,374 頁。

③ 中國社會科學院考古研究所編《殷周金文集成(修訂增補本)》,第 2 册 1516 頁 02837 號。

④ 同上注所引書,第 4 册 3380 頁 05410 號。

（作册嗌卣，西周中期①） （九年衛鼎，西周中期②）

（史牆盤，西周中期③） （儠匜，西周中期④）

大盂鼎是上舉諸器中出土最早的。清末孫詒讓在《古籀餘論》中釋鼎銘此字爲"醵"，⑤爲于省吾《雙劍誃吉金文選》、⑥郭沫若《兩周金文辭大系》⑦以下幾乎所有的金文著作所承用。啓卣那個字，何琳儀、黃錫全先生就是根據大盂鼎"醵"右旁的寫法釋爲"夒"的。⑧ 九年衛鼎、儠匜都是 1975 年從陝西岐山董家村窖藏中出土的，上舉匜銘之字，一般都釋"夒"；鼎銘之字，最初的發掘簡報釋爲"爧"。⑨ 啓卣的"夒"，有些學者也釋爲"爧"。⑩ 作册嗌卣那個字，有人徑釋爲"擾"或"夒"，⑪也有人認爲其字亦從"火"。⑫ 1976 年，史牆盤從陝西扶風莊白村 1 號窖藏出土，不少學者釋上舉盤銘

---

① 中國社會科學院考古研究所編《殷周金文集成（修訂增補本）》，第 4 册 3404 頁 05427 號。

② 同上注所引書，第 2 册 1504 頁 02831 號。

③ 同上注所引書，第 7 册 5484 頁 10175 號。

④ 同上注所引書，第 7 册 5541～5542 頁 10285 號。

⑤ （清）孫詒讓《古籀餘論》，《古籀拾遺　古籀餘論》，42～43 頁，北京：中華書局，1989 年。（清）孫詒讓《名原》上，戴家祥點校《契文舉例　名原》，241 頁，北京：中華書局，2016 年。

⑥ 于省吾《雙劍誃吉金文選》，115 頁，北京：中華書局，1998 年。

⑦ 郭沫若《兩周金文辭大系考釋》，《郭沫若全集·考古編》第八卷，85 頁，北京：科學出版社，2002 年。

⑧ 何琳儀、黃錫全《啓卣、啓尊銘文考釋》，《古文字研究》第九輯，377 頁，北京：中華書局，1984 年。

⑨ 龐懷清、鎮烽、忠如、志儒《陝西省岐山縣董家村西周銅器窖穴發掘簡報》，《文物》1976 年第 5 期，28 頁。

⑩ 馬承源主編《商周青銅器銘文選》第三册，205 頁，北京：文物出版社，1988 年。陳劍《釋"出"》，《出土文獻與古文字研究》第三輯，21 頁，上海：復旦大學出版社，2010 年。吳鎮烽編著《商周青銅器銘文暨圖像集成》，第 24 卷 266 頁 13321 號。

⑪ 單育辰《作册嗌卣初探》，《出土文獻研究》第十一輯，26 頁，上海：中西書局，2012 年。按，單文説"擾"的字形可看儠匜。但是，儠匜用爲"擾"的那個字，通常都是釋爲"夒"的。估計單文的意思也是釋作册嗌卣此字爲"夒"，在銘文中讀爲"擾"吧？

⑫ 馬承源主編《商周青銅器銘文選》第三册，95 頁。吳鎮烽編著《商周青銅器銘文暨圖像集成》，第 24 卷 306 頁 13340 號。

之字爲"夒",①李學勤先生並指其字形與九年衛鼎"燹"所從者"相仿"。②

　　清道、咸年間在山東壽張出土、現藏於美國三藩市亞洲美術博物館的"梁山七器"之一小臣俞尊和北宋時在湖北孝感出土、現已失傳的"安州六器"中的兩件同銘中方鼎，有如下地名之字：

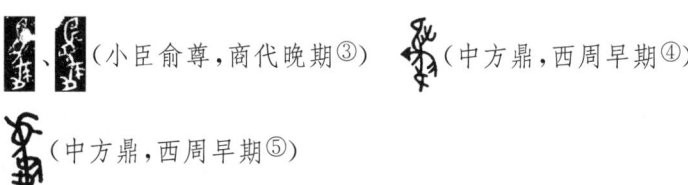

此字又見於陝西岐山周公廟遺址所出1號卜甲第1條卜辭：

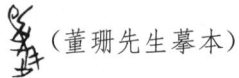（董珊先生摹本）

其形與小臣俞尊之字極爲相近。從辭例看，周公廟卜甲此字亦用作地名。⑥ 這些字既有釋爲"夒"者，也有一些論著參照上引金文"夒"的寫法，⑦取釋"夒"之説。

　　本文第一節已舉出確鑿無疑的"夒"的古文字字形。這裏列舉的殷周青銅器銘文中一般也釋爲"夒"的字，雖與真正的"夒"的頭、足一致（關於足的問題，後文還會講到），但中間的身體部分彼此相差較大，它們恐怕是

---

① 參看麻愛民《牆盤銘文集釋與考證》，44頁，東北師範大學碩士學位論文（指導教師：張世超），2002年。

② 李學勤《論史牆盤及其意義》，同作者《新出青銅器研究（增訂版）》，67頁，北京：人民美術出版社，2016年。按，原文把九年衛鼎誤作五祀衛鼎。

③ 中國社會科學院考古研究所編《殷周金文集成（修訂增補本）》，第5冊3684頁05990號。

④ 同上注所引書，第2冊1419頁02751號。

⑤ 同上注所引書，第2冊1420頁02752號。

⑥ 董珊《試論周公廟龜甲卜辭及其相關問題》，《古代文明》第5卷，254～255頁，北京：文物出版社，2006年；又發表於復旦大學出土文獻與古文字研究中心網，2009年5月4日，後者附有摹本。按此字一開始漏舉，蒙郭永秉先生指示。

⑦ 郭沫若《兩周金文辭大系考釋》釋中方鼎之字爲"夒"，即據其形與大盂鼎"醴""右旁相近"。見其書53頁。

無法被排入"夒"的字形演變序列之中的。所以這些字究竟能否直接釋"夒",仍頗有討論餘地。

不過,從文義看,上引有些字在銘文中讀爲擾亂之"擾"("擾"從"夒"聲,楷書聲旁作"憂",實爲訛體),是十分合適的。如大盂鼎:"有髭(祡)登(烝)祀,無敢擾。"啓卣:"啓從征,堇(謹)不擾。"儼匜記伯揚父使牧牛發誓説:"自今余敢擾乃小大史(事)。"這幾例"擾"甚至難作他想。但是僅憑這一點,還不足以證明這些字就必須釋爲"夒"。

仔細觀察上舉殷周金文所謂"夒",字形大體可分爲兩類。一類以大盂鼎之字爲代表,作雙手垂覆之形(大盂鼎此字左手下省略未畫出"爪"形,參看下文所舉"戁"的III型。也可能是正好被"酉"旁占去了位置的緣故);中方鼎的字形似作背手覆下之形,也可歸爲此類(小臣俞尊、周公廟卜甲之字的字形比較複雜,詳後文)。另一類以九年衛鼎、作册嗌卣、史牆盤、儼匜之字爲代表,雙手垂覆之外,其下還有一些別的東西,即作册嗌卣、九年衛鼎、啓卣中各家視爲"火"者(啓卣第二形左下拓得不大清楚,估計原來應該也有似"火"之物。有人認爲作册嗌卣字形下方還有"卣"或"二'卣'",這可能只是銅鏽或污痕。此銘殘泐不清之處甚多);史牆盤、儼匜各家逕釋"夒"之字,其實它們垂覆的手下也另有"戈"、"卜"之類的構件。下面姑且用"n"作爲前一類字的代號,用"N"作爲後一類字的代號。"N"、"n"是大小寫的關係,"N"這種代號可以表示其形體包含了"n"。

前面講過,甲骨文"夒/猱"作獼猴覆手形,但都是側面的,所以只見單手垂覆,並且畫出身後上翹的短尾。古文字形體正面與側面往往無別,如"大"、"人"二形可以通用,"臼"或"奴"亦可作"廾"等,這是大家都熟悉的。大盂鼎的n作雙手垂覆狀,我認爲就是甲骨文"夒/猱"的正面形象,由於是正面的覆手獼猴,身後的短尾自然就看不到了,其字也應釋"夒/猱"。《殷墟小屯村中村南甲骨》64著録一版無名組求雨卜辭,最下一條有字,《新甲骨文編(增訂本)》已收入"夒"字下。① 其所在之辭雖有殘缺,但

---

① 劉釗等《新甲骨文編(增訂本)》,844頁,福州:福建人民出版社,2014年。

根據辭例可以推斷當是用作先公名的。此字就是垂覆雙手的正面的"夒/猱"字，在卜辭中自可讀為殷先公名"夋"(這也屬於"夒/猱"、"夋""同源分化"後在用法上的交叉)。① 大盂鼎的 n(🖼) 與它無疑是一字，由此可知作正面形象的"夒/猱"亦淵源有自。中方鼎的 n 似為獼猴背手而垂覆，跟甲骨文"夒/猱"也應是一字異體。下面馬上會講到，卜辭中一般隸定為"戛"的字，既有單手倒提斧鉞的，也有雙手倒提斧鉞的，還有背手倒提斧鉞的，情況與此相似。

既知 n 當釋為"夒/猱"，N 便可看作"夒/猱"手中有所提持。我認為這樣的 N 應該就是殷墟甲骨文屢見的"戛"字，只是字形已有所變化；在卜辭中，作為殷先公名的"戛"正與"夋"通用。以下試作論證。

殷墟甲骨文"戛"，見於典賓類、賓出類、歷組(歷組一類、二類)、無名組等卜辭。② 現依其手形的不同，各舉數例字形以示：

Ⅰ. a 🖼、b 🖼、c 🖼、d 🖼

Ⅱ. a 🖼、b 🖼

Ⅲ. a 🖼、b 🖼、c 🖼、d 🖼、e 🖼、f 🖼、g 🖼、h 🖼、i 🖼

Ⅳ. a 🖼、b 🖼

跟上面講的 n(包括 N 所從的 n)比較一下，可以斷定"戛"字實從"夒/猱"而非"夋"。所以隸定此字為"戛"，嚴格說來是不準確的。不過這一隸定方法所用較廣，為了稱引的方便，下文仍加以沿用。

---

① 《合》30403 是一版無名組殘辭，其上有 🖼 字，用作先公名，李宗焜《甲骨文字編》376 頁歸在"夋"字條之末。此字垂覆之手下可能還有倒提的斧鉞之形，實為下文所講的"戛"，至少不能完全肯定必為"夒/猱"。

② 參看李宗焜《甲骨文字編》，376～377 頁。

"戠"字中"䇂/柔"所提斧鉞是倒的，倒寫的形體一般不能獨立成字，因此極易發生訛變，例如Ⅲi的斧鉞已簡化爲"戈"，Ⅲh變成似"刀"之形，Ⅱb乾脆只剩下了"柲"。史牆盤Ｎ右手下的■、儠匜Ｎ右手下的■，正象"戈"、"柲"形，應該就是由斧鉞形省訛而成的。儠匜Ｎ左手下的"卜"形，則是"柲"形的進一步簡省。九年衛鼎Ｎ右手下的■，也是極簡的倒"戈"、"柲"形；其左手下的■，很像是不納柲的斧鉞。在斧鉞中加兩點，與甲骨金文中寫作■、■、■等形的常用爲"歲"的"戉（鉞）"字一致。①于省吾先生認爲這"上下二點""表示斧刃上下尾端回曲中之透空處"。②試將此類"戉"字去掉"柲"後橫置，一望可知就是九年衛鼎Ｎ左手所提的東西（又可參看康侯鉞、曾伯陭鉞等器形）。作册嗌卣Ｎ右手下的■，左右也有兩點，是綫條化的戈鉞（大概本是鉞，故保留了兩點，但鉞形已變得近乎戈）。啓卣Ｎ左手下亦是此物。這種加了點的斧鉞的簡化形體，如果不聯繫上甲骨文"戠"字中的倒斧鉞形溯源以觀，的確很容易被誤認爲"火"。

【編按：《商周青銅器銘文暨圖像集成三編》1139號著録一件私人收藏的西周中期器魚卣（上海：上海古籍出版社，2020年），卣銘"魚不擾"的"擾"作■，其所从"火"形亦是不納柲的鉞的訛變，且被挪到了左上方。《清華大學藏戰國竹簡（拾）·四告》簡3："王所立大正、小子、秉典、聖（聽）任、虞（虎）士，廼豐淫挽（佚）尻（處），弗明乎（厥）服，煩辝不延（正）……"整理者釋"煩"之字作■，應由作册嗌卣、九年衛鼎、啓卣、魚卣等"戠（擾）"省變而來，並非真正的"煩"["藤本思源"（網名）《清華十〈四告〉初讀》第49樓發言，簡帛網"簡帛論壇"，2020年11月23日]。《四告》整理者引《周禮·小司寇》"五聲聽獄訟，求民情。一曰辭聽，鄭注"觀其

---

① 參看李宗焜《甲骨文字編》，912～914頁；董蓮池《新金文編》，上冊152～153頁。
② 于省吾《甲骨文字釋林》，68頁，北京：中華書局，1979年。

出言，不直則煩"，作爲釋讀此句爲"煩辭不正"的依據。今按，《周禮·秋官·小司寇》之文原作"以五聲聽獄訟，求民情：一曰辭聽，二曰色聽，三曰氣聽，四曰耳聽，五曰目聽"，鄭玄注所謂"觀其出言，不直則煩"，是就"辭聽"而言的，意思是説聽獄訟之官看訴訟者陳述時的神情，如果他們不實話實説就會表現出煩躁。但簡文的"煩辭不正"是就"王所立大正、小子、秉典、聽任、虎士"等執政者的所作所爲而言的，這跟獄訟者出辭"不直則煩"顯然不能强行比附。簡文此句當讀爲"擾治不正"，"擾"亦"擾馴"、"教擾"之義，"治"意指"治理"。這是説"王所立大正、小子、秉典、聽任、虎士"這些執政者擾馴教導、治理政事都不當、混亂不堪。《逸周書·武稱》："岠嶮伐夷，併小奪亂，□强攻弱而襲不正，武之經也。"朱右曾《校釋》："不正，猶言無政。""擾治不正"當然可謂之"無政"。"擾治不正"正是執政者只知淫逸安樂、"不明厥服"的結果，前後邏輯貫通。】

史牆盤 N 左手下的 ![字], 跟上舉小臣俞尊、周公廟卜甲之字背到身後的 ![字]、![字]，當是同一東西。孫詒讓認爲 ![字] "象手形"。① 若此，這種特殊的覆手形，也許可以認爲是 ![字]、![字] 兩種不同方向的覆手的糅合。啓卣 N 右邊的 ![字]，上爲 ![字]，下爲 ![字]（見Ⅰb、Ⅱb、Ⅲd、Ⅲe、Ⅲf），也是兩種不同視角的覆手形的糅合。不過，朱芳圃在林義光"象其尾"説的基礎上，認爲小臣俞尊此字象手持旄牛尾。② 其説似於形更切。若此，史牆盤 N 就作一手提斧鉞、一手操旄牛尾，小臣俞尊、周公廟卜甲這個字也不屬於 n 而屬於 N 了。

即使不算史牆盤的 N，至少還有啓卣、作册嗌卣二例 N 可分析爲"獿/猱"的左手或右手倒提一斧鉞或戈，這與甲骨文"戮"的構形密合。甲骨文"戮"多數爲一手倒提斧鉞，但也有如Ⅳ類字形，作兩手合力倒提斧鉞的。九年衛鼎、儳匜 N 兩手各提一斧鉞或戈，與Ⅳ類"戮"字相近，或即

---

① （清）孫詒讓《古籀餘論》，《古籀拾遺　古籀餘論》，16～17頁；《名原》上，戴家祥點校，《契文舉例　名原》，241頁。
② 朱芳圃《殷周文字釋叢》，148頁，北京：中華書局，1962年。

"夒"的繁體。

卜辭中的"夒"，凡作名詞用者，皆爲祭祀、禱告、祈求的對象。① 魯實先先生認爲"夒""乃夒之繁文"，②連劭名先生也把"夒"當作"夒"的另一種寫法。③ 上文已指出，"夒"實際上是從"夒/猱"的；魯、連二氏未能分別"夒/猱"、"夒（羞）"，因有此誤。"夒"也不是"夒"的"繁文"或異體。但他們畢竟已指出"夒"與"夒"的聯繫，這是值得肯定的。

裘錫圭先生明確指出，"'夒'與卜辭中屢見的、有時被加以'高祖'之稱的'夒'，應指同一先祖，二字應是同一人名的異寫"。④《合》30318："即又（右）宗夒，又（有）雨。"《合》30319："貞：王其酻（酒）夒于又（右）宗，又（有）大雨。"裘先生說"對照此二辭"，"可得出'夒'、'夒'是一人的結論"。⑤ 其說可從。此外，把《合》14375"貞：往于夒，虫（有）从雨"與《合》34182"癸巳卜，往夒，以雨"對照一下，也可看出"夒"、"夒"應是一回事。

但是，前人也有主張"夒"、"夒"非一人的，蔡哲茂先生近撰《說殷人的始祖——"夒"（契）》（以下簡稱"蔡文"）竭力證成之。⑥ 蔡文反對"夒"、"夒"爲同一先祖的主要理由有二：一是字形上，他認爲"'夒'（引者按：一般隸定爲'夒'之字，蔡文隸定爲'夒'。下同）字的結構與'夒'（高祖夒）完全不同，一象人持斧鉞攻擊狀，一象獼猴之形，不可能爲同一字"。關於這一點，我們在前面已有分析，不必重複。應該說，"夒"、"夒"的字形都與"夒/猱"有關，並非"完全不同"。二是辭例上，蔡文舉出如下兩版卜辭：

---

① 有關辭例，蔡哲茂《說殷人的始祖——"夒"（契）》有詳列，可以參閱。蔡文出處見後文注。
② 魯實先《殷契新詮》上冊《釋夒》，《魯實先先生全集》1，233頁，臺北：黎明文化事業股份有限公司，2003年。
③ 連劭名《甲骨刻辭叢考》，《古文字研究》第十八輯，74頁，北京：中華書局，1992年。
④ 裘錫圭《釋〈子羔〉篇"䤔"字並論商得金德之說》，《裘錫圭學術文集·簡牘帛書卷》，498頁。
⑤ 同上注。
⑥ 蔡哲茂《說殷人的始祖——"夒"（契）》，復旦大學出土文獻與古文字研究中心網，2010年2月24日。初稿發表於《高明教授百歲冥誕紀念學術研討會》，335～352頁，臺北：政治大學中文系，2009年10月。下引蔡說見於此文者，不再出注。

(1) 壬戌貞：☐于高夒。
　　☐貞：☐祼☐戠☐牛。(《合補》10645＝《合》33228＋34174)
(2) ☐貞：☐戠☐五牛。
　　☐高酚(酒)☐燎五牛。(《合》34179)

他認爲(2)的"'高'應爲'高夒'的省略,而'高夒'即'高祖夒'的省略,從高夒與戠同見一版可知,應非一人"。此説亦可商榷。

殷墟卜辭在提到祭祀對象時,把世次居前的、跟時王的血緣關係比較疏遠的某些先祖稱爲"高",把世次晚於"高"的有些先王稱爲"毓"。① 單用的"高"、"毓"可以是集合名詞。"高"、"毓"也可以冠於某位具體的先祖名之前,以表示他與時王的血緣遠近關係。"夒"有時被冠以"高祖",所以(1)的"高夒"的稱呼是可以成立的,説明先祖夒屬於"高"的範圍。但(2)的"高"大概不會如蔡文所説是"高夒"的省略。從時王角度來論,凡屬於"高"的範圍的所有先祖,都可以稱作"高",如卜辭有"尞高"、"尞于高"、"高用"、"其高祝"等語,②"高"不必非專指"高祖夒"不可。(2)中"高"與"戠"並見,這裏的"高"所指的那些先祖,可能是把"戠"排除在外的,也可能包括"戠"而言。無論如何,按照我們所同意的"夒"、"戠"爲一人的看法,(2)的"高"與(1)的"高夒"當指不同或不完全相同的祭祀對象。

回過頭來再説(1)。此版綴合之後仍殘缺嚴重,僅僅根據辭例,是無法斷言"高夒"與"戠"不能指同一先祖的。(1)屬歷組二類卜辭,我們知道歷組卜辭的用字在所有殷墟卜辭中比較混亂。例如"生月"之"生"這個詞,歷組用"木"、"林"二字表示。③ 歷組卜辭表示"登祭"之"登"時,既可以用一般的"昇"(此字又有幾種異體),也可以用登上的"登"。④ "昇"、"登"雖非一字,但從字形看,二者顯然是有聯繫的。這跟我們討論的

---

① 裘錫圭《論殷墟卜辭"多毓"之"毓"》,《裘錫圭學術文集・甲骨文卷》,408～410頁。
② 參看裘錫圭《論殷墟卜辭"多毓"之"毓"》,《裘錫圭學術文集・甲骨文卷》,409頁。
③ 裘錫圭《釋"木月""林月"》,《裘錫圭學術文集・甲骨文卷》,338～343頁。
④ 參看王子楊《甲骨文字形類組差異現象研究》,41～42頁,上海：中西書局,2013年。

"夒"、"戛"二字的關係較爲相似。甲骨文"執"、"夲"二字都可以表示拘執之"執",且二字亦有同版甚至同辭並見之例。① 所以(1)在指稱高祖夒時,"夒"、"戛"二字並用,不足爲奇。還可注意的是,出現"高祖夒"這樣的稱呼的時候,"夒"一律寫作"夒",從不作"戛"或"獶/猱"。也就是說,先祖"戛"之前未見有加以"高祖"之稱的。"高夒"的稱呼與"高祖夒"相類,而與直接稱先祖名"夒"者不同。我懷疑殷先公夒之名,卜辭中雖存在幾種字形上彼此相關的寫法,但當時似以"夒"爲其標準或法定用字,因而在冠以"高祖"或"高"這種正規的稱謂(類似於後世的廟號)時,就只用"夒"而不用"戛"、"獶/猱",徑稱其名時,則用"夒"、"戛"或"獶/猱"比較隨意。(1)中"高夒"用"夒"、單稱用"戛",可能就是這種情況的反映。

蔡文同意前人以"戛"爲殷始祖"契"的觀點,並從于省吾《殷契駢枝》説釋"戛"爲"夒",認爲"夒"、"契"音近可通。此説在字形和字音兩方面都有問題。先説字音。殷人始祖"契/偰",古書或作"离";從出土戰國竹簡資料看,當時就用"离"或從"离"聲之字記録"契/偰"。② 從"离"聲之字在楚簡中還表示"竊"、"察"等詞,可知殷始祖"契/偰"的讀音當與"竊"、"察"相近("竊"、"察"的聲幹都是 *tsʰ-,韻部都屬於主元音爲 e 的"月 2"③)。"契"的聲母與"竊"、"察"非同系("契"是溪母 *kʰ-),本難相通;殷始祖名寫作"契/偰",當是語音演化之後才出現的用字方法(*k-或*kʰ-加 s 冠音,中古亦變入精組,方與"离"同音)。就算上古"契"已有"私列切"一讀,所以典籍多作"契"或"偰",其音也早與溪母的"契"分道揚鑣。以下爲求精確,殷始祖名就用"离"字表示。"夒"是見母質部字,與"离"聲、韻皆不合,恐無相通之理。再説字形。郭店簡《成之聞之》引《尚書·康誥》"不率

---

① 參看梁月娥《據新出竹簡考釋甲骨文裏幾個表示"執"的字形和辭例》,《簡帛》第十一輯,1~16 頁,上海:上海古籍出版社,2015 年。
② 參看蘇建洲《試論"离"字源流及其相關問題》,李宗焜主編《古文字與古代史》第五輯,545~573 頁,臺北:"中研院"歷史語言研究所,2017 年。
③ 鄭張尚芳《上古音系(第二版)》,446、364 頁,上海:上海教育出版社,2013 年。按聲母構擬與鄭張稍有不同。

大戛"之語,簡文"戛"作"暊"(簡38)。① 陳劍先生在爲"郭店楚墓竹簡研究"項目所寫的未刊稿《〈君子之於教〉(舊名〈成之聞之〉)釋文與注釋》中指出:"暊"當分析爲從"日"、"頁"聲,西周金文卯簋蓋、宆鼎等銘"拜手頡首"之"頡"就寫作"頁"(引者按:《商周青銅器銘文暨圖像集成續編》0979號所收西周中期的芮伯盉,"頡首"之"頡"亦作"頁"。看此書第三卷346頁),"頡"、"戛"古音相近,"頁"舊有"胡結切"之音,與"戛"音尤近,"戛"字"很可能也應該是從'戈'從音'胡結切'之'頁'字異體'旨'得聲"。其說甚確。《說文·十二下·戈部》以"戛"爲"從戈、從百"的會意字,恐怕是靠不住的。所以,即使"戜"字中的倒斧鉞形後來變成了"戈",其所從的"夒/猱"跟讀"胡結切"的"頁"也難以牽合。何況"戜"根本不像是一個形聲字。

總之,殷卜辭中的先祖"夒"、"戜"爲同一人名的異寫的說法,是可以信從的,蔡文提出的反對理由都不能成立。我們認爲西周金文 N 就是"戜"字,在啓卣、儚匜中,N 用爲擾亂之"擾";《合》5476:"丙戌卜,爭,貞:受不乍(作)夒,由王事。"蔡哲茂先生指出"夒"當讀爲擾亂、困擾之"擾"。② "夒"、"戜"都有用爲"擾"之例,可與卜辭"夒"、"戜"指同一先祖名的情況互證。

我們還可以從字形上爲"戜"讀"夒"、"柔"之音提供一條可能的綫索。郭店簡《六德》簡31~33有一段話可與《五行》有關文句對讀,其中與《五行》的"柔"相當之字,《六德》兩見,作如下之形:

🖼(簡31)　🖼(簡32)

關於此字的考釋,衆說紛紜,沒有必要在此詳細徵引。諸說之中,最值得重視的是陳劍先生在其《郭店簡〈六德〉用爲"柔"之字考釋》一文(以下簡

---

① 荊門市博物館《郭店楚墓竹簡》,圖版52頁,釋文注釋168、170頁,北京:文物出版社,1998年。

② 蔡哲茂《釋甲骨文的地名"夒"》,宋鎮豪、段洪志主編《甲骨文獻集成》第十四册,347~348頁,成都:四川大學出版社,2001年。關於此辭的正確理解,參看陳劍《釋"山"》,《出土文獻與古文字研究》第三輯,21頁。

稱"陳文")中提出來的一個非正式的意見。陳文在引了裘錫圭先生提示他的郭店簡殘簡第 5 號中如下一個當讀爲"柔"的字之後：

用括注的形式加了一條"補記"：

  也許此字和"䚡"（引者按：此即陳文對上舉《六德》讀爲"柔"之字的隸定）本來都跟"夒"字有關。①

此説極有啓發性。我推測，郭店簡殘簡中讀爲"柔"的那個字，大概就是"夒/猱"的初文：其"首"形與小臣俞尊、周公廟卜甲、中方鼎以及作册嗌卣、啓卣"夒/猱"的頭部頗似，只是省去了垂覆的雙手（"人"形的左邊一筆，有可能是省去"爪"形的手臂的殘留），最下"一足"（止）的特徵仍予以保留。"企（跂）"字由古文字 變至小篆 ，不但橫寫的止形"ㄓ"變爲普通的"止"，身體也與足趾分離開來，跟這裏所説的"夒/猱"的變化最爲貼合。甲骨金文"履"字最下的"ㄓ"，在戰國楚簡文字裏也變爲普通的"止"，亦可參照。【編按：《清華（拾）·四告》第三篇簡 34"余畏作文王羞"的"羞"作 ，當與郭店殘簡用爲"柔"之字爲一字，亦"夒/猱"之初文的變體〔參看蘇建洲《清華簡〈四告〉考釋三則——"夒"、"盍"、"到"》，《中國文字》2022 年夏季號（總第七期），93～98 頁，臺北：萬卷樓圖書股份有限公司，2022 年。按蘇文逕釋爲"夒"，跟我們的看法有所不同〕。】《六德》讀爲"柔"之字，則有可能是"覤"字的訛變。跟殘簡讀爲"柔"的"夒/猱"字一樣，此"覤"字也省去垂覆的雙手，而且連"一足"（止）也一併省略，只留下了身體（"人"形的左邊一筆，也有可能是省去"爪"形的手臂的殘留）；本文開頭部分所舉毛公鼎的"夒（羞）"字也已省去"一足"（止）形，可見這並非孤例。《六德》此字左下方的 ，也許竟是由九年衛鼎 之類的斧鉞形

---

① 陳劍《戰國竹書論集》，104 頁，上海：上海古籍出版社，2013 年。

變來的？郭店殘簡與《六德》這兩個用爲"柔"的字，其字形都以"㫃"及其下身體爲主，陳文所引裘錫圭先生的提示，已指出二者"在整體上顯然也有不可忽略的明顯聯繫"。① 這跟"夒/猱"與"夔"字形上的聯繫，也正相符。由於《六德》那個字用爲"柔"是毫無疑問的，如果我們對其字形的分析合乎事實，"夔"與"夒"、"柔"讀音相近這一點，就可以更加肯定了。

我們在前面已經表示了不同意"夔"是"夒"的"繁文"或異體的態度。前人所以有此看法，是因爲他們篤信"夒"即"夒/猱"之古字的舊説。如將此點改正，他們的看法還是相當合理的。劉桓先生割裂"夔"與"夒/猱"、"夒"的關係，固然不妥；但他據"夔"的字形，認爲"夔""分明就是"《國語·晋語二》所載"人面白毛，虎爪執鉞"的"蓐收的形像"，②則是有道理的，其説已得到學者們的認可。不過，從甲骨文字形看，"夔"本爲獼猴覆手執鉞的形象，《國語》所謂"人面"、"虎爪"，當是傳説有所演變的結果。③ 連劭名、裘錫圭先生都曾説過，商先祖名"夒"即"蓐收"的合音；④裘先生又疑"也有可能'蓐收'是由'夒'音分化而成的"。⑤ 既然"夒"、"夔"之名已見於殷墟甲骨卜辭，"蓐收"爲"夒"音之分化説似更可取。商先祖"夒"作爲"天之刑神"，本是手執斧鉞的獼猴，所以應該把"夔"字看作"夒/猱"的"繁文"；或者參考姚孝遂先生對"夒/猱"、"夒（羞）"二字關係的表述，"夒/猱"與"夔"也可認爲屬於"同源分化"。

前面提過高田忠周認爲毛公鼎"夒"是"擾"的"異文"，他又懷疑"夔"

---

① 陳劍《戰國竹書論集》，104 頁。按，陳文不認爲《六德》那個字的右下部分是"夒/猱"的身體，而認爲是"刀"，與我們的看法不同。李家浩先生對這兩個字的具體考釋，我們並不同意，但他指出《六德》讀"柔"之字"所从'刀'字形，實際上就是'人'"，則可從。李説見《關於郭店竹書〈六德〉"仁類薆而速"一段文字的釋讀》，《安徽大學漢語言文字研究叢書·李家浩卷》，255 頁，合肥：安徽大學出版社，2013 年。

② 劉桓《殷契新釋》，51~52 頁，石家莊：河北教育出版社，1989 年。

③ 連劭名先生指出："自五行思想盛行，以四神配四方，東方蒼龍，南方朱雀，西方白虎，北方玄武，故神亦變幻其形，蓐收則變爲白毛虎爪，但手執大鉞爲天之刑神，仍與商代無異。"這是十分精闢的見解。連説見《甲骨刻辭叢考》，《古文字研究》第十八輯，74 頁。

④ 連劭名《甲骨刻辭叢考》，《古文字研究》第十八輯，69 頁。裘錫圭《釋〈子羔〉篇"銫"字並論商得金德之説》，《裘錫圭學術文集·簡牘帛書卷》，498 頁。

⑤ 同上注所引裘文。

亦"上文擾異文"。① 魯實先先生在以"戟"爲"夒之繁文"之餘,也説"即擾之古文"。② 他們這種把"戟"跟"擾"加以聯繫的觀點,值得考慮。不過,高田忠周和魯實先都釋"戟"爲擾亂、侵擾之"擾",卻不妥當。"戟"既爲商之先祖,又是天神,他的名號怎麼可能代表擾亂、侵擾這類不好的意思呢? 連劭名先生解釋"戟(即蓐收)"的字形説:"西方金神又爲刑神,秋季陰氣漸興,肅殺之氣應時而起。因此,古代多於秋冬處理刑獄,順應時節,故夒字加戈旁就是出於這種思想。"③《國語·晉語二》記虢公夢蓐收,史嚚占之,謂蓐收乃"天之刑神也",故連氏有"戟"字加"戈"旁表示"處理刑獄"的想法。韋昭爲"天之刑神"句加注云:"刑殺之神也。"把古代所謂的"刑殺"只理解爲處理刑獄一件事,未免太過狹窄。《禮記·王制》:"諸侯賜弓矢然後征,賜鈇鉞然後殺。"實際是以斧鉞象徵專殺之權。郭永秉先生提醒我,"夒/猱"手提斧鉞以掌刑殺,應表示擾馴之"擾"。其説可從。甲骨卜辭中用作動詞的"戟",如"乎(呼)戟舌方"(《合》6300、6301、6302、6303、6304 等)、"令戟方"(《合》6745 等),連劭名先生讀爲"擾",引《周禮·地官·序官》"以佐王安擾邦國",鄭玄注:"擾,亦安也。"④商王呼令人"擾"方國,當指通過刑殺征伐的手段訓嚇之,使其順服,終致安定。《周禮·天官·太宰》:"二曰教典,以安邦國,以教官府,以擾萬民。"賈公彥疏:"擾則馴順之義也。"《周禮》以教典擾馴萬民,顯然是"明德慎罰"、"以文化之"思想興起之後的產物。在這種"文明"盛行之前的商代,大概主要就靠掌握刑殺來"擾民"的。不過,上舉小臣俞尊、周公廟卜甲"戟"似象背手操旄牛尾。古代舞者持牛尾爲翳,主施教化的樂正即兼教樂舞,尊銘、卜甲"戟"字已露以"文"擾衆之意。史牆盤"戟"左手操尾、右手持鉞,更含德、刑並施的思想。當然這種字形較少見,不占主流。可能在商人的傳説中,商先祖夒(獿/猱)本是"在帝左右"專司刑殺以擾馴民衆的神猴,所以"獿/猱"的繁文"戟"同時用作擾馴之"擾"字,是很自然的事情。

---

① 高田忠周《古籀篇》,第 3 册 1400 頁。
② 魯實先《殷契新詮》上册《釋夒》,《魯實先先生全集》1,233 頁。
③ 連劭名《甲骨刻辭叢考》,《古文字研究》第十八輯,74 頁。
④ 同上注所引書,75 頁。

上舉使用 N（即"戁"）的西周金文,作册嗌卣、九年衛鼎、史牆盤三例當如何釋讀,還未涉及。由於這幾例文義的限定性不強,或上下文有難字未得確釋（如作册嗌卣的"娣"、史牆盤的"九"或"亢"）,意思也不够清楚,這裏只能提一些推測性的意見,有待於繼續研究。

九年衛鼎的"戁"用於賞賜物,此處各家斷句不一,我們同意"戁幸"連讀的斷法。唐蘭先生雖誤釋"戁"爲"燸（糅）",但他認爲此字在銘文中"當通鞣,是製成的柔軟的皮革",①從文義看比較合適。下一字"幸",據冀小軍先生研究,當讀"禱"一類音。② 在此似可讀爲"幬"。《考工記·輪人》:"進而眂之,欲其幬之廉也。"鄭玄注:"幬,幔轂之革也。"位於"戁幸"之前的賞賜物爲"虎幎","幬"與它恰爲一類。"鞣幬"可能指由柔軟的熟皮充當的蒙覆車轂的皮革。也有可能"戁"就讀爲"柔","柔幬"指柔軟的蒙覆車轂的皮革。【編按:"幸"釋讀爲"禱"之説恐不可信,我們讀九年衛鼎"幸"爲"幬"亦無據,應取消。】作册嗌卣銘文頗不易懂,單育辰先生近來作過較好的研究。③ 按照單氏的解讀,卣銘講的是作册嗌的兒子已死,所以也没有孫子,嗌鑄卣祈求先人與神靈保佑能有後代,使後嗣不絶。④ 銘文在講過嗌子先死,"亡子子,引（矧）有孫"之後（按,"子子"與"孫"對舉,承前"作册嗌作父辛尊,厥名宜曰:'子子孫寶。'"而言）,有"不敢娣戁"一句。單育辰先生讀爲"不敢夷擾","可能是'不敢安悦'的意思"。⑤ 然而"擾"之訓"安",實是"使他人安"、"使他人馴順"的意思,從來不會有人以此種"擾"自况的。竊疑"戁"當讀爲擾亂、困擾之"擾",與前引卜辭"不作擾"、啓卣"謹不擾"之"擾"同意。銘文可能是説作册嗌不敢因爲没有子孫而給宗族或先人帶來困擾。史牆盤的"戁"字見於講時王（周恭王）的一段。其文云:"上帝司戁九（? 亢?）保,受（授）天子綰令（命）、厚福、豐年……"度

---

① 唐蘭《陝西省岐山縣董家村新出西周重要銅器銘辭的譯文和注釋》,《唐蘭全集》第四册《論文集》下編,1805 頁,上海:上海古籍出版社,2015 年。
② 冀小軍《説甲骨金文中表祈求義的幸字——兼談幸字在金文車飾名稱中的用法》,《湖北大學學報（哲學社會科學版）》1991 年第 1 期,35～44 頁。
③ 單育辰《作册嗌卣初探》,《出土文獻研究》第十一輯,24～31 頁。
④ 同上注所引書,29 頁。
⑤ 同上注所引書,26 頁。

其意,大抵是説上帝考察了當時的統治,然後授予天子福禄永命。疑"司戜"、"九(？ 亢？)保"皆動賓結構,或者至少"司"應是動詞。"戜"與"保"相對,似當讀爲擾馴或安撫義的"擾"。"司擾"的"司",與清華大學藏戰國竹簡《命訓》所云"夫司德司義"、"或司不義"(簡2)的"司"字(指"司義"、"司不義"之"司")用法一致,可訓爲察視之"察"(此種"司",字書裏有專字作"覗")。"司擾"意謂上帝察視統治者馴服、安順下民或衆邦國的情況。從古代有關文獻看,上帝一般都是派遣使者下到人間視察或賜福降禍的(如上舉《命訓》之"司德"),史牆盤銘的"司擾者"應該也是某位神,由它代表上帝行事。

三

還有幾個跟"夒"有關的字的問題,有必要在此交代一下。

一個是西周金文所用習語"柔遠能邇"的"柔"字。此字在目前看到的金文裏大致有如下寫法:①

　　(大克鼎,西周晚期)　　　　(番生簋蓋,西周晚期)

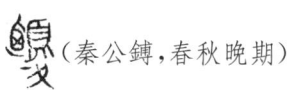

　　(逨盤,西周晚期)　　　　(秦公鎛,春秋晚期)

秦公鎛此字用爲"柔燮百邦"之"柔",辭例有些不同,所表之詞則一。

此字左半有"西"、"囟"、"卣"、"迺/廼"等多種隸定,右半則一般都隸定爲"夒"。上文説過"夒"必作獼猴掩面狀,此字右半作雙手捧舉狀,與"夒"的特徵不類。不過,捧物者的頭、足確與"獿/猱"相近,再考慮到"柔"與"夒"、"擾"的緊密聯繫,此字右半也是從"獿/猱"字分化出來的可能性,當然不能排除。② 此字左半,大克鼎、秦公鎛二例與"迺/廼"形相合。古

---

① 董蓮池《新金文編》,上册711頁。
② 殷墟甲骨文有▢字,好幾位學者釋爲"履"。但陳劍先生指出此字與西周金文"履"字字形難合,釋"履"恐有問題[陳劍《金文字詞零釋(四則)》,《古文字學論稿》,138頁,合肥:安徽大學出版社,2008年]。林宏明先生推測甲骨文此字與郭店殘簡5號簡(轉下頁)

文字中表示盛物器的"皿"或"口",有時省成"⌣","迺/廼"字即屬其例。① 所以此字字形可解釋爲雙手捧舉用器皿盛放之物進獻;番生簋、述盤二例可能是把代表器皿的"⌣"省略了,也可能直接捧物進獻。頗疑此字是"進獻"義的"羞"的表意初文。一般認爲"羞"字就是爲"進獻"義所造的,那麼這個用爲"柔"之字似可視爲羞進之"羞"的異體。"迺/廼"、"羞"聲韻皆近,此字以"迺/廼"爲進獻之物,大概多少有些兼表讀音的作用。②【編按:"迺/廼"器皿中所盛之物疑即"腦"的表意初文,象腦髓之形(參看楊樹達《積微居金文説・新識字之由來》,7頁)。"腦"與"夒"、"柔"、"羞"音近。"迺/廼"讀之部音,可能是虛詞弱讀。】

有一件西周晚期簋,器主名首字作[字形],③構形與上引用爲"柔"之字頗爲相似,象雙手捧舉"玉"以進獻,不知是不是羞進之"羞"的另一異體。此字與金文屢見的從"玉"的"玥(揚)"字也有相似之處。④ "奉揚"、"對揚"之"揚",義與進獻之"羞"亦可比較。

另一個是"憂"字。《説文》分"憂"、"𢘽"爲二字,以後者爲憂愁之"憂"的本字(實則以"恁"、"愛"一字例之,"𢘽"、"憂"大概也是一字)。大徐本

(接上頁)"剛柔"之"柔"爲一字,在《合》33283 中亦當讀爲"柔","'弜柔惠丙'指不要在柔日舉行,而在丙日"(林宏明《醉古集》,141 頁,臺北:萬卷樓圖書股份有限公司,2011 年)。今按,關於郭店殘簡讀爲"柔"之字的來歷,上文已有説明;不過甲骨文此字與"夒/獿"確很相似,卜辭中讀爲"柔日"之"柔"也有一定的道理。竊疑此字是在"夒/獿"所從的"止(足)"下加一指事符號,表示以足踐踏之義,乃"蹂"的初文。《説文・十四下・内部》以"内"爲"蹂"之本字,並謂其本義爲"獸足蹂地也"。現在大家知道"内"實非獨立之字,所以《説文》對"蹂"之本字的説法已可取消。甲骨文這個我們懷疑是"蹂"之初文的字,亦從"夒/獿"字派生出來,並取"夒/獿"的讀音。"蹂"既從"夒/獿",則《説文》所謂"獸足蹂地"的本義倒還可用。【編按:袁倫强《甲骨文"履"字補釋》指出,甲骨文此字仍以釋"履"爲妥,"止(足)"加一筆表示"踐履"之義,上作"眉"形以表字音(《出土文獻》2022 年第 2 期,43〜50 頁)。本注所言多不確,應刪棄。】

① 參看裘錫圭《從殷墟卜辭的"王占曰"説到上古漢語的宵談對轉》,《裘錫圭學術文集・甲骨文卷》,486〜487 頁。
② 朱芳圃雖亦誤以此字右半爲"夒",但已指出"迺/廼"、"夒"音近。説見《殷周文字釋叢》,61 頁。
③ 中國社會科學院考古研究所編《殷周金文集成(修訂增補本)》,第 4 册 2798 頁04411 號。
④ 參看董蓮池《新金文編》,中册 1604〜1611 頁。

謂"息""从心、从頁"會意。過去的説文學家已據《韻會》等材料，指出"息"當从"頁"聲，"頁"即"百"、"首"字。① "首"、"憂（息）"皆幽部，中古都是開口三等字；聲母亦密切相關。② 以"頁（首）"爲"憂"的聲旁是合乎音理的。

本文開頭所講的商周金文中的"夒"字，過去往往誤釋爲"憂"。後來不少人雖承認字當釋"夒"，但仍讀爲"憂"。主張此種釋讀的人裏，不乏頗有影響力的學者。③ 加之从"夒"之字在隸楷中多訛變作从"憂"，這就導致有些古文字研究者誤以爲"憂"字是从"夒"得聲的。④ 事實上"夒"、"憂"聲母相隔較遠，無從相諧。戰國早期的中山王墓所出好盜壺"息（憂）"字明顯从"頁"；⑤新出春秋晚期的曾侯鐘"以憂此䱷寡"的"憂"字，也寫作"息"，"百"、"心"之間的筆畫大概是"人"形的訛變。⑥ 晉璽中常見人名"去痼"，"痼"字亦單用。⑦ 現在大家都從陳漢平先生的考釋，以"痼"爲"憂字古文異體"，⑧這更是"憂"从"百（首）"聲的明證。戰國楚簡中，

---

① 丁福保編纂《説文解字詁林》，10516～10518 頁。按，古文字中的"頁"當有"首"、"稽"二讀。

② 張富海先生告訴我，"首"的聲母可擬作 *l-，"憂"的聲母可擬作 *ql-/ʔl-，二者很近。

③ 郭沫若《毛公鼎之年代》，《金文叢考》，《郭沫若全集・考古編》第五卷，554 頁；李孝定《金文詁林讀後記》，220～221 頁，臺北："中研院"歷史語言研究所，1982 年；陳世輝《懷念于省吾先生》引于省吾説，《古文字研究》第十六輯，18 頁，北京：中華書局，1989 年；黄錫全《湖北出土商周文字輯證》，24 頁，武漢：武漢大學出版社，1992 年。

④ 在新近發表的一些古文字研究文章中，不時可見此説。例如李春桃《夒膚瑚銘文新釋》説"'憂'字其實就是從'夒'字演變而來"，"金文中的'憂'字或从夒得聲"，並認爲作"息"之"憂"字，"上部實从'夒'字省體"（《古代文明》2015 年第 4 期，57 頁）。實際上是把"頁（首）"誤等同於"夒"了。又如劉雲、袁瑩《釋清華〈越公其事〉之"憂"字》也認爲"夒"、"憂"音近可通，他們把清華簡《越公其事》簡 46 中一個與"慼"連言的从"心"之字的聲旁釋爲"夒"，並謂此字就是"憂"的異體（《漢字漢語研究》2018 年第 1 期，37～38 頁）。其説非是。《越公其事》這個从"心"之字的聲旁，"斯行之"（網名）已指出其左半爲"畐（即'痼'的音符）"；此聲旁之字从"頁"、"畐（痼）"聲，我認爲可能就是"顰（顰）"的異體，簡文中當與"慼"連讀爲"顰慼"（《清華七〈越公其事〉初讀》帖子第 18 樓，簡帛網"簡帛論壇"，2017 年 4 月 23 日）。

⑤ 董蓮池《新金文編》，上册 710 頁。

⑥ 吴鎮烽編著《商周青銅器銘文暨圖像集成續編》，第 3 卷 420 頁 1025 號。

⑦ 參看湯志彪《三晉文字編》，1180～1181 頁，北京：作家出版社，2013 年。

⑧ 陳漢平《古文字釋叢》，《出土文獻研究》第一輯，237 頁，北京：文物出版社，1985 年。

"憂"就寫作"𢝊",所從"頁"或省作"首";①另有一個从"心"、"䏡"聲的字,用爲羞恥之"羞";單獨的"䏡"字也用爲"羞",此外還用爲"擾"或"柔"。②"䏡"即《說文·九上·百部》訓"面和也"、"讀若柔"的"䏡"字,按《說文》所說的本義,"首/頁"顯然是"䏡/䏡"的意符。③ 從戰國楚簡"憂"與"柔"、"擾"、"羞"用字區別甚嚴來看,"憂"从"夒"聲的說法也是沒有成立的可能的。

由以上所說可以知道,在古文字階段,"憂"、"夒"(包括音近的"柔"、"羞")二聲系字應該不會發生彼此相通的關係。據此,西周早期魯國叔尊、卣銘文"有姝具成,亦唯小羞"的"羞"讀爲"優",④西周中期豳公盨銘"夒在天下"的"夒"(此字又見於仲叔父盤等器;或从"飤",見於伯喬父簋等)析作从"頁(首)"聲而讀爲"羞",⑤是否適當,就需要重新考慮了。楚帛書乙篇:"民則又(有)穀,亡(無)又(有)相憂(引者按:此字原寫作从'𢝊'从'虫')。"各家多讀"憂"爲擾亂之"擾",⑥現在看來是不行的。"憂"如字讀即可。古代統治者把民衆士卒編成各種組織,使之互助。《管子·小匡》:"卒伍之人,⋯⋯祭祀相福,死喪相恤,禍福相憂⋯⋯"《韓詩外傳》卷四:"八家相保,出入更守,疾病相憂,患難相救,有無相貸⋯⋯"帛書大

---

① 參看滕壬生《楚系簡帛文字編(增訂本)》,922～923頁,武漢:湖北教育出版社,2008年;饒宗頤主編、徐在國副主編《上博藏戰國楚竹書字匯》,562～563頁,合肥:安徽大學出版社,2012年;李學勤主編《清華大學藏戰國竹簡(壹—叁)文字編》,151頁,上海:中西書局,2014年;李學勤主編《清華大學藏戰國竹簡(肆—陸)文字編》,229頁,上海:中西書局,2017年。

② 參看袁瑩《說"䏡"》,復旦大學出土文獻與古文字研究中心網,2011年9月26日;白於藍《簡帛古書通假字大系》,175～176頁,福州:福建人民出版社,2017年。

③ 袁瑩先生懷疑"䏡"的"肉"旁是由"夒"的掩面手形變來的(見其《說"䏡"》)。不過,手形訛變爲"肉"形,古文字中似難以找到確切的旁證。但我們也要看到,"夒"字所以變从"肉",正是因爲"肉"、"䏡"、"夒"古音頗近,"肉"可以充當全字的音符。清儒嚴可均、段玉裁、桂馥、王筠、宋保、苗夔等皆有"䏡"所从"肉"表音之說(丁福保編纂《說文解字詁林》,8893～8894頁)。袁說若確,則"夒/猱"之初文、"夒"、"擾"三個見於甲骨金文的字,在戰國楚簡文字中就都有了下落。

④ 吳鎮烽編著《商周青銅器銘文暨圖像集成》,第21卷308頁;同書,第24卷324頁。

⑤ 參看裘錫圭《豳公盨銘文考釋》,《裘錫圭學術文集·金文及其他古文字卷》,156～157、165頁。

⑥ 參看陳媛媛《〈楚帛書·乙篇〉集釋》,128～129頁,吉林大學碩士學位論文(指導教師:李守奎),2009年4月。

概是説民有足以養育者("穀"訓"養"),反而不互相憂恤了。馬王堆竹書《十問》簡77～78:"文執(摯)合(答)曰:'后稷半鞣,草千歲者唯韭,故因而命之。'""半鞣",《馬王堆漢墓帛書[肆]》疑讀爲"播穮",學者多從之。① 其實按照中古字書注音,"穮"是影母字,似表明其聲旁本即"憂",而非"夒"之形訛。"鞣"讀"穮"恐怕也是不行的。

秦印"擾"字作![]、![],②第一形已訛从"惪(憂)"。第二形的"夒",總體上看也與秦文字"夒"的寫法較近,唯"頁"、"夊"之間還不是標準的"心"。里耶秦簡第八層簡663正、簡2101的兩個"擾"字,③聲旁的中間部分也不像是"心"。尤其前一例![],細看"百"下尚存左右"爪"形。由此反觀秦印第二形,"頁"、"夊"之間疑亦垂覆的"爪"形的遺迹(第一形的"心",説不定本爲"止"或"夊")。里耶秦簡8-663正"擾"的聲旁,整體接近於"夏"。《盛世璽印録》257著録一方漢印,人名"擾"作![],顯然从"夏"。北京大學藏西漢竹書《蒼頡篇》"㚔"作,所从"夒"亦爲"夏"形。④ 秦系文字中的"夏",⑤與作正面形的"夒/猱"的初文十分相像,可能彼此曾混用過同一字形。所以,我們有理由懷疑秦系文字中从"夒"得聲的有些字,所从實爲"夒/猱"之初文(秦漢文字"夒"不這樣寫,參看本文第一節所舉秦子簋蓋以及小篆的"夒"。⑥ "夒"字大概也極少使用)。張家山漢簡、銀雀山漢簡等西漢初年的文字資料裏,"擾"字的聲旁完全寫成了"憂"。⑦ 銀雀山漢簡《孫子兵法·行軍》:"軍獿者,將不重

---

① 裘錫圭主編《長沙馬王堆漢墓簡帛集成》,第陸册149頁,北京:中華書局,2014年。
② 許雄志編《秦印文字彙編》,234頁,鄭州:河南美術出版社,2001年。
③ 蔣偉男《〈里耶秦簡(壹)〉文字編》,180頁,安徽大學碩士學位論文(指導教師:徐在國),2015年5月。
④ 參看同篇簡59"夏"字的寫法。北大簡《蒼頡篇》之例蒙蘇建洲先生賜示。
⑤ 參看王輝主編《秦文字編》,857～858頁,北京:中華書局,2015年。
⑥ 北大漢簡《蒼頡篇》簡16"擾"作![]、簡72"㚔"作![],即从名副其實的"夒",可與上舉从"夏(夒/猱)"者比較。
⑦ 張守中《張家山漢簡文字編》,321頁,北京:文物出版社,2012年;楊安《銀雀山漢簡文字編·續》,200頁,復旦大學出土文獻與古文字研究中心網,2013年7月31日。

也。"(簡99)整理者指出，"獿"當從今傳十一家本讀爲"擾"。① 這個"獿"就是"夒"字，故可與"擾"相通，其聲旁也已訛寫爲"憂"。可見，所謂合體字偏旁中的"夒"訛作"憂"，實際上應該是"獿/猱"的初文訛作"憂"，並且這種訛混至晚在秦漢之際已經完成了。

馬王堆帛書《周易·否卦》"六三"爻辭"枹(包)憂"的"憂"(2下)、《易》傳《二三子問》引《恒卦》"九三"爻辭"或拯(承)之憂"的"憂"(124下。下文孔子又有"能毋憂乎"之語)，今本《周易》皆作"羞"。張富海先生指出這兩個"憂"所從出的祖本大概本作"夒"，"夒"讀爲"羞"，在傳抄過程中因"夒"、"憂"形近易混而訛作"憂"。② 從上面所說的來看，帛書用爲"羞"的"憂"字，也有可能本來應該寫成"獿/猱"的初文，因漢初此種"獿/猱"字已與"憂"相混，就造成了看似以"憂"爲"羞"的假象。③ 在秦漢文字裏，不但"獿/猱"之初文混同爲"憂"，"憂"所從的"夏"偶爾也有寫成"夏"的(見周家臺秦簡《日書》簡191，④馬王堆帛書《戰國縱橫家書》33、272行⑤)，或"憂"徑作"夏"(見《戰國縱橫家書》4行⑥)。這種所謂的"夏"似應視爲

---

① 銀雀山漢墓竹簡整理小組《銀雀山漢墓竹簡[壹]》，釋文注釋18、20頁，北京：文物出版社，1985年。

② 張富海《帛書〈周易〉補釋三則》，《華學》第十二輯，199～200頁。

③ 《逸周書·商誓》："今在商紂，昏憂天下，弗顯上帝，昏虐百姓，棄天之命。""昏憂天下"之"憂"，莊述祖、俞樾等人指出當爲"擾"之誤；孫詒讓並讀"昏"爲泯亂之"泯"[黃懷信、張懋鎔、田旭東《逸周書彙校集注(修訂本)》，上冊454頁，上海：上海古籍出版社，2007年]。疑此"擾"本亦作"獿/猱"之初文，至漢人筆下形混爲"憂"，情況與馬王堆帛書《周易》、《二三子問》以"憂"爲"羞"相類。又，張家山漢簡《脈書》："故骨痛如斫，筋痛如束，血痛如湼，脈痛如流，肉痛如浮，氣動則憂。"(簡54～55)整理者讀"憂"爲"擾"[張家山漢墓竹簡整理小組《張家山漢墓竹簡(二四七號墓)》，244頁，北京：文物出版社，2001年]。如從其說，便又是一個漢人筆下"獿/猱"之初文混寫爲"憂"的例子。不過，程少軒先生最近指出《脈書》"氣動則憂"的"憂"當讀爲"嚘"，意指"氣逆"(《也談張家山漢簡〈脈書〉的"氣動則憂"》，《出土文獻》第十三輯，277～284頁，上海：中西書局，2018年)。其說可信。故此例應剔除。

④ 參看劉玉環《秦漢簡帛訛字研究》，165頁，北京：中國書籍出版社，2012年。

⑤ 參看陳松長等《馬王堆簡帛文字編》，220頁，北京：文物出版社，2001年。

⑥ 同上注。《老子·德經》"終日號而不嚘"的"嚘"，從郭店楚簡、馬王堆帛書、北大漢簡本的用字來看，確以作"嚘"爲是，但傳本多已變爲"嗄"。《莊子·庚桑楚》化用《老子》此語云"兒子終日嗥而不嗄"，陸德明《釋文》："嗄，本又作嚘。""嚘"、"嗄"異文，當與"憂"的從"夏"或徑作"夏"的寫法有關。關於此問題的論述，參看裘錫圭主編《長沙馬王堆漢墓簡帛集成》，第肆冊26～27頁注[九九]。

"夒/猱"。果真如此，可證當時人筆下"憂"與"夒/猱"確是混而不分的。

秦漢文字中從"夒"（實爲從"夒/猱"）聲之字寫作從"憂"、"憂"用爲"擾""羞"等現象，跟前面所說的"憂"從"頁（首）"聲而不從"夒"聲是不同層面的問題，我們不能把字形訛混的結果作爲研究文字諧聲的根據。

四

上面的討論一直沒有正式引入"夔"字。從有關資料看，"夒"、"夔"二字是存在千絲萬縷的聯繫的。

孫詒讓、林義光曾釋小臣俞尊的"夒（我們認爲實是'夒/猱'之初文或'擾'）"爲"夔"，①後來李學勤、董珊等先生把中方鼎、周公廟卜甲1-1的地名之字也都釋讀爲"夔"。② 唐蘭先生據孫說，又釋甲骨文裏一個字形不甚清晰的地名字爲"夔"（見《鐵雲藏龜》100.2＝《合》15665）。③ 朱芳圃更把卜辭中王國維釋爲"夒"的殷先祖名，一律改釋爲"夔"。本文第一節所舉殷周金文中的幾個"夒"字，朱氏也都釋爲"夔"。④ 20世紀50年代末，李瑾也提出卜辭"夒"當釋"夔"之說，但遭到了姚孝遂先生的批駁。⑤

以《說文》爲主要研究對象的傳統語文學者，根據"夒"、"夔"二字的小篆字形以及《說文》和其他古書對它們的解說，指出"夔"與"夒"形殆同，前者不過比後者多"兩角"而已。⑥ 觀《漢印文字徵》5.16所收"夔"字，可知所言不虛（但他們說"夒"、"夔"都象"母猴"，這是不對的）。田倩君謂"夒"、"夔""所代表的事物是相同的"，二者"在甲骨文和金文裏沒有分部，

---

① （清）孫詒讓《古籀餘論》，《古籀拾遺　古籀餘論》，16～17頁。林義光《文源》卷一・三，47頁，上海：中西書局，2012年。
② 李學勤《盤龍城與商朝的南土》，同作者《新出青銅器研究（增訂版）》，15頁；李學勤《静方鼎與周昭王曆日》，同作者《夏商周年代學劄記》，23～24頁，瀋陽：遼寧大學出版社，1999年。董珊《試論周公廟龜甲卜辭及其相關問題》，《古代文明》第5卷，255頁。
③ 唐蘭《殷虚文字記・釋夔》，《唐蘭全集》第六册，74頁。
④ 朱芳圃《殷周文字釋叢》，147～148頁。
⑤ 于省吾主編《甲骨文字詁林》，1496～1497頁。
⑥ 丁福保編纂《説文解字詁林》，5629～5630頁引徐灝、王筠、章太炎等説。陳獨秀《小學識字教本》，52～53頁，北京：新星出版社，2017年。

只是其形體有的書作有角和無角",①甚至認爲"夒、嬰、憂、柔、猱、擾等等的字,在甲金文中没有釐定一個界限",②將此説推闡到了極致,未免過頭。按照我們現在的認識,"嬰"並不是單純的"母猴",而象獼猴掩面含羞。"夒"何以能與羞恥之"羞"的初文"嬰"使用同一字形?詳下文的解釋。

需要指出的是,《説文》小篆和漢印"夒"字頭部的所謂"兩角",顯然是從小臣俞尊、周公廟卜甲、啓卣、作册嗌卣和郭店《六德》、殘簡那種"夒/猱"、"戁"頭部的毛髮形變來的。這有"夢"、"蔑"等字頭部毛髮後亦變作"兩角"形爲證。古文字首上帶不帶毛髮一般不構成區别,從這一點看,"夒"、"嬰"也很像由一形分化。20世紀70年代,安徽亳縣鳳凰臺一號漢墓出土2件玉剛卯,其中一件上"夒龍"的"夒"字就寫作"嬰",③似可作爲"夒"、"嬰"本用一形的殘遺。先秦古書屢言"夒一足"。從上文所列舉的各個時期的"夒/猱"、"嬰"、"戁"字來看,其獼猴形下絶大多數保留"丑"或"止",正爲"一足",與"夒"的特徵相合。雖然結合字形和用法全面考量,本文討論的這些"嬰"字確以釋讀爲"羞"、"擾"或"柔"爲是,④但是如果僅從字形着眼,前人把甲骨金文中那些畫出毛髮形的"嬰"字釋爲"夒",亦無可指摘。

下面即將引到郭店楚簡《唐虞之道》的"夒",簡文假借"惥"字爲之。這一用字很可注意。"惥"既有可能是畏懼之"畏"字,也有可能就是羞愧之"愧"字。"夒"是群母微部字,中古爲重紐三等合口平聲;"愧"是見母微部字,中古爲重紐三等合口去聲;"畏"是影母微部字,中古爲非重紐三等合口去聲。如不計聲調,"愧"與"夒"古韻全同,"畏"則與"夒"有重紐與非重紐之别。聲母方面也是"愧"比"畏"更近於"夒"。所以從語音上看,《唐

---

① 田倩君《釋夒》,《中國文字》第十八册,《中國文字》第1~52册合訂本,2040頁。
② 同上注。
③ 亳縣博物館《亳縣鳳凰臺一號漢墓清理簡報》,《考古》1974年第3期,190頁圖七。
④ 小臣俞尊、周公廟卜甲1-1、中方鼎的地名是否必爲古書所見的"夒",尚無法斷定。前舉春秋時代的夒膚瑚,田率《夒膚簠銘文讀箋》認爲從器形看是典型的楚器(《古代文明》第8卷,71~72頁,北京:文物出版社,2014年)。小臣俞尊、周公廟卜甲、中方鼎的地名,也可能就是夒膚瑚銘中的"夒",其地待考。

虞之道》篇假借爲"夒"的"愚"字以釋"愧"爲宜（其他楚簡中的"愚"當然仍有可能實是"畏"字）。王國維釋"夒"爲羞恥之"羞"的古字。竊疑"夒"大概同時也是羞愧之"愧"字，因而"夒"才具有"夒、愧"的讀音。

知道了"夒"是從"夒"分化出來的一個字，"夒"在古代可能本有"夒"一讀，對於探討殷先祖"夒"爲何人的問題，或許能帶來一些新的啓示。

在上古神話傳說裹，夒有爲舜"典樂"之說。《尚書·堯典》："帝（引者按：即舜）曰：夒，命汝典樂，教冑子。"《禮記·樂記》："昔者舜作五弦之琴，以歌《南風》；夒始制樂，以賞諸侯。"鄭注："夒，舜時典樂者也。"郭店楚墓竹簡《唐虞之道》亦云："［伯夷□］禮，愚（愧—夒）守樂，孫（遜）民教也。"①而《呂氏春秋·古樂》則說："帝堯立，乃命質爲樂。質乃效山林谿谷之音以歌，乃以麋鞈置缶而鼓之，乃拊石擊石，以象上帝玉磬之音，以致舞百獸。"《尚書·堯典》有相近之文："於！予擊石拊石，百獸率舞。"但爲帝舜時夒所言。《呂氏春秋·察傳》講到"夒一足"時，通過孔子之口說舜"令重黎舉夒於草莽之中而進之，舜以爲樂正"，亦取夒爲舜樂正之說。《大戴禮記·五帝德》記宰我問帝堯，孔子的回答裹有"伯夷主禮，龍、夒教舞"之語，跟《唐虞之道》以此爲舜時之政有別。《韓非子·外儲說左下》載魯哀公問孔子"夒一足"，孔子對答之中提到"堯曰：'夒一而足矣。'使爲樂正"，亦以夒爲堯之樂正。由此可見，夒、質二人都有在堯、舜時典樂爲正的傳說。質即少皞摯（"質"、"摯"古通）。治古史傳說者早已論定，少皞摯與商先祖卨乃同一傳說的分化。② 上海博物館藏戰國楚竹書《容成氏》載舜"立卨以爲樂正"（簡 30），蔡哲茂先生據此認爲"質、契（引者按：即'卨'）、夒皆爲一人"。③ 這是很有可能的。

王國維釋出卜辭"夒"字，認爲殷先祖"夒"即帝嚳，"嚳"、"俈""與夒字

---

① 參看裘錫圭《釋〈子羔〉篇"銫"字並論商得金德之說》，《裘錫圭學術文集·簡牘帛書卷》，499 頁。

② 參看楊寬《中國上古史導論》，165～167 頁，上海：上海人民出版社，2016 年；裘錫圭《釋〈子羔〉篇"銫"字並論商得金德之說》，《裘錫圭學術文集·簡牘帛書卷》，497～501 頁。

③ 蔡哲茂《契生昭明辨》，原載《東華漢學》第 3 期，2005 年；又載復旦大學出土文獻與古文字研究中心網，2009 年 9 月 26 日。

聲相近"。① 楊樹達據"夒"、"嚳"聲類相隔,指出王說不確。② 所以帝嚳說已無需考慮。王襄、饒宗頤等人皆謂"夒"即"禼"。③ 又有不少學者分"夒"、"戛"爲二人,以爲後者是禼(參看上舉蔡文,以及蔡文所引楊樹達、于省吾、高鴻縉、金祥恒等說)。可惜主張釋"夒"或"戛"爲"禼"的人,他們的論證在文字學上都站不住腳。但是,誠如學者們已指出的,從"高祖夒"在卜辭中的地位看,"實非契不足以當之"。④ 禼作爲商人始祖,在祭祀甚繁的殷墟卜辭中,不大可能絲毫不見其蹤影。所以"夒"、"戛"雖不宜釋讀爲"禼",但以此人爲商始祖禼,還是不無道理的。基於"夒"、"夔"一字分化的認識,如果爲堯舜樂正的夔確是殷先祖夒的傳說在後世的分化[由於夒從殷人先祖被編排到堯舜朝廷上爲官(周人先祖棄後來也被編排到堯舜朝廷爲官),所以要有意改變其讀音爲"夔"],夒、禼既本爲一人,夒即商始祖禼的假設似乎就得到了一些支持。古書言堯臣契(禼)掌教民,如《尚書·堯典》:"帝曰:契,百姓不親,五品不遜,汝作司徒,敬敷五教,在寬。"前面講過殷先祖"夒"名或作"戛",即擾馴之"擾"字,蓋因夒專司刑殺以教擾民衆。這跟禼爲司徒教民恰好也對應得上。

關於"禼"字的源流,學者們的研究已較爲充分。⑤ 目前看到的時代最早的"禼",比較象形的有 (瘋鐘)、 (遲父鐘)等。⑥ 遲父鐘銘是宋人摹刻本,容有走樣,且爲西周晚期器,不如西周中期的瘋鐘的時代稍早,因此當以瘋鐘的"禼"字爲古。過去的《說文》學家有視"禼"之小篆與"禺(狒)"形近而謂"禼"亦猴類者。⑦ 從這兩個西周金文"禼"字看,"禼"確實

---

① 王國維《古史新證——王國維最後的講義》,8頁。
② 楊樹達《釋羑篇後記》,同作者《積微居甲文說》,51頁,上海:上海古籍出版社,2007年。
③ 王襄《簠室殷契類纂》正編第十四,62頁,收入《甲骨文獻集成》第十四卷,435頁。饒宗頤《殷代貞卜人物通考》,《饒宗頤二十世紀學術文集》卷二《甲骨(上)》,188頁,北京:中國人民大學出版社,2009年。
④ 上注所引饒宗頤文。又參看蔡文。
⑤ 蘇建洲《試論"禼"字源流及其相關問題》,李宗焜主編《古文字與古代史》第五輯,545~573頁。
⑥ 同上注所引書,568~572頁。
⑦ 丁福保編纂《說文解字詁林》,14075、14078~14079頁;陳獨秀《小學識字教本》,51頁。

就象一只正面的獼猴；而且瘨鐘那一例身體不作"大"形，似乎有表現其爲"一足"的意思。這些都跟卜辭所見殷先祖夒爲獼猴一足之形相符。如果不是"嚳"與"夒/猱"有密切關係，上述現象就顯得難於解釋。

上文第二節已介紹過卜辭中的殷先祖"夒"（舉"夒"以該"夒/猱"、"夔"）應即"蓐收"。這當然是很直截的聯繫。但是"蓐收"在傳世文獻中比較少見，除"天之刑神"的身份外，從《左傳·昭公二十九年》、《禮記·月令》（《呂氏春秋·十二紀》同）等記載看，"蓐收"還是五行之官中的"金正"之名，又爲西方帝少皞手下的神（"其帝少皞，其神蓐收"）。其地位似不能與商始祖嚳相提並論。我認爲，既然承認夒、夔就是嚳，那麼蓐收與少皞摯（即"嚳"）可能也由同一人物分化而成。蓐收的地位不甚高，大概正是由於傳説的分化造成的。夔、質爲堯舜樂正，地位與商始祖嚳也不大相稱。

在五德終始説中，中央的黄帝爲土德，並且這種説法大概較早就已出現。據郭永秉先生研究，清華大學藏戰國竹簡《繫年》第一章講到周武王"作帝籍"，"以登祀上帝天神"（簡1~2），所謂"上帝"，乃整理者誤釋，實是"土帝"合文，"土帝"就指五方帝的中央黄帝，因其德配土，故有"土帝"之稱。① 《禮記·月令》説："中央土，其日戊己，其帝黄帝，其神后土。""后土"與"土帝"意近（古稱君主爲"后"），"其神后土"的"后土"似亦可考慮是"土帝"黄帝的化身，與西方"其帝少皞"幻化出"其神蓐收"同例。

據《左傳·昭公二十九年》，少皞氏使四叔中的"該爲蓐收"，學者多以爲"該"即商先人王亥。② 那麼，王亥爲蓐收與我們推測的蓐收即嚳是否矛盾呢？其實，從《左傳》"使重爲句芒，該爲蓐收，脩及熙爲玄冥"、"顓頊氏有子曰犁，爲祝融；共工氏有子曰句龍，爲后土"的本文可以看到，"蓐收"等只是神名或官名，並非人名，所以才能出現脩與熙二人爲玄冥的局面。周先祖棄亦稱后稷，后稷也是官名或神名。丁山曾指出"烈山氏之子

---

① 郭永秉《近年出土戰國文獻給古史傳説研究帶來的若干新知與反思》，《出土文獻與古文字研究》第七輯，227~233頁，上海：上海古籍出版社，2018年。

② 丁山《由陳侯因𩩙錞銘黄帝論五帝》，《中研院歷史語言研究所集刊》第三本第四分，529頁，1933年。楊寬《中國上古史導論》，171~173頁。

柱爲稷,周棄亦爲稷,稷官不變,其人屢易",①此可與該(王亥)任蓐收比看。所不同的是,后稷與棄的關係史有明文,一直比較清楚;蓐收(即"夒"音之分化)與离分化之後,前者被改造成"五正之官"或"天之刑神",後者又分化出少皞摯(質),或與前者組成"西方之帝與神",其間遞嬗演變的關係,可謂錯綜複雜。

　　以上所作的推論是建立在質爲樂正與夒爲樂正係同一傳説的分化的前提之上的。事實上質、夒雖都有任堯或舜之樂正的材料,大體而言,卻表現出質爲堯之樂正、夒爲舜之樂正的傾向。少量堯命夒典樂的記載,時代略晚,可以認爲是傳説混淆所致。如此看來,質、夒二人似是前後相繼的。這種傳説的面貌跟鯀與禹父子相繼治水有些類似。已知少皞摯(質)與商始祖离、夒與夒分別爲一人之分化,由質、夒二人的關係進行推測,夒應該是离之後的某一位先公。《史記·殷本紀》記离與王亥之間的先公有昭明、相土、昌若、曹圉、冥。夒最有可能是离之子昭明。② 不過有人認爲"昭明"乃是對离"生而昭明"之類的文獻的誤讀,實無昭明其人。③ 這樣的話,夒只得與相土、昌若或曹圉中的某一位對當(前人已指出商先祖冥即"五行之官"的"水正"玄冥,玄冥又爲北方之神。此人與夒當非一人,可先排除)。由於資料嚴重不足,夒相當於古書所載的商代哪一位先祖的問題,遠未到可以下結論的時候。

附記：

　　本文在西南大學舉辦的第二屆"商周青銅器與先秦史研究"青年論壇上發表後,蒙讀到拙文的單育辰先生賜告,他曾寫有《甲骨文所見的動物之"猱"》一文,收入《鼎甲杯甲骨文字有獎辨識大賽論文集》(鄭州：中州

---

　　① 丁山《由陳侯因𦦟錞銘黃帝論五帝》,《中研院歷史語言研究所集刊》第三本第四分,529頁。
　　② 日本學者島邦男主夒即昭明之説(按島氏所説的"夒",不包括"戁"。後者他釋爲"蔑",謂即冥。不可信),但他的論證缺乏説服力。説見其《殷墟卜辭研究》,443～444頁,濮茅左、顧偉良譯,上海：上海古籍出版社,2006年。
　　③ 蔡哲茂《契生昭明辨》。

古籍出版社,2015年,103～110頁)【編按:又見於單育辰《甲骨文所見動物研究》,198～204頁,上海:上海古籍出版社,2020年】,與拙文所論有相合之處。又蒙單先生惠賜大作電子稿,拜讀之下,方知甲骨文中的"猱/玃"字以及"猱/玃"、"夒(羞)"二字的區别問題,單文都已論及。不過,在"猱/玃"、"夒"與"憂"的關係上,單文的看法與我們不同。拙文失於徵引,是極不應有的失誤。但因文已寫定,難以大改,只能以加附記的形式提請讀者注意參看單文,並請單先生見諒。

本文寫作和修改過程中,先後得到郭永秉、蘇建洲、張富海先生指教,謹致謝忱。

2018年12月22日

原載鄒芙都主編《商周金文與先秦史研究論叢》,科學出版社,2019年6月;又載復旦大學出土文獻與古文字研究中心、復旦大學歷史系編《出土文獻與中國古代史》第一輯,中西書局,2021年12月。

古文字中舊釋"散"之字辨析

一

殷墟甲骨文和西周金文中一般釋爲"散"的字，據其字形，可分作A、B二系：

A1. ▦（《合》08183，典賓類）　A2. ▦（《合》29370，無名組）
A3. ▦（《合》31786，何組二類）　A4. ▦（《屯》0149，歷組二類）①
A5. ▦（散車父簋，西周中期，《集成》03884）　A6. ▦（散車父壺，西周中期，《集成》09697）　A7. ▦（散伯車父鼎，西周中期，《集成》02699）　A8. ▦（散車父簋，西周中期，《集成》03886）
A9. ▦（散季簋，西周中期，《集成》04126）　A10. ▦（四十二年逑鼎乙，西周晚期，《陝西金文集成》0645）　A11. ▦（五年琱生尊，西周晚期，《陝西金文集成》0531）②

B1. ▦（散伯卣蓋，西周早期，《集成》05300；同銘卣，《集成》05301）　B2. ▦（五祀衛鼎，西周中期，《集成》02832）　B3. ▦、

---

① 參看李宗焜《甲骨文字編》，352～353頁，北京：中華書局，2012年。
② 參看董蓮池《新金文編》，978頁，北京：作家出版社，2011年。

B4. 〔圖〕（散盤，西周晚期，《集成》10176。此銘此字凡 8 見） B5. 〔圖〕（散伯匜，西周晚期，《集成》10193）①

《説文·七下·秝部》：" 㪔，分離也。从攴、秝，秝，分㪔之意也。"同書《四下·肉部》："散，雜肉也。从肉，㪔聲。"嚴格説來，A 應釋爲《説文》的"㪔"；因"散"从"㪔"聲，"分離、分散"義之"㪔"後多寫作"散"，釋 A 爲"散"者，實是把"散"視爲 A 的通用字。

我們認爲，A 確當釋爲"㪔（散）"，但 B 釋爲"散"卻不可信。②

A1～A4 甲骨文諸例是由于省吾、屈萬里最先釋爲"㪔"的。③ 于、屈二氏都是拿甲骨文此字與《説文》或傳抄古文"㪔"直接聯繫（傳抄古文"㪔"字形與《説文》同）；屈萬里先生所釋之字爲 A3（《合》31786＝《甲》1360），此形"林"旁加點，與《説文》、傳抄古文"㪔"所从之"秝"尤近。④ 裘錫圭先生對甲骨文此字當釋"㪔（散）"有進一步的論證。裘先生指出，"從字形上看，'㪔'跟'芟'同意，本意應該是芟除草木"，《方言》訓"散"爲"殺"，"'㪔'跟'殺'顯然是音義皆近的同源詞，訓'殺'的'散'就是假借爲'㪔'的"；《合》29092、10910 正、10908、29289、29370 等片"㪔"就表示"芟殺草木"之意。⑤ 其説可從。"㪔"的本義雖是"芟殺草木"，但"㪔"與共處"'芟殺'概念場"的"芟"、"殺"等詞的詞義不會完全相同。也許"㪔"本指芟草木而離散之，使密集叢生的草木變得分散、疏離。上舉 A1 在甲骨文

---

① 參看董蓮池《新金文編》，485 頁。
② 殷墟甲骨文中有从"鹿"的〔圖〕、〔圖〕、〔圖〕等字，過去亦釋爲"㪔（散）"（參看李宗焜《甲骨文字編》，609～610 頁），近年有學者提出改釋意見（薛培武《甲骨文中舊釋爲"散"之字及相關諸字新釋》，簡帛網，2019 年 4 月 4 日）。此字與 A 是否一字，這裏暫不討論。
③ 于省吾《殷代的交通工具和馹傳制度》，《東北人民大學人文科學學報》1955 年第 2 期，107 頁。屈萬里《殷虛文字甲編考釋》，宋鎮豪、段志洪主編《甲骨文獻集成》第四册，402 頁，成都：四川大學出版社，2001 年（按《甲編考釋》一書 1961 年 6 月由歷史語言研究所出版）。
④ 李孝定先生認爲"㪔"、"歡"爲一字，"㪔"乃"歡"之"省文"（《甲骨文字集釋》，2423 頁按語，臺北："中研院"歷史語言研究所，1970 年）。裘錫圭先生已斥其非（《甲骨文中所見的商代農業》，《裘錫圭學術文集·甲骨文卷》，251 頁，上海：復旦大學出版社，2012 年）。
⑤ 裘錫圭《甲骨文中所見的商代農業》，《裘錫圭學術文集·甲骨文卷》，252～254 頁。

諸例中時代較早，"攴"位於"二'木'"之間，似即含離散草木之意，所以"㪔"引申而有一般的"分散、分離"的意思。《說文》誤把引申義當成了本義。

A9出自散季簋，此簋宋代"得於乾之永壽"，呂大臨《考古圖》著錄之時，即逕釋簋銘A9爲"散"。① 20世紀60年代，散車父諸器出土，材料發表者亦正確釋出"㪔"字，並謂"通作'散'"，"散是國族名，因以爲氏……散是周王朝統轄下的小國，地在今陝西寶雞縣西南，即《水經·渭水注》中所說的大散關之散"。② 五年琱生尊的A11所從出之句當釋讀爲"勿事（使）㪔（散）亡"，講琱生器銘者幾無異議。③ A4、A5顯爲一字，A5與A6、A7、A8係同人所作之器，甲骨文A1～A4與西周金文A5～A11沒有問題可加以認同。既然金文A5～A11就是《說文》所收的"㪔"字，甲骨文A1～A4之應釋爲"㪔"，確如裘錫圭先生所說，"是無可懷疑的"。④

A3靠左的"木"旁左右有小點。上舉金文諸例，除A5外，亦皆於靠左的"屮"旁左右加小點。"㪔（散）"的本義既爲芟殺草木使之散離，"木/屮"的左右加小點，大概就表示芟殺之餘散落下來的殘枝敗草，⑤而非《說文》的"㫃（麻）"；後來才在靠右的"屮"旁左右也加小點，其形與"㫃"混同。戰國楚簡"散"作如下之形：

[《上博（六）·用曰》簡19]　　[《清華（陸）·子產》簡23]

乃是省去"攴"的省體，但"艸/林"旁已變作"㫃"，與《說文》小篆一致。《用曰》"散"靠右的"木"只右側有小點，如果不是簡省所致，似可作爲由A所從之"艸"演變爲"㫃"的中間樣態。秦至西漢早中期簡帛文字"散"左上大多作"林"形：

---

① （宋）呂大臨《考古圖》卷三，劉慶柱、段志洪主編《金文文獻集成》第一冊，36～37頁，北京：綫裝書局，2005年。
② 史言《扶風莊白大隊出土的一批西周銅器》，《文物》1972年第6期，30～32頁。
③ 參看裘錫圭《琱生三器銘文新解》，《中華文史論叢》2021年第4期，19頁。
④ 裘錫圭《甲骨文中所見的商代農業》，《裘錫圭學術文集·甲骨文卷》，251頁。
⑤ 參看季旭昇《說文新證》，585頁，臺北：藝文印書館，2014年。

[图] （睡虎地秦簡《秦律十八種》簡117）　[图] （龍崗秦簡簡119）

[图] （馬王堆帛書《五行》176行）

[图] （馬王堆帛書《相馬經》32行）

[图] （北大漢簡《老子》簡74）

當時簡帛中"麻"、"靡"等字所從之"朮"亦寫作"林"形，與此同例。上舉睡虎地秦簡"散"靠右的"中"左右尚無兩點（如以爲"中"右側的點捺與"攴"的捺筆重疊，則僅左側無筆畫），與A相合，不知是省脱，還是存古的作風。石鼓文《汧殹》有"趡"字，其見於幾種主要的北宋拓本者如下（右下"="爲重文號）：

[图] （先鋒本）　　[图] （後勁本）　　[图] （中權本）①

"肉"上殘泐忒甚，作摹本者多據小篆"散"的寫法摹補爲"朮"，似也有可能實從"林"形。西周晚期的筥小子簋銘有"筥小子□（引者按：此字不識）家弗受遴"之語，尚難通讀，其中"遴"作如下之形：

[图] （《集成》04036）　　[图] （《集成》04037）

此字與上舉石鼓文"趡"大概是一字異體，其所從之"林"與A之金文諸形同。總之，從"散"的字形也能證明釋A爲"朮"確不可易。

B字清人已釋爲"散"。如著録相傳乾隆年間出土於陝西鳳翔的散盤的阮元《積古齋鐘鼎彝器款識》，即釋盤銘B3、B4等字爲"散"；阮氏還認爲此"散氏"與A9散季簋的"散"爲一氏。② 春秋戰國時代的齊國兵器銘

---

① 徐寶貴《石鼓文整理研究》，1125、1221、1280頁，北京：中華書局，2008年。
② （清）阮元《積古齋鐘鼎彝器款識》卷八，劉慶柱、段志洪主編《金文文獻集成》第十册，174～175頁。

文亦屢見此字：

[字形]（侯戈，春秋晚期，《銘圖》16534）

[字形]（陳戈，春秋晚期，《集成》10963）

[字形]（平阿右戈，戰國早期，《集成》11101）

[字形]（羊角戈，戰國早期，《集成》11210）

[字形]（陳窒戈，戰國，《銘圖》16644）

[字形]（陳窒戈，戰國，《銘圖》16645）

[字形]（陳窒戈，戰國，《集成》11036）

[字形]（陳貝戈，戰國，《集成》11033）

[字形]（陳豆彝戟，戰國，《銘圖三編》1414）

此外還有一些不太清晰的字例，不具引，可參看《齊魯文字編》"散"字條。① 各家亦相沿而釋此字爲"散"，又據《方言》卷三"虔、散，殺也，東齊曰散"，謂"散戈"等指"用來殺戮"的兵器，"散"是山東方言詞。②

不過，《說文》"散"字從"朩"、從"肉"，B則從"竹"、從"月"。對此，前

---

① 張振謙《齊魯文字編》，539～541頁，北京：學苑出版社，2014年。
② 參看范常喜《上古齊魯方言詞新證五則》，同作者《簡帛探微——簡帛字詞考釋與文獻新證》，310～311頁，上海：中西書局，2016年；傅修才《東周山東諸侯國金文整理與研究》，435頁，復旦大學博士學位論文（指導教師：裘錫圭），2017年10月。此說最早應該是于省吾《雙劍誃吉金圖錄》提出來的。

人多以"林"、"竹"義近,或"林"、"艸"、"竹"形通爲説;①至於"肉"、"月"之異,一般解釋爲《説文》從"肉"乃"月"之"誤書"。② 今按,殷墟甲骨文中雖有"木、屮、朩"形通作之例,如"朝"、"莫(暮)"等,③畢竟較爲少見,並且與"木"通作之"屮"、"朩"應即"木"之簡體,而非真正的"艸"、"竹"。西周金文"朝"、"莫"已無"屮"作"朩"的寫法了,④何以B直到戰國齊系兵器銘文中仍皆从"竹"? 所謂"朩(麻)"、"竹"二旁義近換用,在古文字裏恐怕也找不出確例來。雖然"月"、"肉"在戰國文字中已露形混之迹,如上舉楚簡二"朁(散)"字所從皆近"月"形【編按:原對楚簡"朁(散)"的字形説得不够準確,蒙應金琦先生指出,現已作了修改】,但大規模的混同要到秦漢隸書階段才發生。⑤ 現在我們在時代更早的春秋中晚期的秦國石鼓文中看到了確鑿无疑的"散"就是从"肉"的(例見上引【編按:蒙蘇建洲先生指出,石鼓文"臠"作〓、"肝"作〓,"肉"旁寫法與"散"一致,而從"月"的"朔"作〓,與"散"所從者明顯不同】),可證《説文》小篆"散"所從之"肉"决非"月"之形訛。有些釋B爲"散"者,主張B中的"月"爲聲符。⑥ 這是不合

---

① 參看周法高主編《金文詁林》,2626～2628頁,香港:香港中文大學,1975年;周法高《金文詁林補》,1407頁,臺北:"中研院"歷史語言研究所,1982年;裘錫圭《甲骨文中所見的商代農業》,《裘錫圭學術文集·甲骨文卷》,251頁。
② 高鴻縉《散盤集釋》,《中國字例》,周法高主編《金文詁林》,2627～2628頁引;(日)加藤常賢《漢字之起源》,周法高《金文詁林補》,1407頁引;張世超等《金文形義通解》,1006頁,京都:中文出版社,1996年;李學勤主編《字源》,369頁,天津:天津古籍出版社,2012年。
③ 裘錫圭《甲骨文中所見的商代農業》,《裘錫圭學術文集·甲骨文卷》,251頁;李宗焜《甲骨文字編》,485～486、487頁。
④ 參看董蓮池《新金文編》,860～862、80頁。
⑤ 參看袁瑩《戰國文字形體混同現象研究》,46、67頁,上海:中西書局,2019年。按袁書所舉的戰國文字"月"、"肉"相混的有些例子,未必靠得住。如所謂晉系文字中"肖"所从的"肉"與"月"相混(《戰國文字形體混同現象研究》,67頁),實際上從古文字看,"肖"本从"月",乃"宵"之本字,並非如《説文》所説是"从肉,小聲"的"骨肉相似也"之"肖"(參看湯餘惠《略論戰國文字形體研究中的幾個問題》,《古文字研究》第十五輯,43頁,北京:中華書局,1986年),所以這不能作爲戰國文字"月"、"肉"相混之例。
⑥ 周法高主編《金文詁林》,2627～2628頁引高鴻縉説;周法高《金文詁林補》,1407頁引加藤常賢説;劉釗《古文字構形學(修訂本)》,80頁,福州:福建人民出版社,2011年;李學勤主編《字源》,369頁。

音理的。就中古音來説，"散"屬開口一等，"月"屬合口三等，它們的上古主要元音有 *-a-、*-o- 之別；"散"是中古心母字，"月"是中古疑母字，它們的上古聲母亦遠隔，下文將會詳細討論這個問題。所以"散"決不可能從"月"得聲。

通過以上分析可以知道，B除了从"攴"和也用爲族氏名這兩點外，與A並無共同之處；從B與真正的"散"的差別來看，釋此字爲"散"可以説毫無道理。A確當釋爲"㪔"，但這完全不需要依靠B來證明。①

其實，只要客觀地着眼於字形差異，A、B非一字是不難發現的。季旭昇先生認爲"散字有兩個來源"，其一來源於"㪔"，即本文所説的A；其二即B。他推闡前人B與甲骨文作 形的所謂"罕"相似之説，認爲B象酒器"罕"，"疑罕、散爲同一器的不同名稱，因方言或其他原因，語音不同，於是小變字形來表示。'月'形是罕體的訛變（月和散韻部爲對轉，因此可能有聲化的因素）、'竹'形是罕柱、'攴'形是'又'形的繁化"，A、B二系合成後來的"散"字：

> 後世可能因爲兩個來源的字形、音相近，於是合流，秦以下文字的"散"字作从㪔从月形。這就變成一個相當有趣的字。散字从月，㪔聲，但从月完全没有任何實質意義。月形和肉形很難區分，《説文》

---

① 《商周青銅器銘文暨圖像集成三編》1351號著録一件傳出山東、現爲私人收藏的戎散戈：

（第3卷590頁，上海：上海古籍出版社，2020年）

"散"原作"㪔"，即A，似是A、B通用之證。不過此戈銘之字恐有問題，竊疑是根據B釋讀爲"散"的意見僞造的，不足爲憑。如誠非僞品，"戎㪔"也可能是器主名【編按：單育辰《〈商周青銅器銘文暨圖像集成三編〉釋文校訂》認爲"戎"當釋爲"成"（《古文字研究》第三十四輯，222頁，北京：中華書局，2022年）】，"㪔"不一定是"戈"的修飾語。

因此誤釋爲从肉，字義也誤釋爲"雜肉"，不可從。①

説 B 象"胃"，恐怕很難讓人相信；"胃"體爲何變作"月"形，也無法解釋（以"月"表"散"音之説不可信，上文已指出）。進一步説，甲骨文 ⽉ 是否必爲"胃"字，尚值得懷疑。儘管存在一些問題，但季旭昇先生所以要把"散"分爲兩個來源，顯然由於看到了 A、B 字形無法牽合，這是正確的（他的 A、B 二字後世合流的説法也很有參考價值，詳下文）。可惜他爲釋"散"的成説所囿，對 B 的認識的突破還不夠徹底。

下面采用"散"作爲 B 的隸定形，以示其字源與"散"、"柀（即 A）"無關。

二

"散"應該釋爲何字？這裏我們暫時把這一問題放下，先來研究一下"散"的上古讀音。

"散"是中古寒韻開口一等字，上古韻母可構擬爲 *-aan（"散"有上聲、去聲二讀，爲了簡便，姑且不標上古韻尾），這是大家都同意的。但"散"的上古聲母各家卻有不同的處理。我們知道，中古精組字主要有兩類上古來源：一類來自簡單的塞擦音、擦音，與中古聲母相同；另一類來自帶 s-前綴的牙喉音（軟腭音、小舌音），至中古變爲塞擦音、擦音。"散"屬中古心母，所以其上古聲母就有 * s-、* sqʰ-兩種構擬。② 我們贊成擬作簡單的 * s-的意見。

---

① 季旭昇《説文新證》，346 頁。
② 鄭張尚芳先生擬作 * s-[《上古音系（第二版）》，455 頁，上海：上海教育出版社，2013 年]。白一平—沙加爾先生擬作 * mə-s-（《上古漢語新構擬》，243、490 頁，上海：上海教育出版社，2020 年），如不管他們所設想的前置音節 * mə，也是以 s-爲其聲幹。潘悟雲先生擬作 * sqʰ-（復旦大學東亞語言數據中心網：上古音查詢，網址：http://ccdc.fudan.edu.cn。按下引潘先生擬音如從此網站查詢而得，則不另注）；但他在《漢語音韻學與文字學的互動》一文中引我們後文會討論到的所謂"柬"、"連"與"散"相通的材料，把"黴"的聲母構擬爲 * skˡ->sˡ->s-(《饒宗頤國學院刊》第六期，17 頁，2019 年)，據此推測他大概會認爲"散"的聲母應該也是 * skˡ-。粗略地説，此種構擬也可以包括在 * sqʰ-類之中，故不單列出。

上引裘錫圭先生説已指出當"芟殺草木以散離之"講的"櫢（散）"與芟殺之"殺"是同源詞。按"殺"的聲母爲 * sr-，並無牙喉音成分。《説文·七上·米部》："粲，糠粲，散之也。"段玉裁注："《左傳·昭元年》曰：'周公殺管叔而蔡蔡叔。'《釋文》曰：'上蔡字音素葛反，《説文》作粲。'《正義》曰：'《説文》粲爲放散之義，故訓爲放。隸書改作，已失字體。粲字不可復識，寫者全類蔡字，至有爲一蔡字重點以讀之者。'定四年《正義》同。是粲本謂散米，引伸之，凡放散皆曰粲，字譌作蔡耳。亦省作殺，《齊民要術》凡云'殺米'者，皆粲米也。《孟子》曰：'殺三苗於三危。'即粲三苗也。"①《左傳》"放散"義之"粲"寫作"蔡"，當是音近通假；"粲"、"散"顯然也是同源詞。"粲"、"蔡"的聲母爲 * s-、* tsʰ-，也都無牙喉音成分。《香港中文大學文物館藏簡牘》所收西漢《日書》簡中，有一個整理者釋爲"散"的字：

（簡 54）

此字似可看作"散"、"祭"二形的糅合，或者看作"散"字變从"祭"聲或"祭"字變从"散"聲。所以如此，蓋因"散"、"祭"音近。"祭"的聲母也是簡單的 * ts-。

甲骨金文中的 、，陳劍先生釋爲剗滅之"剗"。②"戔（剗）"、"櫢（散）"二字，形義皆十分相近。③【編按："戔"釋爲"剗"未必可信，説詳他文。】"剗"、"劉"音近義通，劉洪濤先生甚至認爲訓"殺"之"散"的語源就是"劉"。④"剗"、"劉"的聲母分別是 * ts-、* tsʰr-，如"剗"或"劉"與"櫢（散）"確係同源分化，亦可説明"散"的聲母只能是 * s-。

郭店簡《老子》甲組簡 25："其脆也，易畔（判）也。其幾也，易俴也。"

---

① （清）段玉裁注、許惟賢整理《説文解字注》，582 頁，南京：鳳凰出版社，2007 年。標點與原書略有不同。
② 陳劍《甲骨金文"戔"字補釋》，同作者《甲骨金文考釋論集》，99～106 頁，北京：綫裝書局，2007 年。
③ 同上注所引書，105～106 頁。
④ 劉洪濤《〈方言〉"散，殺也"疏證》，《語言科學》2017 年第 1 期，1～5 頁。

"後"當從今本讀爲"散"。① 此二句"判"、"後"押韻，"判"古韻爲*-aans，"後"只有讀爲"散（*-aans）"，才能與"判"嚴格相押。【編按：《清華（拾）·行稱》簡7有"叟（吝）貨資速後亡"之語，整理者據郭店《老子》之例讀"後亡"爲"散亡"，可從。】《上博（二）·容成氏》簡6講堯"戔貤（施）"，孫飛燕先生讀爲"散施"。② 同篇簡41又有"於是乎羿（叛）宗鹿（麗—離）族戔羣焉備"之語，《上博（五）·融師有成氏》簡6有"毀折鹿（麗—離）戔"，鄧少平先生讀爲"戔（散）群"、"離戔（散）"。③《上博（九）·卜書》所記淵公占辭有"我周之子孫其盞于百邦"一句（簡7〜8），駱珍伊、鄧少平先生讀"盞"爲"散"。④《上博（五）·三德》簡4"戔其親"，楊鵬樺先生讀爲"散其親"，與簡17"知人足以會親"的"會親"意思相反。⑤ 說皆可從。⑥ 前引《上博（六）·用曰》簡19的"𣪘（散）"，見於"有昧【=】（昧昧）其不見，不〈而〉昭其甚明；有泯泯之不達，而散其甚章（彰）"。陳劍先生疑"散"當讀爲"燦/粲"，意謂"鮮明"。⑦ 其說甚合於文例，應可從。"戔"是殘殺之"殘"（*dzaan）的本字，"燦/粲"的古音爲*tsʰaans，楚簡用"戔"及"戔"聲字來記錄"散"，又用"散"字記錄"燦/粲"，可以證實"散"的上古聲母就是*s-。

"散"字从"肉"、"㪔"聲，《說文》以"雜肉"爲其本義，但文獻無此用法，故其說頗爲人所詬病。《說文·四下·歺部》："殈（朔），禽獸所食餘也。

---

① 荊門市博物館《郭店楚墓竹簡》，112頁，北京：文物出版社，1998年。

② 孫飛燕《上博簡〈容成氏〉文本整理及研究》，134〜136頁，北京：中國社會科學出版社，2014年。

③ 鄧少平《試說楚簡中讀爲"散"的"戔"字》，《中國文字研究》第十七輯，36〜39頁，上海：上海人民出版社，2013年。

④ 駱珍伊《〈上博九·卜書〉"散于百邦"小議》，季旭昇主編《孔壁遺文論集》，375〜380頁，臺北：藝文印書館，2013年；程少軒《小議上博九〈卜書〉的"三族"和"三末"》，《中國文字》新三十九期，116頁"補記"引鄧少平說，臺北：藝文印書館，2013年。

⑤ 楊鵬樺《簡帛韻文釋論》，32〜35頁，中山大學博士學位論文（指導教師：楊澤生），2020年6月。

⑥ 關於"戔"、"散"通用之例，參看王凱博《"錢器"小考》，《簡帛》第十一輯，45〜46頁，上海：上海古籍出版社，2015年；劉洪濤《〈方言〉"散，殺也"疏證》，4頁。按王文又讀《上博（五）·鮑叔牙與隰朋之諫》簡3"毋內（入）錢器"的"錢"爲"散"，意指"粗劣"，可參考。

⑦ 程少軒、蔣文《上博藏楚竹書〈用曰〉篇試讀一則》，《東南文化》2010年第5期，100頁引。按"昧"下漏抄重文號、"不"爲"而"之誤書，亦從此文，見99頁。

从歺,从肉。""殘"應是"殘餘"之"殘"派生出來的一個詞,①也可能"殘"只是殘餘之"殘"的異體。《玉篇·肉部》"殘"作"朘","朘"字已見於睡虎地秦簡《封診式》簡36,雖然不用其本義。② 所以《説文》的"殘"不如分析爲"从肉、从殘省,殘亦聲"妥當。殘毀之"殘"與散殺之"粆(散)",殘餘之"殘"與散佈、散落之"粆(散)",義皆相近。結合上舉"散"、"戔(殘)"通用的密切關係,我們認爲"散"很可能是"殘(朘)"或殘餘之"殘"的古字,其聲旁"粆"兼表字義。

但是,在有關"散"的諧聲假借材料中,也有看似與上述結論相矛盾者,值得注意。

《説文·十一下·雨部》分析"霰"字"从雨,散聲",其或體作"霓",前人已指出當从"見"聲。③"見"讀* keens(中古見母先韻開口四等去聲),不但與上文所説"散"的聲母* s-非一類,韻母的主要元音也不合,二者顯然不能同時充任"霰"的聲符。與此相應的是"霰"的上古音如何構擬的問題。由於"霰"中古讀先韻開口四等去聲,其上古韻母只能擬作* -eens,所以主要的分歧在於聲母的構擬。白一平—沙加爾擬作* s-。④ 鄭張尚芳先生雖把"霰"歸在"散"聲系下,但擬其古音爲 seens＜sqʰeens,並注:"説文或體从見,或見聲。"⑤他大概認爲"霰"字从"散"是發生了* sqʰ->s-音變之後的晚出形體,本當據"見"聲構擬。潘悟雲先生也曾擬* sqʰ-,又據有關材料改擬作* skˡ-。⑥ 白一平先生早年也構擬爲* s(k)-。⑦ 按"霓

---

① 參看王力《同源字典》,577頁,北京:商務印書館,1982年。
② 《清華(柒)·越公其事》簡16～17"兹吾二邑之父兄子弟朝夕粲然爲豺狼,食於山林幽芒(莽)",季旭昇先生認爲此當連作一句讀,"粲"似可讀爲"禽獸所食餘也"的"殘"[《從清華柒〈越公其事〉的"棄惡周好"談〈左傳〉的"同好棄惡"》,《中國文字》二〇二一年冬季號(總第六期),4～5頁,臺北:萬卷樓圖書股份有限公司,2021年]。如其説,便可作爲先秦時代"殘/朘"之用例。
③ 丁福保編纂《説文解字詁林》,11342頁,北京:中華書局,1988年。
④ (美)白一平、(法)沙加爾《上古漢語新構擬》,365～366、500頁。
⑤ 鄭張尚芳《上古音系(第二版)》,455頁。
⑥ 潘悟雲《漢語音韻學與文字學的互動》,《饒宗頤國學院院刊》第六期,17頁。
⑦ (美)白一平《漢語上古音手册》,918頁,上海:上海教育出版社,2020年。

（霰）"的聲母擬作 *sK-類是正確的。① 清華大學藏戰國楚簡《筮法》簡59"霰"即作"見"，"見（霰）"字又見於北京大學藏西漢竹書《反淫》簡3；在北大漢簡《雨書》中，"山有霰雪"之"霰"就寫作"見"（簡22），②可見直到西漢中期"霰"可能仍以牙喉音爲聲幹，《說文》所收或體"見"確是較古的字形〔"見（霰）"從"見"聲，韻亦密合〕。潘悟雲先生舉藏緬語中"霰"的同源詞有聲母作 g-者（塔多語），③也可爲旁證。中山王墓所出舒蚉壺銘有"𩁷流涕"之語（《集成》09734），一般都從張政烺先生說釋"𩁷"爲"霰"，讀爲"潸"，"潸"從"散"省聲。④ 這似乎對"霰"從"見"聲的看法不利。其實壺銘"𩁷"雖當分析爲從"雨"、"㪚"省聲（"㪚"省去"攴"旁，與本文第一節所舉戰國楚簡"散"省去"攴"旁同例），卻不是"霰"字，應該就是"潸"的異體，同句"涕"字寫作"𩄎"，從"雨"與"𩁷（潸）"同。⑤ 包山楚墓所出司法文書簡中有從"雨"從"殺"之字（簡91），或以"殺"聲而釋爲"霰"。⑥ 按此字用作人名，並無釋"霰"之必然性【編按：蘇建洲先生疑爲"澈"之異體，"澈"字見於郭店《性自命出》簡30】。何况據上文所論，"殺（*sr-）"、"霰（*sK-）"聲母相差很遠，"霰"不會用"殺"爲聲。"霰"本從"見"聲雖可肯定，但它後來緣何變爲從"散"了？是否還有 *sK->s-音變之外的其他原因？

西周青銅器銘文中用爲族氏名的"㪚（即A）"、"散（即B）"，前人都釋讀爲"散"，並將其追溯至傳世文獻所載的西周初年著名的大臣散宜生，認

---

① 至於具體應爲 *sqʰ-、*sq-抑或 *skʰ-、*sk-，有待研究。
② 參看白於藍《簡帛古書通假字大系》，1227頁，福州：福建人民出版社，2017年。
③ 潘悟雲《漢語音韻學與文字學的互動》，《饒宗頤國學院院刊》第六期，17頁。
④ 張政烺《中山國胤嗣舒蚉壺釋文》，《張政烺文集·甲骨金文與商周史研究》，354頁，北京：中華書局，2012年。
⑤ 甲骨文有𩁷字，過去有人釋爲"霰"（參看于省吾主編《甲骨文字詁林》，1168頁，北京：中華書局，1996年）。按甲骨文從"雨"之字多帶小點，此字"林"旁的小點大概是屬於"雨"的，並非從"㪚"。《合》11010此字位於王所逐之"兕"之前，當是"兕"之修飾語，似爲地名（參看《合》11009），從辭例上亦無法驗證必爲"霰"字。羅振玉等人釋此字爲"霖"，恐怕還是對的。
⑥ 劉釗《包山楚簡文字考釋》，同作者《出土簡帛文字叢考》，14～15頁，臺北：臺灣古籍出版有限公司，2004年。

爲"散氏"即散宜生的後代世族。① 《清華大學藏戰國竹簡(叁)》中的《良臣》篇，所記周文王之良臣確有散宜生，但所謂"散"原作"柬"(簡 3)，研究者多以爲"柬"、"散"音近可通。② 按"柬"中古讀見母山韻開口二等上聲，上古音當擬爲 *kreen?。如簡文"柬"記錄的真是"散"，"散"的聲母就無法定爲 *s-，而只能是 *sK-了，但這跟上述"散"與"戔"、"燦"等塞擦音字相通的情況不能兼容。③ 而且，即使不管聲母，"柬"與"散"的主要元音也不相合。那麽我們應該如何看待《良臣》"柬宜生"之"柬"與傳世文獻"散宜生"之"散"的關係？

《清華大學藏戰國竹簡(肆)》所收《別卦》簡 8 記有如下一卦名：

整理者讀此字爲"散"，加注説：

〇𦀗，左邊漫漶不清，右邊爲"連"，應是從連得聲的字。王家臺秦簡《歸藏》作"散"。"散"、"連"同爲元部字，聲母一爲心母，一爲來母，

---

① 參看陳穎飛《清華簡〈良臣〉散宜生與西周金文中的散氏》，《出土文獻》第九輯，73～88 頁，上海：中西書局，2016 年。
② 清華大學出土文獻研究與保護中心編、李學勤主編《清華大學藏戰國竹簡(叁)》，下册 159 頁，上海：中西書局，2012 年。
③ 《嶽麓書院藏秦簡(壹)》所收《爲吏治官及黔首》簡 1548"五曰閒士貴貨貝"，整理者據睡虎地秦簡《爲吏之道》作"賤士而貴貨貝"，讀"閒"爲"賤"。此説似頗有影響。按蔡偉先生早已撰文指出"閒"、"賤"聲母有別，不能相通，"閒士"之"閒"當讀爲"簡"，意指"簡慢、輕賤"，與"賤"義近(《誤字、衍文與用字習慣——出土簡帛古書與傳世古書校勘的幾個專題研究》，142～144 頁，臺北：花木蘭文化事業有限公司，2019 年)。十分正確。不過蔡先生又引謝明文先生的意見，認爲古文字中有不少牙音、齒音交涉的例子，舉《良臣》"散宜生"之"散"作"柬"，《清華(壹)·祭公之顧命》"祭"作"𢷎"，"从'丯'从古文'捷'省，是個雙聲字"，"所以此條也可以考慮確實有語音方面的因素"(《誤字、衍文與用字習慣——出土簡帛古書與傳世古書校勘的幾個專題研究》，143 頁)。這卻又倒退了回去，不可從。《良臣》"柬宜生"的問題詳下文討論。《祭公之顧命》的"祭公"之"祭"字"𢷎"，所从"丯"也可能是形旁，不一定是表音(祭公之"祭"在西周金文中寫作"𢍰"，可知本讀葉部音。祭公之"祭"中古讀去聲，其上古韻尾本爲 *-ps，在發生 -ps > -ts 音變之後，才用"祭"等字記錄。清華簡《祭公之顧命》"祭"从"古文'捷'"得聲，當是存古的字形)；即使確是雙聲字，"丯"在《説文·四下·丯部》訓爲"艸蔡也"，前人指出"丯"又是草蔡之"蔡"字(參看劉洪濤《〈方言〉"散，殺也"疏證》，4 頁)，"丯(蔡)"與"祭"、"捷"都是齒音字，並非"牙音、齒音交涉"之例。

可以通轉(參看《古今聲類通轉表》,第192頁)。①

整理者對音理的説明過於粗疏。"連"的上古音爲*ren(中古來母仙韻開口三等平聲),按說與"散(*saans/*saan?)"主元音有別,聲母更是無涉,爲何能夠通用?【編按:本文所取"連"的上古主元音構擬有誤,詳參文末"編按"。"連"與"散"的區隔主要在於聲母。】清華簡《別卦》的"䢈"卦、王家臺秦簡《歸藏》的"散"卦相當於今本《周易》的"家人"卦,"家人"卦因何而有"䢈/散"的異名?

以上所舉與"散"的上古音有矛盾的三條材料,仔細推敲,可以從語音上找出它們的共通之點:"霞(霰)"讀*sKeens、"柬"讀*kreen?、"䢈"的聲符"連"讀*ren,可用*Kreen加以概括,表明這三條材料中的"散"很可能有一個共同的指向【編按:《別卦》"連"聲字的材料當剔除,説詳文末"編按"】,但它不是真正的"散"。假設有一個字讀*Kreen一類音,其字形在隸變以後與"散"易於混同,有關問題就迎刃而解了。我們認爲本文討論的"散"字適足當之。

三

上引季旭昇先生説"㪚"與"散"字形相近,後世"合流",這是有道理的;不過應該説"散"與"㪚"字形相近,更爲準確。過去所以誤釋"㪚"爲"散",也是由於"㪚"、"散"形似的緣故。秦漢隸書"月"、"肉"二旁大量混同,已爲大家所熟知。古文字中的"竹"旁,秦漢文字常省變爲"艸"旁,這也是大家熟悉的現象。但上舉秦漢文字"散"皆从"林(朮)"而不从"艸",似與此例不合。按西周中期的散姬方鼎"散"作如下之形:

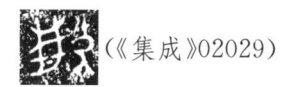

(《集成》02029)

"月"上構件已近"林"形,當是"竹"增添"艸"而成的繁體,或"竹"旁換作義

---

① 清華大學出土文獻研究與保護中心編、李學勤主編《清華大學藏戰國竹簡(肆)》,下册134頁,上海:中西書局,2013年。

近之"林"旁("竹"爲林木之一種）。如果秦文字繼承的是此種較繁的"散"，一旦"月"、"肉"形混完成，"散"與"散"也就混而難別了。齊國兵器銘文"散"繼承的是从"竹"的較原始的寫法，所以不見"散"、"散"相混之迹。齊系文字多有存古的形體，①於此又得一證。

散宜生的"散"本當作"散"，這在出土材料裏似乎也不是没有蛛絲馬迹可尋。西漢早期的馬王堆帛書《五行》"説"文部分兩次提到散宜生，第一次寫作一般的"散"（176/345 行）；第二次寫作 ![字] （177/346 行），整理者注以"攴"、"刀"二旁義近而定爲"散"之異體。② 事實上無論古文字還是早期隸書，"攴"、"刀"二旁通用的例子大概一例也找不到，一般的"散"字也從未見過从"刀"的寫法；這個散宜生之"散"从"刀"，當有特殊的原因，不可等閒視之。

上文指出與"散"形混的"散"當讀 *Kreen 一類音。上古音爲 *kreens/*kreen（中古見母山韻開口二等）的"閒"，在楚文字中常寫作"覸"，或省作"朙"，"月/夕"旁从"刀"。如果散宜生的"散"本作"散"，其左下就是"月"，改"攴"爲"刀"使其字从"朙（閒）"，可以解釋爲具有標示字音的作用。"閒"、"柬"二聲之字音近屢通，無須贅舉，"散"變从"朙（閒）"聲與清華簡《良臣》散宜生之"散"作"柬"，彼此恰可互證。帛書這種从"刀"的字形無疑出現在"散"訛混爲"散"之前（"散"、"散"已混同的時代，再把"攴"改爲"刀"是没有意義的），很可能《五行》"説"文戰國時代的底本即如此作。③

---

① 參看裘錫圭《〈戰國文字及其文化意義研究〉緒言》，《出土文獻與古文字研究》第六輯，228～229 頁，上海：上海古籍出版社，2015 年；裘錫圭《齊量制補説》，《中國史研究》2019 年第 1 期，8 頁注②。

② 裘錫圭主編《長沙馬王堆漢墓簡帛集成》，第肆册 94 頁注[二]，北京：中華書局，2014 年。

③ 三體石經《君奭》中，散宜生之"散"古文作 ![字]。黄錫全《汗簡注釋》認爲此古文"散"形乃由金文"散"譌變而來（239 頁，臺北：臺灣古籍出版有限公司，2005 年）。其説若確，便可作爲散宜生之"散"本作"散"的一個旁證。不過也有學者認爲此古文"散"左作"昔"，是"散"隸變爲"散"，其左上構件與"昔"同形，遂"以隸作古"而新造出的"僞古文"（趙立偉《魏三體石經古文輯證》，305 頁，北京：社會科學文獻出版社，2007 年）。此説亦有其道理，故我們不舉以爲據。此外，《汗簡》、《古文四聲韻》等書所引石經"散"作"楙"，當是不明散宜生之"散"本作"散"而不作"散"、"散""散"非一字者所誤植。

《説文·四下·筋部》收有"笏"字,爲"筋之本也"的"腱"("腱"是其或體)。張麗娜、李春桃先生認爲"笏"所從的"力"跟"筋"一樣,也是"刀"之訛,其字從"竹"、"勿(間)"聲,即"簡"之異體,假借爲"腱"。① 蔡一峰先生引用我對"散"字的看法,認爲《説文》假借爲"腱"的"笏〈笏〉"和中山王壺銘用爲"簡"的"笲"未必是"簡"字,可能都與"散"有關。② 我同意蔡先生的看法。上舉馬王堆帛書《五行》的"削"字,竊以爲可視作"散"變從"勿(間)"聲,這樣的"散"就是"笏",《説文》"笏(腱)"保存了它的"竹"、"夕/月"二旁,只"刀"旁訛變爲"力"。帛書《五行》"笏(散)"由於用爲散宜生之"散(實非'散'字)",就跟混同爲"散"的"散"一道,也被改寫或訛變爲從"朁"了,只有"刀"旁尚存。把《説文》"笏(腱)"與《五行》"削"各自尚未訛變的部分綜合起來,便可得到完整的"笏(散)"字。

"散"、"間"不但讀音極近,字形、字義也有較密切的聯繫。下面試對"散"爲何字提出兩種推測,供大家參考。

一種認爲"散"就是間隙之"間"的異體。目前所知最早的"間"字見於西周晚期的鈇鐘,作之形(《集成》00260),"月"在"門"外,表示門有縫隙射入月光,即《説文》所言"隙(隙)也"。前文已説"柀"字象以"攴"散殺草木,有使叢聚的草木離散之意。"散"、"柀(散)"雖非一字,但"散"從"竹"從"攴",與"柀"的構形相似,或許也有使竹林疏散、留出縫隙的意思;從"月"則與"間"同,也表示從疏散的竹林的縫隙間灑下月光。中山王𫼛壺銘"載之簡策"之"簡"作"笲"(《集成》09735),最近公布的《清華大學藏戰國竹簡(拾壹)》所收《五紀》簡2、79也兩見此字。一般認爲"笲"從"閉(間)"省聲,乃"簡"之省體。以上文所舉戰國時代"散"省"攴"旁作"朁"例之,"笲"未嘗不可以認爲也是"散"省去"攴"旁的簡體,"卜"則是因"月/夕"而增的贅符,"亙"、"夜"等夕/月旁都有增"卜"的情況。③ 春秋戰國

---

① 張麗娜、李春桃《古文形體釋讀(五篇)》,《中國文字研究》第二十三輯,53頁,上海:上海書店出版社,2016年。
② 蔡一峰《古文字所謂"閉""外"通諧説辨議》,未刊稿【編按:正式發表於《"中研院"歷史語言研究所集刊》第九十五本第二分,227～269頁,2024年】。
③ 參看湯餘惠《略論戰國文字形體研究中的幾個問題》,《古文字研究》第十五輯,29頁。

文字中"亟"等字所从的"攴"或省作"卜"形,①所以"柬"就是直接從"散"簡省而來的可能性也是存在的。

一種認爲"散"是揀擇之"揀"字。"散"也可分析爲從"筲"從"攴","筲"象竹林縫隙間灑下月光,亦可表"間隙"之意,或是"閒"的異體。西周晚期有司簡簠蓋的器主名 (《陝西金文集成》1360),一般釋爲簡册之"簡"。竊疑此字可能是"閒"的繁形古體,表示竹林間掩映的月光透過門的縫隙照射進來,整體像一幅畫。"閒"、"筲"二字似可認爲都是從此繁形古體簡省分化出來的。也有可能這個"簡"是"閒"、"筲"兩種"閒"字的糅合,"月"旁公用。戰國文字"柬"則可視爲"閒"的異體"筲"加"卜"形贅符。無論如何,"柬"、"閒(閒)"都不能分析爲從"外"聲,蔡一峰先生已有專文辨之甚詳。②

"揀"古音爲＊kreen?(中古見母山韻開口二等上聲),與"閒"音亦極近。《説文・六下・束部》:"柬,分別簡之也。从束,从八,八,分別也。"其説不可信。以"柬"爲揀擇之"揀",跟以"簡"爲"揀"一樣,都是假借。"揀"字从"手",應是揀擇之"揀"的後起本字。《集韻・霰韻》所收訓"擇也"之"柬",不但"或从手",還有"从攴"之體(古文字"擇"也有从"攴"的寫法)。"敕(揀)"从"攴",與"散"字从"攴"一致。

揀擇之"揀"是一個古詞,《尚書・多方》"乃惟成湯,克以爾多方,簡代夏作民主"、《多士》"夏迪簡在王庭"等"簡",前人多訓"擇也",③實即假借爲"揀"。《多方》、《多士》等都是可靠的周初文獻。《戰國策・秦策一》記蘇秦得"太公陰符之謀","簡練以爲揣摩",鮑彪注"簡,猶擇",高誘注:"簡,汰也。"揀擇之"揀"當有篩汰之意。《尚書・多方》言成湯"簡代夏",即選汰而取代夏。清華簡《五紀》簡 79 説"柬(簡)揚於笄",整理者注云:

---

① 參看裘錫圭《是"恆先"還是"極先"?》,《裘錫圭學術文集・古代歷史、思想、民俗卷》,330 頁注 31。

② 蔡一峰《古文字所謂"閒""外"通諧説辨議》。關於"筲"爲"閒"之異體的分析,亦請參看蔡文。

③ 參看宗福邦等主編《故訓匯纂》,1691 頁,北京:商務印書館,2003 年。

"箕宿四星,形如簸箕,可選擇揚棄。"①這個"簡(揀)"更是篩選的意思。所謂"篩選"、"篩汰選擇",就是篩掉、淘汰掉一部分,留下一部分。《説文·十一上·水部》:"淅,汰也。""汰(汰),淅淅也。"淘米義的"淅"應是揀擇義的"簡(揀)"的同族詞。淘米的目的也是篩汰雜質。用簸箕或篩子篩揀細物或用水汰洗米豆,其情形跟竹林縫隙間灑下月光十分相類。古人造从"筍"、从"支"的"散"字來表示揀擇之"揀",除了主要考慮到"筍(閒)"、"揀"音近之外,字義方面似還有"隱喻"的心理在起作用。

應該承認,"散"究竟是"閒"之異體還是"揀"之古字,或是別的什麽字,由於材料的限制,目前還無法下肯定的結論,有待於進一步研究。

四

現在來解釋上文第二節所提出的與"散"音有矛盾的三條材料。

"霰"字本从"見"聲,但可能曾有過从"散('閒'或'揀')"聲的或體。隨着"散"混同爲"散",从"散"聲的"霓"也變成了"霰"。《釋名·釋天》:"霰,星也。水雪相搏,如星而散也。"大概霰落如"星散",故从"散"或"柀"的"霰"字後來行用更廣,因"散/柀"與字義多少還有些關聯。

傳世典籍與出土漢代文獻中所寫"散宜生"之"散",原來都應該寫作"散";清華簡《良臣》"柬宜生"之"柬"與揀擇之"揀"同音,與"閒"僅有韻尾之别(即中古上聲、去聲之别),無疑可與"散"通用。由此可知,散宜生本以"散/柬"爲氏,文首所舉 B 中的"散伯"、"散氏"等,與"散/柬宜生"確當出自同一族氏,但他們跟 A 中的"柀(散)氏"無關,聞名遐邇的"散氏盤"也應改稱爲"散氏盤"或"柬氏盤"。"散"訛混爲"散"之後,"散/柬宜生"也跟着錯成了"散宜生",導致這位周初著名大臣的姓氏被長期以訛傳訛。

下面對"散/柬氏"的族姓、地望等問題,稍加討論。前人多認爲"散

---

① 清華大學出土文獻研究與保護中心編、黄德寬主編《清華大學藏戰國竹簡(拾壹)》,下册 116 頁,上海:中西書局,2021 年。按整理者又提出"筓"讀爲"簸"的一説,實爲蛇足,不可信。

氏"姬姓，①但他們所說的"散氏"實際上是把"楸（散）氏"與"散/柬氏"混而爲一的。散伯匜銘記散伯爲"夨（虞）姬"作器，過去一般解釋爲散國的姬姓女嫁於夨（虞）國；散姬方鼎的"散姬"表明"散"確爲姬姓。② 2015年，湖北棗陽郭家廟墓地M43.2出土西周晚期的夨叔彝父匜（《銘圖三編》1257），銘文記夨叔彝父媵"孟姬元女"，有些學者據此推斷"夨（虞）"爲姬姓，散、夨（虞）通婚，故"散"不能也屬姬姓。③ 我們認爲，如果"散/柬"非姬姓，那麼散姬方鼎的"散姬"是很難解釋的；夨叔彝父匜的"孟姬元女"，有可能實指嫁於夨（虞）叔的孟姬所生的大女兒，夨（虞）叔爲這個大女兒出嫁作媵匜，並不能證明夨（虞）必爲姬姓，甚至不能排斥"夨叔彝父"的"夨"不是國名或族氏名，而只是此人的名號的可能性。從散伯匜的銘文看，把"夨姬"解釋爲將出嫁夨（虞）的姬姓女，散伯爲她作媵器，是比較合理的。總之，新出土的夨叔彝父匜恐怕還不能把"散/柬氏"屬姬姓的結論推翻。④ 位於大散關一帶的"楸（散）氏"，有散季簋爲其王母叔姜作器，又有散車父壺爲其王母醒姜作器，"用逆姞氏"；"楸（散）氏"既可與姜姓、姞姓通婚，其爲姬姓是有可能的，但也可能是别的姓，因爲缺乏直接的證據。

散盤（按本文的意見當改稱爲"散盤"或"柬盤"）記夨（虞）、散二氏（國）一場土地紛爭的解決，研究者指出夨（虞）大抵在今陝西隴縣、千陽、寶雞縣賈村一帶，⑤散地必與之相鄰。盤銘曾提到"涉濾"，有些學者讀

---

① 王國維《散氏盤考釋》，《觀堂古金文考釋》，《王國維全集》第十一卷，304頁，杭州：浙江教育出版社，2010年；張政烺《夨王簋蓋跋——評王國維〈古諸侯稱王說〉》，《張政烺文集·甲骨金文與商周史研究》，228～229頁；黃盛璋《銅器銘文宜、虞、夨的地望及其與吳國的關係》，《考古學報》1983年第3期，302頁。

② 參看上注所引諸文。

③ 鄒芙都、馬超《西周金文所見佚記古國及相關問題討論》，《歷史研究》2019年第5期，137頁。

④ 與散宜生同爲"文王四友"之一的南宫括，從隨州文峰塔M1所出曾侯與鐘銘知道，也是姬姓。參看李零《西周的後院與鄰居》，《青銅器與金文》第一輯，49頁，上海：上海古籍出版社，2017年。

⑤ 盧連成、尹盛平《古夨國遺址、墓地調查記》，《文物》1982年第2期，48～57頁；黃盛璋《銅器銘文宜、虞、夨的地望及其與吳國的關係》，《考古學報》1983年第3期，302～303頁。

"瀗"爲"汧",謂即見於《水經注·渭水》的,流經陝西隴縣、千陽,至寶雞會入渭水的"汧水"。① 石鼓文《汧殹》篇"汧殹沔沔"、《霝雨》篇"汧殹洎洎"的"汧",即此水。② 我們認爲從古音看,與其讀"瀗"爲"汧",不如讀"㪔/柬(*Kreen)"爲"汧(*kʰeen)"妥當(散盤的"瀗"當如何讀,還需研究),"㪔/柬氏"大概就是因其域内流經"汧水"而得名的。秦曾在今千陽一帶置縣,名曰"汧陽",頗疑"㪔/柬氏"的地望就在這一帶,其地離傳出散盤(即㪔盤)的鳳翔不遠,與出土矢王簋蓋(《集成》03871)的寶雞賈村塬接界,矢、㪔因此而有劃分田界之事,是很合理的。

王家臺秦簡《歸藏》"散"的原字形不得而知,如發表者所釋不誤,則可能在秦統一六國之前的秦文字裏,"㪔"、"散"二字已經相混。③ "散"釋爲"閒"或"柬",都是中古二等字,上古含-r-介音,與清華簡《別卦》從"連(*r-)"聲之字通用是没有問題的。但是,此卦在《周易》中的卦名爲"家人",與"散('閒'或'柬')"、"䢔"皆不可通。按《周易·家人》卦"初九"爻曰:"閑有家,悔亡。"何益鑫先生認爲"閑"、"闌""通用",清華簡《別卦》"䢔"假借爲"闌",《歸藏》的"散"或與"闌""韻合""可通",或取其"散肉"之義與《家人》卦"六二"爻"在中饋"的"饋""字義可通"。④ 我認爲何先生把《別卦》的"䢔"與"初九"爻"閑有家"的"閑"聯繫起來,允爲卓識;但牽扯"闌"以爲中介,似無必要【編按:這裏對何益鑫先生聯繫"闌"的批評是不對的】,對《歸藏》"散"的解釋則迂曲難信。

"閑"是中古匣母山韻開口二等平聲字,上古音當擬*green,清華簡《別卦》的"䢔"可以直接讀爲"閑"【編按:此説不確。詳文末"編按"】。王家臺秦簡《歸藏》的"散"既爲"㪔('閒'或'柬')"之形誤,更可徑讀爲"閑"。準此,清華簡《別卦》、王家臺秦簡《歸藏》此卦都是以"初九"爻的首詞"閑"

---

① 參看黃盛璋《銅器銘文宜、虞、矢的地望及其與吴國的關係》,《考古學報》1983年第3期,302頁。
② 徐寶貴《石鼓文整理研究》,766頁。
③ 據王明欽《王家臺秦墓竹簡概述》介紹,"《歸藏》形體最古,接近楚簡文字,應爲戰國末年的抄本"(《新出簡帛研究》,28頁,北京:文物出版社,2004年)。
④ 何益鑫《〈周易〉卦名問題與早期易學的傳流》,《"經、經學與哲學"青年工作坊會議論文集》,258頁,復旦大學哲學學院,2021年10月16～17日。

作爲卦名，只是用不同的字記録罷了；傳本《周易》則是以"九三"爻"家人嗃嗃"開頭的"家人"作爲卦名。【編按：王家臺秦簡《歸藏》"散"卦下所記筮辭曰："昔者囗囗卜囗散實而支占大＝囗"（王明欽《王家臺秦墓竹簡概述》，《新出簡帛研究》，31 頁，北京：文物出版社，2004 年）其辭殘甚，"散實"之意不明，不知這裏的"散"有没有可能也是"敆（'閒'或'揀'）"之誤文。】

五

齊系兵器銘文中所謂"散"字，現在看來，也應改釋爲"敆"。由"閒"、"揀"之音推斷，"敆戈"、"敆戟"之"敆"讀爲"煉/鍊"，大概是最適宜的。楚王酓忎鼎有"窒鑄喬（鐈）鼎"等語（《集成》02794、02795），酓忎盤有"窒鑄少盤"之語（《集成》10158），張富海先生根據郭店簡《緇衣》簡 26 引《尚書·吕刑》"非用窒"之"窒"，《墨子·尚同中》引作"練"，主張鼎、盤銘從"窒"聲之"窒"可能讀爲"煉"。① 其説可從。此是銅器銘文用"煉/鍊"之例。有一件私人收藏的春秋早期的右氏戈，其銘曰"右氏囗（此字不識）窒戈"（《銘圖三編》1405），"窒"所處的地位似與齊兵器銘文的"敆"相當。郭店簡《緇衣》的"窒"既與《墨子》的"練"通用，右氏戈的"窒"當然也可以讀爲"煉/鍊"，這樣一來，"敆"讀爲"煉/鍊"就顯得更有依據了。不過，右氏戈是否可靠，還不敢十分確定。

齊兵器銘文中的"敆"大多用於器名修飾語，與酓忎鼎、盤"窒（煉）"、"鑄"連文的情況有所不同，但二者仍有明顯的聯繫。如前引"敆"字所從出的"羊角之辛（新）艁（造）敆（煉）戈"、"平阿右敆（煉）戈"、"陳窒敆（煉）戈"、"陳御寇敆（煉）戈"、"陳豆弄敆（煉）戟"等銘，"煉/鍊"當指千錘百煉、鍛打精煉而言。《韓非子·説林下》："秦因出之，荆王大説，以鍊金百鎰遺晉。"《戰國策·趙策一》："臣聞董子之治晉陽也，公宫之室，皆以鍊銅爲柱質。""鍊金"、"鍊銅"指精煉的"金"、"銅"，猶此"敆（煉）戈"、"敆（煉）戟"之

---

① 張富海《郭店簡〈緇衣〉篇注釋》，同作者《古文字與上古音論稿》，33 頁，上海：上海古籍出版社，2021 年。

謂。東漢桓帝永壽二年錯金鋼刀自銘"卅湅百辟(襞)長三尺四寸把刀", "卅湅百辟(襞)"意思是説此刀經過多次灌煉澆鑄、反復折疊鍛打,①這跟"煉戈"、"煉戟"之自詡爲精煉之戈、戟,用意相仿。

《集成》11591 著録一件戰國時代的陳窒劍,銘云:"陳窒散造鐱(劍)。""散"位於"造"之前,與常見的語序不同。如按過去的意見釋讀爲"陳窒散造劍",訓"散"爲"殺",文句就講不通,只能認爲"散"、"造"二字誤倒。我們把"散"釋讀爲"煉/鍊",卻不能援畣忎鼎、盤"窒(煉)鑄"之例,認爲劍銘"煉/鍊"、"造"也義近連文。所煉之劍謂之"煉劍",與陳子皮戈銘"陳子皮之造戈"(《集成》11126)等稱所造之戈爲"造戈",情況正同。所以"陳窒散(煉)造劍"實當理解爲"陳窒精煉的'造劍'",而非"煉/鍊"、"造"並列。上引羊角戈"羊角之新造散(煉)戈"是"羊角新鑄造的'煉戈'"的意思,可相參證。有兩件羅振玉舊藏的陳窒車轄,上刻"陳窒散"三字(《集成》12023、12024)。如其銘不偽,以"殺"義之"散"稱説車轄,斷不可通。現改釋讀爲"陳窒散(煉/鍊)",意謂此車轄係陳窒所煉造,就文從字順了。

"鍛"、"煉/鍊"義近,《尚書·費誓》有"鍛乃戈矛"之說。六年襄城令戈銘云:"六年,襄城令韓油(?),司寇麻維,右庫工師邯鄲飤,冶定造端戟刃。"(《銘圖》17360)冢子韓政戟刺銘云:"六年,冢子韓政,邦庫嗇夫韓狐,大官上庫嗇夫狢賈,庫吏玾,冶尹黙造端戟束(刺)。"(《銘圖續編》1289)以上兩件都是戰國時代的韓國之器。20世紀70年代河南新鄭出土的八年陽翟令矛銘云:"八年,陽翠(狄)令梁慇,司寇□□,右庫工師樂臤,冶嗇造端戟束(刺)。"(《銘圖》17704)據介紹,在尚未發表的新鄭出土的韓國兵器銘文中,亦多見"耑戟刃"、"耑戟束(刺)"之語,"耑"字或作"耑"。②"耑"不知是不是"端"之誤釋。

前人對"端"、"耑"有不少釋讀意見,限於篇幅,不打算詳細引述了。③

---

① 陳劍《結合出土文獻校讀古書舉隅》,賈晋華、陳偉、王小林、來國龍編《新語文學與早期中國研究》,303～304頁,上海:上海人民出版社,2018年。

② 郝本性《新鄭出土戰國銅兵器部分銘文考釋》,《郝本性考古文集》,20頁,北京:科學出版社,2012年。

③ 參看謝明文《説耑及相關諸字》,《文史》2020年第3輯,12～14頁。

從上文討論的齊兵器銘文"散（煉）"來看，或許這裏的"端/耑戟"之"端/耑"可讀爲鍛煉之"鍛"。① "鍛戟刃、刺"指經過反復鍛打精煉的戈戟之刃或刺。韓兵器言"某某造端（鍛）戟"，與上舉"羊角之新造散（煉）戈"、"陳窢散（煉）造劍"文例相似。戰國兵器銘文中已有"鍛"，如安平相邦戈（《銘圖》17349）、守相武襄君鈹（《集成》11635）、相邦建信君鈹（《銘圖》18028）等均見"段（鍛）工師"之職。不過，這幾件器都是趙國遺物，以"段"爲"鍛"可能是趙國的用字習慣，與韓國以"端"、"耑"爲"鍛"的用字有別。② 又，"揣"、"捶"音近，都有"治擊"、"鍛打"之義，"揣"、"捶"與"端"、"耑"相通亦頗直接，韓國兵器銘文"端/耑戟"之"端/耑"也有讀爲"揣"或"捶"的可能。即使如此，"揣"、"捶"與"鍛"也是音義皆近的，仍可與我們讀齊兵器之"散"爲"煉/鍊"相印證。

2022 年 2 月 28 日改定

附識：本文初稿寫成後，蒙蔡一峰先生提供寶貴的修改意見和失引文獻，謹致謝忱。

編按：

本文從鄭張尚芳、潘悟雲等先生的構擬，將"連"的上古韻母定爲 *-en，非是。"連"在《詩·大雅·皇矣》、《楚辭·招魂》中與 *-an 韻的元部字押韻，"漣"在《詩·魏風·伐檀》中也與 *-an 韻字相押。2023 年 12 月 6 日晚，蔣魯敬先生在復旦大學出土文獻與古文字研究中心所作講座中，披露王家咀楚墓出土的竹簡本《詩·衛風·芄蘭》裏"芄蘭"之"蘭"寫作"連"。"蘭"的韻母是確鑿無疑的 *-aan（中古寒韻一等字）。所以，"連"的上古音應從斯塔羅思京、白一平—沙加爾等古音學者擬作 *ran，清華簡

---

① "耑"、"段"二聲之字相通之例，參看白於藍《簡帛古書通假字大系》，1188 頁。
② 湖北江陵望山 2 號楚墓所出遣册記有"一耑戈"（簡 48），如此"耑戈"確指墓中所出的 1 件木戈，"耑"恐怕就不能讀爲"鍛"了，而可能應從劉國勝先生說讀爲"短"[參看武漢大學簡帛研究中心、湖北省文物考古研究所、黃岡市博物館《楚地出土戰國簡册合集（四）·望山楚墓竹簡　曹家崗楚墓竹簡》，61 頁，北京：文物出版社，2019 年]。"耑"用爲"短"，是符合楚文字用字習慣的。

《別卦》的"⿱覀連"不能再與本文討論的讀 *Kreen 音的"散"相聯繫，也不能徑讀爲"閑有家"的"閑"。本文有關"⿱覀連"的釋讀有誤，必須更正。

《家人》"初九"爻："閑有家，悔亡。""閑"，《釋文》引馬融云："闌也，防也。""閑有家"之"閑"爲防閑之義。《說文·十二上·門部》亦以"闌也"訓"閑"（參看高亨《周易古經今注》，《高亨著作集林》第一卷，321 頁，北京：清華大學出版社，2004 年）。"連（*ran）"、"闌（*raan）"古音極近。《別卦》的"⿱覀連"，當從何益鑫《〈周易〉卦名問題與早期易學的傳流》說讀爲"閑"的同義詞"闌"。《別卦》所從出的《家人》卦"初九"爻辭應即作"闌有家"，故"依筮辭而題卦名"曰"⿱覀連（闌）"。王家臺秦簡《歸藏》卦名爲"散〈⿱散攵〉*Kreen（閑）〉"（包括輯本《歸藏》的"散〈⿱散攵（閑）〉家人"），其所從出的"初九"爻辭則應與今本《周易》一樣，也作"閑有家"。《周易·大畜》"九三"爻"曰閑輿衛"之"閑"，上海博物館藏戰國竹簡本作"班"（簡 22），馬王堆漢墓帛書本作"闌"（11 上）。按上博簡本"班（*praan）"當從帛書本讀爲"闌（*raan）"，"闌"乃"防"、"遮"之義（參看施瑞峰《上古漢語聲母諧聲類型在古文字資料釋讀中的效用》，145 頁，香港中文大學博士學位論文，2022 年 6 月）；今本《周易》用防閑之"閑"，與"闌"義同而詞異。此與《家人》"初九"爻"閑有家"之"閑"或作"闌"同例。關於"六十四卦"卦名、卦爻辭存在同義或義近之詞換用現象，參看拙文《清華簡〈別卦〉札記》（《中國古典學》第五卷，361~386 頁，北京：北京大學出版社，2024 年）。

原載《第 33 屆中國文字學國際學術研討會論文集》，（臺灣）中國文字學會、輔仁大學中國文學系，2022 年 5 月。

説"朕"、"灷"

(與施瑞峰合著)

在這篇文章裏,我們準備根據現有的古文字學、音韻學等知識,對"朕"、"灷"以及从"朕"、从"灷"諸字的源流、關係等問題作一番比較徹底的清理。

由於古文字中的有些从"灷"之字,後已失傳,没有現成的相應楷書字形;爲了便於讀者理解,本文除常見字以及引文裏原來的隸定之外,合體字偏旁中的"灷"也盡量采用此種較繁的隸定形。

一、古文字學界對"朕"、"灷"等字的現有認識及其存在的問題

《説文·八下·舟部》:"朕,我也。闕。"清儒段玉裁因"此説解既闕",指斥"我也"二字乃"妄人補"。他認爲"朕"的本義當是"舟縫也",其字"从舟,灷聲";並據《八上·人部》"倴"字分析爲"灷聲",指出"今《説文》雖無'灷'字,然論例當有之"。① 段氏以"舟縫"爲"朕"的本義,爲學者所風從;他分析"朕"字"从舟,灷聲",雖然早年有一些學者持不同意見(參下文),但在今天的古文字學界也幾乎得到了一致公認。②

---

① (清)段玉裁注、許惟賢整理《説文解字注》,707頁,南京:鳳凰出版社,2007年。
② 研究者經常參考的有古文字字形説解的工具書,如于省吾主編《甲骨文字詁林》3164頁姚孝遂按語(北京:中華書局,1996年)、張世超等《金文形義通解》2144頁(京都:中文出版社,1996年)、李學勤主編《字源》753頁(天津:天津古籍出版社,2012年)、季旭昇《説文新證》685頁(臺北:藝文印書館,2014年)等,分析"朕"字皆從段説,可見一斑。

在20世紀90年代末郭店楚墓竹簡公布之前，古文字資料裏已出現了一些"弁"及从"弁"聲之字（不計"朕"及从"朕"之字），學者們大多就按"朕"聲來讀。甲骨文中一般隸定爲"甾"的字，留待下文第四節再舉；金文和竹簡文字之例略舉如下（釋文盡量用寬式，對於釋讀無異議或與本文討論無關者，以通用字寫出）：

（1）易（錫）汝兹弁，用歲用政（正）。（毛公鼎，西周晚期，《集成》02841）

（2）余弁皇辟侯令，肆舭作朕皇文考寶尊……（臣諫簋，西周中期，《集成》04237）

（3）斛半弁。（小量，戰國三晉，《集成》10365）

（4）其佩：一小環，徑二弁。一□□□，長六弁，薄組之繃。一青凥□之璧，徑四弁□弁，博一弁少弁，厚釿（鎇）弁。（信陽長臺關簡2-010、2-015）①

（5）一衋椢（？槪？），郤（漆）[彫（雕）]。（信陽長臺關簡2-011）

（6）一牛樝，一豕樝，一羊樝，一酼樝。（望山M2簡45）

更多的从"弁"之字詳本節下文及第四節。

（1）的"弁"，郭沫若讀爲贈送之"贈"，張日昇、《商周青銅器銘文選》等讀爲"物相增加也"或"送也"的"賸"（"賸"从"朕"聲。郭氏讀"贈"，蓋以"贈"與从"朕"聲的"賸"、"媵"、"勝"、"滕"等皆蒸部字），孫詒讓、陳夢家讀爲"倹"（"倹"即"媵"），後者並訓爲贈送之"送"。②（2）的"弁"，前人讀爲"倹（媵）"或"朕"。③（3）的"弁"，朱德熙先生讀爲"賸"，字形上即把"弁"

---

① 簡文的編聯、釋讀，悉依劉國勝《信陽長臺關楚簡〈遣策〉編聯二題》，《江漢考古》2001年第3期，66~68頁；劉國勝《楚喪葬簡牘集釋》，6、34~35頁，北京：科學出版社，2011年。

② 參看周法高主編《金文詁林》，1443~1444、1446~1449頁，香港：香港中文大學，1975年；石帥帥《毛公鼎銘文集釋》，216~218頁，吉林大學碩士學位論文（指導教師：單育辰），2016年4月。

③ 參看謝明文《臣諫簋銘文補釋》，同作者《商周文字論集》，228頁，上海：上海古籍出版社，2017年。

與"朕"相聯繫。① (4)的"𢍏",舊或闕釋,或誤釋爲"奉",②何琳儀先生指出就是(3)的朱德熙先生讀爲"朕"的字;但他認爲此字與字書中的"𢍏"非一字,而可能是"勝"的初文,在(4)中"疑讀縢"。③ (5)的"䣈"與(6)的"酋"僅偏旁位置不同,顯爲一字;望山簡整理者説此字所從之"𢍏""即'朕'字所從聲旁"。④ 李家浩先生據此懷疑"酋""應當讀爲'禁'",指承酒尊之器。⑤ 這些讀法正説明段玉裁"朕"從"𢍏聲"的分析已深入人心。何琳儀先生雖不承認"朕"、"勝"等字所從者爲"𢍏",但仍把一般隸作"𢍏"者讀爲從"朕"聲之字,可見他還是在原則上接受了段氏對"朕"的字形分析。⑥

1998 年發表的郭店楚墓竹簡中有《尊德義》,此篇"䣈"字數見,用於"～德義"(簡 1)、"仁爲可新(親)也,義爲可～也"(簡 3～4)、"～仁、新(親)忠"(簡 20)等文,裘錫圭先生指出"從文義看,似是'尊'之異體"。⑦ 2001 年,劉國勝先生發表《信陽長臺關楚簡〈遣策〉編聯二題》,指出上舉(5)、(6)的"䣈"、"酋"當據郭店簡《尊德義》的"䣈(尊)"讀爲指"酒器"的"尊","兩'尊'下一字皆係漆木器名,覈於出土實物,就是一種案面上製作(或漆繪)有兩個方框供承置兩方壺的木案。……出土木案的禮用性質當與柉、禁同類,其名飾以'尊'可謂名副其實"。⑧ 劉先生認爲此種"尊"字可視爲從"酉"、"𢍏"聲的形聲字("尊"古作從"酉"從"廾",乃表意字),所

---

① 朱德熙《戰國記容銅器刻辭考釋四篇》,《朱德熙古文字論集》,28～29 頁,北京:中華書局,1995 年。
② 河南省文物研究所《信陽楚墓》,129 頁,北京:文物出版社,1986 年。
③ 何琳儀《戰國古文字典》,148～149 頁,北京:中華書局,1998 年。又,黃德寬主編《古文字譜系疏證》對(3)(4)我們隸定爲"𢍏"之字以及"朕"等字的字形分析與《戰國古文字典》相同,但(4)的文例已不注"疑讀縢",只説"計量佩玉的長度單位名稱"(378～379 頁,北京:商務印書館,2007 年),較《字典》説更矜慎。
④ 湖北省文物考古研究所、北京大學中文系編《望山楚簡》,123 頁,北京:中華書局,1995 年。
⑤ 李家浩《包山 266 號簡所記木器研究》,《著名中年語言學家自選集·李家浩卷》,229 頁,合肥:安徽教育出版社,2002 年。
⑥ 何琳儀《戰國古文字典》,150 頁;黃德寬主編《古文字譜系疏證》,382 頁。
⑦ 荊門市博物館《郭店楚墓竹簡》,釋文注釋 174 頁,北京:文物出版社,1998 年。
⑧ 劉國勝《信陽長臺關楚簡〈遣策〉編聯二題》,《江漢考古》2001 年第 3 期,67 頁。

以上舉(4)中用作"計量佩玉的長度單位名稱"的"弁"應該讀爲與"尊"音近的"寸"。① 2001 年末出版的《上海博物館藏戰國楚竹書(一)》所收《緇衣》篇中,與郭店簡《緇衣》"民有愻(遜)心"(簡 25~26)、今本《禮記·緇衣》"民有孫(遜)心"之"遜心"相當者,簡文寫作"态="(簡 13),整理者讀爲"态(遜)心"。② 沈培先生引用郭店簡《尊德義》"酓(尊)"以及劉國勝先生對信陽簡遣册"弁(寸)"和信陽簡、望山簡遣册"酓/酳(尊)"的研究,指出"遜、孫"與"尊"、"寸"音近,同從"弁"聲的"态"讀爲"遜"是沒有問題的。③ 郭店簡所用"愻"是恭遜之"遜"的本字,④上博簡的"态"則很可能就是"愻"的異體。⑤

自此以後,學者們在戰國竹簡中又陸續發現了一些當讀"寸"、"尊"、"遜"之音的"弁"及從"弁"聲之字。下面列舉較爲可靠的例子,並在例句後加脚注,注明最先提出此種讀法的出處:⑥

(7) 太子前之母弟,母弟弁(遜)退,前之太子。[《上博(二)·昔者君老》簡 1]⑦

---

① 劉國勝《信陽長臺關楚簡〈遣策〉編聯二題》,《江漢考古》2001 年第 3 期,67 頁。按新近出土的湖北荆門嚴倉 1 號楚墓隨葬遣册中,也有用"弁"爲"寸"之例。參看湖北省文物考古研究所、武漢大學簡帛研究中心《湖北荆門嚴倉 1 號墓出土竹簡》,《文物》2020 年第 3 期,60 頁。

② 馬承源主編《上海博物館藏戰國楚竹書(一)》,釋文考釋 189 頁,上海:上海古籍出版社,2001 年。

③ 沈培《上博簡〈緇衣〉篇"态"字解》,謝維揚、朱淵清主編《新出土文獻與古代文明研究》,132~133 頁,上海:上海大學出版社,2004 年(此文曾先發表於《華學》第六輯,北京:紫禁城出版社,2003 年)。按沈文的"态"與本文的"态"是一回事,只隸定不同而已。類似情況以下不再説明。

④ 同上注所引書,132 頁。

⑤ 湖南益陽兔子山遺址 9 號井出土的秦漢之際的"古文簡"亦有"态(愻)"字[簡7.102,字形看湖南省文物考古研究所、益陽市文物管理處《湖南益陽兔子山遺址九號井發掘報告》,《湖南考古輯刊》第 12 集圖版一三,北京:科學出版社,2016 年。原隸定有誤,此從郭理遠《楚系文字研究》釋,見 147 頁,復旦大學博士學位論文(指導教師:裘錫圭),2020 年 7 月],當是戰國楚文字的孑遺。

⑥ 參看徐在國《上博楚簡文字聲系(一~八)》,673~676 頁,合肥:安徽大學出版社,2013 年;白於藍《簡帛古書通假字大系》,939~942 頁,福州:福建人民出版社,2017 年。

⑦ 李鋭《上博館藏楚簡(二)初札》,簡帛研究網,2003 年 1 月 6 日。按《上博(四)·柬大王泊旱》簡 14、13 有"侯太宰遜迡〈退〉。進太宰"之語,可與(7)比看。

(8) 足將至千里，必從夲(寸)始。[《上博(七)·凡物流形》甲本簡9]①

(9) 陳之備(服)之，緩施而悉(遜)放(敖)之。[《上博(三)·仲弓》簡11+13]②

(10) 首戴茅芺(蒲)，樸(撲)筱(篠)執櫨(鉏)，送(遵)畎備(服)畝……[《上博(六)·慎子曰恭儉》簡5]③

(11) 在道不語匿，尻(處)正(政)不語樂，酋(尊/樽)且(俎)不折(制)事。[《上博(六)·天子建州》甲本簡10、乙本簡9]④

(12) 鄭人命以子良爲執命，思(使)子家利(梨)木三夲(寸)，疏索以綊，毋敢丁門而出，掩之城基。[《上博(七)·鄭子家喪》甲本簡5、乙本簡5～6]⑤

(13) 子產用麇(尊)老先生之畯(俊)……[《清華(陸)·子產》簡20～21]⑥

《上博(五)·季庚子問於孔子》簡5"百姓送之以□"的"送"，季旭昇先生讀爲"遜"。⑦ 這也是有可能的，不過簡文下已殘斷，難以完全肯定。戰國竹簡中還有一些"夲"及從"夲"聲字的用例，讀法尚存爭議，詳下文第四節的討論。

---

① 馬承源主編《上海博物館藏戰國楚竹書(七)》，釋文考釋241頁，上海：上海古籍出版社，2008年。
② 陳劍《上博竹書〈仲弓〉篇新編釋文》，同作者《戰國竹書論集》，108頁，上海：上海古籍出版社，2013年(原發表於簡帛研究網，2004年4月18日)。
③ 陳劍《讀〈上博(六)〉短札五則》，同作者《戰國竹書論集》，223～224頁(原發表於簡帛網，2007年7月20日)；沈培《〈上博(六)〉字詞淺釋(七則)》，簡帛網，2007年7月20日。
④ 馬承源主編《上海博物館藏戰國楚竹書(六)》，釋文考釋327頁，上海：上海古籍出版社，2007年。
⑤ 復旦大學出土文獻與古文字研究中心研究生讀書會《〈上博七·鄭子家喪〉校讀》，復旦大學出土文獻與古文字研究中心網，2008年12月31日；陳偉《〈鄭子家喪〉初讀》，簡帛網，2008年12月31日。
⑥ 清華大學出土文獻研究與保護中心編、李學勤主編《清華大學藏戰國竹簡(陸)》，下冊138頁，上海：中西書局，2016年4月。按整理者原隸定此讀"尊"之字的上部爲"民"，今從單育辰《清華六〈子產〉釋文商榷》說(《出土文獻》第十一輯，215～216頁，上海：中西書局，2017年)。
⑦ 季旭昇《上博五芻議(上)》，簡帛網，2006年2月18日。

2007年，程鵬萬先生根據戰國文字中"弅"可讀"寸"、"尊"、"遯"的諸多實例，指出上引(3)三晉小量的"弅"也應讀爲"寸"，"半寸"指小量的容積爲半個立方寸。① 其說已廣爲學界所接受。2011年發表的河南南陽春秋時期楚國彭射墓M38所出尊缶，其自名"尊"寫作"酋"，②完全證實了"酋/酋"確是"尊"字異體。

"弅"聲何以能讀爲"尊"、"寸"、"遯"？學者們在解釋這一問題時，幾乎都把"弅"爲"朕"之聲旁這一點視作當然的前提（即"弅"本讀"朕"一類音），認爲"朕"與"尊"、"寸"、"遯"等古音可以通轉。③ "朕"是侵部字，收-m尾；從"朕"聲的"滕"、"謄"、"縢"、"勝"、"騰"等是蒸部字，收-ŋ尾。"尊、寸、遯"都是文部合口字，收-n尾。沈培先生認爲"戰國時代楚國方言中從'弅'之字，包括'朕'在內，很可能都收-ŋ尾了"，而在楚、齊等方言中，存在-ŋ、-n相混的現象，因此"弅"及從"弅"聲之字"可以跟收-n尾的文部字相通"。④ 不過，沈先生特別強調"楚方言中從'弅'之字可以讀爲文部字，這似乎是別的方言中沒有看到的"，"我們說從'弅'之字在戰國時代可能已經收-ŋ尾，並不是說當時所有的蒸部和冬部字都已收-ŋ尾了"，⑤ 沒有把他的結論任意推廣，態度十分審慎。

然而(3)的"弅"程鵬萬先生讀爲"寸"，無疑是正確的。"斛半寸"小量爲三晉之物，似表明所謂"從'弅'之字""收-ŋ尾"並與-n尾字相混，已突破了楚方言的界限。西周早期的榮作周公簋有"朕臣天子"之語（《集成》04241），不少學者認爲"朕"應讀爲金文屢見的"畯（駿）臣天子"的"畯"。⑥

---

① 程鵬萬《斛半弅量新考》，《中國歷史文物》2007年第3期，76～78頁。
② 南陽市文物考古研究所《河南南陽春秋楚彭射墓發掘簡報》，《文物》2011年第3期，12、23頁；曹錦炎《彭射銅器銘文補釋》，《文物》2011年第6期，94～95頁。
③ 陳偉《郭店竹書別釋》，135頁，武漢：湖北教育出版社，2003年。劉國勝《信陽長臺關楚簡〈遣策〉編聯二題》，《江漢考古》2001年第3期，67頁。沈培《上博簡〈緇衣〉篇"裘"字解》，《新出土文獻與古代文明研究》，132～136頁。持此見者甚多，不贅舉。
④ 沈培《上博簡〈緇衣〉篇"裘"字解》，《新出土文獻與古代文明研究》，135～136頁。
⑤ 同上注所引書，136頁。
⑥ 于省吾《關於"天亡簋"銘文的幾點論證》，《考古》1960年第8期，36頁。張世超等《金文形義通解》，2145頁。陳英傑《西周金文作器用途銘辭研究》，上册499～500頁，北京：綫裝書局，2008年。陳劍《說石鼓文的"橐"字》，復旦大學出土文獻與古文字研究中心網，2014年8月24日。謝明文《臣諫簋銘文補釋》，同作者《商周文字論集》，229頁。

"畯"也是收-n尾的文部合口字。殷墟劉家莊北 1046 號商代貴族墓地出土的石璋上書"奔于××（先人）"之辭，程鵬萬先生讀"奔"爲"尊"，意謂"奉獻、登進"。① 如果接受這些意見，那末連"戰國時代"的時間限定也將被突破。上舉彭射墓所出尊銘的"酻（尊）"字，已可確切無疑地把這種用字的時代提前到春秋時期。

沈培先生在解釋"奔"的讀音的文章裏，還提到了一條《説文》的"古文"材料：

(14) 俽，送也。从人、奔聲。吕不韋曰：有侁氏以伊尹俽（引者按：即"俽"）女。古文以爲訓字。（《説文·八上·人部》）

沈先生説："從'奔'得聲的'俽'可以用爲'訓'，可以跟上博簡的'悉'讀爲'遜'互相印證。"②訓"送也"的"俽"即从"朕"聲的"媵"。受此啓發，郭永秉先生讀(1)"錫汝兹奔"的"奔"爲"訓"，意謂王賜予毛公此訓誥之辭（即銘文前面所記"王若曰"、"王曰"的話。按李學勤先生曾將鼎銘"奔"釋讀爲"誥"，釋字雖不確，但對文義的理解則有理）；(2)"余奔皇辟侯令"的"奔"，郭先生曾考慮讀爲"順"。③ 謝明文先生認爲(2)的"奔"讀爲遵循之"遵"或順從之"順"、"訓"，音義皆可講通。④ 在上文未曾引出的釋讀尚存爭議的戰國竹簡的"奔"聲字中，也有主張讀爲"訓"或"順"者。

進一步確認"朕"聲與"奔"聲、"訓"等字的聯繫的，是裘錫圭先生。2003 年，裘先生撰文考釋楚簡所見的"丨"字。⑤ 他認爲"丨"、"十"由一字分化，"丨"也就是"奔"中兩手所奉之物，"'奔'字《説文》失收（後世字書'奔'字疑出附會），其音應與'朕'同"；由"朕"、"十"的讀音，他推測"'丨'

---

① 程鵬萬《劉家莊北 M1046 出土石璋上墨書"奔"字解釋》，《古文字研究》第二十七輯，166～170 頁，北京：中華書局，2008 年。
② 沈培《上博簡〈緇衣〉篇"悉"字解》，《新出土文獻與古代文明研究》，134 頁。
③ 郭説未正式發表過，見謝明文《臣諫簋銘文補釋》引，《商周文字論集》228、229 頁。
④ 同上注所引書，228～229 頁。
⑤ 裘錫圭《釋郭店〈緇衣〉"出言有丨，黎民所𠱾"——兼説"丨"爲"針"之初文》，《裘錫圭學術文集·簡牘帛書卷》，389～394 頁，上海：復旦大學出版社，2012 年（原發表於《古墓新知——紀念郭店楚簡出土十周年論文專輯》，香港：國際炎黄文化出版社，2003 年）。下引裘説凡見於此文者，不再出注。

當爲'針'之象形初文"。根據楚簡"夲"聲字用爲"尊、寸、遜"等文部字以及《説文》"侸""古文以爲訓字",裘先生又認爲楚簡中右從"斤",左下從"言",左上從"丨"或"十"的"愼"字,是以"丨(針)"或"十"爲聲旁("愼"屬真部,"真、文二部極爲接近");郭店簡《緇衣》簡 17 引《詩》"出言有丨,黎民所訐",可以讀爲"出言有遜,黎民所訓"或"出言有愼,黎民所信"。按照裘先生所論,通過"針"之初文"丨",就可以把"朕"聲系、讀"尊、寸、遜"等音的"夲"聲系、"訓"乃至於"愼"等字,從文字學上統統"串聯"起來了。

但是,上古漢語中的一個聲符字"夲"或"丨(針)",其韻可以横跨侵、蒸、文、真等部(還有人把"送"也牽涉其内,那就應該再加上東部。"送"字的問題比較複雜,這裏先不涉及,詳下文第四節之末),其聲可以溝通流音、齒音、喉牙音、舌音等類,這在音理上簡直是無法想象的事。"朕"及從"朕"聲之字與"尊、寸、遜"、"訓"等字,從嚴格的音韻學標準來看,無論如何也難稱音近。

"朕"上古屬侵部(直到中古仍屬侵韻),韻尾爲-m;但從"朕"聲之字,如"塍"、"賸"、"𦢊"、"縢"、"勝"、"騰"等都屬蒸部,韻尾爲-ŋ。古音學家對此作過一些解釋,如潘悟雲先生説:"上古有些以-m 收尾的字在合口元音的異化下韻尾變作-ŋ。如從'凡'得聲的'風',經過如下的變化:*plŭm＞*pŭŋ＞中古 pjuŋ。元音 ɯ 近 u,在一定程度上也有這種異化作用,侵韻'朕'與登韻'騰'諧聲就是這個原因。"①其音變條件似尚待深入研究。第一人稱代詞"朕"是上古漢語的常用詞。常用詞的讀音一般來説較爲穩定,易於成爲音變的殘留。所以,很可能是從"朕"聲的某些字(實指其字所表之詞),如"塍"、"賸"、"𦢊"、"縢"等,本讀侵部,但在上古的某一階段經歷過由侵部轉入蒸部、即*-ɯm＞*-ɯŋ 的音變,而没有確鑿證據顯示"朕"在上古的某些方言曾轉收-ŋ 尾。據《廣韻》記載,"䲢"除讀"徒登切"外,還有"直稔切"一讀,與"朕"同音(《爾雅·釋魚》"䲢,䲢蛇"條《釋文》云"䲢""字又作朕");另有少數從"朕"聲之字只讀侵部而不讀蒸部,如

---

① 潘悟雲《喉音考》,《著名中年語言學家自選集·潘悟雲卷》,226 頁,合肥:安徽教育出版社,2002 年。

下文第四節會舉到的"栚（橄）"、"朕"二字。凡此皆屬擴散音變中殘留下來的滯後現象【編按：李豪《古文字的諧聲系統及相關問題研究》指出"朕"聲字中保留在侵部的只有上聲字，平、去、入聲字轉入蒸部或職部（167～168頁，復旦大學博士學位論文，2022年6月）】。"朕"是中古澄母字。从"朕"聲諸字的中古聲母中，"媵"屬以母，"賸"有以母、船母二讀，"塍"也屬船母，"勝"、"滕"屬書母，"騰、滕、縢、謄、塍、螣"等均屬定母，其中絕無讀中古端、知、章、昌、禪母者，更不涉及中古喉牙音聲母，由此可知"朕"聲系的上古聲母屬於典型的*L-系。"朕"的上古音也許可以擬作*lrɯmʔ，从"朕"聲的讀蒸部音諸字可統一用*Lɯm＞*Lɯŋ（音節群）概括。①

戰國竹簡中"朕"這個詞，有時用"媵"字表示；②以"塍"、"勝"爲"朕"的用字，直到西漢中期的北大漢簡《周馴》、西漢晚期的王杖十簡中偶亦可見。③ 這是否説明戰國以降有些方言裏的"朕"已轉收-ŋ尾，或"滕、塍、勝"等字仍讀-m尾，尚未轉入蒸部呢？恐怕不能這樣看。西周晚期的禹鼎銘文中"朕"皆寫作"賸"（《集成》02833）。西周中期的仲辛父簋銘"朕皇祖日丁、皇考日癸"的"朕"原作，一般徑釋爲"朕"（《集成》04114）。張世超等先生編著的《金文形義通解》指出字當釋"塍"，讀爲"朕"，"義符'土'與聲'朕（引者按：即'朕'）'借筆重合"。④ 其説甚確。西周春秋金文

---

① "朕"聲字的*-ɯm＞*-ɯŋ音變，究竟從何時開始，至何時完結？這個問題不好回答，有待於將來繼續研究。據我們目前粗略的觀察，最晚到戰國時代，"朕"聲字的*-ɯm＞*-ɯŋ音變應已結束［與此相應的一個現象是，時代屬於西周、春秋的《詩經》所收詩篇中，存在少量"蒸侵合韻"的材料，如《大雅·大明》、《秦風·小戎》等。戰國楚地的韻文材料裏，已不見"蒸侵合韻"而只有個別"蒸文合韻"、"蒸東合韻"了（參看趙彤《戰國楚方言音系》，103、142頁，北京：中國戲劇出版社，2006年）。似可參考］。但音變開始的時間則不好估計，而且不同字（詞）音變完成的時間當有早晚之別，並非一律。有些以"朕"爲聲符的讀蒸部音的字，可能是在*-ɯm＞*-ɯŋ音變完成之後才造出來的。那些字所以仍選"朕"爲聲符，顯然是根據已轉讀蒸部的"朕"聲字類推的。不過具體有哪些字是後造的，目前也難於指認。
② 參看白於藍《簡帛古書通假字大系》，939、941頁。
③ 參看上注所引書，940頁。
④ 張世超等《金文形義通解》，3157頁。

中還有"朕"字用作"媵"的,例多不贅舉。在殷商、西周時代(也許還可再算上春秋),有些後來讀蒸部音的从"朕"聲之字,如"媵"、"賸"、"䞈"等,大概仍讀侵部音,或尚有侵部一讀,與"朕"音較後世爲近,所以金文能以"媵""賸"爲"朕"、又以"朕"爲"媵"。至於戰國竹書、西漢簡牘文獻中用"䞈、媵、勝"等字表示"朕",應該只是春秋以前古老的用字習慣的遺存(清華簡中用"䞈"爲"朕"之例,目前只見於《祭公之顧命》簡 3、4、9、20 和《芮良夫毖》簡 24。這兩篇正好都是從西周時代流傳下來的《書》、《詩》類文獻),或後人出於崇古心理的仿用,並不反映真實的讀音情況。① 馬王堆漢墓帛書中大量的"勝"寫作"朕",②這大概是當時人慣用的"省借"(有些類似於今天寫字形較簡的音近白字),也不能說明當時"勝"仍讀-m 尾("勝"在《詩經》中作爲韻腳,皆與蒸部字相押;戰國楚簡"勝"多从"乘"聲。③"勝"大概早已讀 *-uŋ 了),或者"朕"轉收-ŋ 尾。王杖十簡"朕甚哀老小"的"朕"寫作"勝"(1981 年徵集的出土於磨咀子的《王杖詔書令》相應之語即作"朕"),也可能是受到漢人喜歡以"朕"爲"勝"的影響而逆推的,甚至不排斥純係形音皆近的誤抄字的可能性(《敦煌漢簡》1448 號所收甘肅玉門花海出土漢代七稜觚所抄遺詔,"朕"皆寫作"䞈",第一面的首個"䞈〈朕〉"字似改寫爲"媵",皆誤書之例)。

"尊、寸、遂"是文部合口字,中古聲母都屬精系(精、清、心母)。从"尊"聲、"寸"聲和"孫"聲的字,中古沒有讀以母(或書、船母)的,也没有讀邪母和喉牙音聲母的。"尊、寸、遂"的上古音可以概括爲 *Tsun 音節群。④

---

① 《上博(八)·成王既邦》簡 2:"王才(在)鎬,召周公旦曰:'嗚呼!敬之才(哉)輁聞才……(下缺)'""輁聞才"有人讀爲"朕聞哉"。按"朕聞哉"之說不辭。蔣文先生在復旦吉大古文字專業研究生聯合讀書會《上博八〈成王既邦〉校讀》下的評論裏認爲,此句有可能當讀爲"乘聞在……",猶古書所言"登聞於……"、"升(陞)聞於……","乘"與"登"、"在"與"於"義近(復旦大學出土文獻與古文字研究中心網,2011 年 7 月 17 日)。其說可從。故不能援此以證"朕"讀入蒸部。
② 參看白於藍《簡帛古書通假字大系》,939~940 頁。
③ 參看上注所引書,945~946 頁。
④ 中古精組中的塞擦音,有些古音學者認爲一概來自上古的 *sK-類聲母。我們認爲上古聲母本有 *Ts-類塞擦音,中古精組塞擦音大抵由上古的 *Ts-與 *sK-兩類聲母演變而成,具體的中古精組塞擦音字上古聲母歸於何類,當視其諧聲假借證據而定。這(轉下頁)

"訓"與"尊、寸、遜"的韻母雖合，聲母卻差別頗大。"訓"是中古曉母字，但沈培先生認爲"从'川'得聲之字如'巡、馴、紃'皆是精系字。'川'本身是昌母。精系字以照三系字爲聲，是很常見的現象"。① 今按，中古章組（照三系）字有不同的上古來源，其中一類來自上古喉牙音。"川"、"巛"一字分化，傳世文獻或用"巛"表示《周易》"坤卦"之"坤"，馬王堆帛書《周易》"坤"全寫作"川"，"坤"是溪母字（$*k^h-$）；又，从"川"聲的"訓"是曉母字（$*q^h-$），見母字"甽"（$*k-$）在上博簡《子羔》簡 8 中寫作"聣"。"川"的上古聲母必爲喉牙音（$*k^h-$）無疑。② 从"川"聲的"巡、馴、順、紃"等字中古讀邪、船母而無讀精組塞擦音者，這種表現正與喉牙音來源的中古船、邪母字所在聲系的諧聲類型相合，我們也許可以把"川"聲系字的上古音概括爲 $*Kun$ 音節群。$*K-$ 跟"尊、寸、遜"的聲母 $*Ts-$ 毫無共同之點。"夲"聲字與"訓"有關，除了《說文》"侚""古文以爲訓字"一條外，在出土文獻中並不像讀"尊、寸、遜"那樣，有非讀爲"訓"不可的確證（詳下文第四節）。對於《說文》的這條材料，我們應該另尋解釋，而不宜把聲母類型明顯不同的"訓"與"尊、寸、遜"等牽合在一起。

即使不管"訓"字，"朕"聲系（$*Lum>*Luŋ$）與"尊、寸、遜"等字（$*Tsun$）上古聲韻差異之大，仍是顯而易見的。"慎"是中古禪母字，从"真"聲之字中古多讀端、透、定母以及章、昌母（"真"就是中古章母字），其上古聲母當屬 $*T-$ 系。所以"慎（$*T-$）"也沒有可能跟"朕（$*L-$）"、"夲（$*Ts-$）"取用同樣的聲旁。

上文介紹過，何琳儀先生是不相信"朕"、"勝"等字所从聲旁"夲"即字書讀"士倦切"的"夲"的，因爲它們"聲韻不協"；郭店簡公布之後，《尊德

（接上頁）裏需要對"孫"字稍加說明。馬王堆漢墓竹簡《天下至道談》中屢見與損益之"益"對舉的"孫"，整理者讀爲"損"（裘錫圭主編《長沙馬王堆漢墓簡帛集成》，第陸冊 165～167 頁，北京：中華書局，2014 年）。"損"的上古聲母爲 $*sK-$。但是，出土與傳世文獻中"損"從未見用"孫"聲字表示之例（"損"一般用"員"聲字、"云"聲字表示），"孫"的此種讀法與"孫"的諧聲及其他假借用例所表現出來的其上古聲母當屬 $*Ts-$ 相矛盾。所以，我們有理由對"孫"讀爲"損"表示懷疑，並進而考慮簡文的"孫"可能應該讀爲"撙"。"撙"有"抑損"義，"撙之言損也"（王引之《經義述聞》卷十四《禮記上》"撙節"條，767～768 頁，上海：上海古籍出版社，2018 年），與《說文》訓"減也"的"劗"爲一詞。以"孫"表"撙/劗"，語音上就毫無問題了。

① 沈培《上博簡〈緇衣〉篇"夲"字解》，《新出土文獻與古代文明研究》，134 頁。
② 張富海《說"坤"》，《中國文字學報》第十輯，116～117 頁，北京：商務印書館，2020 年。

義》篇數見的"酋"字,何先生也不同意釋讀爲"尊",而懷疑當讀爲"勝"。①何琳儀先生參與的《古文字譜系疏證》,其初稿完成於 2001 年,正式出版於 2007 年。此書的"夲"字條雖不是何先生寫的,但對"夲"、"朕"等字的看法,即大體采用何氏《戰國古文字典》之說;《疏證》出版時,戰國楚簡中的"夲"、"酋"、"悉"等字當讀"寸"、"尊"、"遜",已有較充分的材料,但此書最終並未采納。何琳儀先生既然認爲"夲(土倦切)"與"朕"聲系"聲韻不協",估計也不會同意"朕"聲系與"尊、寸、遜"音近可通。果真如此,他在這個問題上的認識倒不無可取之處。

現在看來,"夲"、"酋"、"悉"等"夲"聲字在古文字資料中當讀爲"寸"、"尊"、"遜",證據確鑿,無可否認,像何琳儀等先生那樣不接受這一事實,當然是不對的。我們認爲問題的癥結就在於大家公認的"朕"從"夲聲"這一點上;只要把"朕"聲系與"夲"聲系分開,上述問題便不復存在了。其實,如果"夲"真是"朕"聲系字的基本聲符,"夲"讀如"朕"音的話,爲何在那麼多表示"尊、寸、遜、遵"等詞的場合,竟然沒有一例使用"朕"或從"朕"聲之字,而都是單純的"夲"或從"夲"聲之字呢? 可見,"朕"從"夲"聲的說法就是在文字學上也是有疑點的。

二、"丨"爲"針"之初文等說獻疑

裘錫圭先生釋"丨"爲"針"之初文,藉此貫通了"夲"聲系(讀"尊、寸、遜"等)與"朕"聲系以及"慎"等字,在古文字學界產生了不小的影響。後來大家談到侵部與文、真等部通轉,也喜引裘說爲據。② 所以,本文欲破除"朕"從"夲聲"的成見,首先有必要對"丨"爲"針"之初文說加以檢討。

"針"字不見於早期出土文獻與《說文》,一般認爲是後起的俗字。《說文·十四上·金部》收"从金、咸聲"的"鍼",西漢早期的馬王堆 1 號漢墓

---

① 何琳儀《郭店竹簡選釋》,《安徽大學漢語言文字研究叢書·何琳儀卷》,393 頁,合肥:安徽大學出版社,2013 年。

② 參看陳劍《說石鼓文的"橐"字》、陳斯鵬《舊釋"犇"字及相關問題新解》[《文史》2019 年第 4 輯(總第 129 輯),16~17 頁,北京:中華書局,2019 年]等文。

所出遣册(簡 265)和銀雀山漢墓竹簡(簡 898)中已見"鍼"字,①傳抄古文亦有"鍼"而無"針",②"針"的出現確實晚於"鍼"["針"字較早似見於東魏武定八年(AD550)的杜文雍等十四人造像記,③時代頗晚]。如果殷墟甲骨文、戰國竹簡中的"丨/十"是"針"的初文,"針"字的發展就要走一條"丨/十→鍼→針"的"彎路",似乎很不自然。

裘先生説"弁"字象"兩手奉針形","讓'丨'兼起聲旁的作用"。不過,古文字中象兩手奉物之字,往往含有恭敬或慎戒之意,如"龏"、"奉"、"共"、"戒"、"兵"等;其所奉對象,除純粹表音者外,如"龏"所從之"龍"、"戒"所從之"戈"、"兵"所從之"斤"、"具"所從之"鼎"等,都有形體較大的特點。"針"這種"細物"用兩手加以供奉,就顯得有些奇怪(平常拿針也不可能兩手奉之)。兩手奉"丨(針)"之形相當於後代的什麼字,也不易推知。

"鍼/針"是中古章母字,根據"鍼"從"咸(*gr-)"聲,其上古音可構擬爲*kjum 或*kjuum。④"鍼/針"的上古聲母爲*k-,還有與漢語存在親屬關係的藏緬語同源詞爲證,⑤可信度甚高。但是這跟"朕"聲系(*L-)、"弁"聲系(*Ts-)以及"慎(*T-)"的聲母顯非一類,無由相諧。

下面考察學者們舉出來的古文字中从"丨(針)"聲的例子,看看是否可靠。⑥

裘先生認爲从"丨/十(針)"聲的楚簡的"慎",原作 ![]、![] 等形。三

---

① 參看于淼《漢代隸書異體字表與相關問題研究》上編《漢隸異體字表》,630 頁,吉林大學博士學位論文(指導教師:吳振武),2015 年 4 月。
② 徐在國《傳抄古文字編》,1401 頁,北京:綫裝書局,2006 年。
③ 參看秦公輯《碑別字新編》,143 頁,北京:文物出版社,1985 年。
④ 章組字的-j-也可以認爲是後起的而不必構擬出來,這裏姑且保留以示與章組之外的三等字的區别。
⑤ (美)張琨《漢藏語系的"針"字》(張蓮生譯),《民族譯叢》1981 年第 1 期,41~50 頁。
⑥ 《合集》6049"令孚奠子賣"的"奠"作 ![],陳劍先生曾懷疑應分析爲"'从酉从丨(針)聲',或係'奠'字形本聲結構的異體,或另有本義但可與'奠'通用",並謂"此亦'丨(針)'聲與真部字相通之例"(《説石鼓文的"橐"字》)。最近吳麗婉先生指出,此片甲骨即《北圖》2398,從後者的拓本和彩照看,所謂"丨"與"酉"的"文字筆道不相同","實爲泐痕",此字就作"酉",應是"奠"字缺刻下部横畫(吳麗婉《談談甲骨實物與拓本的字形差異》,趙平安主編《訛字研究論集》,77~78 頁,上海:中西書局,2019 年)。所以事實上並不存在从"丨(針)"聲的"奠"字異體或與"奠"音近通用之字。此類誤認的情況下文不再涉及。

晉人名印中"孫"字或作如下之形：

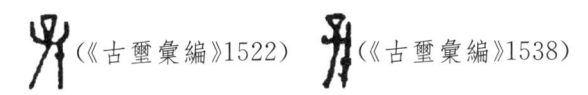

    （《古璽彙編》1522）   （《古璽彙編》1538）

吴振武先生在2003年湖北荆門召開的"紀念郭店楚簡出土十周年"會議上，據裘先生在此次會議上發表的"丨(針)"字説，提出此種"孫"也是從"丨(針)"得聲的。① 戰國趙器三年繭令戈"孫"作如下之形：

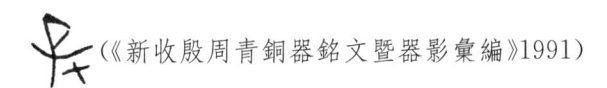

    （《新收殷周青銅器銘文暨器影彙編》1991）

"子"右下爲"十"形，與有些"慎"字从"十"相合。"十"當由加圓點的"丨"變來。但"鍼/針(*kjum或*kjɯm)"與"孫(*suun)"聲韻差異頗大，亦無由相諧。就是"孫"與"慎"，聲韻也頗有距離，同一個"丨/十"字，怎麼可能同時充任這樣兩個讀音如此不同的字的聲符呢？

"孫"字所从的"幺"，有時會簡化爲"彡"形，如望山1號楚墓所出89號簡上的"孫"字等。"慎"字既寫作"訫"，又寫作"訫"、"忐"，"幺"與"彡"、"丿"互作，與"孫"的變化平行。② 所以，吴振武先生"孫"从"丨(針)"聲的説法雖不足信，但他把此種"孫"右下的"丨"與"慎"左上的"丨"加以聯繫，還是有見地的。魏宜輝先生在他的博士學位論文裏，已指出"慎"、"孫"所从的"丨"、"十"都是"幺"形的簡化。③ 其説可從。④ 此類變化，可舉甲骨文 、 爲一字，"秦"作 、 、 等形⑤爲其比，尤其是"秦"字之例，"幺"形逐步簡化爲"丨"形的過程，可以看得很清楚。又按，楚簡"慎"字左上的

---

① 劉釗《古文字構形學(修訂本)》，90頁引，福州：福建人民出版社，2011年。
② 參看陳劍《説慎》，同作者《甲骨金文考釋論集》，51～52頁，北京：綫裝書局，2007年。
③ 魏宜輝《楚系簡帛文字形體訛變分析》，49頁，南京大學博士學位論文(指導教師：張之恆)，2003年4月。
④ 但魏先生認爲"慎"字所从的"幺"即"玄"，爲贅加的聲符(《楚系簡帛文字形體訛變分析》，48～49頁)，則不可信。"玄"、"慎"聲母不近，中古開合口亦不同。
⑤ 李宗焜《甲骨文字編》，520頁，北京：中華書局，2012年。

"幺",顯然就是春秋楚大師登鐘"慾(慎)"所從▤、▤的勾廓,▤、▤可能是由西周金文"慎"字左上的▤、▤、▤等形變來的;①戰國文字"慎"所從的"彡",也可能是由金文的▤簡省而來的。②▤或▤如加以省併、綫條化,似也能直接變成▤、十、丨。若此,楚簡"慎"字左上的"幺"、"彡"、"丨/十"形,就都是由▤類較原始的形體沿着不同的簡化途徑演變而成的。雖然"慎"字的具體演化路徑還需繼續研究,但戰國文字"慎"、"孫"所從的"丨"只是其他構件的簡化寫法,與"鍼/針"無關,則是可以斷言的。

殷墟甲骨文屢見"占王事"之辭。"占"字最常見的形體有▤、▤等,孫詒讓在20世紀初寫成的《契文舉例》中,曾釋此字爲"由",但信從者不多。近年來,陳劍先生詳細考察了"占"與甲骨文中已獲確釋的"由"的字形和辭例方面的密切聯繫,重申"占"當釋爲"由";"占王事"之辭中"占(由)"的寫法與一般的"由"不完全相同,可視爲異體的分工。③ 其說甚是。

陳先生把"由"字分析爲從"口"、"丨(針/鍼)"聲。但"由"是以母字,上古聲母跟"朕"聲系字一樣,亦屬 *L-系。"朕"聲系字既不能以"鍼/針"(*K-)爲聲,"由"當然也沒有理由分析爲從"鍼/針"聲。④ 甲骨金文中一

---

① 參看謝明文《楚大師登編鐘淺說》,同作者《商周文字論集》,115頁。
② 參看陳劍《說慎》,同作者《甲骨金文考釋論集》,45~47頁。
③ 陳劍《釋▤》,《出土文獻與古文字研究》第三輯,1~89頁,上海:復旦大學出版社,2010年。
④ 陳文論證"由"從"鍼/針"聲,主要依靠"甚"聲系作爲中輾轉溝通"由"與"咸"聲系,都不是直接的通用例證,不必細論。唯一比較直接的同類材料,是西周晚期佟戒鼎賞賜物"簟弼"之"簟"寫作"貴",似只能看作從"咸"聲,而"簟"和"由"一樣,上古聲母都是 *l-。"咸"是中古二等字,其上古聲母含流介音-r-,有可能與l-聲相通。但是,鼎銘所謂"簟弼"之"弼"原作"弢"(《說文・十二下・弜部》以此字爲"弼"之古文),"弢"與"弼"的聲符"弜"爲一字繁簡體,古文字研究者早已指出"弜"即典籍所載用於矯正弓弩的器具"柲"的本字。西周早期的典兔尊銘文中的賞賜物"弜",有人認爲就指弓檠"柲"。所以佟戒鼎"貴弢"之"弢"也讀爲弓檠義的"弜(柲)"的可能性,恐怕不容輕易否定(《古文字譜系疏證》3283頁"弢"字條下即如此讀)。若此,"弢(弜、柲)"前的"貴"就不可能讀爲"簟"了。佟戒鼎"貴弢"如何釋讀爲好,有待於進一步研究。

般的"由"字作󰀀、󰀀、󰀀等形,①"凸(由)"是其簡縮之形。󰀀、󰀀、󰀀看起來也不像是"針"的樣子。

甲骨文中有一個寫作󰀀、󰀀、󰀀、󰀀等形的地名之字,劉雲先生指出它和卜辭所見另一地名字󰀀、󰀀、󰀀、󰀀代表同一地,字形上彼此也有演變關係,即後者由前者加注"尋"聲而成(後者出現的時代也較前者晚),而此種從"尋"聲之字,就是見於《上博(一)·孔子詩論》簡16的表示"葛覃"之"覃"的"䚢"字。② 王子楊先生在劉説的基礎上,參考學者們已有的"由""尋"音近、楚簡"䚢"可視爲"尋""由"皆聲的雙聲字等認識,釋前一種不加"尋"聲的字爲橘柚之"柚"。③ 這些意見都是可信的【編按:近有一些學者主張"柚"當改釋爲"甹"。他們把此字上部橘柚一類的果實形與"屯"之作󰀀者類比,認爲前者象樹木新生枝芽。此説可商。《説文·七上·马部》:"甹,木生條也。从马,由聲。《商書》曰:若顛木之有甹枿。古文言由枿。"所引《商書》見於《尚書·盤庚上》,今本作"若顛木之有由櫱"。當"木生條"講的"甹"指樹木新生的枝條,徐鍇《繫傳》"謂是已倒之木更生孫枝也"。"枝條"與"芽"顯非一事,󰀀之類的字形無論如何也難説象枝條之形。《合》8058此字作󰀀,上部爲橘柚類果實之形甚明,這樣的字形就是説爲"新生的芽"亦不可信。事實上"柚"字上部果實的形體與"屯"所象萌芽的筆勢並不一致,細審可知】。王子楊先生對甲骨文"柚"字提出兩種分析:一種根據此字"木"上部分與已釋出的"由"字相合,分析爲從"木"、"由"聲;一種認爲"柚"字"木"上部分"可能本來不是'由'(引者按:指不封口的那類形體)",而"表示樹木所結的果實",全字可能就是"柚"字的象

---

① 參看陳劍《釋"凸"》,《出土文獻與古文字研究》第三輯,52~54頁。
② 劉雲《利用上博簡文字考釋甲骨文一例》,張顯成主編《簡帛語言文字研究》第五輯,133~153頁,成都:巴蜀書社,2010年(此文曾發表於復旦大學出土文獻與古文字研究中心網,2009年11月29日)。
③ 王子楊《釋甲骨文中的"柚"》,同作者《甲骨文字形類組差異現象研究》,287~307頁,上海:中西書局,2013年。

形初文,後來才"變形聲化"爲从"由(引者按:指封口的那類形體)"。① 我們認爲他的後一種分析更近於事實,然猶未達一間。

王先生已經指出,"由"雖大多數下作封口形,但不封口的"由"也不是絕對沒有(見於偏旁)。② 而且"柚"字中象所結柚果之形者,與"由"字"口"上的各種形態高度一致。既然如此,我們就應該反過來認爲獨體的"由"實際上是從"柚"字割裂出來的,如同"矩"割裂出"巨"字。"由"本是"柚"的簡體,後專門用來表示"由"的各種假借義,乃與"柚"字分化。這種分化在早於目前所見的殷墟甲骨文的時代就已大體完成了。③ 卜辭中的"柚"及加注"尋"聲的"柚"的繁體,一律用爲地名。地名、族氏名多承襲古字、繁形,其字形變化得慢(如"柚"字"木"上部分早期多不封口,象形程度高);一般語詞"由"則好用簡體,其字形變化得快(割裂出來後已不見不封口者);在"占王事"那樣的熟語裏,"由"字就簡化得更厲害,因而導致同一時代"柚、由"的寫法也存在一些出入,字形變化步調不一。這是不足怪的。

既知"由"是"柚"的象形初文的分化字,其字所從的"丨"當然也與"鍼/針"無關了。

另一方面,古文字裏很可能另有"鍼/針"的初文。春秋戰國文字資料中有一個釋讀爲"箴"的字,作如下諸形:

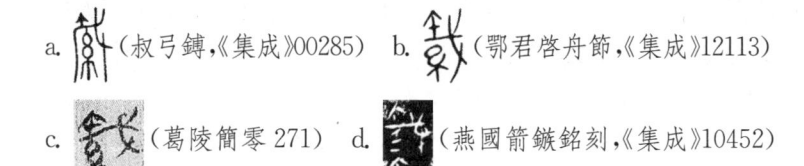

a. (叔弓鎛,《集成》00285)　　b. (鄂君啓舟節,《集成》12113)

c. (葛陵簡零271)　　d. (燕國箭鏃銘刻,《集成》10452)

――――――――――
① 王子楊《釋甲骨文中的"柚"》,同作者《甲骨文字形類組差異現象研究》,298~304頁。
② 同上注所引書,300頁。
③ 裘錫圭先生認爲作ㄓ、ㄔ等形的"于"字是由"竽"的象形初文、割裂分化出來的(裘錫圭《甲骨文中的幾種樂器名稱——釋"庸""豐""韶"》,《裘錫圭學術文集·甲骨文卷》,46~47頁)。這種分化早在卜辭時代之前也應已完成,情況跟我們所說的"柚"割裂分化出"由"相同。

說"朕"、"並"   093

e. [圖] [《上博（五）·君子爲禮》簡10]

f. [圖] （鄖侯𣄹彝，《集成》10583）

g. [圖] [《清華（叁）·芮良夫毖》簡18]

h. [圖] （荆門左冢楚墓漆梮）

i. [圖] [《清華（玖）·廼命一》簡1]　j. [圖] （仰天湖簡36）

k. [圖] [《清華（伍）·湯處於湯丘》簡4]

l. [圖] [《清華（捌）·攝命》簡29]

近有宋華强、趙平安先生的文章對此字的釋讀作過很好的總結和進一步的討論。① 他們（包括宋文所引陳劍先生説）都已指出，"箴"字本不從"竹"，所謂"竹"是單個的"个"的繁化，觀 a～d 之於 e、f～h 之於 i，不難明白；此字除去"个"的部分從"糸"從"戌"，見於西周金文毛公鼎等銘，即"緘"，爲全字聲符。相較於 k、l 而言，f～j 可視爲從"緘"省。h、i 在從"口"省"糸"的基礎上，進一步變爲從"咸"聲；i 幾乎就是後代的"箴"形。k、l 在簡文中都用爲箴誡之"箴"，但字從"宀"，k 的"个"還省爲一短横。不過，參考清華簡"䫉"所從"尔"形變爲"宀"之例，② 疑其"宀"旁也可能本由"个"變來，但 l 仍從"个"，可知書手已把它當成了真正的"宀"旁，k 則處於"个"變爲"宀"的過渡狀態。

---

① 宋華强《楚文字資料中所謂"箴尹"之"箴"的文字學考察》，《古文字研究》第二十九輯，603～615頁，北京：中華書局，2012年；趙平安《"箴"字補釋》，同作者《新出簡帛與古文字古文獻研究續集》，51～55頁，北京：商務印書館，2018年。

② 參看趙平安《談談戰國文字中值得注意的一些現象——以清華簡〈厚父〉爲例》，同作者《新出簡帛與古文字古文獻研究續集》，131頁。

对於"箴"所从的"个",宋、趙二位先生有不同的看法。宋先生認爲"个""作爲意符表示的是'尖鋭'之義,从"个"、"鍼"聲之字"本是爲'尖(鐵)'所造","个""也有可能就是'尖(鐵)'這個詞的表義初文";① 趙先生基於他過去對"達"字的研究,認爲"箴"所从的"个""很可能是'達'的本字","像治病的針砭"。② 我們的看法與他們都不相同,但認爲他們的看法中有合理的成分。

宋華强先生提出"个"可能是"哉"的表意初文,此説可從,"鍼"應是後加的聲符。宋文引到《合集》17979 一般釋爲"殷"的 ⿰ 、⿰ 字,胡厚宣先生曾疑此字人手中所持之"个"爲"針","殷"字"蓋象一人身腹有病,一人用手持針刺病之形","針刺作痛,故殷有痛意"。③ 趙平安先生認爲"箴"字所从的"个""像治病的針砭",與胡厚宣先生認爲"殷"字中的"个"像古籍所載用於刺病的"鍼石",彼此不謀而合。楚帛書殘片中有一从"箴"聲的"鹹"字,徐在國先生懷疑此字所从的"个"是"針"的象形初文。④ 今按,"達"所从的"个"是不是"針砭",尚須研究;但"哉(箴)"的初文"个"確有可能即"鍼石"之"鍼/針"。

宋華强先生由於"'个'像鋭首寬肩之物,與針形不合",又因裘錫圭先生已釋"丨"爲"針"之初文,故而不信"个"爲"鍼/針"。⑤ 我們認爲"个"所取之象如胡厚宣、趙平安先生所説,應是"鍼石",或石器時代使用的較骨針爲粗的石針。古人爲了突出"鍼石"或石針一頭尖鋭,故意采用誇張的手法寫作"𠆢"形表示,所以看似與"通體纖細"的骨針、繡花針有别。《説文·五上·竹部》:"箴,綴衣箴也。"前人多以爲"箴"即"鍼/針"字。睡虎

---

① 宋華强《楚文字資料中所謂"箴尹"之"箴"的文字學考察》,《古文字研究》第二十九輯,610頁。
② 趙平安《"箴"字補釋》,同作者《新出簡帛與古文字古文獻研究續集》,53頁。
③ 胡厚宣《論殷人治療疾病之方法》,《中原文物》1984年第4期,27~29頁。參看宋華强《楚文字資料中所謂"箴尹"之"箴"的文字學考察》,《古文字研究》第二十九輯,610頁。
④ 徐在國《楚帛書詁林》,946頁,合肥:安徽大學出版社,2010年。按徐先生認爲"个"是在裘先生所釋"丨(針)"形上添加了飾筆,這是我們所不同意的。
⑤ 宋華强《楚文字資料中所謂"箴尹"之"箴"的文字學考察》,《古文字研究》第二十九輯,610頁。

地秦簡《法律答問》簡86、《秦律十八種》簡110等有以"箴"爲"鍼/針"之例。刺病的"鍼石"之"鍼",古書也常寫作"箴"。把"箴(鍼/針)"的初文"个"釋爲"鍼/針",從文字學上看,比釋"丨"爲"鍼/針"之初文更有道理一些("鍼/針"字的發展可簡要描述爲：个→箴→鍼→針)。

通過上文的檢討,現在可以説,"丨"爲"針"之象形初文的説法,還缺乏堅實可信的證據,我們分析"朕"、"关"等字的字形,完全不必再把所謂"丨(針)聲"牽扯進來。那末,戰國楚簡中的"丨"應釋爲何字呢？限於材料,這個問題目前難有明確的答案。《上博(八)·李頌》是一篇韻文,其中有云："深利开豆,亢(剛?)其不弍(貳)可(兮)。亂本曾(層)枳(枝),寖(浸？寢?)毇丨可(兮)。"(簡1正～背)文義雖不甚明,但"丨"與"貳"處於韻腳,"貳"是脂部字,"丨"韻當與之合。《説文·一上·丨部》謂"丨""引而上行,讀若囟","囟"是真部字,與"貳"的韻部陰陽對轉,《説文》所收的這個讀音似有所本。① 這可以算是考釋"丨"字的一條綫索。【編按：《清華大學藏戰國竹簡(拾貳)·叁不韋》簡21："啓,乃一末亓(其)啟(識)丨,二末同達於四方,三末崒(嗣)後亓(其)長。"整理者指出簡文"丨"與"方"、"長"爲韻,當讀陽部。《李頌》、《叁不韋》兩處入韻的材料似皆可靠。王寧《再釋楚簡中的"丨"字》曾據《李頌》之韻認爲"丨"乃"佾"或"細"之初文(復旦大學出土文獻與古文字研究中心網,2011年9月7日)。葉曉鋒《關於楚簡中的"丨"字》則據郭店簡《緇衣》引《詩》"出言有丨,黎民所訓",今本作"出言有章""萬民所望",認爲"丨"乃"芒"或"萌"之初文(復旦大學出土文獻與古文字研究中心網,2008年5月9日)。現在參考《叁不韋》"丨"的入韻情況,或可把葉、王二説綜合起來："丨"是麥芒之"芒"與尖細之"細"的共同表意初文,一形多用。《鶡冠子·王鈇》："是以能治滿而不溢,縮大而不芒。"陸佃注："不損之使芒,芒之爲言小也。""芒"本有"細小、尖細"義,故象麥芒之形的"丨"亦可表示語言裏尖細之"細"一詞。郭店《緇衣》引《詩》當

---

① 見鄔可晶在復旦吉大古文字專業研究生聯合讀書會《上博八〈李頌〉校讀》下的評論,復旦大學出土文獻與古文字研究中心網,2011年7月17日。

讀爲"出言有丨(芒—朙),黎民所訆(望)","朙"與今本"出言有章"的"章"都是"明著"、"彰顯"的意思,《戰國策·秦策一》有"明言章理"之説,"明"、"章"對文。《叄不韋》"乃一末其識丨"之"丨"疑亦讀爲"朙"。馬王堆帛書《戰國縱橫家書》"朱己謂魏王章":"而王弗識則不明,群臣莫以【聞】則不忠。"(150～151 行)"識明"或即"識則明"、"識而明"之意["亡"本鋒芒之"芒"的初文(參看裘錫圭《釋"無終"》,《裘錫圭學術文集·金文及其他古文字卷》,62～63 頁)。"鋒芒"之"芒"與"麥芒"之"芒"可以認爲就是同一個詞。戰國竹書中有以"亡"爲"明"的用法(白於藍《簡帛古書通假字大系》,1017～1018 頁),可作爲讀麥芒之"芒"的象形字"丨"爲"明"的參證]。《上博(二)·容成氏》簡 1 所記上古帝王"杭丨是(氏)",郭永秉先生久已懷疑就是見於古書的"汪芒氏"。楚國貨幣銘文中常見一個一般隸定爲"忻"的字,據學者研究,其基本用法爲數詞,指四分之一,有時也可用爲量詞,指四等分後的衡值,這顯然是其"四分之一"義的引申(熊長雲《"忻"爲四分之一考》,《出土文獻》2023 年第 3 期,99～112 頁)。"忻"所從的"十"或作"丨"。竊疑此字與"訢(慎)"無關,可能就是從"丨"聲,只不過在此"丨"當取"細"音一讀,其所記之詞爲表示"四分之一"的"四"。睡虎地秦簡《秦律十八種·司空律》"居官府公食者,男子參(三),女子駟(四)"(簡 133～134),馬王堆帛書《明君》"戰士食參(三)駟(四)之食"(28/431～29/432 行),"參"、"駟"皆指一斗之食的三分之一、四分之一,"駟(四)"的用法與楚幣文"忻(四)"相合。楚小布"橈比忻四",熊長雲先生認爲是重量爲楚大布"橈比當忻"的四分之一的意思(參看《"忻"爲四分之一考》,110 頁)。可能爲了避免誤解,小布有意選用與大布之文"忻"不同的"四"字來記錄四分之一義的"四"這個詞,以此提示"橈比忻四"當斷讀作"'橈比忻'之四","忻"、"四"雖都指四分之一,但不能連讀。】

三、"朕"字溯源,兼釋甲骨文 ⿰舟丨、⿰舟丩 等字

段玉裁改"朕"的本義爲"舟縫",主要依據他老師戴震在《考工記圖》

中"舟之縫理曰朕,故札續之縫亦謂之朕"的講法。① 按《考工記·函人》原文爲"凡察革之道,……眂其朕,欲其直也","朕"指"裁制革之縫"、"甲之縫"而言。② 古書裏並無"朕"當"舟縫"講的用例,戴、段所以如此言,大概就是由於"朕"字从"舟"的緣故。進一步説,所謂"甲之縫"甚至"凡縫之稱",也只是"朕"的語境義而已。古書有"遊无朕"、"朕垠"、"兆朕"等語,舊多訓"朕"爲"兆也"、"迹也"。③《漢語大字典》2221 頁"朕"字下列"舟縫,也泛指縫隙"的義項,所舉之例爲《鬼谷子·内揵》:"若蚨母之從其子也,出無間,入無朕,獨往獨來,莫之能止。"陶弘景注:"蓋言蚨母養子,以蓋覆穴,出入往來,初無間朕,故物不能止之。"按"入無朕"顯然就是《莊子》等書所説的"遊无朕",可知所謂"縫隙"與"兆也"、"迹也"是一回事。《考工記·函人》"眂其朕,欲其直也",是説察視縫制革甲的形迹直不直,只不過這個"形迹"在講縫制革甲的具體語境裏,臨時指"裁制革之縫"罷了。④ 所以,段玉裁所改定的"朕"的本義,在先秦漢語裏大概從來也没有真正使用過。

前文指出段玉裁首倡的"朕"从"关聲"之説,在音理上是站不住的。段氏之後,有一些學者以爲"朕"是表意字而非形聲字(當然他們多數不是因爲看到"关"、"朕"聲音不近而反對形聲字説的)。如有人説"朕"字从"舟"从"火"从"廾","舟有罅隙,必得火以照之始見",⑤這是取"舟縫"爲"朕"的本義;有人説"朕""象兩手奉火形"、"从舟","火所以作龜致兆,舟所以承龜",⑥這是取"兆"爲"朕"的本義。然而從古文字字形看,从"廾"

---

① （清）段玉裁注、許惟賢整理《説文解字注》,707 頁。
② （清）孫詒讓《周禮正義》,第十三册 3290 頁,北京:中華書局,1987 年 12 月。
③ 參看宗福邦等主編《故訓匯纂》,1059 頁,北京:商務印書館,2003 年。
④ 馬叙倫《説文解字六書疏證》卷十六已指出《考工記·函人》的"朕"與"遊无朕"等"朕"都是朕兆的意思,這是對的;但他竟認爲此種"朕"乃假借爲"兆",又謂"朕爲服之轉注字"(第 5 册 10~12 頁,上海:上海書店 1985 年影印),則荒唐不可信。
⑤ 丁福保編纂《説文解字詁林·補遺》,17287 頁引清人吴錦章《讀篆臆存雜説》,北京:中華書局,1988 年。同書同頁所引陳衍《説文解字辨證》説殆同。
⑥ 羅振玉《殷虚書契考釋》卷中,《殷虚書契考釋三種》,155 頁,北京:中華書局,2006 年。

的"朕"到西周晚期才出現少量在"丨"上加"八"形飾筆的寫法,①小篆"火"形顯然是由此而起的訛體,"朕"字實不從"火"。所謂"以火照之始見舟縫"或"火所以作龜致兆"云云,皆臆説無據。商承祚《甲骨文字研究》亦取"舟縫"爲"朕"的本義,謂"舟必有縫,故从手持丨,丨,密縫之具也"。②可惜"舟縫"的義項是根本不存在的(由於"丨"爲"針"之初文缺乏確據,我們也不能把"朕"字説爲用針縫補舟縫);"朕兆"義雖於文獻有徵,但從"舟"從"丨"從"廾"之形如何能表此意,也難於説清。雖然過去對"朕"的形義並無令人滿意的解釋,所以最終被從"关聲"的分析辦法占領了上風,但我們認爲以"朕"爲表意字的思路,還是值得肯定的。

在殷墟甲骨文裏,从"𠬞(廾)"的"朕"字,從早期的𠂤組到晚期的黄組,從王卜辭到子組、婦女、花東等非王卜辭都能看到,③是大家很熟悉的。1983年,李學勤先生綴合了兩版出組二類腹甲(《合集》24135＋24137),④其辭"朕卜有求(咎)"、"朕[卜]吉"的"朕",作如下之形:

从"又"而不从"廾"。李先生逕釋爲"朕",從文例看,顯然是正確的。但出組卜辭的時代比𠂤組、賓組等晚,此種"朕"字从"又",從情理上講,有可能是"廾"的省略。《合集》22307屬於非王卜辭中的所謂"亞卜辭",⑤此版"朕"字亦从"又":⑥

---

① 參看董蓮池《新金文編》,中册1208~1215頁,北京:作家出版社,2011年。
② 商承祚《甲骨文字研究》下篇,244頁,天津:天津古籍出版社,2008年。
③ 李宗焜《甲骨文字編》,1229~1231頁。
④ 李學勤《釋多君、多子》,原發表於胡厚宣主編《甲骨文與殷商史》,上海:上海古籍出版社,1983年;收入《當代名家學術思想文庫·李學勤卷》,118頁,瀋陽:北方聯合出版傳媒(集團)股份有限公司,萬卷出版公司,2010年。今據後者引。
⑤ 李學勤《帝乙時代的非王卜辭》,《李學勤早期文集》,129~130頁,石家莊:河北教育出版社,2008年;李學勤、彭裕商《殷墟甲骨分期研究》,326頁,上海:上海古籍出版社,1996年。
⑥ 參看李宗焜《甲骨文字編》,1231頁。

"亞卜辭"約爲武丁中期之物,這就把从"又"的"朕"字的出現時代推前了一些。

時代屬於武丁早期、也就是現存殷墟甲骨卜辭時代最早的自組肥筆類有一版殘辭,著録於《合集》20610,其上有如下一字:

黄天樹先生在 2014 年出版的《説文解字通論》一書中,已釋此字爲"朕"。2019 年,黄先生發表專文對此"朕"字作了詳細的考釋。① 他首先論定此字所从爲"舟",又根據上舉已爲學者所釋出的从"又"的"朕",參照"甲骨文兩個偏旁位置每變動不居,既可寫作左右並列,也可寫作上下相疊"之例,釋《合集》20610 之字爲"朕"。黄先生大概認爲左右並列的从"廾"的"朕"才是正體,因而稱他考釋的這個上下相疊的从"又"的"朕"爲"一種異體寫法"。

黄天樹先生釋出的這個"朕"字十分重要,但我們不認爲這是偶然出現的"一種異體寫法";此種从"又"的、"攴(手持'丨')"形位於"舟"之後的"朕"既見於時代最早的自組肥筆類,字形又具有較濃的表意意味,很可能是"朕"字古體的孑遺,不可忽視。此"朕"字象一人手持一"丨"推盪舟船行進;上舉出組二類、"亞卜辭"从"又"的"舤(朕)",雖已變爲左右並列,但手持"丨"作用於"舟"的意圖還是較爲顯著的。面對這樣的"朕"字,不由得讓人聯想起商周古文字中的一個像"盪舟行船"之形的表意字。

我們想到的這個字就是見於自組小字類、自賓間組等早期卜辭的如下之字:②

---

① 黄天樹《釋甲骨文"朕"字的一種異體寫法》,《漢字漢語研究》2019 年第 2 期,3～6 頁。下面的介紹就根據他這篇新刊的文章。
② 李宗焜《甲骨文字編》,1229 頁。

100　甲骨金文語文論稿

和見於典賓類卜辭的如下之字：①

古文字中的正面人形（"大"）與側面人形（"人"）在作表意偏旁時常通用無別，所以上舉二字顯爲一字異體。爲了稱引的方便，下文以"△1"作爲前一形的代號，以"△2"作爲後一形的代號，無須分別時以"△"統稱之。

△分明表示一人手持船篙行舟，這是誰都看得出來的；但究爲何字，則迄無定論。過去曾有"盪"、"般"、"泛"、"津"、"䢐"、"舦"、"航"等釋法。② 釋"般"明顯於字形不符，已無人信。釋爲盪舟之"盪"、泛舟之"泛"以及"渡"、"津"、"航"等，都是缺少文字學證據的"看圖説話"。字書以"䢐"爲"津"的古字，釋"䢐"與釋"津"實無本質區別（△字顯非从"津"的聲旁"𦘔"，甚至連从"聿"都談不上）。釋爲"舦"是由於△1从"大"；主張此説的張亞初先生認爲下舉商代金文中的族氏名之字即△1之省形：

（《集成》05205.1）　（《集成》05205.2）

"此字從舟從大，以大爲聲符，即舦字"。③ 今按，張氏所舉的省略手中的"丨"（蓋象船篙）的商金文族氏名之字，在所有的△1中只能算是偶爾一見，並非△字的主流形態，與見於中古以後字書的"舦"字恐怕不會有直接的字形承繼關係。據《正字通》等字書記載，"舦"是《集韻》去聲夳韻他蓋

---

① 李宗焜《甲骨文字編》，1229頁。
② 參看于省吾主編《甲骨文字詁林》，3169～3170頁；陳偉武《〈甲骨文字詁林〉補遺》，同作者《愈愚齋磨牙集——古文字與漢語史研究叢稿》，13頁，上海：中西書局，2014年；（日）松丸道雄、高嶋謙一編《甲骨文字字釋綜覽》，489頁，東京：東京大學出版社，1994年。
③ 張亞初《古文字分類考釋論稿》，《古文字研究》第十七輯，237頁，北京：中華書局，1989年。

切訓"舟行"的"舤"的異體,"太"、"大"是純粹的聲旁;而上舉商金文的△1,即使省去"丨(船篙)",剩下的正面人形也像是表意成分。總之,不能把△1與後世字書裏的"舤"作簡單的比附。

宋華强先生對△有一個新的考釋意見,這需要從△2所在的辭例講起。△2見於如下一版典賓類卜辭:

(15a) 戊□[卜],殻貞:令兴召(?)△2[由取]舟,若。六[月]。

(15b) 貞:弖(勿)令兴召(?)△2由取舟,不若。(《合集》655正乙、正甲)①

卜辭中有"殻/彀/殻/投/殳舟由"之名,"殻、彀、殻、投、殳"彼此通用(下以"殻"爲代表),【編按:所謂"殻"實不从"束",應是"殻"之或體。詳參陳琦《形體混同與諧聲辨析》(92~119頁,復旦大學碩士學位論文,2024年5月)。】"殻舟由"亦可省作"殻舟"或"殻由","由"是其名,"殻舟"是其人所從事的工作。陳劍先生釋"殻、彀、殻、投、殳"爲"斲","斲舟"指"斲木爲舟";②他指出△2字形中包含有"舟","據'取舟'之貞可知'△2由'的職掌與舟有關",但"'△2由'與'斲舟由'是否爲同一人,'殻'、'殳'等字與△2字的關係,均有待進一步研究"。③宋華强先生則肯定"△2由"與"殻舟由""很可能就是同一個人",並讀"殻舟"之"殻"爲"主",認爲與《清華(壹)·皇門》簡13"譬如舟舟"的"舟"代表同一個詞,後者他亦讀爲"主舟","'主舟'有可能既包括掌管造船,也包括掌管行船,甚至可能以行船爲其主要職掌"。④ △2與所謂"主舟"之"主"的關係,宋先生説:

△2字象一人站立船頭,以篙撐船,大概就是爲"主舟"所包含的"行船"方面的職能所造的專字(也有可能當時就可以讀爲'△2舟'二字),因爲"主舟由"兼管行船,所以又可以稱爲"△2由"。"△2"可

---

① 此辭釋讀參考陳劍《釋"由"》,《出土文獻與古文字研究》第三輯,48頁。
② 陳劍《釋"由"》,《出土文獻與古文字研究》第三輯,42~48頁。
③ 同上注所引書,48頁。按原文△2用的是原字形圖,這裏爲圖簡便,改爲本文所用古文字的代號。
④ 宋華强《清華簡〈皇門〉"嚚"、"舟"二字考釋》,《中國文字》新三十七期,61~63頁,臺北:藝文印書館,2011年。

能和"穀"、"羖"等字表示的是同一個詞,只是因爲語境需要而在字形上強調了行船的職能;也可能是專門表示行船的另一個詞,與"穀"、"羖"音義有別。如果是前一種情況,那麼《皇門》的"舡"字有可能是把"△2"字象人拿篙的部分改換爲聲旁"主"而形成的。①

清華簡《皇門》"舡"的問題,這裏不想討論。從古書所説"主×"之類的職官看,"主"就指掌管,所以"主舟"之説即使成立,字面上也決不可能含有"掌管行船"的意思。宋文把主管的"主"改換爲"以'行船'爲其主要職掌",又把這樣的意思改換爲"行船"以湊合△2 的字義,顯然過於牽强。相較而言,"穀"等字當以陳劍先生釋讀"斲"爲優,他没有肯定"△2 由"與"斲舟由"必爲一人,也是很謹嚴的。

此外,據宋華强先生披露,張新俊先生有一篇未刊稿《釋殷墟甲骨文中的"棹"》,把△2 釋爲"櫂(棹)"之初文。② 由於其文迄今未刊,不知道如此釋有何依據,這裏無法討論。

我們認爲"朕"大概就是由△分化出來的一個字。商代晚期至西周早期的族名金文中,有一般釋爲"尹舟"的族氏名:③

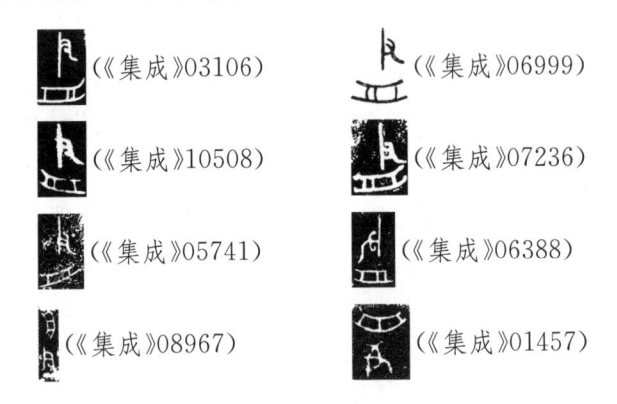

    (《集成》03106)   (《集成》06999)

    (《集成》10508)   (《集成》07236)

    (《集成》05741)   (《集成》06388)

    (《集成》08967)   (《集成》01457)

或隸定爲"䑛"、"䑝"。按以此爲一字是正確的,末二例的兩個偏旁上下分

---

① 宋華强《清華簡〈皇門〉"䜌"、"舡"二字考釋》,《中國文字》新三十七期,63 頁。按原文△2 用的是原字形圖,這裏爲圖簡便,也改爲本文所用古文字的代號。
② 宋華强《清華簡〈皇門〉"䜌"、"舡"二字考釋》,《中國文字》新三十七期,64 頁。
③ 參看嚴志斌《商金文編》,208 頁,北京:中國社會科學出版社,2016 年。

開,爲一字之析書。"觲"的隸定雖不準確(隸定爲"舺"較可取),但前引△已有釋"觲"者,如采取此種隸定的人是把它們認作同一字的,倒不失爲正確。這個字應該就是甲骨文△2省去"人"形而成的,可視爲△1、△2的簡體。爲了稱引的方便,以下就用"△3"代替族名金文此字。《集成》08967一例△3的"尹"形如緊挨着"舟"寫,就與黃天樹先生所釋的那個"朕"大體相合了。撐篙的手原畫在船篙(即"丨"形)的上端(如△1、△2以及上引△3的多數字例),在"人"形省略、"舟""尹"作上下相疊或左右並列之後,原始的圖畫式表意性有些遭到破壞;爲了不損害字義的表達,"又"挪到"丨"的下端而作"攴"形(有人稱"攴"旁爲"動符"),仍能讓人看出"使舟行進"的意思。上舉第4、5、6三例△3,"又"移到"丨"的偏下部位,已露變"尹"爲"攴"之意。如果把"又"在"丨"上端的"手撐篙"之形倒過來,置於"舟"的下方或右(或左)方,也容易變成般(朕)所從的"攴"。

從"廾"的一般的"朕",當然有可能是從"又"的般(朕)繁化而來的。如甲骨文"叀(專)"或作"叀"等;① 又如甲骨文從"又"的"敉(牧)",商周金文或從"廾"。② 不過,按一般生活經驗來看,盪舟者似多是雙手撐篙的,△恐怕不會沒有畫出雙手持"丨"的形體,從"廾"的"朕"也可能來自此類△字。陝西岐山鳳雛遺址出土的周原甲骨H11:84,爲商代末年帝辛時物,其上有如下一字值得注意:③

(照片) (董珊先生摹本)

此字舊釋皆不確,我們認爲應該也是象"撐篙行舟"的△字,只是比一般的△多畫了無關緊要的人下的腳形(關於此條卜辭的解釋,詳後文)。這個△字便是雙手持"丨"的,足以印證我們的推測。此△如省略"人"形,再跟從"又"的"朕"一樣把雙手移到"丨"的下端,即成從"廾"的"朕"(也可能是

---

① 參看黃天樹《釋甲骨文"朕"字的一種異體寫法》,《漢字漢語研究》2019年第2期,5頁。
② 董蓮池《新金文編》,上冊392～393頁。
③ 蔡玫芬、蔡慶良主編《赫赫宗周——西周文化特展》,38、342頁,臺北:臺北故宮博物院,2012年。此條材料蒙郭永秉先生提示。

把本在"丨"上端的"雙手撐篙"之形倒過來，與"舟"左右並置）。無論"朕"所從的"廾"是"又"的繁化還是來自雙手撐篙的△，由於其所從出的母字△顯然是一個圖畫式的表意字，其中決不可能含有"䒑聲"或"丨（針）聲"，信奉者甚衆的"朕"爲形聲字的說法，就難再有立足之地了。

象"行舟"之形的△既與"朕"爲一字分化，其讀音當與"朕"相近。頗疑△就是《說文・八下・舟部》訓"船行也"的"𦨶"的表意初文。出組二類卜辭中有"尋舟"之語（《合集》24608、24609），"尋"原作"度人之兩臂"之形，或改從"丙（簟）"聲，裘錫圭先生指出"尋舟"之"尋"當讀爲"船行"義的"𦨶"。① 王子楊先生指出在何組二類卜辭中，還有以在"𦨶"上加注"尋"聲之字表示"尋（𦨶）舟"之"尋（𦨶）"的（《合集》27816、30757。引者按：裘先生所舉歷組二類的《屯南》2296"尋舟"之辭，從字形看，所謂"尋"也是"𦨶"增從"尋"聲之字，其形有所省併，劉雲先生已正確指出②）。③ 說皆可從。"尋"、"朕"皆侵部字，上古聲母都屬 L-系，且"尋"、"朕"與"覃"聲均有相通之例："尋"可從"丙（簟）"聲，從"尋"聲的"䚢"在上博簡《孔子詩論》中用爲葛覃之"覃"；《考工記・弓人》"撟角，欲孰於火而無燂"，鄭玄注"故書'燂'或作'朕'"。④ 卜辭"尋"用爲"𦨶"，可證"朕"與"𦨶"亦音近。《說文・八下・見部》有"從見，彤聲"的"覘"字，"讀若郴"，"郴"與"朕"讀音也很相近（"𦨶"中古讀"丑林切"，其上古音可擬作 *lrɯm 或 *lrum。如

---

① 裘錫圭《〈說文〉與出土古文字》，《裘錫圭學術文集・金文及其他古文字卷》，435～436頁。

② 劉雲《利用上博簡文字考釋甲骨文一例》，張顯成主編《簡帛語言文字研究》第五輯，136頁。

③ 王子楊《釋甲骨文中的"𦨶"》，同作者《甲骨文字形類組差異現象研究》，291～292頁。

④ 武威漢簡《儀禮》甲本《燕禮》簡31所記"遂歌鄉樂"之"《葛覃》"的"覃"，整理者釋爲"勝"（中國科學院考古研究所、甘肅省博物館編《武威漢簡》，118頁，北京：文物出版社，1964年）。按"勝"雖從"朕"聲，但"勝"是蒸部字，其主元音、韻尾與"覃"皆不同，二字恐不能直接通用。此字摹本摹作"勝"，但圖版模糊難辨（看《武威漢簡》圖版拾貳），似不一定是"勝"。即使確是"勝"字，也有可能是"朕"之誤抄或誤轉（與上舉王杖十簡"朕"寫作"勝"同例）。"朕"用爲"覃"，與"故書'燂'或作'朕'"相合。【編按：蒙董珊先生惠示此簡較清晰的照片，可以看出所書爲"勝"字無疑。時人或以"勝"爲"朕"，此"勝"應是"朕"之誤。但不知是抄手誤轉，還是其所據底本已誤。】

取前一種構擬而不管聲調,與"朕* lruɯʔ"就只有聲母送氣與否之別)。《合集》33691 有一個 ▨ 字,其辭曰:"弜(勿)～舟。"不知有沒有可能是"彤"的異體[其形似象雙手推舟在水中行進,或省略了雙手所持的"丨(船篙)"]。

上引(15a、b)中被召令"取舟"的"△2(彤)由",△2 可能確如宋華強先生所說,因其字形中包含"舟",故當讀爲"△2 舟"。"△2 舟"即"彤舟",指"行舟",乃"由"之職掌。不過,"彤"本指"船行",單言"彤"也可以表示"由"所職"行舟"之事。由掌管行舟的"由"來"取舟",顯然是適宜的。看來,"△2(彤)由"與他辭之"斲舟由"擔任的是不同的職務。但"行舟"之"彤"與"斲木爲舟"之"斲舟"畢竟都是與舟船有關的工作,這兩個"由"爲同一人而職務有所變動,還是可能的。①

其他卜辭中的"△(彤)",似非用其本義。

(16) 甲戌卜,▨ 貞:方其彤于東。九月。(《合集》20619。又參看《合集》11466、11468、11469、11470 等,皆言"彤于東")

(17) 辛酉卜:方其彤東。(《合集》11467)

"方"一般指敵方而言,商王似乎沒有必要關心敵方行舟的安危。

(18a) 庚午卜,自貞:▨(人名)卒彤河,亡若。十月。

(18b) 庚午卜,自:日其延雨。(《合集》20611)

"▨"爲商王所呼令,商王常爲他參與的戰爭勝敗占卜,當是商之重臣。可見"彤"這一行爲敵我雙方都可以施行。

從下引之辭看,"彤"似與軍事行動有關:

---

① 好幾位學者指出過,從出土文獻看,"尋"似有"製作"之義[湖北省文物考古研究所、北京大學中文系《九店楚簡》,97~98 頁,北京:中華書局,2001 年;謝明文《商代金文的整理與研究》,227 頁,復旦大學博士學位論文(指導教師:裘錫圭),2015 年 7 月修改稿;陳偉主編《楚地出土戰國簡册[十四種]》,313 頁注[66],北京:經濟科學出版社,2009 年]。(15a、b)的"△2(彤)由"也有可能讀爲"尋舟由","尋舟"指"作舟",與"斲舟由"之"斲舟"義合。錄此備考。

(19) 戊申卜，王：肜狢(洛)，千🈳坒行于宀，千坒鬱行☒（《合補》6751＝《合集》11473＋864）

王子楊先生曾討論過此辭，① 我們的釋文即參考了他的有關意見。王先生據(18a)"肜河"之辭，讀(19)的"狢"爲洛河之"洛"；並認爲"千"是卜辭常見的人名或國族名，"千🈳"、"千坒"可能指千族的兩支隊伍，"坒行于宀"、"鬱行……"分别是他們的"軍事行動"。② 這些意見都是有道理的。這裏實施"肜"這一行爲的"千"的兩支隊伍，也是商王一方的人員。

約5年前，我們曾將上述"朕"與"△(肜)"的關係的想法提出，向陳劍先生請教。陳先生提示我們，卜辭"肜"的使用語境與"尋(肜)舟"不同，不當如字讀，也許可以讀爲"循行"義的"尋"。其説可從。我們知道，中古以降的漢語裏"尋"有"沿"、"循"一類意思，多爲介詞。③ 此種介詞用法的"尋"由動詞虛化而來，《文選》卷二十八所録陸機《悲哉行》："女蘿亦有託，蔓葛亦有尋。"李善注："尋，猶緣也。"北京大學藏西漢竹簡《反淫》簡10"尋虎狼，摯蜚(飛)鳥"，枚乘《七發》相類之語作"逐狡獸，集輕禽"，蘇建洲、楊鵬樺先生指出"尋"與"逐"義近，並引張衡《西京賦》"乃有迅羽輕足，尋景追括"爲證。④ 所謂"追逐"，就是"緣循……(的蹤迹)而行"。《上博(七)·凡物流形》甲本簡27"敨(尋)牆而豊(履)"之"尋"，亦是此義，用法與"循"相近。⑤ 所謂

---

① 王子楊《甲骨文"芃(鬱)"的用法》，《文史》2016年第3輯(總第116輯)，55～56頁。
② 同上注。
③ 參看蔣紹愚《杜詩詞語札記》"尋"條、《〈入唐求法巡禮行記〉中的口語詞》"尋"條，同作者《漢語詞彙語法史論文集》，27～28、68頁，北京：商務印書館，2000年。
④ 蘇建洲《北大漢簡四〈反淫〉簡八至十一新編聯及釋讀》，《楚文化與長江中游早期開發國際學術研討會議論文集》，下册134～135頁，2018年9月14日；正式發表於田煒主編《文字·文獻·文明》，180～181頁，上海：上海古籍出版社，2019年。楊鵬樺《北大漢簡〈反淫〉簡8—11重編》，《古文字論壇》第三輯，453頁，上海：中西書局，2018年。
⑤ 大概由於"循行"義的"尋"與"循"義近(如《左傳·昭公七年》云"循牆而走")，"尋"可能被同義换讀爲"循"。傳抄古文"遁"作"敨"，研究者以爲音近通用(李春桃《古文異體關係整理與研究》，381頁，北京：中華書局，2016年)，非是("尋"、"遁"韻部不近)。我們懷疑這裏的"遁"實乃"循"之異體，楚簡"尋"常寫作"敨"(上引《凡物流形》甲本簡27是其例。又，九店56號楚墓所出《日書》簡36由馮勝君先生釋出的"尋尋馬"的"尋"，原亦作"敨"。參看《楚地出土戰國簡册[十四種]》，313注[66])，故"敨"爲"遁(循)"，即"尋"同義换讀爲"循"。

"行舟",正常情況下總是順流沿波而行進,由此引申出"循行"義是順理成章的;當"循行"或"沿着"講的"尋",實即假借爲"彤"。甲骨卜辭寫"彤"而不寫"尋",用的正是此詞的本字。

(16)、(17)的"方其彤(尋)于東"、"方其彤(尋)東",大概是説敵方緣循商之東界而行、敵方在東界循行,與師袁簋所記淮夷"弗迹我東國"(《集成》04313、04314)之舉類似。這當然是商王十分關注的軍事動向。《史記·孝武本紀》:"是歲,天子始巡郡縣,侵尋於泰山矣。"《漢書·郊祀志上》此句"侵"作"寖",顏師古注:"寖,漸也。尋,就也。""尋於泰山"就是循行(循所巡之郡縣而行)至於泰山的意思,①文例與(16)"彤(尋)于東"一致,後者也有可能是"循行至於東界"的意思。

(18)就"𢆶"能否完成"彤(尋)河"之事卜問,當是擔心"延雨"會影響"彤(尋)河"。從字面上説,"彤(尋)河"即循行於河、循河而行;實則"𢆶"奉命"尋河",可能主要出於巡視、行察河情的目的〔既視察自然汛情,也視察是否有埋伏、擾動之敵情,並通過"循行於河"起到震懾擾動之敵方的效果。從(16)、(17)等"方彤(尋)于東"來看,估計視察敵情、震懾敵方是最主要的〕。卜辭有關於"視于河"的記載,如《英藏》1165"貞:乎(呼)往視于河,㞢(有)來囗"(參看《類纂》220 頁"視河"條)。關於"彤",有如下一條殘辭:

(20) 己酉卜,王:囗 彤視囗(《合集》11471)

"彤(尋)"、"視"連文,"視"疑即"視于河"之類的"視",可知"彤(尋)河"與"視河"之事相類,或者説"彤(尋)河"可涵蓋"視河"。

(19)"彤(尋)洛"的施事應是包括"千𢆶"、"千堅"等在内的"千"族人馬。據此,我們懷疑"生行于𠆢"、"鬱行……"即彤洛(循行洛水)"的具體行動方式。如果這樣的理解合乎事實,"彤(尋)狢(洛)"後的逗號宜改爲冒號。"生行"、"鬱行"之義雖不甚明,但所用"行"字正可與"彤(尋)"意指

---

① 各家多讀"侵尋"爲"浸淫"(參看王叔岷《史記斠證》,440 頁,北京:中華書局,2007年7月),不可信。

"循行"的解釋相印證。下面這條殘辭與(19)同屬自賓間組：

(21) ☐比肜☐史。十二月。(《合集》11472)

"比肜(尋)"當指"聯合循行"、"相互配合循行"，(19)"千![]"、"千坚"等聯合"肜(尋)洛"，可能就是"比肜(尋)"之類的事。

前文提到的有"雙手撑篙"之形的"肜"字的周原甲骨 H11：84，其辭云：

(22) 貞：王其桼又(侑)大甲，晉周方白(伯)肜，囟正。不左于受又=(有祐)。

董珊先生指出，"晉"訓"告"；上引斷句亦從其說。① 此"肜"似乎也指"循行"。如"周方伯(蓋即周文王)循行"是奉商王(帝辛)之命而爲的，其事就與(18)的"![]""肜河"、(19)的"千"族"肜洛"相類。商王在祭禱大甲時册告此事，以求保佑其順利完成。如"周方伯循行"是周族不馴於商的擾動，其事就與(16)、(17)的"方其肜于東"相類。商王在祭禱大甲時册告此事，以求保佑商朝平安，反映出帝辛對周文王勢力坐大的憂慮。

《合集》20610 之辭，黄天樹先生釋讀爲：

(23) ☐☐[卜，王]：朕行東至河。

他認爲這裏的"朕"作"主格"，"卜辭記載商王(引者按：即武丁)說，我要東行到黄河去"。② 把此辭跟(16)～(19)等辭對照一下，可以知道"朕行東至河"猶"肜東"、"肜于東"、"肜河"；"朕"與其看作"主格"(實即主語)，似乎不如就讀爲"肜(尋)"。"朕(肜/尋)行東至河"意謂循東而行一路巡視，以至於河。"朕(肜/尋)"、"行"連文，與(20)"肜"、"視"連文同例；(19)"肜"包"生行"、"鬱行"之"行"而言，亦可爲證。此辭前半已殘，不知

---

① 董珊《重論鳳雛 H11 出土的殷末卜甲刻辭》，蔡玫芬、蔡慶良主編《赫赫宗周——西周文化特展》，341、342 頁。
② 黄天樹《釋甲骨文"朕"字的一種異體寫法》，《漢字漢語研究》2019 年第 2 期，5～6 頁。

"朕(舟/尋)行東至河"的主詞爲何。當然,"朕"爲主語的可能性也是存在的。如果是這樣的話,"行東"就相當於他辭之"舟東"、"舟于東"。

根據上文的討論,下面對"朕"、"舟"的分化和用字等情況再作些補充説明。

我們認爲"朕"字是從象"行舟"之形的"舟"的表意初文分化出來的,但跟本文第二節討論過的"柚"的象形初文分化出"由"字一樣,這種分化在卜辭時代之前(即商代晚期之前)應已大體完成。黄天樹先生所釋的那個自組肥筆類的"舨(朕)",其形與"舟"的初文有相近之處,保留着從"舟"分化出來的痕迹,並且有就用爲"循行"義的"舟"的可能,是此類卜辭時代較早、"舟""朕"分化不久的反映。自組肥筆類也有从"廾"的左右並列的"朕"字,用爲第一人稱代詞(作主語、表領屬關係的定語都有。參看《類纂》1215 頁"朕"字條),可見當時"朕"與"舟"在字形和用法上確已完成了分化。商代晚期族名金文既有△3 那樣的"舟",也有从"廾"的一般的"朕"(見於《集成》06879、《近出殷周金文集録》697 的朕母觚)。① 如"朕"也是族氏名,則"朕"與"舟"應爲兩個不同的族氏。

商周金文族氏名"舟"一律省略"人"形,可以認爲是使用"舟"的簡體(這種簡體也應該在商代晚期之前就已存在),與當"循行"或"行舟"講的殷墟甲骨卜辭和周原卜甲中的"舟"用法不同,故而所用字形有簡繁之别。這也是一種文字職能的分化。使用簡體的族氏名"舟",到西周早期也變得與自組肥筆類那個保留從"舟"分化的痕迹的"舨(朕)"字接近(見上舉△3 的最末二例),説明"舟→舨(朕)"的字形演化的歷史進程,在不同的時代有可能重現;也説明我們關於"舟"分化出"朕"的推測,是可以在一定程度上得到驗證的。

從"舟"的初文分化出來的"朕"字,其左右並列的从"廾"一體,能否看作由表意字變形音化爲从"关聲"? 這個問題其實前人已有較正確的認識。商承祚先生早就指出"朕"原只从"丨","金文變从𢆉,再變而从火,

---

① 參看嚴志斌《商金文編》,207 頁。

遂不得其解矣。段謂从灷聲,乃誤依篆形立説"。① 李學勤先生對"朕"的字形説得更詳細一些:"從甲骨文到西周金文,'朕'字右半的'灷'上面都没有'八'形,帶有'八'的,一般要晚到春秋時期。"②事實上在西周晚期的薛侯盤、魯伯愈父匜等個别銘文上,已有"丨"上加"八"形飾筆的"朕",③並非如李先生所説"要晚到春秋時期";春秋早期的"朕"字,則仍以不加"八"形者居多。④ 總之,"朕"所从的"丨"帶"八"形,是很晚才興起的;而多數研究者所認定的甲骨金文裏的獨體的"灷"字,卻早就大多帶有"八"形(例詳下文),這跟"朕"的情況不合。所以不得認爲"朕"字變形音化爲"灷聲"。

上文曾提及榮作周公簋的"朕臣天子",不少研究者主張讀爲"畯(駿)臣天子"。既知"朕"不从"灷"聲,這種讀法顯然就不能成立。"畯(駿)臣天子"之"駿",一般訓爲"長";師俞簋蓋有"其萬年永保臣天子"之語(《集成》04277),"萬年永保臣"與"駿(長久地)臣"義近。"朕臣天子"的"朕"雖不能讀爲"駿",但意思應該跟它差不多,疑可讀爲"覃"。《詩·周南·葛覃》"葛之覃兮",王先謙《詩三家義集疏》引《説文》"覃,長味也",謂"引申之,凡延長者皆訓'覃'"。⑤ "覃臣天子"意即長久地、綿延不斷地臣事天子。⑥

四、説"灷"與从"灷"諸字

現在來討論"灷"字的源流以及从"灷"諸字的釋讀等問題。

---

① 商承祚《甲骨文字研究》下篇,244頁。
② 李學勤《祼玉與商末親族制度》,同作者《文物中的古文明》,130頁,北京:商務印書館,2008年。
③ 董蓮池《新金文編》,中册1215頁。
④ 同上注所引書,1215~1216頁。
⑤ (清)王先謙《詩三家義集疏》,17頁,北京:中華書局,1987年。
⑥ 依當時人的語感,很可能在這種"……臣天子"的結構裏,實際上"駿"、"覃"、"萬年永保"是動詞(或動詞結構),"臣天子"是它們的賓語,意思是説延長"臣天子"這一行爲、永久地保有"臣天子"這一行爲。

説"朕"、"弁"　111

　　文首所引段玉裁説,指出《説文》雖有一些從"弁"聲之字,但未收獨體的"弁"。前人多以爲"弁"讀如"朕";通過上文的討論,我們知道"朕"與"弁"毫無關係,"弁"應讀與"尊"、"寸"、"遜"相近之音。那末"弁"字的來歷爲何,它是爲古漢語裏哪一個詞所造的本字呢?

　　下面先舉出早期古文字中"弁"字字形,再來研究上述問題。在列舉字例之前,有幾個問題需先作交代。上節所引李學勤先生對"朕"字所從"八"形飾筆的説明,是他在討論河南安陽殷墟劉家莊北 M1046 所出墨書石璋上的"弁"字時提出的。李先生反對釋石璋此字爲"弁",理由就是"朕"字帶"八"形飾筆"要晚到春秋時期",而商代晚期的墨書石璋上的這個字幾乎都有"八"形。① 李先生釋此字爲"卷"等字所從聲符"弄",②恐不可信。"弄"雙手所奉者爲扁圓形或一點,進而變爲短横,石璋此字所從爲"丨",彼此不宜混淆。我們把"朕"與"弁"分開之後,援"朕"之例以否定"弁"字之釋就自動失效了。從字形上看,殷墟劉家莊北出土墨書石璋上的這個字無疑應該釋爲"弁"。此外,殷墟甲骨文和商代金文中有一個可以隸定爲"䏍"的字,一般認爲就是"弁",③我們同意這一看法。

　　現在就把商代金文、殷墟甲骨文和西周金文中有代表性的"弁"字列舉出來:

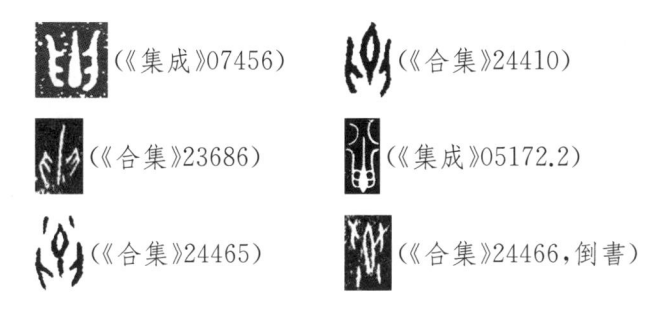

　　[圖] (《集成》07456)　　　[圖] (《合集》24410)

　　[圖] (《合集》23686)　　　[圖] (《集成》05172.2)

　　[圖] (《合集》24465)　　　[圖] (《合集》24466,倒書)

―――――――――――
① 李學勤《裸玉與商末親族制度》,同作者《文物中的古文明》,130 頁。
② 同上注所引書,131 頁。
③ 參看陳劍《釋"凷"》,《出土文獻與古文字研究》第三輯,63～65 頁。下文列舉"䏍"的字例,也主要參考陳文。

112 甲骨金文語文論稿

　　　　(《合集》6063 反)　　　　(《合集》5439 正)

　　　　(《合集》27977)　　　　(《合集》18697)

　　　　(《合集》18766)　　(《集成》07222)　　(《集成》08248)

　　　　(殷墟劉家莊北出土墨書石璋 M1046：103。其中 18 件石璋有此字，皆作此形)

　　　　(臣諫簋，《集成》04237)　　(毛公鼎，《集成》02841)

　　　　(小臣謎簋，西周早期，《集成》04238、04239)

殷墟甲骨文和商代金文皆有"奔"不從"八"形筆畫之例；臣諫簋、毛公鼎是西周中晚期器，"奔"字不從"八"，而西周早期的小臣謎簋的"陟"卻從"八"，可見"八"形確爲飾筆，加或不加於字形並無影響。戰國文字中的"奔"就都加"八"形飾筆了。從上舉字形看，似乎"奔"早期從"臼"多於從"卄"，後來則一概從"卄"。

　　1999 年在殷墟劉家莊北 M1046 出土的墨書石璋，其辭爲"奔于祖乙"、"奔于祖丁"、"奔于大子丁"、"奔于三辛"等。1985 年，劉家莊南地商代晚期墓葬中出土過一批朱書玉璋，其上多見如下一字：

　　　　　　　　(字形)

其所在辭例爲"～于□辛圭一"、"～于公"等。① 不少學者指出此字與墨

---

① 孟憲武、李貴昌《殷墟出土的玉璋朱書文字》，《華夏考古》1997 年第 2 期，73～75 頁。按"圭"字原寫作從"戈"從"土"（'圭'之象形初文的簡化），釋爲"圭"已獲公認（參看裘錫圭《談談編纂古漢語大型辭書時如何對待不同於傳統說法的新說》，《辭書研究》2019 年第 3 期，2 頁）。

書石璋上的"廾"當表同一詞。① 不但如此,二者在字形上也是有聯繫的。

謝明文先生指出,薛尚功《歷代鐘鼎彝器款識法帖》2.20 著録的父丁彝銘(《集成》未收)有󰀀字,與《集成》05444 所著録的尊銘󰀀、後著録於《商周青銅器銘文暨圖像集成》09754 的觚銘󰀀、《集成》04774 等著録的卣銘󰀀②爲一字,此字人所奉之物,皆象"同"中插入一玉器,即學者所釋甲骨金文之"瓚"(如《花東》493、《合集》17539 等);劉家莊南地所出朱書玉璋󰀀字中雙手所奉之󰀀(除去上端"八"形飾筆),謝先生認爲就是父丁彝"瓚"所從的󰀀,後者在上舉尊銘、卣銘的同一字裏作"丨","由此看來,劉家莊北出土墨書石璋中的'󰀀'與'󰀀'應是一字異體"。③ 其説大抵可從,對於研究"廾"字來歷是很大的貢獻。

方稚松先生已把劉家莊南墓地出土朱書玉璋的󰀀與殷墟甲骨文中的從"廾(或'又')"從"瓚"之字(如《屯南》2232、2621、2196,《合集》27628、29693,《英藏》2274 等。《屯南》2232 等例上端亦加"八"形飾筆)加以認同,並指出朱書玉璋此字中的󰀀即"瓚"。④ 他對字形的看法與謝明文先生有些不同,我們認爲更爲可取。這就是説,󰀀乃是"章(璋)"之類的玉器插入"同"的整體形象(玉器下部與"同"形頗有省併,可參看榮仲方鼎

---

① 王輝《殷墟玉璋朱書文字蠡測》,《文博》1996 年第 5 期,3~13 頁;孫亞冰《釋"󰀀"、"󰀀"》,《中國文字》新三十一期,135~142 頁,臺北:藝文印書館,2006 年;孟蓬生《上博簡"藏罪"音釋——談魚通轉例説之六》,復旦大學出土文獻與古文字研究中心網,2012 年 10 月 4 日。按李學勤先生在《説祼玉》一文中把劉家莊南墓地所出朱書玉璋此字釋讀爲"祼"(李學勤《重寫學術史》,58~59 頁,石家莊:河北教育出版社,2002 年),在《祼玉與商末親族制度》中又把劉家莊北墓地所出墨書石璋的"廾"釋爲"弄"讀爲"祼"(李學勤《文物中的古文明》,130~131 頁)。可見李先生也認爲它們表示同一個詞的。

② 據謝明文《商代金文的整理與研究》234 頁調查,此字《集成》等書所收拓本不清,最清晰的是《賽克勒》(1987)407 頁 71。

③ 謝明文《商代金文的整理與研究》,234~235 頁。

④ 方稚松《釋殷墟花園莊東地甲骨中的瓚、祼及相關諸字》,《中原文物》2007 年第 1 期,85 頁。

"瓚"字作（☐），與父丁彝的☐相當。上引尊銘、觚銘、卣銘中插入"同"者作"丨"形，應是那種比較繁複的"章（璋）"之類玉器的簡省；劉家莊北墓地所出墨書玉璋的"弆"字，雙手奉"丨"而不見"同"，可以看作奉"瓚（玉器＋同）"之形的簡化。

宋代著録的西周晚期的害簋（《集成》04258～04259）有如下一字：

☐

方稚松先生指出此字可與甲骨文从"廾（或'又'）"从"瓚"之字"繫聯起來"："右邊的'☐'，'八'下字形爲兩手捧玉，這與上面討論的甲骨文中諸字構形相同，只不過將甲骨文中一些象形的玉件改爲了'玉'字。"①而方先生在討論从"廾（或'又'）"从"瓚"之字時，已指出它跟劉家莊南地出土朱書玉璋的☐爲一字。所以，方先生實際上認爲☐即害簋此字的右半☐。這個見解十分精闢。害簋☐省略了玉器所承的"同"，與上文所説"弆"省去"同"同例。【編按：上引方稚松先生説似認爲害簋☐雙手所奉者爲"玉"字，這是有問題的（从"廾"从"玉"是"弄"字，亦與簋銘此字用爲"篡"不合）。我們認爲害簋似"玉"之形是由☐雙手所奉"章（璋）＋同"形簡省而成的（"章"上部綫條化後與"玉"極近）。謝明文先生在新近出版的《商代金文研究》第六章《商代金文單個字詞考釋》"十一、試説商周古文字中的'舀'"中，否認了害簋☐與☐的聯繫，其理由是"商代文字中'☐'所从非一般的'玉'，它從未見僅从'玉'者"（721頁，上海：中西書局，2022年）。按照我們提出的字形演變的解釋，他的這一否定理由顯然並不充分。】

---

① 方稚松《釋殷墟花園莊東地甲骨中的瓚、祼及相關諸字》，《中原文物》2007年第1期，86頁。

害簋此字見於"用～乃祖考事"之句,各家公認當讀爲訓"繼"之"纘"。① 陳漢平先生將⿱等同於"笲"字所从的"弄";② 裘錫圭先生也指出害簋此字"右旁與'笲'相似"。③ 謝明文先生在詳細論證上述⿱等字釋讀意見的一篇未刊稿裏,曾明確指出"笲"所从的"弄"很可能是從害簋的⿱省略而來,"笲""是一個从竹、⿱省聲的形聲字"。④ 他們的意見極可信從。害簋的這個讀"纘"之字,宋人楊南仲已釋爲"饌";⑤ 傳抄古文"饌"有作⿱的,⑥ 顯即害簋此字。"算/笲"、"巽"二聲之字屢通,"饌"即"籑"之或體。⑦ "巽"聲字、"算/笲"聲字與"尊"聲字,分別都有通用之例。如《儀禮》的《鄉射禮》、《鄉飲酒禮》篇"遵者"之"遵",據鄭玄注説"今文"皆作"僎";《禮記》的《少儀》、《鄉飲酒義》篇的"僎",鄭注説"古文禮"皆作"遵"。《國語·周語上》"纘修其緒",《史記·周本紀》作"遵脩其緒",《集解》引徐廣曰"遵"或本作"選"。⑧ 訓"繼"之"纘"與"遵"音義皆近。很巧的是,從"夲"聲之字在出土文獻中正好常用爲"尊"。由此可見,把"夲"、"⿱"定爲一字異體,從各方面來說,都是很合適的。

謝明文先生指出父丁彝等銘中的那個"以手持'瓚'"的字與甲骨文从"廾"从"瓚"之字爲一字,這是正確的;但他信從方稚松先生釋甲骨文从

---

① 參看上注所引方稚松文,86頁;裘錫圭《讀逨器銘文札記三則》,《裘錫圭學術文集·金文及其他古文字卷》,170頁。
② 陳漢平《屠龍絶緒》,191～192頁,哈爾濱:黑龍江教育出版社,1989年。
③ 裘錫圭《讀逨器銘文札記三則》,《裘錫圭學術文集·金文及其他古文字卷》,170頁。
④ 此稿若干年前蒙謝明文先生惠賜,謹致謝忱。【編按:此稿即謝明文《商代金文研究》第六章《商代金文單個字詞考釋》"十一、試説商周古文字中的'㕰'"的前身,相關説法見721頁。】
⑤ 參看裘錫圭《讀逨器銘文札記三則》,《裘錫圭學術文集·金文及其他古文字卷》,170頁。
⑥ 徐在國《傳抄古文字編》,509頁,北京:綫裝書局,2006年。參看陳漢平《屠龍絶緒》,191頁。
⑦ 裘錫圭《讀逨器銘文札記三則》,《裘錫圭學術文集·金文及其他古文字卷》,169～170頁。
⑧ 高亨、董治安《古字通假會典》,137頁,濟南:齊魯書社,1989年。

"廾(或'又')"从"瓚"之字爲"祼"的説法,認爲父丁彝等銘的那個字亦"似可釋作'祼'",又謂石璋"⿳八入"、"⿳八羔"等"似當有'奉獻'之意","或可讀作'獻'",①這些意見卻有問題【編按：除釋"祼"無據外,"祼"、"獻"上古主元音不同,亦無相通之理】。殷墟花園莊東地甲骨中被方稚松先生釋爲"祼"的字,皆从"口"从"瓚",即使有個別在"瓚"下加"廾"的,也一定从"口";②但那些从"廾"从"瓚"之字無一从"口",所以二者恐非一字。方先生雖釋从"廾"从"瓚"之字爲"祼",卻又把有的辭例中的此字讀爲"瓚"(如《屯南》2621);③在繫聯害篹讀"篹"之字時,還説過"饌、祼一聲之轉"的話,④可見他跟有些學者一樣,相信"瓚"、"祼"音近可通。這是不正確的。"祼"、"瓚"雖都是元部字,彼此主元音不同,二字的聲母更是遠隔,無相通之理("祼"爲* koons,"瓚"爲* dzaan?)。總之,釋"⿳八羔"等字爲"祼",並無堅强的文字學證據;釋爲"祼",它跟"饌"、"篹"以及讀"尊"、"遜"之類音的"弇"的關係也得不到合理的溝通。

根據"弇"、"⿳八羔"的讀音及其字形,我們認爲此字也許可以釋爲"撰"的初文。《廣雅·釋詁三》"……撰、……饌,具也"條,王念孫《疏證》曰：

  撰者,爲之具也。《説文》："僎,具也。"《論語·先進篇》"異乎三子者之撰",孔傳云："撰,具也。"(引者按：此例之"撰"指"所具之才",是"具"義的"轉指"。)《楚辭·大招》"聽歌譔只",王逸注云："譔,具也。"撰、僎、譔並通。《堯典》"共工方鳩僝功",《釋文》："僝,徐音撰。馬云：具也。"僝亦與撰通(引者按：此"僝"讀"士戀切")。《説文》："頙,選具也。""巺,巽也。""巽,具也。"並與"撰"聲近義同。……(引者按：此處論其他訓"具"之字,從略)饌,亦撰也。《説文》："籑,具食也。"或作饌。⑤

---

① 謝明文《商代金文的整理與研究》,235頁。
② 方稚松《釋殷墟花園莊東地甲骨中的瓚、祼及相關諸字》,83~84頁。
③ 同上注所引文,85頁。
④ 同上注所引文,86頁。
⑤ (清)王念孫《廣雅疏證》,91頁,北京：中華書局,1983年。

如依《説文》，訓"具"之"撰"當以"僎"爲其本字。但"具置"之義以"人"爲意符，似不妥帖。我們權且選擇"撰"字代表此詞。"巽"應即"恭遜"義的"叩"字的增繁，訓爲"具"，蓋假借爲"撰"。"譔"訓"具"，亦是假借。"具食"義之"籑/饌"，當是從訓"具"之"撰"派生出來的一個詞。上引禮書中與"遵"通用的"僎"，爲行禮時的"輔主人者"，其職與"介"相類。"輔主人者"所以稱"僎"，可能得義於典禮中需爲主人置備"禮物（行禮所用之器物）"、引導行禮，使主人"具禮"。似"僎"亦訓"具"之"撰"的派生詞。

"撰"從"巽"聲（"巽"亦可假借爲"撰"）。"巽"聲字既與"箅/算"、"尊"聲字通用，後變爲"箅"的聲符、可用爲"篹"和"尊"的"羛/羛""夲"説爲"撰"的表意初文，在文字關係上是相當自然的。這裏有個聲母方面的問題需要説明一下。有些古音學者把"巽"聲字的上古聲母構擬爲* sK-。① 按照這種構擬，"巽"就不能與"尊"、"遜"等相通，我們説用爲"尊"、"遜"等的"夲"是"撰"的初文，在聲母上也難以通過。但是，從"巽"得聲之字中古聲母不出精組、莊組；只有一個"襈"字，除讀"士戀切"外，在《廣韻》去聲線韻中另有"渠卷切"一讀，是中古羣母字，學者們所以爲"巽"聲字構擬* sK-，或即據此。其實，讀"渠卷切"的當"緣襴"或"重繒"講的"襈"，只見於中古以後的字書（均見《玉篇·衣部》），其義與讀"士戀切"的當"衣緣"講的"襈"亦有出入。"襈"讀"渠倦切"能否推至上古，是很可疑的，不足爲憑。②《上博

———

① 參看鄭張尚芳《上古音系（第二版）》，513頁，上海：上海教育出版社，2013年。
② 按照本文的看法，"夲"即"撰"之初文，從"夲"聲的字也可以寫作從"巽"聲（《説文·六上·木部》："桮，椎之横者也。關西謂之撰。"唐寫本《木部》殘卷"撰"作"㭕"，前人已據《方言》等書指出確以作"㭕"爲是，"蓋緣'夲'旁轉寫譌'巽'，承謬不覺耳"（莫友芝《仿唐寫本〈説文解字〉木部箋異》，李宗焜《唐寫本〈説文解字〉輯存》，124頁，上海：中西書局，2015年）。是其例）。戰國以降的文字中，"夲"旁與"卷"等字的聲符"弄"時有訛混（參看吳振武《釋戰國文字中的從"虘"和從"朕"之字》，《古文字研究》第十九輯，495～498頁，北京：中華書局，1992年；蘇建洲等《清華二〈繫年〉集解》，804～806頁，臺北：萬卷樓圖書股份有限公司，2013年；趙思木《利用〈保訓〉"朕"字補釋有關金文》，《中國文字》新四十三期，95～102頁，臺北：藝文印書館，2017年；羅小華《釋"关"》，《出土文獻研究》第十七輯，108～114頁，上海：中西書局，2018年；袁瑩《戰國文字形體混同現象研究》，77～78、127、140頁，上海：中西書局，2019年）。竊疑讀"渠卷切"的"襈"可能本從"弄"聲，因"弄"訛作"夲"，故被人誤轉寫爲"襈"，與讀"士戀切"的"襈"字形上混同爲一，但口語中仍保持其原來的讀音未變。

(六)·慎子曰恭儉》簡1"精法以巽埶(勢)"的"巽",有學者讀爲"順"。①按"巽"本有"順"義,②不必改讀。《上博(三)·仲弓》簡23A+24～25:"夫行,巽年學之,一日以善立,所學皆終;一日以不善立,所學皆崩,可不慎乎?""巽年"與"一日"對舉,陳劍先生讀爲"旬年","旬"訓"徧",謂與"强調時間之長"的"周年"義近。③ 他對文義的理解正確可從。但從古音看,就算先不考慮"巽"、"旬"的聲母,二字韻亦不密合("旬"古音爲*sɢʷin);讀"巽"爲"旬"自難論定。郭店簡《成之聞之》簡7"衿冕"之"衿"原作"㸋",一般視爲雙聲字。④ 實則此字完全可能分析爲从"巽"、"勻"聲,是訓"溫恭皃也"的"恂"的異體,也並無定爲雙聲字的必然性。⑤《仲弓》"巽年"的"巽"疑讀爲"選"。《方言》卷十三、《廣雅·釋詁二》都訓"選"爲"徧也"。章炳麟認爲"選"與"僎"、"撰"、"僝"等"聲義皆同","選"的"周徧"義當由"具"義引申而來。⑥ "選年"亦可解釋爲"周年"、"徧年"。所以,我們没有理由爲"巽"聲字構擬*sK-類的上古聲母。"巽"是中古心母字,上古音大概就是*suuns;"遜/愻"與"巽"中古同音,其上古讀音也是*suuns,二者在古書裏都有"恭遜"之義,應該表示的是同一個詞。"箄/算"的古音

---

① 李學勤《談楚簡〈慎子〉》,同作者《通向文明之路》,237頁,北京:商務印書館,2010年。
② 參看顔世鉉《〈韓非子〉字詞校讀二則》,《出土文獻與傳世典籍的詮釋》,356～357頁,上海:中西書局,2019年。
③ 陳劍《〈上博(三)·仲弓〉賸義》,同作者《戰國竹書論集》,274～280頁。此例本文初稿因一時疏漏未加討論,蒙張富海先生向我們指出。
④ 參看上注所引書,279頁。
⑤ 至於禮書中當"所以懸鐘磬者"的横木講的"筍",有異文作"簨"(參看高亨、董治安《古字通假會典》,81頁),大概是"筍"音變得與"簨"相近之後才出現的。信陽1號楚墓所出記"樂人之器"的簡2-018有"瓜條",一般認爲指懸掛鐘磬的豎木"虡"與横木"筍/簨"(參看程鵬萬《説信陽楚簡"樂人之器"中的"瓜條"》,《中國文字研究》第二十二輯,61～64頁,上海:上海書店出版社,2015年)。但"條"顯然無法讀爲"筍"或"簨",似當如劉國勝先生所説,是指懸掛鐘磬架的横樑的别名(劉國勝《信陽遣册"柢"蠡測》,簡帛網,2010年10月22日)。所以我們還不知道當懸掛鐘磬架子的横木講的"筍/簨",在先秦到底讀"旬"一類音還是讀"巽"一類音。
⑥ 華學誠主編《揚雄方言校釋匯證》,968頁,北京:中華書局,2006年;章太炎《太炎先生尚書説》,56頁,北京:中華書局,2013年。按古書"選"訓"具"之例,參看宗福邦等主編《故訓匯纂》,2313頁。

也以擬作＊soons 爲宜（圓唇元音 u、o 交涉之例屢見，从"巽(-u-)"聲的"撰"、"饌"、"僎"、"譔"等主元音即爲-o-）。① 它們跟"弁"聲字所表之詞的讀音＊Tsun 是相合的。

［圖］、［圖］、［圖］象一人爲祭祀而置設"同"中插入玉器的"瓉"，"僎（撰）具而進之"（《說文》"巽，具也"徐鍇《繫傳》語）。［圖］、［圖］、"弁"等省去"人"形而留"撰具"之雙手（或作"又"），與上文所說"彤"之初文省去"人"形而成"朕"，情況相類。裘錫圭先生所釋甲骨文"置"字作［圖］、［圖］、［圖］等，②从"臼"表示置設之意；"具置"義之"撰"字的簡體早期多从"臼"作［圖］、［圖］、［圖］等，其例與"置"字正同。《玉篇·火部》"弁"讀"士倦切"，訓"火種"。過去多認爲其音義皆不可信。現在看來，"火種"之訓雖無據，"士倦切"之音卻與"撰"頗近，大概就是其本音之稍變，當有傳受。

"弁"聲字在春秋戰國文字中常用爲"尊"，把"弁"釋爲尊奉之"尊"字，最是直截了當。不過，商周文字中已有从"卄"从"酉"的"尊"字，很難設想當時的文字系統裏會再造一個"尊"的表意字，與"尊"並行。殷墟甲骨文裏有从"酉"、从"雙手奉'瓉'"形之字（見《英藏》2274、《屯南》2196 等），③似即春秋戰國文字中用爲"尊"的"酳/酋"的前身。此字倒有可能是"置酒"義之"尊"或酒器之"尊/樽"的形聲字。又，从"酉"、从"雙手奉'瓉'"形之字也可能是爲"撰"的派生詞——當"具酒食"講的"饌"所造的，此字似可看作形聲兼會意字。春秋戰國時代的楚文字中用爲"尊"的"酳/酋"，雖然從字源上說來自於這個"饌"的古體，但當時人可能就是把它當作"尊"

---

① "蒜"从"祟"而來，其上古聲母當屬＊sK-類。"祘"字雖已見收於《說文》，卻是晚出之字，很可能就是從"蒜"分化出來的（郭永秉《說"蒜"、"祘"》，同作者《古文字與古文獻論集》，278～286 頁，上海：上海古籍出版社，2011 年），"祘"用爲"算/筭"更不會早。在構擬"算/筭"的古音時可以不管。前文已說"筭"所从的"弄"不是真正的"弄"，因此也不必把"筭"的聲母構擬爲＊sl-。

② 裘錫圭《甲骨文中的幾種樂器名稱——釋"庸""豐""鞀"》，《裘錫圭學術文集·甲骨文卷》，38～39 頁。參看李宗焜《甲骨文字編》，276～277 頁。

③ 參看方稚松《釋殷墟花園莊東地甲骨中的瓉、祼及相關諸字》，84～85 頁。

的形聲字看待的,未必知道它本是"饌"之古字。

　　殷墟劉家莊北墓地的墨書石璋"𢁉于××(先人)"、劉家莊南墓地的朱書玉璋"𢁉于××(先人)圭一"的"𢁉",從前舉程鵬萬先生説讀爲"尊",意指"奉獻、登進",當然是文從字順的。不過我們對此還有一點不同的想法。李學勤先生指出,此種玉璋(或圭)與河南安陽後崗殷墟三期小墓M3等地發現的玉石質的柄形器是同一類東西,李先生稱之爲"裸玉"。①後崗殷墟墓地出土的柄形器上,有"祖甲"、"祖丙"、"祖庚"、"父辛"、"父癸"等朱書文字,這些先人名跟玉璋、石璋上"𢁉于"後面的先人名顯然是同一性質的。劉釗先生對柄形器的用途有一個解釋,很可注意。劉先生認爲後崗所出的柄形器與甲骨文"示(主)"字十分相似,很可能就是所謂的"石主",其上寫有"祖先的稱謂","目的是爲了明確所祭之對象,使其各有歸屬,不相淆混"。② 也就是説,柄形器並不是進獻給先人的,而是在祭祀時使先人的魂靈有所依憑。按照這種理解,把"𢁉于××"、"𢁉于××圭一(按'圭一'就指柄形器本身)"的"𢁉"讀爲"尊",就不大合適了。我們推測玉石璋的"𢁉(撰)"可能就用其本義"具備","撰於××(先人)"、"撰於××圭一"是説這一件圭璋是爲某某先人具備的(其字面意思是"對某某先人具備這一件圭璋"),即以此圭璋代表某某先人。有一件商代玉磬,其上寫有朱書文字"小臣□(此字不識,爲人名)䚃(𢁉)磬(?石?)",謝明文先生指出此"䚃"與劉家莊北墓地墨書石璋的"𢁉"爲同一字,義亦相同。③ 玉磬的"𢁉"講成"具備"義的"撰",意謂此磬由小臣□具置,亦通。

　　甲骨文中從"廾(或'又')"從"瓚"的"𢁉"的繁體(此形難以準確隸定,以下就徑釋寫作"𢁉"),方稚松先生多數釋讀爲"裸",少數釋讀爲"瓚",我們在上文已表明了不同意的態度。從文義看,釋讀爲"裸"也有

---

　　① 李學勤《説裸玉》,同作者《重寫學術史》,53～60頁;李學勤《裸玉與商末親族制度》,同作者《文物中的古文明》,130～133頁。
　　② 劉釗《安陽後崗殷墓所出"柄形飾"用途考》,同作者《書馨集續編——出土文獻與古文字論叢》,306～311頁,上海:中西書局,2018年。
　　③ 謝明文《商代金文的整理與研究》,708頁注3。

可質疑者。如《合集》27628:"其丼兄辛,惠又(右)車用,又(有)正。"裸禮從未見有用"右車"的。《屯南》2232:"其丼瀧,玉其焚。○其沉玉。"這是就"焚玉"的方式還是"沉玉"的方式祭祀龜水進行擇卜,與傳統所謂裸禮無涉,"丼"缺乏必讀爲"裸"的理由。但卜辭中此字究竟應如何讀,我們尚無定見。初步懷疑亦用爲"具備"義之"撰",上引兩條卜辭或可理解爲:爲祭祀兄辛置備,用"右車"是否有當?爲祭龜水而置備玉,是用焚的方式好,還是用沉的方式好?《楚辭·大招》:"魂兮歸徠!聽歌譔只。"王逸注:"譔,具也。言觀聽衆樂,無不具也。"爲所招之魂撰具歌樂與卜辭爲祭祀對象撰具"右車"、玉器等,似可比觀。其他有關卜辭難解之處甚多,這裏就不多説了。

甲骨文隸定爲"舀"的"丼",除用爲人名、族氏名或地名者外,又見於"丼伐"一類辭例;西周早期小臣謎簋的"阩",辭例亦同。下面略舉數例:

(24) 己巳,貞:並丼伐□(此字不識,爲方國名)方,受又(祐)。(《合集》33042)

(25) 貞:王曰丼舌方,其出,不㴓。(《合集》6080)

(26) 伯懋父以殷八師征東夷,唯十又二月,遣自䘗師,述東阩伐海眉。(小臣謎簋,出處詳上文)

學者釋讀此種"丼"爲"送",謂"送伐"即"追伐"。① 今按,訓"送"爲"追",蓋據《詩·鄭風·大叔于田》"抑磬控忌,抑縱送忌"毛傳"發矢曰縱,從禽曰送"孔疏:"送謂逐後,故曰從禽。"但這一條訓詁材料可能是有問題的。馬瑞辰指出:"磬控雙聲字,縱送疊韻字,不當如毛傳字各爲義。磬控、縱送,皆言御者馳逐之貌。"②"從"有"追逐"、"追隨"義,按疊韻聯綿詞"順向重疊"説,③"縱送"的"馳逐"義當由"縱(從)"順向重疊而來,並不説明"送"本身就有"追逐"義。《漢語大字典》4087頁"送"字下所列義項"③在

---

① 劉釗《卜辭所見殷代的軍事活動》,同作者《書馨集續編——出土文獻與古文字論叢》,136~137頁。
② (清)馬瑞辰《毛詩傳箋通釋》,256頁,北京:中華書局,1989年。
③ 參看孫景濤《古漢語重疊構詞法研究》,58~102頁,上海:上海教育出版社,2008年。

後追趕",除舉《大叔于田》外,還舉了銀雀山漢墓竹簡《孫臏兵法・十陣》:"往者弗送,來者弗止,或擊其迂,或辱其鋭。"此篇後被改收於《銀雀山漢墓竹簡〔貳〕》中的"論政論兵之類",整理者未爲"送"字加注。"往者弗送"的"送"與"止"對文,疑即《禮記・月令》季冬之月"命有司大難旁磔出土牛,以送寒氣"的"送",鄭注:"送,猶畢也。"其實也是遣送之義的引申(《國語・越語上》"送往者,迎來者")。

我們認爲上述"夲"字,可援本文第一節所舉(10)之例讀爲"遵"。此"遵"即"遵彼微行"(《詩・豳風・七月》)、"遵海而南"(《孟子・梁惠王下》)之"遵",舊訓爲"循",其義與本文第三節討論的當"循行"講的"彤/尋"很相似。《國語・吴語》説夫差"遵汶伐博(韋昭注:'博,齊別都。')",即"遵伐"之謂。(24)所"遵"者,爲"囗方"的蹤跡。(25)"王曰遵舌方",也是王下令循舌方之迹而行。(26)"述東遵伐海眉"的"述"當訓"循"而不必讀爲"遂","述東"之"述"正與"遵伐"之"遵"相呼應。【編按:謝明文《商代金文研究》第六章《商代金文單個字詞考釋》"十一、試説商周古文字中的'䝅'"認爲"遵汶伐博"的"遵"、"伐"的賓語不同,而卜辭"䝅伐"的賓語相同,"彼此並不相合";他主張"䝅伐"之"䝅"是征伐動詞,"䝅"、"伐""近義連用",反對拙説(713頁注①)。的確,"遵汶伐博"的"遵……伐……"與甲骨卜辭、小臣謎簋銘的"夲(遵)伐"有別,我們在文中没有指明此點,是一個缺陷。謝氏舉出卜辭有"䝅伐"或單言"䝅"之例,作爲他"䝅"、"伐""近義連用"的根據。我們認爲,甲骨卜辭中的"夲(遵)伐"應是"爲伐而遵"的意思("遵汶伐博"的"遵"、"伐"則是連動結構),跟祭祀卜辭中兩個祭祀動詞"Va"、"Vb"連用而往往應該理解爲"爲Vb而Va"相類。如(24)意謂"並"爲伐"囗方"而遵循其行迹,是否會受到保佑。由於軍事卜辭中的"夲(遵)"一般都是爲了征伐而"遵"敵方,所以"夲伐"可單言"夲"。(25)的"夲(遵)舌方"就是説成"夲(遵)伐舌方",義亦無殊。(26)小臣謎簋"陟(遵)伐海眉"也是爲伐東夷而遵"海眉"之意。謝氏還引"自新䝅,捷○弜(勿)䝅,其悔"(《屯》2119)等"䝅"、"捷"並見的辭例。他所謂的"捷"即"戉"。我們認爲此字釋爲"捷"或"翦"皆不可信,且從有關卜辭看,這些"夲(遵)"、"戉"並見之辭所記之事中有省略,"戉"是在"夲"之後發生的。

別詳他文。至於在"夲（遵）"敵方的卜辭中偶記"不雉（失）人"、"不雉（失）衆"，這是不奇怪的。追蹤敵方之類的軍事活動難免會有人員喪失之虞。】

卜辭"甾"還可用於祭祀場合，有關辭例陳劍先生曾較集中地列舉過。① 我們參考他的文章引録二例於下：

(27a) 癸卯貞：惠㲽先于大甲、父丁。

(27b) 癸卯貞：[丁]未延甾示，其[唯]枫（凤）。

(27c) 甾[示]，暮。

(27d) 丙午卜，惠于[甲]子酒㲽。（《合集》32485）

(28) 丙寅卜，[疑]貞：于祖乙卯（禦），其甾，若。（《合集》23805。同版其他卜辭較繁，不録）

(27b)"延甾示"與(27a)"先于大甲、父丁"對舉，疑"甾示"之"甾"亦當讀爲遵循之"遵"。"甾（遵）示"指循各示之次而下，不特別先祭大甲、父丁，其義與"率示"（《合集補編》10436）、"率小示"（《屯南》2414）等相類。② (28)"其甾（遵）"可能是説對祖乙之後的各示循序而祭。

上文曾指出，從古音看，通爲"尊"、"寸"、"遜"的"夲"是不可能用爲"訓"的；"撰"亦與"訓"聲母有隔。古書裏有不少"遜"與"順"、"遜"與"訓、馴"的異文，如《大戴禮記・衛將軍文子》"其幼也恭而遜"，《孔子家語・弟子行》"遜"作"順"；《尚書・堯典》"五品不遜"，《史記・殷本紀》等"遜"作"訓"，《五帝本紀》則作"馴"。③ 這些異文不能看作音近通假。與"順"、"訓"、"馴"有異文關係的"遜"，都是"恭順"之義，因而古人可以改用義近的"順"、"馴"（"訓"既可看作通"順"，也可看作通"馴"。"馴"、"順"是音義

---

① 陳劍《殷墟卜辭的分期分類對甲骨文字考釋的重要性》，同作者《甲骨金文考釋論集》，398～399頁；陳劍《釋𠙹》，《出土文獻與古文字研究》第三輯，64頁注1。

② "率示"、"率小示"的"率"當訓"循"、"順"，參看沈培《釋甲骨文、金文與傳世典籍中跟"眉壽"的"眉"相關的字詞》，《出土文獻與傳世典籍的詮釋——紀念譚樸森先生逝世兩週年國際學術研討會論文集》，33頁引周波説，上海：上海古籍出版社，2010年。

③ 高亨、董治安《古字通假會典》，138～139頁。

極近的同族詞)。① 當然,所以用"順"、"馴"、"訓"而不選用其他詞,大概跟這些字與"遜"讀音相差不算很遠(聲雖不近,但韻相疊)有關。至於古書中大量的"慎"、"順"異文,②恐怕連音近的考慮都不一定有,只是由於敬慎之"慎"引申中有"恭順"之義(敬慎對待往往表現爲恭順。《墨子·天志中》:"今天下之君子,中實將欲遵道利民,本察仁義之本,天之意,不可不慎也。"孫詒讓《閒詁》:"慎與順同。上下文屢云順天意,下同。"③今按,孫氏在另一處"天之意不可不慎也"下說"慎亦讀爲順",④非是。《天志上》有"不可不戒矣,不可不慎矣"之語,《所染》篇亦云"故染不可不慎也",這些"慎"理應統一解釋,不可能此處讀"順"而他處如字讀。天意以敬慎待之,即順從天意),與"順"義近而換用(也有恭順之"順"換用爲"慎"的);或係後代爲避"慎"諱而改"慎"爲"順",有些可能本即作"順",但避諱消除後被誤當作"慎"的避諱字而錯回改爲"慎"。限於篇幅,恕不能逐一解說。

有了以上認識,就可以對相關文句的釋讀進行討論了。

(2)"余巽皇辟侯令"的"巽",在謝明文先生提出的三種讀法中,唯一可從的只有讀爲遵循之"遵"。⑤ (1)"錫汝茲巽"的"巽"讀爲訓誥之"訓",文義很順。但"訓"不能與"巽(撰)"通,是其不足。我們認爲這個"巽"實當讀爲"譔"。《説文·三上·言部》:"譔,專教也。"馬叙倫謂"譔""與'訓'爲同類轉注字",⑥雖不準確,畢竟已點出"譔"、"訓"字義上的聯繫。馬氏還找出了文獻中"譔(寫作'選')"當"訓"講的例子,如《莊子·天下》"選則

---

① "順"、"馴"、"訓"含有順着、沿着某一方向的語源義(其所從之聲旁"川"可能即此語源義之由來),"順"的"順從、順伏"義,"馴"的"馴服"義,"訓"的"訓教使之馴服、順從"義,都是由此而來的。恭遜之"遜、愻"當以"叩、巽"爲其本字,"叩"從"二'卩'"(象兩個低頭跪坐的人形),其本義大概就是謙恭、謙遜,引申而有"卑柔"、"順伏"義。"遜"與"順"的詞義來源不同,亦可說明二者非一詞。

② 參看高亨、董治安《古字通假會典》,90~91頁。

③ (清)孫詒讓《墨子閒詁》,199頁,北京:中華書局,2001年。

④ 同上注所引書,200頁。

⑤ 讀爲"謙遜"、"恭順"義的"遜、巽",語音上雖亦可能,但文義上不如讀爲遵循之"遵"妥當。

⑥ 馬叙倫《説文解字六書疏證》卷五,第2册41頁。

不徧,教則不至","選"、"教"對文,故"選"當讀爲"譔"。①"訓教"義的"譔",傳世古書雖不多見,出土文獻中卻有若干用例。《清華(捌)·攝命》簡5~6:"汝唯衛事衛命,汝唯沈(沖)子小子,汝鬼(威)由視(貌)由望,不啻汝鬼(威),則由譲(蔑)汝訓言之譔。""譲",整理者讀爲"勱",訓"勉";②我們認爲當讀爲陳劍先生討論過的"覆被"義的"蔑"。③"訓言"指合乎法式、典範之言。"譔",整理者訓"專教",④可從。其意蓋謂"汝不但以儀表資望威民",⑤亦以"訓言"之訓教覆被民。越者汈鐘云"以克續光朕昭考之愻學"(《集成》00122),董珊先生讀"愻學"爲"訓教",⑥其意雖是,但"愻"與"訓"聲音上恐不能相通。網友"心包"在討論《攝命》"訓言之譔"時,順便指出鐘銘的"愻""也有與'譔'紀録的是同一個詞的可能性"。⑦此説可從。"愻學"即"譔敎",意同"訓教"。《清華(捌)·治邦之道》簡8"句(苟?后?)王之愻教,卑(譬)之若溪谷……(下殘)",整理者讀"愻"爲"訓"。⑧今按簡文"愻教"亦當讀爲"譔教",與者汈鐘銘同意。毛公鼎"錫汝茲羍(譔)"的"譔",也是這個意思。【編按:《清華(九)·廼命二》簡12"毋或不相孫教於善"的"孫",整理者提出讀爲"遜"或讀爲"訓"兩種設想。

---

① 馬叙倫《説文解字六書疏證》卷五,第2册41頁。又,馬叙倫《莊子義證 莊子天下篇述義》,732,822~823頁,許嘉璐主編《馬叙倫全集》,杭州:浙江古籍出版社,2019年。
② 清華大學出土文獻研究與保護中心編,李學勤主編《清華大學藏戰國竹簡(捌)》,下册114頁,上海:中西書局,2018年。
③ 此種用法的"蔑",參看陳劍《簡談對金文"蔑懋"問題的一些新認識》,《出土文獻與古文字研究》第七輯,91~117頁,上海:上海古籍出版社,2018年。按已有學者將簡文"譲"與金文所謂"蔑曆"之"蔑"聯繫了起來(張懷通《麥器與清華簡〈攝命〉"譲"諸字試説》,《清華簡〈攝命〉研究高端論壇論文集》,1~19頁,上海大學古代文明研究中心、上海大學歷史系主辦,2019年5月31日~6月2日),但對"蔑"的具體解釋則有誤,不具引。
④ 清華大學出土文獻研究與保護中心編,李學勤主編《清華大學藏戰國竹簡(捌)》,下册114頁。
⑤ 同上注。
⑥ 董珊《越者汈鐘銘新論》,復旦大學出土文獻與古文字研究中心網,2008年3月1日。
⑦ 《清華簡八〈攝命〉初讀》帖子第13樓"心包"發言,簡帛網"簡帛論壇",2018年11月18日。
⑧ 清華大學出土文獻研究與保護中心編,李學勤主編《清華大學藏戰國竹簡(捌)》,下册136頁。此例蒙蘇建洲先生賜告。

後一讀於文義較善。據本文說，實當讀爲"譔"，此亦言"譔教"之例。吳王光鑑："往巳(已)弔(叔)姬，虔敬乃后孫，勿忘。"(《集成》10298、10299)吳王光殘鐘："往巳(已)弔(叔)姬，虔敬命，勿忘。"(《集成》00223～00224)李家浩《吳王光鑑銘文補釋》(《上古漢語研究》第二輯，30～34頁，北京：商務印書館，2018年)指出鐘銘"虔敬命"猶鑑銘"虔敬乃后孫"，"后"指叔姬的夫君，甚是；但他讀"虔敬乃后孫"的"孫"爲訓命之"訓"則不可取。此"孫"亦當讀爲"訓教"義的"譔"。】

由此我們想到(14)《說文》"侎""古文以爲訓字"。頗疑"訓"本當作"譔"，即古文曾用"侎"爲訓教義之"譔"，這裏的"侎"是從"人"、"𢍱(撰)"聲之字(可能是"僎"的異體，也可能是"巽"或"愻"的異體)，與作爲"媵"字的"侎"是同形字的關係。大概漢以後訓教義的"譔"不如"訓"常用，漢人在讀前代"古文"時，就按當時的用語習慣把本表示"譔"的"侎"直接訓讀爲"訓"了。"譔"、"訓"韻較相近，可能也是以"訓"易"譔"的附帶的原因。漢人整理先秦古書，此類改讀恐復不少，如上文談過的改恭順義的"遜"爲"順"或"馴、訓"等，與改"譔"爲"訓"同例。說不定傳世古書裏有一些訓教之"訓"本來就是作"譔"的，今所見本用"訓"，乃傳抄者、讀者以意而改。

"侎"也見於清華簡：

(29)□(引者按：此缺文今本作"天"，可據補)生民而成大命＝(命，命)司惪(德)正以禍福，立明王以㥞之……[《清華(伍)·命訓》簡1]

(30)秎(撫)之以季(惠)，和之以均，斂之以哀，娛之以樂，侎之以豊(禮)，教之以藝，正之以政，動之以事，勸之以賞，畏之以罰，臨之以中，行之以岢。[《清華(伍)·命訓》簡11～12]

(29)"立明王以㥞之"，今本《逸周書·命訓》"㥞"作"順"。劉師培《周書補注》："順、訓古通，順當讀訓。猶言立明王以教誡之也。"①清華簡整理者分析"㥞""從心侎聲"，又據《說文》"侎""古文以爲訓字"，從劉說讀

---

① 黃懷信、張懋鎔、田旭東《逸周書彙校集注(修訂本)》，上冊21頁，上海：上海古籍出版社，2007年。

"悠"爲"訓"。① 上文已指出"侉""古文以爲訓字"是靠不住的,"訓"可能本當作"諽"。所以簡文的"悠"既不能讀爲"訓",也不能讀爲"順"。我們認爲今本《逸周書》此字作"順"自可通,只是前人都把"順"誤解爲"順天"、"順天命",②以致文義難通。從上下文看,"立明王以順之"的"之"當指天所生之"民",天立明王以使民遜順。《禮記·祭義》錄"子曰":"立教自長始,教民順也。""立明王"實即"立教",其目的是"教民順",猶《命訓》之"順之(民)"。簡文的"悠"當讀爲"遜/愻"。《尚書·堯典》"五品不遜",僞孔傳:"遜,順也。"讀爲"遜",與今本的"順"義合。《命訓》出土簡本、傳世本有"遜"、"順"之異,猶"五品不遜"的"遜"或作"馴、訓"。"悠"、"愻"當爲一字,前文已説後者即"愻"之異體,(29)的"悠"正是"遜/愻"的本字。

(30)"侉之以禮",今本《逸周書》作"慎之以禮"。清華簡整理者亦讀"侉"爲"訓"。③ 不過,今本的"慎",劉師培卻讀爲"順";④按照我們上文的看法,這種讀法也是不對的。但劉氏以"順"解"慎之以禮"的"慎",文義是合適的。⑤《逸周書·度訓》:"和非中不立,中非禮不慎。"前人亦多讀"慎"爲"順",⑥失之鹵莽。同書《常訓》有"以常爲慎"之語,陳逢衡云:"慎,順也。以常爲慎,人有常順也。"⑦其説較他家精審。《國語·周語上》記內史過云"非忠(中)不立,非禮不順",與《度訓》此文頗近。"中非禮不慎"、"非禮不順"就是《命訓》"慎之以禮"的意思。(30)《命訓》"侉之以禮"的"侉"也應讀爲遜順之"遜/愻"。

從(29)、(30)二例的討論我們體會到,出土文獻即使有可直接對讀的傳世本,在具體字詞的釋讀上,仍應充分考慮出土文獻所用之字本身的表

---

① 清華大學出土文獻研究與保護中心編、李學勤主編《清華大學藏戰國竹簡(伍)》,下冊 126 頁,上海:中西書局,2015 年。
② 參看黃懷信、張懋鎔、田旭東《逸周書彙校集注(修訂本)》,上冊 21 頁。
③ 清華大學出土文獻研究與保護中心編、李學勤主編《清華大學藏戰國竹簡(伍)》,下冊 126 頁。
④ 黃懷信、張懋鎔、田旭東《逸周書彙校集注(修訂本)》,上冊 35 頁。
⑤ 劉師培引《左傳·文公二年》"禮無不順"爲證,這是不妥的。"禮無不順"講的是祭祀當取順祀,逆祀則不合乎禮。這裏"慎之以禮"的"慎"仍是敬慎、恭順對待的意思。
⑥ 黃懷信、張懋鎔、田旭東《逸周書彙校集注(修訂本)》,上冊 14 頁。
⑦ 同上注所引書,上冊 44 頁。

詞習慣，不能簡單地與傳世本"趨同"處理。

清華簡中也有"夋"字：

(31) 乃隶(肆?)三邦之令，以爲鄭令、野令，道之以教，乃悆(繹)天地、逆順、剛柔，以咸斁(禁)御(禦)。隶(肆?)三邦之刑，以爲鄭刑、野刑，行以夋令、裕義，以釋無教、不姑(固)。[《清華(陸)·子產》簡24～25]①

"夋令"之"夋"，學界有"尊"、"峻"、"劓"、"訓"等讀法。② 現在看來，讀"訓"之說首先可以否定掉。讀爲"尊"、"峻"等，語音上都是有可能的。但從文義來說，似不如讀爲"遜"。

上引簡文不大好懂。有些學者認爲"乃隶三邦之令"一段是"積極作爲"，"隶三邦之刑"一段是"消極作爲"。③ 可以參考。"隶三邦之令，以爲鄭令、野令"並"道之以教"，與"天地、逆順、剛柔"等相參，其目的是"咸(完成、完畢)禁禦"；"隶三邦之刑，以爲鄭刑、野刑"的目的是"釋(除去)無教(沒有教化)、不固(行事不專一)"，④二者確有對比着說的意味。"行以夋令、裕義"的"裕"，不少學者指出是"寬裕"的意思；我們認爲"義"可讀爲軌儀、儀則之"儀"，"裕儀"即寬緩的法度。與之並舉的"夋令"自以讀"遜令"爲宜，"遜令"指柔遜的法令(《逸周書·寶典》所謂"九德"，"六，恭遜。是謂容德"。"遜"、"容"意義相關而並提，可與簡文"遜令、裕儀"並提相參看)，似即上引(9)"緩施而夋(遜)敕之"的"遜敕"之屬。"令"需"道之以教"、"繹天地、逆順、剛柔"配合而行；"刑"比"令"峻刻，所以需"以遜令、裕儀"配合而行，方能剛柔相濟，達到較爲寬和的效果。

關於"夋"形來源和"夋"聲字在出土文獻中的用法，已基本討論完畢。我們可以清楚地看到，"夋"與"朕"在字源上和用字上都劃然有別，這就進

---

① 簡文的釋讀已吸收了學者們的合理意見，與整理者的原釋文不盡相同。爲避免繁瑣，不一一注出。參看王瑜楨《〈清華大學藏戰國竹簡(陸)〉鄭國史料三篇研究》，473～489頁，臺灣師範大學博士學位論文(指導教師：季旭昇)，2018年1月。
② 參看王瑜楨《〈清華大學藏戰國竹簡(陸)〉鄭國史料三篇研究》，482～486頁。
③ 參看上注所引文，485～486頁。
④ 此句的釋讀從王瑜楨《〈清華大學藏戰國竹簡(陸)〉鄭國史料三篇研究》，488～489頁。

一步證實了"朕"從"灷聲"説是無法成立的。不過，應該承認，這只是事情的主要方面；另一方面，在古文字中，尤其是在戰國文字中，也確實存在偏旁"朕"與"灷"字形相混的現象。

西周晚期的季宫父簠有 ▨ 字(《集成》04572)，用爲"媵"，即《説文》訓"送也"的"㑞(媵)"。此字《説文》分析爲"从人、灷聲"，這對於用爲"遞"、"古文以爲訓〈譔〉"的"㑞"是適用的，對於"媵"則不適用。"㑞(媵)"應分析爲"从人、朕省聲"。西周中期五祀衛鼎、九年衛鼎有"媵"字作 ▨ (《集成》02832)、▨ (《集成》02831)，从"人/亻"、"朕"聲(此類寫法又見於《近出殷周金文集録二編》412 所收虎叔簠)；西周晚期季良父簠"媵"字作 ▨ (《集成》04563，又參看 04564)，从"人"、"朕"聲，皆聲旁不省之例。季宫父簠那種"㑞(媵)"因"人"旁位於"朕"之左而擠掉了"朕"所從的"舟"，屬於偶見的特例(《集成》10285 著録的西周晚期儨匜，器主名二見，一从"人"、"朕"聲，一从"人"、"朕"聲，因鑄字不善，前者所从"灷"形有所省譌，後者"舟"旁略變形，但都没有省作"㑞")。① 當時"朕"旁一般不會妄加省略，獨體的"灷"更不可能是"朕"的形省。春秋金文中省作"灷"形的"朕"旁也頗罕見，確鑿的例子只有樊君鬲"儨(媵)"作 ▨ (《集成》00626)，省略了"舟"旁，且"灷"形訛變得與"興"接近。② 但是到了戰國時代，文字簡

---

① 有人把《集成》00823 著録的西周早期的父癸甗上的族氏名 ▨ 亦釋爲"㑞"，這是錯誤的。此字應即甲骨金文 ▨、▨ (參看陳劍《試説甲骨文的"殺"字》，《古文字研究》第二十九輯，13～14 頁，北京：中華書局，2012 年)之變體。

② 何家興先生認爲此字當分析爲从"人"从"貝"、"興"聲("興"雖是中古曉母字，但"繩"、"蠅"等 L-系字可从"興"聲。説見其《金文札記二則》，《中國文字研究》2009 年第一輯(總第十二輯)，90～91 頁，鄭州：大象出版社，2009 年)。如果是這樣的話，似表明當時"媵"已轉讀蒸部音。郭永秉先生懷疑這個"儨"左上的" ▨ "，是"舟"形訛變來的(" ▨ "與撇畫相併即"舟")，爲求對稱，又在右上增"彐"形。如果是這樣的話，此例還不算真正的省"朕"爲"灷"。又，蔡侯申缶、盤有 ▨ (《集成》10004)、▨ (《集成》10171)字(又見於《集成》05939、06010 所收尊銘)，一般亦釋爲"媵"。此釋若確，便也是省"舟"之例。但此字右上部分與"灷"形不似，李孝定、程鵬萬、萬佳俊等先生釋其右旁爲"要"，謂即大孟姬的私名(參看程鵬萬、萬佳俊《論大孟姬的私名》，《古籍整理研究學刊》，2017 年第 3 期，16～18 頁)。故不舉以爲確例。

省現象十分嚴重,極大地破壞了造字的理據。這時,有些从"朕"聲的字就可以無緣無故地省从"关"了。

楚文字中,包山楚墓所出 1 號竹牘"緑組之縢"、"紫縢"的"縢"(又見於包山簡 186,用爲人名),①曾侯乙墓所出竹簡"栢縢"(簡 123)、"吴組之縢""紫組之縢"(簡 126)等"縢",皆作从"糸"、"朕"聲(曾侯乙簡此種"縢"又見於簡 43、124、125、127、128、129、130、131、132、133、136 等);②曾侯乙簡還有从"糸"、"賸"聲的"縢"字,見於簡 43、122、123、124、125、133、135、136、137、138、139 等。③ 但當"組帶"講的"縢",在望山 2 號墓簡 2、3、10、22、23、24 等④和包山簡 267、272、276、277、1 號竹牘等⑤中,都寫作"綔"。《清華(壹)·祭公之顧命》簡 20、《清華(叁)·芮良夫毖》簡 24 假借爲"朕"的"縢",也寫作"綔"。"綔"所从的"关"顯然是"朕省聲"。《上博(二)·容成氏》簡 51"涉於孟津,至於共、縢之間"的"縢",⑥《上博(五)·鬼神之明》簡 7"沈抑念惟,發揚騰償(逾)"的"騰",⑦原皆寫作"䌈",顯爲"'縢'之省文"。⑧ "关"也應看作"朕省","䌈"、"綔"一字。《詩·秦風·小戎》"竹柲緄縢"的"縢",安徽大學藏戰國竹簡本《詩經》寫作从"糸"、从"䌈"(簡 46)。這是在"縢"的省形上疊加意符"糸"。

曾侯乙簡中的"縢"還可以假"賸"爲之(如簡 123、124、127、133、137、138 等);⑨簡 61"紫縢"之"縢"寫作从"艸"从"賆",⑩整理者已指出"賆"是

---

① 李守奎、賈連翔、馬楠《包山楚墓文字全編》,458 頁,上海:上海古籍出版社,2012 年。
② 張光裕、滕壬生、黄錫全主編《曾侯乙墓竹簡文字編》,66～67 頁,臺北:藝文印書館,1997 年。
③ 同上注。
④ 程燕《望山楚簡文字編》,101 頁,北京:中華書局,2007 年。
⑤ 李守奎、賈連翔、馬楠《包山楚墓文字全編》,458 頁。
⑥ 陳偉《〈容成氏〉共、縢二地小考》,同作者《新出楚簡研讀》,165～169 頁,武漢:武漢大學出版社,2010 年。
⑦ 裘錫圭《説从"肯"聲的从"貝"與从"辵"之字》,《文史》2012 年第 3 輯(總第 100 輯),26～27 頁。
⑧ 徐在國《上博楚簡文字聲系(一～八)》,674 頁。
⑨ 張光裕、滕壬生、黄錫全主編《曾侯乙墓竹簡文字編》,67 頁。
⑩ 同上注所引書,123 頁。

"賸"之省,此字即"䐋"。① 滕地之"滕",包山簡寫作"郯"(簡 100、162),②戰國中期楚大市銅量、③湖北荆州望山橋 1 號楚墓所出遣册中的"滕公"之"滕",④亦皆如此作。《清華(貳)·繫年》簡 133"滕公"之"滕"作㨲,整理者隸定爲"郯"。⑤ 楊蒙生先生指出此字"邑"旁之外的部分,細看左下角當有"舟"形,其字實从"朕"聲。⑥ 他的觀察是準確的。所以,"郯"所從的"并"没有問題也是"朕省聲"。

秦文字也有省"朕"旁爲"并"形的例子。如秦陶文有正常的"滕"字,也有不从"舟"作"䒳"的"滕"的省文;上面提到的見於楚文字的"㦸",也見於秦印、秦陶文。⑦ 民國初年在甘肅出土的春秋中期的秦公簋,其器上刻銘有"一斗七升𠭥"之語,蓋上刻銘有"一斗七升大半升"之語(《集成》04315.3)。朱德熙先生指出"𠭥"與"大半升"相應,此字當釋讀爲賸餘之"賸","'一斗七升賸'等於我們現在説'一斗七升餘'"。⑧ 朱先生據此把上文所引(3)"斛半并"的"并"也讀爲"賸",現在知道是不確的,實當讀"寸";但秦公簋刻款的"𠭥"讀爲"寸"文義不可通,朱先生讀爲賸餘之"賸",仍是最好的選擇。秦文字中的這個"𠭥",應分析爲从"手"、"朕"省聲;古書"勝"或訓"舉"(《國語·齊語》:"教大成,定三革,隱五刃,朝服以濟河而無怵惕焉,文事勝矣。"韋昭注:"勝,舉也。"),即行用之義,"𠭥"疑即此種"勝"之專字。秦公簋刻款"𠭥(勝)"所从的"并(朕)"跟三晋小量"斛半并"的"并(寸)"形同實異。

《説文·六上·木部》所收"桛"字,讀"直袵切",無疑是从"朕"聲的,

---

① 湖北省博物館編《曾侯乙墓》,上册 518 頁,北京:文物出版社,1989 年。
② 李守奎、賈連翔、馬楠《包山楚墓文字全編》,272 頁。
③ 參看李守奎《楚文字編》,402 頁,上海:華東師範大學出版社,2003 年。
④ 荆州博物館《湖北荆州望山橋一號楚墓發掘簡報》,《文物》2017 年第 2 期,34~35 頁,看 34 頁圖版 6。
⑤ 清華大學出土文獻研究與保護中心編、李學勤主編《清華大學藏戰國竹簡(貳)》,下册 196、200 頁,上海:中西書局,2011 年。
⑥ 楊蒙生《讀清華大學藏戰國竹簡叢劄》,徐在國主編《戰國文字研究》第一輯,51~52 頁,合肥:安徽大學出版社,2019 年。
⑦ 參看何琳儀《戰國古文字典》,149、150、152 頁;王輝主編《秦文字編》,1647、1666、1851 頁,北京:中華書局,2015 年。
⑧ 朱德熙《戰國記容銅器刻辭考釋四篇》,《朱德熙古文字論集》,28~29 頁。

唐寫本《木部》殘卷此字篆文即作"橵"。① 今傳大徐本小篆"榺"所從的"关"也是"朕"之省("榺／橵"與"縢"都从"木"、"朕"聲，但二字音義不同。古人似有意采用不同的偏旁佈局加以分別)。同書《四上·目部》有訓"目精也"的"䁗"字，此字古書中或用爲"朕"，可以認爲是把"朕"的"舟"旁換作"目"旁而成的，也應分析爲"朕省聲"。"榺"、"䁗"二字，今傳大徐本《説文》都誤析作"关聲"(唐寫本《木部》殘卷"橵"字下作"朕聲"，②是正確的)。

上述那些"朕"旁省爲"关"的例子，在楚文字中比較容易碰到，這就給人造成一種"朕"从"关"聲的錯誤印象，所以我們不憚絮煩地澄清如上。③

還需着重指出的是，即使在"朕"省作"关"的情況下，由於"朕"聲往往跟"糸"、"貝"、"邑"、"水"、"手"等偏旁組合成字，而真正的"关(撰)"聲則跟"心"、"酉"、"旨"、④"辵"等偏旁組合成字，⑤二者有相對固定的不同搭

---

① 李宗焜《唐寫本〈説文解字〉輯存》，39、69頁。
② 同上注。
③ 2000年，在河南新蔡故城發現一批戰國封泥，其中有被研究者釋爲"垄(媵)販"、"門垄(媵)販"的數品，"垄"似亦从"朕省聲"(董珊《新蔡出土楚封泥釋文校訂》，西泠印社、中國印學博物館編《青泥遺珍——戰國秦漢封泥文字國際學術研討會論文集》，40～41頁，杭州：西泠印社出版社，2010年)。然此批封泥"販"前多爲"南"、"北"、"東"或"北門"、"東門"之類的方位名詞或地名(參看楊廣泰《新出封泥彙編》，第一冊1頁，杭州：西泠印社出版社，2010年)，"媵"顯然難以講通，"門媵"更是不知何意(董珊《新蔡出土楚封泥釋文校訂》讀"媵"爲"商"，不可信)。前文説過，戰國文字"关"、"弄"二旁有相混的情況，既有"关"訛作"弄"形的，也有"弄"訛作"关"形的(參看袁瑩《戰國文字形體混同現象研究》，77～78、127、140頁)。我們懷疑新蔡封泥的所謂"垄"，實是从"土"、"弄"聲的"垄"字；所謂"門垄"，實是从"門"、"垄"聲之字，並非二字。"垄"見於戰國三晉封泥和傳抄古文，皆用爲"完"(參看吳振武《戰國"信完"封泥考》，《中國文物報》1989年8月25日第三版)。从"門"、"垄"聲疑即"關"字異體(楚文字"關"多从"串"聲，"患"或从"弄"聲(參看白於藍《簡帛古書通假字大系》，1221～1222、1223頁)，"關"自亦可从"弄"聲)，"垄販"之"垄"可能就是从"門"、"垄"聲的"關"的省借。此品"關販"封泥爲關市販貨所用。秦陶文中也有一個被有些學者釋爲"垄(媵)"的字(何琳儀《戰國古文字典》，149頁)，看起來也是从"弄"而非从"关"的，其下部似是"工"而非"土"(參看王輝主編《秦文字編》，729頁)。因此，我們不把這兩類字當作"朕省爲关"的例子來舉。
④ 上引(12)用爲"寸"的"酋"字从"旨"，陳偉《〈鄭子家喪〉初讀》認爲"似是與'尊'有關的字"。"尊"可指盛酒器，亦有"盛酒"之義，酒當然是旨美的，"酋"似有可能是酒尊或尊酒之"尊"的異體。
⑤ 上引(13)用爲"尊"的"麝"字，單育辰《清華六〈子產〉釋文商榷》認爲上部的"鹿頭"當是"麠"省，戰國文字"麠"常讀爲"存"，"存"、"尊"音近，"麝"是"麠"、"关"皆聲的雙聲字(《出土文獻》第十一輯，216頁)。待考。

配，一般也不致錯認。只有"人"旁既可與"朕"聲組合成"侁（媵）"字，也可與"釆（撰）"聲組合成"侁"字。如"朕"旁省作"釆"，"侁"不免一形兼二字用，《說文》就把兩個不同的"侁"誤併爲一字。但是，楚文字似乎從未見過"侁（媵）"字，所以這種混同在楚文字裏恐怕不一定實際存在過。《商周青銅器銘文暨圖像集成續編》1235號著錄一件私人收藏的三晉銅戈，銘文有如下一字：

原書釋爲"共"。① 吴良寶先生認爲從字體看，此戈當屬魏國之物，並釋上引之字爲"釆"，讀爲《容成氏》"至於共、縢之間"的"縢"。② 其説若確，這個"釆（縢）"可算是獨體的"朕"省爲"釆"、從而與"釆（撰）"字混同的唯一之例了。不過，此字"廾"下有"＝"，雖是飾筆，但施於此"釆"字，似有可能是爲了將"朕"的省體與真正的"釆（撰）"字相區別，嚴格説起來這個"釆（朕）"跟"釆（撰）"字形上還不完全一致。而且，此字是否必須釋讀爲"縢"而無其他可能，恐怕還可以再研究。

總之，大體來看，戰國文字中省作"釆"形的"朕"，依靠不同的偏旁組合慣例，是可以跟"釆（撰）"區分清楚的。戰國時代的楚地讀書人如看到"絭/絳"、"賵"，一定會念成"縢"、"賸"而不至於誤讀作"尊"、"寸"、"遜"之類的音。"釆（朕）"、"釆（撰）"混而誤識的現象，大概要到漢以後（包括漢代）人轉寫釋讀戰國文字（如所謂"古文"）時，才有可能發生。③

---

① 吴鎮烽編著《商周青銅器銘文暨圖像集成續編》，第4卷202頁，上海：上海古籍出版社，2016年。
② 吴良寶《戰國兵器銘文四考》，鄒芙都主編《商周青銅器與先秦史研究論叢》，9～10頁，北京：科學出版社，2017年。
③ 《説文·三下·丌部》有訓"羽獵韋絝"的"鬱"字，"从丌、釆聲"。此字中古韻書讀"子峻切"，據此讀音推測其所從聲符"釆"大概確實是"釆（撰）"而非"朕"之省形。但《説文》收其或體作"䙴"，"从衣、从朕"，似以"朕"爲其聲旁，與"子峻切"之音不合。按出土漢代文字資料中只見"鬱"（見於阜陽漢簡、北大漢簡《蒼頡篇》，左下非"瓦"而作"已"形，與《説文》有異）而未見"䙴"，疑此或體"䙴"是漢人誤認其聲符"釆"爲"朕省"而生造的後起字形，或別有原因而用爲"鬱"。《説文》"鬱"字下又引"《虞書》曰：鳥獸䙴毛"，同書《八上·（轉下頁）

據此，我們可以對戰國楚竹書中一些聚訟紛紜的歧解有所取捨。如《上博(五)·鬼神之明》爲"鬼神有所不明"說舉的兩個例子中，一例爲伍子胥，一例爲"～盃公"(簡3)。用"～"代表之字作如下之形：

學者們有釋讀爲"榮"、"宋"、"秦"等歧説。① 從上文的討論看，此字所從的"龚"只能是"朕"，故而諸釋之中，只有整理者提出來的"即'朕'字異體"説，②較有理據。準確地説，此字從"辵"、"龚(朕)"聲，可能是"騰逾"之"騰"的異體。以"朕"、"騰"之音衡之，"榮"、"宋"、"秦"等釋讀都不可信。"～盃公"究竟爲何人，仍需存疑待考。又如《清華(玖)·廼命一》有"有庶狂(氓)不監厥夲人"(簡1)、"而毋聖(聽)夲，尚専(布)德之茅(懋)"(簡2)等語，整理者爲"夲"提出兩種釋讀意見：一種"疑讀爲《詩·十月之交》'噂沓背憎'之'噂'，《説文》：'聚語也。'"，一種"讀爲'勝'，訓爲'侵凌'"。③ 從楚文字獨體的"夲"幾乎從不用作"朕"之省形來看，"勝"的讀法可不必考慮；至於能否讀爲"噂"，有待於進一步研究。

最後談談"送"字的問題。

《説文·二下·辵部》："送，遣也。从辵、倴省。"籀文从"倴""不省"。

(接上頁)毛部"毳"字下則引"《虞書》曰：鳥獸毳髦"，今本《尚書·堯典》作"鳥獸氄毛"，故"氄"字又有"而隴切"一讀("毳"、"氄"何以讀"而隴切"，待考)。《説文》爲訓"柔韋也"的"毲"注"讀若翫，一曰若儁"。"讀若儁"與"氄"的"子峻切"一讀相合；"毲"在韻書裏還有"人朱切"的讀音，此讀和"讀若翫"皆與"氄"的"而隴切"一讀音近。頗疑"讀若翫"、"人朱切"、"而隴切"皆爲"毲"之讀音，"讀若儁"、"子峻切"爲"氄"之讀音。是否由於"毲"本兼"讀若翫"、"讀若儁"二音二義，後加注"夲(撰)"聲分化出"氄"字，導致分化後的二字又互襲了對方的讀音？抑或"毲"、"氄"形義皆近，導致二字誤沾染了對方的讀音？尚須研究。【編按：李豪《"毲""氄""毳""氄"等字讀音考辨——以諸聲類型爲中心》對諸字讀音有進一步研究(《漢語史學報》第二十八輯，58～66頁，上海：上海教育出版社，2023年)，請讀者參看。】

① 參看李家浩、楊澤生《談上博竹書〈鬼神之明〉中的"送盃公"》，《簡帛》第四輯，177～185頁，上海：上海古籍出版社，2009年。

② 馬承源主編《上海博物館藏戰國楚竹書(五)》，釋文考釋317頁，上海：上海古籍出版社，2005年。

③ 清華大學出土文獻研究與保護中心編、黃德寬主編《清華大學藏戰國竹簡(玖)》，下册172頁，上海：中西書局，2019年。

這是以"送"爲會意字。以前的《說文》學家或謂"送""侁省聲",①今人亦有取此說者。② 無論分析爲會意還是形聲,他們都是把"侁"當作"朕"的["侁(朕)",《說文》即訓"送也"]。可是"侁(朕)"本身就是個形聲字,"送"竟以它爲義符,這在古文字中恐怕很難找到同類的例證。相比之下,還是形聲的分析辦法合理一些。但"朕"、"送"聲韻皆不近,不可能相諧。

上舉(10)"送(遵)畎服畎"的"送",字形雖是"送",卻用爲"遵"而不用爲"送"。楚文字裏另有用爲"送"之字,並不作此形。《清華(貳)·繫年》簡54"秦康公率師以送雍子"、《清華(陸)·子儀》簡10"公送子儀"的"送",寫作"遱",整理者指出"從叢聲"。③"叢"、"送"音近,此字應即楚地之"送"字。所以(10)的"送"很可能是楚文字的"遵"字而非遣送之"送"字。

戰國中山王墓所出舒盗圓壺銘云：

(32)唯送先王：茅(苗)蒐畋獵,于彼新枼(土),其會如林,馭右和同,四牡汸₌(彭彭/騯騯),以取鮮蒿,卿(饗)祀先王;德行盛生(旺),□(引者按:此字不能確釋)逸先王。(《集成》09734)

各家多讀"送"爲"朕"。但上文已說遣送之"送"是不能讀爲"朕"的;如欲讀"朕",只能假設圓壺的"送"是從"辵"、"朕"聲的"騰"字的省體,可是這樣一來,"送"這個形體就要表示遣送之"送"、"遵"、"騰"三個字,字形所承擔的文字職務未免過多。何況,中山王墓所出的方壺和大鼎銘裏就有用爲第一人稱代詞"朕"的"朕"字,④圓壺的"送"讀爲"朕",在用字上也顯得怪異。圓壺銘文讀爲"唯朕先王",此段的主語就應是"先王"一貫到底,然而"先王饗祀先王"是講不通的,所以一般認爲"饗祀先王"和緊接其後的"德行盛旺,□逸先王"的"先王""泛指先祖",本銘其他各處的"先王"則指

---

① 丁福保編纂《說文解字詁林》,2498～2499頁引宋保《諧聲補逸》。
② 如李家浩、楊澤生《談上博竹書〈鬼神之明〉中的"送丕公"》,《簡帛》第四輯,180頁。
③ 清華大學出土文獻研究與保護中心編、李學勤主編《清華大學藏戰國竹簡(貳)》,下冊159頁。
④ 參看張守中《中山王嚳器文字編》,48頁,北京:中華書局,1981年。

中山王䭧。從行文指稱的明確性看,這種解釋也有些勉强。

中山王墓所出器銘文字一般歸於晋系;上舉(3)三晋的"斛半斧(寸)"小量,以"斧(撰)"爲"寸"。竊疑(32)的"送"可能也應分析爲从"辵"、"斧(撰)"聲,在此與(10)一樣,也讀爲"遵"。圓壺銘是説"胤嗣舒盗"遵循先王(中山王䭧)當年的"苗蒐畋獵"之行,以獲取鮮肉、乾肉,饗祀先王(王䭧);"德行盛旺"云云也是就舒盗遵先王(王䭧)之德行而言的:想要像先王那樣做到"德行盛旺",以"□逸先王(王䭧)"。這樣解讀,此段的主語就是器主自己(全銘本以"胤嗣舒盗敢明揚告"引起),全銘所有的"先王"可以統一解釋爲指舒盗之父中山王䭧。這個用爲"遵"的"送"可能也是晋系的"遵"字。

李學勤、李零先生認爲"唯送先王"的"送"指送葬,這一段講的是司馬賈在"新土"獲取獵物祭祀王䭧。① 李仲操先生認爲"送"指送行,這一段講的是王䭧出奔齊的情景。② 撇開對具體文義理解的分歧不論,他們把"送"解釋爲送葬或送行,至少全銘"先王"的所指可以統一起來,上文批評的用字方面的問題也可避免。這個"送"就是遣送之"送"字的可能性,應該說還是存在的(意指"送葬"較合理)。由於我們對圓壺銘文研究得不夠透徹,(32)"送"的釋讀問題尚難下最後的結論。

武威漢簡《儀禮》甲本《有司》:"歸入乃徹,徹牢中之送。"(簡 79)今本《儀禮》作"歸入乃徹,徹室中之饌"。武威漢簡整理者曰:"簡文選、送二字易譌,但此簡改室中之饌爲牢中之選,送疑假作賸字。"③其説含混不定。"送"假作"賸(媵)"之説絶不可信;謂"送"、"選"易譌,亦未舉出實據。我們懷疑簡文的"送"可能跟(10)的"送(遵)"一樣[也許還可算上(32)],也是從"斧(撰)"聲的,"斧(撰)"聲字當然可以讀爲"饌"。武威漢簡裏有大量遣送、贈送之"送"字,這個用爲"饌"的"送"似可看作其所從出的戰國時代的底本用字的殘遺。

---

① 李學勤、李零《平山三器與中山國史的若干問題》,李學勤《新出青銅器研究(增訂版)》,162 頁,北京:人民美術出版社,2016 年。
② 李仲操《中山王䭧行年考》,《中國考古學研究論集——紀念夏鼐先生考古五十週年》,344~345 頁,西安:三秦出版社,1987 年。
③ 中國科學院考古研究所、甘肅省博物館編《武威漢簡》,176 頁。

張富海先生認爲(10)用爲"遵"的"送"就是遣送之"送"字,二者音近可通,又懷疑"𠂤""可能本有'送'的音",故可與音近的"尊"、"寸"、"遜"等文部字諧聲假借。① 我們雖然認爲楚文字的"送(遵)"不是遣送之"送"字,對"𠂤"的看法也跟張先生不同,但其説給我們很大的啓發。此字畢竟與秦系文字遣送之"送"同形。我們認爲"𠂤"是"撰"的初文,上古聲母"撰"與"送"皆屬 *Ts-類;②"撰"的韻母爲 *-onʔ,③"送"爲 *-ooŋs,主元音一致,僅韻尾有别(不計中古的等)。上古漢語-n、-ŋ二尾相混,不乏其例,沈培先生在討論"悆"字的文章中已舉過不少,④請大家參閲。"𠂤(撰)"確有資格充任遣送之"送"的聲旁。《説文》所收籀文"送"從"倴",此"倴"不是"朕"字,而是"古文以爲訓〈譔〉字",故亦可充任"送"的聲旁。如此看來,即令上引武威漢簡"徹牢中之送"的"送"就是遣送之"送"字,似也能通讀爲"饌"。雖然"𠂤(撰)" *dzronʔ"與"送(遵)" *tsun"因聲母同類、韻尾相同、主元音相近而可以相諧,"𠂤(撰)" *dzronʔ"與"送 *sooŋs"因聲母同類、韻尾雖有别而主元音相同也可以相諧,但"送 *sooŋs"與"遵 *tsun"韻母的差異還是稍嫌大了些。所以,(10)用爲"遵"的"送"〔也許還可算上(32)〕,不宜直接釋爲遣送之"送"字。這是需要特别申明的。

【編按:應金琦《西周金文所見周代語音信息考察》第三章"3.2　試釋西周金文'送'字——'遺''貴'兩系補説"釋出了西周金文和戰國文字中舊誤釋爲"遺"的"送"字(62～77 頁,復旦大學碩士學位論文,2023 年 5

---

① 張富海《諧聲假借的原則及複雜性》,徐剛主編《嶺南學報》復刊第十輯《出土文獻:語言、古史與思想》,103 頁,上海:上海古籍出版社,2018 年。

② 裘錫圭先生曾釋《上博(一)·孔子詩論》中的 等字(簡 11、13、27)爲"遄",謂即"'送'字的異構"(《釋古文字中的有些"悤"字和從"悤"從"兇"之字》,《裘錫圭學術文集·金文及其他古文卷》,451～463 頁)。但是,最近發表的安大簡《詩經》簡 46(用爲《秦風·小戎》"交韔二弓"之"韔")和《清華(玖)·禱辭》簡 6、17、21、23 中的"㲋"字與《孔子詩論》此字的聲旁同形。有學者認爲裘先生所釋的"遄(送)"也應改釋爲從"㲋"(程浩《"㲋"字兩系説》,《中國語文》2020 年第 5 期,625～630 頁)。"悤"與曉母字"兇"有密切關係,如排除此字,則"送"的聲母不必再構擬爲 *sqʰ-,擬作簡單的 *s-即可。

③ 《廣韻》中"撰"有二等("雛鯇切")、三等("士免切")二讀。張富海先生告訴我們,可能三等的讀法較合乎上古音。故取此讀。

④ 沈培《上博簡〈緇衣〉篇"悆"字解》,謝維揚、朱淵清主編《新出土文獻與古代文明研究》,135～136 頁。

月);最新公布的《清華大學藏戰國竹簡(拾叁)》所收《大夫食禮》中有辭例上肯定爲"送"之字,其字形可以證實應氏之釋(石小力《清華簡第十三輯中的新用字現象》,《出土文獻》2023 年第 4 期,33～38 頁)。現在知道的古文字中確鑿的"送"字本不從"夅"("送"的字形究竟如何分析爲好,尚須研究,但應該是一個表意字)。本文關於"送"从"夅(撰)"聲的説法大概是錯誤的,理應放棄。】

五、結　語

這裏簡單撮述一下本文的主要觀點。

自段玉裁提出"朕"字"从舟、夅聲"的分析以來,雖有少數學者持"朕"爲會意字之説,但由於他們的解釋牽強難信,反而使得"夅聲"説聲名鵲起,在古文字學界幾成定論。近二三十年來,戰國楚竹書大量出土,其中不斷出現"夅"及從"夅"聲的從"心"、從"酉"、從"旨"、從"辵"等字,它們在簡文中明確用爲"遜"、"尊"、"寸"、"遵"等;《説文》所收"倴""从人、夅聲",即从"朕"聲的"滕"字,而"古文以爲訓字","訓"與"尊"、"寸"、"遜"等皆文部合口字,這似乎增強了研究者分析"朕"从"夅聲"的信心。古文字學家又有"夅"所從"丨"爲"針"之初文的説法,戰國文字"慎"、"孫"或可从"丨(針)"聲。這樣以"丨(針)"爲中介,就把韻部橫跨侵($*$-um/-um)、蒸($*$-uŋ)、文($*$-un)、真($*$-in)等部,聲母涉及$*$K-、$*$L-、$*$Ts-等類的"朕"聲字、"夅"聲字以及"針"、"慎"、"孫"等全部貫通了起來。這種貫通,雖爲不少學者所信從,但在音理上是無法解釋的,因而十分可疑。

追本溯源,我們認爲"朕"字是從"行舟"義的"彤"的表意初文分化出來的,其具體分化演變途徑可扼要圖示如下:

"彤"與"朕"古音相近。"行舟"義的"彤"卜辭或假借"尋"字爲之,"彤"的初文在殷墟和周原甲骨卜辭中多數用其本義的引申義"循行",此義古書即寫作"尋";少數或用其"行舟"的本義。在現存時代最早的自組肥筆類卜辭《合集》20610裏,不但"朕"的字形保存了由"肜"之初文分化出來的遺迹(即上舉圖示右欄的第一例),而且有可能就用爲"循行"義的"肜/尋",是溝通"朕"、"肜"的重要綫索。總之,"朕"本與"弄"毫無關係,就是在變爲从"廾"之後,由於"丨"上加"八"形飾筆寫法的"朕"遲至西周晚期才出現,全面流行要到春秋以後,而真正的"弄"在殷墟甲骨文的時代就以上端加"八"形飾筆爲常,也可看出"朕"在字形上與"弄"無關;"朕"从"弄"聲的說法更是無從談起。

關於"弄"字,我們參考學者們已有的研究,認爲應是象一人"共具""同"中插入璋一類玉器的"瓚"的表意字的簡體,即與"肜/朕"字一樣,省略"人"形而剩下"臼"、"廾"或"又",又把"章(璋)"之類的玉器簡化爲"丨",再省去"同"而成的。其具體簡化途徑可扼要圖示如下:

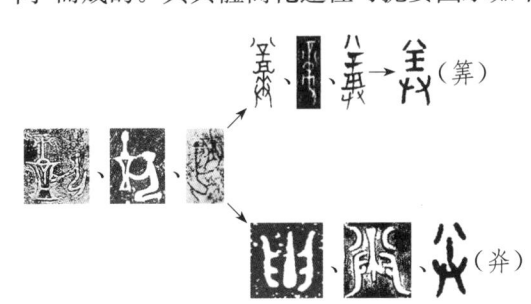

中欄上一行之形省去承玉之"同",在西周金文中或用爲讀"纂"之字的聲旁(即右欄),學者已指出即"算"字所从得聲的"弄"形的來源。"弄"在春秋戰國文字中常用爲"尊","算/算"與"尊"、"巽"正音近可通。所以我們認爲"弄"是古書訓"具"的"撰"的表意初文,字書爲"弄"注"士倦切"的讀音,即"撰"音之變,並非出於後人杜撰。"弄"與"朕"也是毫無關係的。

殷墟劉家莊南、北墓地所出玉璋、石璋文字"弄于××(先人)"中的"弄"以及有些殷墟卜辭裏从較繁的"瓚"的"弄",可能就應釋讀爲"具置"義的"撰"。卜辭中用於戰爭(也見於西周早期金文)和祭祀場合的"卣(弄)",可讀爲遵循之"遵"。毛公鼎"錫汝茲弄"的"弄"當讀爲"訓教"義的"譔";清華簡《命訓》中與今本之"訓"、"慎"相當的"悠"、"倦",當讀爲恭遜之"遴"。由此推測《説文》"佾""古文以爲訓字"的"訓"，可能是漢人根據當時的語言習慣對"訓教"義的"譔"的"訓讀"。根據"炏"聲所通之字的讀音，"炏"不可能用爲"訓"。

戰國文字形體無理據簡省甚劇，聲旁"朕"常形省爲"炏"，《説文》所收"佾"，實是从"朕省聲"的"媵"與从"炏（撰）"聲的"佾"二字誤併爲一，亦其例。這些實爲"朕省聲"的聲旁"炏"，不能作爲"朕"从"炏聲"的證據。雖然單獨地看，當時"炏（朕）"旁與"炏（撰）"旁已有混同，但省作"炏"形的"朕"聲只與"糸"、"貝"、"邑"、"水"、"手"等形旁組合，真正的"炏"聲則從不與這些形旁組合；反之，跟"炏"聲組合的"心"、"酉"、"旨"、"辵"等形旁，也從不跟省作"炏"形的"朕"聲組合。這説明當時人只要根據不同的偏旁組合關係，是大體可以區分"炏（朕）"聲與真正的"炏（撰）"聲的。

我們還認爲"送"字可能也是从"炏（撰）"聲的【編按：此説不確，參看上文"編按"】，而決不能分析爲从"佾（媵）"省聲。

"丨"爲"針"之初文説，缺乏富於説服力的確證。戰國文字"慎"、"孫"所从的"丨"，應是"幺"形或古"慎"字中的形簡化而來的；"由"字是從"柚"的象形初文割裂出來的，它們都不从"丨"聲，更不能證明"丨"即"針"。古文字"箴"上端的"个"，有可能才是真正的"鍼/針"的初文。"朕"、"炏"从"丨（針）"聲亦無從談起。

如果讀者感到本文所論是有道理的，那末在將來的古文字釋讀工作中，希望不要再援用"朕"从"炏"聲、"炏"从"丨（針）"聲之類的不可靠的諧聲分析，在各韻部或各聲類之間隨意通轉了。

2020 年 7 月 25 日寫完

附識：本文寫成後，先後蒙郭永秉、張富海、蘇建洲先生審閱指正，又蒙匿名審稿專家和《文史》編輯部提供修改意見；本文構思過程中，曾就有關問題請教過陳劍先生，作者對他們的幫助十分感謝。

原載《文史》2022 年第 2 輯（總第 139 輯）。

説"脊"、"𦢊"

《説文·十二上·巫部》：

> 脊，背呂也。从巫、从肉。

同書：

> 巫，背呂也。象脅肋也。

小徐本"巫"字條末有"讀若乖"三字（即韻書所注"古懷切"之音），爲大徐本所無。過去的説文學家大都贊同"巫"、"脊"象"背呂（膂）"形，但因"巫"不見用於古書，對其"乖"的讀音已有質疑者。①

20 世紀 90 年代初，劉釗先生主要根據秦漢文字"脊"作脊，提出"脊"字當分析爲从"肉"、"朿"聲，批評《説文》所析"巫"實無其字，應是"朿"的變形。② 十餘年後，楊澤生先生撰文商榷劉説，主張秦漢文字"脊"、"責"所從之"𣎳"（即劉釗先生視爲'朿'者）"乃"脊"的象形初文，並據學者釋金文↑、↑等字爲"脊"的意見，認爲"𣎳"即由此變成，《説文》的"巫"是

---

① 參看戴侗《六書故》，上册 260～261 頁，北京：中華書局，2012 年；徐灝《説文解字注箋》，《續修四庫全書·經部小學類》，第 225 册 529 頁，上海：上海古籍出版社，1995 年。

② 劉説見於多種論著，最爲晚出的是《古文字構形學（修訂本）》，213～214 頁，福州：福建人民出版社，2011 年。下引劉説皆見此書，不另注。

""的譌變之形。① 宋元之際的戴侗已有"巫𦔮實一字"之説；② 清代的莊有可也認爲"巫""本讀若積"，"象形"，乃"脊之本字"。③ 説"巫"、"脊""古本一字"，並不自楊先生始。

劉、楊二位先生的看法各自在學術界產生了不小的影響，但二説顯然無法並存，孰是孰非，需要進一步辨明。爲此，翟春龍先生於近期發表《釋巫新舊二説辨正》一文（以下簡稱"翟文"），④ 剖析楊説所存在的一些問題，支持劉説並有所補證。

現在看來，"脊"从"朿"聲的論斷應該是合乎事實的，翟文對此已作了比較充分的辨析。我們在字形方面再提三點補充。

一、劉釗先生論證"脊"从"朿"聲時，先秦古文字資料方面只舉了林澐先生所釋古璽"𦙄"（《古璽彙編》2659、1208、1730 等）字和朱德熙先生所釋楚帛書"脒"字，認爲"𦙄"、"脒"實即"脊"。翟文又補舉《新甲骨文編（增訂本）》所收的一例見於《甲骨文合集》21892 的"𦙄（脊）"字。今按，《中國歷史文物》2007 年第 5 期發表一件春秋晚期楚國的昭之瘠夫戈，器主名"瘠"字作，⑤ 也是从"朿"聲的。這個"朿"下部的三歧形寫作兩歧，已開秦漢文字"脊"所从""之先河；西周晚期兮甲盤"責"作，⑥ 其聲旁"朿"的下部也省爲兩歧形。這種現象，翟文指出在"上下結構，且下方的

---

① 楊澤生《談出土秦漢文字"脊"和"責"的構形》，《古文字研究》第二十四輯，422～426 頁，北京：中華書局，2002 年。下引楊説皆見此文，不另注。

② 戴侗《六書故》，上册 260 頁。楊文 423 頁已引出。楊文還提到高亨《文字形義學概論》也有同樣的説法。

③ 馬叙倫《説文解字六書疏證》卷二十三引，第 6 册 111 頁，上海：上海書店，1985 年。馬氏也同意"巫"是"脊之初文"。但他擅改此字篆形，並把它與"昔"字所从相聯繫，又認爲"讀若乖"是"脊"、"積"之音轉（其書同册 112 頁）。所言多不可取。

④ 《出土文獻》第十輯，188～192 頁，上海：中西書局，2017 年。下引翟説皆見此文，不另注。

⑤ 吴鎮烽編著《商周青銅器銘文暨圖像集成》，第 32 卷 101 頁 17057 號，上海：上海古籍出版社，2012 年。按，吴鎮烽編著《商周青銅器銘文暨圖像集成續編》1202 號著録一件同銘戈，"瘠"字所从"朿"頂端的寫法稍異。見其書第 4 卷 166 頁，上海：上海古籍出版社，2016 年。

⑥ 董蓮池《新金文編》，上册 809 頁，北京：作家出版社，2011 年。

説"脊"、"觚"　143

構件頂端是一横筆或弧筆"的字中是"比較常見的"。事實上，秦漢時代的"朿"無論位於何種文字結構中，都可以寫作"夾"或"亦"形，其下端的三歧一律"回縮"爲兩歧。① 戰國晚期相邦春平侯鈹中的"邦左工師"名"趙瘠"，從摹本看，"瘠"字也從"朿"，只是簡省得有些像"尒"罷了。② 既知殷墟甲骨文、春秋戰國金文、古璽、楚帛書中存在不少從"朿"聲的"脊"字，把秦漢文字"脊"、"責"所從 ![] 視爲"朿"，從文字的系統性來說，是比較自然的。

二、秦漢文字"脊"、"責"雖多數從 "![]"，但仔細找一下，還是可以發現下端微微出頭的例子的。如：

![]（《風過耳堂秦印輯録》267）

![]（《秦印文字彙編》236頁）

![]（睡虎地秦簡《日書》甲種簡77背）

![]（睡虎地秦簡《日書》甲種簡15正貳）

![]、![]、![]（嶽麓秦簡《爲獄等狀四種》簡77、111、125。按此種竹簡"責"字多如此作）

![]、![]（里耶秦簡8-135正）

張家山漢簡《奏讞書》簡108的![]，似也可歸爲此類。居延漢簡274·18

---

① 《六書故》引唐本《説文》"𢍰"作"奊"（上册260頁。可能有些字的小篆存在不同寫法的異體），也屬於下端變爲兩歧形之例；《集韻》上聲緩韻穎早切散小韻所收"傘"有或體作"㐹"，變化與"𢍰"一致。徐灝《説文解字注箋》認爲楷書"脊"的上部是由"奊"變來的（《續修四庫全書·經部小學類》，第225册528～529頁），但也有可能實由漢隸所從"朿"變來。待考。

② 吴鎮烽編著《商周青銅器銘文暨圖像集成》，第33卷423～426頁18043～18045號。

有作■的"責",字形雖頗簡略,但仍保持着中豎出頭的傳統。翟文指出,嶽麓簡、詛楚文中的"朿"或作■、■,其所從"⼀"已受下部類化,是由"朿"變爲"■"的中間環節。現在我們找到"■"有下端微微出頭的寫法,這顯然是繼承"朿"下三歧形而來的,"朿"演變爲"■"的過程可以看得更加全面。

三、《居延漢簡甲乙編》307·3A 原釋"脊"之字作■,李洪財先生已從字形上論定當釋爲"脊"。① 這個"脊"字的上部與"亦"同形;而"朿"旁譌變爲"亦",正是秦漢文字中司空見慣的現象。《居延漢簡甲乙編》233·1A 中舊釋"迹百"二字者,林素清先生指出實當釋爲"脋",讀爲"脊"。② "迹"從"朿"聲,在漢代也寫作從"亦","脋"應該就是"脊"改换聲符的繁體。居延漢簡裏這兩個"脊"的字形,也能印證秦漢文字"脊"所從"■"當是其聲旁"朿"。

至於商代金文■、■等字,如翟文所説,由於此字的"使用環境比較孤立",釋爲"脊"的"或然性顯然頗高",以此作爲與秦漢文字的"■"和小篆的"巫"相聯繫的基礎,實在太過薄弱。我們認爲,把這個純作魚骨頭之形的字釋爲"脊",就是從語言上説也不合適。在古漢語中,魚骨頭多稱爲"鯁"或"刺","脊"則"兼骨肉言之"。③ 如金文此字確是魚刺的象形,似不能排斥其本爲"朿(刺)"之異體的可能性。即便如此,這種魚刺之"朿(刺)"字簡化之後與一般的"朿"形相近,大概也很早就被後者吞併了,斷斷不可能潛存至秦漢隸書時代的"脊"、"責"等字中。更何況這不過是一個没有多少實據的假設而已。

那末,從"肉"、"朿"聲的"脋"有没有可能並非"脊"字呢? 當初朱德熙

---

① 李洪財《釋居延漢簡中的"脊"的和"罾"》,《出土文獻》第八輯,207～208頁,上海:中西書局,2016年。

② 林素清《〈居延漢簡補編〉識小二則》,《居延漢簡補編》,57頁,臺北:"中研院"歷史語言研究所,1998年。參看李洪財《釋居延漢簡中的"脊"和"罾"》,《出土文獻》第八輯,209頁。

③ 段玉裁注、許惟賢整理《説文解字注》,1062頁,南京:鳳凰出版社,2007年。

先生、林澐先生就把"腜"、"朿"釋爲《説文》訓"瘦也"的"𦢊",典籍通作"瘠"。①[《清華大學藏戰國竹簡(陸)·管仲》13號簡亦有"腜"字,用爲"瘠"。]《説文》古文"𦢊"作"𤻮","从疒从朿,朿亦聲"。段注:"朿,木芒也。木芒是老瘠之狀,故從朿。"②如釋"朿"爲"𦢊/瘠",其聲旁"朿"便可兼表字意。從前引春秋戰國金文"瘠"字从"朿"來看,"朿"本爲"𦢊/瘠"這個詞所造,後加注"疒"旁,也説得過去。不過這樣一來,就得承認秦漢文字裏的"脊"都假借"朿(𦢊/瘠)"字爲之,這恐怕不大妥當(武威漢簡《儀禮》的《有司》篇簡10~13,今本之"脊"寫作"𦢊"。但在《特牲》、《少牢》等篇,甚至在《有司》的簡61、69、73裏,仍寫作"脊"。用爲"脊"的"𦢊"大概只是"脊"增加"肉"旁的異體,與瘦瘠之"𦢊"非一字。武威《儀禮》簡的"脊"、"𦢊"皆从"朿"聲)。所以,从"肉"、"朿"聲的"朿"以釋"脊"爲宜。

古文字中有一個與"脊"有關的字,有必要在此加以討論。

2010年,山東高青縣陳莊村西周墓地M35出土兩件引簋,③銘文中一般釋讀爲"毋敗績"之"績"者,原作如下之形:

此讀"績"之字的構形,較早發表簋銘研究文章的李學勤先生認爲"下面从'脊'聲是清楚的","脊"、"績"可通;上半爲何尚待研究,姑且寫作从"支"。④後來的研究者雖提出上从"廾"或"及"等新説,下部爲"脊"卻已成共識。⑤受此影響,我曾認爲此字象一人之脊骨與脊肉,即"脊"的象形初文。但"脊"字何以从"又",確實不好解釋。説"又"指示"脊"之所在,乃是爲了明

---

① 朱德熙《長沙帛書考釋(五篇)》,《朱德熙古文字論集》,207頁,北京:中華書局,1995年。林澐《釋古璽中从朿的兩個字》,《林澐學術文集》,11頁,北京:中國大百科全書出版社,1998年。
② 段玉裁注、許惟賢整理《説文解字注》,305頁。
③ 吳鎮烽編著《商周青銅器銘文暨圖像集成》,第11卷444~446頁05299~05300號。
④ 李學勤《高青陳莊引簋及其歷史背景》,《文史哲》2011年第3期,120頁。
⑤ 李零《讀陳莊遺址出土的青銅器銘文》,山東省文物考古研究所編《海岱考古》第四輯,372頁,北京:科學出版社,2011年。周寶宏《引簋銘文補釋》,《黃河文明與可持續發展》第八輯,77頁,開封:河南大學出版社,2013年。

確字形所表之意而加的,在古文字中也找不出同類的例子。可見我徑釋全字爲"脊"的想法是不合理的。

字形結合讀音考慮,現在我認爲簋銘這個讀"績"之字,也許可以釋爲"骴/骴"的表意初文。"績"從"責"聲,同從"責"得聲的"積"、"漬",古與"骴"相通。① "骴"、"骴"並從"此"聲。《周禮·秋官·蜡氏》"掌除骴",鄭玄注:"故書'骴'作'脊'。鄭司農云:脊讀爲漬,謂死人骨也。"②是"骴"與"責"聲字相通的明證。"敗績"之"績",前人指出實假借爲"迹"(二字古通)。③"迹"從"朿"聲。《説文·二上·此部》訓"識也"或"藏也"的"柴",許慎分析爲"從此,朿聲"。從此字又與"觜"通用來看,"柴"應該是一個兩聲字,"此"、"朿"皆聲。把用作"績(迹)"之字説爲"骴"的初文,語音方面是通得過的。

上引《周禮》蜡氏"掌除骴"鄭注又云:"《月令》曰'掩骼埋骴',骨之尚有肉者也。及禽獸之骨皆是。"賈公彥疏引《月令》彼句鄭注云:"骨枯曰骼,肉腐曰骴。"④正因爲"骴"指尚有餘肉的骸骨,故其異體"骴"從"肉"。引簋那個字下即從"肉",上部分明象死人骸骨,特別畫出的 ![figure], 當是脊柱上椎骨的簡單勾勒:

(脊柱)　　　　、　　　(椎骨局部放大)⑤

---

① 高亨、董治安《古字通假會典》,475 頁,濟南:齊魯書社,1989 年。
② 《周禮注疏》,《十三經注疏整理本》第 9 册,1138 頁,北京:北京大學出版社,2000 年。
③ 參看郭在貽《關於文言文中某些疑難詞語的解釋問題》,《郭在貽文集》第一卷《訓詁叢稿》,236～237 頁,北京:中華書局,2002 年。
④ 《周禮注疏》,《十三經注疏整理本》第 9 册,1138 頁。
⑤ 圖采自"百度百科""脊柱"條。

一方面，脊椎是人體中最爲顯眼的骨骼，所以在造"骴"字時把它畫了出來作爲代表。另一方面，脊骨與"肉"結合起來便是"脊"（這一點學者們已指出），"脊"、"骴"音近可通，如北京大學藏西漢竹書《節》篇 2 號簡"伐枯拿脊"之"拿脊"當讀爲"捹骴"，即上舉《月令》之"掩骼埋骴"；① "骴/胔"字從"脊"，還能起表音作用。其字從"又"抓取骨頭，表示"骴/胔"需由人加以清除掩埋（《周禮·秋官·蜡氏》賈疏："《詩》云'行有死人，尚或殣之'，又下云'若有死於道路者，則令埋之'，今得有死人骨者，近道人見者，令埋之。其有死于溝壑者，蜡氏除之。"② 《晏子春秋·内篇諫上》"景公遊寒塗不恤死胔晏子諫"章亦有"斂死胔"之文）。我們知道，人死後嘴往往閉不攏，得靠旁人在屍體僵硬之前托其下巴合上。引簋此字作張口狀，似表明這是暴於荒野的無名屍骨，正與"骴/胔"的特徵相合。

《上海博物館藏戰國楚竹書（五）》所收《季庚子問於孔子》18 號簡有如下一字：

同書所收《君子爲禮》3 號簡有如下二字：

整理者皆隸定爲"胯"，前一例讀爲"邪"、後二例讀爲"惰"。③ 陳劍先生據文義改讀爲瘦瘠之"瘠"，即《説文》所收之"膌"。④ 其説無疑是正確的。但這裏有一個語音問題。"瘠"、"脊"是錫部字（中古屬開口三等入聲），聲

---

① 本篇"脊"字整理者原誤釋爲"青"，此從陳劍先生改釋。説見《關於〈北京大學藏西漢竹書［伍］〉釋文注釋的幾點意見》下第 3 樓評論，2015 年 11 月 17 日。古書中"脊"或"脊"聲字與"此"聲字有不少相通之例，參看高亨、董治安《古字通假會典》，584～585 頁。
② 《周禮注疏》，《十三經注疏整理本》第 9 册，1138～1139 頁。
③ 馬承源主編《上海博物館藏戰國楚竹書（五）》，釋文考釋 228、256 頁，上海：上海古籍出版社，2005 年。
④ 陳劍《談談〈上博（五）〉的竹簡分篇、拼合與編聯問題》，同作者《戰國竹書論集》，175 頁，上海：上海古籍出版社，2013 年。

紐前者爲從母、後者爲精母；"脞"的聲旁"差"是歌部字（中古屬開口二等平聲），聲紐爲初母。"瘥"、"脊"與"差"聲紐雖近（與"差"關係密切的"左"也是精母字），韻部則相隔稍遠。楚文字中明明已經有了從"朿"聲的"脊"字，①爲何還要用讀音並不密合的"差"聲字來代表"瘥"這個詞呢？這是有些可怪的。

如果聯繫引簋中我們釋爲"骫/骴"的那個字，問題就可以得到解答。簋銘"骫/骴"省去張口形與中間的脊骨，"又"移至 ▨ 下，即成《季庚子問於孔子》的 ▨。由此可知，上博簡讀爲"瘥/脞"之字應是"骫/骴"的初文的變體（所以如此變化，大概跟把不成字的構件組合改造成字有關，當然也就破壞了表意字的原始形態），本不以"差"爲聲。《君子爲禮》那兩例"骫/骴"字，在"又"下增加"口"形，確已變從楚簡屢見的"差(差)"，這至多算是將就原來字形的"變形音化"。也可能戰國時人已不明"骫/骴"之本形，僅據省變之後的 ▨ 類形體，將"骫/骴"字誤認作了從"差(差)"。【編按：新蔡葛陵楚簡乙三簡5"▨"（用於神名"司～"）、《清華（玖）·治政之道》簡43"▨"（與"祈"連言），應釋讀爲"紫/柴"。此字"示"上聲旁亦"骫/骴"之初文的譌變。參看拙文《讀〈清華大學藏戰國竹簡（玖）〉札記》（《簡帛》第二十三輯，102～103頁，上海：上海古籍出版社，2021年）。】

知道了戰國文字中"骫/骴"字的一部分被改造成"差"，就有可能對有些古書異文作出新的解釋。

《呂氏春秋·孟春紀》載"孟春之月""掩骼霾（埋）髊"，高誘注："髊，讀水漬物之漬……"同書《異用》亦有"文王賢矣，澤及髊骨"之文。《孟春紀》那句話，《禮記·月令》作"掩骼埋胔"，《釋文》："胔亦作髊。"《逸周書·月令》佚文、《淮南子·時則》等作"骴"。《玉篇·骨部》："髊，腐骨也。《聲類》云：'此亦胔字。'"《淮南子·泰族》"雖有腐髊流漸，弗能污也"，高誘（一説許慎）注："腐髊，骨也。""腐髊"即"腐胔"（見於同書《要略》）。前人

---

① 參看李守奎《楚文字編》，259頁，上海：華東師範大學出版社，2003年。

以此爲"差"聲與"此"、"朿"諸聲相通之證。

其實,作爲"觚/觜"的異體的"䰎",據韻書,當讀"觚"一類音;如以聲旁指稱,就是說"差"有"此"音。然而從除此之外的"差"、"此"通用之例,只能看出"此"可讀"差"音,有的甚至連這一點都無法證明。如《詩·鄘風·君子偕老》第二章云:"玼兮玼兮,其之翟也。"其詩第三章云:"瑳兮瑳兮,其之展也。"《釋文》謂"玼兮"之"玼""本或作'瑳'",但又說"此是後文'瑳兮'","舊本皆前作'玼',後作'瑳'字"。① 可見"玼兮"、"瑳兮"分屬不同之章,"瑳"並不代表"玼"這個詞。又,《詩》有"瑣兮尾兮"(《邶風·旄丘》)、"瑟兮僩兮""赫兮咺兮""寬兮綽兮"(《衛風·淇奥》)、"婉兮孌兮"(《齊風·甫田》)等語,語氣詞"兮"前可以換用意義相關的不同的形容詞,疑《君子偕老》第二章本作"瑳兮玼兮"、第三章本作"玼兮瑳兮",待考。【編按:以上文句原來說得不夠準確,今已作了修改。安大簡《詩經》第二章相應之句作"玼(引者按:原字從"石"、"斯"聲)其易(翟)也"(簡88),乃糅合了今本的兩句;第三章相應之句已殘,整理者據第二章之例補爲"瑳其廛(展)也"。雖與今本出入較大,但"玼"、"瑳"仍顯爲二詞。】《說文·十二下·女部》"娑"字下引《詩》曰"屢舞娑娑",不少學者認爲此句即《小雅·賓之初筵》的"屢舞傞傞","娑"、"傞"音通。② 當"舞不止"或"醉舞貌"講的"傞",《廣韻》平聲歌韻下收有"素何切"、"七何切"二讀。由"此"分化出來的"些"字,作語氣詞時讀"蘇箇切"(見《廣韻》去聲箇韻),與"娑"讀爲"素何切"的"傞"可相比照(《賓之初筵》此句與"側弁之俄"有韻,"娑"必讀"傞"音,方與"俄"相押)。《集韻》上聲哿韻此我切瑳小韻以"玼"爲"玉色"義之"瑳"的或體,可能也是"此"讀"差"音的反映。不過,"玼"、"瑳"本義相同(皆指"玉色鮮白"),韻書收"玼"爲"瑳"的異體,當有同義換讀的因素。總之,即使"此"可讀如"差","差"也沒有"此"一類的讀音,這是很明白的道理。

根據上博簡"觚/觜"字作"䐒"形,我懷疑與"觚/觜"有通用或異體關

---

① 《毛詩正義》,《十三經注疏整理本》第4册,220頁。
② 參看丁福保編纂《說文解字詁林》,12183~12184頁,北京:中華書局,1988年;馬宗霍《說文解字引經考》,下册576頁,北京:中華書局,2013年。

係的"髊",本亦寫作"脞"("肉"、"骨"二旁通用,猶"胔"或作"骴"、"胳"或作"骼"),實際上就是"骴/胔"字。《集韻》平聲戈韻倉何切蹉小韻:"髊,治牙骨也。通作磋。"這個"髊"才是貨真價實的从"骨"、"差"聲之字,由"脞(骴/胔)"誤轉而來的"髊"碰巧與它同形。

《説文·一上·示部》所收"从示、此聲"的"祡",古文作"禷","古文祡从隋省"。《尚書·舜典》"柴望秩於山川"之"柴"或作"祡",《汗簡》、《古文四聲韻》等書引《古尚書》此字亦作"禷"。但張富海先生指出:"'祡'音爲崇母支部開口,'隋'音爲定母歌部合口,其音不算近。"①頗疑"祡"的古文"禷",其聲旁"肯"也是"脞(骴/胔)"的誤識,情況與"髊(骴/胔)"相類。

本文開頭所引《説文》"脊"字所从的"巫",持"脊"从"朿"聲説者,基本上都認爲就是"朿"的譌變。劉洪濤先生釋古璽人名 (《古璽彙編》0511)爲"迹",並認爲此"迹"字以及 (《中國古文字研究》第一輯 145 頁圖 111)所从之"朿",與《説文》小篆"巫"是一回事。② "巫"當然很有可能是從這種寫法的"朿"變來的。不過,此種"朿"形在戰國秦漢文字資料中相當少見(劉文僅舉出上列二例),小篆"巫"如真是"朿",卻偏偏承用此種不占優勢的寫法,不免讓人心生疑慮。

清人徐灝在他的《説文解字注箋》裏,爲了探討"巫"讀"乖"音的"致誤之由",舉"蕚隸變作華,坙隸變作垂"與"巫遂變爲乖"加以類比,③已注意到"巫"與"華"、"垂"字形上的相似之處。"差"上部的"巫"與"華"、"垂"所从亦同形[《説文》認爲"差"、"琴(華)"、"垂"並从"巫"]。④《説文》從"脊"字析出的"巫",不知是否可能來自於楚簡 、等"脞(骴/胔)"字中的"巫",追根溯源,實即引篆"骴/胔"字象椎骨部分的 ? 也就是説,古文

---

① 張富海《漢人所謂古文之研究》,27 頁,北京:綫裝書局,2007 年。
② 劉洪濤《古璽文字考釋四篇·二·釋"迹"》,同作者《論掌握形體特點對古文字考釋的重要性》,216~218 頁,北京大學博士學位論文(指導教師:李家浩),2012 年 6 月。
③ 徐灝《説文解字注箋》,《續修四庫全書·經部小學類》,第 225 册 529 頁。
④ 參看李桂森、劉洪濤《釋"華"及相關諸字》,《出土文獻》第五輯,165~166 頁,上海:中西書局,2014 年。

字裏本有獨立的"脊"的象形字（如引簋"骺/𦙫"的下部），《説文》小篆"脊"是繼承象形寫法而來的。① 若此，"巫"確非獨立行用之字，當如劉釗等先生所説，是《説文》出於分析"脊"字的需要而割裂出來的；但從"巫"的來源看，《説文》聯繫"脊"字釋"巫"之義爲"背呂"，也並無大錯。由於字形資料不足，這一問題目前還難下斷語，有待於進一步研究。

2017 年 10 月 19 日初稿
2018 年 1 月 11 日改定

附識：

本文初稿《也談"脊"字構形的問題》，曾於 2017 年 10 月 28 日在中國人民大學國學院召開的第二屆小學專書與文獻考訂學術研討會上宣讀。蒙與會的張富海、劉洪濤、趙團員、梁慧婧、鄭姍等先生指教，促使我對相關問題有了新的思考，具體觀點也有一些改變，故將初稿作了較大幅度的改寫。對於上述各位先生的賜教，本人十分感謝。

原載《出土文獻》第十三輯，中西書局，2018 年 10 月。

---

① 古文字中一字存在象形與形聲二體的情況是有的。如出土文字資料中的"戚"字，既有作兩側帶齒牙形扉棱的鉞形器的象形及其省變之體的（參看林澐《説戚、我》，《林澐學術文集》，12～16 頁），也有寫作從"戊/戉"、"尗"聲的（董蓮池《新金文編》，中册 1733 頁"戚"字下所引"戚姬簋"一例。楚簡"戚"及從"戚"聲之字，有不少亦作形聲結構。參看滕壬生《楚系簡帛文字編（增訂本）》，72～74 頁，武漢：湖北教育出版社，2008 年），即爲顯例。【編按：此説不確，古文字中並無形聲結構的"戚"字，所謂從"戊/戉"、"尗"聲之字皆非"戚"。參看施瑞峰《上古漢語聲母諧聲類型在古文字資料釋讀中的效用》，197～216 頁，香港中文大學博士學位論文，2022 年 6 月。這裏改舉兩個其他例子。古文字中既有從"索"從"刀"的"割"的表意字，又有從"刀"、"害"聲的"割"的形聲字，西周金文中二體並用（郭永秉、鄔可晶《説"索"、"剌"》，郭永秉《古文字與古文獻論集續編》，73～84 頁，上海：上海古籍出版社，2015 年）。甲骨金文中有"視"的表意初文"䀠"字，一直沿用到戰國楚文字；但西周初年的何尊已有從"見"、"氏/氐"聲的"視"字，後"見"或省作"目"、或變作"䀠"，一直沿用到戰國三晉文字（裘錫圭《甲骨文中的見與視》，《裘錫圭學術文集·甲骨文卷》，444～448 頁，上海：復旦大學出版社，2012 年）。"視"的表意字與形聲字是長期並用的。】

釋 "穗"

殷墟甲骨文中有如下之字：

一般都視爲"禾"的異體。① 只有島邦男《殷墟卜辭綜類》將"禾"與此字分立爲兩個字頭，②後出的《殷墟甲骨刻辭類纂》沿襲了這一做法。③ 爲了行文的方便，以下用"△"代替此字。

姚孝遂先生一方面認爲△"可能是'禾'之異體"，一方面又指出"其用法較爲特殊"，因此《甲骨文字詁林》也把△字暫時單列。④ 姚先生所謂的"用法較爲特殊"，當是指△的辭例（具體詳下文）與一般使用"禾"的場合〔如甲骨卜辭屢見的"萘禾"、"受禾"、"蚩（害）禾"等〕有別而言的。從這一點看，島邦男等人分△、"禾"爲二字，是有道理的。不過，島氏釋△爲

---

① 孫海波《甲骨文編》，308頁，北京：中華書局，1965年。李宗焜《甲骨文字編》，516頁，北京：中華書局，2012年。劉釗等《新甲骨文編（增訂本）》，429頁，福州：福建人民出版社，2014年。沈建華、曹錦炎《甲骨文字形表（增訂版）》，76頁，上海：上海辭書出版社，2017年。（日）貝塚茂樹《京都大學人文科學研究所藏甲骨文字·本文篇》，684頁，京都：京都大學人文科學研究所，1960年。參看（日）松丸道雄、高嶋謙一《甲骨文字釋綜覽》，215頁，東京：東京大學出版會，1994年。

② （日）島邦男《殷墟卜辭綜類》，192～193、198頁，東京：汲古書院，1971年。

③ 姚孝遂主編、肖丁副主編《殷墟甲骨刻辭類纂》，523～526、540頁，北京：中華書局，1989年。

④ 于省吾主編《甲骨文字詁林》，1451頁，北京：中華書局，1996年。

"采",顯不可從(《類纂》未釋)。

裘錫圭先生在《甲骨文中所見的商代農業》一文的1986年修改稿中,雖仍從一般的看法以△爲"禾",但新加入一句:"也有人認爲這是'穗'的初文。"①我們翻檢了有關工具書,未能找到此說究係何人所倡,也不排除就是裘先生自己提出的尚不敢斷定的"一說"的可能性。

釋△爲"穗"的見解,學界似乎少有人注意,其實很可能是正確的。

△的字形,"酷肖成熟的穀子",②跟一般的"禾"字相比,特別突出"禾(穀子)"下垂的飽滿的穗,說爲"穗"的初文是十分直截的。"△(穗)"字在"禾"上畫出所結之穗,其表意方法與"✹(枼/葉)"字在"木(樹)"上畫出葉子如出一轍。③裘錫圭先生指出甲骨文"年"字也偶有从△作的,如 ✹(《合》9818)。④ 我們知道,"年"本指收成。其字从"穗",對於表現"收成"的本義,顯然也是很契合的。

△當釋"穗",還可以通過對"季"字的分析得到印證。

《說文・十四下・子部》:"季,少偁也。从子、从稚省,稚亦聲。"許慎所以作此分析,當是由於"季"、"穉(稚)"音義皆近的緣故(古人有以"稚"、"季"連用爲名的,如肩水金關漢簡73EJT23：344有"仲稚季",漢印有"成穉季",《急就篇》有"畢稚季"等⑤)。然而"季"字明明从"禾",把"禾"看作"稚"的省形,顯然太過隨意。而且"季"、"稚"韻母雖近(但也有陰入、開合口之別),聲母則相差較遠["季"是見母字;"稚"本作"穉",楚簡寫作从"㠯

---

① 裘錫圭《甲骨文中所見的商代農業》,《裘錫圭學術文集・甲骨文卷》,233頁,上海:復旦大學出版社,2012年。裘先生此文最初是提交1984年在安陽召開的全國商史學術討論會的,曾收入1985年出版的《全國商史學術討論會論文集》(關於此文的版本信息,皆據《裘錫圭學術文集・甲骨文卷》269頁的説明)。《論文集》所收裘文,並無釋此字爲"穗"的話(198頁)。但發表此文修改稿的《農史研究》第八輯38頁注②已有"也有人認爲上引之字是'穗'的初文"之語(華南農業大學農業歷史遺産研究室主編,北京:農業出版社,1989年),可知這句話當是1986年修訂時增入的。
② 裘錫圭《甲骨文中所見的商代農業》,《裘錫圭學術文集・甲骨文卷》,233頁。
③ 參看裘錫圭《文字學概要(修訂本)》,120～122頁,北京:商務印書館,2013年。
④ 裘錫圭《甲骨文中所見的商代農業》,《裘錫圭學術文集・甲骨文卷》,233頁。
⑤ 參看張傳官《急就篇校理》,47～48頁,北京:中華書局,2017年。

(夷)"聲,"㠯(夷)"是以母字①]。從音理上看,"稚亦聲"之説也有些牽強。孔廣居《説文疑疑》、王煦《説文五翼》、林義光《文源》等已對《説文》的分析表示懷疑。② 不過,他們提出來的"季""從禾會意"、"當从禾(音稽)聲"或所從"禾""當爲稺之古文,幼禾也"③等新説,也都缺乏文字學證據,難以使人信服。④

從古文字看,絶大多數"季"字確實从"禾",但是在現存時代最早的殷墟自組肥筆類卜辭中,"季"作如下之形:⑤

（《合》21119）　　（《合》21120）

很明顯从"△"而不从"禾"。⑥《合》21118 的字體也是很典型的自組肥筆類,其中"季"字作 ,頭部稍有殘斷,但飽滿的穗形猶存,亦應从"△"。《甲骨文字編》將其摹作一般的"禾",不確。總之,在時代最早的殷墟甲骨文中,"季"字都是从"△"的。這是很可注意的現象。

獨體的△字,在卜辭中似僅見於《合》19804、《合》9464 正(二見)、《合》9615,前兩版分屬自組肥筆類和典賓類,末一版應該也屬於賓組。《合》7042、7043 是典賓類卜辭,此二版上的"利"字作 、 ,⑦也是从"△"的("利"字還有从"黍"的寫法,見《合》39932。作爲意符的"禾"、

---

① 鄭張尚芳先生疑"稚""雉省聲",固然與事實不符(從漢代文字資料看,"稚"所從的"隹"實由"犀"變來。參看裘錫圭《淺談璽印文字的研究》,《裘錫圭學術文集·金文及其他古文字卷》,287 頁);但他據此以及其他情況,將"稚"的上古聲母構擬爲塞化的*l-,倒跟楚簡"稚"从"㠯"聲合拍。
② 丁福保編纂《説文解字詁林》,14182 頁,北京:中華書局,1988 年。
③ 同上注。
④ 參看于省吾主編《甲骨文字詁林》1437 頁"季"字條下所録李孝定《集解》按語對這些説法的批評。
⑤ 李宗焜《甲骨文字編》,521 頁。劉釗等《新甲骨文編(增訂本)》,821 頁。
⑥ 這裏所舉"季"位於上方的"△"省去下部或下部有所簡省,類似情況在"禾"中也能看到。在時代較早的一期卜辭裏,"禾"位於字的上方時,往往也省去下部,參看有些"年"字、"季"字的寫法[劉釗等《新甲骨文編(增訂本)》,431、433 頁;李宗焜《甲骨文字編》,521 頁]。
⑦ 李宗焜《甲骨文字編》,519 頁。

"△"、"黍"在"利"字中通用,表明它們的字義相近,決不能據此將"△"、"黍"都釋爲"禾")。上舉从"△"的"年"字,其所從出的卜辭爲賓組三類。① 它們都可算作一期卜辭。② 此後的殷墟甲骨文及其他古文字資料裏,好像就再也看不到△了。古文字字形勾廓與填實往往無别,如果把△象穗的部分用填實的手法書寫,其字與"禾"便混而難分。此外,△的字形既可看作"禾所結的穗",也可看作"結穗的禾"。如取後一種理解,△就有可能被人當作"禾"的異體,終爲"禾"字所兼併。由於存在這些原因,△大概在較早的時候即遭受被淘汰的命運。所以,从"△"的"季"應該就是"季"字的古體;從自組小字類卜辭開始,"季"所从的"△"省變爲"禾"(省去了下垂的禾穗),③在△字徹底廢棄不用之後,从"禾"的省譌之體自然成了"季"的標準寫法,導致"季"的字形很難分析。【編按:季旭昇《説"季"》"推測'禾''穗'本是一字,此字泛指穀類時讀'禾',強調成熟飽滿的穀子時讀'穗'"(《中國文字學報》第11輯,48頁,北京:商務印書館,2021年)。我們所以不取"禾"、"穗"一形多用説,是考慮到大家公認的早期古文字中的"一形多用",如"月"與"夕"、"大"與"夫"等,後來都利用異體分化爲不同的字。而"穗"的表意初文則早已淘汰不見,其形被併入了"禾"的異體,情況與此不同。甲骨文"黍"字本作散穗形的"黍"的表意初文,後來簡化混併爲一般的"禾",單獨的"黍"的表意初文也淘汰不見了。"黍"字後作从"禾"从"水"之形(从"水"是對甲骨文"黍"增"水"旁的繼承),"穗"則另造从"禾"、"惠"聲的形聲字,彼此有相似之處。甲骨文"顧"較古

---

① 《天理大學附屬天理參考館藏甲骨文字》256 著録的典賓類刻辭"年"字作 ,亦从"△"(李宗焜《甲骨文字編》,524 頁)。但此版爲習刻,録此供參考。
② 甲骨文裏還有一個被裘錫圭先生釋爲"柞"的字(裘錫圭《甲骨文中所見的商代農業》,《裘錫圭學術文集·甲骨文卷》,250頁),計二見(參看李宗焜《甲骨文字編》,690 頁): (《合》20624)、 (《合》18835)。此字去掉"⌐"(乍?銍?)的部分,也頗有些像是"△"[如確从"穗",不知有没有可能釋爲"截穎謂之銍"(《小爾雅·廣物》)的"銍"]。前一辭即自組肥筆類,後一辭似屬賓組,也都不晚於一期。又,《甲骨文字編》524 頁"黍"字條下所收《合》10059 一例,摹作 ,似从"△"。檢原拓本,此字實作 ,其頂端和左邊都是"黍"字習見的散穗形。《文字編》所摹失實。
③ 參看李宗焜《甲骨文字編》,521 頁。按,自組小字類卜辭的時代早於賓組,作爲偏旁的△與獨體的△的字形變化的快慢不一致,這在古文字的發展過程中是比較常見的。

之形作 ![形], 本从鳥回顧狀, 後變爲一般的"隹", 與"季"所從"穗"變爲一般的"禾"相類。但是從没有人認爲作散穗形的"季"的表意初文與"禾"、作回顧狀的鳥("顧"的初文)與"隹"也是"一形多用"。早期古文字中的"大"或"夫"、"月"或"夕"的字形, 都既可以代表"大"這個詞、也可以代表"夫"這個詞, 既可以代表"月"這個詞、也可以代表"夕"這個詞。而古文字中並無用不畫出穗形的"禾"字代表"穗"的用法。這也跟一形多用的情况有别。何況, "禾"在殷墟甲骨文裹已兼表"年", 如再表示"穗", 字形所承擔的記錄語言的任務未免過重, 似不太合理。】

我們認爲△是"穗"之初文, "穗"正可充當"季"的聲旁。《清華大學藏戰國竹簡(伍)》所收《命訓》篇, 其文又見於傳世的《逸周書》。清華簡《命訓》"秕之以季"(簡11)、"季必仞₌"、"季而不仞₌"(簡13)之句,①《逸周書》本相應地作"撫之以惠"、"惠不忍人"、"惠不忍人"。清華簡整理者指出, 傳本第一處"惠不忍人"的"不"爲"必"之誤, 可據簡本校正; 簡文的"秕"、"季"、"仞₌"當從傳本讀爲"撫"、"惠"、"忍人"。② 其説甚是。③ 既然"季"可假借爲"惠", 從"惠"聲的"穗"與"季"的讀音應該也很相近。

清華簡整理者解釋"季"、"惠"二字的語音關係説: "'季'爲見母質部字, 而'惠'爲匣母質部字, 故可通假。"④"季"、"惠"不但都屬質部, 而且中古都是合口去聲字, 彼此只有三、四等之别("季"爲三等字, "惠"爲四等

---

① 清華大學出土文獻研究與保護中心編、李學勤主編《清華大學藏戰國竹簡(伍)》, 下册126頁, 上海: 中西書局, 2015年。
② 同上注所引書, 下册130頁注[二九]、131頁注[三一]。
③ 有人援此用"季"爲"惠"之例, 把郭店楚墓竹簡《老子》甲組1號簡"絶爲棄慮, 民復季子"的"季子"改讀爲"惠慈", 認爲"惠慈"與今本之"孝慈"義近[華東師範大學中文系出土文獻研究工作室《讀〈清華大學藏戰國竹簡(伍)〉書後(一)》, 簡帛網, 2015年4月12日。王挺斌《戰國秦漢簡帛古書訓釋研究》, 90～91頁, 清華大學博士學位論文(指導教師: 趙平安), 2018年6月]。這是不合乎老子的思想的。"惠慈"或"孝慈", 在老子看來, 都是"大道廢"之後出現的用於補救人際關係的東西, "絶爲棄慮"之後怎麽可能不回復體現"道"之本真的"季子"、"嬰兒"的狀態, 反而回到第二層次的"惠慈"之屬呢?(參看裘錫圭《關於〈老子〉的"絶仁棄義"和"絶聖"》,《裘錫圭學術文集·簡牘帛書卷》, 519頁。)由此可見, 僅有通假用例, 不足以決定文獻的通讀, 還需要對著作的思想等各方面情况通盤考慮。
④ 清華大學出土文獻研究與保護中心編、李學勤主編《清華大學藏戰國竹簡(伍)》, 下册130頁。

釋"穗" 157

字)。从"惠"聲的"穗"正是三等字,"穗"與"季"的韻母可以説完全相同。聲母方面,中古的匣母有不同的上古來源;從"惠"、"慧"的密切關係看,"惠"的聲母當與"慧"一致,本爲云母。① 云、見二母都是塞音,文獻裏就有不少相通或相諧之例。《史記·貨殖列傳》"民俗憪急",《集解》引徐廣曰:"憪,急也,音絹。……一作'惠'。"音"絹"的"憪"跟"季"一樣,也屬見母。此是"惠"與見母字相通的例證。② "穗"从"惠"聲,很可能是在云母前加一 s-前綴,③至中古才演變成邪母。④ "穗"、"惠"、"季"的聲母關係,跟"歲(中古心母)"从"戉(云母)"聲、"劌(見母)"从"歲"聲的情況,頗爲相類。所以"季"以"穗"爲聲旁,語音上是没有問題的。

總之,就字形本源來説,"季"當分析爲从"子"、"穗"聲,應該是爲"少儶"或"幼稚"義而造的;其結構與从"子"、"未"聲的"字"字同例。⑤ "季"从"△(穗)"聲與釋△爲"穗",單獨地看似乎都嫌證據不够充分,但二説恰好可以相互支持,這恐怕不是偶然的巧合。

△在卜辭中的用法大多不易索解。《合》9464 的"△(穗)"似是用其本義的:

(1a) 己酉卜,亘,貞:昜(賜)△。
(1b) ☐勿昜(賜)△。(以上正面。兆辭、序數等從略)
(1c) 王固(占)曰:吉。昜(賜)。(以上反面。甲橋刻辭從略)

在全部的殷墟卜辭裏,似乎從未見過賞賜禾的記録。這大概由於卜辭中

---

① 參看潘悟雲《喉音考》,《著名中年語言學家自選集·潘悟雲卷》,210~239 頁,合肥:安徽教育出版社,2002 年。依潘悟雲先生説,上古云母可擬作小舌音 *G-。
② 先秦古書裏"柳下惠"又作"柳下季",王挺斌先生懷疑"季"是其謚號"惠"的音近借字;前人多以爲"季"是其字,恐不可信(柳下惠本名獲,字禽或子禽,其字與名義相因,字"季"則莫名其妙。或謂字"季禽"。然"季禽"似不得簡稱爲"季")。其説可從。詳見其《戰國秦漢簡帛古書訓釋研究》,90~91 頁。
③ 對於"穗(*sG-)"來説,s-前綴有什麽構詞方面的作用,尚待研究。
④ 鄭張尚芳《上古音系(第二版)》,144、358 頁。
⑤ 關於"字"的字形分析,參看史傑鵬《釋郭店老子簡的"勃"字》,簡帛網,2009 年 5 月 14 日;蘇建洲《楚系文字"崇"字構形補説兼論相關問題》,原載臺灣中正大學中文系主編《中正漢學研究》2012 年第 1 期(總第 19 期),又載復旦大學出土文獻與古文字研究中心網,2017 年 1 月 15 日;劉洪濤《〈説文〉"寏字"釋義》,《古漢語研究》2018 年第 2 期,82 頁。

的"禾"多用爲"一切穀物的通稱"的緣故；①即使偶有指穀子的，也因"禾（穀子）的種植量比其他穀物大得多"，②商王不會專門拿來賞賜。(1)就"賜△"與否進行卜問，可知過去把△視爲"禾"的異體，是不妥當的。

"賜△"即"賜穗"。《尚書·禹貢》所記"五百里甸服"，有"二百里納銍"，僞孔傳："銍，刈，謂禾穗。"孔穎達《正義》："……《詩》云'奄觀銍刈'，用銍刈者，謂禾穗也。禾穗用銍以刈，故以'銍'表禾穗也。"這是説上古甸服内去王都二百里者，以禾穗作爲交納的貢賦（這種制度當然含有想象虛構的成分）。(1)所問商王賞賜的穗，也許就來自"甸服""二百里"所納的"銍"。古代有"賜税"之事，如《商君書·境内》："故爵五大夫，皆有賜邑三百家，有賜税三百家。"這裏商王"賜穗"，不知與後世的"賜税"是不是相類之事。

《合》19804（《京人》2983），蔣玉斌先生已把它跟《合》21227（《甲》245）相綴合。③ 蔣先生並對此綴合版上的卜辭作過研究，④現基本按其分辭讀法引錄於下：

(2a) 庚寅卜：燎☐

(2b) 甲午卜，王：囟（上甲）△九鼓。（此版上方另存一殘字，蔣玉斌先生疑爲"克"。此從略）

"鼓"字，蔣先生釋爲"鼓"之異體。未知確否。蔣先生釋△爲"禾"，讀爲"龢"，"指的是向上甲獻享包含九個懸鼓合奏的音樂"。我們主張△是"穗"的初文，當然不能再讀爲"龢"。如仍循蔣先生對辭義的理解，初步懷疑此"△（穗）"可讀爲"惠"。《禮記·表記》："先王謚以尊名，節以壹惠，恥名之浮於行也。"鄭注："惠，猶善也。"古漢語名動相因，"上甲惠九鼓"可能是説上甲以"九鼓"爲善，實即卜問上甲是否接納時王的獻享。由於"九

---

① 裘錫圭《甲骨文中所見的商代農業》，《裘錫圭學術文集·甲骨文卷》，233頁。
② 同上注所引書，234頁。
③ 蔣玉斌《甲骨新綴35組》，先秦史研究室網，2012年2月22日。
④ 蔣玉斌《甲骨綴合所得新字新形研究》，《古文字學青年論壇論文集》，85～89頁，臺北："中研院"歷史語言研究所，2013年11月25～26日。下引蔣説皆見此文，不另注。

嗀"的意思尚難論定,同版有關之辭又殘損嚴重,以上所説完全是假定性的,有待於進一步研究。

《合》9615 存四條殘辭,涉及△的一辭爲"☐ 今秋晶（星）△九☐"。其義不明,待考。

殷墟甲骨文中的"△（穗）"就討論到這裏爲止,下面附帶談談與"穗"字有關的一些問題。

西周至戰國文字中有作 ![字形] （《集成》03443）、![字形] （《古璽彙編》3192）、![字形] [《上海博物館藏戰國楚竹書（二）·容成氏》簡 37]等形之字（以下用"○"代替）。白於藍先生主要根據从"衣"从"○"之字在傳抄古文中用爲"袖",此字即《説文》"褎"字,傳抄古文實借"褎（袖）"爲"柚"等綫索,釋○爲"褎"的聲符"采","采"當有"秀"、"穗"二讀,○"應即采（穗）字之原始象形字"。① 後來,郭永秉先生找出上舉西周金文和楚竹書《容成氏》兩條材料,認爲前者"可證明字本確當从禾頭上加穗形";後者在簡文中當讀爲"秀"（"秃"、"秀"一字分化）,可以證成白於藍先生○"有'秀'一讀"的説法。② 我們認爲此説雖尚非定論,卻是現有諸説中最爲合理的。【編按:黄傑《釋古文字中的一些"沐"字》認爲古文字中頂端作"![字形]"形之字可分爲二系,一系从"木",一系从"禾",本爲二字（《中國文字》新四十三期,107～128 頁,臺北:藝文印書館,2017 年）。其説可從,但在偏旁中偶有相混（如上舉《容成氏》之形所从"禾"似混同爲"木"）。从"木"者,近出安徽大學藏戰國竹簡《詩經·柏舟》中用爲"髧彼兩髦"之"髦/鬆"字的聲符,學者多有討論。此尚不足以推翻从"禾"者讀"秀"一類音的推論。】

但是,○與"采"不見得非説爲一字不可。郭永秉先生指出,從字形上

---

① 白於藍《釋"褎"——兼談秀、采一字分化》,原載《中國古文字研究》第一輯,長春:吉林大學出版社,1999 年;收入白於藍《拾遺録——出土文獻研究》,279～284 頁,北京:科學出版社,2017 年。

② 郭永秉《關於"穗、秀"問題致白於藍教授》,古文字微刊（復旦大學出土文獻與古文字研究中心官方公衆號）,2016 年 4 月 8 日【編按:後以《關於"穗、秀"問題的一封信》爲題,收入郭永秉《金石有聲:文獻與文字斷想》,144～151 頁,上海:上海人民出版社,2021 年】。下引郭説皆見此文,不另注。

看,"采"不可能由○形訛變而成。這是正確的。所以,即使承認"采"有"秀"、"穗"二讀,也無法據此推論○也有"穗"的讀音。現有資料(如《容成氏》)至多證明○有"秀"一讀(徐、楚文字資料裏的从"○"聲的从"水"或从"水"从"人"之字,就算○取"穗"音,也難以讀爲"沫"。因爲"沫"的上古聲母當爲清鼻音 *m-,[①]與"穗"的聲母無涉【編按:徐、楚文字資料裏的此類字似从"木"而不从"禾",與此所論之"○"恐非一字】)。

　　○在植物的頂端畫出直上的穗形,與我們討論的△的字形,既頗相似,又有所區別,很可比較。"穀子的穗是聚而下垂的,黍子的穗是散的,麥子的穗是直上的"。[②]　△字象穀子("禾")結穗。○字從其穗所處的位置來看,似當取象於麥子("來")之類的穀物抽穗,現在看到的最早一例的○已从"禾",可能是類化的結果("黍"字在殷墟甲骨文的時代亦已類化爲从"禾")。1992年,在齊國故都臨淄城外的劉家莊戰國墓葬出土一大一小二銅量,其上皆刻有"🗆邑聚[③]🗆里"銘文。[④] 🗆及🗆之所从,象"來"上結穗,疑亦○字。劉家莊銅量的時代雖晚,但戰國齊文字中的有些不同於他系文字的異體,時有保存早期古體之例。[⑤] 所以量銘从"來"的○,有可能反映的正是○字較古的寫法。既已有△作爲"穗"的初文,○似只能認爲是當穀物抽穗開花講的"秀"的表意初文了。[⑥]

　　《說文·七上·禾部》:"采,禾成秀也,人所以收。从爪、禾。穗,采或

[①] 參看施瑞峰《作爲同時證據的諧聲、假借對上古漢語音系構擬的重要性——一項準備性的研究》,《出土文獻》第十三輯,428頁,上海:中西書局,2018年。
[②] 裘錫圭《甲骨文中所見的商代農業》,《裘錫圭學術文集·甲骨文卷》,233頁。
[③] 爲了行文方便,此字暫釋寫作"聚",參看陸德富《齊國陶文的"聚"字》,《中國文字學報》第八輯,89~95頁,北京:商務印書館,2017年。【編按:此字不當釋讀爲"聚",這裏只是權宜的寫法,姑充代號。】
[④] 吴鎮烽編著《商周青銅器銘文暨圖像集成》,第34卷262、263頁18811號、18812號,上海:上海古籍出版社,2012年。
[⑤] 參看裘錫圭《〈戰國文字及其文化意義研究〉緒言》,《出土文獻與古文字研究》第六輯,228~229頁,上海:上海古籍出版社,2015年。
[⑥] 上文說過,"穗"的初文△可能在殷墟甲骨文的時代已遭廢棄;○目前所見最早一例則遲至西周中期,這似乎給人以二字先後存在的印象。在△退出漢字歷史舞臺之後,"秀"的初文○當然有可能兼表"穗"這個詞。不過,我們迄今爲止還沒有找到可以證實這一點的證據。

從禾、惠聲。"是以"采"爲"穗"字。但從出土文字資料的用例來看，"采"當讀"由"、"秀"一類的音；①《説文·八上·衣部》"褎(袖)"字從"采"聲，這裏的"采"也讀如"由"。所以，多數學者同意裘錫圭先生最先提出的"采"是"秀"的本字的説法；有的學者甚至認爲《説文》"采"字條下有關"穗"的内容，是後人因"秀"、"穗"義近而誤竄入的。② 應該指出，裘先生關於"采"字的看法比較複雜。他是在討論甲骨文裏一個也許可以隸定爲"叙"的字時，提到"采"的問題的。他既認爲"采""應該是'禾成秀'之'秀'的初文或本字。'秀'、'穗'義近，因此'采'又被人當作'穗'字"；③在把釋爲"采"的"叙"字讀爲"捋"之後，他又説："也許'叙'和'采'本來都是'捋'的表意初文，引取禾穗正是'捋'的本義。"④上舉白於藍、郭永秉二位先生的文章，則采取折中的立場，認爲"采"字兼有"秀"、"穗"二讀。郭文明確講到○、"采"或許是"早期'秀/穗'表意初文"的"不同寫法"。

　　裘先生對"采"字實際上提出了兩種可能的分析，周忠兵先生試圖把這兩種分析統一起來。他肯定了"采"可能爲"捋"的初文，又認爲"就像'鑿'的動作和結果都可稱爲'鑿'一樣，'采'表示摘取禾穗，所摘取的禾穗當然也可能用'秀'這樣的讀音記録。所以，'禾成秀'之'秀'也可能是'采'的義項之一"。⑤ 其實，從表意的角度衡量，用"摘取禾穗"或"所摘取的禾穗"的字形來表示"禾成秀"之"秀"，多少有些迂曲。雖然如此，周忠兵先生想把"捋"、"秀"二義統一在"采"上的思路，還是很有啓發性的。

　　我們認爲，裘先生把"采"與"捋"加以聯繫，是可取的；但"采"恐非"捋"之初文。《説文·十二上·手部》"擂"字下以"擂"、"捋"與"抽"爲一

---

① 在漢代文字資料裏，"采"實爲"采"字。參看石繼承《〈漢印複姓的考辨與統計〉三補》，《文史》2015年第4輯（總第113輯），283～284頁。
② 張世超《"采"、"秀"形音義新探》，《古文字研究》第二十八輯，510頁，北京：中華書局，2010年。
③ 裘錫圭《甲骨文中所見的商代農業》，《裘錫圭學術文集·甲骨文卷》，268頁。
④ 同上注所引書，269頁。
⑤ 周忠兵《金文所見"菽麥"考》，《考古與文物》2016年第3期，108頁。按，周文釋《金文總集》8.6753著録的仲叔父盤銘⬚字"辵"旁之外的部分爲"采"，並讀爲"菽"。但此字的⬚與古文字裏一般的"采"字形上有些距離，釋前者爲"采"是否可靠，有待研究【編按：即使可釋爲"采(秀)"，讀爲"菽"也不合音理】。

字，訓爲抽引之"引"。後世稱植物生長、抽條爲"抽"（如西晉束晳《補亡詩》："木以秋零，草以春抽。"），這顯然是"抽引"義的引申。草木抽條謂之"抽"（"曳"、"條"、"繇"等皆同族詞），穀物抽穗謂之"秀"。"秀"當是從"抽"派生出來的一個詞。"抽穗"這種動作，靜態的字形難於準確描摹。頗疑在古人看來，草木禾苗條長、穀物吐穗等自然現象，都是靠一隻無形的"上帝之手"把它們"抽引"出來的。因此"采"的以手抽"禾"的字形，實際上表示的是抽穗之"抽"，即"秀"。《詩·大雅·生民》："實方實苞，實種實褎。實發實秀，實堅實好。"毛傳："褎，長也。"鄭箋："枝葉長也。"孔穎達《正義》："褎者，禾長之貌。""褎"應該也是從"抽"派生出來的一個詞，且其字正从"采"聲。考慮到古文字裏已有"秀"的表意初文○了，"采"也有可能實是當"禾長之貌"講的"褎"的表意字，其形似象以手抽引禾苗使其漸長。

前面講過，出土文字資料裏的絕大多數"采"，都讀"秀"、"由"一類音。東周貨幣小型斜肩弧足空首布面文"武采"，學者們多讀爲《史記·韓世家》等書所載的地名"武遂"。① 王力先生在他的《同源字典》裏，認爲"穗"與"禾役穟穟"的"穟"音義極近，彼此是名詞與形容詞的派生關係。② 也許有人會以此作爲"采"確有"穗"音的例證。對此有必要稍加辨析。

從詞義上看，《說文》訓"穟"爲"禾采之皃"，一般都讀爲"禾穗之貌"（《段注》據許書讀《詩》"禾役穟穟"之"役"爲"穎"，謂"穟穟指采言，成就之皃"。聲旁"遂"兼有意）。但《廣韻》去聲至韻徐醉切遂小韻："穟，禾秀。"慧琳《一切經音義》卷六十二"赤穟"注引《蒼頡篇》："穟，禾麥秀也。"③"穟"就是講成"禾秀之貌"也毫無問題。《詩·大雅·生民》"禾役（穎）穟穟"的"穟穟"，毛傳釋作"苗好美也。"《爾雅·釋訓》"穟穟，苗也"郭璞注："穟穟，言茂好也。""禾役（穎）穟穟"大概就是描寫大批的禾穗結得飽滿、美好的樣子。"秀"指抽穗、結穗，"穟"或"穟穟"指穗抽結得茂好，二者的

---

① 參看何琳儀《首陽布幣考——兼述斜肩空首布地名》，同作者《古幣叢考》，67～68頁，合肥：安徽大學出版社，2002年；吳良寶《中國東周時期金屬貨幣研究》，49頁，北京：社會科學文獻出版社，2005年。

② 王力《同源字典》，《王力全集》第十三卷，490頁，北京：中華書局，2014年。

③ 宗福邦等主編《故訓匯纂》，1640頁，北京：商務印書館，2003年。本段所舉"穟"的訓詁資料，多參考此書而得。

聯繫也是相當緊密的。

從語音上看，"穟"與"穗"中古雖同音，但彼此的上古聲韻都有差異。"穗"的古音前面已經說過了。"穟"、"遂"同音，中古爲邪母，按照不少古音學家的觀點，乃是由上古的以母 l 加 j 介音（或稱墊音）演變而成的。① 這跟"穗"的上古聲母出入頗大（"穟"與"穗"代表中古邪母的兩個不同的上古來源）。"穟"是物部字，與"穗"古韻也不同部。而"秀"與"穟"的情況則不同。從"秀"得聲的"莠"、"誘"等字都讀以母，"蛻"、"琇"有以母的異讀，可知"秀"的上古聲母也必與以母有關。② "秀"是幽部字，中古跟"穟"一樣也讀去聲；"秀"、"穟"的主要元音相同，僅韻尾略有差別，它們的關係即屬於古文字學者屢加申説的"幽物（微）通轉"。③ 上文引過的《尚書·禹貢》"二百里納銍"僞孔傳"銍，刈，謂禾穗"，陸德明《經典釋文》云："穗亦作穟。"這一異文，應是"穗"、"穟"變得同音之後的産物，不足以"考古"。

如此看來，"穟"與其説是"穗"的派生詞，不如説是"秀"的派生詞，音義方面更爲穩妥。"采"如確是"秀"的另一表意字，在"武采"幣文中完全可能因音近而假借爲"武遂"，其語音關係猶如"秀"派生出"穟"。如"采"是"褒"的初文，"褒"的上古聲母與"穟"、"遂"全同（均爲 *lj-），韻部也較相近，彼此相通也是有可能的。④ 所以，"武采"用爲"武遂"之例，不宜作爲"采"有"穗"音的確證。

通過上面的考察可以看出，出土文字資料似乎還不能爲《説文》以"采"爲"穗"之說提供可靠的證明。我們並不是絕對否認"采"兼有"穗"一讀的可能性（也許將來真能出現這方面的證據），只是覺得在現有材料面

---

① 參看李方桂著、麥耘讀解《上古音研究》，《中西學術名篇精讀·趙元任、李方桂卷》，76～77 頁，上海：中西書局，2014 年；潘悟雲《漢語歷史音韻學》，287 頁，上海：上海教育出版社，2000 年；鄭張尚芳《上古音系（第二版）》，129 頁。

② 鄭張尚芳先生構擬"秀"的聲母爲 *sl-。見其《上古音系（第二版）》，509 頁。

③ 陳劍先生曾讀《上海博物館戰國楚竹書（八）·顏淵問於孔子》簡 2B"膡又（有）化（過）"的"膡"爲"赦免"義的"遂"（陳劍《〈上博八·顏淵問於孔子〉補釋兩則》，《簡帛》第七輯，35～39 頁，上海：上海古籍出版社，2012 年）。"膡"與"遂"的韻部關係，跟"秀"與"穟"的韻部關係極爲相似。

④ 斜肩弧足空首布面文"武采"之"采"就讀"由"、"秀"一類音的可能性，恐怕也不能排斥。此地名究竟應該如何釋讀，似還可討論。

前,對於"采"讀"穗"音,或把"采"同時視爲"穗"的表意初文的説法,尚需存疑。

2018 年 7 月 30 日

附識：本文寫成後,蒙郭永秉、蘇建洲先生提供寶貴意見,又蒙張富海先生惠賜有關資料,謹致謝忱。

原載田煒主編《文字·文獻·文明》,上海古籍出版社,2019 年 10 月;又載劉釗主編、陳劍副主編《傳承中華基因——甲骨文發現一百二十年來甲骨學論文精選及提要》,商務印書館,2021 年 12 月。

試釋殷墟甲骨文的"達"字

　　殷墟甲骨文中有一個被不少學者隸定爲"遱"的字,①金祥恆先生曾推測"其義當有疾行而至之意"。② 裘錫圭先生指出卜辭"遱"與"徲(遲)"往往對舉,義當相反,由此認爲"'遱'應該當迅速講";他根據"臺"即"晉"之聲旁"玺",懷疑"遱"乃"迅"字。③

　　1994 年,蔡哲茂先生發表《釋殷卜辭的"速"字》一文(以下簡稱"蔡文"),主張釋"遱"爲遲速之"速"。④ 蔡文所以如此釋,主要由於典籍"速"、"遲"對舉極爲常見。此外,蔡文還提出師湯父鼎中的賞賜物"矢臺"讀爲"矢束","臺"用作"束",可證"遱"當釋"速"。

　　在殷墟大司空村牛骨刻辭公布引發新的討論之前,大陸的甲骨研究者多從裘錫圭先生説釋"遱"爲"迅",臺灣的甲骨研究者則多從蔡哲茂先生説釋爲"速"。

---

① 李宗焜《甲骨文字編》,880～881 頁,北京:中華書局,2012 年。隸定爲"遱"者,早期有王襄、商承祚、孫海波等人,于省吾先生主之最力。參看于省吾《甲骨文字釋林》之《釋遱》篇,277～279 頁,北京:中華書局,1979 年。
② 金祥恆《釋󰀀󰀀󰀀󰀀》,《中國文字》第 18 册,1966 年,見《中國文字》第 1～52 册合訂本,1861 頁。
③ 裘錫圭《甲骨文中所見的商代農業》,《裘錫圭學術文集・甲骨文卷》,253 頁,上海:復旦大學出版社,2012 年。
④ 蔡文於 1994 年 5 月 7 日在臺灣政治大學中國文學系主辦的"第五届中國文字學全國學術研討會"上宣讀。幾年前,承謝明文先生轉贈由張惟捷先生賜閲的蔡文的整理稿,得以拜讀原文,志此申謝。下引此文不另出注。【編按:蔡文已收入《蔡哲茂學術文集》第一册《甲骨文卷(一)》,203～223 頁,新北:花木蘭文化事業有限公司,2021 年。】

我們先來檢討一下釋"速"説的文字學證據。師湯父鼎是西周中期器，銘文記王賜師湯父如下之物：

□（引者按：此字下爲"皿"，上部構件難識，一般釋爲"盛"，待考）弓象弭、矢🅇彤𣪊（栝）①

"彤𣪊"之"𣪊"，孫詒讓讀爲矢栝之"栝"，②已爲多數研究者所接受。③今從之。郭沫若《兩周金文辭大系考釋》指出鼎銘所賜爲二事，"□弓象弭"即"有象弭之弓"，④所以"矢🅇彤栝"應爲有"彤栝"之"矢🅇"。前者的中心語是"弓"或"□弓"，後者的中心語是"🅇"或"矢🅇"。"矢束"一詞的中心語則是數量詞"束"；"束"顯然無法用"彤栝"之類的名物詞來修飾，與處於同一語法地位的"弓"亦不匹配（他銘多以"矢束"與"馬匹"、"貝五朋"、"弓一"等對舉）。從這一點看，蔡文的讀法已難以成立。

孫詒讓在《古籀餘論》裏，據《説文》"遷"的聲旁"𡔷"即"臸"，推斷師湯父鼎"𡔷（臸）"爲"晉（晋）"之省，"晉""亦从臸聲"，"晉"、"箭"古音"相近可通用"，"是'矢臸'即矢箭，與弓弭並賜矣"。⑤ 郭沫若雖同意孫氏對字形的考釋，但"以矢箭一事，既言矢不得又言箭"爲由，反對孫氏讀"箭"之説。⑥ 容庚《善齋彝器圖録》引"箭"之古訓，指出"矢、箭非一事"。⑦ 這是

---

① 中國社會科學院考古研究所編《殷周金文集成（修訂增補本）》，第 2 册 1447 頁 02780 號，北京：中華書局，2007 年。

② （清）孫詒讓《古籀餘論》，《續修四庫全書》904 册，87 頁，上海：上海古籍出版社，2002 年。

③ 吳松紅《西周金文賞賜物品及其相關問題研究》從《商周青銅器銘文選》之説，釋"𣪊"之左半爲"干"，讀爲箭杆之"杆"［82 頁，安徽大學博士學位論文（指導教師：何琳儀），2006 年 5 月］。其説於字形不符，非是。

④ 郭沫若《兩周金文辭大系考釋》，《郭沫若全集・考古編》第 8 卷，159 頁，北京：科學出版社，2002 年。

⑤ （清）孫詒讓《古籀餘論》，《續修四庫全書》904 册，87 頁。

⑥ 郭沫若《兩周金文辭大系考釋》，《郭沫若全集・考古編》第 8 卷，159 頁。

⑦ 容庚《善齋彝器圖録》，《容庚學術著作全集》第 13 册，427 頁，北京：中華書局，2011 年。

正確的，稱"矢"爲"箭"乃"後世語"。① 先秦古書所謂"箭"，大多指"箭竹"（如《周禮·夏官·職方氏》言揚州"其利金錫竹箭"，鄭注："箭，篠也。"《説文》以"矢竹也"爲"箭"之本義。② 鄂君啓車節銘文"毋載金、革、黽、箭"的"箭"也指箭竹③），是製成矢幹的原料，故當時有稱矢幹爲"箭"者（如《儀禮·鄉射禮》："箭籌八十，長尺有握。"）。④ "矢箭"當指用於製矢的箭竹，也就是矢幹，"矢箭彤栝"蓋指帶有紅色矢栝的矢幹。大概跟完整的矢相比，"矢箭彤栝"還缺乏"鏃"或其他東西。所以，從文義上説，鼎銘"矢"後一字釋讀爲"箭"，是完全可能的。

從字形看，這個字釋爲"靐"或"銍"也是有道理的；這只要跟西周金文中的"至"字比較一下，便不難確定。⑤ 師湯父鼎"䉣"字左半的"至（倒'矢'）"作，與同銘"靐"所從有較明顯的區別，也可爲證。雖然如此，西周時代的"銍"卻不能直接從字形上與"晋"、"箭"進行聯繫。

在殷墟甲骨文和兩周金文裏，絶大多數的"晋"字都是從"𥎦（二"倒'矢'"）"的。⑥ 戰國楚簡中既有明顯從"𥎦"的"晋"，也有被有些學者視爲從"銍"的"晋"（亦見於個別春秋晚期至戰國時代的金文），⑦實際上後一

---

① 參看丁福保編纂《說文解字詁林》，4787~4789頁，北京：中華書局，1988年；史光輝《常用詞"矢、箭"的歷時替換考》，浙江大學漢語史研究中心編《漢語史學報》第四輯，160~161頁，上海：上海教育出版社，2004年。

② 今傳大徐本誤作"矢也"，此從段玉裁注改。參看（清）段玉裁注、許惟賢整理《説文解字注》，336頁，南京：鳳凰出版社，2007年。

③ 劉翔、陳抗、陳初生、董琨《商周古文字讀本》，181頁，北京：語文出版社，1989年。參看馮勝君《戰國楚文字"黽"字用作"龜"字補議》，《漢字研究》第一輯，477~478頁，北京：學苑出版社，2005年。

④ 參看史光輝《常用詞"矢、箭"的歷時替換考》，《漢語史學報》第四輯，160頁。

⑤ 董蓮池《新金文編》，中册1575~1576頁，北京：作家出版社，2011年。

⑥ 李宗焜《甲骨文字編》，967頁；董蓮池《新金文編》，中册854~855頁；陳斯鵬、石小力、蘇清芳《新見金文字編》，202~203頁，福州：福建人民出版社，2012年。

⑦ 滕壬生《楚系簡帛文字編（增訂本）》，645頁，武漢：湖北教育出版社，2008年；饒宗頤主編、徐在國副主編《上博藏戰國楚竹書字匯》，456~457頁，合肥：安徽大學出版社，2012年；李學勤主編《清華大學藏戰國竹簡（壹—叁）文字編》，183~185頁，上海：中西書局，2014年；李學勤主編《清華大學藏戰國竹簡（肆—陸）文字編》，159，233頁，上海：中西書局，2017年；李學勤主編《清華大學藏戰國竹簡（柒）》，下册《字形表》189頁，上海：中西書局，2017年；董蓮池《新金文編》，中册855頁。

種字形仍應从"臸",只是寫法較爲簡率或字形稍有變化(如在矢幹前部加短橫飾筆,也可能實是由表示矢頭的筆畫變爲短橫)而已。① 明白無疑的从"臸"的"晉",似乎要到漢代才大量出現。②《説文》小篆"晉"字从"臸",顯然依據的是較晚的字形。③ 郭店簡《緇衣》22 號簡"晉(祭)公"之"晉",④《上海博物館藏戰國楚竹書(一)·緇衣》12 號簡就寫作"秊"。沈培先生在前引孫詒讓所説"晉"、"箭"古通的基礎上,認爲"秊""很可能就是'箭'字"。⑤ 此説似頗爲人所信。但上文説過"箭"本指"箭竹"而非矢

---

① 上文所説字形有所變化的那些"晉"字,魏宜輝《關於"箭之初文"的補釋》視爲"臸"下端的兩橫畫與"'曰'旁上端的橫筆形成借筆,有些"晉"則因刻寫草率,"以至於'臸'旁下端的橫筆脱失"。他還認爲从"秊"之字與从"臸"的"晉"本係二字,後人誤將它們混爲一字(簡帛網,2007 年 12 月 18 日;又載南京大學漢語言文字學科、《南大語言學》編委會編《南大語言學》第四輯,249~254 頁,北京:商務印書館,2012 年)。這些説法顯然都很牽强,不可信。

② 徐正考、肖攀《漢代文字編》,948~949 頁,北京:作家出版社,2016 年。在秦文字中,有個别陶文"晉"字已變从"臸",但多數仍从"秊",參看王輝主編《秦文字編》,1043 頁,北京:中華書局,2015 年。

③ 過去已有學者據甲骨文和西周金文"晉"的字形,指出"晉"从"二'矢'",如林義光《文源》六·五十一,279 頁,上海:中西書局,2012 年)、楊樹達《《積微居小學述林全編》,297~298 頁,上海:上海古籍出版社,2007 年)、姚孝遂(于省吾主編《甲骨文字詁林》,2562~2563 頁按語,北京:中華書局,1996 年)等。

④ 關於"晉"可讀"祭",參看張富海《郭店楚簡〈緇衣〉篇研究》,20 頁,北京大學碩士學位論文(指導教師:沈培),2002 年 5 月【編按:參看張富海《郭店簡〈緇衣〉篇注釋》,同作者《古文字與上古音論稿》,29~30 頁,上海:上海古籍出版社,2021 年】。又,清華大學藏戰國竹簡《繫年》第二十章"夫秦王"之"秦"用爲夫差之"差"(110 號簡),與"晉"用爲"祭"相類。

⑤ 沈培《卜辭"雉衆"補釋》,《語言學論叢》第二十六輯,239 頁,北京:商務印書館,2002 年。按:沈先生認爲"狋"也是"箭"字,是否正確,有待研究。

《清華大學藏戰國竹簡(捌)》所收《攝命》,7、30 號簡兩見"狋"字。整理者認爲"狋""即'箭'字初文'臸',讀爲'虔'"[李學勤主編《清華大學藏戰國竹簡(捌)》,下册 110、112、114 頁,上海:中西書局,2018 年]。今按,"臸"與所謂"箭之初文""秊"非一字,清華簡整理者誤混爲一。如果承認"狋"亦"箭"字,斷不能讀爲"虔"("箭"、"虔"聲母相差太遠)。但整理者把《攝命》的"狋䢃乃事"讀爲"虔恤乃事",與叔弓鐘,鎛銘"虔䢃厥死(尸)事"相合(李學勤主編《清華大學藏戰國竹簡(捌)》,下册 114~115 頁),甚有理致。若此,或可證"狋"確非"箭"字,而是另一個與"虔"音同或音近之字。甲骨文"狋"字作 , ,"矢"旁有小點,可能象血滴之形,竊疑"狋"即訓"殺"之"虔"的表意初文(張富海先生告訴我,"戔"字以"二'戈'"表"殘殺"意,則"狋"字以"二'矢'"表"虔殺"意是合乎造字理據的)。卜辭"狋衆"似僅二見(《合》26889、26893),有可能與"雉(失)衆"無關,而應讀爲"虔衆",即卜問衆是否被殺。《合》35273 也有"狋"字:"☐弗狋孜☐。"(參看沈培《卜辭"雉衆"補釋》,《語言學論叢》第二十六輯,241 頁)"孜"除用爲動詞外,還可表示某一種人[如《合》891 正:"鼓以孜。"《合》9339:"壬子卜:砍(?)以孜启,隻(獲)。"]此殘辭似卜問會不會虔殺"孜"這種人。

箭,古文字中無論正倒"矢"形都是"矢"字,①所以古人大概不會用二"倒'矢'"形來代表"箭"字。上博簡《緇衣》和《凡物流形》(詳下)中的"䇹"字,有可能只是"晋"的特殊省體。【編按:"晋""祭"主元音相差頗遠,恐難相通。郭店簡《緇衣》"晋"、上博簡《緇衣》"䇹"何以能用爲祭公之"祭",有待研究。】

這裏有必要談一下"窒"字。西周晚期窒叔簋的器主名"窒",②從"宀"從"㾟",舊或以爲"室"之異體,恐非。"窒"字又見於戰國晚期的楚王酓忎鼎、盤③和《上海博物館藏戰國楚竹書(五)・弟子問》附簡、④《上海博物館藏戰國楚竹書(七)・凡物流形》甲本27號簡、⑤《清華大學藏戰國竹簡(陸)・子儀》2號簡、⑥《清華大學藏戰國竹簡(捌)・治邦之道》9號簡⑦等;獨體的"㾟"字除上舉師湯父鼎銘外,⑧還見於戰國晚期的楚器鑄客匜、⑨鑄客箕⑩和郭店楚墓竹簡《緇衣》26號簡⑪等。⑫《弟子問》附簡的

---

① 參看沈培《卜辭"雉衆"補釋》,《語言學論叢》第二十六輯,238頁。
② 吳鎮烽編著《商周青銅器銘文暨圖像集成》,第11卷233頁05207號,上海:上海古籍出版社,2012年。
③ 中國社會科學院考古研究所編《殷周金文集成(修訂增補本)》,第2冊1462～1464頁02794、第02795號,第7冊5461頁10158號。
④ 馬承源主編《上海博物館藏戰國楚竹書(五)》,圖版123頁,釋文考釋281～283頁,上海:上海古籍出版社,2005年。
⑤ 馬承源主編《上海博物館藏戰國楚竹書(七)》,圖版104頁,釋文考釋268、269頁,上海:上海古籍出版社,2008年。按此字整理者誤釋爲"向"。
⑥ 李學勤主編《清華大學藏戰國竹簡(陸)》,上冊73頁,下冊128、130～131頁,上海:中西書局,2016年。
⑦ 李學勤主編《清華大學藏戰國竹簡(捌)》,上冊75頁,下冊136、141頁。
⑧ 《合》13883爲占卜"肩興有疾"之辭,其"貞"下一人名之字,李宗焜《甲骨文字編》961頁摹作𢀖,似可信(拓本較模糊,但仍可參看)。若此,似乎殷墟甲骨文裏已見"㾟"字(《甲骨文字編》將此字歸在"妖"字條下,不確)。
⑨ 中國社會科學院考古研究所編《殷周金文集成(修訂增補本)》,第7冊5495頁10199號。
⑩ 吳鎮烽編著《商周青銅器銘文暨圖像集成續編》,第4卷379頁1382號,上海:上海古籍出版社,2016年。
⑪ 荆門市博物館《郭店楚墓竹簡》,圖版19頁,釋文注釋130、134頁,北京:文物出版社,1998年。
⑫ 參看石小力《壽縣朱家集銅器銘文"窒"字補釋》,《簡帛》第十一輯,23～24頁,上海:上海古籍出版社,2015年;石小力《東周金文與楚簡合證》,32～33頁,上海:上海古籍出版社,2017年。

"巧言窒色"即"巧言令色";《治邦之道》"窒色",整理者亦讀爲"令色"。郭店《緇衣》的"銍"用於所引《尚書·呂刑》之句中,此字《上海博物館藏戰國楚竹書(一)·緇衣》作"霝",今本《尚書》作"靈",今本《緇衣》作"命"。"命"、"令"一字分化,"霝"、"靈"與"令"古通。《凡物流形》"窒聲"、《子儀》"窒秋"、鑄客匜"辻(卜)銍"之"窒"、"銍",也有研究者指出當讀爲"令"。① 由此可知"窒"顯然是一個從"銍"聲之字,其音與"令"相近。有些學者把"銍"與"晉"、"䇏"加以認同,並同意"䇏"即"箭"之初文。② 事實上"晉"、"箭"都是純粹的精母字,無法與來母字"令"相通。上博簡《凡物流形》中既有從"銍"的"窒"字(見上),又有寫作十分象形的二"倒'矢'"形的"䇏"字(甲本5號簡、乙本4號簡,據文義似當讀爲訓"進"之"晉"),更可證明"銍"、"䇏(晉)"非一字。③

李零先生在討論郭店《緇衣》的"銍"時,引《説文》訓"銍"爲"到也",認爲此字"音義均與'臻'字相通,是完美之義",今本《尚書·呂刑》作"靈",   "'靈'與'臻'含義相近"。④ 李先生不讀郭店簡《緇衣》"銍"爲"令"或"靈",似無人響應;但他指出"銍"與"臻"的聯繫,對我們很有啓發。我認爲"銍"字從"二'至'",應該就是訓爲"至"、"及"的"臻"的初文。⑤ "臻"、"令"皆屬真部,中古都是三等開口字。"臻"爲中古莊母字,按照現在多數古音學家的認識,其上古聲母中當有*-r-,正好可以跟聲母爲*r-的"令"

---

① 范常喜《〈上博七·凡物流形〉"令"字小議》,簡帛網,2009年1月5日。"海天遊蹤"《清華六〈子儀〉初讀》第5樓發言,簡帛網"簡帛論壇",2016年4月16日。石小力《壽縣朱家集銅器銘文"窒"字補釋》,《簡帛》第十一輯,25～26頁;石小力《東周金文與楚簡合證》,34～35頁。

② 參看石小力《壽縣朱家集銅器銘文"窒"字補釋》所引白於藍、何琳儀以及作者自己的觀點,《簡帛》第十一輯,27～28頁;石小力《東周金文與楚簡合證》,36～37頁。顏世鉉《説"至"和"晉"的關係——兼論一則古書詞義的釋讀》,澳門大學中國語言文學系、香港浸會大學饒宗頤國學院主辦"上古音與古文字研究的整合"國際學術研討會,2017年7月15～17日[此文後發表於《饒宗頤國學院院刊》第六期,中華書局(香港),2019年8月]。

③ 前引魏宜輝《關於"箭之初文"的補釋》刻意把從"䇏"之字與"晉"分爲二字,以"晉"從"銍"聲,我們並不同意。但魏先生所以有此區分,顯然基於"䇏"、"銍"非一字的認識,這是正確的。

④ 李零《郭店楚簡校讀記(增訂本)》,82頁,北京:中國人民大學出版社,2007年。

⑤ 《春秋元命苞》卷二"醜銍銍",宋均注:"銍,音臻,到也。"此注音如可靠,似對我們釋"銍"爲"臻"之初文的説法有利。

字相通。"令"與"臻"的聲母關係,跟"吏"與"事"、"卿李"即"卿事"、"行李"即"行使"等平行。① 前文説過,"晉"在《説文》小篆和秦漢文字中已變爲從"㫐"。這當然是字形演變的結果,但很可能也跟當時人已不知"晉"本從"㚔"、"㫐""晉"則音義皆近有關。②《清華大學藏戰國竹簡(叁)》所收《芮良夫毖》1號簡"周邦驟有禍,寇戎方晉",李學勤先生指出"晉"讀爲"臻",③甚確。只有把"㫐"釋爲臻(*tsr-),才能合理地解釋"㫐"既可讀爲"令(*r-)",又可在"晉(*ts-)"的後起變體中充當音符(兼義符)的現象。

所以,師湯父鼎的"㫐(臻)"仍可從孫詒讓説讀爲"箭",④而決無讀"束"之理;蔡文據此釋甲骨文所謂"遽"字爲"速",當然無法取信於人。那末,釋"遽"爲"迅"的看法是否正確呢? 這需要從新出牛骨刻辭的有關研究説起。爲了分析字形的方便,下文改用"△"代替此字,並於"△"後加數字表示不同字例。

2010年,河南安陽殷墟大司空村東北的一座窖穴H37:2中出土了一塊牛胛骨刻辭,惜上下皆已殘斷。刻辭正面有如下一字:

△1：

其所在辭例爲:

☐△1 至,咸涉水,莫☐

---

① 張富海《清華簡〈繫年〉通假東釋》,李守奎主編《清華簡〈繫年〉與古史新探》,447~448頁,上海:中西書局,2016年。
② 據《説文》,"晉"的本義是"進也"(《七上·日部》),此義亦見用於古書。"晉"、"進"同音,很可能代表的是語言裏的同一個詞;"晉(進)"與"㫐(臻)"則爲同源詞。"晉"所從之"㚔"當是意符。【編按:《合》6057正有𦁉字,從"㚔"從"來",不知與訓"進"之"晉"是否有關。】
③ 李學勤《新整理清華簡六種概述》,同作者《初識清華簡》,175、176~177頁,上海:中西書局,2013年。
④ 郭永秉先生閲本文初稿後向我指出,師湯父鼎的"㫐(臻)"作上下相重的"㚔",似更能會出"臻"的"仍、重、增"之義,即"㫐(臻)"不是一般的"至",而是"薦臻"。其説很可參考。又,"㫐"在字書中有"人質切"的讀音。在傳抄古文中,"㚔"用爲"日";《説文》所收從"㚔"聲之"遳",或爲"古馴字"(參看石小力《壽縣朱家集銅器銘文"䈟"字補釋》,《簡帛》第十一輯,27頁)。這一讀音不知是不是"臻"之音變,有待於進一步研究。

正式發表此材料的何毓靈先生釋寫爲"速",①當即據蔡文。

大司空村牛骨刻辭於 2018 年 3、4 月公布之後,引起了學者們的熱烈討論。在討論中,大家對此字與過去釋爲"迅"或"速"的甲骨文△爲一字,迅速達成共識。卜辭△常位於"入"、"往于"、"來歸"等詞之前(具體辭例詳下),大司空村牛骨刻辭△1 位於"至"之前。吳雪飛先生針對釋"迅"説指出:"文獻中多見'迅風'、'迅雨'、'迅雷'等,很少見到'迅往'、'迅來'、'迅至'等辭例。"②這一批評是有道理的。

更爲重要的是,仔細考辨△的各種寫法,可知此字實無從"𠆢"或"𠂎"者,所以把它分析爲"桎"或"晉"聲,也非定論。

大司空村牛骨刻辭△1 矢尾作 ᴧᴧ 形,與一般的"矢"有所不同;甲骨文中多數△字的矢尾亦如此作。關於這一點,于省吾先生已有很好的説明:

> 甲骨文的匍字,即盛箭之箙的本字,作 ᴗ 或 ᴗ,周器番生簋作 ᴗ,毛公鼎作 ᴗ。又商器䇂鼎的䇂字从矢作 ᴗ,周器仲殷父簋的室字从至作 ᴗ 或 ᴗ。以上是从矢之字,其矢尾由 ∨ 變作 ᴧᴧ 的例證。③

而且卜辭△字有從一般的"矢"的:

△2:▨(《合》296)　△3:▨(《合》29715)

所以△所從 ᴧᴧ 尾者没有問題就是"矢"。④

---

① 何毓靈《河南安陽市殷墟大司空村出土刻辭牛骨》,《考古》2018 年第 3 期,118 頁。
② 吳雪飛《殷墟大司空村出土胛骨中的"從止從矢"之字》,簡帛網,2018 年 5 月 10 日。下引吳説皆見此文,不另出注。
③ 于省吾《甲骨文字釋林》,278 頁。
④ 顏世鉉《説殷墟大司空村出土胛骨卜辭的"疾"字》引劉洪濤先生説,認爲尾部作 ᴧᴧ 的箭矢形,"很可能是二倒寫'至'之省"(簡帛網,2018 年 5 月 16 日)。此説大概爲了遷就此字从"𠆢"的舊説,並無實據。下引顏説皆見此文,不另出注。

試釋殷墟甲骨文的"達"字　173

　　受大司空村牛骨刻辭△1 从"矢"的啓發，學者們揭出過去發表的殷墟甲骨文△字也有一些从"矢"或"倒'矢'"的，最典型的就是上舉△2、△3 二例。① 《合》29084△作如下之形：

　　　　△4：▨（▨）②

所从亦爲"矢"。此"矢"將尾部圈形重複書寫，與"晉"字或作▨③同例。

　　卜辭△又有如下一例：

　　　　△5：▨（《合》31792＝《佚》940）

商承祚先生在《殷契佚存考釋》裏曾將此字隸定爲"逐"。④ 但是《佚》292 的如下△字：

　　　　△6：▨（《合》29092＝《佚》292）

商先生卻誤隸作"往"，⑤可見他對此字尚無清晰的認識。我們認爲△5 隸定爲"逐"比較可取。

　　一般把此類△字釋爲从"臸/銍"。但是，所謂位於上方的"倒'矢'"並無矢頭，也無表示到達地的短横，位於下方的"倒'矢'"則矢尾不見圈形，此皆與正常的"臸"、"銍"或"秤"形不合。如解釋爲書寫簡省所致，卻何以在所有△字中竟找不到一例不簡省的"臸/銍"或"秤"？上舉△1～△4 明顯从"矢"或"倒'矢'"，且△2 見於典賓類卜辭，是現存所有△字中時代最

---

①　上引吳雪飛、顔世鉉文。
②　李宗焜《甲骨文字編》，881 頁。
③　董蓮池《新金文編》，中册 854 頁。此類"晉"所从之"倒'矢'"，或進一步訛變爲"索"形。
④　商承祚《殷契佚存》，宋鎮豪、段志洪主編《甲骨文獻集成》第一册，490 頁，成都：四川大學出版社，2001 年。
⑤　同上注所引書，461 頁。

早的,應該最能反映△的構形原貌。有些學者爲從"臺/䇙"説所拘牽,以爲從"矢"或"倒'矢'"者乃"臺/䇙"或"厹"之省體,這是没有説服力的。我們只能認爲△5、△6所從之"矢"是後起變體。至於△爲何在矢幹上增加與矢尾同形的"⋀",容後解釋。

《合》28011△作如下之形:

△7:

"倒'矢'"上加有"⊢⊣"形。《合》18277的△寫作:

△8:

兩形相較,不難發現 與 顯然是一回事。古文字中的"⋀"有變作"⊢⊣"之例,如陳劍先生舉過的"琴"由 變爲 、"秦"由 變爲 、"奏"的偏旁由 變爲 等。① 從"⊢⊣"的△似僅此一見,所以應該認爲是從常見的從"⋀"的寫法變來的。早期古文字常常喜歡在豎畫(特別是帶有圈形的豎畫)上加"⊢⊣"形飾筆,②"倒'矢'"正合此例。甲骨文中的"矢"或"倒'矢'",還常在矢幹上加短横飾筆。③ 短横與"⊢⊣",有時也可通作。④ △7變從"⊢⊣",似在一定程度上表明△確實從"倒'矢'"而非"臺/䇙"或"厹"。△7、△8與△1～△4當是一字異體。既明乎此,再重新審視上舉△5、△6,其所從皆爲加"⋀"形的"倒'矢'",就十分清楚了。△5、△6在"倒'矢'"下有一短横,故不妨隸定爲"迏"、"徏"。

《合》36824有一個被許多人隸定或摹寫作從"臺"的△字:

――――――

① 陳劍《據郭店簡釋讀西周金文一例》,同作者《甲骨金文考釋論集》,37頁,北京:綫裝書局,2007年。
② 參看劉釗《古文字構形學(修訂本)》,26頁,福州:福建人民出版社,2011年。
③ 李宗焜《甲骨文字編》,957～959、961頁。
④ 如"束"、"方"等字,參看李宗焜《甲骨文字編》968～969、1222～1226頁。

△9：

此版屬於黃組，字迹較小且模糊。細按其形，△9的矢尾不作"⋀"，而與一般的"矢"形相同；但"倒'矢'"的下部""作"牵"形，從不見於其他△字，應視爲刻寫失誤的譌體（下方被視爲"至"者，本來可能是重複書寫的圈形，與上舉△4同例；二圈形之間的"∧"，疑本當作"∨"形，亦與矢尾形相合，因不慎寫倒，遂成"∧"。① 如果真是這樣的話，此例實與△5構形一致，也可隸定爲"逶"）。

殷墟甲骨文中還有如下二字：

△10：（《屯》2845） △11：（②）（《合》28034）

從其用法和字形看，與△亦一字。△5、△6即從△10、△11。按照我們的分析，此字似可隸定爲"至"。但它們跟甲骨文真正的"至"字仍有寫法上的不同："至"的矢尾不作"⋀"形，矢幹上不加"⋀"形筆畫。下面在提到單獨的△10、△11類形體時，如有必要，就采用"至*"這一隸定形，加"*"以示與"至"有別。這種字形並非"臸/輊"，也是很明確的。

吴雪飛、顔世鉉先生都認爲甲骨文△當釋爲迅疾之"疾"。吴雪飛先生説△有從"矢"、"倒'矢'"和"輊"諸形；他引據陳夢家、沈培等先生關於"矢"、"倒'矢'"、"輊"、"至"等字在表示卜辭"雉（失）衆"之"雉（失）"時可以通用的説法，認爲△字中的"矢"、"倒'矢'"或"輊"都可用"矢"來讀，從而△可釋爲從"辵（或止）"、"矢"聲之字。《説文·七下·疒部》分析"疾"字"從疒、矢聲"，吴先生因此提出△讀爲"疾"，與"遲"相對。顔世鉉先生同意吴説而有所補充。他舉出《上海博物館藏戰國楚竹書（五）·君子爲禮》6號簡用爲疾徐之"疾"的"僭"字，根據"晉"、"遷"皆從"輊"聲之説，認

---

① 關於甲骨文裏"∧"、"∨"筆畫之間的倒寫，參看劉釗《談甲骨文中的"倒書"》，同作者《古文字考釋叢稿》，64～65頁，長沙：嶽麓書社，2005年。

② 李宗焜《甲骨文字編》，880頁。

爲"僧"與△之作"遷"者有同源關係，△也當釋讀爲疾速之"疾"。今按，通過上文的字形分析已可肯定，△字只有從"矢"和從"至*"的寫法，並無從"秖"或"銍"者，所以不能跟"晋"或"銍"聯繫而讀爲"疾"。

除《説文》分析"疾"從"矢聲"外，顔世鉉先生在文章中補舉了于省吾先生"疾"字"矢亦聲"的主張。① 此外，還有一些音韻學家和古文字學家亦持此説。② 其實"疾"從"矢"聲的説法是不合音理的。清儒段玉裁、朱駿聲已反對"矢聲"説。③ "疾"從上古到中古都是從母字。"矢"是中古書母字，它在甲骨卜辭中可讀爲"失"，與"雉"通用；作爲"雉"的聲旁，"矢"可與"夷"換用；"矢"、"陳"音義皆近，當有語源上的聯繫。"失"、"夷"、"陳"的上古聲母爲*l̥-、*l-、*lr-，"矢"也應是*l̥-，清流音 l 正是中古書母的主要來源。④ "矢"、"疾"韻部雖有陰入對轉的關係，但聲母遠隔，應該没有相諧的可能。所以，即使承認△字從"矢"聲，也不能據此讀爲"疾"。順便提一下，有些認爲△字兼有從"矢"、"秖（箭）"、"銍"諸體的學者，據所謂"矢、箭通用"説以溝通字音，這是不妥當的。"箭"的聲母與"疾"同系，"矢"既不能與"疾"相諧，當然也不能與"箭"通用。

甲骨金文中有"𤵸（疒）"、"𥎦（疾）"二字，相當於典籍的"疾"。前者公認爲疾病之"疾"；後者象以矢射人、人閃躲不及之形，羅振玉謂"疾古訓急、訓速，最速者莫如矢，故從人旁矢"，⑤李孝定《甲骨文字集釋》按語亦主"其本義爲疾速"，⑥即疾速之"疾"的初文。若此，似不得再以△爲疾速之"疾"字。

---

　① 于説見其《甲骨文字釋林・釋疒、疾》，320頁。
　② 如羅常培、周祖謨《漢魏晋南北朝韻部演變研究》，41頁注①，北京：中華書局，2007年；黄天樹《殷墟甲骨文形聲字所占比重的再統計——兼論甲骨文"無聲符字"與"有聲符字"的權重》，《黄天樹甲骨金文論集》，116頁，北京：學苑出版社，2014年。
　③ 參看丁福保編纂《説文解字詁林》，7593、7594頁。
　④ "疾"、"矢"的上古音構擬，參看鄭張尚芳《上古音系（第二版）》，363、465頁，上海：上海教育出版社，2013年。鄭張先生在"疾"字的擬音下加注，指出"矢非聲"（363頁）。甚是。
　⑤ 羅振玉《增訂殷虚書契考釋》中編，《殷虚書契考釋三種》，533頁，北京：中華書局，2006年。
　⑥ 于省吾主編《甲骨文字詁林》，312頁。

既然△釋爲"速"、"迅"、"疾"都有問題,下面試着提出一種新的考釋意見,供關心此字者參考。我們初步認爲△也許可以釋爲"達"。

2010年,莫伯峰先生拼合了一組甲骨,即《合》27745+《美》490。拼合之後,此版上呈現六條完整卜辭,其中兩條如下:

(1a) 其遲往于之,又(有)戠。

(1b) 达往于之,又(有)戠。

莫伯峰先生引裘錫圭先生説"卜辭'邌'字的意義跟'遲'相反",指出上引二辭"應爲對貞關係",(1b)中的"达"字"也似與'遲'字意義相反"。① 其説可從。

在晚近討論△的諸家中,只有蔡哲茂先生注意到了莫伯峰先生新綴中的"达"字。② 不過,蔡先生爲了迴護他的釋"速"説,認爲上舉與"遲"相對的"达",其所從"大"爲"矢"形之訛,則不可從。"矢"作爲合體字偏旁,在甲骨文裏偶有訛作"大"的例子,已爲蔡哲茂先生所舉出。但是,此類訛混只能發生在正向的一般"矢"形之中;因爲"倒'矢'"或矢尾作 形 的"矢"和"倒'矢'",都與"大"形不近。上舉△4~7爲何組卜辭,其所從之"倒'矢'"的矢尾皆作 形。這種"矢"形應該不至於訛寫成"大"。△1雖從正向的"矢",但其矢尾爲 形,也不至於訛寫成"大"。唯上舉△3從正向的一般"矢",此例所從出的《合》29715是無名組卜辭,《合》27745+《美》490亦屬無名組,似有利於(1b)"达"所從"大"爲"矢"之訛寫的説法。不過,下文將説明,△中"矢"指向"止"當有表意作用,因而絶大多數△皆作"矢"、"止"相向之形。矢尾不作 形的△字也是少數。像△3那樣從既與"止"反向、矢尾又不作 形的"矢"者,更是極爲罕見,在全部殷墟甲骨文的△中找不出第二例。如説(1b)的"达"本來也屬於此種特例,並且還要設想它曾經歷過"矢→大"的形訛,這種假設成立的可能性似乎比承認此字原即爲"达"要小得多。所以我們不取"达"爲訛字之説

---

① 莫伯峰《甲骨拼合第六一、六二則》,先秦史研究室網,2010年11月16日。
② 蔡哲茂《釋 """速"》,中國文字博物館主辦《第三屆中國文字發展論壇"古文字研究與古文字書寫"學術研討會論文集》,22~24頁,2011年9月。

(另參看文末"追記")。

《説文・二下・辵部》以"达"爲"達"之或體。有學者懷疑此種"达"來源不古。① 即便《説文》所收的"达(達)"並非承自殷墟甲骨文"达"字,也不妨礙把甲骨文的"达"分析爲从"大"聲。殷墟甲骨文裏還有"狄"字,② 一般認爲即"达"之異體。③ "狄"更可以分析爲从"大"聲。在上引(1b)中,"达"與我們討論的△無疑代表語言裏的同一個詞,所以△應該跟"大"、"达"讀音相同或相近。

上舉从"止"的△,如△2、5、7～9,"矢"都是指向"止"的。劉釗先生指出,△4"彳"之外的偏旁爲"倒書",與之對貞的"徲(遲)"字所从"辛"旁亦"倒書",轉正之後,△4 的"矢"也指向"止"。④ △1、△3 的"矢"與"止"反向,係少見的特例,顏世鉉先生舉少數"倒'大'"與"止"不相向(即同向)的"逆"字爲其比;我們甚至不能排斥△1、△3 的"矢"也是"倒書"的可能性。△字以"矢"指向"止"構形,顯然具有表意作用。此字的表意思路與"逆"字最可比較(顏世鉉先生討論△的字義時,已提到"逆")。"逆"以"倒'大'"與"止"相向,表示"逆迎"之意。"倒'大'"形的"屰",在卜辭中獨立使用,⑤即倒逆之"逆"的初文。所以"逆迎"之"逆"可分析爲从"止"从"屰"、"屰"亦聲。"逆"還有从"彳"或从"辵"的異體,△也有从"彳"(如△6)、从"辵"(如△3～5、9)二體。根據"逆"的情況類推,△1、△2 當分析爲从"止"、从"倒'矢'",△3、△4 則是增从"彳"旁的△1、△2 的繁體,如同"屰"增"彳"旁爲"逆"。△應是達至之"達"的表意字。"狄"、"达"从"彳"或"辵"、"大"聲("大"或可視爲音兼意符),很可能是爲通達之"達"所造的

---

① 趙平安《"達"字兩系説——兼釋甲骨文所謂"途"和齊金文中所謂"造"字》,同作者《新出簡帛與古文字古文獻研究》,89 頁,北京:商務印書館,2009 年。

② 參看姚孝遂主編、肖丁副主編《殷墟甲骨刻辭類纂》,875 頁,北京:中華書局,1989 年。

③ 金祥恆《釋大狄达》,宋鎮豪、段志洪主編《甲骨文獻集成》第十三册,468 頁。李宗焜《甲骨文字編》,880 頁。

④ 劉釗《談甲骨文中的"倒書"》,同作者《古文字考釋叢稿》,68～69 頁。

⑤ 參看李宗焜《甲骨文字編》,90～91 頁;姚孝遂主編、肖丁副主編《殷墟甲骨刻辭類纂》,113 頁;裘錫圭《甲骨卜辭中所見的逆祀》,《裘錫圭學術文集・甲骨文卷》,271～272、273 頁。

(試比較甲骨文"通"字①)。"通達"與"達至"義本相涵,卜辭用"达"爲"△(達)",恐怕不是單純的音近通假而已。②

△用"矢"射向"止"表示達至之"達",顯然是合適的。我們雖不同意把矢幹上加"𠆢"的△字看作从"盉/銍"或"𦔻",但不否認矢幹上的"𠆢"確與矢尾𠆢同形,很像雙重矢尾。這樣的字形,似乎正可描繪出矢箭射達某一目標的過程中向前位移的動態。此類寫法在全部△字中占了多數,很可能是當時寫字的人有意爲之的。

還可注意的是,△5(也許還應算上△9)"止"上之形爲"至*",△6从"彳"、从"至*",△10、△11 甚至直接寫作"至*"。達至之"達",古訓爲"至"("至"、"致"一語分化,達至之"達"亦可引申出達致之"致"義),③所以"達"的表意初文就作"至*"或从"至*",是很自然的事。由於要跟真正的"至"字相區別,"至*(達)"字選取矢尾作𠆢、矢幹帶𠆢的"矢"形的用意,至此也不言自明了。

《合》12450 有如下一對卜辭:

貞:[字形]于祖辛。

[字形]于祖辛。

一般把"于"上之字都釋爲"屰"。但這樣一來,二辭所卜完全相同,似不太合理。[字形]釋爲"屰(逆)"可從;④[字形]字"倒'大'"下有一短橫,疑即"至*

---

① 李宗焜《甲骨文字編》,882 頁。
② 《合》22303:"丙辰卜,亞□狄一月至。"金祥恆《釋大狄达》讀"狄"爲達至之"達",猶他辭"及五月"、"及四月"、"及今一月"之"及"(宋鎮豪、段志洪主編《甲骨文獻集成》第十三册,469 頁)。其說若確,可爲"狄"用作達至之"達"添一例證。
③ 宗福邦等主編《故訓匯纂》,2295 頁"達"字條下㊵~㊷,北京:商務印書館,2003 年。
④ "倒'大'"形上加一短豎,在"逆"字中多見。參看李宗焜《甲骨文字編》,91 頁。按:此形從《合》的拓本看,"倒'大'"下似亦有一短橫;[字形]。其實這一短橫不是筆畫,觀[字形]短橫右上方同樣的小橫自明。故去掉。

（達）"的異體。

　　▆的字形構造與"至＊（達）"一致，"倒'大'"與"倒'矢'"的表意功能也相類，從"倒'大'"還可兼用"大"表"達"音。也可能由於此辭的"達"與"屰（逆）"字相對而言，所以臨時改用"倒'大'"形，以與"屰（逆）"取得聯繫。裘錫圭先生説："'逆于祖辛'可能是説先祭祖辛以後先王，然後及於祖辛。"①即"逆祀"。那麽"達于祖辛"可能是説先祭祖辛之前的先王，然後達至於祖辛，即"順祀"。

　　《説文》分析"達"字從"辵"、"𢍱"聲；"𢍱"的本義爲"小羊也"，"從羊、大聲"，與"達"同音（《四上·羊部》）。但是古文字裏從未見"𢍱"字，"小羊"義的"𢍱"也"没有在任何古書出現過"。② 因此"𢍱"字十分可疑，似有可能是許慎爲了分析"達"字硬拆出來的一個形體。西周金文"達"字作▆、▆，③可知"𢍱"乃後起訛形，但其"羊"旁很難解釋。我們釋爲達至之"達"字的△，其所從矢尾作▆的"倒'矢'"，跟"羊"很相似。過去唐蘭、商承祚等先生就曾把△⑥誤釋爲"羍"。④ 不知"達"字中的"羊"形有没有可能是由△所從之"▆"訛變而成的。⑤【編按：吴麗婉《試釋甲骨文"𢍱"字》（待刊稿）釋《殷墟文字乙編》904 的▆爲"達"字所從的"𢍱"（見趙平安《"達"字新證》引，《中國史研究》2023 年第 4 期）。其説若確，可證殷墟甲骨文時代已有獨立的"𢍱"字，我們對"達"所從"𢍱"的來源的推測就有問題。可惜其辭已殘，無法驗證其音讀。】

　　現在來討論卜辭△的用法（以下將此字徑寫作"達"）。蔡文又以▆、

---

① 裘錫圭《甲骨卜辭中所見的逆祀》，《裘錫圭學術文集·甲骨文卷》，273 頁。
② 高本漢著、董同龢譯《高本漢詩經注釋》，下册 836 頁，上海：中西書局，2012 年。
③ 董蓮池《新金文編》，上册 187 頁。
④ 參看于省吾《甲骨文字釋林》，278 頁。
⑤ "達"字右上部分的"▆"，尚難確言其來源。趙平安先生認爲就來自於甲骨文▆、▆等字所從（趙平安《"達"字兩系説——兼釋甲骨文所謂"途"和齊金文中所謂"造"字》，同作者《新出簡帛與古文字古文獻研究》，77～89 頁。但此字近有一些學者釋讀爲"迓"，文義較順），待考。

↯與"達"爲一字。這些字的字形、用法與"達"皆有異,是否一字有待研究,這裏就不涉及了。

卜辭屢見"遲"、"達"對言,所以各家多認爲"達"當與遲緩之"遲"反義。可是"達"並沒有"迅速"之類的意思。① 這是不是意味着△不當釋爲"達"呢?

我認爲問題出在對"遲"的理解上。甲骨文中有如下一版關於"遲"的卜辭,被不止一位學者討論過:

(2a) 戍其遲,母(毋)歸,于之若,戋羌方。

(2b) 戍其歸,乎(呼)駢,王弗每(悔)。

(2c) 其乎(呼)戍御羌方于義祖乙,戋羌方,不喪眾。

(2d) 于湋帝乎(呼)御羌方,于之戋。

(2e) 方其大出。　　　　　　　　　　　　　　(《合》27972)

陳劍先生指出(2a)的"遲""與'毋歸'對言,不能理解爲普通的與'迅'相對之遲緩之'遲'",當從連劭名等先生說訓爲等待之"待"。② 甚是。由(2c)、(2d)所說可知,(2a)讓戍原地待命而毋歸,就是要"呼戍"在那裏抵禦羌方;(2b)是說戍如果回歸,則呼令"駢(與'戍'相類的一種人)"去抵禦羌方。(2e)顯然指羌方出動而言。《懷》1467:"令其遲。"這個"遲"訓爲"待"也比訓爲"遲緩"合理。

陳劍先生指出,"遲"的本義就是"等待"【編按:"等待"義未必就是

---

① 《詩·商頌·殷武》:"撻彼殷武,奮伐荆楚。"毛傳:"撻,疾意也。"《正義》曰"是速疾之意"。"撻"、"達"可通。不過,速疾義之"撻"、"達",從不見於其他古書(高本漢以《鄭風·出其東門》"挑兮達兮"毛傳"挑達,往來相見貌"與《殷武》"撻彼殷武"之"撻"訓"疾"合證,而肯定毛傳。說見《高本漢詩經注釋》,242 頁。按"挑兮達兮"之"挑達"古代本有不同解釋,即從毛說,"往來相見貌"與"速疾"義也有距離,其與"撻彼殷武"之"撻"似不得牽合),於奮揚"殷武"之詩意也不貼合。所以馬瑞辰引《爾雅·釋言》"疾,壯也",認爲"傳訓疾者,亦壯武之義"(《毛詩傳箋通釋》,第三册 1183～1184 頁,北京:中華書局,1989 年)。可惜"撻"、"達"在典籍中也沒有當"壯武"講的用例。馬說雖不正確,但至少可以看出毛傳訓"撻"爲"疾"無據。此詩"撻"的解釋詳下文。

② 陳劍《清華簡字義零札兩則》,復旦大學出土文獻與古文字研究中心編《戰國文字研究的回顧與展望》,193～194 頁,上海:中西書局,2017 年。按連說見連劭名《殷墟卜辭中的戍和奠》,《殷都學刊》1997 年第 2 期,2 頁。

"遲"的本義,但定是很早就有的一個古義】,"其意義特點重在'停留'、'不進'",引申而有"留止"義,"再引申而爲'(動作、狀態等停留而)長時間不發生變化'"、"持續時間長";此種"遲"古人或訓"遲停","但要注意的是,所謂'遲停'之'停',並非完全'停止不做某事'、'停止不動',而是'一直停留在某個狀態或重複的動作等上不變'之意";"遲緩"、"徐遲"等義是由此進一步引申而來。① 從(2a)、(2b)所卜内容看,戓大概已有"歸"的意向或動向。商王命其"遲"而"毋歸",既可以理解爲"等待",也可以理解爲"遲歸",即"遲於歸",在"歸"這件事上停留不進(古漢語中引介行爲的對象的"于/於"是後起的,卜辭時代本可不用②)。我們認爲,甲骨卜辭中與"逹"對言的"遲"(包括多數單言的"遲"),都應按"待"或"停留不進"來理解,不獨(2a)爲然。

"逹"由"逹至"的本義,自然引申出"順利實現"之義,也可以説"實現"是較爲虛化的"逹至"。③ "等待"或"停留不進"的"遲",如用於説明某一行爲、事情,就指"等待、延緩進行"或"耽擱、延宕而不能順利進行下去"。兩者的意思正好相對,並且都是動詞。陳劍先生講(2a)的"遲"時,曾舉到卜辭數見的"勿卒歸,哉(待)"之貞(《合》16101～16104),謂與"戓其遲,毋歸"相類。④ 卜辭中"卒"、"哉(待)"對言之事,不止"歸",還有"入"、"令"等。⑤ 終卒之"卒"的詞義、用法,也與我們討論的"逹"相類。

《詩·大雅·生民》記姜嫄生后稷云:

---

① 陳劍《清華簡字義零札兩則》,復旦大學出土文獻與古文字研究中心編《戰國文字研究的回顧與展望》,193～195頁。
② 參看裘錫圭《談談殷墟甲骨卜辭中的"于"》,《裘錫圭學術文集·甲骨文卷》,548～550頁。
③ 《國語·魯語上》"莒大子僕弑紀公"章,記里革更改魯宣公之書:"夫莒大子殺其君而竊其寶來,不識窮固,又求自邇,爲我流之於夷。今日必通,無逆命矣。""通"猶"達",意謂今日必實現、成行。"通"的這一用法與"達"可比看。【編按:《左傳·宣公四年》載"君子"評論鄭子公染指於鼎、與子家謀而弑鄭靈公之事曰:"仁而不武,無能達也。""達"的用法與"今日必通"之"通"相近。】
④ 陳劍《清華簡字義零札兩則》,復旦大學出土文獻與古文字研究中心編《戰國文字研究的回顧與展望》,193頁。
⑤ 參看姚孝遂主編、肖丁副主編《殷墟甲骨刻辭類纂》,902頁。關於"哉(待),勿卒令",見《合》21481等。

> 誕彌厥月,先生如達。

毛傳訓"達"爲"生也"。但這跟"先生"之"生"重複,不可從("達"也没有"生"的義項)。鄭箋訓爲"羊子",即讀"達"爲"牵"。前面說過,"羊子"義的"牵"於古無徵;以"羊子"形容后稷之生,也嫌"擬不於倫"。前人對此句似無很好的解釋。陳奐指出"如"猶"而",① 是對的。用如"而"的"如",《詩經》常見。② 我認爲此詩"達"即指"順利實現","先生而達"意謂生頭胎十分順暢、頭胎順利生出。【編按:清人許瀚《先生如達解》云"先生如達"之"達""即通達之義,如當讀爲而,言初生而甚通達耳"([清]許瀚著、袁行雲編校《攀古小廬全集》上册 7~8 頁,濟南:齊魯書社,1985 年)。近讀許書,始知拙說的意思許氏早已指出。】同樣的姜嫄生后稷之事,《詩·魯頌·閟宮》說:"彌月不遲,是生后稷。"(《詩·商頌·長發》記湯之出生,也有"湯降不遲"之語。)"先生如達"就是"彌月不遲"、"降不遲"。③ 後者的"不遲"指不遲留、不耽擱,即"不遲於生","遲"正與"達"相對。

《詩·商頌·長發》云:

> 玄王桓撥,受小國是達,受大國是達。

鄭箋釋後二句爲"能達其教令",有"增字解經"之嫌,原文並無"教令"。朱熹訓"達"爲"通",④ 近是。更確切地說,"受小國是達,受大國是達"猶"達受小國"、"達受大國","達"也是"實現"的意思。所以不說"達受小國"、"達受大國"而採取現在的句式,大概出於"達"、"撥"押韻的需要。同詩尚有如下之句:

> 苞有三蘖,莫遂莫達。

前人已有指出此"達"與"受小國是達,受大國是達"之"達"同意者。⑤ 可

---

① (清)陳奐《詩毛氏傳箋》,第六册 2 頁,上海:商務印書館,1933 年。
② 高本漢著、董同龢譯《高本漢詩經注釋》,上册 533 頁、下册 836 頁。
③ 參看陳劍《清華簡字義零札兩則》,復旦大學出土文獻與古文字研究中心編《戰國文字研究的回顧與展望》,196 頁。
④ (宋)朱熹《詩集傳》,245 頁,北京:中華書局,1958 年。
⑤ 參看高本漢著、董同龢譯《高本漢詩經注釋》,下册 1117~1118 頁。

從。一般訓"莫遂莫達"之"達"爲"長"。今按,"達"、"遂"義近,皆實現、成就之謂。"苞"之所謂"實現",當然就指其長成。

前文提到過《詩・商頌・殷武》的開頭兩句:

撻彼殷武,奮伐荊楚。

"撻",陸德明《釋文》引《韓詩》云:"達也。"韓說很值得重視。"撻"似可讀爲"達","達彼殷武"的意思是使"殷武"實現,"奮伐荊楚"即"達至"、實現"殷武"的具體行動。《尚書・召誥》云:

若翼日乙卯,周公朝至于洛,則達觀于新邑營。

段玉裁《古文尚書撰異》訓"達"爲"通","達觀,若今俗語云'通看一徧'"。此說甚通,故後人多從之。① 不過,《召誥》是可靠的周初文獻,其時代與殷墟卜辭較爲接近,當時人筆下的"達觀",似有可能仍當"順利實現、完成審看"講["達觀于新邑營"與(1b)"达(達)往于之"、下舉(3b)"達至于攸"句式甚似,至少最初可以表示"順利實現、完成審看新邑的營建"的意思],"通看一徧"是稍晚才產生的理解,再進一步虛化,"達"就可訓爲"皆"(《禮記・禮器》:"是故天時雨澤,君子達亹亹焉。"鄭注:"達,猶皆也。")。"卒……"、"咸……"本指"終卒……"、"完成……",都是動詞,後來虛化爲副詞,訓"盡"、"皆",情況跟我們所說的"達"相似。【編按:《清華(拾)・四告》第一篇云:"上帝弗若,廼命朕文考周王翟(一)戎有殷,達有四方。在武王弗敢忘天威命明罰,至戎于殷,咸戡厥敵。"(簡 4～5)"達有四方"的"達"即本文討論的"達",其意當謂"實現'有四方'"。"至戎于殷"、"咸戡厥敵"對文,與殷墟大司空村牛骨刻辭"達"、"咸"對舉同例。"咸"訓"完畢","至"亦"達至、完成"之義,"至戎于殷"之"至"與"達"用法相同。《清華(伍)・殷高宗問於三壽》簡 19"四方達寧,元哲並進"的"達",整理者引鄭注訓"皆",當然是有道理的。但從文義看,"四方達寧"解釋爲四方達到了安寧、實現了安寧,亦可成立。"達"的範圍副詞"皆"的用法應該就是"至"、"達到"義的"達"在主語爲複數名詞或集合名詞(如"四方達寧"之

---

① 顧頡剛、劉起釪《尚書校釋譯論》,1434 頁,北京:中華書局,2005 年。

"四方")的環境中語法化(被重新分析)而成的。】

下面就按照我們對"達"、"遲"的理解,把有關卜辭簡要解釋一下。

先看一版與(2)文例頗近之辭:

(3a) 其大出,吉。

(3b) 🔣其達至于攸,若。王占曰:大吉。

(3c) 其遲,于之若。　　　　　　　　(《合》36824)

卜辭凡言"大出",基本上都是説敵人。① 故(3a)的"其大出"也應指某方而言,與(2e)同。試將(3c)"其遲,于之若"與(2a)的"成其遲,毋歸,于之若"對讀,可以斷定前者的"遲"也是"待"或"停留不進"的意思,亦即"遲於至于攸"。跟"遲"對言的"達",顯然不宜訓爲"迅速",否則彼此語義不對稱。(3b)卜問🔣實現到達攸地好不好,結果爲"大吉"。估計當時敵方大舉出動於攸地,所以🔣"達至于攸"可克敵制勝,待於原地、在"至于攸"這件事上遲停不前則不吉。【編按:李學勤《帝辛征夷方卜辭的擴大》指出此版可與《合》37852綴合,所謂"大出",從綴合後的完整卜辭看,乃王就"自今春至[于]翌尸(夷)方不大出"而卜。李文並已指出"其遲于之"是"或遲留原地待命"的意思(《當代名家學術思想文庫·李學勤卷》,89~90頁,瀋陽:萬卷出版公司,2010年)。草此文時失引李説,是不應有的疏失。】

接着説上引(1)。(1)在(1a)、(1b)之前,曾就王當"于某地立"進行選貞(此四條卜辭文繁不録),(1a)、(1b)"往于之"的"之"即指代前面選貞所得的地點。此二辭旋即問王會實現、完成前往那個地方去,還是會等待前往、停留不進。從(1a)、(1b)之後都有"有戋"之語來看,(1a)所以"其遲往于之",疑與(2a)、(3c)同類,認爲待在原地便能克敵。《屯》3038説:"遲伐羌方,于之禽(擒),戋,不雉(失)衆。""遲伐羌方"的意思大概是停止或延緩主動出擊伐羌方,在原地伏擊即可有所擒獲、得勝,可作爲理解"遲往

---

① 參看姚孝遂主編、肖丁副主編《殷墟甲骨刻辭類纂》,298頁"大出"條。

于之,有叟"的參考。(1b)說順利到達某地之後"有叟",則是預料敵方正在彼地活動。

再看其他"達"或"達"、"遲"對舉之辭:

(4a) 其達。

(4b) ☐遲。 (《屯》278)

(5a) 丙戌,貞:翌☐王步,昜日☐

(5b) 己亥,貞:王才(在)兹矢,達。

(5c) ☐王☐達。 (《屯》2845)

上文已經指出,當"達至"或"順利實現、完成"講的"達"和當"等待"、"停留不進"講的"遲"都是動詞,所以(4a)、(4b)以及上舉(3c)等"其遲"、"其達"可以獨立成句,(5b)的"達"可作一句讀。(5)的"達"可能是指"王步"這件事而言的,《合》27800 有"遲步,弗每(悔)"之辭,可參看。

(6a) 甲午卜,暊,貞:巳中酚(酒),正。才(在)十月二。

(6b) 貞:亡(無)左,不正。

(6c) ☐大史(事)卒,其達☐ [《合》31792+《英藏》2367(《合》41322),劉影先生綴合]①

(6c)"達"後當有他詞,似是問"大事"完畢之後,能不能順利實現某事。"大事"或"達"後之事,疑指(6a)之"酚(酒)"。《合》30825:"其遲酚(酒)。"其對貞之辭已基本殘去,不知有沒有可能是"其達酚(酒)"之類。

(7a) 壬戌卜,狄,貞:亞旐【編按:蒙張昂先生賜告,此字最下部分實非"殳",而是"土"形】其陟,達入。

(7b) 壬戌卜,狄,貞:其遲入。 (《合》28011)

此二辭說亞旐"陟",是順利實現"入",還是等待"入",或在完成"入"的過程中有停留、耽擱。卜辭有"卒入"之貞,②"卒入"與"達入"語近。

―――――――

① 劉影《骨條卜辭綴合四組及相關問題討論》,《古文字研究》第三十二輯,118～119頁,北京:中華書局,2018 年。

② 姚孝遂主編、肖丁副主編《殷墟甲骨刻辭類纂》,721 頁。

(8a) 丁丑卜，狄，貞：王遲往，卯。

(8b) 丁丑卜，狄，貞：王其田，達往。　　　　　(《合》29084)

對於"王其田"來説，卜問快速前往還是遲緩前往，似無關緊要。在前往田獵的途中順不順利，能否實現到達田獵地，會不會因故中途停頓、耽擱，或因故待於"往"，動不了身，才是王所關心的重點。"達往"與卜辭習見的"王其田，往來無災"、①"田某地，往來無災"、②"王往/往于田……無災"、③"至/至于某地無災"④等，義有相近之處。

(9) 丙寅卜，狄，貞：盂田其達㭉(散)，朝又(有)雨。

(《合》29092)

"㭉(散)"，裘錫圭先生指出意爲"芟殺草木"，⑤正確可從。大概殷人已觀察到次日早上會有雨，擔心下雨影響盂田上的芟殺草木工作，因而卜問此事能否順利實現。《懷》1438 有殘辭"☐王☐田延至☐㭉(散)，亡(無)𢦏(災)"，"散"而"無災"，義與"達散"相近。【編按：張軍濤先生綴合了《合》29092+《合》28541(《甲》1804)+《甲》1788(《殷墟甲骨新綴第 148～151 則》，先秦史網站，2020 年 9 月 18 日)，其上與(9)相對之辭云："今日王其田，至昏不遘雨。"卜問王去田獵到晚上不會遇到下雨吧？據此，(9)或當理解爲：盂地田獵，要事先完成芟殺草木的工作，早上會有雨吧？本文原來的解釋似不確。】

下引之辭的"達"，向來解釋爲"速"：

(10a) 己卯卜，賓，貞：今日祈、炅令葬我于出自，乃收出☐

(10b) 貞：勿收出示，既葬，達來歸。(《合》296+《合》10048+《合》7836，李愛輝先生綴合)⑥

---

① 姚孝遂主編、肖丁副主編《殷墟甲骨刻辭類纂》，321 頁。
② 同上注所引書，322 頁。
③ 同上注所引書，319～320 頁。
④ 同上注所引書，989 頁。
⑤ 裘錫圭《甲骨文中所見的商代農業》，《裘錫圭學術文集·甲骨文卷》，252～253 頁。
⑥ 黃天樹主編《甲骨拼合四集》第 951 則，161、297～298 頁，北京：學苑出版社，2016 年。

"達來歸"與他辭所言"卒歸"相類,不見得非要釋作"速來歸"不可。(10a)、(10b)當是對貞。(10a)的命辭雖有殘缺,據(10b)疑可擬補爲"今日孕、卆令葬我于凷𠂤,乃奴凷示,遲來歸",意思是說,命令孕、卆把"我(人名或國族名)"葬在"凷𠂤",接着做"奴凷示"這件事,會不會耽擱"來歸"或使"來歸"處於等待、停止不進的狀態?也有可能此辭不作"遲來歸"而作"達來歸",彼此文義並無太大出入。(10b)則問如果讓孕、卆不要做"奴凷示"這件事,那麼完成了"葬我于凷𠂤"之後,會不會順利實現"來歸"?可見,能否"達來歸"、是"達"還是"遲""來歸",關鍵在於要不要"奴凷示"。"奴凷示"顯然會影響"來歸"的實現。

  (11a) 惠今☐秋☐
  (11b) 惠今秋。
  (11c) 于春。
  (11d) ☐達䏌𥂗。   (《合》29715)

卜辭"䏌"或用爲戰爭動詞,如《合》26895:"☐戍辟立于尋(?),☐(此字不識)之䏌羌方,不雉(失)人。"(11d)可能是說某一時間[即(11a~c)的選貞結果]"䏌𥂗"行動能否實現。

  有的卜辭的"達"究竟應該如何解釋,似難決斷。如:

  (12a) 戍辟達之,𢦔。
  (12b) ☐之,𢦔。   (《合》28034)

此"達"有可能就是實義的"達至",指戍辟到達某一地點。這種文例中的"達",換成"速"、"迅"、"疾",都無法講通。又疑"戍辟達之𢦔"當連讀,"之"猶"之日"、"之夕"之"之","達之𢦔"意即達到、實現那次"𢦔"。按照後一種設想,"達"也不能換成"速"、"迅"、"疾"。

  此外還有個別使用"達"字之辭,實在太過殘損(如《合》18277),故從略。

  最後解釋殷墟大司空村牛骨刻辭的"達"。其字所在上下文雖多殘斷,但從僅存的"達至,咸涉水,奠"數字來看,"達至"的"達"應與"咸涉水"

的"咸"義近。"咸"本指"完畢、完成",其見於卜辭者,如"咸戋"(《合》19957)、"咸伐"(《合》11497)等,直到西周金文、《詩經》裏還有此種動詞用法(如《魯頌‧閟宮》之"克咸厥功")。① "咸涉水"就是完成了渡水的意思。然則"達至"講成實現至某地,是合乎文例的。

2019 年 2 月 10 日寫完

附識: 蒙郭永秉、張富海先生對本文提出寶貴修改意見,謹致謝忱。

追記:

在 2019 年 11 月 2~4 日復旦大學召開的第一屆"出土文獻與中國古代史"學術論壇暨青年學者工作坊上,顔世鉉先生提交了《甲骨與楚簡文字合證——以表示"疾速"義的"疾"爲例》,此文在此前發表的《說殷墟大司空村出土胛骨卜辭的"疾"字》、《說"至"和"晉"的關係》二文(本文皆已引用)的基礎上,重申△當釋爲疾速之"疾"的觀點(以下簡稱此文爲《合證》)。這次的《合證》提到了莫伯峰先生綴合的《合》27745+《美》490,同意此辭中的"达"本應从"矢","达"也就是△字。《合證》引莫伯峰先生個人信件提供的解釋,認爲此辭"达"中的"大"是無名組"矢"的一種寫法,並舉無名組有些"雉"字所从"矢"作"大"形(《合》26888、26895)、"册"字右上多从"大"而在《合》30688 中則从"矢"爲證。(見《論文集》97 頁)

今按,莫先生所説的無名組卜辭的"册",即上从"子"从"大"、下从"册"之字(《甲骨文字編》1177 頁)。此字似只有《合》30688 一例从"矢",當是"大"之訛寫(大概寫刻時受从"子"从"矢"之字的影響),跟他們認爲的"矢"可寫作"大"還不是一回事,可不必論。無名組的"雉"字確有一些从"大"形的;但可以注意的是,此組"雉"字所从"矢"又有作 者(如《合》28138、26891、《屯》2320 等),所謂"大"形應該是由此種"矢"省去箭幹上的短橫而成的。無名組的△3(即《合》29715)所从"矢"作 而不作 ,

---

① 參看蔣文《先秦秦漢出土文獻與〈詩經〉文本的校勘和解讀》,137~141 頁,復旦大學博士學位論文(指導教師:陳劍),2016 年 6 月。

甲骨文裏也從未見過从""形的△字,因此援"雉"字省變之例來證明△可省寫作"达",恐怕缺乏足够的説服力。仔細觀察由"矢"簡省而來的"大"形,其上部的左右兩斜畫從頂端直接起筆,尚可看出箭頭的樣子("侯"、"族"所从"矢"簡省爲"大"形者,亦大率如此);而真正的"大"字中象人手臂的左右兩斜畫,往往離頂端(人的頭部)較遠。《合》27745+《美》490 的"达"字作,顯然符合"大"的特徵而不符合"大(矢)"的特徵。

2019 年 11 月 8 日

原載《出土文獻與古文字研究》第八輯,上海古籍出版社,2019 年 12 月。

釋 "𢆶"

殷墟甲骨文裏有一個作 ⿱⿰ 、 ⿱⿰ 、 ⿱⿰ 、 ⿱⿰ 等形之字,一般隸定爲"𢆶"。此字最早見於𠂤組小字類卜辭,在𠂤賓間組、賓組、賓出組、歷組等都有,而以賓組所見爲多。①

白玉崢先生曾將"𢆶"字在甲骨卜辭中的用法分爲"與𡆥字同例者"、"與娀字同例者"、"爲方國名或地名者"三類。② 上古族名、地名、人名往往三位一體,從"𢆶以𠭯伯由"(《合集》2341,參看《合集》2340、3416正、《英藏》547正等)、"𢆶示(主—屬?)③二屯"(《合集》14433)等辭來看,"𢆶"也可以指𢆶族或𢆶地之人。白氏所舉"與𡆥字同例者"、"與娀字同例者",從意義上講,其實可以合併爲一類,均指"憂禍"、"凶艱"而言。饒宗頤先生即以"災禍"訓釋之。④ 趙鵬、陳劍先生懷疑"𢆶"與讀爲過愆之"愆"的"衍""很可能表示的就是同一個詞"【編按:這裏以及下文提到的所謂"衍"字,現有"役(疫)"、"虞"等不同釋讀】,孫亞冰先生認爲"𢆶"在有的卜辭裏"是一個與'憂'、'𠂔'、'孽'等類似的表示籠統災害的字";他們對有些卜辭"𢆶"義的理解也都相近。⑤ 下面舉一些這種用法的例子(有關辭

---

① 李宗焜《甲骨文字編》,356~357頁,北京:中華書局,2012年。
② 白玉崢《契文舉例校讀》,458~460頁,臺北:藝文印書館,1988年。
③ 方稚松《談談甲骨文記事刻辭中"示"字的含義》引董珊先生説,《出土文獻與古文字研究》第二輯,93頁,上海:復旦大學出版社,2008年。
④ 于省吾主編《甲骨文字詁林》,1673頁,北京:中華書局,1996年。
⑤ 諸説並見孫亞冰《"衍"字補釋》,《古文字研究》第二十八輯,81、82頁,北京:中華書局,2010年。本文初稿失引,蒙王子楊先生賜示。

例詳參《類纂》653~654頁)。

卜辭既言"虫(有)敁",又言"亡敁":

(1) 庚午卜,古,貞,王夢唯敁。○貞,王夢不唯敁。(《乙編》7150=《合集》6655 正)○王占曰:其虫(有)敁,小。(《乙編》7151=《合集》6655 反)

(2) 丙戌卜,亡敁。(《合集》32699)

(3) 貞,亡來敁。○貞,其虫(有)來[敁]。(《乙編》2595=《合集》809 反)

值得注意的是,上引數辭於"有敁"前用"其"而"亡敁"前不用。(3)爲正反對貞,靠左一條的"敁"字雖基本殘去,但可據文例及所存左上角的殘畫補出;此組對貞卜辭一用"其"一不用"其",可以看得更清楚。根據衆所周知的"司禮義'其'的規則",對貞卜辭中"用'其'的那條所説的事,一般都是占卜者所不願意看到的";①"敁"顯然是占卜者所不願意看到的壞事。這一點確如白玉崢所説,跟卜辭屢見的"其虫(有)囚(憂)"與"亡囚(憂)"對貞相似。(3)言"來敁",也如白氏所指出的,跟"來嬯(艱)"的説法相似。(1)係卜問王夢是否"敁",占辭説有"敁",但不大。對於做夢來説,所謂"敁"應指籠統的憂禍、凶艱,而不可能特指"鳥害"等具體的災害[試比較《合集》272"王夢唯囚(憂)"、"王夢不唯囚(憂)"等辭]。

《合集》11274 正有如下二辭:

(4) 丁卯卜,殼,貞,我師亡肈敁。

(5) 貞,卒亡肈敁。

"肈"字從方稚松先生釋。方先生並指出,"亡肈敁"係"卜問有没有遭受到帝降下的災禍之意","肈"當有"致"義,"肈敁"與卜辭所説"至(致)艱"、

---

① 引號裏的話引自裘錫圭《殷墟甲骨文"彗"字補説》,《裘錫圭學術文集·甲骨文卷》,425 頁,上海:復旦大學出版社,2012 年。

"至(致)囏"意近。① 其説甚是。對於師衆來説,所"肈"之"戕"也應指籠統的憂禍、凶艱。

卜辭又屢言"降戕",此事的主語如説出,一般多爲"帝":

(6) 貞,□帝唯降戕。○貞,帝不唯降戕。(《合集》14171)

(7) 貞,帝不降戕。(《合集》14172)

(8) □帝其降戕。(《合集》14173 正)

看來,那些其前不加主語的"降戕"之辭,其施事者大概也是"帝":

(9) 今秋其屮(有)降戕。(《合集》13737)

(10) 貞,[亡降]戕。○貞,其屮(有)降戕。(《合集》17336)

下引命辭的主語似非"帝":

(11) 貞,我□降戕。○□降戕。八月。(《乙編》2652=《合集》17337 正)○[王]占曰:其屮(有)降,小。勿[降]大戕。(《乙編》2653=《合集》17337 反)

卜辭屢見"降囏"之語,其主語多半亦爲"帝"(即施事),但也有説"貞,兹邑其屮(有)降囏"的(《合集》7852 正,參看《類纂》480 頁)。"兹邑"雖處於主語位置,卻是"降囏"的受事。(11)的"我"可能也是"降戕"的受事(試比較《合集》14175"貞,帝其[降]我戕")。

(11)的占辭,《類纂》釋作"其屮(有)降大戕","降"下"小"、"勿"二字皆漏釋(《合集》拓本"小"字完全看不清,需參考《乙編》圖版),且未看出"大"上當殘去一字。《甲骨文合集釋文》所釋殆同,只是比《類纂》多認出一"勿"字,卻把它誤歸爲另條。本文原亦承襲此誤,現在的釋文承蒙陳劍先生指教。"其屮(有)降,小"的説法與(1)的占辭"其屮(有)戕,小"同例。按照語言通例,"降大戕"的否定詞當用"不"或"弗",此條占辭卻用了

---

① 方稚松《談談甲骨金文中的"肈"字》,復旦大學出土文獻與古文字研究中心網,2008 年 1 月 17 日;同作者《殷墟甲骨文五種記事刻辭研究》,49~53 頁,北京:綫裝書局,2009 年。

"勿",這跟裘錫圭先生所指出的占辭説"弜降囚"、"弜疾"、"弜丵",①屬於同一情況。

上引諸辭中"有降歞"前往往也用"其",可知"降歞"即降禍、降凶之類的壞事。卜辭"降囚"前也往往用"其"(參看《類纂》480頁),與此同例。

《合集》12896 有"兹雨以歞"之語,跟卜辭所見"兹雨唯囚"(《合集》12881、12883等,參看《類纂》829頁)比較一下,可知當解釋爲這場大雨帶來了憂禍、凶艱。

卜辭還有"入歞"之説,其前亦皆用"其":

(12) 癸酉卜,貞,歞[其]尋入商。九月。(《合集》7809)

(13) ☐貞,歞其尋入商,出☐(《合集》7810)

(14) 癸巳卜,賓帝(禘)☐其即入邑歞。(《乙編》5241=《合集》9733 正)

(15) 辛卯卜,貞,其入歞。(《合集》17334)

"歞""入商"、"入邑",與孫亞冰先生所釋"衍其入王家"(《屯南》332)②的説法很相似。

"衍其入王家"等辭中的"衍",孫先生解作具體的"水漫衍",陳劍先生則主張讀爲表示"籠統概括的不好之意"的"愆"。③"入歞"之"歞"似乎也有可能既泛指憂禍、凶艱,又特指具體的凶災。孫亞冰先生在補充論述"衍"爲具體的"衍溢之義"時,認爲卜辭所見"'衍'災發生在秋季"(按:《合集》34712"今秋其降衍"),"與下雨過量,影響農作物有關"。上引(9)"降歞"之事也發生在"今秋","歞"當然不見得也指水漫衍,但至少説明"降歞"指降具體凶災的可能性是存在的。

孫亞冰先生又舉出"寧衍"之辭説:

……卜辭中被"寧"的災害,如風災、雨災、風雨災、蟲災和疾病都

---

① 裘錫圭《説"弜"》,《裘錫圭學術文集・甲骨文卷》,16頁注②。
② 孫亞冰《"衍"字補釋》,《古文字研究》第二十八輯,77頁。
③ 同上注所引書,81頁。

是具體的災害,而非籠統的災害,那麼"衍"災似乎也應該是指具體的災害。……至於"寧忮"的"忮"(引者按:此處原文有括注,從略),從字形上看,很可能本來是指一種由鳥類引起的災害,……(引者按:原文此處引或釋此字爲鳥害之說,從略)這種鳥害多發生在秋季的八九月份(《合》17337正[引者按:即本文所引(11)]、14370)。"忮"在卜辭中已出現由鳥害之義引申的(引者按:"的"似當作"爲")籠統的災害之義……(引者按:原文此處引《合集》6655[即本文所引(1)],並與相類之辭作比較,從略)但"寧忮"的"忮"很可能還是指具體的鳥害。①

下文將會指出,"忮"的字形並不表示"由鳥類引起的災害"之意;不少學者以"鳥害"義解釋卜辭的"忮",恐怕是由此字從"隹"而產生的誤解。雖然如此,孫先生指出在"寧忮"一類卜辭中,"忮"當指具體的凶災而言,仍是有道理的。下面也舉一些例子。

從卜辭的記載看,商王請一些祭祀對象"寧忮":

(16) 貞,于☒寧忮。(《合集》1314)

(17) ☒于☒寧忮。(《合集》14675)

上引孫文已指出,"寧忮"當與"寧風"、"寧雨"、"寧秋(指蝗蟲之災)"、"寧疾"相類(參看《類纂》1032、1033頁)。這種"忮"自然不宜視爲籠統的憂禍、凶艱。《合集》14370丙說"方帝(禘)寧忮",即按四方禘祭以寧止某種凶災之義。②他辭或言"尋告忮于☒"(《合集》16073),大概是向祭祀對象報告某種具體的凶災,以求寧止。上舉(6)~(11)"降忮"、(12)~(15)"入忮"之"忮",似亦以解釋爲具體的凶災爲好。

這個既有籠統的憂禍、凶艱義,又可以特指某種具體凶災的"忮"字,

---

① 孫亞冰《"衍"字補釋》,《古文字研究》第二十八輯,82頁。
② 卜辭"方帝"的解釋,參看沈培《殷墟甲骨卜辭語序研究》,72~75頁,臺北:文津出版社,1992年。本文初稿誤以此辭"帝(禘)"爲上帝,並對卜辭之義作了不確當的理解,蒙王子楊先生向作者指出。

究竟應該如何釋讀呢？目前比較流行的有釋"摧"和釋爲《廣韻》平聲咸韻士咸切訓"鳥㪍物"的"㪍"二說。① 釋爲《廣韻》"㪍"字之說，最早大概是商承祚先生在《殷虚文字類編》的按語中提出來的。② 于省吾先生則根據"古文字从攴的字後世多變爲从手"以及"隹"、"崔"音近可通，釋"㪍"爲"摧"。③ 此二說在文字學上似有所據，因而分別爲不少人所信從。

于省吾先生認爲《廣韻》所收讀"士咸切"的"㪍"與"摧"音義相因，"鳥㪍物""應解作鳥摧毁生物"。④ 我們知道，上古音幽侵對轉、幽微通轉，所以"㪍"、"摧"不但聲母相近，韻部也不算遠。讀"士咸切"的"㪍"確有可能是"摧"的引申義的變體【編按：此説不確。"㪍"、"摧"韻遠，二者不可能存在語源上的聯繫】。但是，于先生釋"摧"，是把"㪍"視爲从"攴"、"隹"聲的形聲字，這顯然不如多數學者所認同的、此字爲从"隹"从"攴"的表意字的看法合理。從文首所舉甲骨文的字形看，其字義也與"鳥㪍物"不合。⑤

更爲重要的是，同意釋爲《廣韻》所收"㪍"字者，並没有說明在卜辭中當讀爲何詞。于先生訓"摧"爲"沮"、"毁"、"壞"，卜辭中"摧作名詞用，指摧毁性災害爲言"。⑥ 不但典籍裏未見"摧"有此種用法，而且從于先生的解釋可以看出，"㪍"義實偏重於"災害"（與上文所歸納的"憂禍"、"凶艱"義同類）；于先生所以要在"災害"前加上"摧毁性"，就是爲了遷就"摧"的詞義，這也説明用"摧"去理解相關卜辭辭義，似嫌不夠貼切。而且，"摧毁性災害"之義，對於那些特指某種凶災的"㪍"字，也是不適用的。

我們認爲，在西周金文中似可找出有關"㪍"字讀音的綫索。這一資料，孫詒讓和于省吾先生早已提及，可惜未達一間，需要重新加以論證。

孫詒讓《契文舉例》分析"㪍"字"从隹从攴，疑當爲雖之省"。⑦ 雖然

---

① 參看于省吾主編《甲骨文字詁林》，1672～1676頁。其他釋法可參看周法高主編《金文詁林》，2319～2321頁，香港：香港中文大學，1976年。
② 于省吾主編《甲骨文字詁林》，1672頁。
③ 于省吾《甲骨文字釋林》，223～225頁，北京：中華書局，1979年。
④ 同上注所引書，225頁。
⑤ 有些學者主張"㪍"的本義或在某些卜辭裏的意思爲"鳥害"。此説與"㪍"字从"攴"从"隹"之形實亦難合。
⑥ 于省吾《甲骨文字釋林》，226頁。
⑦ 于省吾主編《甲骨文字詁林》，1672頁。

沒有說出他的根據,且以"啟"爲"雖之省",按照我們的看法也是不對的;但他把此字讀音與"雖"相聯繫,堪稱卓識。

西周中期的季啟簋有⿱字,用作人名。① 王襄、商承祚等人很早就指出"啟"與甲骨文"啟"爲一字。② 時代更早的周原甲骨 H31：3 上也有一個作⿱(⿱)形的"啟"字。③ 古文字"攴"、"殳"二旁往往通用,故"啟"、"啟"一字說已爲後來多數論"啟"者所普遍接受。不過,這裏有一個問題需加說明。

"啟"字所從的"⿱"與一般的"攴"形有別。但甲骨文"牧"、"救"等字所從,就兼有"⿱"和一般的"攴"二體;④"般"字多數從"⿱",有時也從一般的"攴"。⑤ 可見"⿱"是有可能變爲一般的"攴"形的。《合集》21982 屬非王圓體類,其辭行款較亂,最上一條殘辭存"以⿱告"數字［此辭也可能當讀爲"以⿱罚(旬)告"］。"告"上一字左似爲寫得比較草率的"隹",右爲一般的"攴",可能也是"啟"字。"以啟告"與上引《合集》16073"尋告啟于囗"語似。此說若確,便是"啟"字在卜辭時代曾有過從一般的"攴"形的例證。到周原甲骨和西周金文裏,"啟"的"攴"旁被換爲"殳"旁,就顯得很自然了。而且,結合摹本仔細觀察上引周原甲骨文"啟",其所從"殳"旁實介於一般的"殳"與"⿱"之間,可以看作由"⿱"演變、類化爲季啟簋"啟"所從"殳"旁的中間環節。所以,即使不管"⿱"、"攴"通用以及《合集》21982 的

---

① 中國社會科學院考古研究所《殷周金文集成(修訂增補本)》,第 3 册 1977 頁 03730 號,北京：中華書局,2007 年。
② 于省吾主編《甲骨文字詁林》,1672 頁。按：西周中期殷句壺銘中的"殷",或釋"啟"［中國社會科學院考古研究所《殷周金文集成(修訂增補本)》,第 6 册 5066 頁 09676 號］。此字構形與甲骨金文一般寫法的"啟/啟"不合,恐不得釋爲"啟"。
③ 曹瑋編著《周原甲骨文》,138 頁,北京：世界圖書出版公司,2002 年。此條材料蒙謝明文先生指示。摹本取自劉釗等《新甲骨文編》,196 頁,福州：福建人民出版社,2009 年。
④ 李宗焜《甲骨文字編》,353～355 頁。
⑤ 同上注所引書,369～371 頁。

那個字,根據周原甲骨文"殴"的寫法,也能對"殴"與"攴"加以認同。

于省吾先生在同意"殴"、"攴"爲一字異體的基礎上,說了如下一段話:

> 西周金文的雔字,從隹與從殴互見,虢季子白盤以緧爲經維之維。①

前引孫詒讓疑"攴"爲"雔之省",可能就是根據金文"雔"或從"殴"而言的。如果真是這樣的話,他們的聯繫都是有道理的。下面先列出于先生提到的相關字形:

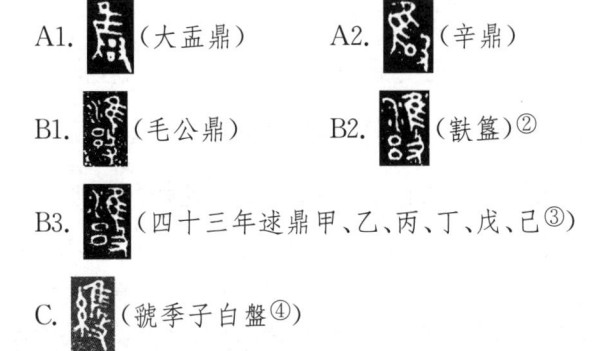

A1. ▢（大盂鼎）　　A2. ▢（辛鼎）

B1. ▢（毛公鼎）　　B2. ▢（𢼜簋）②

B3. ▢（四十三年逑鼎甲、乙、丙、丁、戊、己③）

C. ▢（虢季子白盤④）

春秋早期的晉姜鼎⑤和陝西鳳翔南指揮村秦公一號大墓所出春秋晚期的石磬殘銘⑥中,也有一般釋爲"雔"之字,均作上舉 B 形。此外,西周晚期的師詢簋"雔"作▢,⑦疑"又"爲"殳"旁的誤摹或訛體。四十三年逑鼎諸

---

① 于省吾《甲骨文字釋林》,223～224 頁。
② 董蓮池《新金文編》,上册 440～441 頁,北京:作家出版社,2011 年。
③ 陝西省考古研究院、寶雞市考古研究所、眉縣文化館編著《吉金鑄華章——寶雞眉縣楊家村單氏青銅器窖藏》,55、63、71、79、87、95 頁,北京:文物出版社,2008 年。
④ 中國社會科學院考古研究所《殷周金文集成(修訂增補本)》,第 7 册 5480 頁 10173 號。
⑤ 同上注所引書,第 2 册 1496 頁 02826 號。
⑥ 王輝等《秦公大墓石磬殘銘考釋》,收入王輝《一粟集——王輝學術文存》,上册 364、366 頁,臺北:藝文印書館,2002 年。
⑦ 中國社會科學院考古研究所《殷周金文集成(修訂增補本)》,第 4 册 2746 頁 04342 號。

器中的 B3,偶爾也有"殳"省譌作"又"之例。①

A1、A2 爲西周早期器,B1、B2 爲西周晚期器。有些學者分析 A1、A2 爲在从"隹"从"吕"或从"隹"从"口"的"雖"字上加"殳"旁而成,B1、B2 爲在"雖"字上加"殳"旁而成。② 上舉大盂鼎、毛公鼎、默簋等器此字多用作動詞(逑鼎辭例同毛公鼎),似乎也是各家認爲"殳"係後加"動符"的一個理由。不過,毛公鼎"勿雖□庶又(？ 有?)□"的"雖",從與否定詞"勿"搭配來看,大概也是動詞,卻並不从"殳"。可見用作動詞這一點倒不必爲"殳"旁後加的確據。

見於虢季子白盤的 C,其所在銘文如下:

　　丕顯子白,壯武于戎功,經 C 四方……

自徐同柏等人釋 C 爲"維",③至今占據主導地位。楊樹達先生認爲 C 从"隻(獲)"聲而讀爲"經蒦四方",不爲人所信;但他以"金文中从隹得聲之字甚多,……皆無从攴者,何獨於維从攴"爲由致疑釋"維"之說,④則值得重視。"經維"一詞似不見於古書和出土文獻,也是一個問題。

上舉默簋有"經雖先王"之語,晋姜鼎有"經雖明德"之語,可見"經雖"乃周代金文的成詞。把它們跟虢季子白盤的"經 C 四方"對照起來看,C 恐怕也應釋讀爲"經雖"之"雖"。謝明文先生告訴我,陝西鳳翔秦公一號大墓所出石磬有如下一段殘銘(85 鳳南 M1:547＋578＋514;又見 85 鳳南 M1:710、83 鳳南 M1:085、85 鳳南 M1:84＋84 鳳南 M1:158 等,但語句殘損更甚),發表者原釋爲(對於釋讀沒有分歧的字,一般不加隸定):

　　申用無疆。作禹配天,……帚(寢)龔雖(雍。引者按:此字實从"殳",作上舉 B 形)。四方穆=(穆穆),□珊需……⑤

---

① 陝西省考古研究院、寶雞市考古研究所、眉縣文化館編著《吉金鑄華章——寶雞眉縣楊家村單氏青銅器窖藏》,103、111 頁。
② 周法高主編《金文詁林》,2309～2311 頁。
③ 同上注所引書,7288 頁。
④ 楊樹達《積微居金文說(增訂本)》,148 頁,北京:中華書局,1997 年。
⑤ 王輝等《秦公大墓石磬殘銘考釋》,收入王輝《一粟集——王輝學術文存》,上册 332～333 頁。

謝先生認爲原斷句有誤，當斷作：

   申用無疆。作寰配天，……帘（寢），龏雒（雍）四方。穆₌（穆穆）
   □珊需……

"疆"、"方"皆陽部字，正好押韻。"龏雒四方"與虢季子白盤"經雒四方"語例極近，可證 C 釋讀爲"雒"是合理的。

  我很贊同謝明文先生的意見。如按磬銘發表者的斷句，不但銘文失韻，而且"穆穆"是形容"四方"的，這顯然不合於此詞在金文中的一般用法（多用於形容人）。"穆₌"下殘字尚存▨形，跟同墓所出磬銘"上帝"合文作▨（86 鳳南 M1：884）、▨（85 鳳南 M1：548）者比較一下，不難看出即"上帝"合文"帝"字的下半部分。此句實當斷作"穆穆上帝，珊需（疑指享祀上帝的玉）……"。這也可以反過來證明"穆₌"不當屬上與"四方"連讀。

  "龏雒四方"的"龏"，疑當讀爲訓"持"之"共"（猶何尊"唯王龏德"之"龏"讀爲共持之"共"）。"雒德"、"雒我邦小大猷"之"雒"，舊或括注爲"擁"。"擁"有"執"、"持"義，①"擁德"與"秉德"、"執德"義近。磬銘多所殘損，無法確知其義，但照字面意思來看，"龏（共）雒（擁）四方"大概可以理解爲秉持四方。《尚書・酒誥》言"在昔殷先哲王""經德秉哲"〔按：《清華大學藏戰國竹簡（叁）》所收《説命下》2 號簡有"經德配天"之語〕，僞孔傳訓"經"爲"常"。從"經"、"秉"對文看，"經德"應該跟"秉德"的意思差不多（"經"的這種意思由其"遵循"義引申而來。如果一定要細究"經德"與"秉德"的差別，似可認爲"經德"含有遵循先人之德繼而秉持之的意味）。毛公鼎"今余唯肇經先王命"、逨鐘"經朕先祖服"（《近出殷周金文集錄》106～108）的"經"，也可以當循持講。晉姜鼎"經擁明德"也就是遵循、秉持明德。默簋的"經擁先王"，張政烺先生解釋爲"遵循常規擁護先王政令"；②

---

① 參看宗福邦等主編《故訓匯纂》，941 頁，北京：商務印書館，2003 年。
② 張政烺《周厲王胡簋釋文》，《張政烺文集・甲骨金文與商周史研究》，247 頁，北京：中華書局，2012 年。

按照我們對"經擁"的理解,似當指循持先王之命或先王之德而言。據此,虢季子白盤的"經擁四方",實指子白循持四方之事、擁有四方,略相當於毛公鼎所謂王"命汝作一〈四〉方亟";班簋説毛伯"作四方亟,秉緐、蜀、巢命",①與"經擁四方"之意更近。盤銘接下來説子白"博伐玁狁"、"折首"、"執訊"、"獻馘于王",便是其"經擁四方"的功績。

總之,從辭例看,虢季子白盤的"經C四方"釋讀爲"經擁四方",應該是可以成立的。

既然西周中期的季嫛簋尚在使用獨體的"嫛"字,虢季子白盤的C取從"糸"、"嫛"聲的分析辦法,無疑最爲直接。C在銘文中讀爲"雝",可知"嫛"當與"雝"音近,這跟A、B的字音和用法相合(C的聲旁不寫作A或B,而作"嫛",當然與其字已有"糸"旁、右邊的位置難以安排下繁複的A或B形有關。但所以可用"嫛"替代A或B,似正表明"嫛"、"雍/雝"音近)。于省吾先生拿C與A、B的構形加以類比,實已看出彼此字形上存在聯繫,這是很敏鋭的發現。所以,與其把A、B看作"雍/雝"上追加"殳"旁而成,不如比照"嫛"的結構,認爲A、B本是從"雍/雝"從"殳"、"雍/雝"亦聲之字合適。頗疑A、B是"嫛"、亦即甲骨文"嫛"的一種異體。爲了更好地説明這一點,有必要分析一下"雍"、"雝"二字。

甲骨文中已有從"隹"從"口(或'○'。以下舉'口'以包'○')"和從"隹"從"吕(非'吕'字,或作二'○'。以下舉'吕'以包二'○')"繁簡二體的"雍"字。② 從"水"的"雝"字,在殷墟甲骨文中基本上只從"口",③爲西周早中期金文所繼承;從"吕"的"雝",直到西周晚期才出現。④

前人已指出,"宫"字所從的"吕",本象宫室之形,當即"宫"之初文。⑤ 卜辭所見"雍己"合文作 ,⑥可知"雍/雝"、"吕(宫)"音近,"雍"實從"吕

---

① 中國社會科學院考古研究所《殷周金文集成(修訂增補本)》,第4册2742～2745頁04341號。
② 李宗焜《甲骨文字編》,629頁。
③ 同上注所引書,629～630頁。
④ 董蓮池《新金文編》,上册440～441頁。
⑤ 于省吾主編《甲骨文字詁林》,1985～1986頁。
⑥ 李宗焜《甲骨文字編》,1435頁。

（宫）"得聲。"雍己"合文或作"㠯"、"㠯"等形，①這是"吕（宫）"可省作"口"形之證。西周金文中的从"宫"从"九"之字，所从"宫"也或有作"宫"者。②《合集》37616（《前》2.29.7）有" "字，島邦男《殷墟卜辭綜類》收於"宫"字條下，《甲骨文字詁林》按語謂係"宫"字之殘。③ 其實也有可能是作"宫"形的"宫"之異體[此版以田獵地名"宫（宫）"與"㫃"選貞。黄組卜辭"宫"、"㫃"作爲田獵地名共見於一版之例甚多，如《合集》37605、37618、37620、37664等。不過，"宫"寫作"宫"卻極爲罕見，大概爲了避免字形與"向"相混]。"口"、"吕"皆象宫室的俯視圖（與"邑"所从"口"形相類），在作爲合體字的偏旁或充當合文的一部分時，單獨的"口"形仍具有"宫"的音義。

在歷組二類和無名組卜辭中，有一個一般隸定爲"隹"的字，作" "、" "等形。④ 我們認爲從字形和辭例兩方面考察，這個字還是釋爲"雍"比較妥當。

此字"隹"下部分作"○"中加點之形，應即"口（宫）"之別體。甲骨文"雍己"合文又有作"㠯"、"㠯"者，⑤其形"口（宫—雍）"中加點，與西周早期金文"雍"、"雝"所从"口"或加點同例，⑥殷墟甲骨文亦偶見此類寫法的"雍"。⑦ 因此，所謂"隹"應該就是簡體的"雍"字。這種寫法的"雍"，所从"口（宫）"有些接近於"日"，跟大家所熟悉的"雍"、"雝"字形稍有出入。這也是可以解釋的。按照李學勤先生的甲骨分期"兩系説"來看，一般隸定爲"隹"的"雍"字皆見於小屯南地所出甲骨，而常見的"雍"、"雝"之形則幾

---

① 李宗焜《甲骨文字編》，1435～1436頁。
② 董蓮池《新金文編》，中册1015頁。
③ 于省吾主編《甲骨文字詁林》，1985頁。
④ 李宗焜《甲骨文字編》，646頁。
⑤ 同上注所引書，1435～1436頁。
⑥ 董蓮池《新金文編》，上册440頁引雍伯鼎字形；中國社會科學院考古研究所《殷周金文集成（修訂增補本）》，第4册3316頁05308號卣銘。
⑦ 李宗焜《甲骨文字編》，630頁。"丁"字間或亦有加點之例，如《丙編》425"丁酉卜"開頭兩條，祖丁之"丁"作 。

乎都出自小屯村北、村中一系。把它們視爲一字異體，在甲骨類組的分佈上恰好形成互補。

一般隸定爲"䧹"的"雎"字，多數似用作人名，無義可説。唯見於無名組卜辭的一例，用作地名，其辭如下（用"～"代替此字）：

于南陽西㪉。○于～北對。（《屯南》4529）

此辭當是選擇到南陽西"㪉"好，還是到～北"對"好。"～北"應是一個離南陽西不遠的地方。《左傳·僖公二十五年》："晋於是始啓南陽。"楊伯峻注："《水經·清水注》引馬融曰：'晋地自朝歌以南至軹爲南陽。'朝歌，今河南省淇縣治；軹，今濟源縣東南十三里軹城鎮，則南陽大約即河南省新鄉地區所轄境，亦陽樊諸邑所在地。其地在黄河之北、太行之南，故晋名之曰南陽。"[①] 上引卜辭已有"南陽"，可見此地名古已有之，並非始名於晋。"南陽西"應該就在今河南新鄉所轄的西面。[②] 卜辭屢見地名"雍"，學者考定"即《左傳》的雍，《水經·清水注》的雍城，在今修武西、沁陽東北"，其地位於"河南北部太行山南、黄河以北的舊懷慶府區域"。[③] 如釋"～北"爲"雎北"，指雍之北面，則與南陽西距離很近，從地理位置上也是講得通的。

《説文·四上·隹部》："雎，雎鵙也。从隹，且聲。"大概从"隹"、"口/吕（宫）"聲的"雎"才是爲"雎鵙"所造的專字，[④] 此字爲《説文》所失收。"䧹"字从"水"、"雎"聲，前人以爲是爲辟雍之"雍"造的。陳劍先生告訴我，從卜辭多用作地名來看，"䧹"可能是雍水之"雍"的本字。"邕"則是

---

① 楊伯峻《春秋左傳注（修訂本）》，第一册 433 頁，北京：中華書局，1990 年。
② 詹鄞鑫《讀〈小屯南地甲骨〉札記》據《史記·秦本紀》"魏入南陽以和"《正義》引《括地志》"懷獲嘉縣即古之南陽"，定卜辭南陽之朔地爲今獲嘉縣。見其《華夏考——詹鄞鑫文字訓詁論集》，211 頁，北京：中華書局，2006 年。按：獲嘉縣在新鄉的西部，也許"南陽西"正指今之獲嘉而言。
③ 李學勤《殷代地理簡論》，收入《李學勤早期文集》，173 頁，石家莊：河北教育出版社，2008 年。
④ 參看黄德寬主編《古文字譜系疏證》，1109 頁，北京：商務印書館，2007 年。季旭昇《説文新證》又疑是爲當"雁鳴聲"講的"雎"（見《詩·邶風·匏有苦葉》"雎雎雁鳴"）所造（按：此書對"雎"、"雎"二字未加區分，不確），見 292 頁，福州：福建人民出版社，2010 年。

"雔"之省體，或從"雔"割裂出來的一個字。① 《説文》分析"雔"的字形、字義，都有問題。

現在可以回到 A、B 二字了。從字形上看，A 與"叚"、"敊"的區别，主要在於前者從"雔"而後者從"隹"。上文已説"隹"是"雔雞"的專字，本來也指一種鳥。在古文字字形演變中，把表意字的一部分改爲與其字形相近、字義相關，而讀音與全字相近的另一字，以起表音作用的現象，並不少見。A 很可能就是把"叚"的"隹"旁换作"雔"而成的、"叚（敊）"的一個形聲兼會意異體。B 從"雔"聲，則可能是"叚（敊）"字的一種比較晚起的形聲異體。在 A、B 這兩類字形中，"殳"絶大多數位於"隹"的後方（季叚簋的"叚"字、虢季子白盤 C 字所從的"叚"亦如是），②二者結合十分緊密，應是繼承文首所舉甲骨文"敊"字"攴"、"隹"二旁位置關係而來的。這也對視 A、B 爲"敊"之異體的想法有利。

甲骨文"敊"所代表的詞，既可泛指憂禍、凶艱，又可特指某種凶災，結合其音與"雔"相近考慮，似乎只有古書裏的"凶"足以當之。上引（6）～（11）言帝"降敊（凶）"，《詩·小雅·節南山》便説"昊天不傭，降此鞠訩（凶）"。③

"凶"可泛指憂禍、凶艱，這是大家所熟知的，無煩舉例。古書裏的"凶"還可特指饑荒。《周禮·地官·司關》："國凶札，則無關門之征。"鄭玄注："凶，謂凶年，饑荒也。"《墨子·七患》："一穀不收謂之饉，二穀不收謂之旱，三穀不收謂之凶，四穀不收謂之餽，五穀不收謂之饑。""凶"與"饑"對文則異，散文則通。如《孟子·梁惠王上》説"河内凶，則移其民於河東，移其粟於河内。河東凶亦然"，即"凶"指饑荒的顯例。此外，古書中"凶饑"連文之例頗多，不贅舉。卜辭"寧敊"以及有些"降敊"、"入敊"之

---

　① 参看黃德寬主編《古文字譜系疏證》，1111 頁；季旭昇《説文新證》，837 頁。
　② 只有晋姜鼎作 C 形的"雔"字，"殳"、"吕"二旁位置互易，是個例外。但晋姜鼎銘係宋人摹刻本，且其器晚至春秋早期，可能字形有所失真或已發生訛變。
　③ 参看高亨《詩經今注》，273 頁，上海：上海古籍出版社，1980 年。按：《全後漢文》卷 45 所録《河間相張平子碑》有"愍天不弔，降此咎凶"之語，同書卷 130 所録《冀州從事郭君碑》有"皓天不弔，降此凶凶（災）"之語，同書卷 150 所録《小黄門譙敏碑》有"昊天不惠，降慈（兹）凶疾"之語，蓋由《節南山》此句化出。

"敜"特指饑荒,從文義看是很合適的。(9)說"今秋""降敜",大概就是卜問當年秋季會不會因歉收而造成饑荒。《合集》18385:"貞,敜,不佳(唯)愆。"①"愆"字從于省吾先生釋。② 此辭的"敜"如讀爲當饑荒講的"凶",跟下文"愆"的意思也配合得很好("愆"古訓"憂"、"思"。又,《詩·周南·汝墳》"未見君子,愆如調飢",毛傳:"愆,飢意也。"《說文·十下·心部》:"愆,飢餓也。"此辭也可能是說饑荒之凶不會造成飢餓)。

"雝"是影母東部字,"凶"是曉母東部字,中古都屬於合口三等平聲,它們的上古音十分接近。"甕"(從"雍/雝"聲)、"瓮"古通。《史記·田敬仲完世家》"楚國雍氏",馬王堆帛書《戰國縱橫家書》"蘇秦謂陳軫章""雍"作"翁"。③ 清華大學藏戰國竹簡《周公之琴舞》14 號簡"不昪用非頌"句,整理者讀"頌"爲訓"常"之"雍"。④《尚書·堯典》"嚚訟可乎",《史記·五帝本紀》"訟"作"凶"。⑤ 此是"雝"、"凶"間接相通之例。殷墟甲骨文中迄今尚未發現公認的"凶"字,讀"敜"爲"凶",從用字習慣來講是没有問題的。丁山、陳夢家先生曾釋卜辭祭祀對象"𠃍"爲"兇"("兇"、"凶"一字分化),⑥大概是不對的。即使此釋可信,也不妨礙可以假借"敜"爲凶禍、凶饑之"凶"。【編按:陳劍《卜辭{凶}詞覓蹤》認爲"鬼"字一形多用可兼表"凶","兇"字由"鬼"字分化而來,"凶"則是"兇"之簡省,殷墟甲骨文中的有些"鬼"字、西周與殷墟卜辭中的"䰟"字所表之詞爲吉凶之"凶"[《中國文字》2022 年冬季號(總第八期),133～158 頁,臺北:萬卷樓圖書股份有限公司,2022 年]。不過,他所說的這種"鬼/䰟(凶)"出現的次數不多,且基本上只與"吉"對舉,其使用場合與本文討論的"敜(凶)"有別。】甲骨文

---

① 此辭"敜"僅"佳"旁較完整,裘錫圭先生《釋"弋"》篇疑爲"敜"字(《裘錫圭學術文集·甲骨文卷》,70 頁),可從。
② 于省吾《甲骨文字釋林》,363 頁。
③ 張儒、劉毓慶《漢字通用聲素研究》,330 頁,太原:山西古籍出版社,2002 年。
④ 清華大學出土文獻研究與保護中心編、李學勤主編《清華大學藏戰國竹簡(叁)》,下冊 142 頁,上海:中西書局,2012 年。
⑤ 張儒、劉毓慶《漢字通用聲素研究》,333 頁。
⑥ 丁山《中國古代宗教與神話考》,39～40 頁,上海:上海書店出版社,2011 年;陳夢家《殷虚卜辭綜述》,344 頁,北京:中華書局,1988 年。

已有"咎"字，但卜辭又假借"求"爲"咎"，①情況與此類似。

從"敂"的字形看，此字應該不是爲"凶"這個詞造的表意字。治農史的朱培仁先生曾分析"敂"字"有手執長杆驅鳥的象徵"，②其説得到了一些學者的贊同。③ 我在向郭永秉先生請教"敂"的造字本義時，郭先生指出：此字象以扑杖一類工具驅趕鳥，大概是"驅"的表意初文［按："驅"是溪母侯部字，與"雊"聲母相近（從"區"聲的"毆"、"歐"、"鷗"等字並屬影母），韻部陰陽對轉，中古皆爲合口三等平聲］，王褒《僮約》有"驅逐鳥鴟"之語［《藝文類聚》卷 35 等引。按：詹鄞鑫先生在釋"敂"時，曾舉《周禮·夏官·射鳥氏》"祭祀以弓矢毆（驅）鳥、鳶"，作爲"古代特設有驅射害鳥之官"的證明；④陳劍先生提示我，《孟子·離婁上》等古書裏有"爲叢毆（驅）爵（雀）者"之語。"驅鳥、鳶"、"驅雀"廣義地説都算"驅鳥"］，可證；上海博物館藏戰國楚竹書《競建内之》10 號簡"驅逐"之"驅"、馬王堆漢墓帛書《戰國縱横家書》"謂燕王章""因驅韓、魏以攻齊"之"驅"，均寫作"逈"，同從"句"聲的"酌"是"酗"的異體字，"酗"從"凶"聲；把"敂"講成"驅"的表意字，適可印證卜辭"敂"讀爲"凶"的想法。我認爲朱、郭二位先生的意見都很可信。

《説文·十上·馬部》以"毆"爲"驅"的古文，其字已見於西周晚期的師寰簋、多友鼎，多用作驅逐之"驅"。⑤《説文》釋"驅"的本義爲"馬馳也"。所以，"毆"才是驅逐之"驅"的本字，後則常借"驅"爲"毆"。《説文·三下·殳部》另有訓"捶毄物也"的"毆"。金文"敂"亦從"殳"。"敂"、"毆"中的"攴"、"殳"始終位於"隹"後，既可看作以扑杖捶擊鳥，也可看作以扑

---

① 裘錫圭《釋"求"》，《裘錫圭學術文集·甲骨文卷》，284 頁。
② 朱培仁《甲骨文所反映的上古植物水分生理學知識》，《南京農學院學報》1957 年第 2 期，205 頁。
③ 于省吾主編《甲骨文字詁林》，1675～1676 頁。詹鄞鑫先生也説此字"象手持鞭驅鳥之形"，甚是；但他釋"敂"的本義爲"鳥害"，則與字形所表之意不合，不可信。見其《華夏考——詹鄞鑫文字訓詁論集》，220～222 頁。
④ 詹鄞鑫《華夏考——詹鄞鑫文字訓詁論集》，222 頁。
⑤ 董蓮池《新金文編》，中册 1394 頁。清華大學藏戰國竹簡《繫年》57 號簡"穆王思(使)驅孟諸之麋"的"驅"亦寫作"毆"。見清華大學出土文獻研究與保護中心編、李學勤主編《清華大學藏戰國竹簡（貳）》，上册圖版 9 頁，上海：中西書局，2011 年。

杖驅趕鳥，甚至捶擊的目的就是爲了把鳥趕走。"毆"、"敺"應由一語分化。① 也許說"敀"是"毆"、"敺"共同的表意初文，較爲穩妥。②

上文提到過的周原甲骨 H31：3 之辭如下：

八月辛卯卜，曰：其瘴（？）啓，往。囟亡咎。敀其五十人。

從文例看"敀"應是動詞，不知有沒有可能讀爲驅使之"敺"。

甲骨金文中還有一個从"虎"、从"攴"之字，研究者或釋爲"驅"。此字與"敀"的關係應該在此說明一下。

甲骨卜辭中的"㪙"見於《合集》30998 和《花東》14.5、14.6、381.1 等，陝西鳳翔所出㪙爵③也有此字。④ 花東卜辭的整理者在考釋 381.1 的"㪙"字時已說"其本義應爲驅虎"。⑤ 姚萱先生雖不信其說，但指出甲骨金文中的"㪙"字，"'手持杖'之形總是位於'虎'形的後方"。⑥ 其表意方式實際上與本文所論"敀（毆）"字並無二致。單育辰先生受蔣玉斌先生的啓發，主張讀"㪙"爲"毆/驅"。他說：

金文中的"毆"作 ▣（《集成》5249.2）、▣（《集成》5249.1），和甲骨文的"㪙"右形相同（引者按：單先生在前文認爲"豖"由甲骨文

---

① 張家山 247 號墓所出《二年律令》簡，毆打之"毆"全寫作"歐"（參看張守中《張家山漢簡文字編》，87 頁，北京：文物出版社，2012 年）。《漢書·食貨志上》"今毆民而歸之農，皆著於本，使天下各食其力"，顏師古注："毆，亦'驅'字。"《文選》卷十三載宋玉《風賦》"毆溫致濕"，李善注："毆，古'驅'字。"可能這種"毆"、"敺"只是"毆"、"敺"更換形旁的異體，或者"毆"、"敺"只是以音近而用作"毆"、"敺"，也可能的確反映了"毆"、"敺"語源上的聯繫。

② 《合集》18346 有 ▣ 字，《殷周金文集成》05985 號所謂敀士卿尊的"敀"字作 ▣（5 册 3679 頁），一般分析爲从"攴"从"鳴"。如釋"敀"爲"毆/驅"可信，而"口"、"區"恰巧古音極近，不知此字有沒有可能實爲在"毆/驅"的表意初文上加注"口"聲而成的"敀"的繁體。可惜《合集》18346 其辭已殘，敀士卿尊大概是人名或專名，難以從辭例上加以驗證。

③ 中國社會科學院考古研究所《殷周金文集成（修訂增補本）》，第 6 册 4808 頁 09024 號。

④ 有關字形、辭例參看姚萱《殷墟花園莊東地甲骨卜辭的初步研究》，100～102 頁，北京：綫裝書局，2006 年。

⑤ 中國社會科學院考古研究所編著《殷墟花園莊東地甲骨》，6 册 1710 頁，昆明：雲南人民出版社，2003 年。

⑥ 姚萱《殷墟花園莊東地甲骨卜辭的初步研究》，102 頁。

"虎"演變而來,故有此説),但加了"區"聲而已。金文中的"毆",張世超諸先生讀爲"毆(驅)",(原注:參看張世超、孫凌安、金國泰、馬如森:《金文形義通解》,"貙"條,[京都]中文出版社,1996年3月,第2364～2365頁。)故頗疑甲骨文中的"敔"亦讀爲"驅",這裏有驅逐之義。①

據單文介紹,蔣先生另有專文考釋"敔"字。

後來,蔣玉斌先生在石亞當(Adam Schwartz)先生發表於網上的一篇文章後的評論裏,綴合了《花東》332和534,指出其上"敔"所從"虎"旁有三個"木",在《合集》28335、37891中也有从"屮"的"敔"。② 商代銅器戊寅作父丁鼎有人名󰀀字,③孫亞冰先生認爲與蔣玉斌先生所指出的甲骨文从"木"或"屮"的"敔"爲一字異體。④ 此文在網上發表後,王子楊先生(網名"雨無正")很快評論説:"我認爲甲骨以及鼎銘从虎、从攴爲主體的字,可能是'驅趕'之'驅'字,會手持棍棒驅趕野獸之形。从'木'或'屮',可能跟野獸出没的環境爲山林草莽有關。鼎銘那個字,'虎'形周圍飾以'口'(有的寫成封閉的圓圈),可能跟甲骨文形體有關,也可能表示衆口呼喊(目的是驅趕野獸)。"⑤

各家釋"敔"(包括从"木"或"屮"者)爲"毆",在字形和文義兩方面都優於舊釋,大概是正確的。也許"敔"本是"驅虎"之"毆"的專字(可能最初就讀"毆虎"兩個音),"敤"則是爲"驅鳥"之"毆"造的專字(可能最初就讀"毆隹"兩個音),後來"敔"、"敤"才成爲"毆"的異體,⑥但在卜辭中的用法

---

① 單育辰《甲骨文中的動物之———"虎"、"豹"》,《出土文獻與古文字研究》第四輯,40頁,上海:上海古籍出版社,2011年。
② 見石亞當(Adam Schwartz)"*A Unique Shang Dynasty Group Writing*"後 wuwen(蔣玉斌網名)的評論,復旦大學出土文獻與古文字研究中心網,2011年11月4日。
③ 中國社會科學院考古研究所《殷周金文集成(修訂增補本)》,第2册1308頁02594號。
④ 孫亞冰《讀書劄記一則》,先秦史研究室網,2012年7月5日。
⑤ 同上注。
⑥ 甲骨文中此類文字演變的現象,裘錫圭先生曾多次加以論述。參看《裘錫圭學術文集・甲骨文卷》,82～83、89、198～199、417～418頁;同書《語言文字與古文獻卷》,36～37頁。

已有分工。此外,甲骨金文中其他从"攴"从某一動物之形的字,如一般隸定爲"敺"者,①不知有没有可能也是"㱾"或"殿"的異體。②

關於上舉鼎銘的󰀀字,尚可稍作補充。謝明文先生在他的博士學位論文的修改稿裏,已指出《集成》09102 所收葡亞䕩角有獨體的"䕩",即󰀀字所从。③ 曾侯乙墓竹簡中也有一個从"䕩"从"止"之字(見 213 號簡),④但用法不明。"䕩"字的多個"口"形居於"虎"形周圍("󰀀"所从"虎"的下端比較奇異,王子楊、蔣玉斌先生在孫亞冰文後的評論裏有不同的解釋),似應表示"虎"的某種行爲,而非"衆口呼喊"。孫亞冰、王子楊先生釋󰀀爲"㱾(殿)"之異體,據此可以推測,"䕩"乃"吼"之初文。"吼"與"㱾"、"殿"聲母相近["吼"屬曉母,卜辭"㱾(殿)"讀爲"凶","凶"也屬曉母],韻皆歸侯部;"吼"的中古音爲開口一等平聲,與从"區"聲的"歐"、"謳"、"鷗"等相同,與"殿"只有聲調之别,彼此讀音很近。"吼"的初文作从"虎"从多"口"之形,與"䕩"[从"頁(首)"从多"口"之形]的表意方法相類。鼎銘所以把"㱾(殿、殿)"字中一般的"虎"換成从"虎"的"吼",大概就是爲了使它

---

① 李宗焜《甲骨文字編》,355~356 頁。島邦男《殷墟卜辭綜類》已釋此字爲"驅",見 226 頁,東京:汲古書院,1971 年。

② 史牆盤"廣󰀀楚荆,唯寏(貫)南行"之"󰀀"[中國社會科學院考古研究所《殷周金文集成(修訂增補本)》,第 7 册 5484~5485 頁 10175 號],一般隸定爲"㱾"。此字有多種釋法,迄無定論(參看宋華强《釋史牆盤銘文的"㱾"》,簡帛網,2011 年 1 月 6 日)。謝明文先生提醒我,"㱾"有没有可能跟這裏所説的"㱾"、"㱾"等字有關。我懷疑"㱾"可能也是"殿"的表意初文,在牆盤中就當驅逐之"殿"講。此句意謂昭王大驅楚荆,把楚人趕跑,因而貫通了向南方的道路。從古文字看,"能"乃"熊"之本字【編按:"能"是指"熊屬"的"黄能"之"能"的象形初文,與"熊"非一字,説詳應金琦《西周金文所見周代語音信息考察》第三章"3.1 説古文字'䏻(熊動物)''能'當爲兩系"(53~62 頁,復旦大學碩士學位論文,2023 年 5 月)】。楚人曾有過熊的崇拜,甚至以熊爲其圖騰,多位楚先公和楚王以"熊"爲名,便是這一現象的反映(參看裘錫圭"東皇太一"與"大䏻伏羲"》,《裘錫圭學術文集·簡牘帛書卷》,553~561 頁)。因爲銘文講的是驅逐楚人之事,所以"廣殿楚荆"之"㱾(殿)"字故意選擇"能(熊)"作爲驅逐的對象。

③ 謝明文《商代金文的整理與研究》,166 頁,復旦大學博士學位論文(指導教師:裘錫圭),2012 年 12 月修改稿。

④ 滕壬生《楚系簡帛文字編(增訂本)》,134 頁,武漢:湖北教育出版社,2008 年。此蒙謝明文先生指示。

起到表音的作用；這跟我們所說的 A 易"骰（骰）"的"隹"爲"雖"以表全字之音的現象，極爲相似。

2012 年 12 月 13 日初稿
2013 年 2 月 12 日二稿
2013 年 3 月 20 日三稿
2015 年 4 月 19 日定稿

補記：

林宏明先生綴合的《合集》15153＋《乙編》3817（收爲《醉古集》第 94 組，看此書圖版 115 頁）有如下之辭：

丁亥卜，亘，貞，王舌(?)▨于▨

林先生指出"▨"與《合集》18340"▨"爲一字（林宏明《醉古集·釋文及考釋》，106 頁，臺北：萬卷樓圖書股份有限公司，2011 年），甚是；但他認爲此字與本文所討論的"骰"不同，似可商。此字象用一種武器對準"隹"，跟"骰（毆、殴）"的造字方法相類（只不過前者省去了執武器的"又"而已），彼此當係一字異體。

饒宗頤先生謂"舌▨者，刮除▨害之意也"（看上引林書 106 頁）。他對卜辭文義的理解大體可從［但讀"舌(?)"爲"刮"恐有問題］。此辭的"▨"讀爲"凶"，似亦可通。

2013 年 9 月 26 日

又，《合集》10189＋4879［林宏明先生綴合，見《甲骨新綴第九二例（附合集重片二例）》，先秦史研究室網，2010 年 7 月 21 日；收爲《契合集》第 92 組，圖版 105、106 頁，釋文及考釋 137 頁，臺北：萬卷樓圖書股份有限公司，2013 年］有"甲子卜，▨，貞：▨夫▨不隹(唯)呂（引者按：即"宮"之初文）于囧"之辭，林宏明先生據裘錫圭先生"囧"乃卜兆之"兆"的初文之説,懷疑此辭"囚""和'無害在囚(兆)'同用爲兆"。(《契合集·釋文及考釋》137頁)若此,疑"吕"亦可讀爲"凶"。"不唯凶于兆"意謂卜兆上不顯示有凶。

2013 年 12 月 22 日

附識：

　　此文寫作時曾與郭永秉先生、謝明文先生討論,王子楊先生指出初稿所引甲骨卜辭的一些失誤,陳劍先生是正拙稿之處甚多。蘇建洲先生、山東大學的王輝先生、劉釗先生也先後審閲過拙稿。對於他們的幫助,在此謹致謝忱。

　　認真考慮了諸位先生(特别是陳劍先生)所提的意見之後,我感到此文對"敁"字的釋讀,證據確實嫌不足,所以一直没有拿出來正式發表。

　　拙稿寫成後,蒙蘇建洲先生、謝明文先生和山大的王輝先生告知,劉洪濤先生撰有《釋虢季子白盤銘的"經擁四方"》一文,對盤銘有關文句的釋讀與拙説相同,可謂"閉門造車,出則合轍"。王輝先生還曾轉贈劉先生文章的電子稿供我参考(2013 年 11 月初),十分感謝。劉先生的文章似尚未發表,請讀者留意參看【編按：劉洪濤先生此文已正式發表於《中國文字研究》第二十四輯,45～49 頁,上海：上海書店出版社,2016 年】。

2015 年 4 月 19 日

　　編按：李聰《甲骨文"敁"字小議》(《出土文獻》第十五輯,15～23 頁,上海：中西書局,2019 年),考釋"敁"字的思路、所用材料與拙文十分相近,但讀此字爲"殃",這一點與拙見不同。請讀者參看。

　　此文未刊,今據原稿收入。

甲骨文"弔"字補釋

殷墟甲骨文中有作如下之形的字：①

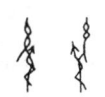

見於《合集》14384、18463正，其辭皆殘。姚孝遂先生釋爲作"🕱"形的"係"的異體。② 新近出版的幾種甲骨文編，如《新甲骨文編》、《甲骨文字編》等，多從此說。③

甲骨文中又有一個作如下之形的字：

（《合集》495）　（《合集》17924）

（《合集》3697正＋《合集》19246）

《甲骨文字詁林》3213號字頭雖未出此形，但姚孝遂先生的按語已舉《合集》495之辭，釋此字爲"係"，讀爲"繫"，④顯然是把此字與前引甲骨文視爲一字異體。這是很正確的。《殷墟甲骨刻辭類纂》（以下簡稱"類纂"）、

---

① 李宗焜《甲骨文字編》，1365頁，北京：中華書局，2012年。
② 于省吾主編《甲骨文字詁林》，3230頁，北京：中華書局，1996年。
③ 劉釗等《新甲骨文編》，460頁，福州：福建人民出版社，2009年。李宗焜《甲骨文字編》，1365頁。
④ 于省吾主編《甲骨文字詁林》，3230頁。

《新甲骨文編》也都把它們歸在同一個字頭下，並皆取釋"係"之說。①《甲骨文字編》雖亦釋此字爲"係"，卻跟前舉甲骨文釋"係"之字分列在相隔甚遠的兩處，②恐係偶爾疏失。《合集》495之例，《殷墟甲骨刻辭摹釋總集》（以下簡稱"摹釋"）、《甲骨文校釋總集》（以下簡稱"校釋"）亦釋爲"係"。③爲了行文的方便，下文用"△"代替此字。

上引△所從出的《合集》3697正+《合集》19246，由李愛輝先生綴合，後收爲《甲骨拼合集》第265則。在李先生爲此組綴合所作的摹本中，△被摹作 。④ 其實此形右上方當有箭頭形（細審拓本，尚不難發現其殘迹），並不從"𠃊"，而應與《合集》495一例同形。上引《合集》17924那一例的箭頭形也恰好殘去。

黃天樹先生在《甲骨拼合集》的《序》裏，根據李愛輝先生的拼合和不够精確的摹本，對△當釋"係"加以申說：

《拼集》265（《合集》3697＋19246）據同文《合集》495看，其右側一辭可隸釋爲"[丙]午卜爭[貞]：崖其 （係）[羌]"。" "字的結構可分析爲從"糸"從"人"從"𠃊"，"𠃊"表束縛義，" "字應是" （係）"字異體，在此當縛係講。"崖其係羌"是說命令"崖"（人名）去抓捕羌人。⑤

王子楊先生在他的博士學位論文裏同意此釋，並有所補充。他根據卜辭"奚"或作 ，⑥認爲這種"係"字當分析爲從"𠃊（或爲 ）"從"奚"，"奚"亦

---

① 姚孝遂主編、肖丁副主編《殷墟甲骨刻辭類纂》，1235頁，北京：中華書局，1989年。劉釗等《新甲骨文編》，460頁。
② 李宗焜《甲骨文字編》，1254頁。
③ 姚孝遂主編、肖丁副主編《殷墟甲骨刻辭摹釋總集》，上册18頁，北京：中華書局，1988年。曹錦炎、沈建華《甲骨文校釋總集》，76頁，上海：上海辭書出版社，2006年。
④ 黃天樹主編《甲骨拼合集》，290頁，北京：學苑出版社，2010年。
⑤ 黃天樹主編《甲骨拼合集》，5頁。
⑥ 參看李宗焜《甲骨文字編》，1250～1251頁。

聲；"奚"、"係"古音極近，此字屬於會意兼形聲。① 無論對△的字形持何種分析，看來釋"係"之説已獲得不少學者的認同。

《新編甲骨文字形表》、《殷墟甲骨文字詞總表》釋△爲"紳"。②《摹釋》釋《合集》18463 正的△爲"紳"，③此釋文爲《類纂》所繼承，導致《類纂》"係"字條下所收此片釋文與字頭釋字不一致。④ 但《合集》14384 的△，《摹釋》只摹原形而未釋，《合集》495 之例又釋爲"係"（見上引），《合集》17924 之例卻釋爲"望?"，彼此出入很大。⑤《校釋》亦釋《合集》3697、14384、18463 正的△爲"紳"，但《合集》495 之例卻釋爲"係"（見上引），《合集》17924 之例甚至誤釋爲"奚"。⑥ 限於體例，各書都没有説明他們所以釋"紳"的理由。從《新編甲骨文字形表》、《殷墟甲骨文字詞總表》列△於"弔"字之後來看，他們的思路可能跟上引黄天樹先生之説相似，即把"⸻"拆分出來視爲"糸"，剩餘形體視爲"弔"，故釋全字爲"紳"。這種字形拆分顯然讓人無法接受。不過，持此説者已注意到了△與"弔"的聯繫，則值得肯定。從下文將會談到的"紳"與"約"、"約"與"弔"的關係看，△釋爲"紳"也許並非全無道理。

孫海波《甲骨文編》"弔"字條下，已收入《合集》14384、18463 正二例△。⑦《甲骨文合集釋文》釋《合集》14384 的△爲"弔"（其餘諸△多數摹其原形，《合集》17924 一例亦誤釋爲"奚"）。⑧ 季旭昇《説文新證》也把上舉前一種寫法的△收在"弔"字條下（後一種寫法未舉），並針對姚先生按語，

---

① 王子楊《甲骨文字形類組差異現象研究》，318～319 頁，上海：中西書局，2013 年。
② 沈建華、曹錦炎編《新編甲骨文字形表》，147 頁，上海：上海辭書出版社，2008 年。陳年福《殷墟甲骨文字詞總表》，260～261 頁，先秦史研究室網，2012 年 4 月 10 日。
③ 姚孝遂主編、肖丁副主編《殷墟甲骨刻辭摹釋總集》，上册 413 頁。
④ 姚孝遂主編、肖丁副主編《殷墟甲骨刻辭類纂》，1235 頁。
⑤ 姚孝遂主編、肖丁副主編《殷墟甲骨刻辭摹釋總集》，上册 335、18、406 頁。
⑥ 曹錦炎、沈建華《甲骨文校釋總集》，488、1712、2149、76、2102 頁。
⑦ 孫海波《甲骨文編》，346 頁，北京：中華書局，1965 年。參看蔡哲茂《歷史語言研究所藏一版復原完整龜背甲的新研究：〈丙〉65+〈乙補〉357+〈乙補〉4950》，先秦史研究室網，2010 年 2 月 12 日。
⑧ 胡厚宣主編《甲骨文合集釋文》，第二册 755 頁，北京：中國社會科學出版社，2009 年。

甲骨文"弔"字補釋　215

提出此字"以文例而言,亦可釋爲'弔'"。① 此説似不爲人所重視,其實應該是正確的。

季先生以文例釋"弔",大概指下列卜辭而言:

(1) 丙午卜,争,貞:崔其△羌。(《合集》495,《合集》3697正＋19246同文,參看上引黄天樹先生文)

(2) 貞:🛉弔羌龍。二告。(《合集》6635)

(3) 丙午卜,殻,貞:🛉弔羌龍。(《合集》6636正)

(4) ☐貞:🛉弗其弔羌龍。(《合集》6637正)

(1)的文例與(2)～(4)的確相近【編按:楊熠《甲骨綴合第231—232則》綴合了《合》18463與《故宫博物院藏殷墟甲骨文·馬衡卷》151,得殘辭"弗其△"(先秦史研究室網,2023年2月11日)。陳哲《"弔"字構形理據及相關字詞補説》(未刊稿)指出"弗其△"與(4)"🛉弗其弔羌龍"文例亦近】,不過單憑這一點,還不能斷定△就是"弔"字。如果再考察一下它們字形上的聯繫,釋△爲"弔"的異體的可能性就很大了。

姚孝遂先生據卜辭或言"弔羌"[引者按,所舉諸辭即上引(2)～(4),實爲"弔羌龍"②],而《合集》495有"△(姚釋爲'係')羌"、《合集》1097有"羌係(按此'係'作[圖]形)"之語,懷疑"'弔'亦假'係'爲之,本均作'係'。挚乳爲'弔',後假作'伯叔'字"。③ 按"弔"、"係"字音毫無共同之處,"弔"

————

① 季旭昇《説文新證》,661頁,福州:福建人民出版社,2010年;季旭昇《説文新證》,639、640頁,臺北:藝文印書館,2014年。

② "龍"在卜辭中可作方國名,爲商王朝所征伐(參看《類纂》678頁)。但又有商王"乎(呼)龍以羌"(《合集》272反)之辭,或卜問"龍無不若,不失羌"(《合集》506等,參看《類纂》677～678頁),"龍"似聽命於商而與羌敵對。"羌龍"究竟應該如何理解,是看作"羌"、"龍"二族(或方國)或二族(或方國)的聯盟體,還是看作屬於羌族的"龍"(卜辭又有"彭龍",見《合集》7073正、8283等,可能與"羌龍"構詞相似。丁驌《釋朐與龍》認爲"羌龍"、"彭龍"與"龍方"似皆指一地,見于省吾主編《甲骨文詁林》第二册1760頁引),尚需進一步研究。爲了謹慎起見,我們不在"羌""龍"之間加頓號。

③ 于省吾主編《甲骨文詁林》,3232頁。

斷不可能"假'係'爲之"。而且《合集》1097 的"羌係",王子楊先生已指出應指來自羌的一種俘虜,他辭或言"以王係"(《合集》1100)、"以石係"(《合集》6952),可證。① "係"也就是見於西周金文的"人鬲"之"鬲"。② 這跟"△羌"、"弔羌龍"等辭中作動詞的"△"、"弔"用法有别。不過,姚先生所以説"弔"、"係""本均作'係'",顯然由於看到了"弔"、"係"二字的形義存在相似之處,這卻是事實。

甲骨文中一般的"弔"字作如下之形:③

周代金文多數"弔"字的寫法與此一脈相承。④ 羅振玉認爲"弔"字所從的"↑象矢,ㄈ象隹射之繳",是有道理的(其實應該説"ㄑ"象畫出箭頭的繳);但他誤認"人"爲"弓",把全字看作"隹"的本字,在字形、字音方面都有問題,前人多已指出。⑤ 楊樹達、周法高先生認爲"弔"乃"繳"之本字,⑥於字音較合【編按:"弔"、"繳"聲母不近】。但是,既知"弔"從"人"而不從"弓",當繫繒矢的生絲縷講的"繳"何以連帶畫出"人"形,此説卻無法解釋。李孝定先生受了"弔"在金文和典籍中讀爲伯叔之"叔"等用法的影響,認爲徐灝"疑从弟省聲"之説"似較近之",顯不可從(唐蘭先生指出"弔"用爲"叔"係假借,《甲骨文字詁林》按語已謂徐説"不可據"。"弟"、"弔"之别詳下文);但他取羅氏解釋字形的合理成分,謂"其字象人身繞繳矢",⑦則頗具啓發性。

---

① 王子楊《甲骨文字形類組差異現象研究》,319 頁。
② 裘錫圭《説"僕庸"》,《裘錫圭學術文集・古代歷史、思想、民俗卷》,119～120 頁,上海:復旦大學出版社,2012 年。
③ 李宗焜《甲骨文字編》,1365 頁。
④ 董蓮池《新金文編》,中册 1106～1115 頁,北京:作家出版社,2011 年。
⑤ 于省吾主編《甲骨文字詁林》,3230～3232 頁。
⑥ 楊樹達《積微居小學述林全編》,上册 148～149 頁,上海:上海古籍出版社,2007 年;周法高主編《金文詁林》,8 册 5094 頁,香港:香港中文大學,1974 年。
⑦ 于省吾主編《甲骨文字詁林》,3231～3232 頁。

1984年在山東新泰西周早期墓葬中出土的鼎、鬲上的族名❋、❋（《近出殷周金文集録》238、120），以及北京保利藝術館所藏商代晚期的觚銘❋、❋（《新收殷周青銅器銘文暨器影彙編》1575、1512），①一般釋爲"弔"，無疑是正確的（新泰西周墓葬同出爵銘"弔"作常見的❋。看《文物》1992年第3期94、95頁）。這些"弔"字象"人身繞繳矢"之形更爲明顯。

根據"弔"的字音，並參考"係"字以人頸捆綁繩索之形表"繫縛"之義進行推測，象人身纏束繳之形的"弔"，很可能就是當纏束、捆縛講的"約"的表意初文。

天星觀楚墓所出遣策有"紛𤼄"，②宋華强先生疑即見於包山2號楚墓遣策271號簡和1號竹牘的"紛約"，並疑"𤼄"是一個兩聲字。③ 其説甚是（"𤼄"字可能是在"勺"上加注"弔"聲而成，也可能是在"弔"上加注"勺"聲而成）。由此可知"弔"、"勺"、"約"字音之近。"約"、"釣"並諧"勺"聲。"釣"上古音屬端母藥部，"弔"屬端母宵部，二者聲母相同，韻部陰入對轉，且中古都是開口四等字，古音很近【編按："弔"上古爲覺部而非宵部，此誤。不過"弔"屬於韻母爲 *-iiwk/*-iiwks 的覺₂部，與屬藥₂部的"約"、"釣"的韻母 *-ewk/*-ewks, *-eewks 較近。"約"中古是影母字，但從有關資料看，其上古聲母當屬 *T-，與"弔"爲一類，參看本書所收《"弱"、"約"有關字詞的考察》；關於"勺"聲字的諧聲問題，亦請參看此文】。《論衡·自紀篇》"不辭爵以弔名"，劉盼遂指出"弔名"爲"釣名"之音誤。④ 古書"約"亦有求取義，《商君書·修權》："夫廢法度而好私議，則姦臣鬻權以約禄。"⑤《史記·趙世家》説"務以論德而約功"。既有"約禄"、

---

① 觚銘二例蒙謝明文先生告知。
② 滕壬生《楚系簡帛文字編（增訂本）》，1168頁，武漢：湖北教育出版社，2008年。
③ 宋華强《新蔡葛陵楚簡初探》，302頁，武漢：武漢大學出版社，2010年3月。按：初稿漏引宋説，蒙蘇建洲先生檢示。宋先生又釋葛陵楚簡乙四134號簡"晋"下之字爲"𤼄"，亦可從。
④ 黄暉《論衡校釋（附劉盼遂集解）》，第四册1190～1191頁，北京：中華書局，1990年。
⑤ 高亨《商君書注譯》引朱師轍説，《高亨著作集林》，第七卷511頁，北京：清華大學出版社，2004年。

"約功",當然也可以説"約名"。所以"弔名"讀爲"約名"亦未嘗不可。《説文·十三上·系部》:"約,纏束也。"《詩·小雅·斯干》"約之閣閣",毛傳:"約,束也。"孔穎達疏:"謂以繩纏束之。"《戰國策·齊策六》"燕攻齊取七十餘城"章"魯連乃書,約之矢以射城中",鮑彪注:"纏束書於矢上。"絶大多數的"弔(約)"字所以取繳而不取繩索或其他東西作爲纏繞、束縛之物,大概由於"繳"、"弔"音近,可兼表全字讀音(《莊子·天地》"縲繳"之"繳",《玉篇·系部》殘卷引作"約")【編按:"繳"、"弔"聲母不近,"繳"兼表"弔"字之音的説法應取消】。此外,"繳"在古代也有較爲抽象的纏繞義(據《廣韻》讀"古了切",其音與當"生絲縷"講的"繳"後已分化【編按:此當指中古音而言】)。《廣雅·釋詁四》"繄(繳),纏也",王念孫《疏證》引《漢書·司馬相如傳》"名家苛察繳繞"如淳注"繳繞,猶纏繞也"。① "繳"與"約"在語源上當有聯繫【編按:此説有誤,"繳"與"約"似只有意義上的聯繫而無語音上的聯繫】。"弔(約)"字从"繳",或許兼有音義兩方面的原因【編按:此説不確,參看本段上面的"編按"】。

　　西周晚期的毛公鼎和下面將引到的詛楚文裏,有一個用爲"約"的""字,②應該就是"約"的古體,③後來"其義剴切"的形旁"束"爲"泛而不切"的形旁"系"所取代。此亦可證"纏束"義確是"約"的本義。由於周原甲骨文和西周銅器銘文中的"弔"多用爲"叔",④當時人似已不知"弔"爲"約"之表意初文,遂爲"纏束"義的"約"另造了形聲結構的後起本字""。

　　王子楊先生把△分析爲从"〜(或爲 ⌇)"从"奚",可從。上文已指出所謂从"〜"的△是不存在的,此字只有从" ⌇ "一種寫法,這跟"弔"字所

---

① （清）王念孫《廣雅疏證》,119頁,北京:中華書局,2004年。
② 中國社會科學院考古研究所《殷周金文集成(修訂增補本)》,第2册1535、1537等頁02841號,北京:中華書局,2007年。詛楚文出處詳下。
③ 周法高主編《金文詁林》,14册7552頁引郭沫若説。
④ 周原甲骨H11:37、H11:278等片有人名"成弔",H11:116+175又有"成弔族"(曹瑋《周原甲骨文》,32、81、135頁,北京:世界圖書出版公司,2002年)。徐錫臺《周原甲骨文綜述》認爲就是《史記·管蔡世家》"武王同母兄弟十人"中"其次曰成叔武"的"成叔"(38頁,西安:三秦出版社,1987年)。

从完全相合。據于省吾先生研究,甲骨文"奚"本象"編髮部族"之人,常爲殷代奴隸主所擄掠,作人牲等用。① 對屢遭俘虜的"奚"這種人加以纏束、捆縛,造成"弔(約)"字異體,從字形表意角度是完全講得通的。

齊陶文中有作[字]、[字]、[字]等形之字,②新蔡葛陵楚墓所出薄記簡中亦有人名[字](甲三 220)。顧廷龍《古匋文舂錄》13·2 釋陶文此字爲"緅",謂《説文》所無。顧氏大概受到"弔"常用爲"叔"的影響,因而釋此字爲"緅"。後來的學者大都直接隸定此字爲"綊"。③ 何琳儀先生分析"綊"字"从糸、弔聲",並引《字彙補》"綊,以繩縛人也"。④ "以繩縛人"的意思似乎跟我們所推測的"弔"的造字本義相合,△雖不能徑釋爲"綊",但"弔"會不會不是"約"之初文而是"綊"之初文呢?

檢《字彙補·未集拾遺·糸部補字》:"綊,得叫切,音弔。以繩縛人也。俗字。"⑤何先生所引與原文稍有出入。"綊"既是一個晚起的俗字,恐怕不能與戰國陶文、竹簡裏的"綊"相比附("綊"字亦不見於較早的傳世古書);《戰國古文字典》釋字時有此病,學者已有所指出。⑥ 從楚簡中"弔"、"勺"二聲的密切關係看,戰國文字"綊"似有可能即"約"之異體。

但是,"綊"字"以繩縛人也"之訓確實就是"約"的本義,"綊"、"約"音亦不遠(《字彙·金部》:"鈟,同釣。""鈟"之於"釣",猶"綊"之於"約")。如果"綊"真是爲"約"的本義所造的後起"俗字"(可能在《字彙補》時代的口語裏,"約"字本義的讀音跟一般的"約"音有別,而讀"弔"一類的音,所以

---

① 于省吾《殷代的奚奴》,《吉林大學人文科學學報》,1956 年第 1 期,132～142 頁。
② 王恩田《陶文字典》,326 頁,濟南:齊魯書社,2007 年。此字又有訛變爲[字]、[字](《古陶文彙編》3·898、3·899)形者。
③ 參看孫剛《齊文字編》,339 頁,福州:福建人民出版社,2010 年。張新俊、張勝波《新蔡葛陵楚簡文字編》,200 頁,成都:巴蜀書社,2008 年。
④ 何琳儀《戰國古文字典》,上冊 308 頁,北京:中華書局,1998 年。
⑤ (清)吳任臣《字彙補》,《續修四庫全書·經部·小學類》,233 冊 637 頁,上海:上海古籍出版社,1996 年。
⑥ 參看梁春勝《〈戰國古文字典〉引近代漢字資料辨析》,復旦大學出土文獻與古文字研究中心網,2008 年 9 月 19 日;同作者《楷書部件演變研究》,81～93 頁,北京:綫裝書局,2012 年。

換用"弔"爲聲旁），我們認爲"弔"即"約"之本字，那麼前引那些釋△爲"綯"的意見就不能算錯。只是由於我們對後代字書裏"綯"字的來歷還不清楚，爲了避免不必要的糾葛，在考慮△的釋讀時最好不要把"綯"牽扯進來。

早期古文字中的"弔"，還有其他寫法的異體。商代晚期金文中屢見作▨（《集成》07557）、▨（《續殷文存》下 8.3）、▨（《集成》06570）、▨（《集成》10702）、▨（《集成》10703）等形的族名（此字偶有省作▨的，見《集成》07558），各家多釋作"弔"。① 從商代晚期的複合式族名"▨黽"在西周早期寫作"▨黽"、"▨黽"來看，②把這個字釋爲"弔"應該是可信的。這種"弔"字中爲"繳"所纏束的不知是何物。從目前掌握的資料看，"弔"的此種異體只見於商代晚期的族名金文，入周以後就近乎絕迹了。

在一般釋爲"弔"之字中，又有作▨、▨、▨等形者（著錄於《集成》01927 的西周早期弔尊的"弔"作▨，用於纏束之物與末一體同形），或重複書寫作▨、▨、▨，均見於商代晚期至西周中期金文，用作族氏名。③ 這些字釋爲"弔"則有些可疑。殷墟甲骨文"弟"字多作"▨"纏繞"必（柲）"形，爲西周金文"弟"的一般寫法所承襲；但另有一類▨或▨字，不少學者亦釋爲"弟"。④ 按《合集》9817 有殘辭"貞叀肙▨"，《英藏》824

---

① 王心怡《商周圖形文字編》，345 頁，北京：文物出版社，2007 年。董蓮池《新金文編》，中册 1106 頁。畢秀潔《商代金文全編》，第一册 419、420、421～422 頁，北京：作家出版社，2012 年。

② 參看王心怡《商周圖形文字編》，345 頁。畢秀潔《商代金文全編》，第一册 419～420、421、422 頁。

③ 王心怡《商周圖形文字編》，342～344 頁。畢秀潔《商代金文全編》，第一册 420、421、422～423 頁。

④ 如姚孝遂主編、肖丁副主編《殷墟甲骨刻辭類纂》，1235～1236 頁；李宗焜《甲骨文字編》，1366 頁；曹錦炎、沈建華《甲骨文字形表》，147 頁；陳年福《殷墟甲骨文字詞總表》，260 頁。

有以"勿叀徛[图]"與"叀徛[图]"對貞之辭。"叀徛[图]"應即"叀徛[图]",前者的[图]是標準的"弟"字,由此可證[图]、[图]確有可能是"弟"的異體。[图]、[图]與甲骨文[图]、[图]顯然是一字,似乎也以釋"弟"爲宜。西周晚期[图]金父鼎的"弔(叔)"作[图](《集成》02562),春秋中期以鄧鼎的"弔(叔)"作[图](《近出殷周金文集錄》348),應視爲"人"形的草率簡省所致,不能反過來證明[图]、[图]等也是"弔"字。①

下面討論(1)～(4)中"弔"的含義。

黃天樹先生認爲(1)的"△羌"指"縛係、抓捕羌人"。我們主張釋△爲"弔",但"弔"是當纏束、捆縛講的"約"的表意初文,"弔羌"、"弔羌龍"的"弔"能否用其本義作解,也就是跟黃先生所釋"係"的意思差不多呢?起初我們即持這樣的看法,但反覆推敲,終覺不妥。

我們知道,字形所表示的意義跟字的本義之間有時不能簡單地劃等號,前者所表之意往往比後者狹窄。② "弔"的比較常用的字形象以"繳"纏束"人",並不代表"弔(約)"字的本義是纏束、捆縛人。[图]這種形體所纏縛者,就顯然不是人而象某樣東西。甲骨文[图](《合集》31808)字或釋"弔"③【編按:蔡哲茂《〈北京大學珍藏甲骨文字〉辨僞舉例》指此片爲僞刻(《香港中文大學中國文化研究所學報》第52期,2011年)】;西周中期虢叔簋的"弔(叔)"字作[图](《集成》03244),與此頗近。《集成》03294著錄一件西周早期簋,其銘[图]字,吳鎮烽先生釋爲"弔"。④ 這些

---

① 以上兩段所論一般釋"弔"之字,初稿因疏忽而未涉及,蒙謝明文先生提示。

② 參看裘錫圭《文字學概要(修訂本)》,144～145頁,北京:商務印書館,2013年;裘錫圭《釋"勿""發"》,《裘錫圭學術文集·甲骨文卷》,144～145頁。

③ 姚孝遂主編、肖丁副主編《殷墟甲骨刻辭摹釋總集》,下册706頁。胡厚宣主編《甲骨文合集釋文》,第三册1557頁。曹錦炎、沈建華《甲骨文校釋總集》,3532頁。李宗焜《甲骨文字編》,1365頁。

④ 吳鎮烽編著《商周青銅器銘文暨圖像集成》,第8卷172頁,上海:上海古籍出版社,2012年。

"弔"字似象"繳"纏繞"虫",又似二"繳"或二"虫"互相纏繞之形。總之,就是從字形來説,"弔"也不是只有从"人"或"奚"一類寫法。正因爲"弔(約)"的本義是"纏束",所以被纏束者無論是人還是物,其表意效果都是一樣的。

而且,從上文講"弔"爲"約"之初文時所舉書證可以看到,當纏束、捆縛講的"約"大多以物爲其纏束對象,①古書中反而未見"約人"指捆縛人的例子。戰國時代的詛楚文有"刑戮孕婦,幽約(約)親戚,拘圉其叔父,寘者(諸)冥室櫝棺之中"等語。② "幽約"即下文所謂的"拘圉"。上海博物館藏戰國楚竹書《容成氏》50、53 號簡説"紂爲無道",有"至(桎?)約者(諸)侯"之舉。③ 單育辰先生折衷諸説,認爲"至"當從季旭昇先生讀爲"桎","桎約諸侯"當從白於藍先生所言"指商紂拘禁文王之事","此處'桎''約'二字爲同義連用,相當於典籍中的'束縛桎梏'"。④ 此二例"約"雖以人爲其賓語,但實際上更側重於指把某人管束、拘囚起來(東西被纏束之後自然就固定住了,故而引申出此類意思。此義之"約"又作"要"⑤【編按:"要"與"約"只是同義,並非一詞】),這跟具體的抓捕、繫縛動作還不是一回事。

卜辭有關於 🧍 是否"戕"羌龍的記載,如:

(5) □戌卜,殻,貞:🧍 戕羌龍。(《合集》6630 正)

(6) 貞:🧍 戕羌龍。十三月。(《合集》6631)

---

① 更多的古書例證參看宗福邦等主編《故訓匯纂》,1712 頁,北京:商務印書館,2003 年。
② 郭沫若《詛楚文研究》,《郭沫若全集·考古編》第 9 卷,296、317、323、329 頁,北京:科學出版社,1982 年。所引釋文擇善而從,並不完全遵照郭書。
③ 馬承源主編《上海博物館藏戰國楚竹書(二)》,圖版 142、145 頁,釋文考釋 290、292 頁,上海:上海古籍出版社,2002 年。
④ 單育辰《〈容成氏〉文本集釋及相關問題研究》,24 頁,吉林大學 2008 年"985 工程"研究生創新基金資助項目。【編按:見單育辰《新出楚簡〈容成氏〉研究》,267~268 頁,北京:中華書局,2016 年。】
⑤ 參看郭永秉《談古文字中的"要"字和从"要"之字》,同作者《古文字與古文獻論集》,198 頁,上海:上海古籍出版社,2011 年。

(7) 貞：🧍弗其𢦏羌龍。(《合集》6633,《合集》6634同文)

(2)~(4)卜問🧍是否"弔羌龍",文例與此極近。

根據崎川隆先生的研究,記🧍"弔羌龍"的(3)和記🧍"𢦏羌龍"的(5)~(7),均屬典賓類。(4)屬賓組一類。(2)屬由賓組一類向典賓類過渡的"過渡②類"。① 黃天樹先生指出,賓組一類的時代較典賓類爲早,前者只有晚期部分卜辭與後者早期卜辭有過一段短暫並存的時間。② 🧍"弔羌龍"之事大概就發生在從賓一類晚期過渡到典賓類早期的一段時間裏,接着商王就卜問🧍能否"𢦏羌龍",二者很可能是圍繞一次持續時間較長的戰爭或彼此有關聯的戰爭而進行的占卜。

20世紀70年代末,管燮初先生釋讀甲骨金文的"𢦏"爲"捷",此說現已爲越來越多的研究者所接受。③ 不少學者指出,"𢦏+某方國/某地"結構中的"𢦏(捷)",當訓"克"、"勝"。(5)~(7)的"𢦏(捷)羌龍"即戰勝、翦滅羌龍之義。從這一點看,把"弔羌龍"解釋爲繫縛羌龍之類的具體動作,跟"𢦏(捷)"義也不大相稱。"弔羌龍"既發生在"𢦏(捷)羌龍"之前,"弔"所表之義的程度應該比"捷"輕一些。【編按：甲骨金文中的"𢦏"不當與"古文捷"字牽合,釋讀爲"捷"不確。限於篇幅,無法在此詳述。但本段對"𢦏羌龍"之義的解釋仍大體可用。】

"約"由"纏束"義可以引申出"止"義,《戰國策·燕策二》"秦召燕王"章："秦召燕王。燕王欲往,蘇代約燕王曰……燕昭王不行。"鮑彪注："約,猶止。""幽約親戚"、"桎約諸侯"之"約",所謂拘囚、束縛云云,可視爲"止"的具體化。《左傳》裏杜注訓爲"獲"的"止",其實也是留止義的引申,情況

---

① 崎川隆《賓組甲骨文分類研究》,391、119頁,上海：上海人民出版社,2011年。
② 黃天樹《殷墟王卜辭的分類與斷代》,70~71頁,北京：科學出版社,2007年。
③ 管燮初《説𢦏》,《中國語文》1978年第3期,206頁。參看商艷濤《西周軍事銘文研究》,293~294頁,廣州：華南理工大學出版社,2013年;李學勤《再談甲骨金文中的"𢦏"字》,收入同作者《三代文明研究》,70~72頁,北京：商務印書館,2011年;陳劍《簡談〈繫年〉的"戠"和楚簡部分"晉"字當釋讀爲"捷"》,《安徽大學學報(哲學社會科學版)》2013年第6期,67~70頁。

與"約"相類。古書中有一個當"遮攔"、"截擊"講的詞,多寫作"要"、"邀"、"徼"等。如《孟子·公孫丑下》記孟仲子"使數人要於路","要"即"遮攔之意"。①《論衡·儒增篇》述"書言",謂"晉襄公率羌(姜)戎要擊於崤塞之下","要擊"就是阻擊、截擊。銀雀山漢簡《孫臏兵法·陳忌問壘》:"短兵次之者,所以難其歸而徼(邀)其衰也。"(297號簡)整理者加注說:"邀,遮,截擊。"②《孫子兵法·軍爭》"無邀正正之旗",杜佑注訓"邀"爲"邀截";此句之"邀",銀雀山漢簡《孫子兵法》80號簡、張家山漢簡《蓋廬》18號簡均作"要"。③ 清華大學藏戰國竹簡《繫年》"陽城洹定君率貲(榆)關之師與上國之師以迡之"(127〜128號簡)、"魯陽公率師以迡晉人"(129號簡)、"鄭皇子、子馬、子池、子封子率師以迡楚人"(130號簡)的"迡",以及"令尹子玉遂率鄭、衛、陳、蔡及羣蠻夷之師以交文公"(43號簡)的"交",學者多讀爲"遮攔"、"截擊"義之"邀/徼"。④ 例不勝舉。"約"與"要"、"邀"古通。⑤ 當"留止"、"阻止"講的"約"又有"遮攔"、"截擊"義,從詞義引申角度看是十分自然的。不過,這種意思的"要/邀"與"約"也可能只是音義皆近的親屬詞。【編按:"約"與"要/邀"上古聲母不屬一類,必非一詞,亦不能看作親屬詞。參看本書所收《"弱"、"約"有關字詞的考察》。】

  值得注意的是,上舉諸例中的"要"、"邀",有不少正用於戰爭場合。所以我們傾向於認爲(1)〜(4)"弔羌"、"弔羌龍"之"弔",應即"留止"、"遮止"義的"約",或讀爲當遮攔、截擊講的"要/邀"【編按:讀"要/邀"之說乃"蛇足",當取消】。就(2)〜(7)諸辭來說,商王先關心𡥘能否截擊羌龍,阻止羌龍入寇,等到阻截取得成功之後,進而關心𡥘能否最終

---

① 楊伯峻《孟子譯注》,92頁,北京:中華書局,1960年。
② 銀雀山漢墓竹簡整理小組編《銀雀山漢墓竹簡[壹]》,釋文注釋55、56頁,北京:文物出版社,1985年。
③ 參看李家浩《讀張家山漢墓竹簡〈蓋廬〉札記一則》,《安徽大學漢語言文字研究叢書·李家浩卷》,333〜335頁,合肥:安徽大學出版社,2013年。
④ 蘇建洲等《清華二〈繫年〉集解》,378〜379、887頁引陳劍、劉雲、董珊說,臺北:萬卷樓圖書股份有限公司,2013年。
⑤ 高亨、董治安《古字通假會典》,784、796頁,濟南:齊魯書社,1989年。

戰勝、翦滅羌龍，亦合於事理。

2015 年 1 月 10 日

附識：拙文蒙蘇建洲、謝明文先生提出修改意見，作者十分感謝。

補記：

《殷墟小屯村中村南甲骨》(以下簡稱"《村中南》")485 有如下二條午組卜辭：

乙酉卜，▉丁至牢。

一牢。

李霜潔《殷墟小屯村中村南甲骨刻辭類纂》已據姚萱《殷墟花園莊東地甲骨卜辭的初步研究》所釋《合集》22049"戊午卜，貞：至（致）妻卩（禦）束父戊，良又（有）瘳"，把"至牢"之"至"讀爲致送之"致"（420 頁，復旦大學碩士學位論文，指導教師：劉釗，2014 年 6 月）。其說可從。

細審拓本，"丁"上一字左半實從"矢倒"從"ㄣ"；《村中南》摹本作▉，不確。《合集》4306："貞：卩（禦）弔于兄丁。"頗疑從"矢倒"從"ㄣ"之字亦"弔"之異體（以"ㄣ"纏束"矢"表"約"意，上引《戰國策》謂"魯連乃書，約之矢以射城中"，可參考），▉爲"卩（禦）弔"二字的合文（由於"卩"的對象是"弔"，所以把"卩"字所從的"午"改成了"弔"）。上引《合集》22049"卩（禦）束父戊"之"束"[《村中南》492 與"又（有）瘳"、"良瘳"、"卩（禦）妻"、"至（致）于妻"等同版者，有"束辛酉"之辭，上舉李霜潔文 422 頁指出此"束"即見於《合集》22049 的"束"]，不知與"卩（禦）弔"之"弔"是否有關［《合集》21506 爲婦女卜辭，其上有"癸丑卜，弗午弔"，這個"弔"就寫作本文所釋從"奚"的"弔"的異體。"午弔"能否讀爲"卩（禦）弔"，待考］。"束"、"弔（約）"二字字義相近，▉當釋"卩（禦）束"合文的可能性，似亦不能排除。

2015 年 10 月 4 日

編按：

　　《安徽大學藏戰國竹簡（一）》所收《詩經·綢繆》，綢繆之"綢"作"糸"（簡 109、110）。"布之道"（蕭禕科先生網名）《"弔"的構形本義》認爲"糸"、"綢"或爲異體，"綢"古有"纏繞"義，"'弔'從'虫'纏'人'，是'綢繆'之{綢}的表意初文，本義爲'纏繞'"（簡帛網"簡帛論壇"，2019 年 9 月 26 日）。陳哲《"弔"字構形理據及相關字詞補說》（未刊稿）認爲殷墟甲骨卜辭中的"弔羌"、"弔羌龍"之"弔"當讀爲"包圍"、"圍繞"義的"周"，"弔"字可能是"纏繞"義的"綢"、"圍繞"義的"周""這對同源詞共同的表意初文"。他們對"弔"的本義的解釋，在音義兩方面均較拙説更爲合理；陳哲先生讀卜辭"弔"爲"周"，亦頗可取。

　　不過，單獨的"綢"表示"纏束"義，古文獻中似並不常見，不如"環繞"義的"周"用得頻繁。根據他們的論述來看，我懷疑"弔"可能就是"環繞"義的"周"的表意初文，其字形當解釋爲蛇虺或繳一類可以彎繞的東西環繞周身；當"纏束"講的"綢"則是"環繞"義的"周"的孳乳詞（可能"綢"本是特指練、錦之類的絲織品繞物而言的）。若此，卜辭"弔羌"、"弔羌龍"等"弔"讀爲"包圍"義的"周"，實即用其本義（破讀爲"周"只是遵從傳世文獻的用字習慣）；安大簡用爲"綢"的"糸"就是"弔（周）"的孳乳詞"綢"的本字。書此供讀者參考。

　　原載《中國文字》新四十二期，（臺北）藝文印書館，2016 年 3 月。

釋 "鑠"

殷墟甲骨文和西周、春秋金文中有如下諸字：

A. 《甲骨文合集》29687： ▨ （何組）

B. 殷觥： ▨ （摹刻本，西周早期）①

C. 五祀㝬鐘： ▨ （彩照）、② ▨ （拓本，西周晚期）③

D. 逨盤： ▨ （西周晚期）④

E. 秦公鐘： ▨ 、⑤ ▨ ；⑥秦公鎛： ▨ 、⑦ ▨ 、⑧ ▨ ⑨（春秋

---

① 中國社會科學院考古研究所編《殷周金文集成（修訂增補本）》，第 6 冊 4903 頁 09299 號，北京：中華書局，2007 年。
② 張天恩主編《陝西金文集成》第 3 卷《寶雞卷·扶風》，11 頁，西安：三秦出版社，2016 年。
③ 中國社會科學院考古研究所編《殷周金文集成（修訂增補本）》，第 1 冊 500 頁 00358 號。
④ 陝西省文物局、中華世紀壇藝術館編《盛世吉金：陝西寶雞眉縣青銅器窖藏》，33 頁，北京：北京出版社，2003 年。
⑤ 中國社會科學院考古研究所編《殷周金文集成（修訂增補本）》，第 1 冊 307 頁 00262 號。
⑥ 同上注所引書，第 1 冊 310 頁 00265 號。
⑦ 同上注所引書，第 1 冊 313 頁 00267 號。
⑧ 同上注所引書，第 1 冊 315 頁 00268 號。
⑨ 同上注所引書，第 1 冊 317 頁 00269 號。

早期）

這些字過去各有不同的釋法。2012 年,蔣玉斌先生發表《釋西周春秋金文中的"討"》,率先指出它們應爲一字。① 2018 年,鞠煥文、石小力二位先生不約而同地對故宫博物院所藏梁伯戈進行考釋,指出戈銘中舊誤釋爲"印"或闕釋的如下之字:

F. ▦（摹本,春秋早期）

與上引 A～E 亦爲一字。② 這些意見都是正確的。

保利藝術博物館購藏的戎生編鐘兩見如下一字:

G. ▦、▦（春秋早期）③

裘錫圭先生已把它與 E"皿"上的形體聯繫了起來。④ 但蔣玉斌先生對此持保留態度。⑤ 在梁伯戈 F 被釋出之後,鞠煥文先生明確指出 F 是由 E 變爲 G 的"中間環節",A～G"都應是一字異體"。⑥ 其說可從。G 應該是 A～F 省去"皿"旁的簡體。跟 B、D、E 對照,G 前一形的"火"旁猶存;後一形的"火"已頗省併,與 C 等省"火"旁相類,E 中秦公鎛銘最末一例似亦無"火"。

殷墟小屯村中村南出土甲骨中有如下一字:

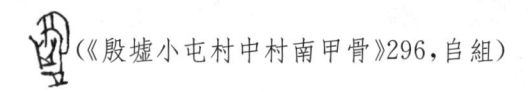

▦（《殷墟小屯村中村南甲骨》296,自組）

---

① 《古文字研究》第二十九輯,284～286 頁,北京:中華書局,2012 年。
② 鞠煥文《梁伯戈銘新釋》,《古文字研究》第三十二輯,305～306 頁,北京:中華書局,2018 年。石小力《故宫博物院藏梁伯戈銘文新釋》,田煒主編《文字・文獻・文明》,84～85 頁,上海:上海古籍出版社,2019 年。按,二家所作摹本稍有不同,此取自鞠文。
③ 《保利藏金——保利藝術博物館精品選》,122、123 頁,廣州:嶺南美術出版社,1999 年。
④ 裘錫圭《戎生編鐘銘文考釋》,《裘錫圭學術文集・金文及其他古文字卷》,108 頁,上海:復旦大學出版社,2012 年。
⑤ 蔣玉斌《釋西周春秋金文中的"討"》,《古文字研究》第二十九輯,287 頁。
⑥ 鞠煥文《梁伯戈銘新釋》,《古文字研究》第三十二輯,306 頁。

蔣玉斌先生認爲它跟 A～E 也是同一個字。① 此則恐有問題。從字形看，此字應與殷墟甲骨文、商代族名金文數見的如下之字爲一字：

　　　　（《懷特氏等收藏甲骨文集》957）　　　　（《合集》4284）

　　　　（癸䇂卣，商代晚期）②

商金文中此字基本上都從直立人形，與上舉《村中南》296 之例尤合。這個象人在器皿中用吸管吸水的字，從前有不少學者把它與 D、E 等字牽合爲一；後文將會介紹，D、E 等字有釋"盜"之說，所以此字或亦釋爲"盜"。也有人釋爲"歈"、"監"等。謝明文先生指出，釋"盜"或"監"，於字形皆不合，釋"歈"亦缺乏證據。③ 此字目前尚不能確釋。

從辭例看，《村中南》296 此字的用法也與 A 不同（以下用"○"代替此字）：

　　（1）丁未卜，貞：　　○龜。允龜。

　　（2）□未卜，貞：　　　龜。（同版無關之辭不錄）

（2）中"龜"上一字，就是裘錫圭先生考釋過的"注"，蔣玉斌先生引用此辭時已釋爲"注"。④ "注"上一字多釋爲"金"。細審拓本，並結合實物照片觀察（　　），⑤ 此字下方的二短橫與上部並不相連，釋"金"無據。此字上

---

① 蔣玉斌《釋西周春秋金文中的"討"》，《古文字研究》第二十九輯，285 頁。按，晚近出版的劉釗等編纂《新甲骨文編（增訂本）》(777 頁，福州：福建人民出版社，2014 年)、李霜潔《殷墟小屯村中村南甲骨刻辭類纂》(282 頁，北京：中華書局，2017 年)等，皆從蔣說釋此字爲"鑄"。

② 中國社會科學院考古研究所編《殷周金文集成（修訂增補本）》，第 4 冊 3108 頁 04839 號。關於此字，參看謝明文《商代金文的整理與研究》，125～127 頁，復旦大學博士學位論文（指導教師：裘錫圭），2015 年 7 月修改稿。

③ 謝明文《商代金文的整理與研究》，126 頁。

④ 蔣玉斌《釋西周春秋金文中的"討"》，《古文字研究》第二十九輯，285 頁。

⑤ 中國社會科學院考古研究所編著《殷墟小屯村中村南甲骨》，下冊 504 頁，昆明：雲南人民出版社，2012 年。

部應即(1)中 ◇◇ 所從者。這種像菱形一樣的東西，頗似"齊"字所從之 ◇，甲骨文中還有作單獨一個 ◇ 的字。① 疑(1)、(2)的 ◇◇、▨ 可能都是"齊"的省體（甲骨文"齊"字又有從"四'◇'"者。② 從"四'◇'"、"二'◇'"當與從"三'◇'"同意。▨ 下加"＝"，大概表示"二'◇'"或"三'◇'"之簡省。甲骨文 ▨ 亦從"◇"，有人認爲即《說文》訓"穧"的"齌/槳"，③ ◇、▨ 似有可能是一字簡繁體）。卜辭凡言"龤"者，多見於祭祀或田獵場合。④ (2)的"注龤"，參照裘錫圭先生所釋"注（敱）豟"，⑤ 或可讀爲"敱龤"，指去勢的豬。【編按："注"字之釋恐有問題，容另文討論。】然則此版所說當爲祭祀之事。雖然〇字還不認識，疑爲"齊"之字也不知何意，但(1)、(2)沒有問題與"鑄金"無關，這跟 A 所適用的語境（冶鑄之事，詳下文）迥異，所以應該把〇與 A 等字徹底分開。

　　A～G 這個字，學者們已作過不少研究，有些見解甚至被學界視爲定論。我們想在揭示現有說法所存在的一些問題的基礎上，對此字重新加以考釋。

　　《殷墟甲骨刻辭摹釋總集》、《殷墟甲骨刻辭類纂》等書釋 A 爲"鑄"。⑥ 裘錫圭先生考釋甲骨金文中的"注"字，即以此釋爲其出發點。⑦ 蔣玉斌先生據此將 B～E 亦釋爲"鑄"，銘文中一律讀爲"討"（辭例詳後）。⑧ 不

---

① 李宗焜編著《甲骨文字編》，757 頁，北京：中華書局，2012 年。
② 同上注。
③ 參看裘錫圭《甲骨文中所見的商代農業》，《裘錫圭學術文集·甲骨文卷》，240～241 頁。
④ 參看姚孝遂主編、肖丁副主編《殷墟甲骨刻辭類纂》，618～620 頁，北京：中華書局，1989 年。
⑤ 裘錫圭《殷墟甲骨文字考釋（七篇）·七、釋"注"》，《裘錫圭學術文集·甲骨文卷》，358、360 頁。
⑥ 姚孝遂主編、肖丁副主編《殷墟甲骨刻辭摹釋總集》，660 頁，北京：中華書局，1988 年。姚孝遂主編、肖丁副主編《殷墟甲骨刻辭類纂》，1035 頁。
⑦ 裘錫圭《殷墟甲骨文字考釋（七篇）·七、釋"注"》，《裘錫圭學術文集·甲骨文卷》，359 頁。
⑧ 蔣玉斌《釋西周春秋金文中的"討"》，《古文字研究》第二十九輯，284～287 頁。

過,20世紀70年代末秦公鐘、鎛出土,不少學者曾根據石鼓文、傳抄古文"盜"的寫法,釋E爲"盜":①

　　　(石鼓文《汧殹》"籃")②　　　(碧落碑"盜")③　　　(《說文·八下·次部》"盜"小篆,省"二'水'"爲"一'水'"。然"次"字籀文从"二'水'")

本世紀初,陝西眉縣楊家村出土的逑盤發表後,多數學者也主張D當釋爲"盜"。④ 蔣玉斌先生在釋此字爲"鑄"的文章裏,則否定其與"盜"的"認同"。⑤ 面對釋"盜"説與釋"鑄"説的分歧,張世超先生和張富海先生不謀而合地提出:蔣玉斌先生釋A～E爲"鑄"、在銘文中讀爲"討""證據堅確""當可信從",但過去學者們指出的D、E與"盜"字形上的聯繫,也無可否認;應該説,"盜"就是由"鑄"的表意異體分化而來的,盜竊之"盜"跟讀爲"討"一樣,都是假借用法。他們還都對"盜"與"鑄"的語音關係有所討論。⑥ "盜"、"鑄"二釋至此取得了"會通"。

現在看來,篆隸的"盜"字由A～F演變而成,這一點已完全可以肯定。張富海先生對字形演變有很好的説明,⑦請大家參閲。爲了稱説的方便,下文在没有必要稱引具體字形時,統一以"盜"指代此字。綜合字形和字音兩方面來看,既知此字是"盜",我們認爲就不宜再與釋"鑄"之説勉

---

① 參看王輝《秦銅器銘文編年集釋》,16～17頁,西安:三秦出版社,1990年;蔣玉斌《釋西周春秋金文中的"討"》,《古文字研究》第二十九輯,286頁。

② 郭沫若《石鼓文研究》,《郭沫若全集·考古編》第九卷,152頁,北京:科學出版社,1982年。

③ 徐在國編《傳抄古文字編》,872頁,北京:綫裝書局,2006年。

④ 參看高玉平《2003年眉縣楊家村出土窖藏青銅器銘文考述》,26～28頁引董珊、李學勤、彭曦、李零、王輝、何琳儀、連劭名説以及作者自己的"按語",安徽大學碩士學位論文(指導教師:何琳儀、徐在國),2007年5月。魏宜輝《説"盜"》,《語言研究》2014年第1期,37～39頁。

⑤ 蔣玉斌《釋西周春秋金文中的"討"》,《古文字研究》第二十九輯,286頁。

⑥ 張世超《金文"鑄"、"盜"諸字補説》,《吉林大學古籍研究所建所三十週年紀念論文集》,23～25頁,上海:上海古籍出版社,2014年。張富海《試説"盜"字的來源》,《中國文字學報》第六輯,101～104頁,北京:商務印書館,2015年。

⑦ 張富海《試説"盜"字的來源》,《中國文字學報》第六輯,102～103頁。

強會通。

　　裘錫圭先生認爲 A 所從的 [字形] 即"注"之初文，後來變爲"鑄"字所從之 [字形]。這有"沬（頮）"字的同類字形變化爲證，①是很有道理的。裘先生並指出，"鑄器時的主要工作就是把熔化的金屬注入器範，'鑄'應該就是由'注'孳生的一個詞"，②亦頗可信。但問題是，僅僅根據《甲骨文合集》29687"A 黄呂"與《英國所藏甲骨集》2567"鑄黄呂"的辭例，恐怕難以斷定 A 必是"鑄"字。因爲從情理上説，可對"黄呂"施加的工作，不限於"鑄"一項（參後文）。從 A～F 的字形看，"盗"像是"圖形式的會意字"。如 A 雖非"鑄"字，卻仍與熔鑄、冶金之義有關，其字形中含有"把熔化的金屬注入器範"的"注"作爲表意成分，也是很自然的。

　　上面提到的《英國所藏甲骨集》2567 的"鑄"字作：

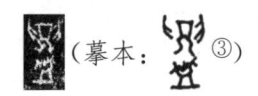

[字形]（摹本：[字形]）③

與金文習見之"鑄"相合，而與 A 那樣的"盗"有别。此版是黄組卜辭，也許有人會解釋爲時代晚於 A 之故。但《甲骨文字編》"鑄"字條下收有《甲骨文合集》18203 一例：

[字形]（摹本：[字形]）④

亦與金文習見之"鑄"相合。此版雖頗殘，從"貞"字的寫法看，似當歸於典賓類，⑤其時代顯較 A 爲早。西周以降"盗"字皆從"皿"而不從"[字形]"，説明對於"盗"字而言，從"皿"與從"[字形]"是一回事，後者可視爲前者的

---

　　① 裘錫圭《殷墟甲骨文字考釋（七篇）·七、釋"注"》，《裘錫圭學術文集·甲骨文卷》，359 頁。
　　② 同上注所引書，359～360 頁。
　　③ 李宗焜編著《甲骨文字編》，1025 頁。
　　④ 同上注。
　　⑤ 崎川隆《賓組甲骨文分類研究》，724 頁，上海：上海人民出版社，2011 年。

早期繁形。所以,即使"鑄"所从之⟨圖⟩確由"注(⟨圖⟩)"變來,也不能證實"鑄"與 A 等"盜"字本爲一字,從現有材料看不出二者必然存在關聯。

文首所舉金文諸"盜"字,B 屬西周早期,C、D 屬西周晚期,E、F 屬春秋早期。在西周早、晚期和春秋早期金文中,不加注"弓"聲的表意的"鑄"字,極爲常見。① 如果"盜"字確實本是"鑄"字的一種異體,爲何在那麽多與"盜"共時的鑄造之"鑄"中,竟不見一個以"盜"爲"鑄"的用例?(按照我們的看法,甲骨卜辭中亦無"盜"用爲"鑄"的確例。)這雖然算不上是釋"盜"爲"鑄"說的絕對的反證,總不免啓人疑竇。

更爲重要的是,"鑄"、"盜"的字音其實並不相近。"鑄"上古有歸幽部與歸侯部二説,各有其依據;② 即如歸於幽部,其主元音當爲*-u,③ 也與侯部的主元音*-o 接近【編按:"鑄"理應歸幽部】。"盜"一般認爲是宵部字(另詳後文),宵部與幽、侯二部雖偶有交涉,畢竟與"鑄"字不同部。何况,在可靠的通假材料中,"鑄"未有與宵部字發生關係者,④"盜"也未有與幽、侯部字發生關係者。⑤ "鑄"是中古章母字,從"鑄"、"注"同源分化

---

① 參看董蓮池編著《新金文編》,下册 1927～1930、1931 頁,北京:作家出版社,2011 年;陳斯鵬、石小力、蘇清芳編著《新見金文字編》,396 頁,福州:福建人民出版社,2012 年。
② 參看張富海《試説"盜"字的來源》,《中國文字學報》第六輯,104 頁。
③ William H. Baxter & Laurent Sagart(白一平—沙加爾)"Old Chinese: A New Reconstruction",Oxford University Press, 2014. 白一沙的構擬據其網站公布的詞表:http://ocbaxtersagart.lsait.lsa.umich.edu/,2015 年 10 月 13 日。
④ 高亨、董治安《古字通假會典》,350 頁【注與鑄】條,782 頁【鑄與祝】條,濟南:齊魯書社,1989 年。白於藍《簡帛古書通假字大系》,175 頁【鑄與禱】條,福州:福建人民出版社,2017 年。徐俊剛《非簡帛類戰國文字通假材料的整理與研究》,73 頁"肘:鑄"條,73～74 頁"钊:鑄"條,74 頁"鬻:鑄"條,79 頁"舟:鑄"條、"憑:鑄"條,81 頁"壽:鑄"條,吉林大學博士學位論文(指導教師:吴良寶),2018 年 6 月。
⑤ 高亨、董治安《古字通假會典》,813 頁【桃與盜】、【駣與盜】。白於藍《簡帛古書通假字大系》,195～196 頁【兆與盜】條,196 頁【悐與盜】條,197 頁【覜與盜】條、【頫與盜】條。徐俊剛《非簡帛類戰國文字通假材料的整理與研究》,101 頁"覜:盜"條。按清華大學藏戰國竹簡《赤鵠之集湯之屋》記湯射獲集於湯之屋的赤鵠,命小臣伊尹"旨羹之",遂外出。紝料湯之妻紝荒非要嘗羹不可,她"受小臣而三嘗之",小臣伊尹亦"受其餘而嘗之"。湯回來後,"小臣餽","湯怒曰:'孰洦吾羹?'小臣懼,乃逃于夏。"(簡1～5)此文之"洦",整理者疑讀爲"詷",訓"發取"[李學勤主編《清華大學藏戰國竹簡(叁)》,下册 167、169 頁,上海:中西書局,2012 年]。梁月娥《說〈清華(叁)〉〈赤鵠之集湯之屋〉之"洦"》指出整理者所訓"發取"義與文義不合,這是正確的;但她認爲"洦"當讀爲"盜"(簡帛網,(轉下頁)

和加注"弜"聲來看,其上古聲母當爲 *t-。① "盜"是中古定母字,過去多以此推定其上古聲母亦爲定母 *d-。但是,在大量的出土戰國楚簡和一部分秦簡中,盜賊、盜竊之"盜"都是用"兆"或從"兆"聲的"逃"、"覜"、"頫"、"悐"等字表示的。② 從"兆"聲的"姚"、"銚"、"珧"、"筄"、"桃(慆)"等是以母(*l-)字,"逃"、"佻"、"覜"、"兆"等字中古讀定、透、澄母,乃後起的音變,③它們的上古聲母當爲 *l-、*l̥-、*lr-。④ 由此可知"盜"上古也應屬以母(*l-),中古才變入定母,否則無法解釋其與"兆"聲字相通的現象。據學者們研究,先秦漢語 *T-系與 *L-系聲母之字分屬不同的諧聲類型,彼此區別甚嚴,幾無交涉之例。以"鑄(*t-)"爲"盜(*l-)",就有悖於這一通則。⑤ 總之,"鑄"、"盜"上古聲韻皆異,實在不符合作爲一字異體的語音條件。

通過上面的討論,現在已有較充分的理由拋棄影響頗大的釋"鑄"說了。那麼"盜"字究竟是爲古漢語裏的哪一個詞所造的呢?我們以"盜"的讀音爲綫索,結合字形和用法反復考慮,認爲此字應是銷鑠之"鑠"的表意

(接上頁) 2013 年 1 月 8 日),則可商。從簡文言"小臣餟"來看,小臣應該是分了一部分羹給紝荒嘗,自己則嘗紝荒剩下的,並非把全部羹都吃光,不然就無法進餟於湯了。在這種情況下,湯說的應該是"誰動了我的羹"或"誰偷吃了我的羹"一類意思,而不至於使用盜竊之"盜"。從用字看,已有學者指出讀"洍"爲"盜",不符合楚文字"盜"的用字習慣[李爽《清華簡〈伊尹〉五篇集釋》84 頁引侯乃峰《也說清華簡〈赤鳩之集湯之屋〉篇的"洍"》,吉林大學碩士學位論文(指導教師:李守奎),2016 年 6 月]。從語音看,即使不論韻部,"洍"與"盜"的聲母也無由相通("洍"從"舟"聲,上古聲母當爲 *t-;"盜"的聲母與其非一系,詳下文)。此"洍"當如何釋讀,有待研究,讀"盜"之說顯然不可信,不能作爲"盜"與幽部字有關的證據[范常喜《清華簡、金文與〈管子·小問〉"洍"字合證》讀"洍"爲"調和"之"調",謂商湯懷疑伊尹所饋之羹被人動了手腳,故責問"誰調的我的羹"《出土文獻與傳世典籍的詮釋》,91~92 頁,上海:中西書局,2019 年)。其說可取]。

① 戰國文字"鑄"有從"肘"聲的"釾"、"𩛥"等寫法。"肘"的聲母本即 *tr-,故可充任"鑄"的聲符【編按:此注有修改】。

② 參看 233 頁注⑤。

③ 參看鄭張尚芳《上古音系(第二版)》,43~44 頁,上海:上海教育出版社,2013 年;潘悟雲《非喻四歸定說》,同作者《音韻論集》,35~54 頁,上海:中西書局,2012 年。

④ 此參考諸家構擬[鄭張尚芳《上古音系(第二版)》,560~561 頁;白一平—沙加爾公布的構擬詞表],擇善而從。

⑤ 施瑞峰《上古漢語的 *T-系、*L-系聲母及相關古文字問題補說》,《中國語文》2020 年第 1 期,56~65 頁。

初文。

　　"鑠"是藥部字,與宵部的"盜"陰入對轉。且中古"鑠"屬藥韻,"盜"屬豪韻,可以推知它們在上古的主元音亦相同。張富海先生據《詩·小雅·巧言》"君子信盜,亂是用暴""'盜'與藥部字韻",認爲"盜""亦可歸藥部"。① 如其説,"鑠"與"盜"的韻母就更爲接近了(韻尾僅是否有-s 之別)。"鑠"是中古書母字,但同從"樂"聲的"藥"是以母字(*l-),"櫟"、"爍"也都有以母一讀。"爍"、"鑠"同音古通。《集韻》入聲藥韻式灼切"鑠"小韻下"灼爍"之"爍"或從"藥"聲,《後漢書·張衡傳》"心灼藥其如湯",又假"藥"爲"爍"。"爍"、"鑠"與"藥"聲母必近(疑"樂"古有"藥"一讀;或"爍、鑠"本皆從"藥"聲,"樂"是其省形)。【編按:[俄]斯塔羅斯京《古漢語音系的構擬》已疑"樂"可能有*ŋ-、*l-兩個讀音,"爍"不源於*sŋ-而源於*sl-(155 頁,張興亞譯,北京:北京大學出版社,2012 年)。】《説文·十四上·金部》:"鑠,銷金也。"《漢書·藝文志》:"後世燿金爲刃,割革爲甲,器械甚備。"顔師古注:"燿,讀與鑠同,謂銷也。""燿金"之"燿"大概就是"爍/鑠"之或體。"燿"從"翟"聲,與"耀"通用時亦讀以母(*l-)。所以"鑠"的上古聲母應與以母極近(上文已説"盜"正讀以母),也許可以擬作清流音*l̥-。② 釋"盜"爲"鑠"的初文,語音上比釋爲"鑄"合理(盜竊、盜賊之"盜"是其假借義的讀音,與其本義的讀音不完全相同,不足爲奇)。

　　"鑠"的本義就是銷鑠、熔化金屬,源出《國語·周語下》的"衆口鑠金"一語,最爲膾炙人口。銀雀山漢簡"陰陽時令、占候之類"《禁》記"定夏大暑"之時,"毋以聚衆鼓盧(爐)樂(鑠)金","若以聚衆鼓盧(爐)樂(鑠)金,遺火亥國,臺廟將有焚者,君大堵亥焉"。(簡 1704~1705)③以"鑠金"爲

---

　　① 張富海《上古韻母與中古韻母對應表暨諧聲表》,7、8 頁,未刊稿。此點蒙張先生告知。
　　② *l-拼一、四等韻,中古變透母,如前所舉"佻"、"覜"等;拼非重紐三等韻,中古變書母,如"鑠"等。
　　③ 銀雀山漢墓竹簡整理小組編《銀雀山漢墓竹簡[貳]》,209 頁,北京:文物出版社,2010 年。

夏之禁忌，可見古人對"鑠金"之事十分重視。上舉 B～G 中的"川/水"形，正象銷熔的金屬流液，或還留有少許金屬殘塊（石小力先生爲"盗"字補充了一個西周早期爵銘之例：[圖]，①在爵銘中用作人名。② 其"水"形流液之下的"▽"似即象銅料殘渣。F、G"川/水"形之側的三角或半圓形可能由此變來），盛於器皿之中。熔鑠金屬需用火，"鑠"之異體"爍"即從"火"（湖南沅陵虎溪山 1 號漢墓出土的《閻氏五勝》簡有"一炬之火不能爍千鈞之金"語，③馬王堆漢墓所出《太一將行圖》有殘片云"爍金作刃"，④並用"爍"字），故上舉 B、D、E、F、G 亦皆从"火"。此字右側的張口人形，顯然就是正在從事"鑠金"工作的匠人［上引馬王堆漢墓所出《太一將行圖》，與"爍金作刃"殘片有關的圖中題記云"黃龍持鑪"、"青龍奉（捧）容（鎔）"。⑤ 此字中的人形似即"持鑪"者］。A 的字形稍顯繁複，其中的[圖]，蓋[圖]之類形體的省訛（前者"八"形中間的形體，應是"火"與象銅料塊的"▽"的粘連⑥【編按：關於此點，參看文末"編按""六"】；其右下多出雙手捧"皿"之形，似表示左邊器皿中的金屬已經銷鑠，有待注入器範（疑即"捧鎔"者）。對於"鑠金"之事來說，畫不畫出器皿並非至關重要，故 G 可省去"皿"而不影響其爲"鑠"。

甲骨卜辭中的 A，就用爲鑠金之"鑠"：

　　　　（3）丁亥卜，大［貞］：☐ 其 A 黃呂 ☐ 作同，利，惠 ☐（《合集》29687）

表面上看，此辭與《英國所藏甲骨集》2567"王其鑄黃呂，奠𠂤（義同'血'），

---

① 中國社會科學院考古研究所編《殷周金文集成（修訂增補本）》，第 6 册 4824 頁 09066 號。
② 石小力《故宫博物院藏梁伯戈銘文新釋》，《文字·文獻·文明》，85 頁。
③ 劉樂賢《虎溪山漢簡〈閻氏五勝〉及相關問題》，同作者《戰國秦漢簡帛叢考》，147 頁，北京：文物出版社，2010 年。
④ 廣瀨薰雄《談〈太一將行圖〉的復原問題》，同作者《簡帛研究論集》，386 頁，上海：上海古籍出版社，2019 年。
⑤ 參看上注所引文，386～387 頁。
⑥ 按照我們對 A 字形的理解，此字除去"[圖]"的部分，與《合》6057 正的[圖]無關。A 字"八"形中間部有些像"九"，是偶見的字形訛變或刻寫訛誤所致。

惠今日乙未利"①頗似，A 釋爲"鑄"好像有理。其實，(3)較《英國所藏甲骨集》2567 多出"作同"一語，應該引起注意。蔣玉斌先生曾討論過《戰後京津新獲甲骨集》1029 這版典賓類卜辭，其上存命辭"同呂"。他引據張世超先生所考定的"同"有熔合義、"銅"古指"合金"或金屬之總稱，②指出"同呂"意謂"熔合銅料塊"。③ 其説甚是。我認爲(3)的"作同"也當指熔合而言，比照"同呂"之語，"作同"似是説把舊有的銅料塊（即前面提到的"黄呂"）熔合提煉成新的銅或合金溶液，也可能是熔合而煉鑄成器。所以在"作同"之前，有必要先把已有的"黄呂"銷鑠熔化。可見，釋"A 黄呂"爲"鑠黄呂"比釋爲"鑄黄呂"要合適得多。《英國所藏甲骨集》2567 没有細分"鑠"與"同"兩個步驟，統而稱之爲"鑄"（"鑄"可以涵蓋銷鑠、熔合、煉鑄等環節而言。《急就篇》卷三"鍛鑄鉛錫鐙錠鐎"句，顔師古注："凡金鐵之屬，……銷冶而成者謂之鑄。"）：所謂"鑄黄呂"，當指將黄呂熔鑄爲新的銅料或"銷冶而成"銅器【編按：從動詞的情狀類型來説，"鑄"屬於"達成（accomplishment）"類動詞，其後一般帶結果賓語。據此，"鑄黄呂"應該是熔鑄成黄呂銅料的意思】。

下面討論西周春秋金文"鑠"的用例。B 爲人名，姑置毋論；C～G 據其用法，可分爲兩類：C～F 爲一類，G 爲另一類。G 不從"皿"，字形與一般的"盗"有所出入，不知是不是有意利用異體區别不同的用法。

先看前一類的具體辭例：

(4) 文人陟降=（降，降）余黄耇（耇），④受（授）余屯（純）魯、C 不

---

① 此辭之"奠血"，林澐先生認爲是古代"用牲血祭新造銅器的習俗"的反映（《商代卜辭中的冶鑄史料》，《林澐學術文集》，44～45 頁，北京：中國大百科全書出版社，1998 年）。

② 張世超《釋"銅"》，《古籍整理研究學刊》1989 年第 2 期，15～16、22 頁。後來陳劍先生對指"合金"或"合金熔液"的"銅"的用例，又有新的補充。説見其《幾種漢代鏡銘補説》，復旦大學出土文獻與古文字研究中心網，2018 年 1 月 12 日。按：關於"銅"與"同"語源上的聯繫，又可參看（法）沙加爾《上古漢語詞根》（龔群虎譯），220 頁，上海：上海教育出版社，2019 年。

③ 蔣玉斌《説殷卜辭中關於"同呂"的兩條冶鑄史料》，《吉林大學古籍研究所建所三十週年紀念論文集》，1～3 頁。

④ "耇"的釋讀，從謝明文《試談敔器中兩例"耇"字的讀法》（《青銅器與金文》第二輯，315～322 頁，上海：上海古籍出版社，2018 年）。

廷方。猷(胡)其萬年,永畯尹四方,保大命……(下略)

(5) 雩(粵)朕皇高祖新室仲,克幽明厥心,柔遠能邇,會醽(詔)康王,方裹(懷)不廷;雩(粵)朕皇高祖惠仲盠父,盩(調)龢(和)于政,又(有)成于猷,用會昭王、穆王,D政四方,屚(撲)①伐楚荊。

(6) 公及王姬曰:余小子,余夙夕虔敬朕祀,以受多福,克明又(有)心……(中略)翼受明德,以康奠協朕國,E百䜌(蠻),具即其服……(下略)

(7) 印(抑)敜(威)方䜌(蠻),F政北旁(方)。②

蔣玉斌先生在釋"鑄"文中,把C～E皆讀爲"討";鞠焕文、石小力先生亦讀F爲"討"。我們釋"盗"爲"鑠"之初文,當然不能同意仍讀爲"討"。

過去學者對秦公鐘、鎛銘[即(6)]中的"盗"並無很理想的解釋,③但後來在解釋逨盤[即(5)]的"盗"時,卻對(5)、(6)提出過一些值得參考的意見。如李零先生認爲(5)的"盗政四方"當讀"調正四方",其根據是(6)中原寫作"兩枺三犬"形的一般釋讀爲"協"之字,他認爲實當讀"諧","盗百蠻"之"盗"與"諧"互文,故讀爲"調"。④ 連劭名先生跟不少學者一樣,誤以"盗"字从"次"聲,而讀(5)的"盗政"爲"衍征","如言'廣征'";又讀(6)的"盗"爲"羨",訓"道","'盗百蠻'如言領導百蠻,少數民族的臣服,正象徵國家的安定和平"。⑤ 他們對D、E的具體讀法雖然錯誤(李零先生把"協"改釋讀爲"諧",亦不可信),但都沒有往"征討"、"討伐"的方向去理解,而是體會出當有"調正"、"道(導)而使其臣服"的意味,這種語感很可重視。

李零先生讀"D政四方"之"政"爲"正",我認爲是很正確的,並且(7)

---

① "屚"字學界釋讀不一,此從林澐《究竟是"蔑伐"還是"撲伐"》[《林澐學術文集(二)》,209～212頁,北京:科學出版社,2008年]。

② "旁(方)"字,鞠焕文《梁伯戈銘新釋》釋爲"帝"、讀爲"狄"(《古文字研究》第三十二輯,306～308頁)。此字漫漶難辨,姑從石小力《故宮博物院藏梁伯戈銘文新釋》釋(《文字·文獻·文明》,86頁)。

③ 有些學者以"盗百蠻具即其服"連讀,認爲"盗"是秦統治者對百蠻帶有侮辱性的稱呼(參看王輝《秦銅器銘文編年集釋》,17頁)。不可信。

④ 李零《讀楊家村出土的虞逨諸器》,《中國歷史文物》2003年第3期,24頁。

⑤ 連劭名《眉縣楊家村窖藏青銅器銘文考述》,《中原文物》2004年第6期,46頁。

"F政北方"的"政"也應讀爲"正"。(7)是刻在梁伯戈背面的,顯然爲了宣揚戈的效用,其前一句"抑威方蠻"的"抑威"指抑遏、威懾,即可爲證。但如讀後一句爲"討征北方",就只表明此戈可用於征討,至於能否取得勝利、"北方"是否順服,不得而知,這明顯不合文例。而且戈等兵器可以"討征"敵人,本是不言而喻的,古人有什麽必要把這樣的話鄭重其事地鑄刻在兵器上呢?"正"即"以正道匡正之"之義。説"正"敵方,則是有意義的,且與"抑、威"等詞同類,都指向此戈所能達到的效果。西周晚期的虢季子白盤説:"(王)錫用戊(鉞),用政綣(蠻)方。"① 前人大多讀"政"爲"征",竊以爲亦以讀"正"爲佳。春秋早期曾伯陭鉞銘言鑄此"殺鉞",是"用爲民刑(以作爲百姓的型範、標準)"、"用爲民政(以此作爲百姓的準則、禁令)",而不是用來實施刑殺的。② 郭永秉先生解説鉞銘"用爲民政"之"政"義,引《逸周書·允文》"寬以政之"唐大沛注"政者,正也",指出"這個'政'的意思是'使之正'","民政"即"能使老百姓行爲得正的標準、禁令之意"。③ 因此也可説鉞就是用以"正民"的。實際上用於刑殺的鉞被説成"用爲民政"、"正民",實際上用於征伐的鉞被説成"正蠻方(用正道引導、匡正蠻方,使之走上正道)",彼此立意一致。《周禮·夏官·序官》"使帥其屬而掌邦政",鄭注:"政,正也;政,所以正不正者也。"邦政之"政"是名詞,但從鄭玄的解釋已可窺見其與匡正之"正"的聯繫。《説文·三下·攴部》:"政,正也。从攴、从正,正亦聲。"此部所收之字,多數表示某一行爲動作,前人已指出"政"從"攴"與"教"、"敕"、"改"等字從"攴"同意。④ 所以,"政"很可能就是爲"正不正"的前一個"正"所造的(從"攴"表示"使之正"),"所以正不正者"反倒是其"轉義"。如此説來,金文習慣以"政"字表

---

　　① 中國社會科學院考古研究所編《殷周金文集成(修訂增補本)》,第 7 册 5480～5481 頁 10173 號。
　　② 此鉞見吳鎮烽編著《商周青銅器銘文暨圖像集成》,第 33 卷 523～524 頁 18250 號,上海:上海古籍出版社,2012 年 9 月。鉞銘的解釋悉依郭永秉《曾伯陭鉞銘文平議》,《中國古代法律文獻研究》第十輯,1～18 頁,北京:社會科學文獻出版社,2016 年。
　　③ 郭永秉《曾伯陭鉞銘文平議》,《中國古代法律文獻研究》第十輯,13～14 頁。
　　④ [日]高田忠周《古籀篇》卷六十,第 3 册 1498 頁上欄,臺北:大通書局,1982 年。張世超等編著《金文形義通解》,729 頁,京都:中文出版社,1996 年。

匡正之"正",用的正是本字。

　　珍秦齋所藏秦國伯喪戈銘有"戮政西旁(方)"之語,①"政"亦當讀爲"正"。《國語·鄭語》:"於是宣王聞之,有夫婦鬻是器者,王使執而戮之。"徐元誥《集解》:"戮,責也。非殺之謂。"②《左傳·僖公二十七年》:"楚子將圍宋,使子文治兵於睽。終朝而畢,不戮一人。子玉復治兵於蒍,終日而畢,鞭七人,貫三人耳。"蘇建洲先生指出,"不戮一人"與下文"鞭七人,貫三人耳"對照起來看,可知前人釋"戮"爲"懲罰"之義甚是。蘇先生舉出了古書中"戮"有當"刑"講的用例。③ 以刑罰"刑戮"之,也就是通過懲罰加以匡正(刑戮之"刑"亦含"正"義)。此與上舉曾伯陭鉞銘"用爲民政"之"政/正"十分相似。伯喪戈"戮正西方"之"戮"亦是此意,故可與匡正之"正"連用(據董珊先生介紹,後來看到的秦伯喪戈銘"戮"下一字有作"整"者。④ 整敕之"整"與匡正之"正"音義皆近,亦可爲證)。"戮政(正)西旁(方)"與(7)的"F 政(正)北旁(方)"文句極近,F 應該跟"戮"一樣,也表示與"正"相關之意。董珊先生曾指出"戮政西方""在語義、結構上"與述盤的"D 政四方""有些類似"。⑤ 絕大多數學者承認 D 與 C、E 代表同一個詞,所以它們也都應具有與"正"相關之意。

　　我們還可以通過考察金文所見對待"不廷方"的手段,進一步印證此點。淅川下寺2號楚墓出土的春秋時代的朋戈,上有"朋用燮不廷"之語。⑥戈銘的"燮",以及春秋早期曾伯霎簠"克狄(逖)淮夷,卬(抑)燮繁湯"⑦之

---

① 董珊《珍秦齋藏秦伯喪戈、矛考釋》,《故宮博物院院刊》2006年第6期,105～116頁。
② 徐元誥《國語集解》,473頁,北京:中華書局,2002年。
③ 蘇建洲《釋〈上博九·成王爲城濮之行〉的"肆"字以及相關的幾個問題》,《中正漢學研究》2014年12月(總第24期)。
④ 董珊《秦子車戈考釋與秦伯喪戈矛再釋》,《第一屆"出土文獻與中國古代史"論壇暨青年學者工作坊論文集》,77～79頁,復旦大學,2019年11月2～4日【編按:此文已收入董珊《秦漢銘刻叢考》,相關內容見52、60～62頁,上海:上海古籍出版社,2020年】。
⑤ 董珊《珍秦齋藏秦伯喪戈、矛考釋》,《故宮博物院院刊》2006年第6期,108頁。不過董珊先生對這兩句銘文的具體解釋我們並不同意,這裏就不贅引了。
⑥ 程鵬萬《楚系典型銅器群銘文整理研究》附錄二《淅川下寺出土有銘青銅器及銘文》,423頁,參看此書143、146～148頁,哈爾濱:黑龍江人民出版社,2016年。
⑦ 中國社會科學院考古研究所編《殷周金文集成(修訂增補本)》,第4冊3008～3009頁04631號、3010～3011頁04632號。

"燮",有些學者讀爲襲擊、襲伐之"襲"。① 今按,在戈銘上鑄"用襲(襲擊)不廷",比戈、鉞等兵器自稱"討征北方"、"征蠻方"更不合理。簠銘的"抑燮繁湯"跟(7)的"抑威方蠻"和晉公盤"毃(矯?)毃(威)百蠻"②比較一下,③也可看出"燮"如讀爲"襲",就與"抑"、"威"、"矯"等詞不類。所以,自從看到湖北隨州文峰塔曾國墓地所出曾侯與鐘銘的"吾用燮驕(?)楚"、"襄(懷)燮四旁(方)"之後,越來越多的學者感到西周春秋金文中的"燮"(還包括如清華簡《説命中》簡3"古我先王滅夏,燮强,𢦏蠢邦"之"燮")都不必改讀爲"襲",④"燮"訓"和",實含有"以威勢使對象懾服和順"⑤之義。朋戈的"用燮不廷",也已有學者指出"與毛公鼎'率懷不廷方'、速盤'方懷不廷'含義相近,謂協和那些不來朝覲的國家"。⑥ 這些意見均正確可從。戎生編鐘云"用榦(榦)不廷方","榦不廷方"一語又見於《詩·大雅·韓奕》,"榦"當從薛漢《韓詩章句》説訓爲"正"(《文選·西京賦》李善注引。按朱熹《詩集傳》亦如此釋⑦)。⑧ 秦公簋、秦公鎛皆有"鎮静不廷"之語,⑨所謂"鎮静(或讀爲'靖')",即按壓之使其安服,亦與"正"義近。2015年甘肅毛家坪春秋墓葬出土的一件秦公戈,胡部有"……(上略)毃

---

① 參看李家浩《説"貓不廷方"》,《安徽大學漢語言文字研究叢書·李家浩卷》,13~15頁,合肥:安徽大學出版社,2013年。
② 吴鎮烽編著《商周青銅器銘文暨圖像集成續編》,第3卷308~312頁0952號,上海:上海古籍出版社,2016年。"毃"字一般讀爲"教",不妥,竊疑當讀爲矯正之"矯"。
③ 參看鞠焕文《梁伯戈銘新釋》,《古文字研究》第三十二輯,308頁。
④ 吴雪飛《〈詩經·大雅·大明〉"燮伐大商"句新證》,《史學史研究》2013年第4期,122頁。馬曉穩《吴越文字資料整理及相關問題研究》,344頁,吉林大學博士學位論文(指導教師:吴振武),2017年6月。蔣偉男《曾侯與鐘銘"用燮驕楚"解》,《淮南師範學院學報》2017年第1期,6頁。尉侯凱《佣戈"用燮不廷"解》,《中國國家博物館館刊》2018年第7期,53~57頁。陳哲《宋人傳抄鳥蟲書鐘銘"𠙴志燮事者侯"句釋讀——兼據金文、楚簡辨正〈史記·五帝本紀〉"燮"、"燮"異文》,《古文字論壇》第三輯,313~318頁,上海:中西書局,2018年。
⑤ 陳哲《宋人傳抄鳥蟲書鐘銘"𠙴志燮事者侯"句釋讀——兼據金文、楚簡辨正〈史記·五帝本紀〉"燮"、"燮"異文》,《古文字論壇》第三輯,314頁。
⑥ 尉侯凱《佣戈"用燮不廷"解》,《中國國家博物館館刊》2018年第7期,56頁。
⑦ 朱熹《詩集傳》,326頁,北京:中華書局,2017年。
⑧ 裘錫圭《戎生編鐘銘文考釋》,《裘錫圭學術文集·金文及其他古文字卷》,110頁。
⑨ 簋銘見中國社會科學院考古研究所編《殷周金文集成(修訂增補本)》,第4册2682~2685頁04315號。

畏不廷"之文。① "畏"即(7)"抑敠(威)方蠻"、晋公盤"殷(矯?)畏(威)百蠻"之"威","戢"即秦伯喪戈"戢政(正)西方"之"戢"。上引(5)説"朕皇高祖惠仲盠父"時"D政(正)四方,撲伐楚荆",正對應於"朕皇高祖新室仲"時的"方懷不廷","D正"與"懷"、"燮"、"榦"、"威"、"戢"等詞義相類,於此可以看得很清楚。李朝遠先生當初誤釋(4)"C不廷方"的C爲"貕",但推測此字"應有'正'和'安撫'之義",②"雖不中亦不遠"。

我們認爲C～F直接以"鑠"讀之即可,只不過這些"鑠"用的都是鑠金之"鑠"的比喻或曰引申義。"榦不廷方"之"榦",本指"築牆耑木"(《説文·六上·木部》),起固正作用,故鄭箋云"當爲不直、違失法度之方(引者按:其釋'不廷方'之'廷'爲'直'非是),作楨榦而正之",點明了"榦"之訓"正",亦取楨榦之比喻義,與我們所説的"鑠正"之"鑠"同例。《孟子·告子上》:"仁義禮智,非由外鑠我也,我固有之也,弗思耳矣。"此"鑠"字即由"銷熔"義"引申爲抽象意義的鎔化,滲透"。③ 其意當是説"仁義禮智"不是像鑠金那樣,從外部來銷熔、修剪我的本性,把我改造成合乎"仁義禮智"的要求,而是我本性固有的。《戰國策·秦策五》"或謂秦王曰":"秦先得齊、宋,則韓氏鑠,韓氏鑠,則楚孤而受兵也;楚先得齊、宋,則魏氏鑠,魏氏鑠,則秦孤而受兵矣。"高誘注:"鑠,消鑠也。言其弱。"鮑彪本注曰:"鑠,以銷金喻。"④《國策》屢用以鑠金喻削弱之"鑠",字或作"爍",如《趙策四》"五國伐秦"章:"……絶韓,包二周,即趙自消爍矣。國燥於秦,兵分於齊,非趙之利也……""消爍"即"銷鑠"(類似之語又見於《趙策二》"蘇秦從燕之趙始合從"章,彼云"劫韓,包周,則趙自銷鑠")。"國燥於秦"之"燥",姚宏本注"一作爍",鮑彪曰:"燥猶爍。"⑤可證"鑠"確實可以針對國族而言。金文"鑠不廷方"、"鑠百蠻"、"鑠正四方"、"鑠正北方"的"鑠",亦

---

① 吳鎮烽編著《商周青銅器銘文暨圖像集成續編》,第4卷205頁1238號。
② 李朝遠《〈五祀獸鐘〉新讀》,同作者《青銅器學步集》,272～273頁,北京:文物出版社,2007年。
③ 楊逢彬《孟子新注新譯》,309頁,北京:北京大學出版社,2017年。
④ 諸祖耿《戰國策集注匯考(增補本)》,上册429頁,南京:鳳凰出版社,2008年。
⑤ 同上注所引書,中册1092頁。

即削弱之謂。

"不廷"、"不廷方"指"不來王廷的、不聽命的方國",①"百蠻"、"北方"等更是不聽命、不服從者,所以需要熔鑠、削弱他們的"野性",使其走上正道,歸順王化。"正"是"鑠"之後必然帶出來的,所以(5)、(7)皆"鑠"、"正"連言。此與"戮""正"連言、"鎮""靜"連言,文例正同。(6)説"以康奠協朕國,鑠百蠻,具即其服",以"協"對待"朕國"、以"鑠"對待"百蠻","朕國""百蠻"親疏有別,故處置方式亦有別。但"鑠"也不是要徹底消滅百蠻,而是讓他們收斂、順服,然後"就其服事",爲周王朝效力。(5)對"四方"蠢動者"鑠正"之,對"楚荆"這樣的"化外之地"則企圖"撲滅"之,②處置方式也有差別。(4)的"鑠不廷方"之上,並無"用"字,但過去的一些著録書往往喜歡多釋一"用",大概覺得有"用"文句較通。③ 我認爲"鑠不廷方"當連上讀,作爲"受(授)"的直接賓語之一(間接賓語是"余"),與"純魯"並列。如此便可完全取消"用"字。與五祀默鐘銘文多相似之語的默簋,説"前文人""其頻在帝廷陟降","陀陀降余多福、害(胡)鬢(耇)、宇(訏)慕(謨)、遠猷"。④ 兩下對讀,可見鐘銘的"鑠不廷方"與簋銘的"訏謨、遠猷"相當,"鑠不廷方"應指"前文人"所授予給器主"默(胡)"的熔鑠、削弱"不廷方"的"宏大而深遠的謀略"。所以下文才有"永畯尹四方"("畯"似當讀爲"不駿其德"之"駿",訓"長",意爲長久地管治四方)的希望。

接着來看後一類的辭例:⑤

  (8)休台皇祖憲公,桓桓翼翼……(中略)越(將)爯(稱)穆天子
G 霝(靈)……

---

① 裘錫圭《戎生編鐘銘文考釋》,《裘錫圭學術文集・金文及其他古文字卷》,110 頁。
② "撲伐"之"撲"猶《尚書・盤庚上》"若火之燎于原,不可嚮邇,其猶可撲滅"之"撲"。
③ 參看謝明文《試談默器中兩例"尊"字的讀法》,《青銅器與金文》第二輯,317 頁注[11]。
④ 中國社會科學院考古研究所編《殷周金文集成(修訂增補本)》,第 4 册 2688~2689 頁 04317 號。簋銘的釋讀,據謝明文《試談默器中兩例"尊"字的讀法》,《青銅器與金文》第二輯,321~322 頁。
⑤ 參看裘錫圭《戎生編鐘銘文考釋》,《裘錫圭學術文集・金文及其他古文字卷》,107~108、110~111 頁。

(9) 至于台皇考昭伯,趩趩(爰爰)穆穆,懿 G 不晳(僭)……

"將稱穆天子 G 靈",裘錫圭先生認爲大概是説"皇祖憲公""奉持稱揚穆王的神威或福蔭";①"懿 G"顯然説的是"皇考昭伯"的美德。此二例 G 亦當如字讀爲"鑠"。

《詩·周頌·酌》:"於鑠王師,遵養時晦。"毛傳:"鑠,美。"朱熹《集傳》訓爲"盛"。②"鑠靈"當指穆王輝煌的威靈、福澤。"懿"古亦訓"美",③"懿鑠"連文成詞,後世習用。《文選》卷四十八載班固《典引》:"亦以寵靈文武,貽燕後昆,覆以懿鑠。"劉良注:"懿,美;鑠,盛也。"建寧元年(168年)所立沛相楊統碑云:"明明楊君,懿鑠其德。"④是其例。古代也常以"鑠"言先人之德,除楊統碑"懿鑠其德"外,又如東漢熹平六年(177年)所立漢豫州從事尹宙碑云:"於鑠明德,于我尹君。"⑤延熹八年(165年)所立漢雁門太守鮮于璜碑云:"於鑠(引者按:原從'藥')我祖,膺是懿德。"⑥鐘銘是説皇考之德美盛而誠信不二。

總之,把"盜"釋爲"鑠"之初文,甲骨金文中的所有辭例不煩破讀,都可順利講通;釋"鑄"説不但要把 C～F 改讀爲"討",G 更是不知如何通讀才好。從這一點看,我們的釋"鑠"説也較釋"鑄"説爲優。

2019 年 10 月 20 日寫定
2020 年 3 月 3 日修改

附識:本文在構思過程中,曾與張富海先生多次討論,得到不少指教,文成後又蒙他提供修改意見;蘇建洲先生審閱初稿後,亦指出一處疏失。在此一併致以謝忱。

---

① 裘錫圭《戎生編鐘銘文考釋》,《裘錫圭學術文集·金文及其他古文字卷》,107～109 頁。
② 朱熹《詩集傳》,357 頁。
③ 宗福邦等主編《故訓匯纂》,836 頁,北京:商務印書館,2003 年。
④ 徐玉立主編《漢碑全集》(四),1155～1156、1168 頁,鄭州:河南美術出版社,2006 年。
⑤ 徐玉立主編《漢碑全集》(五),1607～1608、1628～1629 頁。
⑥ 徐玉立主編《漢碑全集》(三),1062～1063、1079 頁。

看校追記：《文物》2020年第9期所載趙平安《清華簡〈四告〉的文本形態及其意義》，引到即將在《清華大學藏戰國竹簡(拾)》中發表的《四告》簡文，其中有"用肇宏三歖，以盥延不服"之語。趙文在"宏"後括注"強"、"歖"後括注"臺"、"盥"後括注"討"、"延"後括注"征"(72頁)。如引文隸定不誤，我認爲此句當釋讀爲"用肇弘三德，以鑠正不服"。《尚書·洪範》以"正直、剛克、柔克"爲"三德"，《清華(叁)·説命下》云"式惟三德賜我，吾乃敷之于百姓"(簡9)。《四告》此文意謂弘揚"三德"，以此來鑠鎔、匡正不服者。【編按：《四告》第一篇出現好幾次"德"，皆作"惪"(簡4、11)，讀"歖"爲"德"不符合用字習慣，恐不可信。今疑"用肇宏三歖"當讀爲"用肇穹三置"，"穹"訓爲"窮困"、"窮乏"(《逸周書·糴匡解》："刑罰不脩，舍庸振穹。"朱右曾《集訓校釋》："穹，窮也。")；"三置"之"置"訓"設立"，"三置"即所設置的"三監"。此句之意謂使"三監"陷於窮途末路，以此來鑠鎔、匡正那些追隨"三監"不服者，如東夷之反。】"盥"字所從之"刂"，已數見於戰國文字。《上博(五)·三德》簡16的"洲"相當於《吕氏春秋·上農》中的"篇"，《清華(壹)·耆夜》簡10"趯"用爲"躍"，"篇"、"躍"上古聲母都是*l-，與"盜"相合。由此可知《四告》的"盥"就是本文討論的"盜(鑠)"字，"刂"應是從"盜(鑠)"字中割裂出來的或其省體。

2020年11月5日

編按：

本文在《出土文獻與古文字研究》第九輯(上海古籍出版社，2020年11月)刊出後，又陸續注意到或想到一些與本文所論有關的材料和論著，現補充説明如下：

一、"看校追記"所引清華簡《四告》已正式發表於2020年11月中西書局出版的《清華大學藏戰國竹簡(拾)》，我們釋讀爲"用肇宏(弘)三歖(德)【編按："弘"、"德"的讀法恐有問題，參看上文"編按"】，以盥(盜—鑠)延(正)不服"的文句，見於《四告》第一篇的簡7。此篇開頭還有一個"盥"字，其文云(釋文已吸收學者們的一些合理意見，與整理者所釋不盡相同，恕不一一出注)：

拜手稽首：耆魯天尹皋陶！配享兹馫（薰）香脕（肆）㝢，血明（盟）又（侑）之二元牝羊、牝豕，䇂𢊏（延）䧹，非湓（盗）余又（有）周。（簡1）

整理者以"䇂𢊏非湓余又周"爲一句，讀作"薦表非討余有周"[《清華（拾）》下冊110、112頁]。甚爲不辭。《四告》第四篇開頭云：

　　曾孫召虎拜手稽首：帝命北方死（尸）！配享兹馫（薰）香褅（醓）馨，血明（盟）又（侑）寺（時）二丁父犬，先吉玉宣辟（璧），非敢……（下一簡已佚）（簡38）

與第一篇開頭文例頗近。此之"先吉玉宣璧"與彼之"䇂𢊏䧹"相當，此之"非敢……"與彼之"非盗余有周"相當，所以我們把"䇂𢊏䧹"與"非盗余有周"斷開。

　　"䇂"當讀爲"延"，"𢊏"即"䧹"，"延䧹"意指接着"二元牝羊、牝豕"進獻䧹；第四篇的"先吉玉宣璧"則是說在"二丁父犬"之前先進獻"吉玉宣璧"。"非盗余有周"之"盗"似亦可讀爲"鑠"或"爍"。本文所論金文第二類辭例中的"鑠"有"美"、"盛"義，字或作"爍"。這種意思的"鑠/爍"與"燿/耀"音義極近，《國語·周語上》"先王耀德不觀兵"，韋昭注："耀，明也。"同書《楚語下》"而耀之以大利"，韋昭注："耀，示也。""以……爲美盛"或"使……美盛"，在某種語境下即顯揚、耀示之謂。"非鑠余有周"意思是說：爲此享祀、進獻這些犧牲，不是爲了美盛我有周，亦即不是顯揚、炫耀我周朝之功德。這當然是周公旦告祭皋陶時的謙辭。【編按：《莊子·胠篋》前言"鑠絕竽瑟"，後言"彼人含其明，則天下不鑠矣"，前一"鑠"指銷毀，後一"鑠"乃"炫耀"之義，可參看。】

　　二、本文曾引到《石鼓文·汧殹》從"竹"、從"盗"之字的字形，但未討論此字的讀法。按此字所在文句如下（爲便排印，此字徑寫作"盗"）：

　　　　溥有小魚，其游䱜=（汕汕）。帛（白）魚皪=（皪皪），其盗氏（底）鮮。

"盗"，一般多讀爲"篝"或"罩"，指捕魚器（參看董珊《石鼓文考證》，《秦漢銘刻叢考》,66頁,上海:上海古籍出版社,2020年)。且不論"盜"與"篙"或"罩"聲母是否可通,單從文例看,這種讀法就不合適。"其盜厎鮮"與"其游汕汕"處於同一語法地位,"其游汕汕(引者按:'汕'意爲'魚游水皃')"是就"濔有小魚"說的,"其游"即指小魚之游;"其盜厎鮮"的"其盜"無疑也應指"白魚皪皪"而言,不可能是說捕魚的情況。

我認爲"盜"當讀爲"耀/燿"。"白魚皪皪"的"皪皪"指"皪皪然潔白",是形容白魚的顏色的。"其盜(耀/燿)"承此而言,當指白魚閃耀光亮。"厎"訓"致","厎鮮"猶《左傳·昭公十三年》"盟以厎信"之"厎信"。"其耀厎鮮"意謂白魚的魚鱗閃耀着的光亮表明它們是新鮮的。

三、《詩·大雅·常武》述"召穆公美宣王"之師旅征討徐國云:

 王旅嘽嘽,如飛如翰,如江如漢。如山之苞,如川之流。綿綿翼翼,不測不克,濯征徐國。

毛傳訓"濯征徐國"之"濯"爲"大"。竊疑"濯征徐國"的"濯征"與本文所討論的(5)、(7)"盜(鑠)政(正)四方"、"盜(鑠)政(正)北方"以及清華簡《四告》"盜(鑠)延(正)不服"的"鑠正"爲同一語的異寫。詩謂王師浩浩蕩蕩,攻無不克、戰無不勝,前來削鑠、匡正"不廷"之徐國。

四、近年發表的隨州棗樹林曾國墓地M190所出曾公𣄴編鐘(郭長江、凡國棟、陳虎、李曉楊《曾公𣄴編鐘銘文初步釋讀》,《江漢考古》2020年第1期,3~31頁),銘文記曾公𣄴謂其"皇祖"受王命"適于漢東,【南】方無疆。兆政淮夷,至于繁湯(陽)"("兆"字原誤釋爲"涉",此從陳斯鵬《曾公𣄴編鐘銘文考釋》釋,見《中國文字》2020年夏季號,288~290頁,臺北:萬卷樓圖書股份有限公司,2020年)。"兆"、"盜"關係十分密切,按照本文的看法,"兆政淮夷"也應讀爲"鑠正淮夷"。或讀此句爲"討征淮夷"。今按:"盜"、"兆"讀爲"討",語音上斷難成立,前文已說,不必重複。鐘銘的"至于繁陽"承"南方無疆"而言,交代南至繁陽以爲疆界,這是"兆政淮夷"所帶來的。如讀爲"討征淮夷",只表明曾有討伐淮夷的行動,是否獲勝則不得而知,緊接着說"至于繁陽"就顯得有些不接榫;讀爲"鑠正淮夷",不但含征討之意,而且很好地表達出削弱、匡正淮夷的結果,下接"至于繁陽"就十分自然了。從文義看，此銘"兆政淮夷"也以讀"鑠正淮夷"爲好。

鐘銘後面講到昭王南行，"賜之用鉞，用政南方"。此"政"也應讀爲匡正之"正"，而不宜讀爲"征"。"賜之用鉞，用正南方"與本文討論過的虢季子白盤"(王)錫用鉞，用政(正)蠻方"同例。

五、上海古籍出版社 2020 年 11 月出版的《甲骨文與殷商史》新十輯發表謝明文《也説"盜"、"鑄"》一文(見其書 172～183 頁)，也從字形和用法角度指出"盜"、"鑄"是來源不同的兩個字，"研究者或認爲'盜'字是由古'鑄'字分化而來的意見並不可信"。讀者可與本文所論合觀。不過，謝文没能指出"盜"、"鑄"古音不近的事實；並且認爲"盜"字來源於那個"象人在器皿中用吸管吸水的字"，與本文和謝先生原先的看法不同。我們讀過謝文之後，仍保持本文的觀點不變，即認爲"象人在器皿中用吸管吸水的字"與"盜"字的字形、用例皆不合，彼此當非一字。那個"象人在器皿中用吸管吸水的字"不知有没有可能就是"吸"的表意初文。

六、蒙陳琦先生賜示"歷史語言研究所數位典藏資料庫整合系統"發布的《合集》29687 的照片，A 作 ，"八"形中間部分確如本文所推測的不是"九"，而可能是銅料塊與"火"的粘連，甚至不排斥實不从"火"。過去把此形與"九"相聯繫，乃是受拓本的誤導。特此向陳琦先生致謝。

2022 年 1 月 2 日

原載《出土文獻與古文字研究》第九輯，上海古籍出版社，2020 年 11 月；又擬載陳英傑主編《燕京語言學(金文專號)》(文末的"編按"爲準備收入此書時所加，今略有增改)。

"芻"、"若"補釋

西周金文中有一個从二"中"之字,其形如下:

A1	A2	A3	A4	A5
中甗,西周早期後段,《集成》00949	五祀衛鼎,西周中期前段,《集成》02832	大簋,西周中期,《集成》04165	揚簋,西周中期,《集成》04294①	乖伯簋,西周中期後段,《集成》04331

又有以此字爲聲旁的从"辵"、"走"或"止"之字:

B1	B2	B3	B4
邐方彝蓋,商代晚期,《集成》09890	伯邐角,西周早期,《集成》07477	趞子簋,西周早期,《集成》10575	叔簋,西周早期後段,《集成》04132

① 同銘揚簋有二件,另一件著録於《集成》04295,但此字字形不及《集成》04294一件清晰,故未取。

爲了行文的方便，以下在無須分別時，用"A"統指 A1、A2 等，用"B"統指 B1、B2 等。

A 很早就有人釋爲"芻"（見吴闓生《吉金文録》卷三第十四頁"揚敦"條引述。① 惜不知釋"芻"爲何人所倡，待檢）。唐蘭《西周青銅器銘文分代史徵》亦主張 A1"當是芻字"，並與 B4 用爲"芻牛"之"芻"互證（唐先生稱叔簋爲叔卣）。② 雖然晚近所出各種金文著録書的釋文多采取"芻"的釋法，③但有好幾位頗具影響力的學者反對此説，提出新釋。④ 其實，從字形演變和此字在銘文中的用法來看，A 釋爲"芻"是可以肯定的。

戰國包山、望山楚墓所出竹簡文字中的"芻"作如下諸形：⑤

C1	C2	C3	C4
包山 M2 簡 95	望山 M1 簡 5	望山 M1 簡 7	包山 M2 簡 183

---

① 李孝定、周法高、張日昇《金文詁林附録》，1780 頁，香港：香港中文大學，1977 年。
② 《唐蘭全集》第七册，307、308 頁，上海：上海古籍出版社，2015 年。
③ 中國社會科學院考古研究所編《殷周金文集成釋文》，第一卷 595 頁，第二卷 402 頁，第三卷 307、415、416 頁（但此書第三卷 466 頁從舊説誤釋 A5 爲"筌"），香港：香港中文大學出版社，2001 年；張亞初《殷周金文集成引得》，26、53、75、84、89 頁，北京：中華書局，2001 年；中國社會科學院考古研究所編《殷周金文集成（修訂增補本）》，第 1 册 754 頁，第 2 册 1507 頁，第 3 册 2348 頁，第 4 册 2640、2641、2719 頁（此書雖釋 A5 爲"芻"，器名則從舊説作"筌"，自相矛盾），北京：中華書局，2007 年；張桂光主編《商周金文摹釋總集》，第二册 175、439 頁，第三册 636、686、707 頁[此書 A5 釋文與器名亦矛盾，當襲自《集成（修訂增補本）》]，北京：中華書局，2010 年；吴鎮烽編著《商周青銅器銘文暨圖像集成》，第 7 卷 253 頁，第 5 卷 385 頁，第 11 卷 151 頁，第 12 卷 92、94、174 頁，上海：上海古籍出版社，2012 年。
④ 《金文詁林附録》，1781 頁引郭沫若、陳夢家説。劉釗《釋金文中从夗的幾個字》，同作者《古文字考釋叢稿》，110～113 頁，長沙：嶽麓書社，2005 年。參看周忠兵《釋金文中"觀臺"之"觀"》，《古文字研究》第三十一輯，138 頁注①，北京：中華書局，2016 年。
⑤ 望山簡摹本取自程燕《望山楚簡文字編》，11 頁，北京：中華書局，2007 年。

"芻"、"若"補釋　251

C1 除去三"屮"的形體了，顯然是由 A3、A4 的 ⺕ 簡省而來的；此類變化，觀🔲（《屯南》2551）、🔲（《集成》09823）右旁的不同寫法自明。① C2、C3 則進一步簡化爲一筆書寫。A3、A4 等的 ⺕ 既可省變爲 C1，當然也可以省變爲 C4 的 ろ。如不計所從"屮"的多寡（"屮"、"艸"、"卉"、"茻"古通），C4 與齊、晋、秦各系"芻"字的寫法幾乎一致；漢代篆、隸以及《説文》小篆的"芻"即由此變出：

C5	C6	C7	C8	C9	C10	C11
🔲	🔲	🔲	🔲	🔲	🔲	🔲
齊，《古璽彙編》0570	晋，公芻權，《集成》10380	秦，《秦印文字彙編》195 頁"騶"字偏旁	秦，《嶽麓書院藏秦簡（三）·爲獄等狀四種》簡 243	漢，《漢印文字徵》1·17	漢，馬王堆帛書《老子》甲本 101 行	《説文·一下·艸部》小篆

所以從字形上説，A 演變爲 C1～C11 的"芻"是十分自然的。殷墟甲骨文有🔲字，見於《合集》9506，即 A 以及 B 所從者之古體，現在看來也當釋"芻"。【編按：《合》9506 已由劉影先生與《合》9848 綴合，收爲《甲骨拼合集》150。此字有關之辭爲："丙子卜，荀貞：曰☐擇自于入芻。""入芻"也許可以理解爲所納之芻草。】"止"、"辵"、"走"作爲表意偏旁多可通用，B 大概就是"趨"字。

《清華大學藏戰國竹簡（柒）》所收《晋文公入於晋》簡 3 🔲字，整理者釋爲"芻"。② 按《玉篇·艸部》以"蒭"爲"芻"的俗體；漢印、漢簡偶見"蒭"

---

① 參看陳劍《甲骨文舊釋"昝"和"蠲"的兩個字及金文"𩁹"字新釋》，同作者《甲骨金文考釋論集》，177 頁，北京：綫裝書局，2007 年。

② 李學勤主編《清華大學藏戰國竹簡（柒）》，上册 38 頁、下册 101 頁，上海：中西書局，2017 年。

字(《漢印文字徵》1·17、東牌樓漢簡簡 12)，蓋因所從二"中"變得不成草形(漢印作二"十"形，東牌樓漢簡"芻"近似"多")，所以另增"艸"頭以明字義，且出現的時代已較晚。戰國楚簡中恐尚無"蒭"字。上揭 C1、C4"芻"從"三'中'"，《晋文公入於晋》此字的"艸"頭應該就是把所從"三'中'"的其中兩個挪至上方而成的(古代文字相同構件作"品"字形與"倒'品'"字形往往無別)，全字當徑釋爲"芻"。這個"芻"字中間部分看似爲"又"，但真正的"又"的最末一筆絶無向内收包之例(此點蒙郭永秉先生指教)；①而 C1~C11"芻"除去二"中"的部分，其最末一筆皆向内收包，就是 A1~A5 ⼿ 的末筆，也可看出内收之勢。所以《晋文公入於晋》"芻"所從的 ⼸，應視爲較古的 ⼿ 的變體；甲骨文 ▨ 又作 ▨(《合集》27121)，②右旁的變化與此相類。也有可能 ⼸ 是 ⼸ 或 ⼿ 的譌寫而已。傳抄古文"芻"作 ▨(《古文四聲韻》平聲上 24 頁引《道德經》)，學者已指出"手"形係二"中""連寫而譌"；③所謂"又"形則是 ⼸ 類形體的譌變。這些較爲獨特的"芻"與 A、B、C 諸"芻"字，實際上同出一源。

《商周青銅器銘文暨圖像集成續編》0466 號著録一件西周晚期的遣盄父盨，其自名之字作如下之形：④

▨（蓋）　▨（器）

此字除去"言"的部分，我認爲就是上文討論的 A。蓋銘此字右側有小點，與 B4 加小點同例。原上下排列的二"中"移至上方作左右排列，跟"艾(刈)"字既作 ▨ 又作 ▨⑤相似，上舉清華簡《晋文公入於晋》"芻"字所從

---

① 參看上注所引書，下册《字形表》169~172 頁所收"又"及從"又"諸字。
② 參看陳劍《甲骨文舊釋"眢"和"蠶"的兩個字及金文"飘"字新釋》，同作者《甲骨金文考釋論集》，177 頁。
③ 王丹《〈汗簡〉、〈古文四聲韻〉新證》，74 頁，上海：上海古籍出版社，2015 年。
④ 吴鎮烽編著《商周青銅器銘文暨圖像集成續編》，第 2 卷 180 頁，上海：上海古籍出版社，2016 年。
⑤ 裘錫圭《甲骨文字考釋(八篇)》，《裘錫圭學術文集·甲骨文卷》，72~74 頁，上海：復旦大學出版社，2012 年。

二"中"也變作"艸"頭。此字用作盨的自名,讀爲"盨"無疑最爲直截。很巧的是,"須"、"芻"皆侯部字(中古都是合口三等平聲),聲母亦近。《説文·十下·立部》:"頾,待也。从立、須聲。竨,或从芻聲。"是"須"、"芻"二聲通用之證。據此,遣盨父盨中代表自名"盨"之字,當分析爲从"言"、"芻"聲,可能就是古書中的"謅"或"諏"字("芻"、"取"二聲屢通)。① 對盨銘自名之字作此種釋讀,適可與釋 A 爲"芻"的意見相互印證。

A2、A5 皆人名,姑置毋論。中甗記史兒以王命命中曰:"余命汝使小大邦,厥有舍汝 A1 量……(下略)""量"當讀爲"糧",指行道所用的乾糧。② A1 釋爲當"茭草"講的"芻",與"糧"並賜,顯然是合理的(出使小大邦,芻爲牲口所需食,糧爲人所需食)。《商君書·徠民》:"令故秦兵、新民給芻食。""給芻食"即供給芻草、糧食,亦"芻"、"食"連言。王賜中的"芻"、"糧",也許都出自公田。揚簋記內史以王命冊命揚,有"官司糧田甸,眔司㽙,眔司 A4,眔司宼,眔司工事"之語。"糧田甸"指主"糧田"的甸人或甸師。③"司 A4(芻)"疑主刈割茭草以飼牲等事(《周禮·天官·大宰》"七曰芻秣之式"孫詒讓《正義》曰"凡刈草及莖禾槀飤牛馬謂之芻"④)。《禮記·曲禮下》"天子之六府"有"司草",呂大臨謂"囿以樹事貢薪、芻、疏材,則司草受之";⑤《國語·周語中》載單襄公告周王"周之秩官",有"廩人獻餼,司馬陳芻",韋昭注言"司馬掌帥圉人養馬,故陳芻"。周王命揚"司芻",其職或與司草、司馬相關。大簋銘記王賞賜大"A3 騂犅",金文著錄書多在所釋"芻"後括注"犓"。《説文·二上·牛部》:"犓,以芻莖養牛也。"乃是芻豢之"芻"的後起專字。《周禮·地官·牛人》載牛人"掌養國之公牛(引者按:指官牛)","凡祭祀,共其享牛、求牛,以授職人而芻之"。孫詒讓《正義》:"凡以草及禾槀飤牲,並謂之芻。正字當作犓……"⑥可見

---

① 《集成》03737 所收之簋的器主名,是从"言"从"攵"之字還是"謅"或"諏"的省體,待考。此字蒙蘇建洲先生賜示。
② 參看裘錫圭《西周糧田考》,《裘錫圭學術文集·古代歷史、思想、民俗卷》,195 頁。
③ 同上注所引書,193~195 頁。
④ (清)孫詒讓《周禮正義》,第一冊 102 頁,北京:中華書局,1987 年。
⑤ (清)孫希旦《禮記集解》,第一冊 133 頁,北京:中華書局,1989 年。
⑥ (清)孫詒讓《周禮正義》,第三冊 927 頁。

"茻牛"多用於祭祀。這與大簋銘中王賜"茻騂犅（用茻莖餵養的紅色公牛）"而"曰用啻（禘）于乃考"，正相符合。叔簋銘記王姜賞賜叔"鬱鬯、白金、B4 牛"，這裏的"茻牛"與"鬱鬯"並列，看來也是準備用於祭祀的。總之，把 A 字釋讀爲"茻"，對於金文的有關辭例都很合適。

既已釋定甲骨金文的"茻"，就不能不順便討論一下甲骨文中一般釋爲"茻"的那個字。

此字作 ![]、![]、![] 等形，而以从二"屮"者居多（以下用"D"代替）。① 自羅振玉據古陶文、漢代貨幣文字"茻"的寫法釋 D 爲"茻"，②學者莫不遵從之。按羅氏所舉陶文、貨幣的"茻"，即作上揭 C5、C6、C9 之形，可是古文字中的"又"從未見有變爲 ![] 者。弄清"茻"的演變源流之後，不難發現 D 釋爲"茻"在字形方面是缺乏根據的。此外，古書中的"茻"多當"刈草"講，③刈草當用鐮刀一類工具，這與 D 从"又"的字形也不符。

唐蘭早年有釋"若"之説，略詳於《天壤閣甲骨文存並考釋》：

> ![] 字羅振玉釋茻，余昔釋爲叒，漢印有 ![]，昔人誤釋爲艾字。艾當从艸又聲，即《説文》訓"擇菜也。从艸右聲"之若字。《詩》"薄言有之"，有當作叒或若，擇之也。（余説詳《唐氏説文注》稿【編按：見《唐氏説文解字注》，唐蘭《唐蘭全集》第九冊《遺稿集》卷一，138 頁。此書約 1923 年屬稿】，容庚采用於《金文編》。——引者按：四版《金文編》猶歸散盤一般釋"茻"之字於"若"字頭下。④）至經傳通用之若字及《説文》从若之字，並當於《説文》之叒及㯚，甲金文之 ![] 或 ![]。蓋由隸誤爲从右聲之若，而篆文亦受其影響耳。（三體石經已誤以 ![]

---

① 李宗焜《甲骨文字編》，318～319 頁，北京：中華書局，2012 年；劉釗等《新甲骨文編（增訂本）》，30～31 頁，福州：福建人民出版社，2014 年。
② 羅振玉《增訂殷虛書契考釋》卷中 36 頁，《殷虛書契考釋三種》，455 頁，北京：中華書局，2006 年。
③ 參看宗福邦等主編《故訓匯纂》，1912 頁①～④項，北京：商務印書館，2003 年。
④ 容庚編著，張振林、馬國權摹補《金文編》，38 頁，北京：中華書局，1985 年。

當古文之☒。)……(下略)①【編按：許悦浩先生在他的博士論文《日本甲骨學史》的開題報告中指出，高田忠周在1918年撰成、1925年出版的《古籀篇》裏已將甲骨文一般釋爲"叒"之字收在"芖(若同)"字頭下，並與"叒"字相區分。較唐説提出得更早。】

但是，羅氏釋"叒"一出，唐先生轉而退到了"羅説不誤，但與余各得其半耳"的立場。他認爲D"象以手取艸，可訓爲擇菜，亦可解爲叒薆之叒，由象意聲化之例，爲从艸又聲，聲轉爲叒"，②企圖調和"若"、"叒"二釋。事實上"又"、"叒"、"若"聲韻皆異，並無通轉的可能，唐先生的調和恐怕是徒勞的。

儘管如此，唐蘭最初釋D爲"若"的見解還是值得重視。《説文·六下·叒部》有"叒"字，籀文作"叒"，《説文》以爲若木的象形。同書《一下·艸部》又有"若"字："擇菜也。从艸、右。右，手也。"上引唐文已指出，"叒"、"叒"由甲骨金文用爲"若"的☒、☒變來。六國文字"若"作☒(楚簡)、☒(晉璽)，實亦《説文》之"叒"、"叒"。③秦文字中，詛楚文、秦駰玉版"若"尚作☒、☒，但睡虎地秦簡、嶽麓書院藏秦簡、里耶秦簡等古隸則一概作☒、☒，秦印、秦陶文等亦如此作，④此種"若"爲漢代文字所普遍承用。前人多以爲"叒/叒"、"若"本一字，許慎誤析爲二；但也有學者感到甲骨金文、戰國文字的"叒/叒"與秦漢文字的"若""字形銜接確實不是很順適"，因而懷疑二者有"不同的來源"。⑤今按後説似可從。這只要看一下秦文字"叒"、"若"的情況，就可以明白。"叒/叒"的字形來源是清楚的(其本義當然不必如《説文》所説象若木之形)；"若"字既與"叒/叒"無關，

---

① 《唐蘭全集》第六册，329頁。
② 同上注。
③ 李守奎《楚文字編》(363頁，上海：華東師範大學出版社，2003年)、湯志彪《三晉文字編》(843頁，北京：作家出版社，2013年)即收此類字形於"叒"字頭下。
④ 參看王輝主編《秦文字編》，119～122頁，北京：中華書局，2015年。
⑤ 季旭昇《説文新證》，70頁，臺北：藝文印書館，2014年。

在早期古文字中能否找到它的蹤影呢？我們認爲，被唐蘭釋爲"若"的 D，正可當之。

西周晚期的散盤的 D 作 ▨、▨（《集成》10176，用爲地名。蒙高中正先生告知，阮元《積古齋鐘鼎彝器款識》已釋散盤此字爲"若"），上下二"屮"移於字的上方且左右並列，與前言"艾（刈）"、"芻"等字變化相同。如果"又"與"艸"不穿插在一起，其下再增"口"（"口"大概是無意義的贅飾，"差"字由 ▨ 而 ▨、▨，①亦其例；也可能是受到同樣用爲語言裏的"若"的"叒"字的影響而增），便是我們所熟知的"若"字了。唐先生文中所舉漢印 ▨，如確是"若"，倒可作爲由散盤的 D 演變爲"若"的中間環節（《漢印文字徵》1·12 收有此字的印章二例：一用爲名，一用爲姓氏。《正字通·艸部》"若，姓"下舉"漢下邳相若章"等）。

不過，唐説也有需要權正之處。唐先生認爲當"擇菜"講的"若"从"又/右"聲，並無確據。"若"也應讀"而灼切"，古與"叒"同音或音近，所以秦漢文字可以基本上用"若"取代"叒/叕"，來記録語言中的"若"。以"若"代"叒/叕"，也跟"若"比"叒/叕"便於書寫有關。應該承認，秦駰玉版 ▨ 之類寫法的"叒"，如稍加規整，確與"若"字相像。所以，很可能由於"叒"、"若"形、音皆近，在秦文字中首先産生了用"若"代替"叒/叕"的辦法（猶如後代"晨"吞併"晨"）；随着秦滅六國，此種用字習慣才全面推行開來，最終幾乎統一了"若"的天下（但在漢碑中偶爾還能看到以"叒"爲"若"者）。

西周中期前段的農卣有 ▨ 字（《集成》05424），《金文編》收於"奴"字條下，謂"从十"。② 此字見於卣銘"遹禀厥～、厥小子小大事"句，各家有"孥"、"奴"、"帑"等讀法。從文義看，似讀"孥"較長。但"奴"字从"十"，實無道理可言。上舉 A1 和 B1、B3、B4"芻"所从之"屮"皆作"十"形；竊疑此字"又"下亦是"屮"，从"又"从"屮"即 D 之簡體。這個"奴"字所以變"又"

---

① 劉釗《古文字構形學（修訂本）》，281 頁，福州：福建人民出版社，2011 年。
② 容庚編著，張振林、馬國權摹補《金文編》，801 頁。

爲 D,大概是起表音作用。秦漢文字"奴"字變从"又","又"即"挐"之初文,也是爲了表"奴"字之音。①《老子·道經》第十五章"豫兮若冬涉川"以下六句,"若"字郭店簡《老子》甲組皆作"奴",馬王堆帛書甲、乙本作"若";劉樂賢認爲秦封泥"奴廬"當讀爲古書所見的"若廬"。② 可知"若"、"奴"古音至近。釋 D 爲"若",恰好可以滿足 D 在農卣"奴"字中表音的需求。

當然,農卣此字就是从"女"、"D(若)"聲之字,以音近而讀爲"挐"的可能性,還無法排除。《集成》00399 著録一件商代晚期的鐃,器主名作 ▨,也是"娕"或"奴"字(此字所从"中"亦作"十"形)。甲骨卜辭有一地名字 ▨,或加"水"旁(參看《類纂》194～195 頁);在《合集》36832 中作 ▨,"又"中有小點,似象抓取之形。此字不知有没有可能就是農卣的"奴"或"娕"。③

《説文》訓"若"爲"擇菜"。《莊子·讓王》、《吕氏春秋·慎人》記孔子困於陳蔡之間,有"顔回擇菜"、"顔回擇菜於外"之説;《風俗通·窮通》述此事,作"顔回釋菜於户外","釋"、"擇"古通。"擇菜"即採摘野菜,其事與 D 的字形甚合("艸之可食者"爲"菜")。《詩·周南·關雎》"參差荇菜,左右芼之",毛傳:"芼,擇也。"孔穎達《正義》引《爾雅·釋言》"芼,搴也"孫炎曰:"皆擇菜也。"郭璞曰:"拔取菜也。""芼"、"若"義近可參【編按:關於"芼"義,參看拙文《出土〈詩經〉文獻所見異文選釋》(《出土文獻與古文字研究》第十輯,153～155 頁,上海:上海古籍出版社,2022 年)】。段玉裁《説文解字注》認爲,《國語·晉語二》"夫晉國之亂,吾誰使先若夫二公子而立之?以爲朝夕之急"的"若"當訓"擇","謂使誰先擇二公子而立之",即"擇菜引伸之義"。由此可知《説文》對"若"字本義的解説,當有所據【編

---

① 裘錫圭《釋又》,見陳劍《柞伯簋銘補釋》引,同作者《甲骨金文考釋論集》,4 頁。
② 劉樂賢《談秦封泥中的"奴廬"》,《出土文獻與中國古代文明——李學勤先生八十壽誕紀念論文集》,462～463 頁,上海:中西書局,2016 年。
③ 古璽有姓氏 ▨(《古璽彙編》3530),又有从"宀"从此字的人名 ▨(2056)、▨(3876)。不知這個从"中"从"右"之字是否亦"若"之簡體。

按："若"有"及"義；又有表選擇關係的連詞用法，相當於"或"，疑皆從"若"的本義"擇"引申、語法化而來】。前面提過的"奴"所從的"又（挈）"，有"執"、"牽引"等義。① "擇菜"的動作，既與"執"有關，又與"牽引"有關。"若"、"又（挈）"可能在語源上也有密切聯繫。

甲骨卜辭裏的 D，過去釋爲"芻"，認爲當"打牧草"或打牧草的"芻人"講。近年蔡哲茂《晚商畜牧業的經營——以牧與芻爲中心》對此有較詳論述，②請大家參看。"芻"改釋爲"若"，像"于敦大若"（《合集》11406）之類的"若"，就應指"擇菜"（所擇之菜既可能是野菜，也可能是園圃中種植的）。而意爲"若人"的"若"，則指從事"擇菜"者。古人採摘菜蔬，除了作爲食材，還多在祭祀時使用。如《左傳‧隱公三年》所錄君子對"周鄭交惡"的評論云："苟有明信，澗、溪、沼、沚之毛，蘋、蘩、薀、藻之菜，筐、筥、錡、釜之器，潢、汙、行潦之水，可薦於鬼神，可羞於王公。"《詩‧召南‧采蘩》載"采蘩"用於"公侯之事"、"公侯之宫"，《詩序》明謂采蘩"可以奉祭祀"。周人入學向先師行"釋菜"禮（亦作"舍采"、"祭菜"等），或爲除去災惡而行"釋菜"、"舍萌"之禮，皆以蘋蘩芹藻之屬奠祭。③ 商代各種祭祀亦甚繁複，所以商王會組織大規模的"擇菜"，商王及貴族們需要擁有大量從事"擇菜"工作的農業奴隸。卜辭或言"呼牧于朕若"（《合集》148），又言"奠若"於"丂"等畜牧區（《合集》101等片）。畜牧區水草豐美，自然成爲"擇菜"的佳處，"牧"、"采"二業本密不可分。由牧官兼管"擇菜"，也是情理中事。

從卜辭看，"若"有來自於異族（主要是羌）的，這種"羌若"大概是戰敗的俘虜；"若"還跟"臣"一樣，常因不堪役使而從勞動或監禁處逃逸，商王對他們加以"執"、"擇"。研究者多已指出，他們的身份地位"與奴隸無異"（參看上引蔡文）。說不定奴隸的"奴"這個名稱就是由"若"轉化而來的（有些卜辭中的"若"，可能就應讀爲泛指的"奴"）。

---

① 裘錫圭《釋"又"》，見陳劍《柞伯簋銘補釋》引，同作者《甲骨金文考釋論集》，4頁。
② 李宗焜主編《古文字與古代史》第二輯，152～162頁，臺北："中研院"歷史語言研究所，2009年。
③ 參看錢玄、錢興奇《三禮辭典》，1260頁，南京：江蘇古籍出版社，1998年。

舊釋爲"叙"之字在甲骨卜辭裏還有一種動詞用法,陳劍《釋"山"》一文曾備舉其例。① 如"丁不叙我"(《合集》21727)、"父乙叙王"(《合集》2222、2223)、"父乙叙于王"(《合集》2221)等,陳先生疑讀爲誅責之"誅"。我們主張"叙"釋爲"若",在這類卜辭裏似可讀爲"怒"。《詩·小雅·巧言》:"君子如怒,亂庶遄沮。"鄭箋:"君子見讒人如怒責之,則此亂庶幾可疾止也。"《禮記·內則》:"若不可教,而後怒之。"鄭注:"怒,譴責也。"後者即怒責之"怒"可帶賓語之例。"怒於……"的説法,更是習見。《韓非子·五蠹》曰"今有不才之子,父母怒之弗爲改","父母怒之"與"丁不若(怒)我"、"父乙若(怒)王"尤近。

2017 年 7 月 27 日寫完

原載《古文字研究》第三十二輯,中華書局,2018 年 8 月。

---

① 《出土文獻與古文字研究》第三輯,35～38 頁,上海:復旦大學出版社,2010 年。

"丸"字續釋
——從清華簡所見的一種"邍"字談起

清華大學藏戰國竹簡中有寫作如下之形的字：

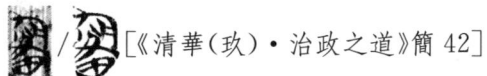

[《清華（叁）·説命中》簡1]

/ [《清華（玖）·治政之道》簡42]

整理者隸定爲"䚹"，①謂"從'邍'省"。② 這是就"备"形而言的。我們知道，戰國文字中的"备"即平原之"原"的古字"邍"的省體；據陳劍先生研究，其字當是以見於殷墟甲骨文的、象迎頭兜捕豪豬（"豲/貆"）之形的"彖（原）"字（增從"辵"）爲音符，以"田"爲意符，後又省去"彖（'豲/貆'的表意初文的變體）"、"辵"而成的。③ 上引《治政之道》一例，所從"备（邍）"上多出"八"形筆畫，誤與"甾（畔）"相混。

---

① 清華大學出土文獻研究與保護中心編、李學勤主編《清華大學藏戰國竹簡（叁）》，下册126頁，上海：中西書局，2012年。清華大學出土文獻研究與保護中心編、黄德寬主編《清華大學藏戰國竹簡（玖）》，下册129頁，上海：中西書局，2019年。
② 《清華大學藏戰國竹簡（叁）》，下册126頁。
③ 陳劍《"邍"字補釋》，《古文字研究》第二十七輯，128～134頁，北京：中華書局，2008年。按，安徽大學藏戰國竹簡《詩經》所收《魏風·伐檀》"縣貆"之"豲（貆）"作 ▨（簡77），是戰國文字中少見的保留"豲/貆"之初文的例子，其形雖頗訛變，亦明顯與"彖"不同。

《治政之道》的"䜌"就用爲"平原"之"原(邍)"。① 《説命中》記傅説從傅巖來到殷，朝見武丁，"王䜌比厥夢"。整理者讀"䜌"爲"原"，訓"再"，"或訓爲'察'"。② 按"比"當訓"校次"，③"原"與"比"連用，訓"察"無疑比訓"再"合適。張崇禮先生解釋"原"爲"推原，考究"，④更爲準確。簡文是説武丁見到傅説之後，把他跟自己夢中所見的賢人的形象加以比較、核實。"原"是"源"的本字，推原、考原之"原"當得義於"源"。古書中平原之"邍"字，絕大多數寫作"原"(二字同音通用)。"䜌"既可用爲"邍"，當然也可以讀爲"原"。

清華簡中又有如下一字：

[《清華(伍)·殷高宗問於三壽》簡1]

整理者隸定爲"匎"，以爲"'原'本字"，在簡文中讀爲"洹水"之"洹"。⑤ 按整理者所説的"原"實即"邍"(爲了行文的方便，下文有時就用"原"涵括"原"、"邍"二字)，"洹"、"邍/原"音近。不過，如"匎"爲"邍"的本字，"备(邍)"上因何另增"勹"形？清華簡整理者對此未加説明。

已有研究者指出，《殷高宗問於三壽》的"匎"就是《説命中》的"䜌"字。⑥ 這是正確的。至於"䜌"，不少研究者視爲雙聲字，謂其所從"勻"是加注的聲旁；⑦指出"匎"、"䜌"一字的人，也主張"匎"是雙聲字，"勹"爲"勻"

---

① 《清華大學藏戰國竹簡(玖)》，下册129頁。
② 《清華大學藏戰國竹簡(叁)》，下册126頁。
③ 子居《清華簡〈傅説之命〉中篇解析》，簡帛研究網，2013年4月4日。
④ 張崇禮《清華簡〈傅説之命〉箋釋》，復旦大學出土文獻與古文字研究中心網，2014年12月18日。
⑤ 清華大學出土文獻研究與保護中心編、李學勤主編《清華大學藏戰國竹簡(伍)》，下册152頁，上海：中西書局，2015年。
⑥ 簡帛網"簡帛論壇"《清華五〈殷高宗問於三壽〉初讀》62樓"斯行之"發言，2015年4月19日。
⑦ 簡帛網"簡帛論壇"《清華簡三〈説命〉初讀》21樓"苦行僧"發言，2013年1月10日。謝明文《金文叢考(一)》，同作者《商周文字論集》，327頁，上海：上海古籍出版社，2017年。馬翠《清華簡〈説命〉集釋》，24頁，河北大學碩士學位論文(指導教師：張振謙)，2016年6月。王明娟《清華簡〈説命〉集釋》，57頁，安徽大學碩士學位論文(指導教師：程燕)，2016年4月。李美辰《清華簡武丁類文獻集釋與研究》，61～62頁，吉林大學碩士學位論文(指導教師：李守奎)，2016年6月。

之省作。① 以"勹"、"匀"爲加注在"备(邍)"上的表音成分,思路是可取的;但從"邍/原"、"匀"的古音關係來看,"匀"應該沒有資格充當"邍/原"的聲旁。

在古文字中,真正可靠的雙聲字,如石鼓文的"㪺",兩周金文的"䚻"、"遖"、"禜"、"薔"、"飼"等,②兩個聲旁的讀音都是密合或極爲接近的。在合體表意字上加注音符所造成的形聲字,如"寶(加注'缶'聲)"、"䊳(加注'昔'聲)"、"袁/擐(加注'○'聲)"、"鑄(加注'舀'聲)"、"疑(加注'牛'聲)"、"齔(加注'才'聲、'甾'聲或'史'聲)"、"墊(加注'予'聲)"等,③它們的聲旁與全字的讀音,也是密合或極爲接近的。"匀"、"原"聲母較近,但上古分屬不同韻部("匀"屬真部,"原"屬元部);二字韻母的主要元音更是相差頗遠,恐無相諧之理。

"匀"的主元音爲 *-i-,一般没有異議;"原"的主元音如何構擬,古音學家尚存分歧。在接受上古一部分元部(以及歌、月部)字爲圓唇元音(以下按鄭張尚芳先生的説法,或稱之爲"元 3"等)的古音研究者中,"原"的主元音有 *-o-、*-a-兩種不同的構擬意見(取後一種構擬者,往往把"原"的聲母構擬爲 *ŋʷ-之類的圓唇舌根音),前者歸於"元 3",後者歸於"元 1"。④ 最

---

① 簡帛網"簡帛論壇"《清華五〈殷高宗問於三壽〉初讀》62 樓"斯行之"發言(按"斯行之"原將"勹"寫作"勺",其意當指"匀"、"旬"等字的聲符,故徑易之)。劉偉浠《〈清華大學藏戰國竹簡(五)〉疑難字詞集釋及相關問題研究》,100 頁,福建師範大學碩士學位論文(指導教師:林志强),2017 年 6 月。

② 參看裘錫圭《文字學概要(修訂本)》,154 頁,北京:商務印書館,2013 年。

③ 參看裘錫圭《釋殷墟甲骨文裏的"遠""狘"(邇)及有關諸字》,《裘錫圭學術文集·甲骨文卷》,170 頁,上海:復旦大學出版社,2012 年;裘錫圭《文字學概要(修訂本)》,149 頁;陳劍《釋"㞢"》,《出土文獻與古文字研究》第三輯,4~10 頁,上海:復旦大學出版社,2010 年。

④ 主張構擬爲 *-o-的學者有潘悟雲《漢語歷史音韻學》,231 頁,上海:上海教育出版社,2000 年;復旦大學東亞語言數據中心"漢語上古音查詢":http://ccdc.fudan.edu.cn/linguae/ochPhonology.jsp? representationText=%E5%8E%9F)、張富海《〈上古韻母與中古韻母對應表暨諧聲表〉》,28 頁,未刊稿)等先生;主張構擬爲 *-a-的學者有鄭張尚芳[《上古音系(第二版)》,548、550 頁,上海:上海教育出版社,2013 年]、白一平 & 沙加爾("Old Chinese: A New Reconstruction",Oxford University Press,2014。具體構擬據其網站公佈的字表:http://ocbaxtersagart.lsait.lsa.umich.edu/,2015 年 10 月 13 日)、秋谷裕幸 & 野原將揮(出處詳下)等先生。最早公開提出圓唇元音(唇化元音)假説的雅洪托夫,認爲"原"是不是帶圓唇元音,尚難斷定(《上古漢語的唇化元音》,雅洪托夫著,唐作藩、胡雙寶編選《漢語史論集》,65 頁,北京:北京大學出版社,1986 年)。

近，野原將揮先生發表專文，着力論述"泉"、"原"的主元音應爲*-a-。①我們贊同"原"屬圓唇元音*-o-的看法，下面試對這一問題略作討論。

從野原先生的文章看，定"原"的主元音爲*-a-的主要依據，不外乎《詩經》中"原"與"言"、"山"、"單"、"歎"、"安"、"軒"等中古開口字、上古爲非圓唇元音*-an的字押韻。②我們認爲，既然《詩經》等先秦韻文中存在元音相近便可通押的事實，③"原"與*-an韻字押韻並不能決定"原"的主元音也非擬作*-a-不可。就《詩經》中元部（以及歌、月部）韻的統計來看，元3（*-on）與非圓唇的元1（*-an）相押雖稱不上頻繁，但也決非少見的特例，別詳他文。兩周青銅器銘文和《老子》、《楚辭》、《呂氏春秋》等文獻中均有"東陽合韻"之例。④【編按：西周青銅器銘文中所謂"東陽合韻"的例子都是靠不住的，詳參應金琦《西周金文所見周代語音信息考察》第二章"2.1 從西周金文看西周東部（*-oŋ）、陽部（*-aŋ）的關係"（45～47頁，復旦大學碩士學位論文，2023年5月）】。東部字（*-oŋ）與陽部字（*-aŋ）押韻跟元3（*-on）部字與元1（*-an）部字押韻，似是平行的現象。另一方面，在出土與傳世戰國文獻中，也有"原"與圓唇元音字押韻的例子。如《清華大學藏戰國竹簡（玖）》所收《成人》簡24～25云：

稱而權之，縺（董）而𦮺（原）之，隨而歠（揣）之……（下略）⑤

---

① 野原將揮《構擬"泉"字音——兼論"同義換讀"》，《中國語言學集刊》卷12，2019年1期，74～87頁，Brill，2019.12。此文之前，秋谷裕幸、野原將揮《上古唇化元音假説與閩語》已對"泉"、"原"的主元音爲*-a-有所論述，見《中國語文》2019年第1期，15～17頁。
② 野原將揮《構擬"泉"字音——兼論"同義換讀"》，《中國語言學集刊》卷12，79頁。
③ 上古"鄰位元音"彼此之間的"通變關係"，參看鄭張尚芳《上古音系（第二版）》，194～195頁。
④ 參看楊懷源、孫銀瓊《兩周金文用韻考》，115～119頁，北京：人民出版社，2014年；董同龢《與高本漢先生商榷"自由押韻"説兼論上古楚方音特色》，《"中研院"歷史語言研究所集刊論文類編（語言文字編·音韻卷）》，842～844、846頁，北京：中華書局，2009年；趙彤《戰國楚方言音系》，84、95～96頁，北京：中國戲劇出版社，2006年。
⑤ 《清華大學藏戰國竹簡（玖）》，上册86～87頁，下册155頁。按"縺"整理者讀爲"通"，非是，今改讀爲"董"。《左傳·文公七年》引《夏書》曰"董之用威"（僞古文《尚書》編入《大禹謨》），杜預注："董，督也。""𦮺"字整理者隸定爲"菐"，亦不確。關於此字，詳下注所引文。

"嵏"在戰國楚、晋文字中多用爲"原",應即"原(源)"之異體。① 這裏的"原",整理者訓爲"推究",②可從。"之"字之前的"權"、"原"、"揣"可視爲元、歌通韻,"權"、"揣"都是主元音爲 *-o 的圓唇元音字。"原"的韻母如爲 *-on,彼此就相當和諧了。《管子·九守》論"主周"之文云:

> 人主不可不周,人主不周,則羣臣下亂。寂乎其無端也。外内不通,安知所怨?關閉〈閉〉不開,善否無原。③

此文"亂"、"端"、"怨"、"原"爲韻。《韓非子·主道》多韻文,其中"是以明君守始以知萬物之源,治紀以知善敗之端"的"源"、"端"爲韻,"{函}掩其迹,匿其端,下不能原"的"端"、"原"爲韻。"亂"、"端"、"怨"皆元 3 部字,主元音爲 *-o-,"原"似不應例外。"原"與"端"押韻,跟簡文"原"、"嗀(揣)"押韻相類。

還可注意的是,《成人》這三句話裏由"而"所連接的前後二字,不但字義相應,字音或字形上也有關聯。第三句"隨而揣之"的"隨"、"揣"二字,均屬歌 3 部(主元音都是 *-o-),可以認爲是句中韻。第二句"董而原之"的"董"屬東部,亦爲 *-o 元音字,這也對構擬"原"的主元音爲 *-o 有利。第一句"稱而權之"的"稱"、"權"字音雖無關,但"權"字原寫作從"爯"、"藿"聲,取"爯(稱)"爲義符,在字形上與"稱"取得了聯繫。這些恐怕都不能説是無意的巧合。

野原先生承認"願"帶圓唇元音,但"願"字是後起的,在出土先秦文獻中用從"元"聲之字表示,所以他認爲不能由此推論"原"也帶圓唇元音。④

---

① 鄔可晶、郭永秉《從楚文字"原"的異體談到三晋的原地與原姓》,《出土文獻》第十一輯,225～238 頁,上海:中西書局,2017 年【編按:已收入拙著《戰國秦漢文字與文獻論稿》,35～52 頁,上海:上海古籍出版社,2020 年】。
② 《清華大學藏戰國竹簡(玖)》,166 頁。
③ "開"爲"閉"之訛,從王引之校。參看黎翔鳳《管子校注》,1045 頁,北京:中華書局,2004 年。
④ 野原將揮《構擬"泉"字音——兼論"同義换讀"》,《中國語言學集刊》卷 12,75 頁;秋谷裕幸、野原將揮《上古唇化元音假説與閩語》,《中國語文》2019 年第 1 期,15 頁。

今按，戰國楚竹書中常表示欲願之"願"的"忎"字(也見於中山王方壺等銘文)，從"心"、"元"聲，似有可能就是爲欲願之"願"而造的。① 這跟後來選擇從"心"的"愿"作爲欲願之"願"的簡化字，異曲同工。程鵬萬先生拼合的《上博(六)·競公瘧》簡4+《上博(三)·彭祖》簡4+《上博(六)·競公瘧》簡5裏，有"故君之忎、良、愠(温)、聖"之語。② 趙炳清先生指出"忎"當讀爲"愿"，訓"恭謹"。③ 其説甚是。《説文·十下·心部》認爲"愿"的本義就是"謹也"。所以我們還不能排斥"忎"即"愿"之異體的可能性。"願"從"原"的寫法雖不古(本以"讀若書卷之卷"的"𩓣"的繁體"𩓥"爲聲)，但"愿"字已見於秦格言印，就表示謹愿之"愿"，④《珍秦齋古印展》183號著録的一方秦印，還假借"原"爲"慎愿恭敬"之"愿"。由此證明"原"、"元"確可通用。⑤ "願"、"愿"二字中古音相同。從楚竹書"忎"既用爲欲願之"願"又用爲謹愿之"愿"來看，"願"、"愿"大概上古也是同音的。"元"、"願"爲圓唇元音，是各家所公認的，我們似乎沒有理由不把"原"也定爲圓唇元音。⑥

"原(源)"的異體字"𤂽"，我們曾分析爲從"泉"、"卝"聲。⑦ "卝"讀如"關"、"管"，又可作爲"患"的聲旁，是典型的圓唇元音["𤂽(原)"從"卝"聲猶"願"從"𩓣/𩓥"聲]。野原將揮先生"不能接受把'卝'看作其聲符的想法"，⑧乃是由於他先已抱定"原"爲非圓唇元音*-an的成見。其實，"𤂽(原/源)"從"卝"聲與"原"屬圓唇元音，彼此正可互證。

---

① 徐在國《上博楚簡文字聲系(一～八)》，3028～3029頁，合肥：安徽大學出版社，2013年。
② 程鵬萬《上博三〈彭祖〉第4簡的歸屬與拼合》，《古籍整理研究學刊》2015年第4期，36～38頁。
③ 趙炳清《上博三〈彭祖〉補釋》，簡帛研究網，2005年1月26日。
④ 參看王輝主編《秦文字編》，1617頁，北京：中華書局，2015年。
⑤ 傳世文獻中也有"原"、"元"通用之例，參看高亨、董治安《古字通假會典》，157頁，濟南：齊魯書社，1989年。
⑥ 《山海經·西山經》"有獸焉……名曰讙"，郭璞注："讙或作原。"(參看高亨、董治安《古字通假會典》，160頁)"讙"也是圓唇元音。
⑦ 鄔可晶、郭永秉《從楚文字"原"的異體談到三晉的原地與原姓》，《出土文獻》第十一輯，232～234頁。
⑧ 野原將揮《構擬"泉"字音——兼論"同義換讀"》，《中國語言學集刊》卷12，82頁。

前舉《殷高宗問於三壽》"訇"用爲洹水之"洹"。古音學家對"亘"聲字的主要元音，也有構擬爲*-o-或*-a-的分歧（即歸於"元3"抑或"元1"）。清華簡《祭公之顧命》簡11"亦尚屋戚（壯）厥心"，今本《逸周書·祭公》"屋"作"寬"。① "寬"是圓唇元音字。《殷高宗問於三壽》簡17"闓義（儀）和樂"，"闓"即"關"字，整理者讀爲"宣"，② 於文義較通，應可從。"關"也是圓唇元音字。銀雀山西漢早期墓葬所出的竹簡《占書》，月暈之"暈"皆寫作"垣"（見簡2089～2092）。③ "暈"是文2部字，主元音爲*-u-，④"垣"既與之相通，自宜歸於元3部、擬其主元音爲*-o-。"屋"、"宣"、"垣"並從"亘"聲，"洹"也應是圓唇元音。

總之，從出土文獻的用字情況來看，"原"與"元"、"洹"、"卯"等圓唇元音字有確切的諧聲假借關係，"原"帶圓唇元音*-o-，應該可以肯定下來。【編按："原"、"洹"等字本應爲圓唇元音*-on，但在春秋戰國時代或在有的特殊場合（如《詩》之入歌）可能已有裂化爲*-wan者。】*-o-是後低元音，"匀"的主元音*-i-則是前高元音，二者顯然無法通轉。⑤ 説"邍"加注"匀"

---

① 參看胡凱《清華簡〈祭公之顧命〉集釋》，復旦大學出土文獻與古文字研究中心網，2011年9月23日。
② 《清華大學藏戰國竹簡（伍）》，下册156頁。
③ 銀雀山漢墓竹簡整理小組編《銀雀山漢墓竹簡[貳]》，釋文注釋242、244頁，北京：文物出版社，2010年。
④ "暈"從"軍"聲，但"軍"不從"勹/匀"聲。説詳拙文《説"回"》，《中國文字》2019年冬季號（總第二期），71頁注61，臺北：萬卷樓圖書股份有限公司，2019年【編按：已收入本書】。
⑤ 一般所説的真、元二部字相通，元部實屬"元2"，即主元音爲前高元音*-e-者。銀雀山漢簡"論兵論政之類"《奇正》篇，"進死而不旋踵"、"道（蹈）白刃而不旋踵"的"旋"，原皆寫作"筍"（簡1190、1192）。所以張富海先生把"旋"的主元音構擬爲*-e-（《上古韻母與中古韻母對應表暨諧聲表》，29頁），是很正確的。"旋"與"原"、"洹"等古韻有異。又，《説文·一上·玉部》："珣，醫無閭珣玗琪。《周書》所謂夷玉也。從玉、旬聲。一曰，玉器。讀若宣。"東夷之玉"珣玗琪"之"珣"，字書皆讀"相倫切"，從無讀"宣"音者。因此，段玉裁等《説文》學家認爲"讀若宣"之"珣"是針對"一曰玉器"而言的，即古書之"瑄"（段玉裁注、許惟賢整理《説文解字注》，17頁，南京：鳳凰出版社，2007年）。不過，詛楚文等出土文獻所見玉器"瑄"，只寫作"宣"，段氏等人的説法只是一種推測，並無實據。許慎爲"珣"注"讀若宣"，可能是東漢音變之後，"宣"、"旬"音近的産物；也可能"讀若宣"的"宣"，竟是"旬(旬)"之形誤？睡虎地秦簡《語書》簡12"訏詢疾言以視(示)治"，整理者讀"詢"爲"諼"。但此文"訏詢"頗多歧解（參看陳偉主編《秦簡牘合集[壹]》下册《睡虎地秦墓簡牘》，37～38頁，武漢：武漢大學出版社，2014年），整理者的讀法遠非定論；如果僅從聲音來看，這種讀法的（轉下頁）

聲，是極不合理的。退一步講，就算"原"的主元音爲*-a-，它跟"匀"音也不近，也斷無增"匀"爲聲的可能。

爲了弄清楚"韵"、"匐"所從的"匀"、"勺"的來歷，有必要先考察一下西周春秋之交金文中"邊"的一種寫法：

（魯邊鐘，西周晚期或春秋早期，《集成》00018）

（魯大宰邊父簠，春秋早期，《集成》03987）

此種"邊"字從"勺"而不從"夊（倒'止'）"。陳劍、李家浩先生都曾認爲"勺"可能是"夊（倒'止'）"的訛體。① 但是，古文字中似無"夊（倒'止'）"訛作"勺"的確例；②即如河南商水朱集村墓葬出土的三件字體頗爲潦草的春秋早期的原氏仲簠，銘文"邊"所從"夊"亦不見訛爲"勺"。③【編按：簠銘"邊"有一件作 ，其上似"勺"形，當是由另兩件 、 所從"夊"變來，並非真正的"勺"。】故此説恐難憑信。

李家浩先生認爲"勺"古有"宛、夗"的讀音，所以他又提出上舉二"邊"字更有可能是把"夊"改成形近的"勺"，以起表音作用。④ 按李先

（接上頁）可信度可以説很低（張世超、張玉春《〈睡虎地秦墓竹簡〉校注簡記》認爲"訏"即呼嗟之"呼"，"詢"讀爲"咢"，"驚辭也"，"訏、詢（咢）均象聲詞，與下'疾言'相應"，"疾言"之"疾"乃"激揚之義"。見《古籍整理研究學刊》1985年第4期，31頁。其説似較優）。總之，這些材料不足以説明先秦時代"旬"與"原"、"宣"讀音相近。

① 陳劍《"邊"字補釋》，《古文字研究》第二十七輯，131頁。李家浩《甲骨文北方神名"勺"與戰國文字從"勺"之字——談古文字"勺"有讀如"宛"的音》，《文史》2012年第3輯（總第100輯），45頁。

② 李家浩先生在文中舉了侯馬盟書"腹"所從"勺"或作"夊"的例子，不過他也承認侯馬盟書"腹"變從"夊"，"還存在受到'复'的下部'夊'旁的同化作用"（《甲骨文北方神名"勺"與戰國文字從"勺"之字——談古文字"勺"有讀如"宛"的音》，《文史》2012年第3輯（總第100輯），45頁注88）。我認爲侯馬盟書的"腹"從"夊"，大概就是受"夊"旁的類化，並非"勺"、"夊"易混的確例。

③ 吳鎮烽編著《商周青銅器銘文暨圖像集成》，第13卷242～245頁05947～05949號，上海：上海古籍出版社，2012年9月。以下簡稱此書爲《銘圖》。

④ 李家浩《甲骨文北方神名"勺"與戰國文字從"勺"之字——談古文字"勺"有讀如"宛"的音》，《文史》2012年第3輯（總第100輯），29～73頁。講"邊"字的部分見44～46頁。

生把來源不同、後皆混同爲"勹"形的字，一律用"勹"可讀"宛"音加以解釋，恐有問題，這裏無暇逐一細説（有些問題後文會討論到）；撇開這一層不論，他指出魯遵鐘和魯大宰遵父簠的"遵"所從"勹"非"夂"之形訛，"遵"字中的"勹"當讀如"宛、夗"，表全字讀音，是很有道理的。在獨體的"豵/貆"的表意初文已遭淘汰，甚至連"彖（原）"都不見獨立使用的時代，人們爲"遵"字新加注一個表音成分，是不難理解的事情。不過，我們認爲此種"遵"所從的"勹"不是改造"夂"形而成的，很可能是在省略了"夂"形的"遵"的簡體上加注"勹（讀'宛、夗'之類音）"聲。西周中期的格伯簋"遵"字作 [圖]、[圖]（《集成》04262、04264），是"夂"可省略的明證。

1975 年在湖北隨縣出土的春秋晚期的曾子遵魯簠銘有"遵"字，作如下之形：

[圖]（《集成》04573）

其"备"下的構件，如非"豵/貆"之省體而就是"勹"，似可證實"勹"的確不是由"夂"訛變而來的。此"遵"字省去"豵/貆"形，已開戰國文字"遵"作"备"之先河；"勹"位於"备"形之下，只能看作加注的音符。當然，此字所從的"勹"是"豵/貆"之省體的可能性，目前還無法排除。

"勹"何以有"宛、夗"之類的讀音，可充任"遵/原"的聲旁呢？馮勝君先生已上溯至甲骨文所見的北方神名"勹"，這是很精闢的見解；但他信從陳邦懷等人之説，認爲北方神名"勹"當釋作"夗"，"遵"字所從的"勹"也就是"夗"的變形，"遵"本從"夗"聲，[1]則是有問題的。對於釋"遵"所從的"勹"爲"夗"的問題，陳劍先生和李家浩先生都指出過，[2]可

---

[1] 馮勝君《釋戰國文字中的"怨"》，《古文字研究》第二十五輯，284 頁，北京：中華書局，2004 年。
[2] 陳劍《"遵"字補釋》，《古文字研究》第二十七輯，131 頁。李家浩《甲骨文北方神名"勹"與戰國文字從"勹"之字——談古文字"勹"有讀如"宛"的音》，《文史》2012 年第 3 輯（總第 100 輯），44～45 頁。

以參閱。甲骨文北方神名"勹"釋爲"夗",與《山海經·大荒東經》"北方曰鵷"的"鵷"相合,看似有理;但從嚴格的字形角度來衡量,這種釋法是不準確的。

甲骨文中的北方神名凡二見:

　　　(《合》14294)　　　(《合》14295)

甲骨文和西周金文中的"夗"及从"夗"之字,作如下諸形:①

　　夗:　　/　　(《合》21864)　　　(能匋尊,西周早期,《集成》05984)

　　饔:　　(士上盉,西周早期,《集成》09454。同人所作卣銘上亦

見此字,不具引)　　(呂鼎,西周中期,《集成》02754)

　　夗:　　(量盨,西周晚期,《集成》04469)　　　(四十三年逨

鼎甲,西周晚期,《銘圖》02503。同銘鼎尚有數件,不具引)

兩相比較,可以看出"夗"的右側雖亦作宛曲的躬身人形,但人形的左端顯然从"肉"(《説文·七上·夕部》謂"夗""从夕"。"夕"即"肉"之形訛),爲甲骨文北方神名之字所無。總之,北方神名之字與真正的"夗",字形無法完全對應得上。當初陳邦懷將《合》14294 的北方神名誤摹作　　,因與"夗"相牽合。② 此説應該徹底予以抛棄。

我們認爲甲骨文所見的北方神名之字,應從陳漢平先生的説法釋

---

① 參看劉釗《釋甲骨文中从夗的幾個字》,同作者《古文字考釋叢稿》,40 頁,長沙:嶽麓書社,2005 年;李家浩《甲骨文北方神名"勹"與戰國文字从"勹"之字——談古文字"勹"有讀如"宛"的音》,《文史》2012 年第 3 輯(總第 100 輯),34~35 頁。

② 陳邦懷《古字今釋·釋夗》,同作者《一得集》,4 頁,濟南:齊魯書社,1989 年。

爲"丸"。① 現將陳氏所釋的可靠的"丸"字②以及其他學者舉出來的後代的"丸"字字形，③列舉對照於下，讀者一觀便知（關於"丸"字字形演變的更爲全面的描述，詳後文）：

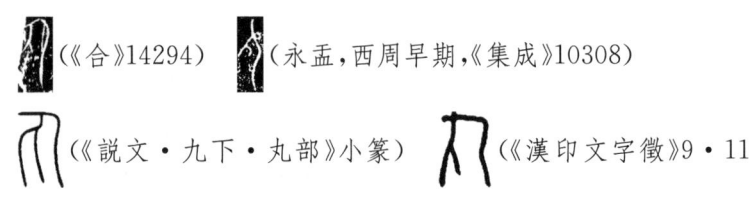

[图] （《合》14294）　　[图] （永盂，西周早期，《集成》10308）

[图] （《說文·九下·丸部》小篆）　　[图] （《漢印文字徵》9·11所收魏晉印，用爲烏桓之"桓"）　　[图] （《河南印社珍藏古璽印封泥卷》80頁"王馱—臣馱"漢印④)

上舉西周金文"饗"字皆从"夗"聲。在商代晚期的戍嗣子鼎中，"饗"作如下之形：

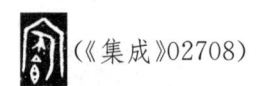

[图] （《集成》02708）

馮勝君先生把它跟《合》14294那一例北方神名之字加以認同，十分正確（可惜他誤以爲鼎銘"饗"字亦从"夗"）。⑤ 由此可知，甲骨文北方神名之字雖不宜釋"夗"，其音必與"夗"相近，故而作爲"饗"的聲旁可與"夗"相

---

① 陳漢平《説四方與四方風名》，同作者《屠龍絶緒》，107頁，哈爾濱：黑龍江教育出版社，1989年。

② 同上注。按陳氏又釋《乙編》8893（即《合》22323）的"歸"下一字爲"丸"（兩見），不可信。此字象一直立人手拄杖之形，或以爲"老"字。又，《鄴三》下 43.7（即《合》27990）"白（伯）"上一字，陳氏認爲"亦从丸作"。從字形看，此字與《合》8279"于"下之字似爲一字，後者劉釗等編着的《新甲骨文編（增訂本）》（69頁，福州：福建人民出版社，2014年）歸於"召"字下，蓋以爲从"夗"。其實這兩個字應該都是"可"，與"丸"或"夗"皆無涉。

③ 李家浩《甲骨文北方神名"勹"與戰國文字从"勹"之字——談古文字"勹"有讀如"宛"的音》，《文史》2012年第3輯（總第100輯），63頁。

④ 西泠印社、鄭州美術館（鄭州畫院）編《百年西泠·古韻中原——金石文化藝術大展作品集》3《河南印社珍藏古璽印封泥卷》，80頁，鄭州：河南美術出版社，2020年。此例蒙石小力先生惠示。

⑤ 馮勝君《釋戰國文字中的"怨"》，《古文字研究》第二十五輯，284頁。

代。"丸"正符合這一要求("丸"、"夗"皆元3部字；从"丸"聲的"骳"爲影母字,與"夗"聲母相同)。從"夗/宛"聲的"䈿"在商代金文中从"丸"聲,那麼"北方曰䧇"的"䧇"在殷墟甲骨文中用"丸"字表示,就是很自然的了。

《合》14294的北方神名,人形手臂上多出分叉的一筆,與後來的"丸"字字形一脈相承；戍嗣子鼎"䈿"所从的"丸",手臂上似分作三歧,當是偶見的畸變。然而《合》14295那一例並無手臂分叉之筆。這說明對於"丸"字而言,這一分叉之筆是可有可無的,在表意方面不起決定性的作用。陳漢平先生認爲"丸即骳本字,丸字爲指事字,本義爲人手腕關節之骨端,從短畫指於人形手腕處；骳字爲後起形聲字";①又疑北方神名之字"短畫指於手腕,此字當直釋爲夗,即腕本字",②意見有些游移不定。在我們看來,無論認爲"丸"的本義指"手腕關節之骨端",還是釋爲"腕本字",都是太過拘泥於手上分叉之筆的緣故,以致對於《合》14295的字形只能棄之不顧,這顯然是不行的。《說文・四下・骨部》訓"骳"爲"骨耑骳臾",王筠《說文句讀》認爲"耑"乃"曲"之誤,《玉篇》正訓作"骨曲也"；錢坫《說文解字斠詮》明謂"此委曲字"(舊注多以"骳"爲"古委字")。③所以"骳"並不是"手腕關節之骨端"的意思。如果"丸"字表示的真是"手腕關節之骨端",就沒有必要把人的身體刻意畫成委曲宛轉的形狀(《合》14295的"丸"雖無手上分叉的一筆,但人身宛曲之狀更爲明顯)。【編按：楊熠先生在其近撰《甲骨文北方名補論》(《文史》待刊稿)中,根據《合》14295發表在其他刊物上的彩色照片和較爲清晰的拓片,指出此版上北方神名之字作 ,手臂上實亦有分叉的一筆,與《合》14294之例並無本質區別。其說甚是。本文據不清楚的拓本所作的論證不準確,當從楊說修正。不過,下引"鬱"字所从"勹(丸)"多數不在手臂上加分叉之筆,獨體的"丸"字也有可能存在不加分叉一筆的寫法,本文關於"丸"的形義的分析或仍可保留。】

---

① 陳漢平《說四方與四方風名》,同作者《屠龍絶緒》,107頁。
② 同上注。
③ 丁福保編纂《說文解字詁林》,4449頁,北京：中華書局,1988年。

于省吾先生同意甲骨文的北方神名之字當釋"夗",①但又認爲"夗丸古本同字","丸""從夗字所孳乳"。② 李家浩先生則認爲甲骨文北方神名"勹"本有"宛"音一讀,"勹"的字形可以表示"宛"的宛曲、蓄藏之義,"勹(包)"、"宛"讀音亦可通,即"勹""在古代可能又表示'宛'這個詞",③"頗疑'丸'當是由像《合集》14294號和永盂那種寫法的'勹'字異體分化出來的一個字,以表示'宛'的圓曲義"。④ 他們不把甲骨文北方神名直接釋爲"丸",反而主張"丸"是從"夗"或"勹(宛)"分化出來的,似有顛倒源流之嫌,我們不能同意;不過,他們指出"丸"與"夗"在形音義三方面都存在密切的聯繫,卻是符合實際的。

上文已指出,甲骨文"丸"的字形主要突出人身委曲宛轉的特徵,"丸"在商代文字裹大抵與後代的"夗/宛"相當(西周早期的永盂銘文的"丸"字,位於全銘之末,一般把它跟前一句"永作寶尊彝"斷開,⑤蓋以爲族氏名。郭永秉先生閱本文初稿後告訴我,他懷疑"丸"當屬上讀作"盌","永作寶尊彝盌"猶如他銘言"作寶尊彝鼎"之類;《説文・五上・皿部》訓"盌"爲"小盂",永盂自名爲"盌"似亦合適。我認爲他的意見值得重視,這很可能也是一個以"丸"爲"夗/宛"的例子)。頗疑"丸"即宛委、宛曲之"宛"的表意初文。"骪曲"義的"骪"顯然是從"丸"派生出來的一個詞;"骪"讀如"委","委"、"夗/宛"古音陰陽對轉。從這一點看,把"丸"說爲宛委、宛曲之"宛"的初文,也是合理的。"夗"字似是在像《合》14295那類無分叉之筆的"丸"字上加"肉"而成的,可能本是"丸(宛)"的繁體或其孳乳字。⑥

---

① 于省吾《甲骨文字釋林》,124頁,北京:中華書局,1979年。
② 于省吾《〈商周金文録遺〉序言》,《史學集刊》1956年第1期,3頁。侯乃峰《甲骨文"夗"字的形義來源蠡測》在"丸"、"夗"二字的關係上,持與于說相同的看法。見《出土文獻》第十三輯,17~18頁,上海:中西書局,2018年。
③ 李家浩《甲骨文北方神名"勹"與戰國文字从"勹"之字——談古文字"勹"有讀如"宛"的音》,《文史》2012年第3輯(總第100輯),62~69頁。
④ 同上注所引文,64頁。
⑤ 參看中國社會科學院考古研究所編《殷周金文集成(修訂增補本)》,第7册5556頁10308號,北京:中華書局,2007年。
⑥ "夗"也可以靜態分析爲從"肉"從"丸"、"丸"亦聲。《説文・四下・肉部》有"肒"字,訓"搔生瘡也",與"夗"之古形非一字。

古書"宛"有蓄積、蘊藏之義(與"蘊"音義並通),"丸(宛)"增从"肉",適與"蘊積"義相應。"宛"與"丸"古音雖近,畢竟不同音("宛"是中古影母三等字,上古聲母爲 *q-;"丸"是中古匣母一等字,上古聲母爲 *g-。二字聲調亦不同)。圓丸、彈丸之"丸",當是"丸(宛)"的假借義,①只不過"丸(宛)"與圓丸之"丸"語源上有些聯繫而已。② 大概"丸"字很早就被主要用於圓丸、彈丸之"丸"了("丸"讀 *goon,也是圓丸之"丸"的讀音,而非其本義"宛 *qonʔ"的讀音),所以分配"夗"作爲宛曲、宛積之"宛"的專字(後又改用"宛"字)。有些學者根據某些被前人誤釋爲"夗"的字形,認爲"夗"本象一種與耒相似的工具,這是站不住腳的。③

——————————

① 《説文・十二下・弓部》"彈"字或體作"弾","彈或从弓持丸"。按《汗簡》等傳抄古文"彈"作"弓",象弓上着彈丸之形,前人或以爲"弾"本當作"弓"(參看丁福保編纂《説文解字詁林》,12524～12526 頁)。"弾(彈)"字从"丸",只是用其字義(假借義)會意。古文字中是否有圓丸之"丸"的本字,那是另一個問題。

② 關於被借字的意義與其假借義有聯繫的現象,參看裘錫圭《文字學概要(修訂本)》,182～185 頁。

③ 周忠兵《釋花東卜辭中的"完"》認爲"夗"字象"與耒類似的一種工具","可用於翻土,亦可用於除草"(《出土文獻》第十五輯,2～4 頁,上海:中西書局,2019 年);侯乃峰《甲骨文"夗"字的形義來源蠡測》進而認爲"夗""應當是連枷的象形","夗"是連枷之"枷"的象形初文(《出土文獻》第十三輯,12～17 頁)。他們所以有這樣的推測,主要由於誤從舊説,把 、、等字所从當作了"夗"的古體。拙文《"芻"、"若"補釋》指出,《合》9506 一例應是"芻"字,《集成》09890 一例从"乏"从"芻",大概是"趨"字,它們都跟"夗"毫無關係(《古文字研究》第三十二輯,274～276 頁,北京:中華書局,2018 年【編按:已收入本書】)。"芻"古訓"刈草",其字形正象以某種農具割草或鋤草。《合》18731 一例從字形看,似象用這種農具發土,應釋何字待考,但肯定與"夗"亦無關。《花東》416 的 ![] 字,周忠兵先生認爲"象手持夗這種工具對宀類建築所施行的一種動作",並據"夗"的讀音釋此字爲"完"(《釋花東卜辭中的"完"》,《出土文獻》第十五輯,4～5 頁)。既知此字所从的工具與"夗"無關,"完"的釋法恐怕就難以成立了。《合》1824 反的 ![] 字,也有人認爲是"夗"[參看劉釗等《新甲骨文編(增訂本)》,417 頁]。這個字可能也是"芻"等字所見的工具,釋"夗"不可信。【編按:"芻"字有作 ![] 之形者(《集成》04132 著錄的西周早期叔簋),所从顯爲人而非鋤草工具。"芻"是否爲"刈草"義所造,待考。】

早期古文字裏還有一些舊釋爲从"夗"的字,在此一併加以説明。殷墟甲骨文有 ![] (《合》30268)、![] (《屯》2636)字,一般釋爲"宛"[參看劉釗等《新甲骨文編(增訂本)》,441 頁],不可信。此字當从"昏"之初文得聲,就是見於西周金文的"窨"字(仲義父鼎,《集成》02541～02545)。西周早期的小臣靜卣有 ![] 字(《銘圖》13315),一般也釋爲"宛"。從字形看,其所从似亦爲"昏"之初文,唯"人"旁稍異。卣銘云"王~莽京",與卜辭"王其(轉下頁)

明白了"丸"的造字本義,其字形在手臂上加一可有可無的分叉之筆的現象,就可以得到解釋。過去或釋甲骨文北方神名爲"勹",可知甲骨文"丸"的字形與"勹"甚近,尤其是《合》14295 的"丸"字,乍視之下,與"勹"幾無差別【編按:此說不確。參看上文"編按"】。古文字"勹"一般認爲是"伏"、"俯"的共同初文。專門論證過"勹"是"伏"之初文的于省吾先生提出來的比較像樣的文字學證據,就是"䀠"從朋貝之"朋"、從"勹",即後之"倗"字,"勹"是全字聲符,故"勹"當釋"伏"。① 但是,通過學者們的研究,現已明確:"䀠"字當從"人/勹"、從朋貝之"朋"得聲,即友朋之"朋"的本字,後世的"朋"就是從"䀠"演變而來的;獨立的朋貝之"朋"字後已消失,也可以説爲友朋之"朋"所吞併。② 古文字中並無"勹"讀"伏"音的確據。而"臮"字从"勹"聲是無可懷疑的,所以"勹"只應從裘錫圭等先生説,釋爲"俯"之初文。③ 從早期古文字"臮"所從的"勹(俯)"來看,"勹(俯)"本作一人俯身之形,跟我們所説的"丸"象人身宛曲之形取意不同。不過這兩種形體確實十分接近,極易混淆,像《合》14294 的"丸"那樣在手臂上加一贅畫,也許主要就起到與"勹(俯)"字相區別的作用。後來的獨體"丸"字,正是繼承了這種附加區別性筆畫的寫法。④

(接上頁)窖麓偉"(《合》30268)、"王其窖盂偉"(《屯》2636)文例相同,益可證卣銘此字當釋"窖"。"王其窖×偉(行宫)"、"王窖莽京"之"窖"疑讀爲"考室"、"考宫"之"考",《詩·小雅·斯干》序:"斯干,宣王考室也。"毛傳:"考,成也。"《春秋·隱公五年》"考仲子之宫",孔疏引服虔云:"宫廟初成祭之名爲考。"

① 于省吾《甲骨文字釋林》,376～377 頁。按馬叙倫《説文解字六書疏證》也主張"勹"是"伏"的初文,但他純是看圖説話,未提出任何文字學證據(第五册 61～62 頁,上海:上海書店影印,1985 年)。

② 參看黄文傑《説朋》,《古文字研究》第二十二輯,278～280 頁,北京:中華書局,2000 年;李家浩《〈説文〉篆文有漢代小學家篡改和虚造的字形》,《安徽大學漢語言文字研究叢書·李家浩卷》,366～368 頁,合肥:安徽大學出版社,2013 年。

③ 裘錫圭《甲骨文字考釋(八篇)·釋"臮"》,《裘錫圭學術文集·甲骨文卷》,80～81 頁。高亨《文字形義學概論》,176 頁,濟南:齊魯書社,1981 年。

④ 甲骨文所見南方風名"髟"(參看林澐《説飄風》、《釋史牆盤銘中的"逖虐髟"》,《林澐學術文集》,30～34、174～183 頁,北京:中國大百科全書出版社,1998 年),《合》14294 作 ,人手上加一筆,突出手形,一般的"髟"字皆承用此類形體;《合》14295 作 ,不突出手形,與"凿"形混同。從"髟"的形義看,其字在手形上加一筆,大概主要也是爲了與"凿"等字相區別。"髟"、"丸"二字的情況,正可合觀。

"丸"字續釋　275

　　但是，早期的"丸"字可以不加區別性筆畫，這有《合》14295 的北方神名"丸（彘）"爲證【編按：《合》14295"丸"有區別性筆畫，這裏所説不準確】；在作合體字的偏旁時，由於有其他偏旁組合的限制，這種不加區別性筆畫的"丸"也不會不存在。據此，我們推測"鬱"字所從的"勹"很可能也是"丸"：

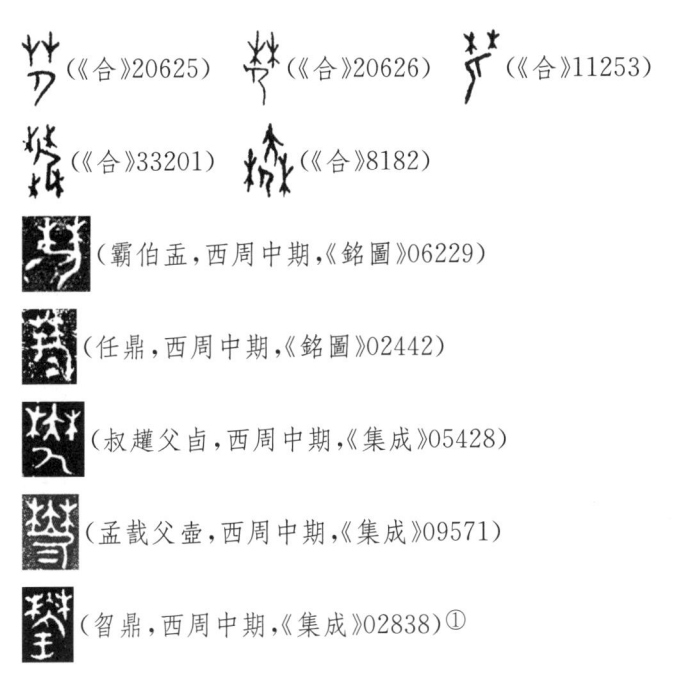

〔字形〕（《合》20625）　〔字形〕（《合》20626）　〔字形〕（《合》11253）

〔字形〕（《合》33201）　〔字形〕（《合》8182）

〔字形〕（霸伯盂，西周中期，《銘圖》06229）

〔字形〕（任鼎，西周中期，《銘圖》02442）

〔字形〕（叔趯父卣，西周中期，《集成》05428）

〔字形〕（孟戠父壺，西周中期，《集成》09571）

〔字形〕（智鼎，西周中期，《集成》02838）①

《合》20626、11253 所從的"勹"，與《合》14295"丸"字頗似，都凸顯人身宛曲之形。智鼎"梦（鬱）"所從的〔字形〕，手臂上有分叉之筆，與獨體的"丸"字相合。霸伯盂"梦（鬱）"字，在"勹"形的右上角似加一贅畫，雖然所加位置與一般的"丸"字不同，但附加區別性筆畫則一。

――――――――――

① 參看劉釗等《新甲骨文編（增訂本）》，27～28、370 頁；江學旺《西周文字字形表》，246 頁，上海：上海古籍出版社，2017 年；李家浩《甲骨文北方神名"勹"與戰國文字從"勹"之字——談古文字"勹"有讀如"宛"的音》，《文史》2012 年第 3 輯（總第 100 輯），36～37 頁。前四例甲骨文字，舊多誤釋爲"芳"或"苞"，其實應是"鬱"的古體。參看王子楊《甲骨文"梦（鬱）"的用法》，《文史》2016 年第 3 輯（總第 116 輯），43～47 頁。

王子楊先生對甲骨卜辭中"茻(鬱)"的用法作過很好的討論。他指出卜辭"鬱"是表示軍事行爲的動詞，其義與《淮南子·兵略》"設蔚施伏"的"蔚"相同(銀雀山漢簡《十問》簡 1576"施伏設爰"，"爰"即"蔚")，指"於草木繁茂之處設伏襲擊一類的意思"。① 其説甚是。但在"茻(鬱)"的字形分析上，王先生一方面肯定李家浩先生"茻"所從"勹"有"宛"音，是"茻(鬱)"字的聲符的意見；② 一方面又提出"'茻'乃'林'(或艸)、'勹'會意，以俯伏之人來彰顯草木之繁茂"，③ 仍在設法迴護"鬱"的本義爲"木叢生者"(《説文·六上·林部》)的舊説。既然卜辭"茻(鬱)"表示"設伏"的意思，"茻"的字形"象俯伏之人隱藏在繁茂的草木之下，藏匿、埋伏之意甚爲顯著"，④ 我們就應該把"茻(鬱)"的本義定爲"埋伏、隱藏"，而不必硬往"草木繁茂"上靠。我們認爲"丸"是宛曲之"宛"的本字。在草木中隱藏、埋伏的人，身體往往是宛曲的；《詩·秦風·晨風》"鬱彼北林"之"鬱"，魯詩作"宛"。⑤ "宛"與"鬱"音義皆相關。"茻(鬱)"字也許可以分析爲從"林/艸"從"丸(宛)"、"丸(宛)"亦聲。

　　上引曶鼎的從"王(應是'金'之省)"、"茻(鬱)"聲之字，見於"邢叔錫曶赤金～"之句。謝明文先生認爲此字如與"赤金"是並列關係，則可讀爲鬱鬯之"鬱"；如是"赤金"的量詞，則可從陳佩芬先生説讀爲"鈞"。⑥ 我認爲表示"赤金"的量詞的理解較爲可信，但讀"鈞"則非是，"鬱"、"丸(宛)"與"鈞"韻不合("丸、宛"與"鈞"的聲音差距，猶如上文所説"邍、原"不能從"匀"聲)。疑鼎銘此字當讀爲"鍰"。上引王子楊先生指出甲骨卜辭的"茻(鬱)"即《淮南子·兵略》的"蔚"，銀雀山漢簡《十問》則寫作"爰"，是其比。

---

　　① 王子楊《甲骨文"茻(鬱)"的用法》，《文史》2016 年第 3 輯(總第 116 輯)，49～50 頁。
　　② 李説見李家浩《甲骨文北方神名"勹"與戰國文字從"勹"之字——談古文字"勹"有讀如"宛"的音》，《文史》2012 年第 3 輯(總第 100 輯)，39、40～41 頁。前人已有認爲"茻(鬱)"所從的"勹"爲聲旁者，參看李文的有關介紹。
　　③ 王子楊《甲骨文"茻(鬱)"的用法》，《文史》2016 年第 3 輯(總第 116 輯)，46 頁。
　　④ 同上注所引文，49 頁。
　　⑤ 王先謙《詩三家義集疏》，455 頁，北京：中華書局，1987 年。
　　⑥ 謝明文《金文叢考(一)》，同作者《商周文字論集》，327～328 頁，上海：上海古籍出版社，2017 年。

"鍰"、"丸"、"宛"、"鬱"聲近。"爰"及"爰"聲字與"亘"聲字屢通;①戰國竹書中,"爰"聲字有時可用爲"寬"。② 故"爰"、"鍰"也是主元音爲*-o-的元3部字。③ "鬱"的主元音爲*-u-,與"鍰"相近[我們認爲兼作"鬱"字聲旁的"丸(宛)",也是元3部。《晨風》"鬱彼北林"的"鬱",安大簡作"炊",④"炊"的主元音也是*-o-。曶鼎此字從"金",不知有没有可能就是"鍰"的異體]。《尚書·呂刑》:"其罰百鍰。""鍰"的實際重量衆説不一,此不贅引。《説文·十四上·金部》:"鍰,鋝也。"金文有以"孚(鋝)"爲"金"的重量單位者,如禽簋"王錫金百孚(鋝)"(《集成》04041);曶鼎言"邢叔錫曶赤金(一)鍰",其例殆同。

講到這裏,大家自能恍悟魯遵鐘、魯大宰遵父簠等"遵"字所加注的音符"勹",其實也是"丸"。不是"勹"有"宛、夗"的讀音,而是不加區别性筆畫的"丸"與"勹(俯)"形近,遂致混而難别。"丸"、"遵/原"都是元3部字,《殷高宗問於三壽》的"匐"用爲"洹","洹"、"丸"聲母相同,烏桓之"桓"古寫作"丸"。"遵"加注"丸"聲,顯然是合適的。我們雖不同意此種"遵"所從的"勹(丸)"是"夊"的形訛,但是應該承認,古人所以選取"勹(丸)"作爲添加在"遵"上的音符,並且在時代較早的字例中恰好占據"夊"所處的位置,可能確實考慮到了"丸"、"夊"字形有些接近的因素。

現在可以回到清華簡的"匐"、"韵"上來了。我認爲"匐"、"韵"即承自魯遵鐘、魯大宰遵父簠之類加注"丸"聲的"遵"字,但其字形發生了較大的訛變。下面對字形變化提出兩種可能的解釋。"遵"省爲"备",自不必説。戰國文字"勹"常作"⼓"形,這種寫法其實從西周中晚期已開始流行。⑤可以推想,"丸"也必有從"⼓"形者。試將"丸"的那一區别性筆畫加在

---

① 高亨、董治安《古字通假會典》,165、166頁。
② 白於藍《簡帛古書通假字大系》,1247頁,福州:福建人民出版社,2017年。
③ 張富海《上古韻母與中古韻母對應表暨諧聲表》,28頁。他家多歸"爰"、"鍰"於元1,不確。
④ 安徽大學漢字發展與應用研究中心編,黄德寬、徐在國主編《安徽大學藏戰國竹簡(一)》,35、112頁,上海:中西書局,2019年。
⑤ 參看董蓮池《新金文編》,1092頁"佣"字、1327頁"匍"字、1330頁"鞠"字,北京:作家出版社,2011年。

"㇉"形之下,並與"㇈"的下端相接,其形就與作㇉形的"勹"頗爲近似了。細審魯邍鐘的"邍"字,"勹(丸)"的俯身人形上方好像隱約有出頭的筆畫。如果真是這樣,可爲"丸"寫作"勹"添一實例。《殷高宗問於三壽》"匋"字所从的㇈,應是此類寫法的"丸"的訛變。我們還可以看一下漢代簡帛文字中的"丸":

　　　　(馬王堆帛書《五十二病方》411 行/新圖版 421 行)

　　　　(北大漢簡《蒼頡篇》簡 71。北大簡《妄稽》簡 36 又有訛寫作

"宂"的"丸"①　　　(居延漢簡 275.8)　　　(居延漢簡 87.12)

如不計下方的點畫,全字正作"勹"、"九"之形。上舉魏晋印"烏丸(桓)"之"丸"字,其上端亦微微出頭。這種"勹"、"九",無疑就來自於㇈類形體,漢代一般的"勹"似無作此形者。蓋漢人已不知"勹"、"九"本是包含了區別性筆畫的"丸",又在"勹"、"九"上疊加一點畫而成今之"丸"形。現將我們設想的帶區別性筆畫的"丸"的字形演變之例,擇要圖示於下,以求直觀:

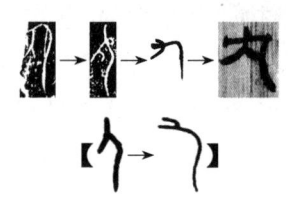

這是第一種可能的字形變化。

"梟"所从的"勹(俯)",戰國楚簡中往往變作"九"形:

　　　　[《清華(壹)·尹至》簡 5]　　　(葛陵簡乙四 76)

---

① 王挺斌《北大簡〈妄稽〉與〈反淫〉研讀札記》,簡帛網,2016 年 6 月 29 日。

此種寫法的"鼀"也見於三晉璽印。① 既然"丸"可以寫作"勹",上舉清華簡"遰"加注的![符]也有可能就是不加區別性筆畫的"勹(丸)",②其字亦即魯大宰遰父簠等加注"勹(丸)"聲的"遰"。到漢代簡帛文字裏,"丸"字所從的"勹"才最終變成了"九"形。而戰國文字中已變作"九"形的"鼀"所從的"勹(俯)",漢代則進一步訛變爲"力"形,③與"丸"的變化並不同步。我們認爲,這第二種可能性的成立似乎不比第一種可能性小。

戰國時代的楚人在寫這種承襲加注"丸"聲的"遰"的古體時,由於"勹(丸)"或"丸"已混同爲"勹"形,他們應該已經不清楚此種"遰"字的真實結構了,所以會誤認"匋"所從的"勹(丸)"爲"勻"之省形,從而把"匋(遰)"轉寫成從"勻"的"䢵"(如《説命中》、《治政之道》所見)。對於"䢵(遰)"字來説,"勻"既不表音也不表意,只能算作一種"記號"。楚文字雖承用見於殷墟甲骨文的逃逸之"逸"的古體"羍",但其字形訛變成從"夨"從"羊",④當時人顯然已不知道此種"逸"字的原始構形,情況與"匋(遰)"相似。

最後簡單説説戰國楚簡中的"畹"字。

上博簡、安大簡、包山簡和九店簡中有一個從"勹"從"田"之字,或又從"艸"、"林",其形如下:

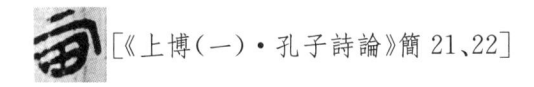

![图][《上博(一)·孔子詩論》簡21、22]

---

① 參看單育辰《談戰國文字中的"鼀"》,《簡帛》第三輯,21~28頁,上海:上海古籍出版社,2008年;蘇建洲《楚簡"鼀"字從"九"聲考》,同作者《楚文字論集》,406~411頁,臺北:萬卷樓圖書股份有限公司,2011年。
② 《古璽彙編》5699單字印![图],何琳儀《戰國古文字典》釋爲"敨"(984頁,北京:中華書局,1998年)。其釋若確,此"敨"所從"丸"似作兩重"勹"形。不過,此字右旁究竟是不是"丸",尚待研究。
③ 參看徐正考、肖攀《漢代文字編》,454~455頁,北京:作家出版社,2016年。
④ 趙平安《戰國文字的"遊"與甲骨文"羍"爲一字説》,《文字·文獻·古史——趙平安自選集》,11~14頁,上海:中西書局,2017年。

[《上博(九)·舉治王天下》簡28]　(包山簡151)

(九店M56簡17、20、22、24)

(安大簡《詩經》簡46、49、50)

此字在上博簡《孔子詩論》、《舉治王天下》中皆用爲"宛丘"之"宛";①在安大簡《詩經》中,簡46一例與今本《秦風·小戎》"蒙伐有苑"的"苑"相當,簡49、50二例與今本《蒹葭》"宛在水中央"、"宛在水中沚"的"宛"相當;②在包山簡中用爲"田"的量詞"畹";九店簡中用爲《建除》十二神之一,與睡虎地秦簡《日書》乙種的"窓"相當。③ 從"田"從"勹"者可能就是"畹"字,從"艸"、"林"者可能就是"苑"或"菀"字。一般認爲其所從"勹"是"夗"的省變。

但是,馮勝君先生已有翔實論證,上舉四十三年逨鼎一類寫法的"夗",其左右結構改置爲上下結構,就變成六國文字所見的 [《上博(一)·緇衣》簡12,用爲"怨"]、(《說文》古文"怨")等"夗",或增加音符"○"而成 [《上博(一)·緇衣》簡6,用爲"怨"]、[《上博(七)·武王踐阼》簡8,用爲"監"④]等。⑤ 其說可信。⑥ 這樣的"夗"怎麼可能省變爲

---

① 馬承源主編《上海博物館藏戰國楚竹書(一)》,釋文考釋150～151頁,上海:上海古籍出版社,2001年。單育辰《〈上海博物館藏戰國楚竹書(九)〉雜識》,《簡帛》第十一輯,50頁,上海:上海古籍出版社,2015年。
② 《安徽大學藏戰國竹簡(一)》,103、104～105、107頁。
③ 參看李家浩《甲骨文北方神名"勹"與戰國文字从"勹"之字——談古文字"勹"有讀如"宛"的音》,《文史》2012年第3輯(總第100輯),48～50頁。按睡虎地秦簡《日書》乙種簡14此神名作"窓",簡2則寫作"悆"。從圖版看,"悆"當是"窓"的訛寫。
④ 參看復旦大學出土文獻與古文字研究中心研究生讀書會《〈上博七·武王踐阼〉校讀》,《出土文獻與古文字研究》第三輯,260頁,上海:復旦大學出版社,2010年。
⑤ 馮勝君《釋戰國文字中的"怨"》,《古文字研究》第二十五輯,281～283頁。
⑥ 《上博(五)·鮑叔牙與隰朋之諫》簡5"百姓皆 悁(悁)"的未隸定之字,一般也釋爲"夗(怨)"。新近公布的《清華(玖)·治政之道》簡42有"夫亂者乃違心 悁 (轉下頁)

"㫃(勹)"呢?①

————————

(接上頁)(引者按：此字以及簡41的'悁'，整理者認爲'月'上有'宀'旁，不確。如就字形而言，似當是'勹'旁。楚簡文字'月'上或增'卜'形，'卜'形的橫畫有往右下拖曳而近於"勹"者。本篇這兩個'悁'上的'勹'應來自於'卜'形，或可說是就特殊寫法的'卜'而增從'勹'"，有研究者指出後者的"㪍悁"即前者的"㫃悁"[馬曉穩《讀清華簡〈治政之道〉札記(六則)》,《清華大學學報(哲學社會科學版)》2020年第1期,55頁]，可從。楚簡中的"月"、"悁"，一般認爲當讀爲"怨"。如從此說，"㫃"、"㪍"就不可能也釋讀爲"夗(怨)"[上引馬曉穩文讀爲"惋"，引《戰國策·秦策二》"受欺於張儀，王必惋之"鮑彪注"惋，猶恨"等爲據。今按，"惋"是惋惜、歎息之義，《戰國策》"王必惋之"的"惋"，王引之《經義述聞·名字解詁·楚鄩宛字子惡》認爲當從《史記·楚世家》作"怨"(參看宗福邦等主編《故訓匯纂》,805頁,北京：商務印書館,2003年)。所以"王必惋之"的"惋"應即"冤"或"怨"的異體，"惋"並無"怨恨"義。像馬文那樣把簡文讀爲"惋(怨)怨"，實際上變成了同一個"怨"連續重複使用，顯不可從]。不少研究者指出，《鮑叔牙與隰朋之諫》的"㫃"與《上博(五)·姑成家父》簡1的"㪍"爲一字，亦即學界熱烈討論過的楚文字中的"㫃"、"㪍"等字[參看高强《上博簡〈鮑叔牙與隰朋之諫〉等四篇集釋續補》,58～60頁,復旦大學碩士學位論文(指導教師：劉嬌),2019年6月]。這些字或可隸定爲"㪍"。問題的關鍵在於"㪍"與馮勝君先生釋爲"夗"者是否爲一字？我們認爲不當牽合爲一字。可以肯定用爲"怨"或音近的"盟"的字，其上部均作"人"(所以有學者誤釋爲"令"、"命")，而"㪍"的上部則幾乎都作"宀"。雖然戰國文字"宀"旁偶爾可寫作"人"，但這裏"人"與"宀"的截然分別，未免顯得太過湊巧了一些，似乎只能表明它們的形體來源不同("肉"形置於上方變爲"人"，但不會變爲"宀")。侯馬盟書"詛咒類二"105：3有"而卑衆人㪍死"的殘句，整理者釋"死"上一字爲"㪍"，讀爲"冤"(山西省文物工作委員會編《侯馬盟書》,43～44頁,北京：文物出版社,1976年)。此片盟書圖版十分模糊，無法辨識。如整理者所摹字形不誤，按照上文所說的字形特徵，所謂"㪍"字既從"宀"而不從"人"，其"心"旁之上的構件自應釋爲"㪍"。此字與《治政之道》的"㪍"爲一字。從盟書殘句的文義，也得不出此字必然讀爲"冤"的結論。過去多以爲《鮑叔牙與隰朋之諫》的"㪍悁"是並列結構。今見《治政之道》"㪍悁"與"違心"並提，"㪍悁"完全有可能是動賓或偏正結構；侯馬盟書"㪍死"看作動賓或偏正結構，也不是不可通。總之，"㪍"與"夗"字形有異，用法也頗不相同，在考慮"㪍"的釋讀問題時把它們混爲一談，只會導致治絲益棼。所以我們上文舉"夗"字字例，沒有涉及"㪍"字。

① 楚簡中的"月"及從"月"聲的"悁"等字，一般讀爲"怨"。有些學者甚至認爲這是楚文字"怨"的專門用字(周波《戰國時代各系文字間的用字差異現象研究》,166～167頁,北京：綫裝書局,2012年；禤健聰《戰國楚系簡帛用字習慣研究》,405頁,北京：科學出版社,2017年)。不過，"月"與"怨"韻不同(前者屬元2，後者屬元3)，《清華(叁)·説命上》簡2～3言傅説之狀"鵑(鳶)肩如惟"，"鳶"亦是元2部字。楚簡"月"及"月"聲字是否必須讀爲"怨"，還可以再討論；有可能如張富海《上博簡五〈鮑叔牙與隰朋之諫〉補釋》所説，實當讀爲"怨"的同義詞"悁"(《北方論叢》2006年第4期,9頁)。果真如此，是不是可以説一般習慣用"怨"之處，楚人習慣用"悁"這個詞呢(如同古書常用"適"之處，楚簡則多用"蹠"這個詞)？這能否看作楚方言的一個特色，並且作爲楚地人傳抄古書時按自己的語言習慣加以改寫的例子？這是很有意思的問題，有待於將來進一步研究。由於"月"、"夗"聲音不密合，楚文字中的"婉"、"苑"等大概不會用"月"聲字來表示。

282　甲骨金文語文論稿

　　戰國早期的齊器叔子轂盌，其自名之字"盌"【編按：已有學者指出從器形看，叔子轂盌實爲卮（何景成《論"叔子轂卮"的自名》，《青銅器與金文》第七輯，35～43頁，上海：上海古籍出版社，2021年）。《禮記·玉藻》"母没而杯圈不能飲焉"，鄭玄注："圈，屈木所爲，謂卮匜之屬。"叔子轂卮的自名"盌"可能即"卮匜之屬"的杯圈之"圈"】，器、蓋二見：

　　　　[圖] （器銘，《銘圖》19237）　　[圖]（蓋銘，出處同前）

學者們多將"皿"上部分隸定爲从"夗"从"殳"。按隸定爲"殳"顯然錯誤。器銘之字的[圖]即"勺"，蓋銘之字的[圖]應是頂端加飾筆的"勺"，雖然"勺"的寫法與器銘之字有所不同（參看上舉叔趯父卣"鬱"所從的"勺"形）。此"盌"的聲旁可隸定作"夠"。"夠"从"勺"从"夗"，當是"夗"的繁體，或宛藏之"宛"的異體。這種"夠"字恐怕不限於齊文字獨有。傳抄古文"宛"的形體較怪：

　　　　[圖]（碧落碑）　　[圖]（《汗簡》6·83）①

李春桃先生根據古文"閒"的有關寫法，指出"宛"字下面部分當是"'夗'旁訛變"，②可從；但他認爲上面部分"大概是'宀'旁之訛"，恐未必符實。我認爲[圖]、[圖]更像是"勺（勺）"的訛變，傳抄古文"宛"可能實際上也是"夠"。

　　上面所説的楚文字"畹"、"苑"或"菀"的聲旁"勺（勺）"，疑即"夠"的形省；由於"夠"下增加意符"田"，就擠掉了真正具有表音功能的"夗"，戰國文字"無理據"簡省的嚴重程度，於此可見一斑。"丸"、"勺"雖曾混用過同一形體，但楚簡"邍"所加注的"丸"作"勺"，或訛混爲"勺"形，"畹"所從

────────
　　① 徐在國編《傳抄古文字編》，711頁，北京：綫裝書局，2006年。
　　② 李春桃《傳抄古文綜合研究（上）》，173頁，吉林大學博士學位論文（指導教師：吴振武），2012年。

者則爲"㇇(勹)",所以也不宜將後者釋爲从"丸"聲。

2020 年 3 月 13 日寫定

附識：本文改定後,3 月 15 日晚蒙蘇建洲先生賜閱他的新作《根據清華簡〈治政之道〉"㊙"字重新討論幾個舊釋爲"夗"、"邑"、"序"的字形》,文中對㊙、㊙不能釋讀爲"夗(怨)"、馬曉穩先生讀此字爲"惋"的問題以及侯馬盟書那個从"心"之字並不必然讀爲"冤",有較詳論證,與本文的看法不謀而合,令人欣喜。請讀者注意參看蘇文(現已正式發表於《中國文字》二〇二〇年夏季號(總第三期),223～252 頁,臺北：萬卷樓圖書股份有限公司,2020 年)。本文初稿曾蒙郭永秉先生審閱指正,後又蒙石小力先生賜示有關資料,謹致謝忱。

原載《中國文字》2021 年夏季號(總第五期),(臺北)萬卷樓圖書股份有限公司,2021 年 6 月。

説金文"賷"及相關之字

西周中晚期金文中有如下二字：

A. ［圖］ B. ［圖］

所在辭例分别爲（釋文用寬式，下同）：

師旂鼎：旂對厥 A 于尊彝。（西周中期）①

儠匜：伯揚父廼成 B，曰：牧牛！虐乃可湛，汝敢以乃師訟……（西周晚期）②

A 在有的文字編裏被摹作"从死从貝"的［字］。③ 于省吾先生指出此係誤摹，A 實从"丮"，"古文字从丮與从又有時同用"。④ 郭沫若認爲 A 从"斤"，⑤大概受了下文會提到的師袁簋从"斤"之字的影響，顯然不確。吳

---

① 中國社會科學院考古研究所《殷周金文集成（修訂增補本）》，第 2 册 1478 頁 02809 號，北京：中華書局，2007 年。
② 同上注所引書，第 7 册 5541 頁 10285 號。
③ 此摹本蓋始於容庚《金文編》，見 279 頁（北京：中華書局，1985 年），後爲多種字編所承襲，如高明、涂白奎《古文字類編（增訂本）》，1168 頁，上海：上海古籍出版社，2008 年；徐中舒主編《漢語古文字字形表》，155 頁，北京：中華書局，2010 年。
④ 于省吾《甲骨文字釋林》，150 頁，北京：中華書局，1979 年。
⑤ 郭沫若《兩周金文辭大系考釋》，《郭沫若全集·考古編》第 8 卷，70 頁，北京：科學出版社，2002 年。馬承源主編《商周青銅器銘文選（三）》隸定從此，60 頁，北京：文物出版社，1988 年。

其昌隸定 A 從"刃",①也與字形不符。《商周青銅器銘文選》所收師旂鼎拓片較爲清晰,A 作如下之形:

其右上方的構件與同銘"其"的右旁很接近:

我們知道,金文"其"常寫作"丌",②鼎銘"其"的右旁應是"丮"的變體。所以,于省吾先生所提出的 A 從"丮"的說法是正確的。根據上引于說古文字"丮"旁與"又"旁通用之例,A、B 無疑爲一字異體。爲了行文的方便,下面就從多數學者的意見,按照 B 的形體將此二字統一釋寫爲"賮"。

"賮"字見於《說文·四下·奴部》:

奴,探堅意也(引者按:小徐本作"賮奴,深堅意"。王筠《說文句讀》指出大徐本釋義首字當連篆讀爲"賮奴"③)。從奴、從貝。貝,堅實也。讀若概。

從文義看,師旂鼎的 A 和儕匜的 B 大概是表示判決的法律用詞,④《說文》所載"賮"的義訓與此不合。

郭沫若、劉桓先生讀金文"賮"爲"概",前者理解爲梗概之"概",後者理解爲訓"平"之"概",都是從《說文》"賮""讀若概"的綫索來考慮的。⑤

---

① 吳其昌《金文曆朔疏證》,145 頁,北京:北京圖書館出版社,2004 年。
② 參看容庚等《金文編》,307～308 頁。
③ 丁福保編纂《說文解字詁林》,4371 頁,北京:中華書局,1988 年。
④ 陳公柔《西周金文訴訟辭語釋例》,《第三屆國際中國古文字學研討會論文集》,香港:香港中文大學中國文化研究所、中國語言及文學系,236 頁,1997 年。張振林《師旂鼎銘文講疏》,《黃盛璋先生八秩華誕紀念文集》,153～154 頁,北京:中國教育文化出版社,2005 年。
⑤ 郭沫若《兩周金文辭大系考釋》,70 頁。劉桓《金文札記(四則)》,劉利民、周建設主編《語言》第 2 卷,320～321 頁,北京:北京師範大學出版社,2001 年。

周法高釋讀 A 爲質劑之"質",也提到了"'概'、'質'古音同隸脂部"(引者按:按照現在一般的古音歸部,"概"屬物部,"質"屬脂部入聲)。① 關於 A,尚有吴其昌釋讀爲"誓"、②楊樹達讀爲契刻之"栔"③等説。

B 所從出的攸匜是 1975 年在陝西岐山縣董家村窖藏出土的,郭沫若、周法高、吴其昌、楊樹達等人討論"劐"字時自然無從得見。把 B 讀爲梗概之"概"、質劑之"質"、契刻之"栔"或"誓",匜銘都無法講通。而且,"質"、"誓"二字已見於西周金文,④"誓"和 B 甚至並見於攸匜,此二説就是從用字習慣來看也是不合適的。

"概"訓爲"平",是從其"杚斗斛"或"平斗斛之木"的本義引申而來的,似未見可用作"判決"、"裁斷"之類的法律術語。古書中"法律取象,不概自平"(《藝文類聚》卷九引李尤《井銘》)、"概者,平量者也;吏者,平法者也"(《韓非子・外儲説左下》)等語,皆以平量之"概"比喻法律或執法者,"概"在這裏仍指"平斗斛之木"。所以從古書用例看,A、B 讀爲訓"平"之"概"也不妥當。

唐蘭先生根據"劐""讀若概","概"、"劾"音近,而將"劐"讀爲"劾","漢世問罪謂之鞫,斷獄謂之劾",⑤就文義而言最爲允洽。不過,"概"的上古韻部在物部,"劐"從下文的論述看,當與"叡"等字古音極近,它們能否與職部的"劾"相通,尚須論證;"漢世……斷獄謂之劾",此詞義是否適用於周代,也難以落實。

---

① 周法高《金文零釋》,69~70 頁,臺北:"中研院"歷史語言研究所專刊之三十四,1993 年。(日)白川静《金文通釋》六七"師旂鼎"條亦謂"劐爲質之初文",見周法高主編《金文詁林》,5 册 2594~2595 頁,香港:香港中文大學,1975 年;周法高《金文詁林補》,2 册 1381 頁,臺北:"中研院"歷史語言研究所,1982 年。

② 吴其昌《金文曆朔疏證》,145~146 頁。

③ 楊樹達《積微居金文説(增訂本)》,162 頁,北京:中華書局,1997 年。

④ 參看陳劍《説慎》,同作者《甲骨金文考釋論集》,39~53 頁,北京:綫裝書局,2007 年。

⑤ 唐蘭《陝西省岐山縣董家村新出西周重要銅器銘辭的譯文和注釋》,故宫博物院編《唐蘭先生金文論集》,201 頁,北京:紫禁城出版社,1995 年。唐蘭《西周青銅器銘文分代史徵》,317 頁,北京:中華書局,1986 年。馬承源主編《商周青銅器銘文選(三)》也主張 B 當讀爲"劾",見 185 頁;A 則讀爲"刻",見 60 頁。《殷周金文集成(修訂增補本)》用唐説讀 A、B 爲"劾",見第 2 册 1478 頁、第 7 册 5541 頁。

《類篇·攴部》收有"歓"字,訓爲"裁至也"。陳英傑先生認爲"'至'當作'制',原意當爲'裁制',即裁決義",而从"又"、从"攴""構意相同"。①《改併四聲篇海·貝部》有"賛"字,引《餘文》訓爲"害物貪財也"。陳先生認爲金文"賛"與此字亦當"聯繫起來考慮"。②

古漢語"裁制"一詞,本指裁割,引申爲製作、規劃安排,又有制止、制裁義,引申爲約束。③ 制止、制裁之義,看似與陳先生所説"裁決義"相近,但"裁制"的這一用法似非古義(《漢語大詞典》於此義項下所舉書證最早一例爲《三國志·蜀志·費禕傳》)。況且,改《類篇》"裁至"爲"裁制",其實是缺乏根據的。《類篇》注"歓"音爲"雄皆切";《廣韻》去聲夬韻何犗切叡小韻有"叡"字,訓爲"纔然";"纔"、"裁"古通,皆可當"剛剛、方才"講。《類篇》訓"裁至"的"歓"應該就是《廣韻》訓"纔然"的"叡"(也可能前者爲後者引申義的變體),此詞義與金文 A、B 無涉。至於"賛"字,詳下文。

有些學者雖隸定 A、B 爲"賛",但不相信《説文》對"賛"字形、音的分析,或不以 A、B 與《説文》"賛"爲一字,而把前者視爲从"奴"聲之字。如李學勤先生討論騰匜時説:

在騰匜銘文中,這個字的結構可與前一行"既死霸"的死字對比,不難看出是从奴聲的字。《説文通訓定聲》已經指出,从奴聲的字常可和从贊聲、獻聲的字互通,例如餐通作饡,囋通作讞。這裏的賛字,是一個法律用詞,應讀爲讞(瀳)。《説文》:"讞,議罪也。"在古代,刑獄案件判决,即上報國君,以取得最後批准。《禮記·文王世子》云:"獄成,有司讞於公。"注:"讞之言白也。"白就是上報。所以,用現代的話來説,讞的意義接近於判決。師旂鼎"旂對厥讞于尊彝",意即把

---

① 陳英傑《西周金文作器用途銘辭研究》,下册 525、577 頁,北京:綫裝書局,2008 年。
② 同上注。
③ 參看《漢語大詞典》,下卷 5329 頁"裁制"條,上海:上海辭書出版社,2007 年。關於"制"義,參看裘錫圭《説字小記》,《裘錫圭學術文集·金文及其他古文字卷》,414 頁,上海:復旦大學出版社,2012 年。

判決内容記於器上。①

張振林先生也認爲 A、B 跟"餐"、"粲"等字一樣，是从"叙"得聲的。② 但他把 A、B 讀爲與"叙"韻部遠隔的"裁"，恐難成立，可不必論。古書中的"讞"，除了李先生所舉的可當"議罪"、"白"講外，還有"質"、"疑"等意思，③它們同"判決"之義還是稍有距離的。④ 所以李先生也只説"讞的意義接近於判決"。

陳英傑先生試圖把"贅""讀若概"和从"叙"聲這兩點加以牽合，認爲"概"、"叙"（《説文》"讀若殘"）古音不遠，A、B"乃裁決、裁制之專字，後被'讞'所代替"。⑤ 下文將會説明，"贅"與"叡（睿）"有相同的諧聲偏旁，跟"叡（睿）"關係密切的元部字，如"璿"、"璇"、"爰"、"涣"、"㕣"、⑥"船"、"沿"、"鉛"等，都屬於元部合口（所以又多與文部合口字有關係，《説文》爲"贅"注音的"概"屬文部的入聲物部【編按：這裏所説問題很多，現更正如下：首先，"㕣"聲系的"船"、"沿"、"鉛"、"衮"等字與"叡（睿）"上古韻不密合，它們不屬於同一來源，當分開；其次，"叡（睿）"與"璿"、"璇"確實音近，可歸爲一系，但與"爰"、"涣"上古韻不密合，彼此也當分開；再次，"概"屬開口而非合口，與"叡（睿）"聲系韻不近，此"讀若概"的音讀材料尚難解釋】，幾乎没有例外；而"叙"雖是元部字，卻屬開口一等（从"叙"聲之字亦

---

① 李學勤《岐山董家村訓匜考釋》，同作者《新出青銅器研究》，111～112 頁，北京：文物出版社，1990 年。張世超等《金文形義通解》（982～983 頁，京都：中文出版社，1996 年）、黄德寬主編《古文字譜系疏證》（第三册 2407、2755 頁，北京：商務印書館，2007 年）、寇占民《西周金文動詞研究》（336 頁，北京：綫裝書局，2010 年）等書多采用李説。
② 張振林《師旂鼎銘文講疏》，《黄盛璋先生八秩華誕紀念文集》，153～154 頁。
③ 宗福邦等主編《故訓匯纂》，2157 頁，北京：商務印書館，2003 年。
④ 參看陳公柔《西周金文訴訟辭語釋例》，《第三届國際中國古文字學研討會論文集》，236 頁。
⑤ 陳英傑《西周金文作器用途銘辭研究》，下册 525 頁。
⑥ 《説文·二上·口部》"古文㕣"作"䜳"，林義光《文源》指出此"䜳"與《説文》"濬"的正篆"䜭"係同字（361 頁，上海：中西書局，2012 年）。按，馬王堆漢墓帛書《戰國縱横家書》192 行"叡"字，已把"歺"的下面一横省掉；漢碑"叡"字也有省掉"歺"下横筆的寫法（漢語大字典字形組《秦漢魏晉篆隸字形表》，258 頁，成都：四川辭書出版社，1985 年）。"䜳"即省"䜭"所从"歺"下一横而成，林説甚是。故"㕣"與"睿"音近。下舉"船"、"沿"、"鉛"等字皆从"㕣"聲。

如是,故不見與文部合口字發生關係者),彼此界限分明。古文字中可以肯定的獨立的"奴"字,見於商代晚期的作册般銅黿和西周早期的麥方尊。① 李學勤先生首先釋出銅黿銘的"奴",並讀爲"佐助"義的"贊"。② 尊銘的"奴"舊多誤釋爲"死",或雖釋"奴"而不得其解,謝明文先生結合銅黿"奴"的用法指出亦當讀爲"佐助"義的"贊"。③ "贊"也是元部開口一等字。由此可知,"餐"、"粲"等字的確以"奴"爲聲旁,但"讀若概"的"餐"並不從"奴"得聲。

有必要指出的是,《集韻》平聲寒韻財干切戔小韻收有"餐"字,義爲"害物貪財也";此字音義與陳英傑先生提到的《改併四聲篇海·貝部》的"劗"字相同(後者引《餘文》音"才干切"),當爲一字異體。從反切注音看,這個"餐"屬元部開口一等,應是"从貝、奴聲"之字("劗"可分析爲从"貝"从"刀"、"奴"聲),跟《説文》"讀若概"的"餐"只是偶然同形,彼此並非一字。④

僅就上引 A、B 字形而論,把它們分析爲从"奴"聲,似乎是有道理的。但是,若聯繫殷墟甲骨文中此字的寫法來看,其所从是否就是《説文》"讀若殘"的"奴",則很可懷疑。

于省吾先生早就指出,在無名組、何組甲骨卜辭中有一個用作田獵地名的字,與金文"餐"係一字。⑤ 下面舉一些例子:⑥

---

① 董蓮池《新金文編》,上册 479 頁、下册 2173 頁,北京:作家出版社,2011 年。
② 李學勤《作册般銅黿考釋》,《中國歷史文物》2005 年第 1 期,4 頁。
③ 謝明文《試説麥方尊的"奴"》,《古漢語研究》待刊【編按:已正式發表於《古漢語研究》2016 年第 4 期;又收入謝明文《商周文字論集續編》,79~85 頁,上海:上海古籍出版社,2022 年】。
④ 王輝《王家臺秦簡〈歸藏〉索隱》讀王家臺秦簡《歸藏》181 號簡"天目朝朝,不利爲草木餐餐俑下□"的"餐餐"爲"粲粲"。(《古文字研究》第二十四輯,414 頁,北京:中華書局,2002 年)《歸藏》簡圖版至今未發表,但從王明欽《王家臺秦墓竹簡概述》公布的釋文看,所謂"餐"作"贊"。(艾蘭、邢文編《新出簡帛研究》,30 頁,北京:文物出版社,2004 年)此字究爲何字,只能存疑。
⑤ 于省吾《甲骨文字釋林》,150 頁。
⑥ 參看劉釗等《新甲骨文編》,257 頁,福州:福建人民出版社,2009 年;李宗焜《甲骨文字編》,下册 1134 頁,北京:中華書局,2012 年。

C1. [◇] [《甲骨文合集》（以下簡稱"《合集》"）29327]

C2. [◇]（《合集》29328）　C3. [◇]（《小屯南地甲骨》53）

C4. [◇]（《合集》29324）　C5. [◇]（《合集》28151）

C6. [◇]（《合集》29326）

金文 B 即上舉甲骨文 C4，但 C4 顯然不是最古的形體。C1、C2 跟 C4 相比，在"奴"下多出類似"八"形筆畫（與數字"八"非一字，下同）。古文字中有的構件往往單複無別，C1、C2 的"八"與 C3 的"[◇]"顯然是一回事［可比較下舉"叡（睿）"的字形］，只不過後者把"[◇]"寫到了"貝"的下面而已。《小屯南地甲骨》、《殷墟甲骨刻辭類纂》等書誤分 C3 爲"賓"、"[◇]"二字，裘錫圭先生在《讀〈小屯南地甲骨〉》一文中已指出了這一問題。① 所以，C4 應是 C1、C2、C3 之形省，C5 則進一步省去了"又"。C6 從字形上看似即"奴"。但是，C6 所從出的《合集》29326 當與《合集》29325 文例類似甚或同文，《合集》29325 的"賓"作 C1、C2 之形，《合集》29326 爲殘辭，C6 下端應已殘去"貝"或"[◇]"、"貝"。②

《甲骨文合集補編》11283（《合集》36959＋《英國所藏甲骨集》2536，黄組）上有一與"亞"、"洛"、"犅"同版的地名"貞"，其形如下：

C7. [◇]

---

① 《裘錫圭學術文集·雜著卷》，34 頁。
② 《新甲骨文編》257 頁"奴"字條下所收各形，前三例皆係割裂"賓"字而成，末一例即 C6。"奴"字條實當取消。

說金文"賮"及相關之字 291

陳劍先生指出，C7 與田獵地名 C1～C5（陳文未舉 C6）當爲"一字之繁簡體"。① 從 C1～C5 从"貝"而 C7 不从"貝"來看，似以説它們具有通用關係爲妥。無論如何，C1～C7 當指同一地名是没有問題的（下文統一指稱此地名時就以"C"爲其代號）。由此可見，在 C 這一地名之字中，"叕"應該是起表音作用的，所以 C7 可以省作"𠬞"（其省去"又"，與 C4 省作 C5 同例）。李學勤等先生分析金文 A、B 从"叕"聲，從甲骨文 C 的各種寫法看似有問題，但認爲 A、B 除"貝"之外的形體具有表音作用，卻是很精到的見解。

唐蘭先生在《論周昭王時代的青銅器銘刻》一文中，曾主張師旂鼎的"賮"讀爲"賰"，《廣雅・釋詁一》："賰，益也。""賰從睿，與叡是一字，此不從目而從貝。"②讀鼎銘"賮"爲"賰"，從文義看是不合適的；但唐先生指出"賮"、"叡（睿）"字音、字形皆近，則爲探討"賮"字的形音提供了一條重要綫索。

陳英傑先生在談豳公盨銘文的"濬"字時，指出儕匜的 B 可與豳公盨"濬""聯繫起來，從中尋求匜銘釋證的音讀綫索；他還提到了上海博物館藏戰國楚竹書《周易》54、55 號簡中，相當於今本卦名"渙"的从"睿"从"爰"之字（或又增"廾"）。③ 這些意見也都富於啓發性。

最值得跟上舉 A、B、C"賮"字的各種寫法加以比較的，是唐、陳二位先生已經提到的古文字中的"叡（睿）"：

D1. （秦公鎛，春秋早期，《集成》00270）

D2. ［《上博（三）・周易》簡 28］

D3. ［《上博（六）・用曰》簡 18］

---

① 陳劍《釋"琮"及相關諸字》，同作者《甲骨金文考釋論集》，301～302 頁。
② 故宫博物院編《唐蘭先生金文論集》，260 頁。
③ 陳英傑《西周金文作器用途銘辭研究》，下册 577 頁；又參看同書，525 頁。

D4. (楚帛書甲 6·76)①

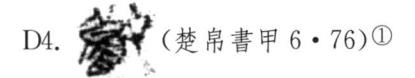

D5. (包山簡 183)　　D6. (中山王鼎,《集成》02840)

D7. (葛陵簡乙一 13)

D8. [《上博(二)·容成氏》簡 38]

D9. [《上博(三)·周易》簡 54]

D10. [《上博(三)·周易》簡 54]

D11. (包山簡 167)

D1 是迄今所見古文字資料中最早的"叡"字。古文字"又"、"攴"二旁可通用,上海博物館藏戰國楚竹書《周易》的整理者據此指出 D2 即"叡"。② 下文在沒有必要强調其區別時,從"攴"的"叡"亦用"叡"表示。陳英傑先生認爲 D9 左旁從"卄",大概也是"叡"。③ 從字形看,似不如孟蓬生先生析作從"卄"、"覨"聲爲好。④ 孟先生並指出,與今本"涣"相通的 D9(不計"卄"旁)、D10,當是雙聲字,所從"睿"、"爰"皆聲。⑤ 此説已爲多數學者所接受【編按:"睿"與"涣"、"爰"上古主元音不合,此字恐非雙聲字,宜分析

---

① 此字釋"叡",從商承祚《戰國楚帛書述略》説,《文物》1964 年第 9 期。參看蘇建洲《〈郭店〉、〈上博(二)〉考釋五則》,《中國文字》新廿九期,222～223 頁,臺北:藝文印書館,2003 年;徐在國《郭店簡考釋二則》,《中國文字研究》第四輯,149 頁,南寧:廣西教育出版社,2003 年。
② 馬承源主編《上海博物館藏戰國楚竹書(三)》,釋文注釋 175 頁,上海:上海古籍出版社,2003 年。
③ 陳英傑《西周金文作器用途銘辭研究》,下册 577 頁。
④ 孟蓬生《上博竹書〈周易〉的兩個雙聲符字》,簡帛研究網,2005 年 3 月 31 日。
⑤ 同上注。

爲从"睿（濬）"、"爰"聲】。①

《説文》以"睿"爲"叡"之古文，D7、D8 都是"璿"字，D7 从"叡"聲而 D8 从"睿"聲（D6、D9～D11 亦皆从"睿"得聲）；這跟 C5 與 C1～C4、A、B 的關係相同。裘錫圭先生指出，後世"睿"、"容"諸字中的"穴"殆即由上舉甲骨文"叡"所從的"𠔼"而來。② 其説甚是。D4"叡"省"𠔼"爲"八"，也與 C3、C7 从"𠔼"而 C1、C2 从"八"同例。D5"叡"和 D11 所從的"睿"都省去"𠔼"或"八"形，與 C1～C3 省作 C4、A、B 如出一轍。

郭店楚墓所出竹書《性自命出》30～31 號簡有"樂之動心也，△深鬱陶"之語【編按：所謂"鬱"，本从"䰜"聲，實當釋讀爲"怫"】，△作如下之形：③

整理者懷疑當釋爲"濱（濬）"。④ 跟楚文字"貝"及"貝"旁比較一下，⑤可

---

① 曾侯乙墓竹簡有 ▨ 字（簡 157），李守奎先生在整理者所説"从'廾'从'手'从'睿'，疑是'叡'的繁體"的基礎上，改釋此字爲"濬"；又認爲此字"歺"下部爲"去"，"'去''谷'同字"，"壑"實从"去（谷）"聲，後訛作"谷"，遂與《説文》"濬"的正篆"䜭"混同，故此字也有可能當釋"壑"（《曾侯乙墓竹簡"水"部字補釋》，《第四屆國際中國古文字學研討會論文集》，510～513 頁，香港：香港中文大學中國語言及文學系，2003 年）。按，李先生釋此字从"水"，甚是。如整理者所釋"睿"旁可信，此字从"廾"、"濬（濬）"聲，當是 D9 異體。不過，目前所知古文字的"睿"旁均不作此形，此字所从能否視爲"睿"，似還可考慮。李守奎先生改釋爲从"去"，正是看到了這一點。但李先生説"'去''谷'同字"、"壑"从"去（谷）"聲，恐怕也有問題。從古文字看，"谷"本作 ▨（九年衛鼎，董蓮池《新金文編》，上册 237 頁。從林澐先生釋，出處詳下），秦漢文字"卻"、"腳"等所从"谷"旁猶存古意。林澐先生指出"谷"字"口"上部分"象布綫交織"（《〈新版〈金文編〉正文部分釋字商榷》第 6 條，中國古文字學會第八屆年會提交論文，1990 年）；竊疑此"布綫交織"之形實象織布之葛，乃"綌"（粗葛）、"絺"（細葛）共同的初文，加"口"形分化出"谷"，加義符"巾"分化出"希（絺）"。雖隸變以後从"谷"之字或混作"去"形，但"谷"與"去"各有源流，顯非"同字"。説"壑"字从"去"聲，也是缺乏根據的（詳下文）。

② 《裘錫圭學術文集・雜著卷》，34 頁。

③ 荆門市博物館《郭店楚墓竹簡》，圖版 63 頁，北京：文物出版社，1998 年。此字形取自《簡帛書法選》編輯組《郭店楚墓竹簡・性自命出》，31 頁，北京：文物出版社，2002 年。

④ 荆門市博物館《郭店楚墓竹簡》，釋文注釋 183 頁。

⑤ 李守奎《楚文字編》，380～391 頁，上海：華東師範大學出版社，2003 年。李守奎、曲冰、孫偉龍《上海博物館藏戰國楚竹書（一～五）文字編》，331～337 頁，北京：作家出版社，2007 年。

知△隸定爲"濱"是正確的。後來發表的上海博物館藏戰國楚竹書中，有一篇與《性自命出》文句大體相同的《性情論》，19號簡與△對應之字爲"湑"，其形如下：①

郭店簡整理者爲"濱"括注"湑"的意見也由此得到了證實。

郭店簡"濱"的聲旁"賓"省去了"八"或"八"形，與D5、D11"睿"的情況相同。"賓"就是上舉甲骨文C5；根據"叡"或作"睿"之例，"賓"也就是我們所討論的"賚"字。由楚簡"濱"、"湑"通用可以斷定，上舉A、B、C"賚"的讀音，確如唐蘭先生所説，與"叡（睿）"極爲相近。【編按：郭店簡讀"湑"之字實從"見/貝"而不從"貝"，参看文末"看校追記"。此字聲旁即上舉D6、D11的簡體。】

《説文・四下・奴部》分析"叡"字説：

叡，深明也。通也（引者按：小徐本無"通也"，段注謂係俗增）。从奴（引者按：即"奴"的不同隸定形）、从目、从谷省。睿，古文叡。壡，籀文叡从土。

以"叡"爲會意字。徐灝《説文解字注箋》對其説提出過很重要的補正意見：

"叡"乃明目達聰之義，故从目，而其从谷、从奴，無所取義。《説文》既以"叡"爲"壑"（引者按：《説文・四下・奴部》："叡，溝也。从奴、从谷。讀若郝。壑，叡或从土。"），則又不可用"叡"爲聲，殊有可疑。又，《谷部》："睿，深通川也。从谷、从卢。卢，殘地阬坎意也，私閏切。"或从水作"濬"，又作"湑"。是"睿"即疏濬字。其从卢，亦不可解。雖云"殘地阬坎"，其實"奴"乃殘穿，"卢"爲裂骨［引者按："卢

---

① 馬承源主編《上海博物館藏戰國楚竹書（一）》，圖版89頁，上海：上海古籍出版社，2001年。

(㞢)"實象鏟臿之類挖土工具①],疏濬不當取裂骨義也。反復究思,蓋"叡"乃疏濬本字,故从谷、从叔,殘穿即疏鑿意也。唯"叡"爲疏濬而非溝壑,故"叡"用"叡"爲聲。而《谷部》之"容"即从"叡"省,其"殘地阬坎"之云,正爲"叡"作解,而"容"不必取於裂骨也。"容"从"叡"省,與"睿"从"叡"省,文同一例。②

可以補充的是,《說文・二上・走部》有訓"走皃"的"趨"字,"从走、叡聲。讀若紃"。徐鉉等人以爲"叡聲遠,疑从容";小徐本則改"叡聲"爲"叡聲",篆文亦改作从"叡"。其實,"趨"从"叡"聲而"讀若紃",正是"叡"乃疏濬本字"的又一佳證,二徐擅改無據。③【編按:"叡"、"叡"、"濬"與"川"、"紃"等上古韻本不近,前者爲*-ʷets 之類(按"濬"讀"私閏切",大概是"浚"的同義換讀,其本音當與"叡"相近),後者爲*-un。《說文》爲"趨"注音"讀若紃",蓋漢代音變後的產物。豳公盨"濬"字中的"川"只是意符,並無表音作用。】既知"叡"有"濬"音,"容"爲其省形,則徐灝以"叡"从"叡"聲的看法,顯然比許慎對"叡"字的分析要合理得多。

徐灝乃據《說文》"叡""从谷省"立說,故分析"叡"字"用'叡'爲聲"。從上引古文字字形看,"叡"本不从"叡"而从"叔"。上文已指出,"叡(睿)"、"贅"不但字形演變的情況相似,而且在楚簡中有通用關係【編按:此說不確,當刪】,古音極近;它們的字形結構也很一致。既然"贅"本从"叔"聲,"叡"也應該"用'叔'爲聲"。

"叔"所從的"",在殷墟甲骨文中獨立成字,往往用作地名(參看《殷墟甲骨刻辭類纂》1280 頁)。劉桓先生專門考釋過此字,指出"應

---

① 參看裘錫圭《豳公盨銘文考釋》,《裘錫圭學術文集・金文及其他古文字卷》,149 頁注⑭。
② 丁福保編纂《說文解字詁林》,4374 頁。
③ 蘇建洲先生見告,李春桃先生在《傳抄古文綜合研究》中指出,古文"川"實可釋"沿",二者音近相通;李先生還懷疑豳公盨"濬"字所从意符"川"(字形詳下文)可能兼有表音作用[上冊 171~172 頁,吉林大學博士學位論文(指導教師:吳振武),2012 年 4 月]。"沿"的聲旁"㕣"與"容"、"睿"的關係前文已述,"沿"假借爲"川",與"趨""讀若紃"的情況可以互相發明。

爲谷字所從",謂其形象"兩山間流水之道";又説:"甲文中有些字加'口'或不加'口'字,均作同一個字來用,在當時區分不甚嚴格……據此判斷,𠆢很可能就是谷字初文。"①甲骨文"谷"字爲王襄、羅振玉所釋出,②但在卜辭中基本上也用作地名,而非山谷一類的通名。③卜辭既言"貞,呼婦妌田于𠆢"(《合集》10968,賓組),又言"王曰貞,翌乙卯其田,亡災于谷"(《合集》24471,出組),"𠆢"、"谷"皆爲商王室的田獵地,按劉桓先生説,則有可能指同一地方。④即使"𠆢"非"谷"之初文,劉先生指出"𠆢"爲"谷"字所從,至少也應該是正確的。

李孝定先生分析"谷"字"本從穴口會意,兩山分處是爲谷矣,口則象谷口也"。⑤"穴"爲"𠆢"的隸定形。何琳儀先生認爲"𠆢"即《説文·二上·八部》訓"分也。从重八。八,別也,亦聲"的"穴","谷"字"會山谷兩分如口之意。口亦聲"。⑥把"𠆢"與《説文》"从重八"的"穴"相附會,恐未必是,⑦但李、何二位先生説"𠆢"表示"兩山分處"、"山谷兩分",從字形看確實比説它象"兩山間流水之道",更爲合理。從"𠆢"的"谷"古有"阬坎"、"高岸爲谷"等義,"𠆢"似象開豁的阬谷、溝壑之形。

---

① 劉桓《甲骨文字考釋(四則)》,《古文字研究》第二十二輯,46頁,北京:中華書局,2000年。
② 于省吾主編《甲骨文字詁林》,3360頁,北京:中華書局,1996年。
③ 劉桓先生文中所論指山谷的"𠆢",多係割取卜辭地名"贅"而成,實不可信。
④ 1978年在山東鄒城縣馬陵山大尚莊村糧管所院内發現一件戰國時代的銅戈,發表者釋其銘文爲"郜氏左"(《中國文物報》1992年6月14日第23期第3版)。孟岩先生指出,所謂"郜",實從"谷"從"邑",當爲"谷邑"或"谷氏"之"谷"的專字,與左旁由"合"變來的"三郜"之"郜"非一字[孟岩《〈姑成家父〉文本集釋及相關問題研究》,38~42頁,吉林大學碩士學位論文(指導教師:馮勝君),2009年4月]。此地名不知與甲骨卜辭的"谷"、"𠆢"是否爲一地。【編按:關於銅戈地名"谷",周波《舊釋"郜氏左"戈銘文、國別再議》有最新討論,可參看《古文字研究》第三十四輯,263~268頁,北京:中華書局,2022年。】
⑤ 于省吾主編《甲骨文字詁林》,3360頁。
⑥ 何琳儀《戰國古文字典》,346頁,北京:中華書局,1998年。
⑦ 也可能《説文》的"穴"的確來源於甲骨文的"𠆢",但許慎已不明其形、音,故附會爲"重八"。

説金文"賚"及相關之字　297

"𠬪"既爲"叡"、"賚"等字的聲旁，其字象手("又")持鑱㠯之類的工具("㡿")疏鑿阬谷、溝壑("八")，當是疏濬之"濬"的表意初文。① 徐灝所考"乃疏濬本字"的"叡"，既有可能是"𠬪"增"口"形的繁體，②也有可能是改換"𠬪"的意符"八"爲"谷"而成的異體。

西周中期的豳公盨銘文中有 字，裘錫圭先生釋爲"濬"，並指出其字从"𠬪"从"川"會意，"○"係加注的音符。③ 此說已成爲多數學者的共識。豳公盨"濬"字若不計加注的"○"聲，應是從"通川"的角度爲"濬"造的會意字，所以盨銘"濬川"之"濬"取此形；"叡"、"賚"等字的聲旁"𠬪"，則是從"通谷"或"通壑"的角度爲"濬"造的會意字，二者並不矛盾。豳公盨的這種"濬"字在古文字資料中目前僅此一見，大概在較早的時候即遭淘汰(或用得不普遍)；獨體的"𠬪"雖尚未發現，但其省體"叀"已見於殷墟黃組卜辭(即 C7)，"𠬪"作爲聲旁更被廣泛使用。在漢字發展過程中，表示本義的後起形聲字，其形聲結構的聲旁常以其表意初文爲聲旁，如"擐"與"袁"、"疆"與"畕"、"廩"與"㐭"等；④疏濬之"濬"字，至遲到戰國時代，已用以其初文"𠬪"(或其省體)爲聲旁之字爲其聲旁，正屬於這類情況。

從出土文字和《說文》的有關資料看，"𠬪(叡)"字的問題還相當複雜，需要進一步加以討論。

馬王堆漢墓帛書《戰國縱橫家書》192 行有"叡"字，用爲"填溝壑"之"壑"；帛書《五行》197 行兩見"壑"字，當讀爲"赫"，⑤猶《說文》"叡""讀若

---

① 《合集》6566 反爲賓組占辭，其上有一 字，似象一人手持挖土工具(有點像兩把"㡿"並起來的樣子)鑿地，但把"八"形寫在了上方，不知有沒有可能是"𠬪(濬)"的古體。【編按：此字又見於《甲骨綴合彙編》206＋《笏之甲骨拓本集》35(莫伯峰綴合，即《甲骨拼合五集》第 1053 則，圖版 50 頁，釋文 288 頁)。】

② "濬"或加"○"注音(見下文)，古文字"○"後代常變作"口"形(如"袁"、"員"等)，"叡"中的"口"似有可能實爲"○"之譌形。原表音的"○"變爲"口"後，與"八"組成"谷"，對於表"叡(濬)"的字義也湊巧合適。

③ 裘錫圭《豳公盨銘文考釋》，《裘錫圭學術文集·金文及其他古文字卷》，149～150 頁。

④ 《裘錫圭學術文集·甲骨文卷》，171、172 頁。

⑤ 陳松長等《馬王堆簡帛文字編》，155 頁，北京：文物出版社，2001 年。

郝"。新發現的雲夢睡虎地漢墓 M77 所出簡文《葬律》有"叡"字,彭浩先生指出即當土坑講的"壑"。① 這些都是"叡"讀"壑"音的明證。馬王堆帛書《五行》的兩個"壑"字,"土"旁皆寫在"又"下(《説文》"壑"亦作此形),與《説文》"叡"籀文作"𪉦"同例。所以,徐灝釋"叡"爲"濬",當然不錯;但《説文》以"叡"爲"壑"字,也有充分的根據。

更有意思的是,清華大學藏戰國竹簡《繫年》81～82 號簡講"伍雞將吳人以圍州來","爲長～而塭(湮)之,以敗楚師",用"～"代替之字作如下之形:

從文義看,此字當從整理者釋讀爲"壑"。② "長壑"就是長溝。《韓非子·外儲説右上·説一》記載"季孫相魯"時,"魯以五月起衆爲長溝",其語與《繫年》"伍雞將吳人……爲長壑"相近。(《晋書·張協列傳》中還有"長壑"一詞,見下文。)從字形看,"～"卻只能分析爲從"水"、"叡"聲,蓋即疏濬之"濬"字。不過,這個"濬"字在此不讀"濬"音,而應讀"壑"音;這跟上面所説"叡"的情況完全相合。

"叡"、"叔"爲一字,"叔"象疏濬阬谷、溝壑之形,"壑"在古代正好兼有阬谷、溝壑等義。從詞義上説,"壑"與"濬"名動相因(所"濬"者即爲"壑")。③ "壑"是曉母鐸部字。"濬"從"睿"聲,前面説過,上博簡《周易》中以"睿"爲音符之字可與"涣"通用,"涣"即屬曉母。從古文字資料看,月部和鐸部關係十分密切。在以月部的"㞢"爲聲之字中,從"戈"者可用爲"戟",從"辵"者和從"𨸏"從"土"者可與"格"通(前者見郭店簡《緇衣》簡 38、39,後者見《上博(一)·緇衣》簡 19),從"土"者可用爲"鄂"[見《上博

---

① 彭浩《讀雲夢睡虎地 M77 漢簡〈葬律〉》,《江漢考古》2009 年第 4 期,131 頁。
② 清華大學出土文獻研究與保護中心編、李學勤主編《清華大學藏戰國竹簡(貳)》,下册 170 頁,上海:中西書局,2011 年。
③ 李守奎《曾侯乙墓竹簡"水"部字補釋》已提到"濬"與"壑"在意義上有一定聯繫。見《第四屆國際中國古文字學研討會論文集》,511 頁。

(五)·姑成家父》],"戟"、"格"、"郤"皆屬鐸部。①《文選》卷三十五載張協《七命》,其中有"畫長豁以爲限,帶流谿以爲關"之語。(按:前引清華簡《繫年》82號簡"長濬"也有可能當讀爲"長豁"。)《晉書·張協列傳》引此文,"長豁"作"長壑"。這裏的"豁"、"壑"音義皆近,"豁"就是曉母月部字。由此亦不難看出"壑"、"濬"字音上的聯繫。【編按:以上一段勉強溝通"壑"、"濬"字音,所言皆荒謬不可信(如誤以來源不同的讀鐸部音的"丯"與讀祭部音的"丯"爲一字等),無法在此逐一糾正。】

從以上所説可以推測,由於在語言的層面,"壑"這個詞可能是由"濬"派生出來的["濬"、"壑"分化爲二詞後,彼此仍保持着音義上的聯繫,故清華簡《繫年》可以从"水"、"叡"聲的"濬"爲"壑"(按:如"長濬"確當讀爲"長豁",則此句當取消。)],所以在文字的層面,"叔(叡)"在較古的時候可能既是疏濬之"濬"字,又是谷壑、溝壑之"壑"字,一形兼爲二用【編按:"叔(叡)"一形兼表"濬"、"壑"二字,只緣"濬"、"壑"詞義相關,於讀音無涉】。前面説" "似象開豁的阬谷、溝壑之形,其上加注"奴",表示"壑"係用鏟臿之類的挖土工具開鑿、疏通出來的,這從表意的角度也完全講得通。《説文·四下·奴部》有一個"从奴、从井,井亦聲"的"叔"字,其本義爲"坑也",錢大昕、朱駿聲以爲就是陷阱之"阱"的別體,②當是。"叔"的表意方式與用爲"壑"的"叔(叡)"很可類比。

應該承認,我們對"叔(叡)"可用爲"壑"的原因的解釋,也許與事實尚有出入;但"叔(叡)"兼有"壑"音這一點,沒有問題是可以成立的。前引徐灝認爲"叡""爲疏濬而非溝壑",現在看來只講對了一半。

清華大學藏戰國竹簡《金縢》9、14號簡兩見下引之字:

 (9號簡)　　 (14號簡)

---

① 與月、鐸二部有陰入對轉關係的歌、魚二部,也有不少相通的例子,參看李家浩《攻敔王姑義讎劍銘文及其所反映的歷史》,陳昭容主編《古文字與古代史》第一輯,301～302頁,臺北:"中研院"歷史語言研究所,2007年。

② (清)錢大昕《説文答問》,同作者《潛研堂集》,168頁,上海:上海古籍出版社,1989年。(清)朱駿聲《説文通訓定聲》,851頁,武漢:武漢古籍書店,1983年。

在今本《尚書·金縢》中，與 9 號簡相應之字爲"穫"；與 14 號簡相應之字爲"熟"，但學者已指出實係"穫"之誤抄。① 所以各家多從"穫"音出發來説解此字字形。②

清華簡整理者在爲此字所加的注釋中提出，此字左半又見於上海博物館藏戰國楚竹書《采風曲目》"❏也遺夬"（3 號簡）、《鮑叔牙與隰朋之諫》"❏民獵樂"（4 號簡）。③ 按，《采風曲目》❏下從"人"，殆即見於曾侯乙墓竹簡的❏和天星觀簡的❏字所從；④而《金縢》用爲"穫"之字從"刀"，二者是否爲一事尚待研究，這裏暫不加討論。以《鮑叔牙與隰朋之諫》的❏與《金縢》此字的左半爲一字，則顯然可從。袁金平先生曾指出，包山簡有地名"❏陵"（150 號簡），❏字"艸"下部分即《鮑叔牙與隰朋之諫》的❏。⑤ 蘇建洲先生釋《鮑叔牙與隰朋之諫》此字爲從"屮"從"刃"；⑥陳劍先生進而認爲從"屮"從"刃"即"剡"字（"刀"、"刃"二旁常通用），包山簡地名之字從"刀"，當釋"苅"。⑦

蘇建洲先生在釋《鮑叔牙與隰朋之諫》此字從"屮"時，已舉出前引上博簡《性情論》"濬"所從"屮"的寫法作爲證據，其説可信。《鮑叔牙與隰朋之諫》、《性情論》此二字所從"屮"的上部，應是在清華簡《金縢》14號簡一類寫法的"屮"旁上部增繁而成的。此類變化，蘇建洲先生亦有

---

① 何有祖《清華大學藏簡〈金縢〉補釋一則》，簡帛網，2011 年 1 月 5 日。
② 同上注。宋華强《清華簡〈金縢〉讀爲"穫"之字解説》，簡帛網，2011 年 1 月 14 日。李學勤《釋清華簡〈金縢〉通假爲"穫"之字》，《出土文獻研究》第十輯，1 頁，北京：中華書局，2011 年。
③ 清華大學出土文獻研究與保護中心編、李學勤主編《清華大學藏戰國竹簡（壹）》，下册 161 頁，上海：中西書局，2010 年。
④ 參看滕壬生《楚系簡帛文字編（增訂本）》，1282、1283 頁，武漢：湖北教育出版社，2008 年。
⑤ 袁金平《讀〈上博（五）〉札記三則》，簡帛網，2006 年 2 月 26 日。
⑥ 蘇建洲《〈上博（五）·鮑叔牙與隰朋之諫〉"豎刁與易牙爲相"章字詞考釋》，簡帛網，2006 年 3 月 17 日；《〈上博五〉補釋五則》，簡帛網，2006 年 3 月 29 日。
⑦ 蘇建洲《〈上博楚簡（五）〉考釋二則》引陳劍先生來信，簡帛網，2006 年 12 月 1 日。

翔實論證。① 比照"叡"、"叡"等字的結構，清華簡《金縢》用爲"穫"之字當分析爲从"奴"从"刀"。在各家關於《金縢》此字的考釋中，整理者提出來的疑"即'叡'字，叡，曉母鐸部，讀爲匣母鐸部之'穫'"②的説法，最爲可取。上文所舉"叡"、"叡"的聲旁"奴"皆可省作"奴"；《金縢》用爲"穫"之字所从的"奴"，無疑也是"奴"之省，只不過"奴"在此不取"濬"、"叡"一類的讀音，而取"壑"音【編按：應該指出，"壑"、"穫"中古音開合口不同】。《金縢》此字从"刀"、"奴(壑)"聲，大概是刈穫之"穫"的一個異體。【編按：戰國文字中，"睿"所从"夕"上部作 ，目前僅《性情論》一見，而讀"穫"音之字上部似尚未見作"卜"形者。這可能是當時人爲了區别"奴"的"濬"、"壑"二讀，有把字的某一構件稍加改變，在字形上進行分化的傾向。但從下文所説秦漢文字"叡"有从""的寫法看，這種分化是不徹底的。】

"叡"、"叡"、"叡"等字皆可省"又(或'支')"作，《鮑叔牙與隰朋之諫》的 應該就是清華簡《金縢》用爲"穫"之字省去"支"旁的簡體，頗疑在簡文中當讀爲"郄"。

《吕氏春秋·士容論·任地》有如下一段話：

> 不知事者，時未至而逆之，時既往而慕之，當時而薄之，使其民而郄之。民既郄，乃以良時慕，此從事之下也。

前人多訓"郄"爲"逆"、"隙"或"退卻"，③文義皆有隔膜。陳奇猷先生解釋此段説："時未至則逆時而耕種，時既往而又思慕農時，當其時則輕棄農時，以興土功、動兵事等使其民而退卻農時。"④除了"郄"不宜解作"退卻"之外，所説皆較準確。"郄"有"疲羸"、"疲極"之義，字或作"𩩂"、"𩪘"、

---

① 蘇建洲《〈金縢〉"獲"字考釋》，同作者《楚文字論集》，351～352 頁，臺北：萬卷樓圖書股份有限公司，2011 年。
② 清華大學出土文獻研究與保護中心編、李學勤主編《清華大學藏戰國竹簡(壹)》，下册 161 頁。
③ 參看陳奇猷《吕氏春秋新校釋》，下册 1761～1762 頁，上海：上海古籍出版社，2002 年。
④ 同上注所引書，1762 頁。

"郤"等。① 所謂"使其民而郤之",就是說民因疲於土功、兵事等而困極無力於農時,與上文"老弱之力可盡起,其用日半,其功可使倍"反義。

"郤"、"郤"等字古音多屬溪母鐸部,與"䅺"、"壑"韻爲同部【編按:"郤/郤"與"䅺"中古音開合口亦不同】,聲亦相近,應可相通。《鮑叔牙與隰朋之諫》的"[字]民"讀爲"郤民",正與《呂氏春秋》"使其民而郤之"同意。《淮南子·泰族》:"及至其衰也,馳騁獵射,以奪民時,罷(疲)民之力。"即"郤民獵樂"之意。各家公認,舊有的關於[字]字的各種釋讀,以陳劍先生據釋"列"之說讀爲訓"虐"、"害"的"厲",②從文義看"最爲順適"。③"郤民"指疲民、困民而言,跟"厲民"的意思也比較接近。

古陶文屢見从"艸"从"隻('獲'之本字)"之字,④包山簡的"[字]"不知是否即此字異體。

總之,從上面的討論來看,古文字"叡(叡)"兼有"澬"、"壑"二音;"叡"字从"目"、"叡(叡/澬)"聲(其聲旁也許兼可表意,取其"通明"之意),"賨"字从"貝"、"叡(叡/澬)"聲,《説文》對這兩個字字形的分析都靠不住。"賨"以"貝"爲意符,前人已指出"貝無堅實之義",⑤所以《説文》釋其本義爲"探堅意也",恐怕也有問題。唐蘭先生在《論周昭王時代的青銅器銘刻》中,不但指出了"賨"、"叡(睿)"、"賵"音近,而且已約略提及"賨"與"賵"字形上的聯繫。⑥"賨"、"賵"皆从"貝",後者很可能是前者改換聲旁的後起字;也就是說,"賨"或係"賵"之初文,其本義當爲"益"。

至於《説文》"讀若概"的注音,陳劍先生在討論卜辭地名"賨"時,已根據有關材料指出此讀是可靠的【編按:《説文》"讀若概"、充任"齂"的聲符的"賨"與我們討論的甲骨金文裏的"賨"很可能不是一個字】:

---

① 參看(清)王念孫《讀書雜志》,59 頁,南京:江蘇古籍出版社,2000 年。
② 蘇建洲《〈上博楚簡(五)〉考釋二則》引陳劍先生來信。
③ 引號中的話引自宋華強《清華簡〈金縢〉讀爲"䅺"之字解説》。
④ 參看王恩田《陶文字典》,16~18 頁,濟南:齊魯書社,2007 年。
⑤ 林義光《文源》八·十,317 頁。
⑥ 故宫博物院編《唐蘭先生金文論集》,260 頁。

《説文》卷七下韭部：“䪢，菜也，葉似韭。从韭、𣪠聲（引者按：“𣪠”即“賓”的不同隸定形）。”俗作“韰”、“薤”。《説文》卷十一上水部新附：“瀣，沆韰〈瀣〉，气也。从水、䪢省聲。”《史記·司馬相如傳》“澎濞沆溉”索隱：“溉，亦作瀣。”《楚辭·遠遊》：“餐六氣而飲沆瀣兮，漱正陽而含朝霞。”王逸注引《陵陽子明經》曰：“冬飲沆瀣，沆瀣者，北方夜半氣也。”馬王堆帛書《卻穀食氣》第三行：“夏食一去湯風，和以朝暇（霞）行暨。”“沆瀣”作“行暨”。（原注：參看馬王堆漢墓帛書整理小組編：《馬王堆漢墓帛書［肆］》，86 頁注［一四］、［一五］，文物出版社，1985 年 3 月。）①

陳先生還據此把卜辭中與“盂”等地同版的地名“賓”（即上舉 C）讀爲“蒯”。② 此説不但在地理位置上是合適的，就是從文字學上看，也很有道理。

傳世字書裏有“𣪠”、“蔽”、“㓷”等字。“𣪠”見於《爾雅·釋詁下》（但《説文》失收）；“蔽”見於《説文·一下·艸部》，典籍與“蒯”通用；“㓷”見於《廣雅·釋詁一》，與“割”、“斮”、“截”、“斬”、“斲”等字並訓“斷也”。③ 秦印有“𣪠”字作，用作姓氏，已有學者指出當讀爲“蒯”；又有字，舊釋“蔽”。④ “𣦵”的上端一般作似“卜”形。前引上博簡《性情論》“濬”字、《鮑叔牙與隰朋之諫》我們釋讀爲“䢵”之字，所从“𣦵”的上端則作“中”一類形狀。此類筆畫是很容易變成秦印所謂“蔽”左上的“”形的。從“𣪠”左上部分也或作“卜”形來看，秦印所謂“蔽”字很可能並不从“中/艸”，而當徑釋爲“𣪠”。⑤《漢印文字徵》1.12“蔽”字條下所收有、、等例，末一例左上部分似“中”之形，也許就是從秦印“𣪠”所从“”變來的，其

① 陳劍《釋“琮”及相關諸字》，同作者《甲骨金文考釋論集》，302 頁。

② 同上注。

③ （清）王念孫《廣雅疏證》，22 頁，南京：江蘇古籍出版社，1984 年。

④ 何琳儀《戰國古文字典》，1199 頁。

⑤ 蘇建洲先生告訴我，《古文字譜系疏證》第三册 2929 頁沿用《戰國古文字典》之説，亦釋秦印此字爲“蔽”；蘇先生在其自用的《〈金縢〉“獲”字考釋》一文的補記中，也認爲此實即“𣪠”字，與我們的看法不謀而合。

字似以釋"馭"爲宜。前二例"蔽"所從的"馭"，以"艸"頭的左半兼充其左上的"▼"形。秦印、秦簡中"薛"及從"薛"的"孼"、"糱"等字，以"艸"頭的左半兼充"辥"左上的"屮"（由"止"形譌成①）；②馬王堆帛書《要》篇中的"蘩"，以"艸"頭的左半兼充"每"上部的"屮"，③均與此同例。

上引"馭"、"蔽"的左半（"馭"不計其所從"卜"、"▼"），跟秦漢文字"朋"的確十分相像，"剸"字中後隸變爲"朋"者，當即來源於此。可以推想，在當時不但已有"剚"字，而且應該存在一個從"艸"從"剚"之字，後來演變成了"剸"。

前面説過，秦印"馭"的左上部分作"卜"、"▼"一類筆畫，跟"歺"上端的變化是平行的。《説文·六下·邑部》有本義爲"汝南安陽鄉"的"郰"字，亦見於漢印（《漢印文字徵》6.26，其左上部分的形態亦與漢代"歺"旁有的寫法相合），小徐本分析爲"从邑，馭省聲"（大徐本"馭"作"蔽"）；那末，"剚"也可以看作從"刀"、"馭"省聲。"馭"省作"甫"，跟"叙"省作"貞"、"叡"省作"睿"、"賛"省作"貴"（詳下文）、"叙"省作"䆨"的情況，也是平行的。這樣看來，陳劍先生懷疑"'馭'字本身，説不定就是由卜辭'賛'字的上半（'卣'加"八"形）訛變而來的"，④或者保守一點説"馭"本從"叙"聲，很可能是符合事實的。既知"賛"、"馭"並諧"叙"聲，從"艸"從"剚"之字乃"剸"之前身，卜辭地名"賛"讀爲"剸"就很自然了。【編按：《清華（拾）·四告》簡13"▼用中型（刑）"的"▼"，陳劍先生指出即秦印"馭"之所從出者（省去"又"），並讀簡文此字爲判決之"決"，謂與本文所論A、B同表一詞（《簡談清華簡〈四告〉的"馭"字省體》，復旦大學出土文獻與古文字研究

---

① 參看裘錫圭《説从"呰"聲的从"貝"與从"辵"之字》，《文史》2012年第3輯（總第100輯），15～16頁。

② 字例參看黃德寬主編《古文字譜系疏證》，2652～2654頁。

③ 裘錫圭《帛書〈要〉篇釋文校記》，《裘錫圭學術文集·簡牘帛書卷》，251頁。"薛"、"蘩"二例及漢印"蔽"字字形的分析，皆蒙陳劍先生賜示。

④ 陳劍《釋"琮"及相關諸字》，同作者《甲骨金文考釋論集》，302～303頁。按，清人承培元在《廣説文答問疏證》裏已提到"'賛'即'馭'，息也'之'馭'"（丁福保編纂《説文解字詁林》，4371～4372頁）。但他是從字義而非字形的角度將二者加以溝通，且解釋"賛"、"馭（噴）"字義上的聯繫也很牽強，其説並無太大價值。

中心網,2020 年 11 月 4 日;《秦漢璽印的"剈"字與相關問題》,《中國篆刻》2023 年首刊,65～77 頁)。"剈"及其他"叡"聲字中古多讀"苦怪切",與"貴"聲字有通用關係,據此推其上古讀音與"濬"、"決"不近。可能"叡"並非從"叡(濬)"聲(若此,《四告》"叡"不宜讀爲"決",甲骨卜辭地名"𡧊"也不能讀爲"剈"),有待研究。】

"𡧊"字的形音義既明,下面討論它在銅器銘文中(即 A、B)應讀爲何詞。

前面説過,A、B 是表示"判決"義的法律用語。在古漢語中,最常用的表示判決、斷獄之詞有"決"。《淮南子·時則》"審決獄"高誘注:"決,斷也。"《禮記·月令》:"斷薄刑,決小罪。""斷"、"決"對文。《韓非子·外儲説左下·説一》"及獄決罪定",《管子·匡君小匡》、《吕氏春秋·勿躬》皆有"決獄折中,不殺不辜,不誣無罪"之語;睡虎地秦簡《爲吏之道》還説"夬(決)獄不正"(簡 44 第三欄)。張家山漢簡《二年律令·具律》簡 114:"罪人獄已決,自以罪不當欲乞鞫者,許之。"簡 115～116:"獄已決盈一歲,不得乞鞫。"《收律》簡 178:"有罪當收,獄未決而以賞除罪者,收之。"例多不勝舉。

"決"是見母月部字,與"𡧊"同從"叡"聲的"叡(睿)"也是月部字。【編按:以上略有删減。】《孔子家語·五帝德》講黄帝"幼齊叡",《大戴禮記·五帝德》作"幼而彗(慧)齊"。"叡"、"慧"不但都可以形容人的聰明睿智,而且讀音極近。今本《老子》第十八章"智慧出"之"慧",馬王堆漢墓帛書甲本作"快"。① 上海博物館藏戰國楚竹書《性情論》38 號簡"慧"字,中間部分的"又"變作"夬","彗"、"夬"皆聲。② "𡧊"、"剈"、"蕨"、"叡"諸字的密切關係,已見前述。《爾雅·釋詁下》:"叡,息也。"《釋文》:"叡……孫本作快。郭音苦檜(檜)反。""快"、"決"均從"夬"聲。《尚書·堯典下》"肇十有二州,封十有二山,濬川",《史記·五帝本紀》引述此文,以音義皆近的"決川"對應"濬川"。③ "𡧊"、"決"沒有問題可以相通。【編按:《清華

---

① 高亨、董治安《古字通假會典》,503、504 頁,濟南:齊魯書社,1989 年。
② 參看李守奎等《上海博物館藏戰國楚竹書(一～五)文字編》,484 頁。
③ 參看孫星衍《尚書今古文注疏》,51 頁,北京:中華書局,1986 年。

（叁）·説命上》簡5"説于圍伐佚仲。一豕乃觀保（堡）以逝"，拙文《清華簡〈説命上〉5～7號簡解釋》認爲"觀"當讀爲"決"，意謂"一牡豕"衝破外圍土城而遠逋。此與"贅"讀爲"決"相類（《古文字研究》第三十三輯，490～492頁，北京：中華書局，2020年）。】

《詩·大雅·緜》"虞芮質厥成"，毛傳："成，平也。"𤸅匜"伯揚父廼成贅"的"贅（決）"與"虞芮質厥成"的"成"義相當。《史記·周本紀》在講《緜》的有關内容時説："西伯陰行善，諸侯皆來決平。於是虞、芮之人有獄不能決，乃如周……"正以"決平"之"決"對應於"成"。古書屢言"決平"、"平決"，前者如《史記·酷吏列傳》："君爲天子決平，不循三尺法，專以人主意指爲獄。"後者如《後漢書·陳寵列傳》："昱高其能，轉爲辭曹，掌天下獄訟。其所平決，無不厭服衆心。"《續漢書·百官志二》"廷尉"條下云："左平一人，六百石。本注曰：掌平決詔獄。"可證"決"、"平"義近。附帶説一下，匜銘"伯揚父廼成贅（決）"的"成"不能解釋爲"平"，而應與下文"牧牛辭誓成"的"成"用法相同。

古漢語名動相因，判決曰"決"，所判決的内容亦可曰"決"，師旂鼎所用即此義。《論衡·對作篇》："天子下仲舒於吏，當謂之下愚。仲舒當死，天子赦之。"前一個"當"用爲名詞，當"判決書"講（劉盼遂《集解》："當，判決書也。"）①，後一個"當"用爲動詞，當"判決"講。"當"的意義和用法可與"決"相印證。

總之，A、B這兩例"贅"讀爲"決"，從文義和字音兩方面看，都是合適的。

在西周晚期金文中，還有一個跟"贅"有關的字應該提一下。這個字就是見於師袁簋的 （以下用"E"作爲代號）。

前人多以E爲A、B異體。② 上文已説，"贅"所從的"叡"爲"濬"和"壑"共同的表意初文，疏濬、鑿壑似無須用"斤"。柯昌濟把E分析爲"从

---

① 黄暉《論衡校釋（附劉盼遂集解）》，第四册1178頁，北京：中華書局，1990年。
② 參看周法高主編《金文詁林》，5册2592～2595頁引郭沫若、吴其昌、周法高説；15册7714～7715頁引吴式芬、劉心源、高田忠周説。

賣从斤"，①張世超等先生編寫的《金文形義通解》說 E "蓋从斤賣聲"，②他們的看法顯然更爲合理。"賣"即"贅"省"又"的簡體。E 雖與 A、B 音近，但彼此並非異體關係。

簋銘說：

> 王若曰：……今余肈命汝率齊師、曩、釐（萊）、僰，殹左右虎臣，征淮夷，即 E 厥邦酋，曰冉曰峚曰鈴曰達。③

若 E 確如有些學者所推測的，在銘文中表示"殘害義"、④"殘殺之義"⑤或 "'害、殺'義"⑥（E 字从"斤"，似與其表"斬殺"義相合），⑦不知能否讀爲前文引過的《廣雅·釋詁一》中訓"斷"的"劀"。不過，E 也有可能表示的是"執"、"擒獲"之義，這一問題還有待於進一步研究。【編按：郭永秉《從"單于"詞源談到西周時代邊裔族群君長稱號"酋"》指出師寰簋 E 也應讀爲"決"，意謂師受命在征伐淮夷後參與了判決淮夷邦國四位首領；小盂鼎銘"榮□酋，繇厥故"中"酋"上一字，郭先生據殘畫與文例推測是 E 或"贅"，亦讀爲判決之"決"（《法律史譯評（第十一卷）》，1~8 頁，上海：中西書局，2023 年）。其說正確可從。《戰國策·趙策四》："足下以此資臣也，臣循燕觀趙，則足下擊潰而決天下矣。"鮑彪注："決，猶制。"《穀梁傳·襄公十年》："其曰'鄭虎牢'，決鄭乎虎牢也。""決鄭"、"決天下"與師寰簋"決厥邦酋"語近。】

2012 年 9 月 8 日改定

---

① 周法高主編《金文詁林》，15 冊 7715 頁。
② 張世超等《金文形義通解》，3305 頁。
③ 中國社會科學院考古研究所《殷周金文集成（修訂增補本）》，第 4 冊 2676~2681 頁 04313、04314 號。
④ 郭沫若《兩周金文辭大系考釋》，146 頁。
⑤ 馬承源主編《商周青銅器銘文選（三）》，308 頁。
⑥ 陳英傑《西周金文作器用途銘辭研究》，下冊 577 頁。按，柯昌濟認爲 E "或斬字異文"（周法高主編《金文詁林》，15 冊 7715 頁），當然缺乏文字學上的根據，但他對 E 的字義的理解仍可歸爲此類。
⑦ 參看寇占民《西周金文動詞研究》，335~336 頁。

附識：本文寫完後，蒙陳劍先生、蘇建洲先生、郭永秉先生審閱指正，寫作過程中並與郭先生多次討論，作者對他們的幫助深致謝意。

追記：

在本文交稿後出版的《上海博物館藏戰國楚竹書(九)》(馬承源主編，上海：上海古籍出版社 2012 年 12 月)和《清華大學藏戰國竹簡(叁)》(清華大學出土文獻研究與保護中心編、李學勤主編，上海：中西書局 2012 年 12 月)中，又出現了本文所論楚簡从"刀"、"叙（壑）"省聲之字(或以此字爲偏旁)的新資料，有必要在此補充交代。

《上博(九)》所收《邦人不稱》3 號簡有"就復邦之後，盍（蓋）冠爲王 ▨"之語(圖版 101 頁，釋文考釋 245、246～247 頁，整理者誤釋爲"秉")，單育辰先生已將"王"下一字與清華簡《金縢》用爲"穫"之字相聯繫，指出在簡文中當讀爲"獲"(見其《佔畢隨錄之十六》，簡帛網，2013 年 1 月 9 日)。

《清華(叁)》所收《芮良夫毖》12 號簡有"莫敢 ▨ 憧"之語(上冊圖版 85 頁，參看 76 頁彩圖)，整理者指出"憧"上一字上从清華簡《金縢》用爲"穫"之字的左半，下从"心"，"應爲'懗'字"(下冊 151 頁)。

"獲"、"懗"之音與"壑"亦近，這對於我們釋其聲旁爲"叙（壑）"之省體是有利的。《上博(五)·鮑叔牙與隰朋之諫》4 號簡我們讀爲"郤"之字、包山簡 150 號簡地名首字"艸"下部分，與上博簡和清華簡中新見的用爲"獲"、"懗"二字的形體(或所从之形)相合，可證它們所代表之詞的讀音確與"獲"、"壑"很近。[清華簡《芮良夫毖》的"懗"，原整理者引《廣雅·釋詁一》訓"驚也"。王念孫《廣雅疏證》指出"懗"與"懼"音義皆近(參看徐復主編《廣雅詁林》66 頁，南京：江蘇古籍出版社，1992 年 7 月)。"懗"、"懼"古通，"瞿"聲字、"䝨"聲字與"虖"聲字分別有相通之例(參看高亨、董治安《古字通假會典》874 頁)。"郤"本从"谷"聲，《說文·三上·谷部》"谷"字或體作"䜌"。由此可見"郤"與"懗"關係密切。]

【編按：《清華(陸)·鄭文公問太伯》有" ▨ 戈盾以造勳"之語(甲本

簡5、乙本簡5），整理者據《金縢》用爲"穫"之例，讀"戈"上之字爲"攫"，訓"握"［李學勤主編《清華大學藏戰國竹簡（陸）》，下册121頁，上海：中西書局，2016年］。按此字似可讀爲"獲"，意謂從敵人那裏獲取武器以成就功績。這跟簡文講先君桓公當初"篳路藍縷"創立基業的語境相符合。《安徽大學藏戰國竹簡（一）》所收《詩經》，相當於今本《葛覃》"是刈是濩"的"刈"、相當於今本《漢廣》"言刈其楚""言刈其蔞"的兩個"刈"，簡本皆作 ▨（簡4、16、17）。蘇建洲《"趨同"還是"立異"？——以安大簡〈詩經〉"是刈是濩"爲討論的對象》指出安大簡本《葛覃》此句當讀爲"是穫是濩"，《漢廣》二句當讀爲"言穫其楚""言穫其蔞"，"穫"與今本"刈"同義，但所用非一詞（《中國出土資料研究》第24號，日本：中國出土資料學會，2020年7月）。《詩·小雅·大東》："有洌汜泉，無浸穫薪。"毛傳："穫，艾（刈）也。"簡本言"穫葛覃"、"穫楚"、"穫蔞"，與《大東》"穫薪"同例。】

2013年2月17日

看校追記：

李守奎《江陵九店56號墓竹簡考釋四則》指出，楚文字中"目"形上部作鋭角狀的是"見/見"，作平角狀的是"貝"（《江漢考古》1997年第4期，67頁）。本文所舉郭簡《性自命出》31號簡的△，所從"貝"形上部作鋭角狀，似當爲"見/見"。若此，△的聲旁即D6、D11的簡體；此字就不能再與本文所論"資"相聯繫。不過，△所從"見/見"或"貝"下部的寫法，似與一般"見/見"（包括作爲偏旁者）的下部不合，究竟該視爲"見/見"還是"貝"，尚須研究。

2013年6月10日

原載《出土文獻與古文字研究》第五輯，上海古籍出版社，2013年9月；又載《探尋中華文化的基因（一）》，商務印書館，2018年1月。收入後一書時曾在文末增添一篇附文《説"合"》，但因附文中的觀點作者後已改變，擬另撰文重新探討，故今刪去不存。

釋 "奧"

本文準備考釋古文字中的"奧"。從已識的秦漢文字和傳抄古文"奧"往上追溯,早期古文字"奧"的字形本當有兩系,可記作"奧 1"、"奧 2"。下面分别加以考釋。

一

《説文・七下・宀部》:

奧,宛也,室之西南隅。从宀,羻聲。

"羻"即"卷"、"拳"等字的聲旁,但"奧"的韻部與"羻"相隔較遠,所以徐鉉説:"羻非聲,未詳。"① 段玉裁雖已指出"奧"、"羻""古音不尒",卻以爲"取雙聲爲聲"。② 這是很不科學的論調,不足取。

有些學者想通過改變構件拆分的辦法來解釋"奧"的字形。徐鍇《繫傳》:"宛,深也,故從宷,古審字也。人所居,故從宀,會意也。"③ 清人苗夔認爲"按鍇説,當作'從宷、収'"。④ 他又改《繫傳》"人所居,故從宀"爲"人

---

① (漢)許慎撰、(宋)徐鉉校定《説文解字(大字本)》,577 頁,北京:中華書局,2013 年。
② (清)段玉裁注、許惟賢整理《説文解字注》,591 頁,南京:鳳凰出版社,2007 年。
③ (南唐)徐鍇《説文解字繫傳》,152 頁上,北京:中華書局,2017 年。
④ 丁福保編纂《説文解字詁林》,7412 頁引《繫傳校勘記》,北京:中華書局,1988 年。

所尊,故從収",謂"此字當入収部"。① 這是否符合小徐的原意,尚待研究。《繫傳》據"宛,深也"而把"奥"析爲从"宷(審)",事實上"審"並無曲深之義,即如苗氏對"奥"字的分析,从"宷(審)"、从"収"也難會"宛"或"室之西南隅"意。《説文》所收小篆"奥"作:

還是像大徐本《説文》那樣拆分爲"宀"、"弄"兩個構件或者"宀"、"釆"、"収"三個構件,於字形較爲切合。

不過,《説文》"奥"的篆形其實是有問題的。傳抄古文、秦漢印文"奥"皆从"米"而不从"釆":

（《古文四聲韻·屋韻》引《籀韻》"奥"）

（同書引《古老子》"懊"）

（同書引《古老子》"隩"。關於右下部分,詳下一節）

（《陝西新出土古代璽印》847"奠譙",秦）

（《漢印文字徵》7·14"奥奮",漢）

可見《説文》小篆从"釆"乃是譌形。"宷(審)"、"悉"、"釋"等字本來也都从"米",《説文》小篆"米"譌作"釆",②與"奥"字變化同例。从"宀"、从"米"、

---

① 丁福保編纂《説文解字詁林》,7412頁引《繫傳校勘記》。
② 關於"宷(審)"字,參看裘錫圭《殷墟甲骨文考釋四篇·釋"宷"》,《裘錫圭學術文集·甲骨文卷》,439頁,上海:復旦大學出版社,2012年。關於"悉"字,參看陳劍《〈上博(六)·孔子見季桓子〉重編新釋》,同作者《戰國竹書論集》,305頁,上海:上海古籍出版社,2013年。關於戰國文字"釋"的字形,參看何琳儀《戰國古文字典》,556～557頁,北京:中華書局,1998年。

从"収"的"奥"顯然是一個會意字,此即我們要討論的"奥 1"。

"奥 1"可以在先秦古文字中找到更古的形體來源。西周中期的康伯簋有兩件,一件現藏於廣東省博物館,僅存簋蓋,蓋上有銘文(《集成》03721);另一件爲私人收藏,簋内底部有銘文(《集成》03720),二器同銘。① 簋銘有如下一字:

(《集成》03721)

此形取自簋蓋銘,私人收藏的那一件簋銘此字"有沖範現象","且有殘損",②故不取。此字一般作爲不識字處理,我們認爲就是"奥 1"的古體。

康伯簋銘曰(本文引用出土文字資料,凡無須討論之字,徑以通用字寫出。此字用"△"代替):

康伯作登用飤△,萬年寶。③

從文例看,△必是簋的自名。查飛能先生根據《銘圖》04589、04590"甂"的隸定,認爲△"當以'元'爲聲","甂當輾轉通讀爲簋"。④ 按"元"、"簋"韻部相隔較遠,"元"之不能通讀爲"簋",猶如"弄"不能作爲"奥"的聲符。然而此字讀爲"簋"無疑是正確的。其他簋銘有"飤簋"之稱(曾侯宼簋,《銘圖》04975、04976),可證。"簋"與"萬年寶"之"寶"皆幽部上聲字,如此讀,簋銘還正好押韻。

傳抄古文"墺"有作 等形者,⑤其右旁與古文"奏"所從

---

① 參看吴鎮烽編著《商周青銅器銘文暨圖像集成》,第 9 卷 336～337 頁,上海:上海古籍出版社,2012 年。
② 陳英傑《西周金文作器用途銘辭研究》,下册 702 頁,北京:綫裝書局,2008 年。
③ 簋銘"飤"所從"人"朝向相反,此字當釋"飤",參看陳英傑《西周金文作器用途銘辭研究》,下册 702 頁。
④ 查飛能《商周青銅器自名疏證》,87 頁,西南大學博士學位論文(指導教師:鄒芙都),2019 年 5 月。
⑤ 徐在國編《傳抄古文字編》,1356 頁,北京:綫裝書局,2006 年。

之"桼"一致,①"桼"聲字在古文字中常用爲"述"、"仇"等,與"奥"音近(北大漢簡《反淫》簡14"芬芳烋熱"之"烋"用爲"燠",②是"求"、"奥"音通之證),故可充任"墺"的聲符。③《集篆古文韻海》4·35"墺"作㘲、㘲,後一例的右旁也是"桼"的變體,前一例右旁从"宀"、"桼"聲,應該就是"奥"的形聲異體。我們釋△爲"奥 1", "墺"、"奥"既然可用與"述"、"仇"相通的"桼"爲聲符, "籤"也有"杋"和从"軌"聲的異體(《説文·五上·竹部》),④"奥 1"讀爲"籤"就是相當直截的。

《説文》所謂"奥"者, "室之西南隅", 段玉裁注謂乃"室之尊處也"。⑤《論語·八佾》"與其媚於奥, 寧媚於竈", 俞樾《群經平議》:"古以奥爲尊者所居,故《曲禮》曰:'爲人子者,居不主奥。'而春秋時有奥主之稱,《昭十三年左傳》'國有奥主',是也。"⑥"奥"又是古人祭祀之所。朱駿聲《説文通訓定聲》録以"存參"的或説有云:

或曰字从宀从采从廾會意。采,辨也。祀隱曖處,采而廾也。《詩》:"于以奠之? 宗室牖下。"(引者按:見於《召南·采蘋》。朱熹《詩集傳》:"牖下,室西南隅,所謂奥也。"嚴粲《詩緝》引曹氏曰:"正祭設於奥。")《儀禮·少牢禮》"司宫筵于奥"(引者按:"少牢禮"爲"少牢饋食禮"之簡稱,原文曰:"司宫筵于奥,祝設几于筵上,右之。"),《士

---

① 從字形和用法來看,讀爲"述"、"仇"的"桼"與甲骨金文中被不少人釋讀爲"禱"之字應該分開[參看施瑞峰《上古漢語聲母諧聲類型在古文字資料釋讀中的效用》,370~376頁,香港中文大學博士學位論文(指導教師:沈培),2022年6月。按施文把後者隸定爲"桼",前者則未隸定。由於本文不討論後者,爲圖方便,姑且用"桼"這一隸定形作爲前者的代號,並無深意],"奏"字本从後者而非前者。但傳抄古文有些"奏"所从者已與"桼"混同,見徐在國編《傳抄古文字編》"奏"字頭下所收第2、5、8、9、11、15、17等形,1033~1034頁。

② 北京大學出土文獻研究所編《北京大學藏西漢竹書[肆]》,125頁,上海:上海古籍出版社,2015年。

③ 參看張富海《漢人所謂古文之研究》,168~169頁,北京:綫裝書局,2007年。

④ "籤"的古文"杋",在銀雀山漢簡《晏子》中有用爲"救"之例(參看白於藍《簡帛古書通假字大系》,179頁,福州:福建人民出版社,2017年);上文説過"求"可用作"燠"的聲符,"墺"、"奥"的聲符"桼"常用爲"述",由此亦可看出"籤"與"奥"關係之近。

⑤ (清)段玉裁注、許惟賢整理《説文解字注》,591頁。

⑥ (清)俞樾著、王其和整理《群經平議》貳,1035頁,南京:鳳凰出版社,2021年。

喪禮》"設于奧,東面"(引者按:原文曰:"祝執巾、席從,設于奧,東面。"),皆必采而奠之、筵之、設之也。五祀:祭竈、門、行于廟門之奧,祭户、中霤于廟堂之奧,亦必采而設饌、采而祭脾祭肺也。①

此説指出古人常奠筵設饌於奧,很可参考;以"奧 1"爲會意字,也是正確的。只是他誤據"奧"從"采",用"采,辨也"解釋祭祀場所"奧",甚爲迂曲。現在知道"奧 1"本從"米",其字從"宀"從"米"從"収",顯然可以表示在"室之西南隅"奉獻"糈"之類的祭品以"享神"。

上舉康伯簠讀爲"簠"的△,是一個圖畫式的表意字,很像在室內舉行持"米"祭祀的儀式,右邊的人形似即"當奧而坐"的受祭者。蕭兵先生結合民族學與文獻記載,認爲"奧"可能最初"起於'鎮屋角'之神"。他説:

> 按照屋室格局,中央原有火塘(竈),上對中霤,西北隅是"屋漏"凶向,東南隅有代表幽冥之"窔",東北隅有氣養萬物之"宦"(參見前引《爾雅·釋宫》等),那麼只留下西南奧可佈置"屋角神"了(在四隅鎮石形式化之後,一般只用一石埋在一角以爲代表)。因爲這裏安全而溫暖,"神尸"可以在這裏憩息享食,可惜這些都被文獻"失記"了。②

康伯簠△中的尸坐人形正可代表受祭之"屋角神",在西南奧"憩息享食"。此神尸頭部作三角形,参考"食"、"歓"、"歆"等字所從之"亼"(同銘"飤"字作▨,"食"上部的"亼"與△字神尸頭部同形),③可能象歆享所獻之"米"。蕭先生所描述的有關"奧"的情形,雖"被文獻'失記'",竟能在簠銘"△(奧 1)"的字形中見到,這恐怕不是巧合。

受祭者與尊者往往是一體的,正如"室之西南隅"既是祭所、又是尊者處所一樣。《三禮辭典》以"尊位"釋"奧",④可以很好地涵括"祭所"與"尊

---

① (清)朱駿聲《説文通訓定聲》,287 頁上,北京:中華書局,2016 年。
② 蕭兵《中國古代神聖建築》,68 頁,西安:陝西師範大學出版社,2019 年。
③ 《合集》1772 正、反有▨、▨字,裘錫圭先生釋爲"歆黍"的專字或合文。見黃天樹《説"昔"》引,《黃天樹甲骨學論集》,11~12 頁,北京:中華書局,2020 年。
④ 錢玄、錢興奇《三禮辭典》,906 頁,南京:江蘇古籍出版社,1998 年。

者處所"等下位概念。所謂"主事者"的"奧",本當指處於尊位的人,如"節神者"之流。當然,在爲"奧"造表意字時,就只能在"祭所"、"尊者處所"等"尊位"中擇取其一,而無法兼顧,從康伯簋的這個"△(奧1)"看,古人采取的是以"祭所"表"奧"的"尊位"意。

古文字"又"、"𠬝"二旁時常通用,①西周金文和戰國竹簡"秉"、戰國璽印"慧"等字都有"又"繁化爲"𠬝"的情況,②康伯簋△從"又"而"奧1"從"𠬝",是合乎古文字字形變化的通例的。也可能西周時代早已存在從"𠬝"的"奧1",康伯簋△反而是省"𠬝"爲"又"的特例。△字省略象受祭者的構件,即成後來的"奧1"。大概從"宀"從"米"從"𠬝"已可表示"祭祀之所"(尊位)的字義,所以就把不成字的象受祭之神尸的部分省去了(另一件私人收藏的同銘康伯簋△作 ,雖因沖範而筆畫錯亂,但似已省受祭者之形)。

總之,儘管由於所見資料的局限,目前還没有條件把"奧1"字形的演變過程描述得十分準確、細緻,但從康伯簋△的字形所表之意、與後來"奧1"的形體聯繫以及在簋銘中用爲"簋"等綫索來看,△釋爲"奧1"的古體應可成立。

二

但是,"奧"的問題至此並未完全解决。

我們在漢代文字資料中還看到另一類寫法的"奧":

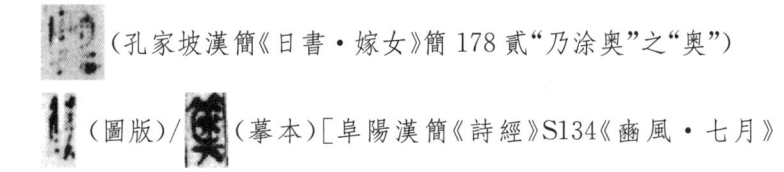

 (孔家坡漢簡《日書·嫁女》簡 178 貳"乃涂奧"之"奧")

 (圖版)/ (摹本)[阜陽漢簡《詩經》S134《豳風·七月》

---

① 裘錫圭《甲骨文字考釋(八篇)·二、釋"𡘲"》,《裘錫圭學術文集·甲骨文卷》,77 頁。
② 蘇建洲《上博九〈靈王遂申〉釋讀與研究》,《出土文獻》第五輯,102 頁,上海:中西書局,2014 年。

"六月食鬱及薁"之"薁(奧)"]

[禮器碑，東漢永壽二年(156年)]

[漢成陽令唐扶頌，東漢光和六年(183年)，《隸辨》4·60]

[甘陵相尚府君殘碑"薁(奧)"，東漢晚期]

孔家坡漢簡那一例"奧"从"勹"而不从"宀"，其"勹"旁的寫法可與秦漢文字"旬"(按"旬"本不从"勹"，但秦漢文字已訛混爲"勹"形)、"匈"、"包"(以及"苞"、"枹"等)等字比較。① 阜陽漢簡"薁"字圖版很不清晰，結合摹本來看，其"勹"形似與孔家坡漢簡之例反向，且近於"匚"形。後三例東漢隸書"奧"所从的"釆"、"困"，②當由此類寫法進一步訛變而來。《古文四聲韻》4·31所收古文"播"作 、 、 等形，徐在國先生指出前二形都是《說文》古文"番" 的隸定形"羽"的訛變。③ 後一形大概也是"羽"的訛變。"羽"變爲"匊"、"釆"，雖與上舉"奧"字由从"匊"形變爲从"匚"、"釆"("釆"即"困"之變)、"困"等形的演變方向不同，但彼此可以相互參照。从"宀"的"奧1"是斷斷變不出"釆"、"困"形的。此即我們要討論的"奧2"。

後世隸書、楷書的"奧"就是承自"奧2"的，可見"奧2"不是曇花一現的變體，它在"奧"的字體發展過程中居於重要地位。

"奧2"所从的"勹"不可能是從"奧1"所从的"宀"變來的。因爲在秦漢文字中，"勹"變爲"宀"尚且偶有其例，如"軍"字，"宀"變爲"勹"則未聞。"奧1"所从的"宀"也不會是從"奧2"所从的"勹"變來的。因爲在傳抄古文和秦印文字之中，从"宀"的"奧1"已很常見，按照上文的看法，此種从

---

① 參看王輝主編《秦文字編》，1459～1462、110頁，北京：中華書局，2015年；于森《漢代隸書異體字表》，693～695、438、33頁，上海：中西書局，2021年。

② 東漢隸書"隩"所从"奧"也有同類寫法，參看于森《漢代隸書異體字表》，1101頁。

③ 徐在國《隸定古文疏證》，251頁，合肥：安徽大學出版社，2002年。按第二形下从"火"，可能是"燔"字，假借爲"播"。

釋"奥" 317

"宀"的"奥1"還可以上溯至西周金文,決不可能是後起的譌體。我們只得承認"奥2"與"奥1"並非同一來源。

孔家坡漢簡"奥2"除去"収",剩餘形體可隸定爲"匊"。這讓我們想起了西周金文中的所謂"匊"字。

西周中期的番匊生壺有一般釋爲"匊"的器主之名,其形如下:

[字形图] (《集成》09705)

後來公布的現藏於北京師範大學的番匊生鼎,與壺同銘(但自名之字爲"鼎"),"匊"字寫法亦同:①

[字形图]

有兩件私人收藏的仲韜父器,一件爲簋,器蓋同銘(《銘圖續編》0381),另一件爲鼎(《銘圖三編》0218),其中都出現了仲韜父爲之作器的人名"匊汝"。"匊"字作如下之形:

[字形图](簋銘) [字形图](簋蓋銘) [字形图](鼎銘)

《銘圖續編》定仲韜父簋的時代爲西周中期晚段,②《銘圖三編》則定仲韜父鼎的時代爲春秋早期,③出入頗大。從簋、鼎銘文字體看,似以西周中期晚段近是。

上舉西周金文諸字釋爲"匊",現在看來是值得懷疑的。《説文·九上·勹部》:"匊,在手曰匊。从勹、米。""在手曰匊"者即"掬"(徐鉉以"掬"

―――――――

① 周增光《發現番匊生鼎》,《文物春秋》2007年第6期,67頁圖二。
② 吴鎮烽編著《商周青銅器銘文暨圖像集成續編》,第2卷3頁,上海:上海古籍出版社,2016年。
③ 吴鎮烽編著《商周青銅器銘文暨圖像集成三編》,第1卷219頁,上海:上海古籍出版社,2020年。

爲"匊"之俗字）。①但是，"掬手"之"匊（掬）"字爲何"从勹"？這從表意的角度很難講通。②上舉西周金文的所謂"匊"字，象腹部蘊藏"米"之形，與"在手曰匊（掬）"也不相合。今本《禮記·緇衣》"有覺德行"的"覺"，郭店簡《緇衣》簡 12 寫作 ，張富海先生指出此字象兩手捧物形，應該就是"掬"的表意初文；《説文·三上·収部》收有訓"兩手盛也"的"奉"，可能是把兩手所捧之物改爲音近的"米"而成的"掬"的後起字。③由此可知《説文》把"匊"的本義搞錯了，也可以説是爲"在手曰匊（掬）"的"掬"找錯了本字。

出土秦漢文字和《説文》小篆有"鞠"字，《説文·三下·革部》分析爲"从革，匊聲"。趙平安先生根據戰國楚簡的有關資料，指出"鞠"、"鞫"實皆从"䈞"得聲；獨立的"䈞"字殷墟甲骨卜辭屢見，表示"械擊"、"拘禁"等義，由此引申爲"審訊問罪"，即後來的"鞫"。④《説文》對"鞠"字結構的分析是錯誤的。

綜合上述兩方面情況可以推測，"匊"大概本是"鞠"在充當合體字（尤其是左右結構的合體字）聲旁時的省體，或可説是由"鞠"割裂、分化出來的一個字，其產生時間不會太早。通常寫作从"匊"聲的字，如"趜、鯍、蜠、麴、菊"等，可能都比較晚出。如趙平安先生提過的馬王堆帛書《養生方》"鞠（麴）"字（按此字又見於里耶秦簡 8-258、胡家草場西漢簡 935 等醫方），即《説文·七上·米部》訓爲"酒母也"的"籟"，"鞠"、"籟"並諧"䈞"聲，後世寫作"麴"，⑤便是一例。不過，"麴"字在居延漢簡、敦煌漢簡等西

---

① 參看（清）段玉裁注、許惟賢整理《説文解字注》，757 頁。
② 張世超等《金文形義通解》懷疑"勹"爲"又（手形）"之譌（2281 頁，京都：中文出版社，1996 年）。李學勤主編《字源》也有同樣的説法（801 頁，天津：天津古籍出版社，2012 年）。這是没有根據的。如上所舉，"匊"在西周金文中已五見，不可能所有"又"都湊巧譌作"勹"。
③ 張富海《郭店簡〈緇衣〉篇注釋》，同作者《古文字與上古音論稿》，17 頁，上海：上海古籍出版社，2021 年。
④ 趙平安《釋"䈞"及相關諸字》，同作者《新出簡帛與古文字古文獻研究》，114～120 頁，北京：商務印書館，2009 年。
⑤ 同上注所引書，115～116 頁。

北簡中已可看到。①《説文·一下·艸部》訓"日精也,以秋華"的"蘜"字,即菊花的"菊"。這也是一個由從"鞠"聲變爲從"匊"聲的例子。《説文》另有"菊"字,指"大菊,蘧麥"。後世省"蘜"爲"菊",遂與指"蘧麥"的"菊"同形。後一種"菊"字在出土先秦秦漢文字資料中還未見過。馬王堆帛書《五十二病方》有 字(78行),舊隸定爲"餘"。《長沙馬王堆漢墓簡帛集成》參考張家山漢簡"鞠"等字的寫法,釋此字爲"䭫",《廣雅·釋器》:"䭫,簠也。"②其説可從。"䭫"應該分析爲從"食"、"鞠"省聲,這是現在知道的時代較早的省"鞠"爲"匊"之例,但也已到了西漢早期,且恰好出現在左右結構的合體字之中。獨體的"匊"字似始見於居延漢簡227.5。③ 此簡上有"初元五年四月辛亥下"之語,可知當是漢元帝初元年間之物(初元五年爲公元前44年)。《汗簡》、《古文四聲韻》等傳抄古文中有"匊"(歸於"掬"字下),④但出自"樊先生碑",顯非地道的戰國文字,很可能是漢人依照漢代文字轉寫的"古文"。過去還有人誤釋《古璽彙編》3213的"芻"爲"匊",⑤更是不可靠。

我們雖然來不及對"匊"聲字的情況在出土先秦秦漢文字資料中作全面的調查,但是根據以上材料推斷西周中期還不可能有獨立成字的"匊",應該離事實不致太遠。爲了與"鞠"的省體"匊"相區别,下面把西周金文中一般釋爲"匊"之字寫作"匊*",以表明它跟"匊"實非一字。

"奥2""収"上部分也不是真正的"匊"。漢代"鞠"字中的"匊"以及後起的"匊"和从"匊"之字,其"勹"旁没有寫作阜陽漢簡"簊(奠)"的似"匚"之形的,更無變作"函"、"困"之例;即如孔家坡漢簡"奥2"那樣"勹"把

---

① 參看李洪財《漢簡草字整理與研究》下編《漢代簡牘草字彙編》,237頁,吉林大學博士學位論文(指導教師:林澐),2014年6月。
② 裘錫圭主編《長沙馬王堆漢墓簡帛集成》,第伍册230頁,北京:中華書局,2014年。按張家山漢簡《二年律令》簡146"鞠"所从"勹",也屬此字寫法。
③ 李瑶《居延舊簡文字編》,617頁,吉林大學博士學位論文(指導教師:馮勝君),2014年6月。
④ 徐在國編《傳抄古文字編》,1227頁。
⑤ 何琳儀《戰國古文字典》,240頁;黄德寬主編《古文字譜系疏證》,679頁,北京:商務印書館,2007年。

"米"完全包裹起來的寫法,也不見於"鞫"和"匊"。"鞫"和從"匊"之字的"勹",有時簡化爲"人"。"奥2"中的"勹"卻從無作"人"形者。既然"奥2"所從非"匊",孔家坡漢簡"奥2"中的"匊"形與西周金文"匊*"又不難從形體上加以認同,我們有理由推測"奥2"其實就是從"匊*"的。

《説文》訓"奥"爲"宛也","宛"有"蘊藏"義。《廣雅·釋詁四》:"奥,藏也。"王念孫《疏證》云:

> "奥"之言"幽"也(引者按:此説未必是)。《爾雅》"西南隅謂之奥",孫炎注云:"室中隱奥之處。"《堯典》云:"厥民奥。"《韓詩外傳》云:"窺其户,不入其中,安知其奥藏之所在。"《文選·蕪城賦》注引《倉頡篇》云:"隩,藏也。""隩"與"奥"通。①

《尚書·堯典》"厥民隩"的"隩(奥)",即所謂北方名,《山海經·大荒東經》作"北方曰鵷"。"鵷"顯然當讀爲"宛",與《堯典》的"隩(奥)"同意。《荀子·大略》:"曾子食魚有餘,曰:'泔之。'門人曰:'泔之傷人,不若奥之。'"王先謙《集解》引盧文弨曰:

> 《説文》:"奥,宛也。""宛,奥也。"奥與宛,皆與"鬱"音義同(引者按:此説不確,參看下引王念孫説)。今人藏魚之法,醉魚則用酒,醃魚則用鹽,置之甑中以鬱之,可以經久,且味美。奥,如"鬱韭"、"鬱麴"之鬱,("鬱韭"見《説文》"韰"字下,"鬱麴"見《釋名》。)皆謂治之,藏於幽隱之處。②

王念孫肯定盧氏訓"奥"爲"鬱""是也",並有所補正:

> 《釋名》曰:"腴,奥也。藏物於奥内,稍出用之也。"彼所謂"腴",即此所謂"奥之"矣。然盧謂奥與宛、鬱同音,則非也。奥與宛、鬱同義而不同音,故諸書中"鬱"字有通作"宛"者,而"宛"、"鬱"二字無通

---

① (清)王念孫撰,張靖偉、樊波成、馬濤等校點《廣雅疏證》,601頁,上海:上海古籍出版社,2016年。

② (清)王先謙《荀子集解》,516頁,北京:中華書局,1988年。

作"奥"者。以宛、鬱釋奥則可,讀奥爲宛、鬱則不可。①

其説甚是。此亦"奥"與"宛"、"鬱"義近之證。

《廣雅·釋詁四》與"奥"同條者,又有"窅,藏也",王念孫《疏證》云"'窅'之言'奥'也"。②"窅"爲"地藏"。《説文·六下·橐部》:"橐,車上大橐。"段玉裁注"引伸之義,凡韜於外者皆爲橐",③如"弓衣"、"甲衣"等皆謂"橐",動詞義的"韜藏"也可以稱"橐"。指"陰丸"的"睪/皋",亦屬"韜於外者"。"睪/皋"、"橐"古通。④"橐"從"㕻"聲。北大漢簡《妄稽》簡61"與汝媚於奥,寧媚於竈"的"奥"作"窅",⑤可知"㕻"、"奥"音近。頗疑"橐"、"睪/皋"亦言"奥"也。

"匊*"象腹部藴藏"米",應該就是爲"藏"義的"奥"所造的表意字。戰國早期的齊器叔子毂盌的自名"盌"、傳抄古文"宛"以及楚文字中"畹"、"苑"或"菀"的聲旁,都是"匊"或"匊"的省形,"匊"應是宛藏之"宛"的異體。⑥ 宛藏之"宛"從"勹",與這裏所説奥藏之"匊*(奥)"從"勹",造字理據正同。《禮記·内則》"鴇奥、鹿胃",孔穎達疏:"奥,謂脾肶,謂藏之深奥處。"後作"腴"(《玉篇·肉部》:"腴,鳥胃也。")。古人言"胃"爲"五穀之府"、"穀之委",《釋名·釋形體》:"胃,圍也,圍受食物也。"⑦實以"胃"含有"委藏"之義,這跟鳥胃的"腴"得義於"奥藏"一致。"胃"字古作▨,⑧上部的"▨"象胃中包藏"米"形,與腹部藴藏"米"的"匊*"構形相類,上舉漢代"奥2"所從的"囷"與"胃"的象形"▨"更合。正因爲"匊*"是奥藏之

---

① (清)王先謙《荀子集解》,517頁。
② (清)王念孫撰,張靖偉、樊波成、馬濤等校點《廣雅疏證》,600頁。
③ (清)段玉裁注、許惟賢整理《説文解字注》,487頁。
④ 參看裘錫圭《談談地下材料在先秦秦漢古籍整理工作中的作用》,《裘錫圭學術文集·語言文字與古文獻卷》,384~385頁。
⑤ 北京大學出土文獻研究所編《北京大學藏西漢竹書[肆]》,71、72頁。
⑥ 鄔可晶《"丸"字續釋——從清華簡所見的一種"邅"字談起》,《中國文字》2021年夏季號(總第五期),149~150頁,臺北:萬卷樓圖書股份有限公司,2021年【編按:已收入本書】。
⑦ 參看宗福邦等主編《故訓匯纂》,1853頁,北京:商務印書館,2003年。
⑧ 董蓮池《新金文編》,482頁,北京:作家出版社,2011年。

"奥"字,漢代人有意把它寫成"匼"、"囷"等形,以凸顯"蘊藏"之義,就很好理解了。①

古代的小學家多已指出"室之西南隅"謂之"奧"與"奧"的"隱藏"義有密切聯繫,這當然是對的。但《説文》在"奧"字下既云"宛也",又云"室之西南隅",當與《十一下·谷部》"睿,深,通川也"、《十二下·弓部》"弼,輔也,重也"等類同,是把它們當作兩個獨立的本義列出的[" 睿(濬)"的"深"義與"通川"義、"弼"的"輔"義與"重"義,也都有關聯]。一般的語言文字使用者大概更不會去特意深究二義之間的聯繫。所以古人爲"宛藏"義和"室之西南隅"義(按我們的説法,改爲"尊位"義更好)的"奧"分頭造不同的表意字,前者爲"匊*",後者爲"奧1",是不足爲異的。殷墟甲骨文中既有從"収"從"豆"的"荳",乃登獻、登進之"登"字;又有從"址"從"豆"的"登",乃登陞之"登"字,二字常通用。② 登獻、登進與登陞,義亦相關。"徹"的"撤除"義與"割取"、"毁壞"義,顯然也有密切聯繫,但古文字中既有從"鬲"、從"丑"的"撤除"之"徹(撤)"的表意字,後寫作"敵"(此外尚有不同撤除對象的表意異體,不備舉),又有䇂、鬲、鬲等表示"割取"、"毁壞"義的"徹(劘)"的表意字,即"散"之所從出者。③ "登"、"徹"的情況與本文討論的"奧1"、"匊*"並存最爲相似。

漢代"奧2"在"匊*"下從"収",可能跟"弄藏"之"弄"從"収"一樣,可以使"藏"的字義表現得更爲明白,或許還有與漢代已經出現的獨體的"匊"增加區别度的用意。也可能"奧1"、"匊*"雖本是記録"奧"的不同義位的字,但在實際使用中時有交叉,很難劃然分别,所以乾脆讓"匊*"增從"収",變爲"奧2",使"奧1"、"奧2"在字形上更趨接近,更像一對名副其實的異體字。戰國楚文字和秦文字屢見從"攴"從"曷"之字和"散"字,應

---

① 漢人改變字形使其"義化",還可舉"艾(刈)"字爲例。漢代"艻(艾—刈)"所從"力"實由"乂(本象一種鐮刀)"訛變,後又變"力"爲"刀"而成"艻(艾—刈)",以凸顯其"以刀割草"之義(陳劍《張禹碑銘雜識》,《出土文獻》2022年第1期,88頁)。

② 參看李宗焜《甲骨文字編》,1090~1091、1092~1095頁,北京:中華書局,2012年;季旭昇《説文新證》,112~113頁,臺北:藝文印書館,2014年。

③ 鄔可晶《戰國時代寫法特殊的"曷"的字形分析,並説"散"及其相關問題》,同作者《戰國秦漢文字與文獻論稿》,19~31頁,上海:上海古籍出版社,2020年。

該就是撤除的"徹（撤）"的異體。① 此種"撤"也可視爲"撤除"義的"敲（撤）"與"割取、毀壞"義的"![]（劈）"的融合。殷墟甲骨文中除"舁"、"登"外，還有從"登"從"収"的"𠦪（登）"字。"𠦪"屢見於西周至戰國文字，《說文·二上·址部》收爲"登"的籀文，②應是"登"、"舁"二字的糅合。凡此亦皆與"匊*"、"奥1"融合而爲"奥2"的情況相似。前面提過隸楷"奥"的形體來自"奥2"，不過繁體舊字形有作"奥"者，其中的"釆"當承用《說文》小篆"奥1"從"釆"的訛形，這是"奥"字本身融合了"奥2"、"奥1"的實例。上文第一節所舉傳抄古文"陜"作![]，右下部分的"勹"形不會是"収"的譌變，頗疑就是"奥2"所從的"勹"。"陜"常用爲奥藏之"奥2"和燠暖之"燠"（"暖"、"藏"二義相關）。古文"陜"易"収"爲"勹"，也可認爲是融"匊*（奥2）"入"奥1"。

"奥2"產生的時間，因資料嚴重缺乏，尚不可確知。"奥2"出現之後，就把"匊*"吞併了，"匊*"作爲"化石"只存於"奥2"之中。"蘊"的表意初文"![]（囚*）"被"皿"吞併之後只殘存在"皿"中，③也是同類的現象。"奥"的上古音爲*quuks 或*quus，④"蘊"的上古音爲*quns，聲母、主元音均同，韻尾雖有別，但都帶-s 尾。從"皿"聲的"媼"讀*quuʔ，與"奥"音更近。"匊*（奥）"、"囚*（蘊）"的形、音、義都如此相近，不知有沒有可能是一對同源詞。

釋"匊*"爲"藏"義的"奥"的表意初文，即"奥2"的古體或母字，這在春秋金文中有重要旁證。

---

① 鄔可晶《戰國秦漢文字與文獻論稿》，23 頁。
② 參看季旭昇《說文新證》，112～114 頁。
③ 參看陳劍《殷墟卜辭的分期分類對甲骨文字考釋的重要性》，同作者《甲骨金文考釋論集》，427～430 頁，北京：綫裝書局，2007 年。
④ "奥"一般歸爲覺₁部，大概主要根據《詩·小雅·小明》"奥"與"慇"、"敊"、"戚"、"宿"、"覆"等覺部字押韻。但《小明》"日月方奥"的"奥"毛傳訓"煖也"，實假借爲"燠"，"燠"確是覺₁部字。從上舉"奥"與"棗（述、仇）"、"咎"、"求"、"簋"等幽₁部字的諧聲假借關係來看，很可能"奥"本讀幽₁部去聲（中古讀"烏到切"，屬號韻是很正常的），或至少有幽₁部去聲一讀。李豪《古文字的諧聲系統及相關問題研究》歸"奥"於"覺₁"部外，又兼歸"幽₁"部［178 頁，復旦大學博士學位論文（指導教師：劉釗），2022 年 6 月］，可從。

《銘圖》03362著録一件私人收藏的春秋時期的王孫叔謹甗，其銘曰：

唯六月壬申，王孫叔謹擇曰吉金，作鑄○甗，以征以行，以䰧（餼）稻粱，以飤父兄，其眉壽無疆，子孫用寶永享。

"䰧"字，周忠兵先生指出與叔原父甗（《集成》00947）的"䰧"爲一字，並據陳漢平先生讀後者爲"餼"的意見，把本銘的"䰧"也讀爲"餼"。① 其説大抵可從。《説文·五下·食部》"餼"有从"米"的或體"糡"，又有从"氣"聲的或體"餼"。从"巳"聲的"䰧"、"䰧"就是"餼"的古字。

甗銘中的○作如下之形：

周忠兵先生認爲此字右旁除去"勹"的部分（以下用"～"代替這一部分），又見於春秋晚期的叔弓鐘、鎛銘的如下一字之中：②

（《集成》00273.2、00281、00285.3）

但鐘、鎛銘此字用於都城名，不知如何通讀，所以無從驗證其説是否正確。

周忠兵先生分析"～"从"人"、"米"、"皿"（按《銘圖》釋文已把"米"下構件隸定爲"皿"），這裏的"皿""爲一種減省體"，"人符在古文字中或爲蓋子的象形"，整個"字形象帶蓋的器皿中裝有米"。③ 他認爲"～"的構形意圖與西周金文中的 字（見於《集成》02516著録的一件西周晚期鼎，用爲人名）"完全相同"，"畬""以米在帶蓋的器皿中會意"。④ 此字在史牆盤裏加注"曼"聲而作 （《集成》10175），在其他銅器銘文裏又有種種變化，如

---

① 周忠兵《釋春秋金文中的"糡"》，復旦大學出土文獻與古文字研究中心編《戰國文字研究的回顧與展望》，53頁，上海：中西書局，2017年。
② 同上注所引書，56～57頁。
③ 同上注所引書，54頁。
④ 同上注所引書，55頁。

聲旁"曼"省作"帚","米"上的"入"變作"今";或省去"入","米"下的"口"變爲"皿"並繁化爲"益"形;或進一步省去"米"而僅餘"益";或全字簡省作從"米"從"帚"等。① 裘錫圭先生曾釋史牆盤等器中的這個字爲《說文》訓"以米和羹"的"糂"。② 周忠兵先生據此把"～"也釋爲"畚(糂)";至於甗銘"～"上有"勹",他認爲這是"糂"的繁體,與金文"䌛"或加"勹"類似。③ ○以"～"爲基本聲符,周先生"視爲'糂'的異體","糂(糝)是一種摻入米的羹",類似於現在的肉粥,"'糂甗'之語大概是指此甗可用以製作此類糝食"。④

周忠兵先生把甗銘○所從的"～"與"畚"聯繫起來,很有道理。上引甗銘中釋讀爲"鑄"之字原作 [圖], 其"皿"旁與同銘○的右下部分幾乎同形,可以印證後者爲"皿"的"減省體"。不過,我們認爲釋"畚"爲"糂"還不夠精確,對於"畚"的形義也有需要補充之處。

"畚"或從"今","今"與此字真正的聲符"曼"聲母遠隔,應該只是受有些"倒口"形的"入"變爲"今"的類化而已,並不表音。《說文·七上·米部》"糂"所收籀文作"糣",古文作"糝"。"糣"從"朁"聲,"糝"從"參"聲,它們確與"畚"所加注的聲符"曼"(即"侵"、"浸"等字的聲旁)音近可通。但"甚"的聲母與"曼"、"朁"、"參"等不屬一類,從音理上說是不能相通的;《說文》以"糂"、"糣"、"糝"爲一字異體,當別有原因,有待研究。所以我們主張"畚"釋作"糝"或"糣"更爲妥當(以下取"糝"爲代表)。

前人多釋 [圖] 爲"會",雖不可信,但體會其字有"相會合"之意,卻值得重視。"糝"當得名於"參"。"參"有"合"義,如《國語·越語下》"夫人事必將與天地相參,然後乃可以成功"(參看《漢語大字典》"參"字條);也有"參

---

① 參看裘錫圭《史牆盤銘解釋》,《裘錫圭學術文集·金文及其他古文字卷》,6頁;周忠兵《釋春秋金文中的"糂"》,復旦大學出土文獻與古文字研究中心編《戰國文字研究的回顧與展望》,54頁。
② 裘錫圭《史牆盤銘解釋》,《裘錫圭學術文集·金文及其他古文字卷》,6頁。
③ 周忠兵《釋春秋金文中的"糂"》,復旦大學出土文獻與古文字研究中心編《戰國文字研究的回顧與展望》,55頁。
④ 同上注所引書,55～56頁。

雜"義,如古書所云"參居"即"雜居"。所謂"以米和羹"的"糝",就是以"米"參雜進"羹",米與羹相配合。所以"糝"也引申有"參雜"義,《儀禮·大射》"參七十",鄭玄注:"參,讀爲糝。糝,雜也。"我認爲"㐭"字中的"亼"、"口/皿"相合之形,實際上表示的是把"米"摻入器皿之中,蓋上器蓋使米與其他食物更好地參雜、混合的意思(有的字形"皿"作"益",似即象被摻入之器中本有東西)。此字就是釋爲參雜、參合之"參",亦未嘗不可;"糝"是從"參"分化出來的一個字。

雖然"～"可釋爲"糝"或"參",但王孫叔謹甗○字中从"勹"从"～"的部分卻不宜釋讀爲"糝"或"參"。金文"絲"字或从"勹/人",乃是由於"絲"字本从"每"的緣故("每"似象頭戴飾物的女人。一般據《説文·十三上·糸部》分析"絲"字从"每聲",不可信。"每"、"絲"韻遠。"每"當是意符),可以認爲是字形的繁化。但"～"既是"糝"或"參",其字增"勹"就無法解釋。甗銘○還有"金"旁,"糝"字以"金"爲形旁,更是解釋不通。周忠兵先生提出兩種解釋而傾向於"作爲青銅器甗的修飾語",所加的"金"是"一種廣義的義符"。① 這顯然比較牽強,難以令人信服。銘文明確說此甗"以餾稻粱",是用來蒸煮稻粱等糧食的,並非"以米和羹"之用。這跟釋○爲"糝"也有些矛盾。

我們認爲○字中从"勹"从"～"的部分是"匊*(奧2)"的異體。"匊*(奧2)"即"蘊藏"義的"奧"的初文,"以米和羹"則是把"米"蘊合入"羹"中("參"是抽象的參雜、蘊合),彼此語義相涵;前面引過盧文弨說"藏魚之法"的"奧","醉魚則用酒,醃魚則用鹽,置之甄中以鬱之……奧,如'鬱韭'、'鬱𦞢'之鬱,皆謂治之,藏於幽隱之處",這跟"糝""以米和羹"加蓋合之的製作方法也頗爲相似。甗銘的這個"匊*(奧2)"改"米"爲"㐭(糝)",意謂把參雜、蘊合入羹的"米"(即"糝")蘊藏於腹,無異於雙重的"奧"。又疑甗銘"匊*(奧2)"在"勹"中的"米"的上下增加"亼"、"皿",跟在"蘊"的初文"囚*"下增加"皿"而成"盈"同理。無論實際情況如何,都是通過構

---

① 周忠兵《釋春秋金文中的"糂"》,復旦大學出土文獻與古文字研究中心編《戰國文字研究的回顧與展望》,55頁。

件的增繁來加強字形的表意(義)功能。

《說文·十四上·金部》:"鏖,温器也。一曰:金器。从金,麃聲。"段玉裁注:"今江東尚有'鏖孰'之語,與火部以微火温肉之𤌜義同。或作㷉,或作麀。"①用於"㷉"之器即"温器","㷉"、"鏖"同源(詳下),"麀"、"鏖"則是一字。徐鍇《繫傳》在"麃聲"之後尚有"讀若奧"三字。② 可見"鏖"、"奧"音近。有的音韻學家主要由於"鏖/麀"中古屬豪韻,就把它的上古韻部歸爲宵部。③ 事實上中古豪韻字上古既有可能歸宵部,也有可能歸幽部,如"羔"就是中古豪韻而上古讀幽$_1$部的例子;④"奧"也是中古豪韻的去聲號韻字,上古當歸幽$_1$部或幽$_1$部的入聲覺$_1$部(參看本書323頁注④)。雖如李豪先生所指出的,由於音理上的滯礙(上古喉牙音一、四等韻一般不相諧),《說文·十上·鹿部》"麃"字下所收"或从幽聲"的"麀"不一定是"麃"的異體,⑤但根據"鏖"的聲旁"麃"在北大漢簡《蒼頡篇》中與"苞、擾、袍、勠、箒"等幽部字爲韻(簡16～18),⑥可以斷定上古"鏖"也是幽$_1$部字。⑦ 甗銘○字从"金"、"匊*(奧2)"聲,無疑可以讀爲當"温器"或"於器中温熱"講的"鏖",甚至很可能就是"鏖"的異體。⑧

漢代銅器銘文中數見"甗"的自名修飾語位置上出現"鏖",例如(與這裏討論無關的銘文内容從略不引):

第二。平陽共麀(鏖)甗一。……(平陽甗)⑨

---

① (清)段玉裁注、許惟賢整理《說文解字注》,1224頁。
② (南唐)徐鍇《說文解字繫傳》,274頁上。
③ 郭錫良編著、雷瑭洵校訂《漢字古音表稿》,32頁,北京:中華書局,2020年。
④ 張富海《據出土文獻證"羔"字當歸幽部》,同作者《古文字與上古音論稿》,280～284頁。
⑤ 李豪《古文字的諧聲系統及相關問題研究》,145～146頁。
⑥ 北京大學出土文獻研究所編《北京大學藏西漢竹書[壹]》,釋文注釋85頁,上海:上海古籍出版社,2015年;李豪《古文字的諧聲系統及相關問題研究》,145頁、178頁注4。
⑦ 董同龢、李方桂、周法高、鄭張尚芳、潘悟雲、李豪等先生都把"鏖"或"麀"歸爲幽部。
⑧ (清)朱駿聲《說文通訓定聲》把上引《荀子·大略》"泔之傷人,不若奧之"的"奧"讀爲烹煮義的"鏖"(287頁上),固然不確,但他認爲"奧"、"鏖"音通則甚是。
⑨ 容庚《秦漢金錄》,《容庚學術著作全集》第六册,397頁,北京:中華書局,2011年;徐正考《漢代銅器銘文選釋》,137頁,北京:作家出版社,2007年。

陽信家鑒（鑣）甗。……（陽信家甗）①

此外，陽信家釜、盆自稱爲"鑒（鑣）復（鍑）"、"鑒（鑣）盆"。陽信家器應是西漢前期的遺物。② 漢代銅器的自名"甗"，既可以跟商周時代指鬲、甑合體的整套器一樣，指釜、甑合體之器（釜從鬲演化而來），也可以專指其中的甑或釜而言，如上引陽信家甗實爲甑。③ 湖南沅陵虎溪山1號西漢早期墓葬所出竹簡《食方》，其中有如下一條：

☑□魚和酒，清湅肉醬脾，以洎鑒，潰（沸），敦甗烝（蒸）。取肉醬脾、段檀木蘭，以麊魚烝（蒸）之。（簡100）④

"魚"上一字殘存 形，像是"去"字。"去魚和酒"的"去"與簡106"去檀木蘭及萃麊者，清間（濾）其洎"的"去"用法一致，應指濾去魚所和的酒。簡52"取馬北（背）脊肉和酒，清湅，以□□□"、簡103"□□和酒，清湅之"，"清湅""肉和酒"也就是"去肉所和之酒"的意思。上引"洎鑒"相當於他簡所云"洎鼎"（簡23、25、27、33、39、40、41、89、94、97、112、195），意謂"灌水於鑒中"、"灌水於鼎中"（《史記·封禪書》"水而洎之"，裴駰《集解》引徐廣曰："灌水於釜中曰洎。"）。從下言"敦甗烝"來看，這裏的"鑒"大概就指跟甑配套的釜 ["敦甗"的"敦"疑即訓"耦"、"全"的"淳/純"。漢代的"甗"指釜、甑配套、合體之器，故曰"敦（淳/純）"]。稱甗中的釜爲"鑒"，當是取其爲溫器之意。

所以，作爲用來溫熱蒸煮食物的"以飪稻粱"的甗（包括其組成部分鬲與甑或釜），歸於"溫器"之列是没有問題的（"鑣甗"意謂屬於溫器的甗、用於溫熱的甗）。王孫叔諲甗的"○甗"釋讀爲"鑣甗"，與漢代銅甗的自名妙

---

① 徐正考《漢代銅器銘文選釋》，138頁。
② 員安志《談"陽信家"銅器》，《文物》1982年第9期，19～20頁。
③ 參看孫福洋《漢代青銅器自名研究》，10～11頁，東北師範大學碩士學位論文（指導教師：程鵬萬），2020年5月。
④ 湖南省文物考古研究所編《沅陵虎溪山一號漢墓》，148頁，圖版九二，北京：文物出版社，2020年。按原無標點，今據文義加。原書"段"上"脾"字、"木蘭"二字未釋全或未釋出，此從姚磊《虎溪山漢簡〈食方〉釋文考訂》、王凱博《虎溪山漢簡〈食方〉校釋叢劄》説，《出土文獻綜合研究集刊》第十五輯，148、157頁，成都：巴蜀書社，2022年。

合無垠。指"温器"的"鏞/鑪",《玉篇·金部》作"鐭",《集韻》入聲屋韻乙六切䫻小韻以"鐭"、"鏞"爲一字異體。甗銘○不妨直接釋爲"鐭(鏞)"。

《廣雅·釋詁四》"爊,煴也",王念孫《疏證》云：

> 爊者,《漢書·楊惲傳》"烹羊炰羔",顔師古注云:"炰,毛炙肉也。即今所謂爊也。"《齊民要術·作鱧魚脯法》云:"草裹封泥,燼灰中爊之。"《説文》:"鏞,温器也。""鏞"與"爊"、"温"與"煴"並同義。今俗語猶云"爊肉"矣。①

食物裹藏在泥灰中煨熱曰"爊",食物裹藏在器中温熱、温熱食物之器曰"鏞",它們與"藴藏"義的"奥"顯然有語源上的聯繫。從"奥"聲的"燠"也有"熱在中也"、"温暖"之義。"奥"之於"鐭(鏞)"、"爊"與"藴"之於"温"、"煴",大體平行。由此看來,王孫叔諲甗"鐭(鏞)"所從"匊*(奥2)",並非單純的音符,還兼有標示語源的作用。

如果我們對王孫叔諲甗○字的考釋是正確的話,就可以進一步證實"匊*"確是"奥2"的古體或母字。

附帶説一下,上海博物館所藏出土於河南平頂山應國墓地的應侯盨銘中,"簋"上一字作如下之形:②

(器銘)　(蓋銘)

另一件由美籍華人崔如琢先生收藏的同銘應侯盨蓋亦有之:③

此字當從襴健聰、趙誠先生説釋爲"盨",右下部分象"斗"之類的器物中盛

---

① （清）王念孫撰,張靖偉、樊波成、馬濤等校點《廣雅疏證》,700頁。
② 陳佩芬《夏商周青銅器研究·西周篇》,下册507頁,上海：上海古籍出版社,2004年。
③ 董凡《鑒藏大家崔如琢——一批驚世藏品初現藏界》,《收藏界》2005年第1期,60頁。

放"米",即甗器的象形,京叔甗銘(《集成》04381)"甗"字中的 ▣ 與此爲"一形之變","甗簋"連稱又見於他甗。① 所以此字右下部分乍看雖似"奧2",實則與"奧2"無關,不得牽合。

2016 年 10 月初稿
2022 年 11 月寫定

原載《中國文字》2023 年冬季號(總第十期),(臺北)萬卷樓圖書股份有限公司,2023 年 12 月。

---

① 禤健聰《應侯甗自名之字證説》,《古文字研究》第三十二輯,244～245 頁,北京:中華書局,2018 年。趙誠《上古漢字創造的任意性和約束性考察——以周代金文一組異構字爲例略作説明》,《上古漢語研究》第三輯,13～15 頁,北京:商務印書館,2019 年。

金文"儔器"考

兩周青銅器銘文中屢見一般隸定爲"䰞"的字（又有以之爲聲旁的从"止"或从"辵"之字），主要用於器名修飾語，涉及鼎、鬲、簋、瑚（一般稱爲簠）、壺、缶、匕等類型的器，其字形則有些變化。不少學者對此字的釋讀作過探索，意見尚不統一。我們認爲，就文義來説，李零先生釋讀爲"麗/儷"，①在已有諸説中最爲允當；就字形來説，郭沫若、黄錦前先生釋此字爲"壽"、"鑄"，②其繫聯思路最爲可取。現在把他們説法中的合理成分綜合起來，也許可以得到一個新的認識。

爲了展現釋讀爲"麗/儷"之説在文義上的合理性，下面按所出器物的不同組合關係，分類列舉用爲器名修飾語的"䰞"的字形和辭例（每一類中的條目大體以器物的時代爲序，後文引到具體字例就以條目數爲其代號。所引辭例中此字及从"止"或"辵"之字均用"～"代替），並逐條作些必要的説明。

1. 偶數或成對者

1.1 （甲）（乙）录作～簋……（录簋蓋，《文物》2012 年第 7 期黄錦前《新見幾件有銘銅簋》，又《銘圖續編》0392、0393，西周晚

---

① 李零《麗器考》，《青銅器與金文》第四輯，49～55 頁，上海：上海古籍出版社，2020 年。
② 二説出處詳下。

期或春秋早期)

录簠蓋出土情況不明。1966年,河南平頂山郟縣薛店鎮太僕寨村陳德州將包括簠蓋在内的一批銅器捐贈給河南省文物隊,後移交開封市博物館收藏。录簠蓋存甲、乙2件,其器亦當有2件,成一對,且蓋器相配,惜器已亡失。簠蓋時代,上舉黄錦前先生文定爲春秋早期前段,①《銘圖續編》定爲西周晚期或春秋早期,②今暫從後説。此字"鬳"下增從"止"。

1.2 ▨ 束中(仲)簦父作～簠……(束仲簦父簠蓋,《集成》03924,西周晚期或春秋早期) ▨ 束中(仲)簦父作～簠……(束仲簦父簠,《銘圖續編》0404,西周晚期或春秋早期)

束仲簦父器出土情況不明。簠蓋由湖南省博物館收藏,簠由開封市博物館收藏(其具體流傳情況與1.1录簠蓋同)。開封市博物館收藏同銘簠3件,這裏所引的一件有蓋,且蓋器同銘,第2件失蓋,第3件亦失蓋。湖南省博物館所藏蓋銘與此同。③ 但據黄錦前《新見幾件有銘銅簠》説,湖南省博物館所藏簠蓋"與上述兩件失蓋之簠不能相合,因此可能爲另外一器的器蓋。結合先秦時期簠一般應爲偶數,可推測此套器物至少還有一器、兩蓋流失"。④ 這就是説,這套"～簠"原來至少有4件。

1.3 ▨ (器) ▨ (蓋)曾公得擇其吉金,自作～簠。(曾公得簠,《銘圖三編》0459,春秋早期)

---

① 黄錦前《新見幾件有銘銅簠》,《文物》2012年第7期,77頁。
② 吴鎮烽編著《商周青銅器銘文暨圖像集成續編》,第2卷19～20頁,上海:上海古籍出版社,2016年。
③ 參看吴鎮烽編著《商周青銅器銘文暨圖像集成續編》,第2卷36頁。
④ 《文物》2012年第7期,76頁。

曾公得簠由私人收藏，器蓋同銘。據《銘圖三編》介紹：" 同墓出土二件，形制、紋飾、大小、銘文基本相同，另一件未公布銘文資料。"① 可知本爲一對。

1.4 ▨、▨……申公彭宇自作～匜（瑚）……（申公彭宇瑚，《集成》04610、04611，春秋早期或中期）

申公彭宇瑚 1975 年出土於河南南陽西關煤場春秋時代的墓葬，共計 2 件，同銘，成一對，且均器蓋相配。其中一件蓋器同銘，另一件蓋無銘。②

1.5 ▨ 卬（䢵）子受之～䵼（升）。（䢵子受鼎，《銘圖》01662、01663，春秋中期）

䢵子受鼎 1990 年出土於河南淅川徐家嶺 M9 春秋時代的楚墓，共計 2 件，同銘，大小相近，當爲一對升鼎。③ 這裏選的是較大的一件的字例，另一件較小者字形不太清楚，未選。

1.6 ▨、▨ 鄋凡伯怡父自作～鼎……（鄋凡伯怡父鼎甲、乙，《銘圖》02347、02348，春秋晚期）

鄋凡伯怡父鼎出土情況不明，1997 年初見於香港，現歸臺北歷史博物館收藏。④ 共計 2 件，同銘，大小較相近，可以認爲成一對。

1.7 ▨ 蔡侯申之～壺。（蔡侯申壺，《集成》09573、09574，春秋晚期）

---

① 吴鎮烽編著《商周青銅器銘文暨圖像集成三編》，第 1 卷 538 頁，上海：上海古籍出版社，2020 年。
② 參看李零《丽器考》，《青銅器與金文》第四輯，53 頁。
③ 參看李零《丽器考》，《青銅器與金文》第四輯，51 頁。
④ 參看李零《丽器考》，《青銅器與金文》第四輯，51 頁。

蔡侯申方壺 1955 年出土於安徽壽縣西門内春秋時代的蔡侯申墓,共計 2 件,同銘,成一對。壺銘拓本似無理想者,上引字形取自《銘圖》12187 所附摹本(第 22 卷 58 頁)。

1.8 ▨ 蔡侯申之～簠。(蔡侯申簠,《集成》03592～03599,春秋晚期)

蔡侯申簠出土情況同 1.7。共計 8 件,同銘,均器蓋相配、且同銘。簠銘字形變化不大,這裏選較清晰的一例作爲代表。

1.9 ▨ 陳洹(宣)公之孫有兒自作爲其～簠……(有兒簠,《銘圖》05166,春秋晚期)

有兒簠 2005 年出土於河南上蔡縣郭莊 M1 春秋時代的楚墓,同出 4 件,同形同銘。①

2. 奇數但器蓋相配或與他器配合使用者

2.1 ▨(器)▨(蓋)……上鄀府擇其吉金,鑄其～匜(瑚)……(上鄀府瑚,《集成》04613,春秋中期)

上鄀府瑚 1972 年出土於湖北襄陽縣山灣春秋時代的楚墓,只出 1 件,但配有蓋,且蓋器同銘。②

2.2 ▨ 曾叔孫湛之～此(匕)。(曾叔孫湛匕,《考古學報》2021

---

① 參看黃錦前《有兒簠釋讀及相關問題》,《中國國家博物館館刊》2014 年第 5 期,60～63 頁。銘文"洹"讀爲"宣",亦從此文。
② 參看李零《䣓器考》,《青銅器與金文》第四輯,53 頁。

年第 1 期 155 頁圖四三：3,春秋中期）

曾叔孫湛匕近年（2019 年以後）出土於湖北隨州棗樹林 M110 春秋時代的曾國貴族墓。據發掘者介紹，匕只 1 件，"出土於鉛錫鬲（M110：20）内"，①當與鬲配合使用。

2.3 ［圖］……王子午擇其吉金，自作𩰝彝～鼎……（器銘，王子午鼎，《銘圖》02468～02474，春秋晚期）［圖］倗之～鼎（升）。（蓋銘，王子午鼎。出處、時代同上）

王子午鼎 1978 年出土於河南淅川下寺春秋時代的楚墓，共計 7 件。據李零先生依《淅川下寺春秋楚墓》所提供的通高、口徑數據排列，可以看出 7 件升鼎大小兩兩成對遞減，而有餘奇（其大小排列結構爲 2+2+1+2），與劉彬徽先生所指出的"楚國地區的楚制列鼎序列的大小按雙件（對鼎）遞減"大體相符。② 7 件鼎的器主爲王子午，蓋銘則爲蔿子倗後配。器、蓋"～"字皆从"辵"，這裏分別選字形較清晰的一例作爲代表。

2.4 ［圖］……競（景）之𩰫自作䵼彝～盨（鐈）……（競之𩰫鼎，《銘圖續編》0178,春秋晚期）

競之𩰫鼎 2005 年出土於河南上蔡縣郭莊 M1 春秋時代的楚墓，與上舉 1.9 同出。從其通高、口徑數據看，乃是一件"烹牲大鼎"，③似無配對者，但鼎有圓蓋。

---

① 湖北省文物考古研究所、北京大學考古文博學院、隨州市博物館、曾都區考古隊《湖北隨州棗樹林墓地 81 與 110 號墓發掘》,《考古學報》2021 年第 1 期,147 頁。
② 李零《丽器考》,《青銅器與金文》第四輯,54 頁。劉説見劉彬徽《楚系青銅器研究》,512～516 頁,武漢：湖北教育出版社,1995 年。
③ 李零《丽器考》,《青銅器與金文》第四輯,51 頁。

2.5　[圖]蔡公子作□姬安之(?)～□。① (蔡公子缶,《集成》10001,戰國早期)

蔡公子缶 1972 年出土於湖北襄陽縣蔡坡 M4.8 戰國時代的墓葬,只 1 件,但有蓋,銘文即見於缶蓋内。

3. 奇數而無蓋或無他器相配者以及情況不明者

3.1　[圖]曾者(諸)子□用作～鼎……(曾者子鼎,《集成》02563,兩周之際或春秋早期②)

曾者子鼎舊由清人程洪溥、盛昱、劉體智等收藏,現藏臺北故宮博物院,出土情況不明。

3.2　[圖]瘵作其～鼎(?)貞(鼎)……(瘵鼎,《集成》02569,春秋早期)

瘵鼎由羅振玉舊藏,下落不明。

3.3　[圖]仰(蓮)子受之～鬲。(蓮子受鬲,《銘圖》02764,春秋中期)

蓮子受鬲出土情況同上舉 1.5。鬲只出 1 件,但與蓮子受鼎 2 件同出,疑爲配套之器。若此,似可移入 2 類。

3.4　[圖]曾夫人㽙之～鬹(甒)。(曾夫人㽙鬲,《銘圖三編》

---

① 釋文參考李零《丽器考》,《青銅器與金文》第四輯,53 頁。
② 斷代參看李零《丽器考》,《青銅器與金文》第四輯,50 頁。

0306,春秋中期）

曾夫人鬲近年出土於湖北隨州市棗樹林曾國墓地 M191 曾夫人墓。據發掘者介紹，M191 出銅鬲 5 件，"4 件小鬲大小、形制相同，放置於銅簠腹内，1 件稍大的銅鬲單獨擺放於銅簠東側"。① 從他們的説明看，此鬲應即單獨擺放於銅簠東側的稍大的銅鬲。疑以此鬲與銅簠及其中所置 4 小鬲相配，若此，似亦可移入 2 類。此"～"字"鬲"下增從"辵"，與上舉 2.3 同。

3.5 ［圖］……競（景）孫□（引者按：此字較難隸定，姑暫闕）也作鑄～彝……（競孫□也鬲，《銘圖》03036,春秋晚期）

競孫鬲 2005 年出土於河南上蔡縣郭莊 M1 春秋時代的楚墓，與上舉 1.9、2.4 同出。據説同墓出土鬲 7 件，但尚未正式報道，情況不明。另有 2 件同人所作的方壺，壺銘内容爲鬲銘"首尾的節録"，未見"鬲"字。② 不排斥鬲與壺配套的可能性，若此，似亦可移入 2 類。

3.6 ［圖］曾中（仲）嫛（夷）自作～鬻（鈕）……（曾仲夷鬲,《銘圖》02862,春秋晚期）

此件曾仲夷鬲由私人收藏，情況不明。

3.7 ［圖］曾中（仲）嫛（夷）自作～鬻（鈕）……（曾仲夷鬲,《銘圖三編》0310,春秋晚期）

此件曾仲夷鬲亦由私人收藏，情況不明。《銘圖三編》定其時代爲春

---

① 湖北省文物考古研究所、北京大學考古文博學院、隨州市博物館、曾都區考古隊《湖北隨州市棗樹林春秋曾國貴族墓地》，《考古》2020 年第 7 期，84 頁。
② 黄錦前《郭莊楚墓出土競孫鬲、方壺銘試釋》，《國學學刊》2017 年第 1 期,135～139 頁。曹輝、陶亮《上蔡郭莊一號楚墓"競之朝"鼎銘文及相關問題試析》，《中原文物》2019 年第 3 期,118～119 頁。

秋中期，按以定春秋晚期爲宜。此鬲與上舉3.6同銘，如爲同墓所出，亦是一對。若此，似可將3.6、3.7移入1類。

以上列舉的是我們所找到的"鬲"（包括从"止"或"辵"之字）用作器名修飾語的全部例子，限於聞見，或有遺漏，但應該不會多。如按我們在有些條目下的説明所作的推測處理，3類中的3.3、3.4、3.5均可歸於2類，3.6、3.7可合併歸於1類，這樣一來，真正奇數且無蓋或無他器可配者，就只剩下出土情況不明的傳世器3.1、3.2兩件了。可見，李零先生釋讀爲"麗"，"麗即伉儷之儷、駢儷之儷，是成雙成對的意思"，①確實比其他説法更符合相關器物的實際組合情況。

過去吴振武先生釋"鬲"爲"𠪱"、讀爲"陳列"義的"歷"，謂指"按一定次序陳列的成組銅器"；②謝明文先生根據1.9"冂"的上下作"丙"，古文字中的"𣱼"是"丙"、"世"皆聲之字，"説明'丙'、'列'當音近"，推斷"鬲"直接"讀作'列'是很有可能的"。③ 現在看來，上舉1.1、1.3、1.4、1.5、1.6、1.7（也許還可以再加上3.6和3.7）都是2件配成一對，並非"成組銅器"，講成"列"於義不妥。這一問題李零先生已加以指出。④ "𣱼"應是从"丙（簟）"、"世"聲之字，並無證據可證明"丙"、"世"皆爲聲旁。⑤ "鬲"所從的"鬲"之類的器物形有不少簡化，如1.4、1.6、2.1等例，再進一步省訛爲1.3之所从，已與"丙"形相當接近了，1.9的"丙"形當是由此省變而成的。

相傳清末出土於陝西寶雞的西周晚期的虢叔旅鐘，現存7件，其中5見如下之語：

  旅敢肇帥井（型）皇考威義（儀），△御于天子。（《集成》00238～00243）

---

① 李零《丽器考》，《青銅器與金文》第四輯，54頁。
② 吴振武《釋鬲》，《文物研究》總第六輯，218～223頁，合肥：黃山書社，1990年。引號裏的話見222頁。
③ 謝明文《競之𩰬鼎考釋》，同作者《商周文字論集》，364頁，上海：上海古籍出版社，2017年。
④ 李零《丽器考》，《青銅器與金文》第四輯，53～54頁。
⑤ 張新俊《新蔡楚簡零釋》，簡帛網，2010年4月16日。鄔可晶《戰國秦漢文字與文獻論稿》，25頁，上海：上海古籍出版社，2020年。

△字作如下之形：

已有學者將此字與"鬲"視爲一字，①可從。

鐘銘字形較爲模糊，上端的器物已簡化得與1.2、2.2等形接近，下端則更是簡省成"几"形。吳振武先生認爲"鬲"字所從"冂"爲象"水流"意的"乁"（見於《説文·十二下·乁部》）。②鐘銘此字中間部分確爲"水"，是否可以證實吳先生的意見了呢？這當然是有可能的。不過，《説文》謂"乁""从反厂"，"讀若移"；"厂"見於同書《十二下·厂部》，"虒字從此"，古人注音"余制切"，其音與"乁"相近，彼此本當爲一形。從古文字字形看，從"厂"的"虒"象虎口中出氣之形，乃"嘛"之初文。③春秋晚期的臺（此字舊釋"喬"）君鉦鍼中有器主名　　字（《集成》00423），一般釋爲"淲"，不可信（《説文·十一上·水部》訓"水流皃"的"淲"爲"彪省聲"。"彪"字西周金文已有之，此字明顯從"虎"而不從"彪"）。此字"水"正處於虎口所出之氣的位置，實當釋"虒"，只不過把象徵出氣的"厂"繁化爲"水"形罷了。如依此例，則虢叔旅鐘△中間的"水"形也有可能是"冂"形的繁化。其實，從"冂"或從"水"在表意方面可起相類的作用，詳下文的解釋，所以把它們看作並無直接形體演變關係的一字的異體，也許更爲妥當。

鐘銘"△御于天子"的"御"是"侍奉"、"陪侍"的意思，與"御"連言的"△"讀爲"列"，也不如讀爲"麗/儷"順適。

然而"鬲"釋讀爲"麗/儷"，文義上並非毫無問題。那些"成雙成對"的器，謂之"麗/儷"，確有道理；楚地所出升鼎兩兩一組，當然也可以稱爲

---

① 陳治軍《釋"虜"》，劉玉堂主編《楚學論叢》第五輯，16～22頁，武漢：湖北人民出版社，2016年。按陳文的具體釋法顯不足信，此不贅引。過去有的學者釋"鬲"字從"甾"或"淄"，著録虢叔旅鐘之書也有把鐘銘此字釋爲"淄"的。這些釋法雖不正確，但表明已有一些學者感到它們可能是一字。

② 吳振武《釋鬲》，《文物研究》總第六輯，221頁。

③ 參看陳志向《"虒"字補釋》，《文史》2018年第1輯（總第122輯），265～268頁。

"麗/儷"。但是，1.9有4件，1.2至少4件，1.8有8件，雖爲偶數，卻看不出它們內部是如何"成雙成對"的。2.1、2.4、2.5只有單獨的1件（但都配有蓋），無法"儷偶"，我們認爲當取"蓋器相配"之意，這種含義用"麗/儷"恐未必合適。3.3、3.4、3.5按照我們的推測，都屬於奇數器與其他器配成一套，這種含義用"麗/儷"，似乎還不如過去釋讀爲"列"合適。2.2的匕出自鬲，本是配合食器使用的，"鬲"之於"匕"，有主次之別。所以付強先生雖同意釋"𠃨"爲"麗"，但認爲"麗""當訓爲陪"，"丽器就是陪器"。① 今按，付氏的解釋雖可講通2.2匕銘，但那些"成雙成對"之器處於平等地位，難分主陪，把它們一概叫作"陪器"，卻不見被陪的"主器"，這也是講不通的。總之，"麗"的釋法不能很好地貫通所有辭例。

　　釋"丽/麗"說的最大障礙在於字形。李零先生主要根據3.1 [圖] 所從與戰國陳丽子戈作 [圖] 之"丽"（《集成》11082）、《説文》"麗"字或體 [圖]（實亦爲"丽"）以及春秋取膚匜"麗"字 [圖]（《集成》10253）的上端相近，於是加以聯繫，認爲"𠃨"與此種古文"丽"有關，"𠃨""象兩器上下頡頏（即伉儷之義），正合段氏（引者按：指段玉裁對"麗"字的注語）所謂'兩相附爲麗'，中間插入冂形符號，亦合'兩而介其間亦曰麗'"，"鬲"、"麗"音近，"器銘從二鬲的寫法當是丽字的繁化"。② 但是，常見的"鬲"字絕大多數下部作三足形（本爲三袋狀足），③上舉諸"𠃨"字所從的器物，除1.7、1.8、2.4、2.5、3.3、3.5幾例外，鮮有符合"鬲"的這一字形特點的；就是那些符合"鬲"三足特點的字例，其中3.3、3.5還很可能由於器物本身就是鬲，故鬲銘中的"𠃨"字也從"鬲"。"𠃨"字既不以從"鬲"爲常，當然就很難説用"鬲"來標識"麗"音了。

---

　　①　付強《説湖北棗樹林曾國墓地M110出土的青銅匕》，古文字强刊（微信公衆號），2021年4月16日。按付文聯繫金文中似表"輔助"、"伴隨"義的"麗/邐"以説"𠃨"，此意早有學者言之在先。詳下文所引張光裕先生説。
　　②　李零《丽器考》，《青銅器與金文》第四輯，55頁。
　　③　參看董蓮池《新金文編》，上册306～309、310、311、312頁，北京：作家出版社，2011年；陳斯鵬、石小力、蘇清芳《新見金文字編》，83頁，福州：福建人民出版社，2012年；陳英傑《談金文中一種長期被誤釋的象形"甗"字——兼論"鬲"、"甑"的形體結構》，同作者《金文與青銅器研究論集》，213～224、231～234頁，上海：上海古籍出版社，2020年。

"丽"這種隸定嚴格講起來是不夠準確的,至少不能代表多數形體,但因此隸定形沿用已久,而且似乎也沒有别的更好的隸定辦法,今姑仍之。

所謂古文"丽"在目前的出土文字資料中已不止一見,除陳丽子戈外,又如:

[《上博(七)·君人者何必安哉》甲本簡 3](同上,乙本簡 3)[《清華(伍)·湯處於湯丘》簡 13][《清華(拾)·四告》簡 2](包山簡 164"纙")[《清華(捌)·天下之道》簡 5"纙"](葛陵簡甲三 79、乙二 10、乙三 21 等"驪")(郭店《六德》簡 30,兩見)、(宜陽戈,《銘圖》17213、17215)

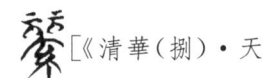

上舉那麼多"丽"一例也没有在中間加"冂"的,且其形皆作左右人形並列而從不見上下疊置,這顯然由於只有左右並列才能表示"偶、並"之意。凡此均與"䴨"字不合。細審 3.1"䴨"之所從,實與"丽"亦不能牽合爲一。這需要從"丽"字源流講起。

通過秦永龍、白於藍、郭永秉、王子楊等先生的研究,① "丽"的字形演變情況已相當清楚。現參考諸家研究成果,結合這裏所要討論的問題,簡述如下(以下引到的有關字形,上舉各文多已引及,尤其可以參看最晚出的王子楊先生文)。

上舉戰國時代的"丽"字當由殷墟甲骨文 、 、 、 、 等形變

---

① 秦永龍《釋"丽"》,《北京師範大學學報》1984 年第 6 期,47~50 頁。白説見鍾馨《白於藍教授來我中心作講座》,復旦大學出土文獻與古文字研究中心網,2011 年 6 月 26 日,又見下舉郭文引。郭永秉《補説"丽"、"瑟"的會通——從〈君人者何必安哉〉的"玩"字説起》,《古文字與古文獻論集續編》,14~30 頁,上海:上海古籍出版社,2015 年。王子楊《甲骨金文舊釋"競"的部分字當改釋爲"丽"》,《出土文獻》2020 年第 1 期,24~36 頁。

來。甲骨文"丽"象頭戴首飾（即所謂"辛"形）的二人儷偶、比並之形，其上端或加一橫畫，蓋比照"并"字於二人下端加一橫畫的意圖，更凸顯"偶、並"的字義。此字在卜辭中多數用爲"比並"、"匹偶"之意，應該就是"儷"的表意初文。後二形甲骨文"丽（儷）"人頭作一短橫（即"兀"形），乃是前幾形頭上所戴裝飾物（"笄"之類）的綫條化，所以戰國文字"丽"所從二人至少必作"兀"形，或於"兀"上多一短橫而作"元"形，這可能是飾筆，更有可能脫胎於甲骨文"丽（儷）"加在二人頭上凸顯"偶、並"義的橫畫。安大簡《詩經》簡47"驪"作 ，"丽"雖省去一半，但"元"形猶存。《説文》"麗"字古文作 ，傳抄古文"麗"或作 （《古文四聲韻》4·14）、 （《汗簡》1·3），無論字形怎樣訛變，上述特徵都頑强地保留着。美麗的"麗"本作 （《輯佚》576）、 （聽簋"邐"字所從，《集成》03975）等，象有一對美麗的大角的鹿。鹿的角與"丽"字人所戴頭飾相似，所以"麗"的鹿角也會變成跟"丽"類似的"开/辛"形，如 （元年師事簋，《集成》04279.1）、 （元年師事簋，《集成》04279.2）、 （曾侯乙簡203）。"丽（儷）"所從二人頭上戴飾，可能有取美麗之"麗"的音義的意圖，但主要是爲了跟字形、字義都很接近的"从"、"比"、"並"等字相區別。美麗的"麗"字的一對鹿角，後亦有意無意地變从"丽（儷）"，如 （童麗君簠甲，《銘圖》05898）、 ［《清華（壹）·尹誥》簡2］、 ［《清華（壹）·楚居》簡3］，取膚匜"麗"正是從"雙角"演變爲"丽"的過渡階段（ → → ）。鹿角爲一對、儷偶，把"麗"字的"雙角"改造成"丽（儷）"，應是兼取其音義；小篆"麗"即承此寫法，唯秦系文字"麗"寫得較爲"詰詘"，篆意忒濃（《説文》古文"麗"似受秦文字影響），不如六國文字"丽"更近古貌。秦文字"麗"的上端甚至有作"二'丙'/兩"形者，如 ［《珍秦齋藏印（秦印篇）》336］，似是"丽（儷）"的"變形義化"。"麗"上部的"丽"也幾無例外地都从"兀"或"元"形。但3.1"鬲"所從的構件，顯然不是"兀"或"元"形，因而没有理由認爲是"丽"。

有一件私人收藏的西周晚期的方妝各鼎,銘文自名修飾語有 ▨/▨字(《銘圖》02055)。刊布此器的張光裕先生曾釋爲"麗",並把它讀爲尹光鼎、保員簋、聽簋等銘中表示輔助、伴隨義的"邐"(引者按:此詞又見於後來公布的陶觥、荆子鼎等,字作"麗"),"'麗鼎'云者,當亦取比陳、相伴義","乃陪鼎之屬"。① 好幾位學者已指出此字與"丽、麗"字形"有隔",釋"麗"不確。② 所以也不能援用鼎銘此字作爲釋"䛼"爲"丽、麗"的依據。方妝各鼎銘的這個字,下文還會有所討論。

在上舉諸多"䛼"字中,3.1 的寫法僅此一例,應是少見的特殊省體。1.4 ▨、3.4 ▨一類形體演變爲 3.2 的▨,如將其描摹器形的上部筆畫綫條化,即成 3.1 的▨,其字形演變的綫索還是明白可尋的。虢叔旅鐘"䛼"下部的器形簡化爲"几"形,較 3.1 簡省更甚。由此可知 3.1"䛼"與"丽"字顯然無關。

總之,無論從"丽(儷)"本身的字形源流來看,還是從"䛼"的字形演變情況來看,它們無疑是自成發展脈絡的兩個不同的字,釋"䛼"爲"丽(儷)"尚缺乏確鑿的證據。主張"䛼"釋讀爲"麗/儷"者,大概認爲此字跟金文中當"輔佐"、"伴隨"講的"邐、麗"代表的是同一個詞;但是後者在目前所見的材料裏均寫作"麗"或"邐",決不用"䛼"字,這也是不好解釋的。

據黃盛璋先生說,郭沫若由於"䛼""結構似'壽'字",曾釋此字爲"壽";後見上都府瑚銘已有"壽"字,"此字就不可能是'壽'",故在寫瑚銘釋文時以缺釋處理。③ 按"䛼"當與"壽"的聲旁"𠷎"結構相似,可能郭沫

---

① 張光裕《香江新見彝銘兩則》,同作者《雪齋學術論文二集》,206～208 頁,臺北:藝文印書館,2004 年。

② 范常喜《方妝各鼎銘"從"字小考》,復旦大學出土文獻與古文字研究中心網,2008 年 11 月 17 日。陳斯鵬、石小力、蘇清芳《新見金文字編》,251 頁。禤健聰《方妝各鼎銘考釋》,《古文字論壇》第二輯(中山大學古文字研究室成立六十週年紀念專號),156～159 頁,上海:中西書局,2016 年。引號裏的話引自禤文,157 頁。按,禤健聰先生認爲鼎銘此字即本文討論的"䛼",不可從。"䛼"的最固定的字形特徵"冖"不見於此字,其字形與 3.1 曾者子鼎所從亦非一事,下文將有說明。

③ 黃盛璋《郭院長關於新出銅器三器的考釋及其意義——紀念郭沫若院長》,《社會科學戰綫》1980 年第 3 期,219 頁。

若本意正是如此，然此係黃盛璋先生轉述，無從覆按。2009年，黃錦前先生用"贏泉"的網名在網上發表《釋疇》一文考釋"𠷎"字，相關內容又見於他的博士學位論文。① 黃先生認爲"𠷎"是"鑄之本字"，此字是把一般"鑄"字下部的"皿"也改換爲"鬲"，中間的"宀"爲"'水'形之變"，代表銅液；"𠷎（鑄）"在銘文中讀爲醻答、酬報之"醻/酬"。他在顯然沒有注意到郭說的情況下，也聯繫上了"㠯"，但他似乎認爲"㠯"與"𠷎（鑄）"並非一字，只是周代金文"鑄"把二"鬲"改作"口"形，"只示其輪廓"，造成與"㠯"同形；"鑄"、"㠯"音近，寫作"㠯"也可增強表音功能。② 不過，黃錦前先生後來感到過去的說法"是有問題的"，轉而認爲"𠷎""表示器之共名"。③

郭沫若、黃錦前先生釋"𠷎"爲"壽"、"鑄"，固不可信，已爲他們自己所放棄；但他們敏銳地覺察到"𠷎"與"㠯"字形上的相似性，這一點卻十分重要，不容否定。"㠯"多用作"壽"、"鑄"等字的聲旁，但獨體的"㠯"已見於殷墟甲骨文，例如：

（甲骨文字形）④

其字形可分析爲"己"兩邊各有一"口"形，二"口"有時同一朝向，有時彼此相對；"𠷎"則在"宀"的兩邊各有一器物形，二器也有時同一朝向，有時彼此相對，情況與"㠯"密合，確實應該結合起來考慮。《合》21181爲時代較早的自組小字類卜辭，此版"㠯"的寫法可與3.1"𠷎"合觀：

（甲骨文字形）

前文已指出3.1"宀"的兩邊是器形的簡省，但簡化之後的形體竟與甲骨文

---

① 黃錦前《楚系銅器銘文研究》，86～90頁，安徽大學博士學位論文（指導教師：黃德寬），2009年5月（此文原未見，後蒙梁月娥先生惠賜，謹致謝忱）。參看黃錦前《新見幾件有銘銅簠》77頁注[8]（《文物》2012年第7期）。
② 贏泉《釋疇》，復旦大學出土文獻與古文字研究中心網，2009年6月6日。
③ 黃錦前《新見幾件有銘銅簠》，《文物》2012年第7期，76頁。
④ 劉釗等《新甲骨文編（增訂本）》，768～769頁，福州：福建人民出版社，2014年。

"𤰽"的某種寫法幾乎無別。3.7那一例"𤰽"也簡化得跟"𤰽"相近。這些現象恐怕不會都是偶然的巧合，應可作爲"𤰽"、"𤰽"有密切聯繫的旁證。

《説文・十三下・田部》："畴(疇)，耕治之田也。从田，𠃝象耕田溝詰詘也。𤰽(引者按："𤰽"、"𠃝"是同一字的不同隸定形)，畴或省。"①同書《二上・口部》"𠃝"字下又説"𤰽"爲"古文疇"，《四上・白部》"𠃝"字下説"𤰽"與疇同。古文字學者也大多認爲"𤰽"即"疇"之初文。② 我們基本上同意釋"𤰽"爲"疇"，但不同意一般對"𤰽(疇)"的形義的理解。就算"己""象耕田溝詰詘"勉强還可以接受，其兩邊的"口"也斷難説象耕田之形。

古漢語"疇"常表示"類"義，"疇匹"、"疇等"義與之相關，字又寫作"儔"(《説文》以"儔"爲"華蓋"義的本字，儔匹、儔儷之"儔"可看作它的同形字)。如《尚書・洪範》"帝乃震怒，不畀洪範九疇"，僞孔傳："疇，類也。"《荀子・勸學》："草木疇生，禽獸羣焉。"楊倞注："'疇'與'儔'同，類也。"《國語・齊語》："人與人相疇，家與家相疇。"韋昭注："疇，匹也。"王褒《九懷・危俊》："步余馬兮飛柱，覽可與兮匹儔。"王逸注："歷觀羣英，求妃合也。"商代中期無𠭯觚云："戌𡨦無𠭯，作祖戊彝。"(《銘圖》09840)"𡨦"，陳劍先生釋爲从"琮"之初文得聲，③可從；在此似當讀爲"崇"，④《詩・周

---

① 大徐本"从田"下一句有脱訛，此從段玉裁改。見(清)段玉裁注、許惟賢整理《説文解字注》，1207頁，南京：鳳凰出版社，2007年。
② 參看于省吾主編《甲骨文字詁林》，1176～1178頁，北京：中華書局，1996年；張世超等《金文形義通解》，195頁，京都：中文出版社，1996年；黃德寬主編《古文字譜系疏證》，561頁，北京：商務印書館，2007年。
③ 陳劍《釋"琮"及相關諸字》，同作者《甲骨金文考釋論集》，273～316頁，北京：綫裝書局，2007年。
④ 陳劍先生讀爲"寵"(《甲骨金文考釋論集》，288頁)。但"寵"从"龍"聲，上古聲母當爲 *r-，與"琮(*dz-)"非一類，無法相通。金文裏還有一類"𡨦(琮)"或从"𡨦(琮)"聲之字，其用法似近於"易(錫、賜)"，如"兮公𡨦盂邦束、貝十朋"(盂卣)、"𡨦絲五十𬘓(鋝)"(乃子克鼎)、"烈祖文考式𡨦受(授)牆爾髭福"(史牆盤)等，陳劍先生也讀爲光寵之"寵"(《甲骨金文考釋論集》，284～290頁)。我認爲不如讀爲"崇"。《詩・大雅・鳧鷖》："公尸燕飲，福祿來崇。"毛傳："崇，重也。"鄭箋："今王祭社，又以尸燕，福祿之來，乃重厚也。"《國語・周語下》"用巧變以崇天災"，韋昭注："崇，猶益也。""崇授牆爾髭福"與"福祿來崇"語近。"崇盂邦束、貝十朋"、"崇絲五十𬘓"之"崇"，猶□叔微簋蓋(《集成》04130)、尸伯簋(《銘圖》05158、05159)"𥁕(益)貝十朋"之"益"。

頌・烈文》："無封靡於爾邦,維王其崇之。"朱熹《詩集傳》："崇,尊尚也。"瓴銘大概是說"無晷"因得到"戍"的推重而作器(受上級或官長的推重,自是一種榮耀)。陳劍先生指出人名"無晷"又見於西周早期的亞無晷作父己瓴(《集成》00904),不晷簋還有人名"不晷"(《集成》04060)。① 頗疑"無晷"、"不晷"當讀爲"無儔"、"不儔",②其名蓋取"無與倫比"、"不可匹敵"之意。訓"類"、訓"匹"的"疇/儔",應該是一個很古的詞。

《左傳・襄公三十年》"取我田疇而伍之",杜預注："並畔爲疇。"這個解釋值得注意。段玉裁在《說文》"疇"字下注曰：

> 許謂耕治之田爲疇(引者按：原文"疇"皆从"晷",爲圖簡便,這裏全改用通行字),耕治必有耦,且必非一耦,故賈逵注《國語》曰："一井爲疇。"杜預注《左傳》曰："並畔爲疇。"並畔,則二井也。引申之,高注《國策》、韋注《漢書》："疇,類也。"王逸注《楚辭》："二人爲匹,四人爲疇。"張晏注《漢書》："疇,等也。"如淳曰："家業世世相傳爲疇。"③

段注爲許說所囿,執着於所謂"耕治之田"的本義,故以"耦耕"云云爲說,不免牽強；但他認爲"類"、"匹"等義由"並畔爲疇"引申而來,這是很有啓發性的。

殷墟自組小字卜辭中有作 ⿱、⿰、⿻ 等形之字,用爲"逃"(《合》19755、19756、19757),④即金文"姚"、"逃"的聲旁。此字應從陳漢平先生說,釋爲"跳/越"之初文。⑤ 陳先生指出此字"字間一畫彎曲,轉折較大,所從似非水形,似爲 ⿳ 字之中畫"、"邑爲疇字古文,'疇,耕治之田也',

---

① 陳劍《釋"琮"及相關諸字》,同作者《甲骨金文考釋論集》,288 頁。
② 參看李學勤《青銅器分期研究的十個課題》,《當代名家學術思想文庫・李學勤卷》,156 頁,瀋陽：萬卷出版公司,2010 年。
③ (清)段玉裁注、許惟賢整理《説文解字注》,1207 頁。
④ 蔣玉斌《釋殷墟自組卜辭中的"兆"字》,《古文字研究》第二十七輯,104～110 頁,北京：中華書局,2008 年。
⑤ 陳漢平《金文編訂補》,262～263 頁,北京：中國社會科學出版社,1993 年。參看郭永秉《關於"兆"、"涉"疑問的解釋》,同作者《古文字與古文獻論集續編》,103～114 頁。按陳漢平先生還提到了此字爲"超"之初文；但"超"的上古聲母爲*T系,"兆"、"跳"等皆爲*L系,一般不能相通,故我們不取此說。

'姚,畔也','畔,田界也'",他據此懷疑這個"跳/越"之初文中的"己""所象乃姚、畔之形"。① 張世超等先生也指出過金文"姚"的聲旁之字"取意與 字相近"。② 這些都是合理的見解。不過,甲骨文此字既釋爲"跳/越",人在耕田之間跳躍反而顯得奇怪;"己"應指一般的界限、界畔,並不局限於田界,爲它所隔開的空間代表不同的區域。【編按:"兆"也有可能就是"界域"義的"姚"的初文,"己"兩邊的"止"表示不同姚域均有人迹(拙文《釋甲骨文裹的"擯"之初文——兼説"兆"字源流》,《第三届漢語字詞關係學術研討會論文集》,250~251 頁,東北師範大學文學院主辦,2023 年 7 月 19~22 日)。】

我們認爲"畀"字中的"己"也表示一般的界畔,"己"兩畔的"口"當視爲抽象符號,代表分處不同界的同類事物,全字正象"並畔爲疇"之形,只是這裏的"畔"、"疇"不能像段玉裁等人那樣理解得如此狹隘。兩個等類的事物雖自有類界,一旦並在一起,便可合成一類、配爲一對(種類之"類"既包含别類之意,又包含同類之意),上引《國語·齊語》"家與家相疇"一句,最能體現此意。"畀"大概就是"類"、"匹"義的"疇"的本字。因爲匹並成類的兩個事物本來分屬不同的領域,各有界畔,所以"疇"引申而有"界垺畔際"、"田隴"的意思;③《説文·十三下·土部》收"塪"字,"一曰高土也"(此據小徐本),《廣雅·釋宫》:"塪,隁也。"此義之"塪"與"疇"當是同源詞。田疇之"疇"本指劃定田界、阡陌的耕田,如"井田"之屬。因此種田地劃有界類,且界畔比並,古人就移用語言裹早已存在的疇類、疇匹之"疇"來稱呼它(這也可以解釋爲什麽"畀"字中的"己"與田界不肖,因爲它本來就不是摹畫田界形的)。"麗(儷)"也有"並"、"匹"等義,但"麗(儷)"没有"類"或"界垺畔際"義,其字形中就不可能出現代表界限的"己"。

前人根據傳世文獻,認爲訓"類"、"匹"之"疇"寫作"儔"是晚起的用字。新近發表的湖北隨州棗樹林墓地 M169 出土的春秋中期加嬭編鐘,

---

① 陳漢平《金文編訂補》,262 頁。
② 張世超等《金文形義通解》,2829 頁。
③ 參看宗福邦等主編《故訓匯纂》,1494 頁,北京:商務印書館,2003 年。

銘文有"余滅(蠠)没下(胡)犀(夷)，龏(恭)畏儔公"之語，"儔"當"匹"或"類"講，顯即"儔"之異體。① 可見从"人"的"儔"字出現得也相當早。爲了避免受田疇之"疇"的干擾，下面用"儔"作爲"類"、"匹"義的這個詞的通用字，"㠯"可以説就是"儔"的本字。

跟"㠯(儔)"字相比，"鬲"不過是把代表抽象事物的"口"形具象化爲銅器(字形中代表器物的形體與"鼎"、"鬲"、"簋"等字都不全同，難以指實，不妨籠統地説爲銅器)，所以我們認爲"鬲"當釋作"儔器"之"儔"的專字，就如同"畴"("疇")爲"田疇"之"疇"的專字一樣。虢叔旅鐘"鬲"的中間不作"㠯(己)"而作"水"，不管"㠯(己)"、"水"之間是否存在繁化抑或簡化的關係，單從字義來説，"水"也可以表示界限、界畔，最著名的例子莫過於現在還常用到的"楚河漢界"。【編按：湖北隨州棗樹林曾國墓地M190出土的曾公畎編鐘"兆"字亦从"水"，與一般的"兆"所从"己"一樣表示"挑畔"。參看拙文《釋甲骨文裏的"擯"之初文——兼説"兆"字源流》，《第三届漢語字詞關係學術研討會論文集》，250頁。】"涉"字意爲由此地渡水進入彼地，其形二"止(足)"之間亦以"水"爲界。鐘銘使用"鬲"的語境與一般用爲器名修飾語者不同，其字从"水"而不从"㠯(己)"，不知能否看作異體分工。殷墟甲骨文裏有从"辵"、"㠯"聲之字，似皆用作祭名，有時也从"止"作(參看《殷墟甲骨刻辭類纂》872頁)；1.1、2.3、3.4等从"辵"或从"止"、"鬲"聲之字，應該就是它的異體。春秋晚期叔弓鐘、鎛有⌘字(《集成》00272、00285)，前人多以爲"㠯(己)"兩邊爲"甾"，實則所謂"甾"應是銅器形的訛變。此字可能也是我們討論的"儔器"之"儔"字，可惜鐘、鎛銘中用爲雙音節地名，且其後一字尚不識，難以驗證。

"儔"有"匹合"、"伴侣"義，上舉1.1、1.3、1.4、1.5、1.6、1.7(也許還可加上3.6與3.7)等"成雙成對"之器没有問題可以"儔"名之；2.1、2.4、2.5等奇數器因皆蓋器相配，所以也可用"匹合"義的"儔"爲其自名修飾語。2.3

---

① 郭長江、李曉楊、凡國棟、陳虎《嬭加編鐘銘文的初步釋讀》，《江漢考古》2019年第3期，10、11、14頁。參看郭理遠《嬭加編鐘銘文補釋》，《中國文字》2019年冬季號(總第二期)，119~121頁，臺北：萬卷樓圖書股份有限公司，2019年。

王子午鼎一組7件,其所謂"儔鼎",當然很可能是指升鼎的大小按"雙件成對"遞減排列而言的;不過其後配的蓋銘曰"佣之儔䵼",疑指升鼎有蓋相匹配而言,其含義似與鼎銘之"儔"有别。上舉那些配有蓋的器自名曰"儔×",指蓋器相匹而言的可能性似亦無法排除。"儔"又有"類"義,1.2、1.8、1.9那種4件或8件同類器物,3.3、3.4、3.5等可能與同出他器配套使用的器物,它們自稱爲"儔器",當取"儔類"之意(2.3王子午鼎銘的"儔",似也有可能訓"類",指一組升鼎),即"草木疇生"(《荀子·勸學》)、"物各有疇"(《戰國策·齊策三》語)之"疇(儔)"。2.2那件出自於鬲的"儔匕",如着眼於匕匹儷鬲使用,則可解作"匹"義之"儔";如着眼於匕與鬲爲一套,則可解作"類"義之"儔","匹"、"類"二義在此是會通的。用於器名修飾語的"會",有時指蓋器相合配對,如哀鼎(《銘圖》02311。蓋、器同銘)、趞亥鼎(《集成》02588。原當有蓋,現已亡失)等銘之"會鼎";有時指匜與盤等其他水器配成一套使用,如王子适匜之"逾(會)匜"(《集成》10190)、王子紳匜之"鎗(會)匜"(《銘圖》14868)、曾夬臣匜之"會匜"(《銘圖》14871)、唐子仲瀕兒匜之"御逾(會)匜"(《銘圖》14975)等等,①情況與"儔器"之"儔"相似。

虢叔旅鐘"△御于天子"當讀爲"儔御于天子",意謂虢叔旅匹類、陪侍於天子,與上引加嬭編鐘"恭畏儔公"甚近。《詩·周南·兔置》:"赳赳武夫,公侯好仇。"西周金文有"克述文王"(何尊)、"述匹厥辟"(史牆盤)、"述匹先王"(單伯鐘)、"述匹成王"(逨盤)等語,由陳劍先生所釋讀,②已獲公認。"仇、述"的意義和用法與"儔"頗類,其間關係猶"仇讎"的"仇"之於"讎",可資比勘。

關於"儔器"之"儔"的專字"䲎"的字形,還有幾點需要補充討論一下。

1.2、2.2、3.2等"䲎"字所從的二器皿,與程鵬萬先生考釋過的"再"字中也上下疊置的二器形近,程先生曾因此認爲"䲎"可能跟射壺从"𠂤"从

---

① 過去多讀此種"會"爲"沫",實不可信。參看施瑞峰《作爲同時證據的諧聲、假借對上古漢語音系構擬的重要性——一項準備性的研究》,《出土文獻》第十三輯,428、430~431頁,上海:中西書局,2018年。

② 陳劍《據郭店簡釋讀西周金文一例》,同作者《甲骨金文考釋論集》,20~38頁。

"再"之字代表同一個詞。① 今按，"儔器"之"儔"字不能讀爲"再"，但"再"可訓"二"、"重"，與訓"類"、"匹"的"儔"義有關聯，有些"䁥"字所從與"再"形近[僅有無"冖(己)"之別]，也許是當時人有意改造的。

3.1 "䁥"雖是二器形簡化的結果，畢竟與上面提到過的方妞各鼎的 ⿰ 有相似之處。范常喜先生認爲《上博(一)·緇衣》簡 8 兩見作 ⿱、⿱ 之"從"，其"辵"旁之外的形體即方妞各鼎此字的省變，因釋鼎銘爲"從鼎"（"從鼎"之名亦見於芮公鼎等）。② 陳斯鵬等先生也有相同的看法（但陳先生認爲方妞各鼎"從重'从'，爲繁構"，未提及上博簡《緇衣》的"從"）。③ 他們並都主張《上博(四)·曹沫之陳》簡 29、24B"⿰卒使兵，毋復前常"、簡 37A"(長民者)毋⿰軍"之"众"也當釋爲"從"。④ 今按，《曹沫之陳》的整理者原釋此字爲"古文'虞'"而讀爲"御"。⑤ 但"虞"、"御"古音開合口不同，恐不能直接通讀；簡文"众"也難於確定就是"古文'虞'"字。從文義看，鼎銘、竹書的"众"釋讀爲"從"，倒很帖切[《曹沫之陳》"從卒使兵"、"毋從軍"之"從"應指"使……跟從"、"率領"，與《韓非子·難三》"(知氏)滅范、中行而從韓、魏之兵以伐趙"之"從"同意。因爲"卒有長，三軍有帥，邦有君"，各司其職，故長民者"毋從軍"，否則便是僭亂]。但對"众(從)"的字形，我們有不同於范、陳二位先生的分析。[看《古文字與出土文獻青年學者西湖論壇(2021)論文集》校樣時按：最近公布的《安徽大學藏戰國竹簡(二)》所收《曹沫之陣》簡 16、32 與上博簡《曹沫之陣》所謂"從"相當之字，其形與"從"不似。此字釋"從"恐有問題，俟再考。]

上博簡《緇衣》"從"所從之"夂"，恐怕未必是"众"的"省變"。"從"有

---

① 程鵬萬《東周"再"字探源》，第八屆出土文獻青年學者國際論壇論文，臺中：中興大學，2019 年 8 月 14～17 日。
② 范常喜《方妞各鼎銘"從"字小考》。
③ 陳斯鵬、石小力、蘇清芳《新見金文字編》，251 頁。
④ 蘇建洲先生也主張釋《曹沫之陳》此字爲"從"，說見其《〈上博楚竹書〉文字及相關問題研究》，43～50 頁，臺北：萬卷樓圖書股份有限公司，2008 年。
⑤ 馬承源主編《上海博物館藏戰國楚竹書(四)》，釋文考釋 262、267 頁，上海：上海古籍出版社，2004 年。

"重疊"、"重多"之義(《詩·大雅·既醉》"釐爾女士,從以孫子"之"從",馬瑞辰引《爾雅·釋詁上》"從,重也"爲釋。① 按《爾雅》此條原文作:"從、申、神、加、弼、崇,重也。"郭璞注:"隨從、弼輔、增崇,皆所以爲重疊。"),"夶"的"二'人'相疊"之形正可表此義。若此,"夶"就是爲"從"的引申義所造的專字。方妝各鼎和《曹沫之陳》的"众(從)",實是"二'夶'相從",可看作相從之"从"的繁體。此種"從"字从"四人",上文引過的段玉裁那段話裏有王逸注《楚辭》曰:"二人爲匹,四人爲疇。"3.1"𢎴"兩邊的器形簡省得貌似"四人"之"众(從)",不知道是不是有湊合"四人爲疇(儔)"之意? 如果這一推測符合事實,3.1 這個"𢎴"的字形就既與其所從出的母字"㠯"的某一形體相合,又能在一定程度上提示"四人爲儔"的字義,真可謂"一箭雙雕",是一種匠心獨運的簡化。

2021 年 5 月 9 日草就
2021 年 6 月 27 日小改

原載曹錦炎主編《古文字與出土文獻青年學者西湖論壇(2021)論文集》,上海古籍出版社,2022 年 12 月。

---

① (清)馬瑞辰《毛詩傳箋通釋》,897 頁,北京:中華書局,1989 年。

談談所謂"射女"器銘
（附：釋"𫢸"）

殷墟二、三期青銅器中，有一般稱爲"射女（或母）"器者，共計鼎三，瓾、鑑、盤各一。現據有關著錄書，列其器銘及現藏地等信息於下：

器形 （及編號）	銘文拓本（或摹本）	出　　處	現　　藏
鼎 A		《殷周金文集成（修訂增補本）》（以下簡稱"集成"）01378	臺北故宮博物院
鼎 B		《集成》01379	上海博物館
鼎 C		《集成》01377①	故宮博物院
瓾		《集成》06878②	濟南市博物館

---

① 以上三器，均見中國社會科學院考古研究所編《殷周金文集成（修訂增補本）》，第 2 冊 919 頁，北京：中華書局，2007 年。
② 同上注所引書，第 5 冊 3963 頁。

談談所謂"射女"器銘　353

續表

器形 (及編號)	銘文拓本(或摹本)	出　　處	現　　藏
鑑(或稱爲"盤")		《集成》10286①	山東省博物館
盤		《攘古錄金文》卷1之2.79②	

鼎A、B以及觚、鑑屬於殷墟二期,鼎C屬於殷墟三期。最末一器,裘錫圭先生已指出與他器同銘,但"將銘文摹倒",字序也與他銘有别。③

這裏有一個情況需要說明。此前的絶大多數研究者都認爲鼎C銘比其他器銘少一或,本文原亦從此説。郭永秉先生讀本文初稿後指出,從《集成》拓本尚可看出鼎C"女"、""之間實有,而且其頭部也是作三叉形的,其下部的尤爲明顯。我在寫作初稿時,也曾注意到""字左下方的"",但當時受前人看法的影響,特别是《西清古鑑》3.14著録此銘的摹刻本作,④誤以爲摹銘文者既目驗原器,"女"、""之間當無旁,現所見拓本左下方或係泐痕。這是極不應有的失誤。在郭先生的提示下,我請在故宫博物院工作的楊安先生幫忙查驗器銘。蒙楊先生賜告,從比較清晰的放大照片看,"女"、""之間確有似"木"形的筆道,但因鑄

---

① 中國社會科學院考古研究所編《殷周金文集成(修訂增補本)》,第7册5543頁。
② 劉慶柱、段志洪、馮時主編《金文文獻集成》第十一册,140頁,北京:綫裝書局,2005年。
③ 裘錫圭《殷墟甲骨文"彗"字補説》,《裘錫圭學術文集・甲骨文卷》,426頁,上海:復旦大學出版社,2012年。
④ 劉慶柱、段志洪、馮時主編《金文文獻集成》第三册,145頁。

範不善,字口極淺,且大半已遭磨損,拓本上無法很好地顯示出來。所以,除《攈古録金文》所收盤銘外,現存所謂射女諸器是完全同銘的。鼎 C "女"、"✦"之間的距離較他器狹窄,這恐怕也是各家所以認爲其間無 ✦ 旁的原因。我懷疑可能鑄鼎銘者起初確實漏鑄了 ✦ 旁,發現後只得補鑄在"✦"字左下方的空隙處,這才造成了鼎 C 諸字位置與他器稍有不同。

　　過去一般釋上舉諸器銘爲"射女(或讀爲'母')✦"。1996 年,裘錫圭先生發表《殷墟甲骨文"彗"字補説》。此文根據甲骨文从"帚"的"叟"字或从 ✦、早期金文"婦"字或从 ✦,指出上舉鑑、盤銘中的 ✦、✦ 與此同形,它們應該跟"女"合起來視爲"婦";鼎銘"婦"所从 ✦ 則是繁形。在此基礎上,裘先生提出早期古文字中 ✦(帚)、✦(彗字所从)二形本可通用。①

　　裘先生釋"婦"之説,得到了一些金文研究者的贊同。② 但也有人對此持保留態度。葛亮先生在一篇名爲《説金文中舊釋"桑"之字》的未刊稿中,注意到上舉鼎 A、B 以及瓿、鑑、盤銘爲"射女 ✦",鼎 C 銘則爲"射女 ✦","女"旁無"✦";"✦""作頭部外撇之形,與'帚'不類",而"✦"字上部象樹杈的部分杈出的數量,跟一旁的 ✦ 上面向 ✦ 的斜筆數總是吻合的"。據此,他認爲 ✦、✦"關係密切,當屬一字"。實際上又回到了傳統的釋讀意見。③

　　所謂鼎 C 銘"女"旁無"✦"的認識,現在看來是不準確的,可不必論。"✦"形"與'帚'不類"則是誤解。細讀上引裘先生的文章不難知道,他顯

---

① 裘錫圭《殷墟甲骨文"彗"字補説》,《裘錫圭學術文集·甲骨文卷》,426～427 頁。

② 董蓮池《新金文編》、畢秀潔《商代銅器銘文的整理與研究》皆取裘説,前者見中册 1642 頁(北京:作家出版社,2011 年),後者見 261、704～705 頁(華東師範大學博士學位論文,2011 年 4 月)。

③ 其説見引於謝明文《商代金文的整理與研究》,102 頁,復旦大學博士學位論文(指導教師:裘錫圭),2012 年 12 月修改稿。

然主張器銘中的這些 [圖]、[圖] 是 "彗" 字所從,而非 "帚" 形。但由於 "帚"、"彐"(彗字所從)二形可以通用[裘先生在此文中已指出 "歸" 字實從 "帚" 聲,這裏的 "帚" 就讀 "彗" 音;後來在《說從 "眥" 聲的從 "貝" 與從 "辵" 之字》中,又據卜辭 "望乘帚" 的 "帚" 當讀爲 "歸",進一步證實了這一點。① 殷墟花園莊東地甲骨中表示 "瘳" 的 "䘧" 字,或增從 "彐" 旁(見 44.1、286.18),姚萱先生指出這裏的 "彐" 當取 "帚" 音而不取 "彗" 音,因爲 "帚"、"瘳" 古音極近,加注 "彐" 表全字讀音。② 這是早期古文字以 "彐" 爲 "帚" 的一個例子【編按:"帚" 與 "彗" 以及它們與 "歸"、"習"、"瘳" 的關係十分複雜,過去的認識在字音、字形等方面有值得商榷之處(如 "瘳" 加注 "帚" 聲說於聲母不合,"歸" 從 "彗" 聲說於韻不合),擬另撰文詳之】,從 "女" 從 "彐" 之字當然也是 "婦"。殷墟甲骨文釋 "彗" 之字或作[圖];③殷墟二期的婦瓹銘中的 "婦" 字,"帚" 旁有作[圖]、[圖]者,④即 "彐" 字所從。歷組卜辭 "歸" 字作[圖](《合集》32880,辭例爲王 "令或歸"),殷墟花園莊東地甲骨 "歸" 作[圖](412),⑤所從[圖]、[圖]無疑就是[圖],此是 "歸" 從 "彗" 聲的明證。花東卜辭中用爲 "婦" 的 "帚",多數寫作[圖],⑥似乎也應視爲 "彐"(彗字所從)之繁體。時代屬於商或西周早期的夌癸婦鼎銘,其 "婦" 字所從的 "帚" 作[圖],⑦與射女鑑的[圖]只有朝左、朝右之别。總之,"婦" 字所從的 "帚" 作 "彐(彗字所從)" 形,在早期古文字中並非孤例;裘先生釋[圖]爲 "婦",字形上絕無可疑。至於鼎、瓹

---

① 《文史》2012 年第 3 輯(總第 100 輯),21~22 頁。
② 姚萱《非王卜辭的 "瘳" 補說》,《河北大學學報(哲學社會科學版)》2012 年第 4 期,110 頁。
③ 參看裘錫圭《殷墟甲骨文 "彗" 字補說》,《裘錫圭學術文集·甲骨文卷》,426 頁。
④ 中國社會科學院考古研究所編《殷周金文集成(修訂增補本)》,第 5 册 3957 頁 06857、06858 號。參看畢秀潔《商代銅器銘文的整理與研究》,261 頁。
⑤ 李宗焜《甲骨文字編》,701 頁,北京:中華書局,2012 年。
⑥ 李宗焜《甲骨文字編》,694 頁。
⑦ 中國社會科學院考古研究所編《殷周金文集成(修訂增補本)》,第 2 册 1123 頁 02139 號。參看畢秀潔《商代銅器銘文的整理與研究》,263 頁。

銘"婦"所從"𡴀""作頭部外撇之形",與一般的"彐"有別,觀下文自明。

"帚"、"彐"通用的原因,陳劍先生有很好的解釋:

> "彐(彗字所從)"所象的是植物"王彗"的形象,王彗即地膚,也稱王帚、落帚。《爾雅·釋草》:"葥,王彗。"郭璞注:"王帚也,似藜。其樹可以爲埽彗,江東呼之曰落帚。"古文字單複常無別,兩個"彐"即卜辭𢎨字、"彗"字的上半(引者按:卜辭𢎨字,唐蘭先生釋"彗"①)、以及"習"字所從等。王彗可爲笤帚(或者説當時笤帚最常用的製成材料就是王彗),所以"帚"字既可以直接寫作獨體的"彐",也可以畫出其下端加以結束之形與普通的"彐"形相區別,以後兩形就逐漸分化開了。已經畫出其下端加以結束之形的"帚",從材料來説仍是"彗",也仍可用以表示"彗/彗"。因此,獨體的"帚"和獨體的"彐(彗字所從)",都是既可以代表笤帚之"帚"的讀音,也可以代表用以製成笤帚的"彗"的讀音的。②

"王彗"、"王帚"之"王",前人指出意爲"大",猶"菉"稱"王芻"、"蒙"稱"王女"、"雎鳩"稱"王雎"。③ 就語法關係來説,"王"是修飾"彗"、"帚"的(大概整株的植物"葥"看起來比"彗"、"帚"要大)。不過葥也可以單稱爲"彗"。《山海經·海外南經》載厭火國北有三株(珠)樹,"其爲樹如柏,葉皆爲珠。一曰其爲樹若彗"。前人以"彗"爲彗星或埽竹,④皆不合於文例。"彗"與"柏"同類,都是樹木,當讀爲"彗",指整株的葥而言。《開元占經》卷八十八"彗字名狀占二"引《荆州占》:"彗星,其象如竹、彗樹木枝條,長短無常。"又引《黃帝占》:"彗星者,所以除舊布新、掃滅凶穢,其象若竹、

---

① 唐蘭《殷虛文字記》,19~20 頁,北京:中華書局,1981 年。
② 趙鵬《殷墟甲骨文女名結構分析》引陳劍先生回信,宋鎮豪主編《甲骨文與殷商史》新一輯,195 頁,北京:綫裝書局,2009 年。
③ 朱祖延主編《爾雅詁林》,2985、2986 頁引陸佃《爾雅新義》、王闓運《爾雅集解》、尹桐陽《爾雅義證》、江藩《爾雅小箋》,武漢:湖北教育出版社,1996 年。
④ 袁珂《山海經校注(修訂本)》,235 頁,成都:巴蜀書社,1992 年。

彗樹木枝條,長大而見……"①"其象"句意謂彗星的樣子如同竹子、彗(篲)等樹木的枝條,這裏的"彗(篲)"應該也是指萧(地膚)這種植物。下文就把"彗"字所从的、象地膚之形的"彐"釋寫爲"篲"。

從現有的古音知識來看,"篲"、"帚"的讀音相差不算很遠。"彗"是邪母質(脂)部字。② 从"彗"聲的"篲",《廣韻》收於去聲至韻徐醉切遂小韻(訓"帚"之"篲"亦有此讀),上古也當屬於邪母質(脂)部。"帚"是章母幽部字。从"帚"聲的"埽/掃"和从"彗"聲的"䚯"、"雪"都是心母字。上古幽部與脂質(微物)部存在通轉關係,李家浩先生就把"帚"讀"彗"音看作幽部與微物(脂質)部相通的例證。③ "帚"與"彗"的韻部關係,跟"采(秀)"與"穗(《説文·七上·禾部》以爲'采'之或體)"的韻部關係平行。製成笤帚的植物"王篲"又叫"王帚",笤帚之"帚"在古書裏又叫"彗"(《禮記·曲禮上》"國中以策彗卹勿驅"鄭玄注:"彗,竹帚。")。這樣看來,"帚"、"彗"很可能本由一語分化。"帚"、"彐"二形都既可以代表"帚",又可以代表"彗",恐怕與字義、字音都有關係。【編按:"帚"、"彗"上古聲韻皆不近,此段所論非是,當刪。】

李孝定先生懷疑" "未審與'桑'字有關否"。④ 但甲骨金文"桑"字的寫法與此不合,⑤釋"桑"恐不可信。在各家關於此字的考釋意見中,日本學者高田忠周和中國學者馬叙倫的説法,最值得注意。高田忠周《古

---

① 參看劉樂賢《馬王堆天文書考釋》,136頁,廣州:中山大學出版社,2004年。
② "彗"字韻部,有歸祭月部和歸脂質部二説。裘錫圭先生認爲"當從'彗'爲脂質部字説('彗'、'惠'聲通之例很多),脂質部與微物部關係密切[引者按:"歸"屬微部]。古音質、緝二部關係亦密切,故緝部的'習'本从彐(彗)聲,'彗'古文作'篲',从'習'聲。"[《説从"肖"聲的从"貝"與从"辵"之字》,《文史》2012年第3輯(總第100輯),21頁;又見《殷墟甲骨文"彗"字補説》,《裘錫圭學術文集·甲骨文卷》,427頁"編按"。]其説可從。
③ 李家浩《楚簡所記楚人祖先"妣(鬻)熊"與"穴熊"爲一人説——兼説上古音幽部與微、文二部音轉》,《文史》2010年第3輯(總第92輯),26頁。
④ 李孝定、周法高、張日昇編著《金文詁林附録》,855頁李孝定案語,香港:香港中文大學,1977年。裘錫圭先生亦有此見,見其《殷墟甲骨文"彗"字補説》,《裘錫圭學術文集·甲骨文卷》,426頁。
⑤ "桑"的字形源流參看季旭昇《説文新證》,511~512頁,福州:福建人民出版社,2010年;范常喜《簡帛〈周易·夬卦〉"喪"字補説》,《周易研究》2006年第4期,39~42頁。

籀篇》雖也誤以"[圖]"爲一字,但説:

……又二器合"[圖]""[圖]"、"[圖]""[圖]"爲"婦"字(引者按:實無"合'[圖]'、'[圖]'爲'婦'字"之器,參上文),即知"[圖]"爲"帚"省。《説文》:"帚,糞也。从又持巾,埽门内。"此解有誤。但最古文字"帚"不从"又"、"巾",即从"[圖]"省,與"冖"而爲形也。因謂《説文》"彗,竹埽也(引者按:當作'掃竹也',疑誤抄倒)。从又持䒑",此亦有誤。"䒑"即"[圖]"之略,非从二"生""甡"字也。……愚謂此當"萷"字象形。《説文》:"萷,王彗也。从艸、潚聲。"《爾雅》作"葥,王彗也",注云"似藜,其樹可以爲埽彗,江東呼之曰落帚"。其所云狀,正與此篆形相合,我邦俗所謂帚艸也。①

馬叙倫《讀金器刻詞》認爲"[圖]"即"歸""所從得聲之歸"。由於要把"[圖]"與"𠂤"、"[圖]"與"帚"相比附,他自然不能同意高田忠周釋"[圖]"爲"萷":"倫謂實掃竹之本字,音讀如'帚'。'帚'則'埽'之初文也。"②

李孝定先生批評高田忠周釋"萷"、馬叙倫釋"帚"之説"蓋望文之訓,難以徵信"。③ 馬氏釋"[圖]"爲"歸",固屬"望文之訓",毫無文字學道理可言,但他把"[圖]"與"帚"聯繫起來,卻不宜全盤否定;高田忠周説"[圖]"象王彗之形,更是十分正確的。

蔡哲茂先生《説[圖]》一文,④曾引馬王堆帛書《天文氣象雜占》中的彗星圖以與"彗"字所從的"[圖]"或"[圖]"相比較。帛書所繪取象於植物王彗

---

① 《金文詁林附録》,853～854頁。
② 同上注所引書,855頁。
③ 同上注。
④ 蔡哲茂《説[圖]》,原載《第四届中國文字學全國學術研討會論文集》,81～96頁,臺北:大安出版社,1993年;收入《甲骨文獻集成》第十四册,76～79頁,成都:四川大學出版社,2001年。今據後者引。

談談所謂"射女"器銘　359

的各種彗星，跟■的上部幾乎如出一轍：

■、■、■①、■、■、■

盤銘的■字，如果不是漏摹其下部，跟帛書的彗星顯然更像。《爾雅圖》下册（京都大學圖書館藏清重刊影宋本）所收王䔞作如下之形：

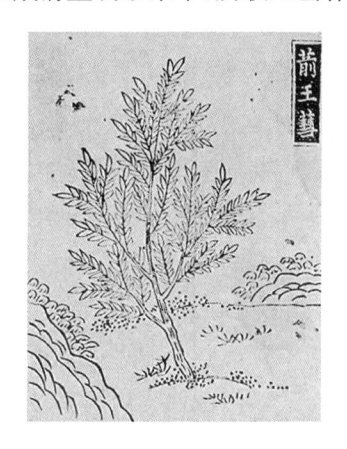

亦與■字頗類。地膚（即"葥"、"王䔞"）這種植物是有根部的，《本草圖經》謂其"根作叢生"。② "■"畢竟是文字而非圖畫，其根部與一般的樹木無別，没有細緻地描繪出"叢生"的特點，實不足怪。

但是，高田忠周把象王䔞之形的■釋爲"葥"，從文字學上説不如釋爲"䔞"之象形初文合適（前文已舉《山海經》、《荆州占》等文獻稱"葥"爲"䔞"之例）。釋■爲"䔞"，■、■雖非屬一字，但"■字上部象樹杈的部分杈出的數量，跟一旁的■上面向■的斜筆數總是吻合的"的疑點，可以得到圓滿的解答。

---

① 傅舉有、陳松長《馬王堆漢墓文物》，160 頁，長沙：湖南出版社，1992 年。
② 轉引自尚志鈞《〈五十二病方〉藥物注釋》，69 頁，蕪湖：皖南醫學院科研科，1985 年（油印本）。

前面説過，諸器銘"婦"字所從的❇、❇即"❇"（❇字所从），這裏是以"❇"爲"㞢"。❇是"❇"最象形的寫法，❇、❇則是截取其莖葉的省簡之體。❇"作頭部外撇之形"，正與❇的頭部一致，是由❇省變爲❇、❇的中間環節。❇（《懷特》S1345）又作❇（《屯南》86），其字"目"上的三個似"屮"之形，左右兩個或變作"❇"，與❇省作❇同例。① 既知❇、❇是一字的繁簡體，"❇上面向❇的斜筆數"與"❇字上部象樹杈的部分杈出的數量""總是吻合的"，就很好理解了。

商代青銅器銘文分期中的所謂殷墟二期，相當於武丁、祖庚、祖甲時期；殷墟三期相當於廩辛、康丁、武乙、文丁時期。② 如鼎C屬於殷墟三期、其餘諸器屬於殷墟二期的斷代符合實際，所謂射女器很可能是二、三期之交的東西（爲某人作器紀念，按常理時間不容相隔太長）。與此時代相近的殷墟甲骨文裏未見"❇"的繁體❇，而只用其簡省之體❇或❇，大概因爲甲骨文是商代文字的一種俗體的緣故。族名金文中的人名用字大多比較保守，所以射女器銘保留了象形程度最高的"❇"字。

釋❇爲"❇"，還能爲"❇"所從的"❇"找到字形源頭。高田忠周謂"'❇'，即'❇'之略"，大體不錯。下面對此説作些補充論證。

西周晚期金文裏的"雪"及从"雪"的"霻"字，作如下之形：

❇（伯溫父簋③）　　❇（姜林母簋，④）❇⑤

---

① 參看陳劍《甲骨文舊釋"眢"和"盤"的兩個字及金文"飘"字新釋》，同作者《甲骨金文考釋論集》，221頁，北京：綫裝書局，2007年。
② 嚴志斌《商代青銅器銘文研究》，131、132頁，上海：上海古籍出版社，2013年。
③ 《考古與文物》2007年第4期，5頁，圖6.2。
④ 中國社會科學院考古研究所編《殷周金文集成（修訂增補本）》，第3册1895頁03571號。
⑤ 摹本取自容庚《金文編》，538頁，北京：中華書局，1985年。

談談所謂"射女"器銘　361

[圖](伯多父盨①)②

"雪"从"彗"。末一例"彗"所從 [圖] 變作 [圖]，董珊先生曾結合"未"、"史"的同類變化加以說明。③ 也可能下部的"口"形來自於 [圖]、[圖] 一類寫法的下端，待考。

戰國文字中的"彗"、"慧"、"雪"等字多作如下之形：

[圖]（司馬成公權④）　　[圖]（《古璽彙編》1753，又見 0982）

[圖]（《古璽彙編》3045，又見 0715）⑤

[圖][《上博（一）·性情論》38 號簡⑥]

———

① 中國社會科學院考古研究所編《殷周金文集成（修訂增補本）》，第 4 册 2805 頁 04419 號。
② 此三例"雪"、"雩"均用作器名修飾語。楊樹達《積微居金文説》在討論姜林母簋時，已疑"雩"當讀爲"錯"，引《淮南子·説林》"水火相憎，錯在其間，五味以和"高誘注："錯，小鼎。"並説："蓋小聲謂之嘒（《説文》），小棺謂之槥（《漢書》注），小鼎謂之錯，其義一也。引申之，則彗爲凡小之稱。"(244～245 頁，上海：上海古籍出版社，2007 年。楊説初稿漏引，蒙陳劍先生賜示)伯盨父簋發表後，王輝《讀扶風縣五郡村窖藏銅器銘文小記》也疑"雪"當讀爲"錯"，並引王念孫《讀書雜志》所録王引之校《淮南子·説山》"鼎錯日用而不足貴"句説："錯當爲鐪。鐪字本在鼎字上。鐪鼎，小鼎也……鐪，小貌也。小鼎謂之鐪，小棺謂之槥，小星貌謂之嘒，其義一也。"(王輝《高山鼓乘集——王輝學術文存二》，5 頁，北京：中華書局，2008 年)伯多父盨器形不明。其餘二簋，學者們指出其形似豆，體量較一般的簋爲小，稱之爲"錯（意即'小'）簋"是適當的（楊樹達《積微居金文説》，245 頁。張懋鎔《關於青銅器定名的幾點思考——從伯湄父簋的定名談起》，《文博》2008 年第 5 期，19～24 頁）。按從"彗"聲之字往往有"小"義，除了王引之、楊樹達所舉的"槥"、"嘒"外，《説文·十三上·糸部》有"纗"字，訓"蜀細布也"；《玉篇》等字書裏有"憓"字，意爲謹慎。"細"、"謹慎"之義皆與"小"相因。【編按："雪"、"雩"讀爲"鐪"之説需存疑。】
③ 董珊《越王羞徐戈考》，《故宫博物院院刊》2008 年第 4 期，25～26 頁。
④ 中國社會科學院考古研究所編《殷周金文集成（修訂增補本）》，第 7 册 5598 頁 10385 號。
⑤ 參看湯志彪《三晉文字編》，651 頁，吉林大學博士學位論文（指導教師：馮勝君），2009 年 12 月。
⑥ 馬承源主編《上海博物館藏戰國楚竹書（一）》，圖版 108 頁，上海：上海古籍出版社，2001 年。

［《清華（肆）·筮法》59 號簡①］

所從"彗"的字形與西周金文一脈相承（似乎只有曾侯乙墓所出 9 號簡"簪"作𥫗，保留了甲骨文"彗"作丰形的特徵【編按：此字所從非"彗"，應從王寧《再説清華簡〈四告〉中的"羿"字》説釋爲從"羿"，其形與清華簡《四告》簡 28、29 兩見的后羿之"羿"字相同（"群玉册府"微信公衆號，2023 年 7 月 18 日）】。秦漢文字"彗"即繼承這一路寫法，但往往把丰中位於下層的"V"形筆畫寫成橫畫②（上舉後二例楚簡的"慧"、"雪"，已把丰的下層"V"形筆畫拉得較直），遂譌變爲《説文》所隸定的"甡"。

或據楚簡"雪"有從"毳"聲的或體（見包山 185 號簡、郭店《老子》甲組 25 號簡、《清華（壹）·楚居》6 號簡等，所從"毳"有省作"毪"者。參看附文《釋轟》），推測"彗"所從《説文》作"甡"者，乃"毳"之省體。③ 現在我們釋出了射婦諸器中作丰形的"彗"字，可以知道"彗"字中的丰，應該就是截取丰的上部丰而來的。"毳"字已見於西周金文，其所從"毛"與"彗"判然有别。④ "彗"從"毳"聲的新説顯然不能成立。

甲骨文"帚"作丰、丰等形。⑤ 羅振玉謂"象帚形，丰其柄末，所以卓立者……其从'冂'者，象置帚之架，埽畢而置帚於架上，倒卓之也"。⑥ 後人多從之，唯唐蘭先生不信其説。唐先生認爲丰與"木"、"禾"相似，"實

---

① 清華大學出土文獻研究與保護中心編、李學勤主編《清華大學藏戰國竹簡（肆）》，上册 29 頁，上海：中西書局，2013 年。
② 參看漢語大字典字形組編《秦漢魏晉篆隸字形表》，394、748 頁，成都：四川辭書出版社，1985 年。
③ "有鬲散人"（網名）在簡帛網"簡帛論壇"《初讀清華（四）筆記》帖子下第 51 樓跟帖，2014 年 1 月 12 日。
④ 董蓮池《新金文編》，中册 1197 頁，北京：作家出版社，2011 年。
⑤ 參看李宗焜《甲骨文字編》，693～696 頁。
⑥ 羅振玉《殷墟書契考釋三種》，195 頁，北京：中華書局，2006 年。

象植物之形",並引《爾雅·釋草》"萹"字的解釋及郭注,"是帚字之形正象王帚一類之植物,以其可爲埽彗,引申之,遂以帚爲埽彗之稱,習久忘本,遂不知帚字之本象樹形矣"。"其或作者,字體之增繁……冂爲繁畫,本無意義也"。① 據説比較原始的笤帚,就是束王彗之干、散其莖葉豪端而製成的(上舉、一類字形的下部很像是被紮束起來的王彗之干),所以一類形體中的"冂"可能就表示彗干被紮束起來,②未必是無意義的增繁或"置帚之架"(但、一類字形中的短横,不知是看作飾筆好,還是看作表紮束之義好)。撇開這一點不論,如果唐先生對"帚"字字形的分析可取,已知是的省體,就有可能是的簡省之體;那麼馬叙倫釋爲"帚",不是也講得通麼?反復權衡,我覺得唐蘭先生説"帚"字"本象樹形"恐怕不太合理。甲骨文中的"㥯"、"叟"等字,均作手持"帚"之形,③這裏被持執的"帚"只能是笤帚而不可能是王帚一類的樹。所以,"帚"字中的""還是以羅振玉説爲笤帚之"柄末"較有道理。與(帚)所象之形不能隨便牽合。

根據以上所説,所謂射女諸器銘文當釋爲"射婦彗"。"射"是族名,"彗"乃婦之私名。

最後附帶討論一下有關"彗"字的問題。

《説文·三下·又部》以"掃竹"爲"彗"之本義。殷墟甲骨文中有作、、等形的"㥯"字,④裘錫圭先生指出其"本義大概是用帚進行灑掃、刷洗之類動作",字中的小點象灑掃所用的水。⑤ "彗"象手(又)持二

---

① 唐蘭《殷虚文字記》,25頁。
② 與"索"字所從"冂"的用意相類,參看郭永秉、鄔可晶《説"索"、"勑"》,《出土文獻》第三輯,105頁,上海:中西書局,2012年。
③ 參看李宗焜《甲骨文字編》,697、698頁;裘錫圭《釋"叟"》,《裘錫圭學術文集·甲骨文卷》,552~561頁。
④ 李宗焜《甲骨文字編》,697頁。
⑤ 裘錫圭《釋"叟"》,《裘錫圭學術文集·甲骨文卷》,560頁。

"彗","篲"、"帚"古通用(這裏的"篲"實指經過束干散莖葉等程序加工的"篲",亦即"帚",而不是整株玉篲樹),可知"彗"的構形與"叜"極似。"彗"與"篲"的關係,猶如"叜"與"帚"的關係。説"彗"字象"掃竹",顯然不如羅振玉説"象掃除之形"①妥當。我們前面把"🔣"、"🔣"釋寫爲"篲"而不釋寫爲"彗",正出於這一層考慮。

"彗"、"叜"二字音義都很接近。"叜"當讀"侵"、"浸"一類音,是齒音侵部字。從"🔣"(篲)聲的"習"是緝部字,與"叜"韻部陽入對轉。聲母方面,從"彗"聲的"雪"、"縉"和從"叜"聲的"藂"都是心母字。【編按:以上説"叜"、"彗"音近非是,當删。】"彗"可指"帚",帚就是用來掃除的,所以前人多言彗星"所以除舊佈新也"(《左傳·昭公十七年》)。《後漢書·班彪傳》所附《班固傳》:"元戎竟野,戈鋋彗雲。"李賢注:"彗,掃也。"殷墟卜辭當疾癒講的"🔣",《方言》、《素問》等傳世古書作"慧",學者們指出其疾癒義由掃竹義引申而來。② 其實,"彗"本表示持掃竹以灑掃、刷洗,由此引申出病除義,是相當自然的。《韓非子·外儲説左下》:"黍者,非飯之也,以雪桃也。"《孔子家語·子路初見》篇襲此語,王肅注:"雪,拭。"《吕氏春秋·觀表》"吴起雪泣而應之",高誘注:"雪,拭也。"《晏子春秋·内篇諫上》"景公登牛山悲去國而死晏子諫"章,有"公刷涕而顧晏子"之語。"刷涕",《列子·力命》作"雪涕"。"雪"、"刷"音義皆近。③ "雪恥"、"雪恨"之"雪"即此義之引申。"雪"從"彗"聲【編按:此説恐非】,"雪"之訓"刷"、"除",應即得義於彗(《類篇·巾部》:"盥巾謂之幯。""幯"字的聲旁"彗"可能也兼有義)。"彗"字所以從"二'篲'",大概有意要跟"叜"字區别開來。

殷墟卜辭屢見一祭祀對象"帰壬"。"帰"字作🔣、🔣、🔣等形,④唐蘭

――――――――
① 羅振玉《殷墟書契考釋三種》,196 頁。
② 參看裘錫圭《殷墟甲骨文"彗"字補説》,《裘錫圭學術文集·甲骨文卷》,422～423 頁。
③ 參看(清)王念孫《廣雅疏證》,98 頁,北京:中華書局,1983 年。
④ 李宗焜《甲骨文字編》,696～697 頁。

先生釋爲"掃",謂"掃塵土於手中,實兼象叁除之義"。① 唐先生説"埽"有"糞除之義",是有道理的;但他分析字形爲"掃塵土於手中"、釋其字爲"掃",則不可信。詳下文。蔡哲茂先生以"埽"、"叟"爲一字,並釋"埽壬"爲"帚壬",謂即文獻中的"周壬",②也有問題。"埽"字中"又"與"帚"的關係跟"叟"字"又"持"帚"的關係不同,二者似非一事。③ 一般都把"埽"、"叟"分爲二字,可從。

從有關資料看,爲唐蘭先生所否定的羅振玉釋"埽"、𦘕、𦘕爲"嘒"之説,④反倒值得重新考慮。賓組卜辭中有一作𦘕形的人名(或族氏名)"嘒",常與"郭"一起接受商王的命令去執行任務(如《合集》553、8235等)。在《合集》7056 中,與"郭"並提的人名寫作𦘕,似表明此字當讀"嘒"音。蔡哲茂先生文中已舉出,子組卜辭"埽壬"之"埽"或作𦘕(《合集》21573);⑤我們知道,从"叟"之字多有从"帚"的異體("叟"音與"帚"亦近【編按:此説不確】),⑥所以𦘕與𦘕當是一字繁簡體或具有通用關係。既然𦘕讀如"嘒",爲𦘕所通的"埽"也應該讀"嘒"的音。上引裘錫圭先生説"叟"字中的小點代表灑掃時的水。我懷疑𦘕、𦘕、𦘕等字中的小點也象灑掃所用的水。𦘕大概確如羅振玉所説,也表示持帚灑掃、洗刷之類的動作,⑦𦘕乃其省體;𦘕、𦘕似象以手灑水,以帚刷洗、糞除。糞除之"糞"(《説文·十三下·土部》以"叁"爲其本字)與刷洗、掃除義的"嘒",應是音義皆近的同源詞(从"嘒"聲的"歸",韻部與"糞"陰陽對轉。"糞"、"分"古通。⑧ 地

---

① 唐蘭《殷虚文字記》,28～29 頁。
② 蔡哲茂《説𦘕》,《甲骨文獻集成》第十四册,78 頁。
③ 唐蘭先生早已指出了這一點,見其《殷虚文字記》28 頁。
④ 羅振玉《殷墟書契考釋三種》,195～196 頁。
⑤ 蔡哲茂《説𦘕》,《甲骨文獻集成》第十四册,78 頁。
⑥ 參看裘錫圭《釋𡩝》,《裘錫圭學術文集·甲骨文卷》,552～554 頁。
⑦ 羅振玉《殷墟書契考釋三種》,196 頁。
⑧ 高亨、董治安《古字通假會典》,142 頁,濟南:齊魯書社,1989 年。

名"幽"或作"郯"。① "幽"、"燹"一字分化，"燹"與有些从"彗"聲之字一樣，也讀心母。可是"幽"以及"燹"所从得聲的"豩"，卻跟"糞"一樣，讀幫母【編按："糞"、"彗"同源之說無據，應取消】。"糞"在甲骨文裏有一種繁體作🗙（《合集》18181）。② 雖然"糞"字中的小點代表塵砂一類的糞除之物而非水，但大體上看，🗙、🗙與繁體"糞"的字形有相似之處，其所表之意亦可類比體會。

🗙的字音、字義與"彗"頗近，二者的字形似亦有關。甲骨文🗙與🗙（彗）爲一字。③ 🗙、🗙也讀"彗"音，🗙又常省去表示水的小點作🗙；④ 🗙、🗙雖不見得爲一字（也可能本爲一字異體，但卜辭時代已利用異體加以分工，所以二者在用法上似不重合），但由於讀音相近，🗙可能曾有過从🗙或🗙的異體。古文字"収"、"又"二旁常可通用，⑤例如獨體的"叔"字甲骨文从"収"，自西周金文以下則皆从"又"⑥（上舉晉壐从"彗"聲的"慧"字中，"彗"所从"又"作"収"形，這大概是故意繁化以求對稱，⑦並非繼承甲骨文🗙字而來）。所以，羅振玉🗙"殆即許書'彗'字"⑧的看法（也許應該說🗙可能是"彗"字的前身），似乎也不無考慮的餘地。

2014 年 3 月 23 日改定

---

① 高亨、董治安《古字通假會典》，144～145 頁。
② 羅振玉《殷墟書契考釋三種》，195 頁。于省吾主編《甲骨文字詁林》，3030 頁引李孝定說，北京：中華書局，1996 年。
③ 裘錫圭《殷墟甲骨文"彗"字補說》，《裘錫圭學術文集·甲骨文卷》，426～427 頁。
④ 李宗焜《甲骨文字編》，696 頁。
⑤ 裘錫圭《甲骨文字考釋（八篇）·二，釋芟》，《裘錫圭學術文集·甲骨文卷》，77～78 頁。劉釗《古文字構形學（修訂本）》，43～44 頁，福州：福建人民出版社，2011 年。
⑥ 謝明文《釋甲骨文中的"叔"字》，復旦大學出土文獻與古文字研究中心網，2012 年 10 月 31 日。
⑦ 西周金文"秉"字有 🗙→🗙→🗙 等變化（參看董蓮池《新金文編》，上冊 338～339 頁），可爲"彗"由从"又"變作从"収"形提供參照。參看蘇建洲《上博九〈靈王遂申〉釋讀與研究》，《出土文獻》第五輯，102 頁，上海：中西書局，2014 年。此點亦曾蒙陳劍先生面告。
⑧ 羅振玉《殷墟書契考釋三種》，196 頁。

附識：拙文蒙陳劍、郭永秉、蘇建洲等先生審閱指正，寫作過程中得到楊安先生的幫助，作者統致謝忱。

附：釋"轏"

信陽 1 號楚墓所出遣册（即所謂"2 組竹簡"），4 號簡中與"一良囨（圓）軒"、"一良女乘"等並記者，有"一乘良轏"和"二乘緣迖轏"。① 二"轏"字分别作如下之形：

其右旁舊多誤釋。郭店楚墓所出《老子》甲組 25 號簡有▨字，相當於馬王堆帛書乙本和今本中的"脆"；整理者指出即包山 2 號墓 185 號簡的▨，字從"毳"聲。② 信陽簡的"轏"由劉國勝先生據此釋出。③

望山 2 號楚墓所出遣册有如下一條：

　　一杭、一轏：紫（？）綪、紡屋，劃（絶）圼；柱，昜（陽）馬，禹純；虎▨（15 號簡）④

"一轏"二字原簡作▨，由於寫得很擠，各家或釋作一字，此從原整理者釋。劉國勝先生雖亦視"一轏"爲一字，但他根據此字從"毳"聲，指出與信陽簡"轏"大概代表同一個詞。⑤ 此説可從。

---

① 武漢大學簡帛研究中心、河南省文物考古研究所編著《楚地出土簡册合集（二）》，146 頁、圖版 79 頁，北京：文物出版社，2013 年。
② 荆門市博物館《郭店楚墓竹簡》，釋文注釋 116 頁，北京：文物出版社，1998 年。
③ 劉國勝《楚喪葬簡牘集釋》，18 頁，武漢大學博士學位論文（指導教師：陳偉），2003 年；同作者《楚喪葬簡牘文字釋叢》，《古文字研究》第二十五輯，365 頁，北京：中華書局，2004 年。
④ 湖北省文物考古研究所、北京大學中文系編《望山楚簡》，圖版 56 頁、釋文 109 頁，北京：中華書局，1995 年。釋文參考劉國勝《楚喪葬簡牘集釋》98～99 頁所引各家之説，北京：科學出版社，2011 年。按"紫（？）"舊多釋"約"。其字雖大半已殘，但與 13 號簡"紫"字比較一下，似以釋"紫"較長。
⑤ 劉國勝《楚喪葬簡牘集釋》，16～19 頁，武漢大學博士學位論文（指導教師：陳偉），2005 年修訂本；同作者《楚喪葬簡牘集釋》，99 頁，北京：科學出版社，2011 年。

劉國勝先生認爲信陽簡的"轏""似當爲'橇'的異構（引者按：據舊注，"橇"原讀"毳"音），在此通'輴'"，"簡文共記三乘轏，可能用來運載棺柩、葬器"。① 劉信芳先生也認爲"轏"當讀爲"橇"，但這裏指泥行車具（即《史記·河渠書》所記"泥行蹈毳"之"毳"）。② 陳偉先生根據"毳"在楚簡中或讀"撬"音（如上博簡《容成氏》《子羔》等篇"毳"、"毫"與"肥"連言，當讀爲"磽/墝"），主張信陽簡的"轏"、望山簡的"𩋕"當讀爲"轎"或"橋"。③ 他引俞正燮《癸巳類稿·轎釋名》"轎者，車深輿無輪有後轅者也。《漢書·嚴助傳》'輿轎而隃嶺'，爲'轎'字初見。注臣瓚云：'今竹輿車也。江表作竹輿以行。'下云'人迹所絕，車道不通'，蓋過山兜籠，今過嶺者多用此。……《史記·河渠書》云禹'山行即橋'，……當即是轎"，並說："在河南固始侯古堆東周大墓的隨葬坑中，發現有三乘肩輿。這是先秦使用'轎'的實物遺存，可與以上分析相呼應。"④陳說已爲不少學者所接受。⑤

"轏"的聲旁"毳"，不但見於郭店《老子》簡和包山簡，在上博簡和清華簡中也有數例，如：[圖][《上博（四）·采風曲目》簡3"《毳氏》"]、[圖][《上博（九）·陳公治兵》簡3"酓（熊）毳子梳"]、[圖][《清華（壹）·楚居》簡6"酓（熊）毳（雪）"]。《采風曲目》的"毳氏"，整理者讀爲"毳氏"，⑥未知確否。《陳公治兵》的"酓（熊）毳子梳"與包山185號簡的"酓（熊）毳适"，已

---

① 劉國勝《楚喪葬簡牘文字釋叢》，《古文字研究》第二十五輯，365～366頁；同作者《楚喪葬簡牘集釋》，10頁。
② 劉信芳《信陽楚簡2-04號所記車馬器研究》，《古文字研究》第二十六輯，293頁，北京：中華書局，2006年。
③ 陳偉《車輿名試說（二則）》，《古文字研究》第二十八輯，386頁，北京：中華書局，2010年。
④ 陳偉《車輿名試說（二則）》，《古文字研究》第二十八輯，387頁。
⑤ 劉國勝《楚簡車馬名物考釋二則》，《古文字研究》第二十九輯，479～481頁，北京：中華書局，2012年；同作者《楚喪葬簡牘集釋》，10頁。彭浩《望山二號墓遣册的"緵"與"易馬"》，《江漢考古》2012年第3期，122頁。
⑥ 馬承源主編《上海博物館藏戰國楚竹書（四）》，釋文考釋167頁，上海：上海古籍出版社，2004年。

有人指出實以楚先王"熊雪"爲氏。① 此二例"靁"與《楚居》的"靁"一樣,皆用爲"雪"。"雪"、"脆"古音相近。由此可見,獨體的"毳"雖有"脆"、"撬"二讀,但从"雨"、"毳"聲之字恐怕只讀"雪"、"脆"一類的音(正因有了"雨"旁的偏旁組合限制,信陽簡"轠"的聲旁和郭店《老子》用爲"脆"之字,所从"毳"才可以省作"毛")。楚文字"靁"既然屢用爲"雪","當即楚之'雪'字"。② 望山簡"𠕂"的聲旁如取"撬"音,則其字似不易釋出;如取"脆"音,"𠕂"就有可能是"尗(刷)"(楚文字"巾"、"市"二形作爲義符常可通用)的形聲結構的異體【編按:此處有改動】。

所以,"轠"、"𠕂"二字讀爲"轎"或"橋",當然不及二位劉先生讀爲"輴"或"橇"("蕝"音)有理【編按:讀爲"輴"於音亦不合】。不過,無論讀"輴"還是讀"橇",文義上都明顯存在問題。據上引望山2號墓15號簡,"𠕂"上有"紫(?)縜"、"紡屋"(2號簡所記"女乘一乘"有"丹組之屋";《史記·項羽本紀》、《漢書·陸賈傳》等古書有"黃屋",顏師古注"謂車上之蓋")、"柱"、"陽馬"(古代房屋建築中的"角梁"之類)等附屬物,③指運載棺柩、葬器之車的"輴",怎麼可能會有這些東西? 基於同樣的理由,陳偉先生反對讀"轠"、"𠕂"爲泥行工具"橇"、"輴"(古書中當泥行工具講的詞,有"橇"、"毳"、"蕝"、"欚"、"輴"、"楯"等多種寫法,彼此音近可通)。他引《史記·夏本紀》"泥行乘橇"《正義》曰"橇形如船而短小,兩頭微起,人曲一腳,泥上擿進,用拾泥上之物"等資料,指出"古代的'橇'與今天的雪橇

---

① 董珊《出土文獻所見"以謚爲族"的楚王族——附説〈左傳〉"諸侯以字爲謚因以爲族"的讀法》,《出土文獻與古文字研究》第二輯,124頁注45,上海:復旦大學出版社,2008年;"海天遊蹤"(網名)在簡帛網"簡帛論壇"《〈陳公治兵〉初讀》帖子下第38樓跟帖,2013年1月11日。[按:《左傳·桓公六年》有楚大夫"熊率且比",上引董文已指出此人也應是楚公族,"但不知屬於哪位楚公"。疑"熊率"應讀爲"熊雪"(《説文·二上·口部》"啐""讀若尗",上文已指出"刷"、"雪"音近),這位"熊率(雪)且比"與熊雪适、熊雪子杬當皆熊雪之後。]
② 清華大學出土文獻研究與保護中心編、李學勤主編《清華大學藏戰國竹簡(壹)》,下册186頁,上海:中西書局,2010年。按清華簡《筮法》中有从"彗"的"雪"字(見《談談所謂"射女"器銘》文引)。此篇字體較爲特殊,有些字的寫法與常見的楚文字不合,"雪"即其一例。
③ 參看彭浩《望山二號墓遣册的"縜"與"易馬"》,《江漢考古》2012年第3期,121~122頁;劉國勝《楚簡車馬名物考釋二則》,《古文字研究》第二十九輯,480~481頁。

近似,是一種結構比較簡單、在特殊環境下使用的代步工具";而楚遣册中的"轠"、"䡍","有車輿、車蓋一類構造,應該不是那種比較簡陋的'梮'"。① 如不考慮"䡍"的字音,陳偉先生把"轠"、"䡍"與古書所説用於"行山"的"轎/橋"、"欙"、"桐"、"檋"等聯繫起來,從文義看是十分合理的。

《史記·河渠書》引《夏書》"泥行蹈毳,山行即橋",《集解》引徐廣曰:

> 橋,……一作"欙"。欙,直轅車也,……《尸子》曰"山行乘檋"(引者按:《尚書·益稷》"予乘四載"《正義》引《尸子》,"山行乘檋"下又有"泥行乘蕝"句)。……又曰"行塗以楯,行險以撮,行沙以軌"。又曰"乘風車"。……(引者按:引文中關於字音的反切已略去)②

汪繼培《尸子校正》於所輯《尸子》"山行乘檋,泥行乘蕝"句下,引上舉《史記集解》所引《尸子》佚文,謂"是'行險以撮(引者按:"撮"、"檋"一字)'即'泥行乘蕝',不得一書而兩見,其句法亦上下不類。又曰云云,當別引他書,而傳寫訛脱也。《路史餘論》九引:'行塗以楯,行險以撮,行山乘檋,行沙乘軌。'《後紀》十三注:'撮又作欙。'並仍《集解》誤"。③ 按汪説似嫌武斷。從《集解》行文看,徐廣引《尸子》"山行乘檋"、"行險以檋"、"乘風車"云云,都是爲了與《史記》所引《夏書》"山行即橋"相印證。不但"行險以檋"與"山行乘檋""一書而兩見",講同一内容的"乘風車"與"山行乘檋"更是"句法上下不類"。也許《尸子》原書曾在不同場合多次提到過"四載"的有關内容,徐廣只是挑選"山行"的資料集中加以徵引而已。《史記·河渠書》此句下《索隱》曰:"毳字亦作'橇',同音昌芮反。注以檋,子芮反,又子絶反,與蕝音同。"④汪氏大概受此誤導,以爲"泥行蹈毳"之"毳"既與"檋"同音,徐廣所引《尸子》"行險以檋"便是"別引他書而傳寫訛脱"了。可是,如果"行險以檋"本與"泥行蹈毳"、"行塗以輴"爲一事,那麽此處引文中就没有關於"山行"的話了,徐廣在印證"山行即橋"時引此文,豈非無的放矢?

---

① 陳偉《車輿名試説(二則)》,《古文字研究》第二十八輯,386頁。
② 點校本二十四史修訂本《史記》第四册,1687~1688頁,北京:中華書局,2013年。
③ (清)汪繼培《尸子校正》卷下,《湖海樓叢書》本。
④ 點校本二十四史修訂本《史記》第四册,1688頁。

明人楊慎《丹鉛續錄》卷三"四載"條，認爲"行險以楫"之"楫即橇也。如晉人登山屐"。① 按《集韻》平聲桓韻祖官切鑽小韻："攥，乘載器。《尸子》'行險以攥'。""登山屐"顯然不是"乘載器"，故楊説有誤。不過楊慎看出"行險"即"登山"，則是正確的。《尸子》不説"行山"而説"行險"，當取山勢險峻之意。《集韻》解釋"攥(楫)"爲"乘載器"，過於籠統。現在知道出土遣册中有"轝"、"檽"，很可能指"山行"之轎，而其音恰與"楫"極近（古書所載"泥行"工具"橇/毳"，或寫作"蕞"。《漢書·叔孫通傳》"爲縣蕞野外"，顔師古注："蕞與蕞同。""蕞"、"楫"並从"最"聲）；"行險以楫"之"楫"應該就是信陽簡的"轝"和望山簡的"檽"，彼此可以互證。

《廣雅·釋詁三》："輇、軒、轎、軘也。"王念孫《疏證》：

> 軒者，《玉篇》："軒，軒軘也。"……（引者按：此處引《漢書·嚴助傳》及臣瓚注説"轎"義，已見上舉陳偉先生文引，故從略）軘者，《集韻》引《字林》云："軘，轎也。"《廣韻》輇音魂，又音軒。輇之言軒，軒之言亢，轎之言喬，軘之言印，皆上舉之意也。②

望山簡中與"一檽(楫)"並提的"一杬"之"杬"，不知能否讀爲也指某種轎子的"軒"。【編按：原又將"轝/檽/楫"與"輇"以及《公羊傳·文公十五年》指"竹篧"、"編輿"的"笱"通讀，現在看來此讀在古音上無法成立，故刪去。】

2014 年 6 月 18 日寫畢

原載《出土文獻》第五輯，中西書局，2014 年 10 月。

---

① （明）楊慎《丹鉛續錄》，54 頁，北京：中華書局，1985 年。
② （清）王念孫《廣雅疏證》，93 頁，北京：中華書局，2004 年。

西周金文所見有關"九旗"的資料

《周禮·春官·司常》比較詳盡地記載了先秦時代所謂"九旗"之制：

司常掌九旗之物名，各有屬，以待國事。日月爲常，交龍爲旂，通帛爲旜，雜帛爲物，熊虎爲旗，鳥隼爲旟，龜蛇爲旐，全羽爲旞，析羽爲旌。

鄭玄、孔穎達等人認爲常、旂、旜、物、旟、旐、旞、旌是九種不同的旗幟。孫詒讓以常、旂、旟、旗、旐五者爲"正旗"，以旜（或作"斿"）、物、旞、旌"四者即就五正旗爲之别異，乃旗物之通制"。① 從旗物古制來看，孫氏的"五正旗四通制"説顯然較爲合理。②

西周金文中有不少關於旗幟的資料，有些可與《周禮》所載"九旗"相對照。下面主要參考古文字學界已有的研究成果，向關心這一問題的讀者依次加以介紹。③

西周錫命金文的賞賜物中屢見"䜌（鑾）旂"，此外還有單賜"旂"或"䜌（鑾）"的。④ 張政烺先生在解釋王臣簋的"䜌（鑾）"時，引《爾雅·釋天》

---

① （清）孫詒讓《周禮正義》第8册，2200～2207頁，北京：中華書局，1987年；孫詒讓《大戴禮記斠補》附《九旗古誼述》，268頁，北京：中華書局，2010年。
② 吴土法《"九旗"鄭、孫説平議》，《文史》2004年第2輯（總第67輯），208～217頁。
③ 季旭昇先生早年曾撰《九旗考》一文，發表於臺灣的《中國學術年刊》第五期（1983年6月，1～19頁），對典籍中有關"九旗"的記載作過詳盡鉤沈，也舉到了當時所見的一些金文資料，可參考。季文蒙蘇建洲先生告知，又蒙張濤先生惠賜，謹致謝忱。
④ 參看吴紅松《西周金文賞賜物品及其相關問題研究》，101～102頁，安徽大學博士學位論文（指導教師：何琳儀），2006年5月。

"有鈴曰旂",郭璞注:"懸鈴於竿頭,畫交龍於旒。"①"畫交龍於旒"就是《周禮·春官·司常》所説的"交龍爲旂"。大概"旂"這種旗以竿首置鑾鈴爲常,②所以金文多稱"鑾旂"。毛公鼎的賞賜物中有"朱旂二鈴"(《集成》③02841),番生簋蓋的賞賜物中有"朱旂旜金芸二鈴"(《集成》04326),《説文·七上·认部》:"旂,旗有衆鈴,以令衆也。"《詩·周頌·載見》:"龍旂陽陽,和鈴央央。"並可爲證。從《説文》、《爾雅》及其郭注看,即使單言"旂",可能也包含有鑾鈴。

上引番生簋蓋"朱旂旜金芸二鈴"的"旜",其聲旁原從"向"從"虫",此字爲郭沫若先生所釋出。④ 郭氏並指出,參以毛公鼎"朱旂二鈴"之例,"旜"、"金芸""均屬於朱旂之物",可證孫詒讓"旜"乃"五旗之通制"説之確。⑤ "金芸"之"芸",前人已謂指杠、干(竿)而言。⑥ 陳劍先生根據近來學者所指出的,清華大學藏戰國竹簡《金縢》篇"予沖人"之"沖"寫作從"沈"聲之字(見11、12號簡),⑦沈子它簋的"沈子"(《集成》04330)和典籍裏的"沈人"、"沈孫"當讀爲見於《尚書》、《逸周書》等書的"沖子"、"沖人"、"沖孫",而"沖子"、"沖孫"早有學者指出即"童子"、"童孫"等綫索,⑧讀簋

---

① 張政烺《王臣簋釋文》,《張政烺文集·甲骨金文與商周史研究》,241頁,北京:中華書局,2012年。
② 參看蔡運章《銅干首考》,《考古》1987年第8期,746頁。
③ 中國社會科學院考古研究所《殷周金文集成(修訂增補本)》,北京:中華書局,2007年。本文引此書所著録的銅器銘文時,一律簡稱此書爲"《集成》"。
④ 郭氏據從"向"從"虫"之形及其音與"亶"同,釋此字爲"古文'蟬'"(郭沫若《兩周金文辭大系考釋》,《郭沫若全集·考古編》第八卷,133頁,北京:科學出版社,2002年)。但是,古書中"蟬"或爲蚯蚓、鱔魚、土蜂、蟬之別名,或用於連綿詞"宛蟬"(參看《漢語大字典》3094頁"蟬"字條),皆與其字從"向(廩)"之意不合。竊疑此字實"蛆"之初文。《玉篇·虫部》:"蛆,蟲也。"玄應《一切經音義》卷十引《字林》:"蛆,螫也。""蛆"字本象"虫"咬螫倉廩之形,引申而有咬刺傷人之義。
⑤ 郭沫若《金文餘釋》,《郭沫若全集·考古編》第五卷,376~377頁。
⑥ 同上注;吴紅松《西周金文賞賜物品及其相關問題研究》,102~103頁。
⑦ 李學勤主編清華大學藏戰國竹簡(壹)》下册《字形表》,232頁,上海:中西書局,2010年。
⑧ 董珊《釋西周金文的"沈子"和〈逸周書·皇門〉的"沈人"》,復旦大學出土文獻與古文字研究中心網,2010年6月7日;《出土文獻》第二輯,29~34頁,上海:中西書局,2011年。蔣玉斌、周忠兵《據清華簡釋讀西周金文一例——説"沈子"、"沈孫"》,復旦大學出土文獻與古文字研究中心網,2010年6月7日;《出土文獻》第二輯,35~38頁。網上蔣、周文後"飛虎"、"水土"的評論。

銘"金萆"之"萆"爲"橦"。《後漢書·馬融傳》:"建雄虹之旌夏,揭鳴鳶之修橦。"李賢注:"橦者,旗之竿也。""金橦"就是銅製的旗竿。① 其説可從。【編按:所謂"萆"字原作 ▨,疑所從"尢"也有可能實是負荷之"何"的初文。據箭杆義的"笴"《廣韻》既讀"古旱切"、又讀"古我切"之例,此從"何(荷)"的初文得聲之字或可徑讀爲旗竿之"竿"。】

西周中晚期金文的賞賜物中,又有"綜(鑾)㫃"(休盤,《集成》10170)、"㫃"(害簋,《集成》04258~04260)、"㫃五日"(師道簋,《新收殷周青銅器銘文暨器影彙編》1394)等。高鴻縉、林潔明等先生已據"鑾旂"之例以及"祈"或作"旞"、或加注"斤"聲,指出"㫃"乃"旂"之象形初文。② 這一點現已成爲多數古文字學者的共識。③

在各家所釋"鑾旂"之文中,從字形看,有一些其實並非"旂"字。我們注意到的有以下幾例:

▨(庚季鼎,西周中期,《集成》02781)

▨(采隻簋甲,西周中期,《銘圖》④第 11 册 05154)

▨(采隻簋乙,西周中期,《銘圖》第 11 册 05155)

▨(即簋,西周中期,《集成》04250)

▨[燮簋,西周中期,《集成》04046。"旅"字省作一個"人"形,

---

① 見陳劍先生 2013 年上半年"古文字形體源流研究"課程所發講義《01 早期古文字"一形多用"綜論》。
② 周法高主編《金文詁林》9 册,4216~4217 頁,香港:香港中文大學,1975 年。按:高鴻縉似以"旗"、"旂"爲一事,恐不確。"旗"、"旂"字音有別。
③ 參看陳劍《殷墟卜辭的分期分類對甲骨文字考釋的重要性》,同作者《甲骨金文考釋論集》,413 頁,北京:綫裝書局,2007 年。
④ "《銘圖》"是吳鎮烽編著《商周青銅器銘文暨圖像集成》(上海:上海古籍出版社,2012 年)一書的簡稱。

西周金文所見有關"九旗"的資料　375

可參看伯晨鼎(《集成》02816)"旅"的寫法]

▨(此鼎,西周晚期,《集成》02821)

▨(此鼎,西周晚期,《集成》02823)

▨(此簋,西周晚期,《集成》04303.1)

▨(此簋,西周晚期,《集成》04303.2)

▨(此簋,西周晚期,《集成》04304.1)

▨(此簋,西周晚期,《集成》04304.2)

▨(此簋,西周晚期,《集成》04305)

▨(此簋,西周晚期,《集成》04306)

▨(此簋,西周晚期,《集成》04307)

▨(此簋,西周晚期,《集成》04308)

▨(此簋,西周晚期,《集成》04309)

▨(此簋,西周晚期,《集成》04310)

▨(裹鼎,西周晚期,《集成》02819)

這些字如果單拿出來,誰都會釋爲"旅"。但由於作爲賞賜物的"鑾旂”、“旂”極爲常見（上引除燮簋的辭例爲“旅”、與“在（緇）市（韍）”並賜外，其餘諸例皆爲“鑾旅”），各家就多據此而徑釋爲“旂”；或雖隸作“旅”，卻視爲“旂”之譌體。上引此簋銘文共計 10 件，“絲（鑾）”下之字無一例外皆作“旅”形。如果説 10 件簋銘都出現誤鑄，那恐怕是不太可能的。此簋、此鼎同銘尚有“旅邑人”，“旅”字寫法與其“絲（鑾）”下之字全同，也可説明這些字不會是“旂”或“旂”之譌體。

應該指出，《集成》02822 所著録的此鼎“絲（鑾）”下之字作，采隻簋甲蓋銘相應之字作，都不大像是“旅”而近於“旂”。這可能由於“旂”、“旅”形似，加之鑄銘文的工匠受“鑾旂”習語的影響而造成的誤鑄；此外還可以有别的解釋，詳下文。總之，我們不能因爲此鼎和采隻簋甲器蓋存在兩例似“旂”之字，就把上舉所有“旅”都看作“旂”的譌誤。

過去所以要把上面這些字都釋讀爲“旂”，主要由於賞賜物中只見“鑾旂”、“旂”，未見其他旗幟的名稱。自從郭永秉先生釋出輔師嫠簋等器中“鑾旜”的“旜”字後（詳下文），我們知道與“鑾”搭配的旗幟不一定必是“旂”。所以，上引諸字釋爲“旅”、表示一種不同於“旂”的旗幟，現在看來是很自然的。

春秋時期的叔弓鎛銘文説：“余命汝政于朕三軍，肅成朕師旟之政德……”（《集成》00285）陳邦懷先生讀“師旟”爲“師旅”，已爲學者們所接受。① 據此，作爲旗幟名稱的“旅”，似可讀爲“九旗”之一的“旟”。西周早期的旟爵（《集成》08876）已見“旟”字，但用作人名，跟這裏所説的以“旅”爲“旟”並不矛盾。上引《周禮》説“鳥隼爲旟”（又見於《詩・鄘風・干旄》“孑孑干旟，在浚之都”句毛傳、《爾雅・釋天》等②），這可能是作爲賞賜物的“旟”跟“旂”的最主要的區别。

時代屬於西周中期或晚期的伯晨鼎所記賞賜物中有“旅五旅”（《集

① 陳邦懷《嗣樸齋金文跋》，10～11 頁，香港：香港中文大學中國文化研究所吴多泰中國語文研究中心，1993 年。參看李家浩《談戰國官印中的“旟”》，《紀念徐中舒先生誕辰 110 周年國際學術研討會論文集》，203～205 頁，成都：巴蜀書社，2010 年。

② 典籍有關“旟”的資料，參看季旭昇《九旗考》，《中國學術年刊》第五期，12～16 頁。

成》02816)。陳漢平先生改釋爲"斿五斿",認爲"前一斿字爲名詞,後一斿字用爲量詞"。① 按鼎銘此二字寫法與下文"旅(盧)弓旅(盧)矢"之"旅"一致,"队"下均省從一"人",改釋爲"斿"於字形難合。"旅"亦當讀"旟",後一"旅(旟)"字則應從陳漢平先生説,理解爲量詞。

《戰國策·齊策五》"蘇秦説齊閔王"章有"建九斿【之旌】,從七星之旗"之語,《北堂書鈔·旗鈔》、《長短經》、《太平御覽》卷340《旗覽》、《七國考》等引此文,"旟"皆作"旗"。② 此當是以共名"旗"代替專名"旟"。西周金文"常稱'斿'而没有'旗'",③且表示各種旗幟之字的共同義符"队"爲"斿"之初文,很可能當時"斿"在專指"交龍爲斿"之外,也當作所有旗幟的共名來用。上舉《集成》02822所著録的此鼎和《銘圖》05154所著録的采隻簋甲蓋銘的似"斿"之字,不知有没有可能也是以共名"斿"與專名"旅(旟)"相代,跟上舉類書以"旗"代"旟"屬於同一情況。

輔師𠭰簋的"鑾旟"(《集成》04286)、智簋的"鎣旟"、④衛簋⑤和㺇盤、㺇盂的"金旟"⑥之"旟",舊不識,郭永秉先生釋出其字所從聲旁爲"要"。⑦ 這種寫法的"要"也見於戰國文字。後來發表的清華大學藏戰國竹簡《繫年》77號簡出現的連尹襄老之子、見於《左傳·成公二年》的"黑要"之"要"即作此形,⑧完全證實了郭先生的考釋。

金文中指某種旗而言的"旟",郭先生認爲就是《説文·七上·队部》訓爲"旗屬"的"旟"。⑨ 但是,徐灝《説文解字注箋》對此字所屬位次提出

---

① 陳漢平《西周册命制度研究》,254頁,上海:學林出版社,1986年。
② 何建章《戰國策注釋》,上册444頁,北京:中華書局,1990年。
③ 吴紅松《西周金文賞賜物品及其相關問題研究》,101頁。
④ 首陽齋、上海博物館、香港中文大學文物館編《首陽吉金——胡盈瑩、范季融藏中國古代青銅器》,98頁,上海:上海古籍出版社,2008年。
⑤ 朱鳳瀚《衛簋和伯㺇諸器》,《南開學報》(哲學社會科學版)2008年第6期。
⑥ 吴鎮烽《㺇器銘文考釋》,《考古與文物》2006年第6期。
⑦ 郭永秉《談古文字中的"要"和從"要"之字》,原載《古文字研究》第二十八輯,北京:中華書局,2010年;收入同作者《古文字與古文獻論集》,189~201頁,上海:上海古籍出版社,2011年。
⑧ 參看李學勤主編《清華大學藏戰國竹簡(貳)》,下册172頁,上海:中西書局,2011年。
⑨ 郭永秉《古文字與古文獻論集》,194頁。

過質疑。他説：

> 下文有"旟"篆，云"旌旗旟䍻"，當作"旟䍻"。然此後造之字依次亦當在"旟"下。蓋此篇爲後人竄亂者多矣。①

上海博物館藏戰國楚竹書《性情論》14號簡"聞歌謠"之"謠"原寫作"要"。② 以"要"爲"謠"，與徐灝所説"旟䍻"本作"旟䍻"同例，由此可知徐説並非没有道理。《説文》訓"旟"爲"旌旗旟䍻也"，按照徐説，"䍻"就是"旌旗旟䍻也"之"䍻"；大徐本《説文》不但"䍻"字的位次已遭人竄亂，對其本義的解釋似也有被妄改之嫌。果真如此，金文中指某種旗而言的"䍻"就不能再跟《説文》此字視爲一字了。即使不取徐説，字書多訓"䍻"爲"旗屬"、"旌旗皃"，對其記載語焉不詳，田煒先生指出這也"與西周金文中'䍻'的重要性是不相匹配的"。③

田煒先生懷疑"䍻"當讀爲《周禮》"九旗"中"龜蛇爲旐"的"旐"，或即"旐"之異體。④ 此説很值得考慮。上文已舉"要"、"䍻"、"謠"相通之例。典籍中"䍻（遥）"聲字與"兆"聲字多通，如《爾雅·釋訓》"悄悄，憂無告也"，《釋文》："悄，又作恍。"⑤裘錫圭先生指出，殷墟卜辭中的"囧"爲卜兆之"兆"的初文，古書中"䍻"可當"卦兆之占辭"講，"䍻"、"兆"是音義皆近的同族詞。⑥ 當"遮攔"、"截擊"講的"邀"，如《孫子兵法·軍爭》"無邀正正之旗"，銀雀山漢簡《孫子兵法》80號簡、張家山漢簡《蓋廬》18號簡均

---

① 丁福保編纂《説文解字詁林》，6913頁，北京：中華書局，1988年。
② 馬承源主編《上海博物館藏戰國楚竹書（一）》，圖版84頁、釋文考釋240頁，上海：上海古籍出版社，2001年。
③ 田煒《西周金文與傳世文獻字詞關係的對比研究》，《古文字學青年論壇論文集》，418頁，臺北："中研院"歷史語言研究所，2013年11月25～26日[校按：田文後已正式發表於《出土文獻與古文字研究（第六輯）——復旦大學出土文獻與古文字研究中心成立十周年紀念文集》上册，上海：上海古籍出版社，2015年]。
④ 田煒《西周金文與傳世文獻字詞關係的對比研究》，《古文字學青年論壇論文集》，418～420頁。
⑤ 參看高亨、董治安《古字通假會典》，713、714、717頁，濟南：齊魯書社，1989年。
⑥ 《裘錫圭學術文集·甲骨文卷》，377、435、489頁，上海：復旦大學出版社，2012年。

作"要"。① 清華大學所藏戰國竹簡《繫年》則用"迀"(見 127～128、129、130 號簡)或"交"(43 號簡)爲此義之"邀"。② 有一方私人收藏的三晉姓名印,其中"䙬"字所從"要"的下部變作"交"形,郭永秉先生"疑起表音作用"。③ 而在《上海博物館藏戰國楚竹書(七)》所收《吴命》篇中,4 號簡"孤使一介使親於桃逆"的"桃"當讀爲"郊"。④ 所以從音理上講,從"要"聲的"㚔"與從"兆"聲的"旐"是有可能相通的。【編按:湖北荆州夏家臺楚墓出土簡本《尚書‧吕刑》,"兆民賴之"之"兆"寫作"要";荆州王家嘴 798 號戰國楚墓所出《詩經》簡,與今本《周南‧關雎》"窈窕淑女"的"窈窕"相當者,前一字作"要",後一字作"从要从兆省"(按發表者原將二字誤倒)(蔣魯敬、肖玉軍《湖北荆州王家嘴 M798 出土戰國楚簡〈詩經〉概述》,《江漢考古》2023 年第 2 期,40～41 頁)。蓋"要"的上古聲母爲 *ʔl-,故與"兆(*L-)"聲近。王家嘴《詩經》與今本"窈窕"之"窕"相當之字,所謂"兆省"者,位於"要"之上,可能就是"屮"旁之變。若此,便是"㚔"與"兆"聲字相通的確證。】

召簋"鋚㚔"之"鋚",郭永秉先生認爲與"鋚勒"、"鐈鋚"之"鋚"皆無關,"頗疑'鋚'應讀爲《説文‧㫃部》訓爲'旌旗之流'的'旒'(《説文》'旒'、'㚔'兩字前後相次),'旒㚔'就是有飄斿的旌旗"。⑤ 看來"㚔"應是一種飄斿有明顯特色的旗幟。《説文‧七上‧㫃部》解釋"旒"説:"龜蛇四游(引者按:小徐本'游'作'斿'),以象營室,游游而長(引者按:小徐本'游游'作'悠悠')。"正强調龜蛇圖案是畫在飄斿之上的,所以其前可加"旒"來修飾。這對於讀"㚔"爲"旒"也是有利的。

吴鎮烽、朱豔玲《斷簋考》(以下簡稱"吴文"),發表了一件私人收藏

---

① 參看李家浩《讀張家山漢墓竹簡〈蓋廬〉札記一則》,《安徽大學漢語言文字研究叢書‧李家浩卷》,333～335 頁,合肥:安徽大學出版社,2013 年。
② 參看蘇建洲等《清華二〈繫年〉集解》,378～379、887 頁引陳劍、劉雲、董珊説,臺北:萬卷樓圖書股份有限公司,2013 年。
③ 郭永秉《古文字與古文獻論集》,200～201 頁。
④ 復旦大學出土文獻與古文字研究中心研究生讀書會《〈上博七‧吴命〉校讀》,《出土文獻與古文字研究》第三輯,266 頁,上海:復旦大學出版社,2010 年。
⑤ 郭永秉《古文字與古文獻論集》,194～195 頁。

的、時代屬於西周中期前段的斲簋。① 簋銘記載王命作册憲尹賞賜斲"鸞鷁","鷁"字爲吴文所釋。此字拓本作▨,很不清晰。《商周金文資料通鑒》05295所收簋銘照片作▨,"氼"旁之外的部分,跟同銘"對揚"之"揚"(原從"丮")作▨者所從的"易"大體相合,可知吴文釋"鷁"是有根據的。此字既從"氼",其本義當與旗幟有關。在王孫誥鐘、許子鎛銘(《集成》00153、00154)中,"鷁"用爲"終翰且揚"之"揚"。疑"鷁"是爲旗幟飄揚之"揚"造的專字。不過,斲簋中的"鷁"顯然指的是一種旗幟(這個"鷁"跟飄揚之"揚"的專字"鷁"有可能僅是同形字的關係)。

前舉《周禮》"九旗"中有"常"。"常"、"鷁"皆陽部字,聲母亦近。商王盤庚之兄陽甲之"陽",殷墟卜辭以"匋"或"兔"字表示。② "匋"在卜辭中還常用作田獵動詞,陳劍先生讀爲表"值"、"遇"、"對"等義的"當"。③ "鸞鷁"之"鷁"如讀爲"常",跟陳先生所提出的陽甲之"匋(陽)"讀爲"當",在通假關係上彼此可以互證("鷁"、"陽"均從"易"聲,"常"、"當"均從"尚"聲)。【編按:"常"、"當"上古聲母屬*T-,"易"、"兔"聲母屬*L-,二系字在先秦一般不能相通。"鷁"讀爲"常"恐不可信。】

《周禮》説"日月爲常",《爾雅·釋天》:"日月爲常,畫日月於其端。天子所建,言常明也。"可見"常"是一種上畫日月圖形的旗。金文有"鸞旂五日"、"旂/氼五日"、"旂四日"等語,④張政烺先生結合出土水陸攻戰紋鑒、壺上的大旗的圖案,指出這是説那些旗上畫有五個圓形或四個圓形。⑤ "旂五日"、"旂四日"似即"常"。如果這一推測大體符合實際,就可以知道"旂五日"等語中的"旂"很可能是作爲旗幟的共名來用的;"鸞旂五

---

① 《考古與文物》2012年第3期,107～109頁。斲簋又著録於《銘圖》第11卷434頁05295號。
② 裘錫圭《甲骨文考釋八篇·七、殷墟卜辭所見石甲兔甲即陽甲説》,《裘錫圭學術文集·甲骨文卷》,84頁;葛亮《甲骨文田獵動詞研究》,《出土文獻與古文字研究》第五輯,77～78頁,上海:上海古籍出版社,2013年。
③ 葛亮《甲骨文田獵動詞研究》,《出土文獻與古文字研究》第五輯,78頁。
④ 參看吴紅松《西周金文賞賜物品及其相關問題研究》,104、105、106頁。
⑤ 張政烺《王臣簋釋文》,《張政烺文集·甲骨金文與商周史研究》,241頁。

日"也就是"鸞常"。《周禮・秋官・大行人》"建常九斿",賈公彥疏:"日月爲常,交龍爲旂,而云常者,常,揔稱,故號旂爲常也。"從西周金文的實例看,倒是"旂"爲"揔稱","故號常爲旂",情況與《周禮》及賈疏所説剛好相反。

"九旗"中"雜帛爲物"的"物",《說文・九下・勿部》以"勿"爲其本字("州里所建旗,象其柄有三游雜帛幅半異,所以趣民,故遽稱勿勿"),以"斿"爲其或體。從古文字看,"勿"是表示分割、切斷義的"刎"的本字,《說文》說其象旗形是錯誤的。① 何況,根據孫詒讓的意見,"雜帛爲物"的"物(斿)"只是"五旗"的"通制",並非單獨的一種旗而有形可象。雖然西周金文中尚未發現用法跟旗幟有關的"物"的資料,但《說文》所收"物"的或體"斿",卻能從古文字字形裏找到它的異體。

西周早期金文中有如下二字,皆用作人名:

△1: （伯△1 鼎,《集成》02404）

△2: （伯△2 觶,《集成》06477）

△1 右下原有"舟",或以"舟"與 △1 合爲一字,恐非;此人名似當作"伯△1 舟"。《集成》著錄伯△2 觶有兩件,這裏選擇字形最清楚的一件作爲代表。

小盂鼎中有 、 二字（《集成》02839）,孫詒讓指出係一字異體,並隸定其聲旁爲"肙","以聲類求之,《說文・口部》'吻'或作'脗',是'昏'聲、'勿'聲古通",此字"或當爲斿之異文"。在此基礎上,孫氏視 △1、△2 與小盂鼎"'斿'之異文""似皆一字";他從前人之説認爲 △2 从"火",△1 從 △2 而省,皆小盂鼎此字"之輾轉流變"。②

---

① 裘錫圭《釋"勿"、"發"》,《裘錫圭學術文集・甲骨文卷》,143～144 頁。
② （清）孫詒讓《古籀餘論》,《古籀拾遺　古籀餘論》,46～47 頁,北京:中華書局,1989 年。

孫氏顯然是把小盂鼎此字前一形的聲旁釋爲從"聞"的,而此字及△1、△2中相當於"昏"的部分,應即《說文·十二下·女部》所收"婚"的籀文。金文多用爲"聞"的"聞"所從聲旁亦作此形。① 小盂鼎原拓鏽蝕過甚,上引二字皆難以辨識,摹本上孫氏釋"廾"的部分,疑即籀文"婚"下部形體的誤摹(也許受到了"爵"的影響)。詹鄞鑫先生根據字音及字形所表示的字義,釋"籀文'婚'"爲"捪/抆"的表意初文,②其說可信。所以,孫詒讓說△1、△2皆小盂鼎從"从"、"聞"聲之字的"輾轉流變",從字形源流看雖有問題(△1、△2實以"捪/抆"爲聲旁或基本聲旁;△2的聲旁從"火"從"捪/抆"聲),但這一點並不影響他釋這些字爲"旃"之異體的結論。

通過上面的簡單介紹可以看出,《周禮》所載"九旗"中的常、旂、旜、旗、旐五種,都能在西周金文中找到相應的名稱["旃(物)"只發現了與之有關的字形,未見實際用例]。③【編按:"常"還不能在西周金文中得到落實。】孫詒讓所考"五正旗"中,除了"旗"不見於西周金文外,其餘四種確實用作旗名而非"通制","旜(旂)"則確爲旗之"通制"而非獨立行用的旗名,這也在一定程度上印證了孫氏的卓識。《銘圖》第26卷14790號著錄一件私人收藏的、時代屬於西周中期前段的束盉,銘文所記賞賜物有"鑾旟"。從讀音看,"旟"似乎跟"九旗"中的任何一種都對不上,這說明西周時期實際使用的旗幟名稱當不止於九種,也許更爲豐富。先秦古書記載的旗名,也有溢出"九旗"範圍者。《周禮》所定"九旗"的構架,應該是此書編者(蓋戰國時人)根據實際材料,加以理想化設計的產物。④

---

① 參看董蓮池《新金文編》,中冊1590~1591頁,北京:作家出版社,2011年。
② 詹鄞鑫《釋甲骨文"捪"和"航"》,同作者《華夏考——詹鄞鑫文字訓詁論集》,223~224頁,北京:中華書局,2006年。
③ "旗"、"旌"似不見於西周金文。《集成》02729著錄一件方鼎,銘文所記賞賜物中有"逐毛兩"。唐蘭先生認爲"逐即遂字",在此讀爲"旞"(《西周青銅器銘文分代史徵》,236~237頁,北京:中華書局,1986年)。按"逐"、"遂"顯非一字,此說恐不可信。西周金文裏究竟有沒有"旞",尚須進一步研究。
④ 參看季旭昇《九旗考》,《中國學術年刊》第五期,19頁。

本文所舉出現"鑾旅(旟)"、"鑾鳩(常)"、"鑾㫃(旐)"、"鑾旟"等旗名的銅器，按照學界一般的意見，其時代最早爲西周中期前段，此前的器銘上似只見"鑾斾"之稱（西周中期以後亦有"鑾斾"）。也許西周中期是"九旗"等各種旗名開始廣泛使用的階段。

【編按：原文此下尚有討論束盉"鑾旟"之"旟"相當於古書裏哪一種旗的一段文字，率多臆説，故今悉刪去。】

原載彭林主編《中國經學》第十六輯，廣西師範大學出版社，2015年8月。

鄭太子之孫與兵壺
"項首"別解

　　鄭太子之孫與兵壺原藏香港徐氏藝術館,後流散海外。近年來,李學勤先生、①王人聰先生②對方壺的有關情況和壺銘作過詳細的介紹和考釋,王人聰先生的文章還發表了壺銘及蓋銘的清晰拓片,給學者們研究此壺帶來了很大的便利。經過李、王二位先生及其他學者的遞相研究,與兵壺銘文大致已經讀通;本文只想對其中"項首"一詞的釋讀談一點不成熟的看法。

　　與兵壺銘文的後半段云:

　　　　余嚴敬兹禋盟,穆穆熙熙,至于子子孫孫。參(三)拜項首于皇考剌(烈)俎(祖),卑(俾)邁(萬)枼(世)無諆(期),亟(極)于後民,永寶孝(效)之。

"項首"之"項",李學勤先生隸定爲"頂",並説:

　　　　下行首字(引者按:即指"頂"字)左半从"丁",也是"示"旁。按青銅器銘文"稽首"的"稽"寫作从"旨","旨"古音脂部章母,"示"脂部

---

①　李學勤《春秋鄭器與兵方壺論釋》,原刊《松遼學刊(人文社會科學版)》2001年第5期;後收入同作者《中國古代文明研究》,99～102頁,上海:華東師範大學出版社,2005年。

②　王人聰《鄭大子之孫與兵壺考釋》,《古文字研究》第二十四輯,233～239頁,北京:中華書局,2002年。

船母,彼此極近,因此這個從"頁""示"聲的字其實仍是"稽"字。過去宋代著録齊國叔尸鎛、鐘有"再拜稽首"。①

李先生在上文解釋他所釋的"不(丕)敕春秋歲嘗"句時說過,"敕"字"器銘下增從'丁'即'示'旁,與下行'棠'字等'示'旁寫法不同,是很特別的";②他認爲"頇"字所從"也是'示'旁",應該就是據此而言的。不過所謂"敕"字,後來張新俊、魏宜輝、趙平安等先生已分頭根據楚簡文字改釋爲"墼"、"毄",③正確可從。④此字"增從'丁'即'示'旁",從拓片看實爲"土"旁,不能再跟"頇"字左旁相聯繫。李先生雖認爲"丁"即"示"旁,但已指出"與下行'棠'字等'示'旁寫法不同";不但如此,銘文"禋"、"禜"所從的"示"旁,也都同於或接近於"棠"字所從,而跟"頇"字的左旁有別。從上述情況來看,"頇"字其實並不從"示"。

王人聰先生把此字隸定爲"項",謂"即頴,通稽":

> 金文頴字構形,從旨從頁,由於簡率書寫的緣故或訛作項,如友簋頴字作㥯。此壺銘作項,從工從頁,亦是書寫簡率所形成的訛體。⑤

此壺銘文字"字體細長,有美術字意味",⑥字體十分工整,並不簡率。况

---

① 李學勤《春秋鄭器與兵方壺論釋》,同作者《中國古代文明研究》,100 頁。
② 同上注。
③ 張新俊《上博楚簡文字研究》,13～15 頁,吉林大學博士學位論文(指導教師:吳振武),2005 年 6 月。魏宜輝《利用戰國竹簡文字釋讀春秋金文一例》,《史林》2009 年第 4 期,151～153 頁。趙平安《〈鄭太子之孫與兵壺〉"不毄"解》,同作者《金文釋讀與文明探索》,33～36 頁,上海:上海古籍出版社,2011 年。
④ 裘錫圭先生在考釋《上海博物館藏戰國楚竹書(二)》所收《容成氏》22 號簡釋讀爲"墼"之字時指出,《容成氏》此字左旁作上"東"下"土"之形,張家山西漢早期 247 號墓所出竹簡中的"擊"字左旁偶亦有作此形者,所以《容成氏》的"這個字就是'毄'字異體的可能性,似乎也不能排除"(《讀上博簡〈容成氏〉札記二則》,《古文字研究》第二十五輯,317 頁,北京:中華書局,2004 年)。後來,趙平安先生在上引文中明確指出這種作上"東"下"土"之形的字,就應該直接釋爲"毄"。此説可從。關於壺銘"不毄"的解釋,當以魏宜輝先生讀爲"不懈"的説法爲是。
⑤ 王人聰《鄭太子之孫與兵壺考釋》,《古文字研究》第二十四輯,238 頁。
⑥ 李學勤《春秋鄭器與兵方壺論釋》,同作者《中國古代文明研究》,100 頁。

且，金文各種寫法的"頡"字，從未見作從"工"從"頁"之例；①"旨"字訛寫作"工"，在古文字中也沒有先例。此後著錄與兵壺銘文的書籍，所作釋文或僅隸定爲"項"，②或徑釋爲"頡"而不加説明。③

金文屢見"拜手稽首"、"拜稽首"、"再拜稽首"之語，上引李學勤先生文末提到裘錫圭先生指示西周時期的農卣有"三拜稽首"語，④這是各位學者所以要把與兵壺此字釋讀爲"稽"的原因。然而就字形來説，此字顯然與"頡（稽）"無關。下面舉出壺銘及蓋銘上的字形：

（壺銘）　（蓋銘）

王人聰等先生據形隸定爲"項"，無疑是正確的。比照金文"頭"（從"頁"、"豆"聲）、"頌"（從"頁"、"公"聲）、"碩"（從"頁"、"石"聲）、"順"（從"頁"、"川"聲）、"頊"（從"頁"、"玉"聲）、"頡"（從"頁"、"吉"聲）、"頡"（從"頁"、"旨"聲）等字之例，⑤這個字應該就是從"頁"、"工"聲的"項"字。【編按：《商周青銅器銘文暨圖像集成三編》1068號著錄私人收藏的另一件同銘的鄭太子之孫與兵壺，"項"的寫法與此同。】

《説文・九上・頁部》："項，頭後也。從頁，工聲。"除了與兵壺此例之外，其他商代、西周春秋文字資料中尚未發現過"項"字，⑥但在戰國楚簡

---

① 參看容庚《金文編》，632～634頁，北京：中華書局，1985年。
② 鍾柏生、陳昭容、黃銘崇、袁國華《新收殷周青銅器銘文暨器影彙編》第二册，1319頁1980號，臺北：藝文印書館，2006年。
③ 劉雨、嚴志斌《近出殷周金文集錄二編》第三册，196頁878號，北京：中華書局，2010年。
④ 李學勤《春秋鄭器與兵方壺論釋》，同作者《中國古代文明研究》，102頁。
⑤ 以上諸字參看容庚《金文編》，625～629、632～634頁。
⑥ 無名組甲骨卜辭中有一個作之形的字，見於《屯南》463、《英藏》97正等片，舊或釋爲"項"（參看劉釗等《新甲骨文編》，501頁，福州：福建人民出版社，2009年）。最近馮勝君先生在釋出甲骨文"瘦"字（見於《合集》190、5460反等，林澐、張亞初先生亦有此釋）的基礎上，改釋此字爲"頸"。其説可從。馮説見《試説東周文字中部分"嬰"及從"嬰"之字的聲符——兼釋甲骨文中的"瘦"和"頸"》，《出土文獻與傳世典籍的詮釋——紀念譚樸森先生逝世兩周年國際學術研討會論文集》，77～79頁，上海：上海古籍出版社，2010年。

文字裏卻有明白無疑的"項"字。望山二號楚墓所出遣冊中，有"靈光之童，纓纂項"之語（簡12、13）；①包山楚墓所出竹牘有"翻芋結項"之語（牘1）。② 李家浩先生解釋説："秦始皇陵出土銅車馬，在兩匹驂馬的頸部各套有一金項圈。'纓纂項'和'翻芋結項'大概是指這類項圈。因其是頸飾，故名爲'項'。"③其説可以參考。與兵壺銘文中的某些字或其形體，往往不見於此前或同時代的其他文字資料，卻與戰國楚簡文字相合。如"毇"字又見於上海博物館藏戰國楚竹書《容成氏》簡22、《周易》簡1（及同篇簡40所从）；④"彝"字中間部分變得近乎"犬"形，跟清華大學藏戰國楚簡《皇門》簡7"彝"字所从大體一致。⑤ 由於所見古文字材料的局限，"項"字目前只能在鄭太子之孫與兵壺和戰國楚墓竹簡裏看到，一點也不奇怪。

上古音"項"屬匣母東部，"稽"屬溪母脂部，韻部遠隔，恐怕難以相通。傳世古書所記"九拜"之禮有"空首"，與"稽首"、"頓首"等並列。"項"、"空"並从"工"得聲，音近可通。我們認爲，與兵壺"參（三）拜項首"的"項首"應該讀爲"空首"。"項"以"頁"爲意符，"頁"、"首"本一字，壺銘的"項"字似也有可能就是"空首"之"空"的專字，跟《説文》訓"頭後也"之"項"並非一字。

《周禮·春官·大祝》云：

---

① "項"字從整理者釋。見湖北省文物考古研究所、北京大學中文系《望山楚簡》，108頁，北京：中華書局，1995年。
② "項"字從湯餘惠《包山楚簡讀後記》（《考古與文物》1993年第2期，79頁）、何琳儀《包山楚簡選釋》（《江漢考古》1993年第4期，60頁）、劉釗《包山楚簡文字考釋》（同作者《出土簡帛文字叢考》，29頁，臺北：臺灣古籍出版社有限公司，2004年）等釋。參看陳偉等《楚地出土戰國簡册[十四種]》，135頁，北京：經濟科學出版社，2009年。
③ 李家浩《包山遺册考釋（四篇）》，《古籍整理研究學刊》2003年第5期，4頁。
④ 參看裘錫圭《讀上博簡〈容成氏〉札記二則》，《古文字研究》第二十五輯，316～317頁；張新俊《上博楚簡文字研究》，13～15頁；魏宜輝《利用戰國竹簡文字釋讀春秋金文一例》，《史林》2009年第4期，151～153頁；趙平安《〈鄭太子之孫與兵壺〉"不毇"解》，同作者《金文釋讀與文明探索》，35～36頁。
⑤ 此點由郭永秉先生指出。説見復旦大學出土文獻與古文字研究中心研究生讀書會《清華簡〈皇門〉研讀札記》文下的評論，復旦大學出土文獻與古文字研究中心網，2011年1月6日。

辨九攑（拜），一曰稽首，二曰頓首，三曰空首，四曰振動，五曰吉攑（拜），六曰凶攑（拜），七曰奇攑（拜），八曰褒攑（拜），九曰肅攑（拜），以享右祭祀。

"空首"又見於《穆天子傳》卷五：

……天子賜許男駿馬十六。許男降，再拜空首，乃升平坐。

關於"空首"，《周禮》鄭玄注云："空首，拜頭至手，所謂拜手也。"所謂"拜頭至手"，是説空首時頭不至於地。（賈公彥疏："空首者，先以兩手拱至地，乃頭至手，是爲空首也。以其頭不至地，故名空首。"①《穆天子傳》郭璞注云："空首，頭至於地。"可見鄭、郭二説有很大的不同。後人多從鄭説。段玉裁據他所校改的《説文·十二上·手部》"攑，頭至手也"②以及上引鄭玄注等材料，認爲《周禮》"空首"即"拜手"，或單言"拜"；"曰空首者，對稽首、頓首之頭箸地言也。拜，本專爲空首之稱，引伸之，則稽首、頓首、肅拜皆曰拜"。③ 對於《穆天子傳》的"再拜空首"，段玉裁説：

"空首"字惟見於《穆天子傳》，而此書固未可信。云天子賜七萃之士高奔戎佩玉一隻，奔戎再拜稽首（引者按：原文見《穆天子傳》卷三："七萃之士高奔戎刺其左驂之頸，取其清血以飲天子。天子美之，乃賜奔戎佩玉一隻，奔戎再拜稽首。"）；賜許男駿馬十六，許男降，再拜空首。夫再拜，固再空首矣，又云"空首"，何也？且諸侯于天子必稽首，何以與七萃之士異禮也？即此可定此書之僞。④

黃以周、孫詒讓等人亦持"空首"即"拜手"之説。⑤ 對於《穆天子傳》及郭璞注，孫詒讓也跟段玉裁一樣，采取否定的態度。孫氏謂《穆天子傳》

---

① 《十三經注疏整理本》第8册《周禮注疏》，785頁，北京：北京大學出版社，2000年。
② 《説文》各本"攑"字皆作"首至地也"，段玉裁《説文解字注》校改爲"首至手也"（595頁，上海：上海古籍出版社，1981年），《釋拜》一文又引作"頭至手也"。
③ （清）段玉裁《釋拜》，同作者《經韻樓集》，136頁，上海：上海古籍出版社，2008年。
④ 同上注所引書，137頁。按：標點略有改動。
⑤ （清）黃以周《禮書通故》第三册，972～973頁，北京：中華書局，2007年。（清）孫詒讓《周禮正義》第八册，2011頁，北京：中華書局，1987年。

"其書晚出,經晉人竄易,不爲典要"。在引了郭璞關於"空首"的注釋之後,孫氏説:"據郭説,則彼空首即稽首。蓋景純亦知臣拜君不當空首,故爲此説以彌其罅隙,不足據也。"①凌廷堪不但認同"空首"即"拜手"説,而且也指出按照《穆天子傳》郭注的解釋,《穆天子傳》的"空首""則即稽首";但他只説"非此空首矣",②即認爲與《周禮》"九拜"之一的"空首"不是一回事,没有對《穆天子傳》簡單加以否定,態度較爲謹慎。此外,前人對"空首"還有一些其他的解釋,但往往大同小異,且不如上引段、黄、孫之説影響深遠。③

《穆天子傳》成書年代的問題目前尚存争議。出土鄭太子之孫與兵壺有"參(三)拜項(空)首"之語,可以證明《穆天子傳》"再拜空首"的説法確實是有可靠來源的;段、孫以晚出僞書視之,有失公允。凌廷堪把《穆天子傳》的"空首"與《周禮》"九拜"之一的"空首"分爲二事,恐怕也不妥當。前引李學勤先生文已舉出春秋晚期叔弓鐘(李文作"叔夷鐘")、鎛説"再拜稽首"(《集成》00275、00282、00285。按《尚書·顧命》、《逸周書·克殷解》等傳世文獻裏亦有"再拜稽首"之説④),裘錫圭先生已舉出西周中期農卣説"三拜稽首"(《集成》05424。按《左傳·僖公十五年》亦有"晋大夫三拜稽首曰"之説),《上海博物館藏戰國楚竹書(三)》所收《彭祖》8 號簡説"狗(考)老式(二)拜旨(稽)首","二拜"猶"再拜",⑤與兵壺"參(三)拜項(空)首"、《穆天子傳》"再拜空首"的文例與之一致,此言"空首"相當於彼言"稽首"。賈公彦疏謂《周禮·春官·大祝》"九拜"之中,稽首、頓首、空首乃

---

① (清)孫詒讓《周禮正義》第八册,2011 頁。
② (清)凌廷堪《禮經釋例》卷一《周官九拜解》,《叢書集成初編》本(據文選樓叢書本排印),30 頁,上海:商務印書館,1936 年。
③ 參看鄭憲仁《釋拜——稽首、頓首、空首、振動》,(臺灣)《"國立"編譯館館刊》第二十八卷第一期,15~18 頁,1999 年;胡新生《周代拜禮的演進》,《文史哲》2011 年第 3 期,133~134 頁。
④ 參看胡新生《周代拜禮的演進》,《文史哲》2011 年第 3 期,138~139 頁。
⑤ 參看季旭昇主編《〈上海博物館藏戰國楚竹書(三)〉讀本》,270~271 頁,臺北:萬卷樓圖書股份有限公司,2005 年。或以"上古文獻有'再拜'無'二拜'"爲由改釋"式"爲"三"(周鳳五《上博楚竹書〈彭祖〉重探》,《傳統中國研究集刊》第一輯,281 頁,上海:上海人民出版社,2006 年),不可信。

"相因而爲之"、"此三者,正拜也",①實已看出空首當與稽首、頓首的性質相類,這是很有見地的。由此可見,段玉裁、孫詒讓等人説"空首"即"拜手"、"拜",大概是有問題的。郭璞注"空首"爲"頭至於地","彼空首即稽首"(孫詒讓批評郭注語),從文例看反而很合適。清人吕調陽《穆天子傳釋》所引郭注作"頭不至地",②獨與各本異,疑據《周禮》賈疏而改,非郭注原貌。

段玉裁以"諸侯于天子必稽首"爲由,質疑《穆天子傳》"許男……再拜空首"的真實性。就西周銅器銘文反映的拜禮而言,諸侯之於天子皆爲"拜手稽首"、"拜稽首"或"稽首",③幾乎没有例外。1960年陝西扶風縣齊家村出土的西周晚期的柞鐘,言"柞拜手,對揚中大師休"(《集成》00133~00136、00138)。但這是下級對上級官員行拜手禮而不必稽首,並非諸侯之於天子。如果"空首"本來就不如段、黄、孫等人所説即"拜手"、"拜",而與"稽首"相當的話,《穆天子傳》"許男……再拜空首"仍然符合"諸侯於天子必稽首"的禮制的。

《穆天子傳》一書既有七萃之士高奔戎"再拜䭫(稽)首",又有許男"再拜空首",還有"天子嘉之(引者按:指進言的某七萃之士),賜以左佩玉華,乃再拜頓首"(卷一),可見頓首與稽首、空首應該也是同類之事。前人對"頓首"也有種種解釋,值得注意的是孫詒讓和張光裕的説法。孫詒讓説:

> 此經云頓首,猶《吴語》云頓顙;此注云頭叩地,猶何邵公以叩頭釋《公羊》之顙也。《孟子·盡心下篇》云"若崩厥角稽首",趙注云:"頷角犀厥地。"《漢書·諸侯王表》顔注引應劭云:"厥者,頓也。"是角犀即顙,厥地即稽顙亦即頓首也。《孟子》以厥角稽首並舉者,通言之,稽首、稽顙、頓首亦可互稱,故《一切經音義》引《蒼頡篇》云:"稽

---

① 《十三經注疏整理本》第8册《周禮注疏》,785頁。
② 王貽樑、陳建敏《穆天子傳彙校集釋》,258頁,上海:華東師範大學出版社,1994年。
③ 鄭憲仁《釋拜——稽首、頓首、空首、振動》,3~4頁。

首,頓首也。"……(引者按:以下一段辨鄭玄注"以頓首與稽顙爲二",略去不引)又案:頓首與稽首俱頭至地,但頓首以叩顙爲異。賈疏謂稽首至地多時,頓首至地即舉者,失之。①

孫氏雖已指出稽首、頓首通言無別,但還沒有把二者等同起來,直到張光裕先生才明確指出稽首即頓首。② 他説:

> 按《儀禮》中有"稽首"拜是男子獨具之拜禮(見《士冠》、《士昏》等篇)但卻無"頓首"拜之稱,金文中亦然,其實稽首即頓首,只是時代不同所用的名稱有別而已。③

他還認爲《周禮》"九拜"之禮"皆時事更易。拜禮乃有隆殺之分而已。要之,其名目雖異實皆源於'拜稽首'者也"。④

"稽首"、"頓首"爲同一禮節在不同時代所用的不同名稱的可能性是很大的,也有可能"稽首"、"頓首"係方言之異,總之當是"異名同實"(《説文·九上·首部》以"𩒨"爲稽首之"稽"的本字,訓爲"下首也"。《頁部》亦以"下首也"訓"頓"字)。"稽首"已見於西周中期的銅器銘文。"頓首"在目前所知的出土先秦文獻中似未發現過【編按:2012年12月出版的《上海博物館藏戰國楚竹書(九)·邦人不稱》簡9有"二拜頓₌(頓首)"之語】,⑤其出現的確切時間需要進一步研究。《左傳·文公七年》記穆嬴出朝抱太子適趙氏,有"頓首于宣子曰"之語;《定公四年》記申包胥乞師於秦廷,有"九頓首而坐"之語。如果相信《左傳》的敘事語言與所記之事屬同一時代,那就可以認爲至遲在春秋中期已有人使用

---

① (清)孫詒讓《周禮正義》第八册,2009~2010頁。
② 參看鄭憲仁《釋拜——稽首、頓首、空首、振動》,13頁。
③ 張光裕《淺談儀禮中的拜禮》,同作者《雪齋學術論文集》,243頁,臺北:藝文印書館,1989年。
④ 張光裕《"拜𩒨首"釋義》,同作者《雪齋學術論文集》,251頁。按:原書標點如此。據文義,似當在"其名目雖異"後施加逗號。
⑤ 出土秦漢文獻則已見"頓首"之例。如最近公布的北京大學所藏漢簡(時代約爲漢武帝後期)中有一篇記秦始皇事的《趙正書》,整理者編號爲2372的簡上有"丞相臣斯、御史臣去疾昧死頓首言曰……"之語(圖版見《文物》2011年第6期50頁圖一,釋文見趙化成《北大藏西漢竹書〈趙正書〉簡説》,《文物》2011年第6期,65頁),即用"頓首"。

"頓首"一詞了。

既然"頓首"、"稽首"是一回事,頗疑"空首"亦即"稽首",也屬於"時代不同所用的名稱有別"的情況。前人或以爲"空首"指"空爲首未至地(然至手),故言'空'",或以爲"首未至手,故言'空'",或以爲"空"假借爲"穹",①所説皆甚爲牽强。如果"空首"確實是"稽首"、"頓首"的别稱,"空"很可能當讀爲"叩","空首"就是"叩首"。《説文·三下·攴部》:"敂,擊也。从攴,句聲。讀若扣。"《説文》未收"叩"字,前人已指出"敂"即"叩"之本字。②《説文》所收"敂"字中古音爲"苦候切",折合成上古音屬溪母侯部,"空"屬溪母東部。二者聲母相同,韻部陰陽對轉,可以相通。"句吴"之"句",在出土吴國銅器銘文中或寫作"工"、"攻",或寫作"句"。③"空"、"攻"皆从"工"聲,"敂"从"句"聲。又,"控"从"空"得聲,"控"與"叩"音義皆近(《莊子·逍遥游》"時則不至而控於地而已矣",陸德明《釋文》引崔譔云:"控,叩也。"《詩·鄭風·大叔于田》"抑磬控忌",陳奂《詩毛氏傳疏》:"控之爲言叩也。"④),也可能後代的"叩(敂)首"是由"空首"變來的。

鄭太子之孫與兵壺是春秋中晚期器⑤(李學勤先生推斷方壺作成鄭成公至簡公初年,即公元前584至前560年之間⑥),在此之前的出土材料中尚未見有言"空首"者。"空首"一詞的出現没有問題要晚於"稽首",可能就是在春秋中期才誕生的;是否比"頓首"出現得晚,有待於進一步研究。從傳世古書的使用情况看,"空首"也明顯比"稽首"、"頓首"用得少。

如果上文所説"稽首"、"頓首"、"空首"的關係大致不誤,那末《穆天子傳》"許男……再拜空首"的説法雖有可靠的來源,也應該出自春秋戰國時人的手筆,恐怕不會是西周穆王時代的實録。《周禮·春官·大祝》"辨九

---

① 參看鄭憲仁《釋拜——稽首、頓首、空首、振動》對各説的總結,18頁。
② 丁福保編纂《説文解字詁林》第二册,925頁,昆明:雲南人民出版社,2006年。
③ 王輝《古文字通假字典》,131頁,北京:中華書局,2008年。
④ 宗福邦等主編《故訓匯纂》,905頁,北京:商務印書館,2003年。
⑤ 王人聰《鄭大子之孫與兵壺考釋》,《古文字研究》第二十四輯,239頁。
⑥ 李學勤《春秋鄭器與兵方壺論釋》,同作者《中國古代文明研究》,101~102頁。

拜"中的稽首、頓首、空首,雖然可以從出土與其他傳世文獻中得到印證,但把"異名同實"的一種禮節按不同名稱分派爲三,跟其他六種拜禮湊成"九拜",大概是編者出於某種需要編排而成的。

附記:本文蒙陳劍先生提出修改意見,謹致謝忱。

原載《古文字研究》第二十九輯,中華書局,2012年10月。

釋青銅器銘文中處於自名位置的"盉"、"盟"等字

山西曲沃天馬—曲村遺址 M6384：5 出土一件時代屬於西周早期的家父盤，其銘文云（釋文采用寬式，下同）：

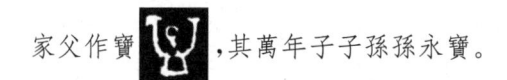

家父作寶 ▨，其萬年子子孫孫永寶。

發掘報告釋"寶"下一字爲"盉"，①吳鎮烽《商周金文資料通鑒》14427 號承之，顯然與字形不符。

《新收殷周青銅器銘文暨器影彙編》960 號、②《近出殷周金文集錄二編》3.928③皆照摹原形，比較謹慎。

何琳儀先生認爲此字从"皿"从"虫"，即"蠱"之省文，在盤銘中讀爲"盉"。④ 按金文中的"虫"（包括从"虫"之字）多作 ▨、▨ 等形，比較象形的寫作 ▨、▨，⑤頭部皆呈尖形或三角形，決不如盤銘此字所从那樣作圓形。況且，器名"盉"在金文中基本上都是用从"禾"聲之字表示的，其用字習慣

---

① 北京大學考古系商周組、山西省考古研究所《天馬—曲村 1980——1989》第二冊，501 頁，北京：科學出版社，2000 年。
② 鍾柏生、陳昭容、黃銘崇、袁國華《新收殷周青銅器銘文暨器影彙編》，698 頁，臺北：藝文印書館，2006 年。
③ 劉雨、嚴志斌《近出殷周金文集錄二編》第三冊，248 頁，北京：中華書局，2010 年。
④ 何琳儀《說"盤"》，《中國歷史文物》2004 年第 5 期，31 頁。
⑤ 容庚《金文編》，873～876 頁，北京：中華書局，1985 年。

相當固定。釋此字爲"蠱"、讀爲"盃",缺乏文字學上的根據。

陳英傑先生將此字分析爲从"皿"、"巳"聲,這裏讀爲"盤"。① 按子犯編鐘數見"𢁉"字,較清晰的字形作 [圖]、[圖] 等(《近出殷周金文集錄》1.10—25),聲旁"巳"跟家父盤此字所从出入很大,難以比附。

從拓本看,何琳儀先生認作"虫"身、陳英傑先生認作"巳"下部的部分應是泐痕,或是鑄範不善造成的。如果把中間的泐筆去掉,其形可復原爲 [圖];② 這個字便不難認識,就是甲骨卜辭屢見的"盂"字。【編按:蒙郭永秉先生惠賜 2018 年 6 月 26 日參觀晉國博物館所拍家父盤銘照片,此字原作 [圖],實是"孟"字。圓形下的部分並非泐筆,而是"子"的身體,只因"子"的手臂形鑄得很淺,拓本沒能拓出來,以致學界(包括本文)皆誤認。不過"孟"仍可按本文的意見讀爲"盂"。】

[圖]與甲骨文 [圖]、[圖] 最爲接近(看《殷墟甲骨刻辭類纂》1023 頁)。[圖]、[圖] 爲一字,舊皆釋作"血"。連劭名先生曾指出,卜辭中的"血"與"盟(盟)"、"皿""在使用上往往是不加區分的",並提到"皿"與"盟"音近可通,"盟"可讀爲與"血"同義的"盂"。③ 裘錫圭先生《釋殷虛卜辭中的"[圖]""[圖]"等字》一文(以下簡稱"裘文"),在連劭名說的基礎上,根據字形所表示的字義和在卜辭中與"盟(盟)"、"皿"有通用關係,將舊釋作"血"的 [圖]、[圖] 改釋爲"盂"。④ 其說正確可從。後來發表的殷墟花園莊東地甲骨中也有"盂"字(見 178.4、178.5、236.27 等),姚萱先生已據裘文釋出。⑤

---

① 陳英傑《西周金文作器用途銘辭研究》,上册 198 頁注【5】,北京:綫裝書局,2008 年。
② 劉雨、嚴志斌《近出殷周金文集錄二編》3.928 摹此字原形時,沒有摹出圈形下部的筆畫(248 頁),看來此書編者也認爲這應是泐筆。
③ 連劭名《甲骨刻辭中的血祭》,《古文字研究》第十六輯,49 頁,北京:中華書局,1989 年。
④ 裘錫圭《釋殷虛卜辭中的"[圖]""[圖]"等字》,《第二屆國際中國古文字學研討會論文集》,76~81 頁,香港:香港中文大學中國語言及文學系,1993 年。
⑤ 姚萱《殷墟花園莊東地甲骨卜辭的初步研究》,20、155~157 頁,北京:綫裝書局,2006 年。

家父盤的這個"盂"字，[圖]所表示的器皿之形，器身很深，最上部有兩短畫。這兩短畫應該是由甲骨金文"盂"、"皿(盟)"等字所從的、寫作[圖]一類的"皿"字上部的兩斜畫變來的，也可能就是這種寫法的"皿"而沒有鑄好。殷代金文"皿"字或作[圖]（《集成》09812），最上部的兩斜畫如果稍微正一點，就跟家父盤"盂"字所從沒什麼區別了，可見家父盤的"盂"是從"皿"的。上引裘文指出："'血''盂'同義，可能是古代不同方言稱名之異。殷虛卜辭裏被很多人釋爲'血'的那些字本象皿中有血，既可看作'血'的表意字，也可看作'盂'的表意字。"①在西周金文裏，"卹"字所從的聲旁"血"，表示盛放血的器皿，其器身往往很淺，②跟家父盤"盂"所從的"皿"有別。"皿"、"盂"音近可通，家父盤"盂"字從"皿"，也許就有使之兼起表音作用、以與"血"字相區分的用意。③

―――――

① 裘錫圭《釋殷虛卜辭中的"[圖]""[圖]"等字》，《第二屆國際中國古文字學研討會論文集》，80頁。

② 參看容庚《金文編》，348頁。需要指出的是，"卹"字所從的"血"，偶爾有把器皿中的血塊之形省掉的例子，如《金文編》348頁"卹"字條下所收追簋的第二例。按《集成》4219～4223所收幾件追簋拓本中，只有4222以及4223簋蓋中的"卹"省掉血塊之形，4223所收簋銘的"卹"就從一般的"血"旁。《金文編》"卹"字條下所收裏簋之例，似乎可以看作象血形的短橫與器皿左右相連的結果，而非省作"皿"。《集成》4219所收追簋的"卹"字，象血形的短橫前與器皿的右半相連接。總之，這是極個別的特例，不足以證明"血"、"皿"、"盟"古代是同一來源（引號内爲連劭名《再論甲骨刻辭中的血祭》語，《于省吾教授百年誕辰紀念文集》，32頁，長春：吉林大學出版社，1996年）。

③ 西周早期我方鼎有"我作禦[圖]祖乙、妣乙、祖己、妣癸"之語（《集成》02763），連劭名、趙平安等先生皆釋"禦"下一字爲"祟"（連劭名《再論甲骨刻辭中的血祭》，《于省吾教授百年誕辰紀念文集》，32頁；趙平安《從〈我鼎〉銘文的"祟"談到甲骨文相關諸字》，《追尋中華古代文明的蹤迹——李學勤先生學術活動五十年紀念文集》，4～6頁，上海：復旦大學出版社，2002年）。宋華强先生在其博士學位論文中曾懷疑此字當釋爲從"示"從"盂"，即卜辭中用作祭禱方式的"盂"之專字[《新蔡楚簡的初步研究》注786，213～214頁，北京大學博士學位論文（指導教師：李家浩），2007年5月]。後來此書正式出版時，宋先生已將此字改從釋"祟"之説（宋華强《新蔡葛陵楚簡初探》，355頁，武漢：武漢大學出版社，2010年）。按：此字所從盛放血的器皿，器身也畫得很深，跟殷代父乙孟瓶（《集成》07099）"孟"字所從的"皿"較似。（《説文·十四下·子部》以"孟"字從"皿"聲。）所以，我方鼎這個字從"盂"的可能性是存在的。上引連劭名、趙平安先生文指出，黃組卜辭裏有一個從我方鼎此字、從"又"之字，見於《合集》36181、36521等片，"大概表示以手置血於示上，也用作祭名"，應是我方鼎此字的繁構（趙平安《從〈我鼎〉銘文的"祟"談到甲骨文相關諸字》，《追尋中華　（轉下頁）

附帶提一下，金文中的"益"字除去上部"八"，剩餘形體與"血"幾乎一致。① 其他後世从"皿"之字，如"監"、"盥"等，器皿之中偶爾也加短横或圓點，寫得跟"血"相似。② 姚萱先生在考釋花園莊東地所出甲骨卜辭中的"益"字時指出，金文"益"字上部的"八"和器皿之形中的短横或圓點，係由殷墟甲骨文"象皿水益出之狀"（羅振玉語）的"益"所从"象水形"的小點"略加規整而來"。西周中期畢鮮簋"益"作上"八"下"皿"之形（《集成》04061），與花東甲骨"益"的寫法相合（見 247.5、87.1、87.3 等片）。③ 由此可知，"益"字並不从"血"，只是字形發生變化後，其下部偶爾變得與"血"同形而已（"益"本"溢"之初文【編按："益"、"溢"形、音皆有別，二字並無關聯，上舉甲骨金文舊釋"益"之字當釋爲"溢"。説詳張鑫裕《漢碑字詞零釋及相關問題研究》第三章《利用漢碑字形探究古文字問題一例：古文字中舊釋"益"之字新釋——兼説"益""溢"非古今字》，49～78 頁，南開大學碩士學位論文，2019 年 5 月】，其字若从"血"亦無義可説）。有的研究者把"益"字分析爲从"血"，認爲"可説明舊釋甲骨文血字是正確的"；又據畢鮮簋"益"字下部爲"皿"，以證明"血、皿通用"。④ 這些看法都與事實不符。"監"、"盥"等字下部似"血"之形，應該也表示器皿中盛放有水（尤其是"監"字，表臨水監察之意甚爲明顯），跟"益"字的變化同例，而跟真正的"血"無關。⑤

（接上頁）古代文明的蹤迹——李學勤先生學術活動五十年紀念文集》，6 頁。按：此字還見於《合集》36507、36511、36515、36966、《懷特》1871 等，"皿"中的血形或省去）。從上面所説來看，黄組卜辭此字从"盍"的可能性也是存在的，或即金文中當血祭講的"盟"（詳下文）的繁體。【編按：此字當從陳劍《釋甲骨金文的"徹"字異體——據卜辭類組差異釋字之又一例》説釋爲撤除之"撤"的異體，在甲骨卜辭和我方鼎中讀爲"通貫"義的"徹"（《出土文獻與古文字研究》第七輯，1～19 頁，上海：上海古籍出版社，2018 年 5 月）。】

① 容庚《金文編》，344 頁。
② 同上注所引書，582、346 頁。
③ 姚萱《殷墟花園莊東地甲骨卜辭的初步研究》，177～178 頁。
④ 連劭名《再論甲骨刻辭中的血祭》，《于省吾教授百年誕辰紀念文集》，32 頁。
⑤ 個别"盥"字下部也作器皿中加短横或圓點之形（《集成》00544），不知這種形體是"血"還是"象水形"之變，或者只是受到其他器皿之形中可以加點的寫法的類化，有待研究。此外，叔專父盨的"盨"字从"米"从"盨"（《集成》04454～04457），有一例"米"形有所省變，跟"皿"旁結合在一起，變得與"益"同形（參看容庚《金文編》，342 頁）。這種字形與"益"、"血"實皆無關。

"盇"、"盟"二字的關係,裘文曾加以討論:

"盟"的初文"盟",可能本是把"盇"的表意字所從的血形改成"囧"旁而成的一個異體,後來彼此才分化成兩個字。……不過,"盟"字一開始就作爲表示"盇"的引申或假借義的分化字而產生的可能性,似乎也不能排除。①

見於無名組卜辭的▢(《屯南》958),"既像'盇'又像'盟'",裘文指出這可以説明"盟""是作爲'盇'的表意字的異體而產生的了"。② 西周早期邢侯簋(《集成》04241)中"邵朕福盟(盟)"的"盟",《金文編》481頁1130號摹作▢,似與上舉甲骨的"盇"同形。細審拓本,其字實作▢,"皿"中圈形裏有細小的筆道,當是"囧"。不過這些筆畫在似有似無之間,或許亦可看作"作爲'盇'的表意字的異體而產生"之例,或由"'盇'的表意字所從的血形改成'囧'旁"的過渡環節。

著録於《中日歐美澳紐所見所拓所摹金文彙編》350、《金文總集》8.6749(《集成》未收)的一件叔高父盤銘文云:

叔高父作仲妣盤,其萬年子子孫孫永寶用。

我們釋爲"盟"之字原作▢,跟見於殷墟甲骨卜辭的▢(《合集》32330)顯然是一個字,後者各家多已釋作"盟"。③ 上海博物館藏戰國楚竹書《季康子問於孔子》簡10"盟(猛)則無親"的"盟"作▢,④正延續了甲骨金文的這種寫法。同人所作還有一件匜(《集成》10239),其銘云:

---

① 裘錫圭《釋殷虛卜辭中的"▢""▢"等字》,《第二届國際中國古文字學研討會論文集》,80～81頁。
② 同上注所引書,94頁。
③ 孫海波《甲骨文編》已收此字於"盟"字下(296頁,北京:中華書局,1965年),甚是。參看上引裘文77～78頁。《新甲骨文編》反而把它誤釋爲"血"(308頁,福州:福建人民出版社,2009年)。
④ 馬承源主編《上海博物館藏戰國楚竹書(五)》,圖版52頁,上海:上海古籍出版社,2005年。參看陳劍《談談〈上博(五)〉的竹簡分篇、拼合與編聯問題》,簡帛網,2006年2月19日。

叔高父作仲妘匜，其萬年子子孫孫永寶用。

盤、匜銘文格式完全一致，後者的"匜"相當於前者的"盨"，可證盤銘的"盨"確實處於自名的地位。"盨"、"盍"古音相近，上引裘文已指出二字之間的密切關係。叔高父盤處於自名位置的"盨"和家父盤處於自名位置的"盍"沒有問題表示的是同一個詞。這也是釋 ▨ 爲"盍"的一個重要證據。

有一件西周早期的罍銘（《集成》09811）云：

▨ 作父丁妻盟。

陳佩芬先生說此器"是 ▨ 氏爲父丁所作的祭器，並在會盟時使用"，①大概把"妻"讀爲"齍"，對應於"祭器"，把"盟"理解成"會盟"。從銅器銘文的有關情況看，其說恐不可信。

銅器自名中的"齍"多用於鼎，一般讀爲"齍"，指盛黍稷以祭祀。② 罍似無此盛糧的用途。據陳英傑先生研究，"兩周金文中的'盟'都是指血祭"，不能理解爲後世盟誓之"盟"。③ 此銘的"盟"也不應例外。其實，只要把罍銘跟上引叔高父盤的"叔高父作仲妘匜"比較一下，就能知道二者的文例十分相近。"匜"、"盟"爲一字，罍銘的"盟"應與叔高父盤的"匜"一樣，也看作處於銅器自名位置之字。此罍當是 ▨ 氏爲"父丁妻"所作。

雖說"盍"、"盨（盟）"與"皿"音近可通，但上述盤、罍處於自名位置的"盍"、"盨"或"盟"等字，卻不能直接讀爲"皿"。這一點可以通過考察自名爲"皿"之器的器形加以確認。

裘文指出，從古文字字形等有關材料來看，"皿"本指"尊"、"瓿"一類容器，"已發現的自稱爲'皿'的銅器，只有戰國時代的一件寧皿（容庚、張

---

① 陳佩芬《夏商周青銅器研究・西周篇》，上冊197頁，上海：上海古籍出版社，2004年。
② 參看陳英傑《西周金文作器用途銘辭研究》，上冊140、205～206頁。按：陳英傑先生認爲"齍"是一種方鼎的專名。若此，罍銘上的"妻"就更不可能讀爲"齍"了。
③ 同上注所引書，261～263頁。

維持《殷周青銅器通論》61～62頁，圖版壹壹肆·226)。其形狀正與時代較早的所謂瓶相近".① 2003年，李學勤先生公布了一件此前未見著錄、現藏於香港中文大學的戰國容器。② 器上刻於腹下部的一處銘文爲：

   縈(榮)陽上官，皿。

亦以"皿"爲器名。李先生介紹此容器器形說："器體呈略扁的球形，高15.9釐米。口徑10.2釐米，有窄折沿。腹徑19.5釐米，肩部有一對獸面形環耳，有垂環，腹面光素。低圈足，略侈，足徑11.9釐米。器重1 840克，容積(至口沿)3 030毫升。"其形制與寧皿相近。③ 盤、盉的器形與"尊"、"瓶"類器不似，大概不可能以"皿"作爲自名。④

  陳英傑先生《西周金文作器用途銘辭研究》一書專門整理過各類青銅器自名的"省名類"。⑤ 其中有些例子屬於修飾語後省略了器名，如簋類器自稱爲"寶尊"(《集成》03390、03391、03611、03483、04237等)、鼎形器自稱爲"寶鼒(肆)"(《集成》01967)、"鼒(肆)"(《集成》01714、01726、02012、02354等)等；有些則可以看作"器名修飾語向器名轉化"之例。關於後者，陳劍先生在討論銅器自名的連稱、代稱問題時，說過如下一段話：

    孟鼎簡稱爲孟(引者按：陳文已指出"孟鼎"之"孟"是形容詞、修飾語)，又加義符鼎作爲專字，猶如"升鼎"可簡稱爲"升"，又加鼎作"鼒"，作升鼎的專字。(原注："升鼎"見盅之嘩(升)鼎[《集成》2356]、包山楚簡265"二盝(升)鼎"，"升"見連迂之行升[《集成》2084]，"鼒"

---

  ① 裘錫圭：《釋殷虛卜辭中的"𠙴""𠙵"等字》，《第二屆國際中國古文字學研討會論文集》，85頁。
  ② 李學勤《榮陽上官皿與安邑下官鍾》，原載《文物》2003年第10期，收入同作者《文物中的古文明》，321～327頁，北京：商務印書館，2008年。今據後者引。此器銘後又著錄於《新收殷周青銅器銘文暨器影彙編》1737、《近出殷周金文集錄二編》3,892等。
  ③ 李學勤《榮陽上官皿與安邑下官鍾》，同作者《文物中的古文明》，321～322頁。
  ④ 天馬一曲村遺址M91:169出土一件晉侯喜父殘器，其自名之字作[圖]，上部爲"皿"。如果此字從"皿"得聲，則亦可讀爲"皿"(寧皿自名之字亦作"皿")。可惜器形不明，無法進一步討論。
  ⑤ 陳英傑《西周金文作器用途銘辭研究》，上册129～204頁。

見蔡侯申鱅［《集成》2215、2225］、王子午鼎［《淅川》圖九五～一〇一］、倗之鱅［《淅川》圖九四］、克黃之鱅［《華夏考古》1992年3期］、望山二號楚墓簡53等。）又如"䥼鼎"可簡稱爲"䥼"，又加鼎作"䥼"，作䥼（飯）鼎的專字。（原注："䥼鼎"見楚叔之孫以鄧鼎［《淅川》8頁圖五1、2］、蔡（?）子戮（?）盞［《江漢考古》1993年3期42頁圖一］，……"䥼"見鄧公乘鼎［《集成》2573］、倗之食䥼［《淅川》圖八五］。關於䥼鼎詳見後文。）類似的情況還有一些，我們稱之爲"器名修飾語向器名的轉化"。①

事實上由於所見材料的局限，"修飾語後省略器名"和"器名修飾語向器名轉化"這兩種相互關聯的現象的界綫，往往是很難截然劃分的。

出現在自名位置上的"盥"、"盟"，有時就用作器名修飾語。例如：

子作鼎盥彝。（商代晚期，《集成》02018）

作祖丁盟鑊（? 彝?）。（西周早期，《集成》02110）

字或寫作"朙"：

戒作莽官朙尊彝。（西周早期，《集成》00566）

此三銘與上引"叔高父作仲妭盥"、"作父丁妻盟"的文例極似，前者的"盟彝"、"朙（盟）尊彝"相當於後者的"盥"、"盟"。② 我們認爲，本文所討論的處於盤、罍自名位置的"盇"、"盥"、"盟"就屬於上文所介紹的那類情況，即修飾語"盥"、"盟"後省略了器名，或已由"盟彝"等詞中的修飾語

---

① 陳劍《青銅器自名代稱、連稱研究》，《中國文字研究》第一輯，342頁，注見367頁，南寧：廣西教育出版社，1999年。後來在討論《益陽楚墓》所收一件戈銘的自名之字時，陳劍先生對這一現象又有申説，請參看。見復旦大學出土文獻與古文字研究中心網論壇"學術討論"區"關於《益陽楚墓》中的一個疑難字"下"yihai"（陳劍網名）的回帖，2010年1月11日。

② 《集成》02018那一例的"鼎"，既有可能是族名或人名，也有可能是器物專名，如張亞初先生就認爲"鼎盥彝"是器名。張説見《殷周青銅鼎器名、用途研究》，《古文字研究》第十八輯，276頁，北京：中華書局，1992年。

轉化爲器名,似以前一種可能性爲大。某一類器在器名修飾語後省略器名或由修飾語轉來之詞作器名的情况,相較於使用"修飾語+器名"或一般性的器名而言,無疑只占很小的比例。就我們所知,處於自名位置的"盇"、"盟(盟)"(代表同一個詞)在大量的盤、罍形器中一共只出現了三次,跟這個通例是完全吻合的。

殷墟卜辭中位於牲名之前的"盇"、"盟"和"皿"係一種用牲之法,裘文指出或可讀爲"盇"、從連劭名先生説解釋爲血祭,或可讀爲"烹"。① 各家皆同意兩周金文中"盟"、"盟"的用法與卜辭當用牲法講的"盇"(或作"盟"、"皿")是一脈相承的,但多直接取"血祭"之義立説。西周早期的刺鼎云:"其用盟(盟)𩰻(肆)寬嫣日辛。"(《集成》02485)陳英傑先生指出"'盟𩰻'祭名連用,盟爲血祭"。② 陳劍先生肯定其説,並加以補充:"它器或言'明享'、'盟享',見於畀簋(《文物》1999 年第 9 期第 84 頁圖二)、伯姜鼎(5.2791)、服方尊(11.5968)等;'盟祀'或'明祀'春秋金文多見。'𩰻(肆)'與'盟'、'享'、'祀'均義近。"③

"盇"的本義是"血",引申而有"取牲血"、"取牲血以祭"之義,是很自然的。《莊子·讓王》述伯夷叔齊與姬旦爲盟,"血牲而埋之"。"血牲"即取牲血以釁,"血"的用法與卜辭"盇五牛"、"盇三羊"的"盇"相類。上引刺鼎的"𩰻"字,陳劍先生考釋爲"肆解牲體以祭"的"肆"的表意初文。④ 鼎銘以"盟(盟)"、"𩰻(肆)"並提,大概是説此鼎可在以"取牲血"、"肆解牲體"等方式祭祀"寬嫣日辛"的場合使用,其義與後世引申爲籠統的"祭祀"義的"盟"、"𩰻(肆)"可能還有所差別。

裘文解釋甲骨卜辭中當用牲法講的"盇"(或作"盟"、"皿")爲血祭之

---

① 裘錫圭《釋殷虛卜辭中的"𥁕""𥁋"等字》,《第二届國際中國古文字學研討會論文集》,88 頁。
② 陳英傑《金文釋詞二則·將》,《中國文字研究》第五輯,141 頁,南寧:廣西教育出版社,2004 年。
③ 陳劍《甲骨金文舊釋"𩰻"之字及相關諸字新釋》,《出土文獻與古文字研究》第二輯,29~30 頁,上海:復旦大學出版社,2008 年。
④ 陳劍《甲骨金文舊釋"𩰻"之字及相關諸字新釋》,《出土文獻與古文字研究》第二輯,26~37 頁。

義、各家認爲兩周金文中的"𥁽"、"盟"（或寫作"明"）應指"血祭"而言，雖然很有道理，但根據原有材料畢竟無法排斥讀爲"烹"的可能性。現在我們找到了盤、罍中的"𥁽"、"盟"，特別是釋出了家父盤中的"𥁽"字，情況就不一樣了。上舉[圖]罍的"盟"，陳英傑先生已列入"省名類"，謂其爲"血祭義"。① 這是很正確的。家父盤和叔高父盤的"𥁽"、"盟"無疑也應該這樣理解。"𥁽彝"、"朙尊彝"意即用於血祭的彝器。衆所周知，盤、罍皆非用於烹煮的炊器。所以，它們的自名或表示器用修飾語的"𥁽"、"盟"和"盟"不存在讀爲"烹"的可能性。如果承認銅器銘文中表示器用修飾語或自名的"𥁽"、"盟"、"盟"、"朙"跟與其他享祀之詞並提的"𥁽"、"盟"、"明"是一回事，而它們就來源於殷墟卜辭中當用牲法講的"𥁽"（"盟"、"皿"），那麼後者應該解釋爲血祭這一點便可以肯定下來了。

盤雖爲水器，亦可於祭祀或會盟時用來盛血。《周禮·天官·玉府》："若合諸侯，則供珠槃、玉敦。"鄭玄注："敦，槃類，珠玉以爲飾。古者以槃盛血，以敦盛食。合諸侯者，必割牛耳，取其血，歃之以盟。珠槃以盛牛耳，尸盟者執之。"此是見於古書的例子。蔡侯盤有"用作大孟姬媵彝盤，禋享是以，祗盟嘗禘"之語（《集成》10171），"禋享是以"即"以是（指盤）禋享"，"盟"與"嘗"、"禘"以及"禋"、"享"並提，顯然是指血祭而言的。此是見於銅器銘文的例子。罍大概也可用於血祭的場合。上引蔡侯盤"禋享是以，祗盟嘗禘"的話又見於蔡侯尊（《集成》06010）。魯侯爵云其用途爲"用尊[圖]盟"（《集成》09096），按照一般的理解，"盟"亦指血祭。尊、爵、罍功用相同，均屬酒器。可見，把它們的器名修飾語或自名之字讀爲當血祭講的"盟（𥁽）"，從青銅器用途來說也是合適的。不過，上述盤、罍處於自名位置的"𥁽"、"盟"，包括作爲器名修飾語的"盟"、"明"，也可能已虛化爲比較籠統的"祭祀"、"享祀"義，就像"鬯（肆）"在銅器銘文中"大多可逕以'祭'義爲解，已經看不出與'分解牲體'有關"②一樣。

---

① 陳英傑《西周金文作器用途銘辭研究》，上冊 195 頁注【1】、228～229 頁。
② 陳劍《甲骨金文舊釋"鬯"之字及相關諸字新釋》，《出土文獻與古文字研究》第二輯，29 頁。

韓自強、劉海洋先生《近年所見有銘銅器簡述》（以下簡稱"韓文"）公布了一件私人收藏的銅器，其銘文爲：①

　　　曾太保慶用作寶皿。

在本文的最後，有必要討論一下此器的自名問題。

這件銅器的器形、銘文照片和拓片後又著録於《曾國青銅器》一書。②其中"皿"字作󰀀，雖然象器身的部分已變得很淺，但表示"高頸侈口"的筆畫意圖仍在，如果解釋爲從󰀁一類寫法的"皿"進一步簡化而成的，似乎不無道理。

不過，結合青銅器形制考慮，此器以"皿"自名卻甚是可疑。韓文介紹其器形説："皿，圓形，通高 12.4，口徑 25.3，唇廣 3.5，底徑 12.5 釐米，大口、折肩，小平底，頸部飾單道雲紋一周……"（據《曾國青銅器》一書，則爲"口徑 25.5，底徑 13，高 15 釐米，重 2 230 克"，③與此略有差異。）這種器形"還見於 1971 年河南新野發現的一組曾國銅器，簡報稱作盨，没有銘文；還有河南潢川發現的子諆皿，簡報稱作盨（盆）……新野的一件定爲春秋早期，潢川的一件蓋和器均有刻銘四行十六字'隹子諆舌鑄皿，其行寧子孫永年壽用之'"，韓文主張根據"曾太保皿和子諆皿自銘叫皿"來爲這種銅器定名。④ 按："皿"不能作爲這種銅器的定名依據，參見下文，這裏按照通行的辦法稱之爲"盆"。韓文所舉子諆盆（《集成》10335）銘的釋文有不少錯誤，應參考學者們的研究訂正爲："隹（唯）子諆鑄其行寧（?），子孫永年壽用之。"盆銘"諆"作上"丌"下"言"之形，韓文所謂"舌"字，實是"諆"字所從的"言"旁。此器蓋銘和器銘上的"鑄"字不知何故都被分鑄於兩行，即所從"皿"在第二行之首，其餘形體在第一行之末，導致韓文誤釋出

---

① 韓自强、劉海洋《近年所見有銘銅器簡述》，《古文字研究》第二十四輯，166 頁，北京：中華書局，2002 年。
② 湖北省文物考古研究所《曾國青銅器》，419～420 頁，北京：文物出版社，2007 年。
③ 同上注所引書，419 頁。
④ 韓自强、劉海洋《近年所見有銘銅器簡述》，《古文字研究》第二十四輯，166～167 頁。

一個器名"皿"字來。此器的自名是所謂"寧"字(此字或釋"盂",銅器自名多見)。這些釋讀方面的問題,張光裕、孫稚雛等先生早已作過很好的研究,①可惜韓文没能加以吸收。總之,盆形器自名爲"皿",目前所知只有韓文公布的這一孤例。

曾太保盆的器形與上文所介紹的真正的"皿"(即"尊"、"瓿"類器)差别頗大,似無理由以"皿"自名。此器收入《曾國青銅器》一書時,器形和銘文的説明也是由韓自强、劉海洋先生撰寫的。他們根據一件傳世的春秋早期曾太保盆(《集成》10336。器主名之字从"麗"从"會")自稱爲"旅盆",懷疑此曾太保盆的自名之字"皿"實係"盂"或"盆"字的漏鑄。② 此説遠比他們的舊説要合理。看來,韓、劉二位先生已經放棄了用"皿"來爲盆形器定名的想法。

殷墟卜辭中當讀爲"盇"的用牲法之字,偶爾也寫作"皿"。《周禮·地官·牛人》:"凡祭祀,共其牛牲之互與其盆簝,以待事。"鄭司農注:"互,謂楅衡之屬。盆、簝,皆器名。盆所以盛血。簝,受肉籠也。"晋公盆有"作元女孟[姬]□□滕蠱四[盨],□□□□,虔恭盟祀"③之語(《集成》10342)。這個盆形器的自名"皿"似乎也有可能讀爲當血祭講的"盟(盇)"。如果是這樣的話,就又爲修飾語後省略了器名、或由修飾語轉化爲器名的現象增添了一個例子。

總之,由於目前所知盆形器的自名材料還不够充足,曾太保盆的"皿"

---

① 張光裕《從 [字] 字的釋讀談到盨、盆、盂諸器的定名問題》,原載《考古與文物》1982年第3期;收入同作者《雪齋學術論文集》,144頁,臺北:藝文印書館,1989年。孫稚雛《金文釋讀中一些問題的探討(續)》,《古文字研究》第九輯,409~410頁,北京:中華書局,1984年。

② 湖北省考古研究所《曾國青銅器》,420頁。按:當以"盆"字誤鑄的可能性爲大。除了韓文及《曾國青銅器》所舉自名爲"盆"的曾太保盆外,近來張懋鎔先生公布了一件器形與之相類的中市父盆,器、蓋同銘,亦自名爲"盆"。見張懋鎔《關於近年來新發現的商周有銘銅器的幾點思考》,"2010 Ancient Chinese Bronzes Conference"會議論文,美國芝加哥大學,2010年11月5~7日【編按:詳見張懋鎔《再議青銅盆——從新發現的中市父盆談起》,同作者《古文字與青銅器論集》第三輯,164~169頁,北京:科學出版社,2010年】。

③ 此銘的釋讀參看謝明文《晋公盨銘文補釋》,未刊稿【編按:此文後已正式發表,收入謝明文《商周文字論集》,182~208頁,上海:上海古籍出版社,2017年】。

究竟是"盆"或其他字的漏鑄,還是應該讀爲當血祭講的"盟(盇)",或者二説皆非,有待於進一步研究。

2010 年 3 月初稿
2011 年 6 月改定

附記:本文寫成後,蒙裘錫圭先生、陳劍先生、謝明文先生提出修改意見,謹致謝忱!

原載《出土文獻與古文字研究》第四輯,上海古籍出版社,2011 年 12 月。

文公之母弟鐘銘補釋

春秋晚期的文公之母弟鐘現藏於上海博物館,其器形和拓片著録於《夏商周青銅器研究·東周篇》(以下簡稱"《研究》")上册 540 號、[①]《新收殷周青銅器銘文暨器影彙編》(以下簡稱"《彙編》")第二册 1479 號、[②]《近出殷周金文集録二編》(以下簡稱"《近二》")第一册 6 號[③]等。三書的釋文不盡相同,陳佩芬先生在《研究》中對銘文還有簡單的考釋。我們對鐘銘的釋讀有些不同看法。下面先按照我們的理解把釋文重寫一遍,然後擇要加以解釋。

　　☒不義(宜)又(有)匿(慝)。余文公之母弟,余鼏(謐)静朕猷遠琢(邇),用匽(宴)樂者(諸)父兄弟。余不敢東(犯)脱(兇),余龏(恭)好朋友、氏〈氐?一厥〉尸(夷)僕☒

《研究》指出此係整組編鐘的一枚,"爲整篇銘文的後段"。[④] 其前必不完整,其後是否有缺,不敢肯定。爲謹慎起見,我們在釋文的前後都加上了表示殘缺的符號"☒"。

　　《近二》的釋文爲"……不義有匿,余文公母弟,余鼏静配遠邇。朕用

[①] 陳佩芬《夏商周青銅器研究·東周篇》,上册 260～261 頁,上海:上海古籍出版社,2004 年。
[②] 鍾柏生、陳昭容、黃銘崇、袁國華《新收殷周青銅器銘文暨器影彙編》第二册,1022 頁,臺北:藝文印書館,2006 年。
[③] 劉雨、嚴志斌《近出殷周金文集録二編》第一册,8 頁,北京:中華書局,2010 年。
[④] 陳佩芬《夏商周青銅器研究·東周篇》,上册 260～261 頁。

宴樂諸父兄弟,余不敢困窮,余好朋友是恭,夷僕",除了具體字詞之外,跟我們的釋文最大的區別是釋讀順序的不同。我們的釋讀順序與《研究》一致。①《近二》的釋讀順序很怪,如正面左側銘文讀完"遠邇"之後不接讀下一字"用",而跳讀"用"、"匽"右側的"朕",再接"用"字讀;背面左側銘文讀完"氏(是)"之後不接讀下一字"尸(夷)",而跳讀"氏"、"尸"右側的"䕫",再接"尸(夷)"字讀。這在其他鐘銘中似乎未見其例。《近二》之所以這樣讀,大概考慮到背面左側讀成"余䕫(恭)好朋友氏尸(夷)僕"很難講通,若讀成"余好朋友是䕫(恭)"則看似文句通順,"䕫"還正好跟上一句的"窮"押韻。其實,像《近二》那樣以"好朋友"爲名詞的看法是錯誤的,郭沫若早就已經指出。② 而且這種釋讀順序對於正面左側的銘文是不適用的,"用宴樂諸父兄弟"前加一"朕"字,顯然不合文例。跟文公之母弟鐘銘分佈格局相同或相近的臧孫鐘(《集成》00093〜00101)、邾公釛鐘(《集成》00102)、邾公孫班鐘(《集成》00140)、莒叔之仲子平鐘(《集成》00172〜00173、00175〜00177、00180)、蔡侯紐鐘(《集成》00210〜00211、00217〜00218)、黽公華鐘(《集成》00245)等,其銘皆以右側、鉦間、左側爲序從右往左讀,文公之母弟鐘自然也應該這樣讀。

《研究》爲"不"括注"丕","義"、"又"、"匿"如字讀,未作説明。可能是《研究》的作者認爲器主鑄銘以自炫,不會使用"不義"這樣不好的詞,故改讀爲"丕義"。不過,"匿"若如字讀,仍非褒詞,與"義"在文義上也構不成並列或遞進的關係。金文中的"義"或讀爲"宜",如史牆盤"義其禋祀"即"宜其禋祀"(《集成》10175),儺匜"我義鞭汝千"、"義鞭汝千"即"我宜鞭汝千"、"宜鞭汝千"(《集成》10285)。"匿"可讀爲"慝",大盂鼎:"在(載)武王嗣玟(文)作邦,闢厥匿(慝)。"(《集成》02837)"又匿"即"有慝",《國語‧魯語上》:"且夫君也者,將牧民而正其邪者也,若君縱私回而棄民事,民旁有慝無由省之,益邪多矣。""不義又匿"當讀爲"不宜有慝",即不應有

---

① 《彙編》"凡例"説此書釋文"照拓片行款排列"(5頁),事實上與我們的釋讀順序亦一致。

② 郭沫若《兩周金文辭大系圖録考釋》,《郭沫若全集‧考古編》第八卷,314頁,北京:科學出版社,2002年。

苟慝邪行。《國語·周語上》記內史過答惠王之言，論"國之將亡"的情形，有"民神怨痛，無所依懷，故神亦往焉，觀其苟慝而降之禍"語。"不宜有慝"似指避免亡國之禍而言的〔參看下文對"余不敢東（犯）脫（兇）"句的解釋〕。"慝"、"忒"義通，"不宜有慝"也可能指不應有差忒。《詩·邶風·谷風》："黽勉同心，不宜有怒。""不義（宜）又（有）匿（慝）"與"不宜有怒"語例相同。當然，由於鐘銘不全，"不義又匿"前面究竟有什麼話，不得而知，所以上面對此句的解釋只能算是一種猜測。

"余文公之母弟"是作器者自述身世之語。① "母弟"指同母之胞弟，古書屢見，如《公羊傳·隱公七年》："齊侯使其弟年來聘。其稱弟何？母弟稱弟，母兄稱兄。"何休注："母弟，同母弟。母兄，同母兄。不言同母言母弟者，若謂不如為如矣，齊人語也。"《左傳·宣公十七年》："冬，公弟叔肸卒。公母弟也。凡大子之母弟，公在曰公子，不在曰弟。凡稱弟，皆母弟也。"臣諫簋："臣諫□亡（忘）母弟，引（矧）庸有□。"（《集成》04237）②這裏的"母弟"大概是指臣諫的同母胞弟。③ 本鐘的器主應是文公之同母胞弟，根據上引《左傳》"公在曰公子，不在曰弟"的說法，當時文公已不在世。

"余鼏（謐）靜朕猷遠琢（邇）"句，《研究》釋讀為"余鼏靜，朕配遠"，"琢"字右半闕釋，屬下句"用匽（宴）樂"讀。④《彙編》的釋文作"余鼏靜朕配遠邦"。⑤《近二》的釋文詳上。《研究》、《彙編》、《近二》釋為"配"之字，其形作 ；雖不甚清晰，但跟金文中的"配"字比較一下，⑥不難看出其右非"如（妃）"之省，⑦而與"犬"形接近，字當釋為"猷"。⑧《彙編》釋為"邦"

---

① 《近二》釋文無"之"字。按鐘銘拓本此處有殘缺，"公"下似有筆畫，姑從《研究》、《彙編》釋出"之"。
② "有"下一字，有"望"、"長"、"聞"等釋法，參看楊明明《釋毛公鼎"庸有聞"及相關問題》（復旦大學出土文獻與古文字研究中心網，2010年9月10日），似皆可疑。待考。
③ 馬承源主編《商周青銅器銘文選》第三冊，59頁，北京：文物出版社，1988年。
④ 陳佩芬《夏商周青銅器研究·東周篇》，上冊260～261頁。
⑤ 鍾柏生、陳昭容、黃銘崇、袁國華《新收殷周青銅器銘文暨器影彙編》第二冊，1022頁。
⑥ 容庚《金文編》，1002頁，北京：中華書局，1985年。
⑦ 關於"配"字的字形分析，參看陳劍《釋〈忠信之道〉的"配"字》（《國際簡帛研究通訊》第二卷第六期，2002年）。
⑧ "猷"字寫法參看《金文編》685頁。

之字,其形作▨,右旁非"丮",似是"豕"。"犾"或寫作"逐",見於《古璽彙編》0172和3547等,此字也應該釋爲"逐"。"犾"是從"犬"、"執(埶)"省聲之字,已見於殷墟甲骨卜辭,①"逐"大概是"犾"之變體。《近二》把"遠逐"二字直接釋讀爲屢見於金文和古書的"遠邇",正確可從。

  氈鐘:"唯皇上帝百神,保余小子,朕猷有成亡競。"(《集成》00260)晉姜鼎:"經擁明德,宣卹我猷。"(《集成》02826)已有學者指出,"朕猷"、"我猷"同意。②【編按:隨州棗樹林M169所出春秋中期的加嬭編鐘云"燮壯我猷"(《江漢考古》2019年第3期),語與晉姜鼎"宣卹我猷"頗近,"燮"、"卹"爲一詞。】春秋時期的齊器國差𦉢:"齊邦𧫤靜安寧。"(《集成》10361)前人讀"𧫤"爲"密"③或"謐"。④ 秦公大墓石磬:"高陽有靈,四方以𧫤平。"王輝等先生讀"𧫤"爲訓"安"、"寧"的"宓"或訓"安"、"静"的"謐"。⑤按"密"、"謐"、"宓"古皆從"必"得聲,當"安"、"静"講的"密"、"謐"與當"安寧"講的"宓"無疑是音義皆近的同源詞,甚至有可能表示的是同一個詞。新近報導的清華簡《邶夜》,據李學勤先生介紹,周公醻畢公的詩中有"毖精謀猷,裕德乃究"之語。⑥ "毖精謀猷"與鐘銘"𧫤静朕猷遠逐(邇)"十分接近,"毖精"、"𧫤静"當是同一語的異寫,顯然都應該讀爲"謐静"。【編按:高中正《清華簡"宓情"與今文〈尚書〉"密静"合證》指出今文《尚書·無逸》有"密靖/静殷邦"之語,亦與此同(《出土文獻》2021年第3期,61~62頁)。】大克鼎(《集成》02836)"宓静于猷"之"静"與此同例。上舉晉姜鼎"宣卹我猷"之"卹"亦當讀爲"謐"。【編按:高中正《清華簡"宓情"與今文〈尚書〉"密静"合證》謂加嬭編鐘"燮壯我猷"的"壯"乃"壯大"義,晉姜鼎

---

① 裘錫圭《釋殷墟甲骨文裏的"遠""犾"(邇)及有關諸字》,同作者《古文字論集》,5~6頁,北京:中華書局,1992年。
② 陳連慶《〈晉姜鼎〉銘新釋》,《古文字研究》第十三輯,190頁,北京:中華書局,1986年。
③ 孫詒讓《古籀拾遺》,《古籀拾遺 古籀餘論》,31頁,北京:中華書局,1989年。
④ 于省吾《雙劍誃吉金文選》,224頁,北京:中華書局,1998年。
⑤ 王輝、焦南峰、馬振智《秦公大墓石磬殘銘考釋》,《"中研院"歷史語言研究所集刊》第六十七本第二分,289頁,1996年。
⑥ 豐捷《清華簡:"讓人讀起來太激動"》,《光明日報》2009年4月28日。

"宣仰我猷"的"宣"似亦"大"義,大克鼎"宦静于猷"的"宦"讀爲"訏",訓"大",皆可合觀(64頁)。】"弟"是脂部字,"瑑"在本銘中所代表的詞"邇"多與脂、微部字押韻(《詩·周南·汝墳》"尾毀毀邇"、《邶風·谷風》"遲違邇畿"等)。【編按:"弟"可能本讀微部 *əj。"邇"從"爾"聲,《詩·大雅·行葦》以"弟"、"爾"爲韻,《邶風·泉水》以"禰"、"弟"爲韻。根據上寫釋文的斷句和讀法(《近二》已如此斷句),"余文公之母弟"、"余鼎(謚)静朕猷遠瑑(邇)"、"用匽(宴)樂者(諸)父兄弟"這三句話就都是押韻的。【編按:"瑑"當讀爲"近"義的"褻/暬",此字不入韻。以上關於銘文押韻的説法是不正確的。】

"余不敢"下一字,《研究》、《彙編》、《近二》皆釋爲"困"。此字寫作 ,與師虎鼎(《集成》02830) 和 的左旁實爲一字。其間關係,跟"因"既作 (《集成》02765)、又作 (《甲骨文合集》14294)正同。① 裘錫圭先生指出,師虎鼎 "象'木'的周圍有物包束之形",應該就是《説文·囗部》的"束"字, 即《説文》的"棘"字。② 據此,鐘銘原釋"困"之字當改釋爲"束"。③

"束"下一字原作 ,《研究》、《彙編》釋爲"賏",可信。夔公盨銘:"孝友怛明,經齊好祀,無 心。""無"下一字,朱鳳瀚、饒宗頤、沈建華、陳英傑等先生都釋其右旁爲"兇",④左旁各家亦多隸作"貝"。饒、沈、陳等先生還把此字讀爲"兇"。詛楚文有"將欲復其 迹(?)"之句,"其"下一字一般釋爲"賏",讀爲"兇"。⑤ 陳英傑先生指出,夔公盨和詛楚文讀爲"兇"

---

① 裘錫圭《釋南方名》,同作者《古文字論集》,50～51頁。
② 裘錫圭《説" 白大師武"》,同作者《古文字論集》,357～358頁。
③ 此點蒙陳劍先生提示。
④ 朱鳳瀚《夔公盨銘文初釋》,《中國歷史文物》2002年第6期,33頁。饒宗頤《夔公盨與夏書佚篇〈禹之總德〉》,《華學》第六輯,5頁,北京:紫禁城出版社,2003年。沈建華《讀夔公盨銘文小劄》,《華學》第六輯,28～39頁。陳英傑《夔公盨銘文再考》,《語言科學》2008年第1期,68頁。
⑤ 郭沫若《詛楚文研究》,《郭沫若全集·考古編》第九卷,310頁,北京:科學出版社,1982年。

之字與文公之母弟鐘的"賏"係一字。這一意見是很正確的。(不過,他一方面承認這些字都是"賏",一方面又把幽公盨此字的左旁釋作"頁",意見有些游移不定。)

《研究》考釋鐘銘"賏"字說:

"賏",字書所無,从貝兇聲,疑與窮音近,不敢困窮,是指不敢使民困窮。《戰國策·齊策》:"是其爲人哀鰥寡,邮孤獨,振困窮,補不足,是助王息其民者也。"《史記·秦始皇本紀》:"天下多事,吏勿能紀,百姓困窮而主弗收恤,然後奸僞並起,而上下相遁,蒙罪者眾。"①

從古音來說,"賏"从"兇"聲,"兇"是曉母東部字,"窮"是群母冬部字,二者聲韻都不相同。從文義來說,把"余不敢困賏"解釋爲"余不敢使民困窮","民"字原無,有"增字解經"之嫌。況且,根據上文所說,所謂"困"實是"東"字。《研究》的這一意見完全不能成立。

結合鐘銘文義考慮,"東賏"似可讀爲"犯兇"。上舉師虎鼎的"東棘白大師武",應從裘錫圭先生說讀爲"範圍伯太師武"。②"範"、"犯"不但都是並母談部字,且皆从"㔾"得聲;③"東"既可讀爲"範",沒有問題也可讀爲"犯"。目前所見古文字資料中的"賏"皆讀爲"兇",從用字習慣來說,鐘銘的"賏"也不應例外。馬王堆漢墓帛書《老子》乙本卷前古佚書《稱》說:"居不犯凶,困不擇時。"④關於這兩句話,陳鼓應先生作過解釋:

"居"訓爲"安"、訓爲"治"(《呂覽·上農》注:"居,安。"《周書·作雒》注:"居,治也。"),在此指平穩、順利。"擇"當讀爲"釋"。"不釋時"即"不棄時"。此二句是說順境時不妄爲亂作自取兇禍,逆境時也不喪失信心放棄機會。下文"擇法"亦讀爲"釋法"。則帛書《四經》多

---

① 陳佩芬《夏商周青銅器研究·東周篇》,上册260~261頁。
② 裘錫圭《說"東棘白大師武"》,同作者《古文字論集》,357~358頁。
③ 李家浩《釋上博戰國竹簡《緇衣》中的"茲臣"合文》,《康樂集》,25頁,廣州:中山大學出版社,2006年。
④ 國家文物局古文獻研究室《馬王堆漢墓帛書[壹]》,146行下(圖版)、81頁(釋文注釋),北京:文物出版社,1980年。

假"擇"爲"釋"。①

"居"與"困"相對,似當訓爲"安"。"治"與"安"非一事。這兩句話究竟如何理解才符合原義,有待研究。不過,陳氏把"犯凶"解釋爲"自取兇禍"("兇"、"凶"本一字),基本意思是對的。《稱》下文說:"不受禄者,天子弗臣也。禄泊(薄)者,弗與犯難。"整理小組注引《慎子·因循》:"禄不厚者,不與入難。"②上海博物館藏戰國竹書《用曰》簡2有"冒難犯央(殃)"之語。③ "犯難"、"犯殃"之"犯"與"犯凶"之"犯"用法相同。鐘銘"余不敢柬(犯)賟(兇)",意即我不敢觸犯、招取兇禍。《論衡·譏日篇》:"不用剛柔,重兇不吉,欲便事而犯兇,非魯人之意,臣子重慎之義也。"亦言"犯兇"。

"余龏(恭)好朋友……"句中,"龏(恭)"、"好"二動詞連用,"朋友"爲其賓語。這種用法的"龏(恭)"又見於 ⿱ 鼎:"内史龏朕天君。"(《集成》02696)晉公盆:"□□□□虔龏盟[祀]。"(《集成》10342)就是對"朕天君"、"盟祀"很恭敬的意思。戎生編鐘"召匹晉侯,用龏王命"的"龏"也有學者讀爲"恭",指恭敬於王命。《詩·大雅·雲漢》:"敬恭神明,宜無悔怒。"《尚書·康誥》:"乃弗克恭厥兄。"以上諸"恭"的用法亦與此同。"好朋友"的説法又見於乖伯歸夆簋(《集成》04331)、杜伯盨(《集成》04448～04452)等銘[按乖伯歸夆簋銘"用好(羞)宗廟享夙夕、好朋友雩(于)百者(諸)婚遘(媾)",前一"好"的用法與"好朋友"之"好"不同]。陳英傑先生指出"好朋友"與"好賓"(鮮鐘,《集成》00143)相類,"好賓"或作"嘉賓"。④【編按:此處稍有删改。】

---

① 陳鼓應《黄帝四經今注今譯——馬王堆漢墓出土帛書》,354頁,北京:商務印書館,2007年。
② 馬王堆漢墓帛書整理小組《馬王堆漢墓帛書·經法》,96頁,北京:文物出版社,1976年。
③ 馬承源主編《上海博物館藏戰國楚竹書(六)》,106頁(圖版)、287～288頁(釋文考釋),上海:上海古籍出版社,2007年。
④ 陳英傑《西周金文作器用途銘辭研究》,上冊348～349頁,北京:綫裝書局,2008年。此蒙謝明文先生提醒。

被《研究》、《彙編》釋爲"氒"之字，原作■。從字形看明明是"氏"而非"氒"。《近二》徑釋爲"是"，當亦以爲"氏"字。不過"氏夷僕"之語前所未見，根本無法解釋；《近二》的讀法從鐘銘順序來説是缺乏根據的，見上文。《研究》、《彙編》將此字釋寫爲"氒"，大概正是從文義上考慮的。金文中有的"氒"字確實與"氏"字比較相像，如臧孫鐘(《集成》00093～00101)"擇氒吉金"、陳侯因𬥺敦(《集成》04649)"答揚氒德"的"氒"字等，所以，鐘銘"氏"很有可能係"氒"字的誤鑄。[戰國楚簡中"氒"誤書爲"氏"的例子不少，如《上博(一)·孔子詩論》簡16"《葛覃》，得氏〈氒〉初之詩"、《上博(一)·緇衣》簡19"[其]集大命於氏〈氒〉身"、《上博(五)·融師有成氏》簡5"氏〈氒〉狀若身"等。①]如果是那樣的話，這個"氒(厥)"就應該屬於"指代説話者本人"以"表示對閲讀銘文者的尊重"的情況。② "氒(厥)尸(夷)僕"指文公之母弟的夷僕。"尸(夷)僕"又見於静簋(《集成》04273)、害簋(《集成》04258～04260)等銘，指由夷族之人充當的從事戰鬥、守衛工作的被奴役者。裘錫圭先生《説"僕庸"》一文對此有詳論，③請參看。

"賸"是東部字，"僕"是屋部字，二者陽入對轉。看來"余龏(恭)好朋友、氏〈氒？—厥〉尸(夷)僕"有可能作一句讀，此句跟"余不敢㭉(犯)賸(媵)"似可押韻。

關於鐘銘的釋讀就補充這些，下面討論文公之母弟鐘的國别問題。

鐘銘中某些字的寫法具有較强的齊系文字特徵。如上文談過的"獸"字，所從"犬"旁與戰國齊器陳純釜"猶"作■(《集成》10371)很相似。"僕"字作■，其右半與齊璽"僕"作■(《古璽彙編》3551)屬同一作風。"者"字作■，大概是把■(十四年陳侯午敦，《集成》04647)、■(陳侯因

---

① 裘錫圭《談談上博簡和郭店簡中的錯别字》，同作者《中國出土古文獻十講》，310頁，上海：復旦大學出版社，2004年。
② 張玉金《西周金文中"氒"字用法研究》，《古文字研究》第二十五輯，106～107頁，北京：中華書局，2004年。
③ 裘錫圭《古代文史研究新探》，374～384頁，南京：江蘇古籍出版社，1992年。

敦,《集成》04649)一類寫法的"者"的左右兩斜點分離出來、挪到下方而成[可比較子禾子釜(《集成》10374)的"者"字]。上文拿來證明鐘銘"琢"字之釋的《古璽彙編》0172和3547那兩方印章,就是齊璽,他系文字中的"狄"似未見作從"辛"從"豕"者【編按:楚文字用如"邇"的"逐",其所從"豕"乃"琢"之省形;《清華(拾)·四告》簡36一般釋讀爲"遠邇"之"邇"的字作"琢"(其左旁訛爲"生"),可見楚文字亦有承用"琢"者】。

本銘所用的"母弟",上引《公羊傳》何休注謂係"齊人語"。此詞又見於上海博物館藏戰國楚竹書《昔者君老》簡1("君之母弟是相"、"太子前之母弟,母弟遞退"等),范常喜先生根據學者們所指出的《昔者君老》與大、小戴《禮記》和《論語》的關係,推測此篇竹書可能源自齊魯地區,"母弟"當屬何休所謂的"齊人語"。① 其説可參考。不過,從西周中期的臣諫簋已使用"母弟"來看(此簋出土於河北省元氏縣西張村西周墓,據銘文內容可以肯定非齊人之器),或許此詞本是周代通語【編按:《英國所藏甲骨集》2274已有"多母弟"之語】,到春秋戰國以後逐漸變爲齊方言詞,也未可知。

一般認爲,齊系文字的地域範圍包括齊、魯、邾、薛、莒、邳、滕、郳(小邾)、鄅、杞、曹、異、鑄、鄟、任、紀、淳于、費等國。② 《研究》提供了文公之母弟鐘屬春秋晚期的時代信息,這一結論大概是陳佩芬先生根據鐘的形制和紋飾而得出的。③ 據"余文公之母弟"之語,可知作器者是文公的同母胞弟。排查一下春秋晚期(約從公元前546年開始)各國國君的諡號,

---

① 范常喜《上古漢語方言詞新證舉隅》,復旦大學出土文獻與古文字研究中心網,2010年2月19日。
② 孫剛《齊文字編》"前言",1~7頁,福州:福建人民出版社,2010年。
③ 陳雙新《兩周青銅樂器銘辭研究》研究鐘銘的排列順序,在"正反:鉦間+兩樂+兩鼓"一項下搜集了6批30件鐘銘(釋讀順序:正反兩面皆爲"右樂→右鼓→鉦間→左鼓→左樂"),均爲春秋器,"時代性十分明顯"(81頁,保定:河北大學出版社,2002年)。其實陳氏所舉此類鐘銘的時代,大多屬春秋晚期。文公之母弟鐘的鑄銘位置亦屬"正反:鉦間+兩樂+兩鼓",其銘文釋讀順序正與陳氏所舉6批30件鐘銘相同,這一點對於此鐘爲春秋晚期器的判斷是有利的。本文原未思及於此,是極不應有的疏失,承審稿人先生提供寶貴意見。

符合上述幾個條件的"文公"似乎只有杞國國君杞文公一人。杞國姒姓，杞文公名益姑，約魯襄公二十四年(公元前549年)至魯昭公六年(公元前536年)在位。他在位期間，曾將杞國的國都從雍丘東遷至淳于(一説先從雍丘遷至淳于，又遷緣陵，魯襄公二十五年由杞文公復遷至淳于)。①淳于位於今山東省安丘縣東北。上文説過，作器時文公已死，則此器之鑄當在公元前536年之後。有意思的是，據《史記·陳杞世家》所載，杞文公卒後由其弟姒郁(一作姒鬱釐)即位，是爲杞平公。如果器主"文公之母弟"就是姒郁，從鐘銘内容來看，又不似一國之君的口氣，比較合理的推測是，此鐘當鑄造於杞文公過世之後、杞平公即位之前，即公元前536至前535年之間。前人指出杞文公遷都淳于，是爲了逃避魯國的侵迫。②鐘銘的"余不敢東(犯)睍(兇)"可能就是指繼續執行文公躲避魯國之侵的政策而言。當然，作器者爲杞文公的另一個不曾即國君位的母弟的可能性，也是無法排除的。

已出土的杞國青銅器，如杞伯每亡諸器(有鼎、簋、壺、匜、盆等，見《集成》02494、2495、2642、3897～3902、9687、9688、10255、10334【編按：杞伯每亡器尚有壺二(《銘圖》12379、《銘圖續編》0836)、鼎一(《銘圖續編》0177)，參看吳鎮烽《兩周金文所見諸侯國及族氏考(山東篇)》，《吳鎮烽金文論集》，81～82頁，上海：上海古籍出版社，2023年。此蒙許佳瑩指出】)，時代屬於西周晚期或春秋早期。如我們對文公之母弟鐘的國別推斷大致不誤，則此器可算第一件春秋晚期的杞國器，值得注意。

2010年9月修改2009年3月舊稿而成

附記：陳劍先生審閲了本文初稿，指出作者的許多錯誤和疏失，又給予重要的啓發，作者十分感謝。蒙陳英傑先生、劉洪濤先生告知，他們都曾釋出鐘銘的"猷"字(陳先生也已將"余鼏静朕猷遠邇"作一句讀)，與拙

---

① 陳槃《春秋大事表列國爵姓及存滅表譔異(三訂本)》，205～215頁，上海：上海古籍出版社，2009年。

② 同上注所引書，211～213頁。

見不謀而合。陳英傑先生看過拙文後,來信指出"'朕猷'與'遠邇'可能是二事,'遠邇'所指可能與晉姜鼎'遠邇君子'或'柔遠能邇'義近"。作者十分感謝他們的指教。劉洪濤先生《也說師聳鼎銘的"困辣伯太師武"》(待刊稿)對"余不敢因覒"一句作過不同於拙說的解釋,請讀者注意參閱【編按:劉文已刊於《故宮博物院院刊》2012年第5期,73~79頁】。審稿人陳美蘭先生寄來寶貴而詳細的修改意見,使拙文論證更趨嚴密,深致謝忱。

原載《中國文字》新三十六期,(臺北)藝文印書館,2011年1月。

東周題銘零釋（兩篇）

一　陳子戈"造"字小考

古文字中各類寫法的"造"字、"造"字的構形及其聲旁"＊告（造）"的來源等問題，經陳劍先生《釋造》一文的研究，已經基本上弄清楚了。[①] 但是戰國文字中還有個別字形奇詭的"造"字，尚未被大家普遍認識，值得繼續探索。

齊國兵器陳子戈（《集成》11038）[②]銘云：

陳子□ 󲁋 。

"陳子"後二字舊多闕釋。"子"下一字據戈銘一般文例，當是陳子之名（詳

[①] 陳劍《釋造》，同作者《甲骨金文考釋論集》，127～176頁，北京：綫裝書局，2007年。按：據陳文的意見，"造"字聲旁爲"屮（草）"加"口"形的繁體，故以"＊告"表示其形實非"告"。本文沿用這一辦法以示區別。

[②] 董珊先生因"胡上有二子刺"，改稱此戈爲戟。見董珊《戰國題銘與工官制度》第五章《齊國題銘》，200頁，北京大學博士學位論文（指導教師：李零），2002年。這裏仍按一般的習慣稱爲戈。又，陳子戈爲于省吾先生舊藏，據説出土於陝西鳳翔（雙吉）。各家公認此戈乃齊國兵器，當可信。古代某一國的兵器偶有在他國出土之例，如李家浩先生指出，江陵望山1號楚墓出土過越王勾踐劍，江陵馬山磚瓦廠5號楚墓出土過吳王夫差矛（轉引自馮勝君《郭店簡與上博簡對比研究》，251頁，北京：綫裝書局，2007年），衡陽唐家山楚墓出土魏三十三年大梁戈，常德墓葬出土秦十七年太后詹事漆盒，楚國晚期都城所在地壽縣出土宋公欒戈和宋公得戈等（李家浩《忎距末銘文研究》，李宗焜主編《古文字與古代史》第二輯，200頁，臺北："中研院"歷史語言研究所，2009年）。出土於陝西鳳翔這一點不足以否定陳子戈爲齊器的結論。

下文)。最末一字的左旁似"舌"非"舌"、似"矢倒"非"矢倒",其實就是"造"字的聲旁"*告(造)"。董珊先生《戰國題銘與工官制度》在引用此銘時,已把這個字直接釋寫作"造",①甚是。但新近出版的《齊文字編》仍入之於附錄,②可見有必要對釋"造"之説加以論證。

在齊系文字中,"*告(造)"中間作屈頭形的筆畫常訛作一豎。這種寫法的"*告(造)",若其豎筆上的綴點變爲短橫,就跟"告"没什麽區别了。不但如此,"*告(造)"中間的一豎還往往不超出其左右兩斜筆,這就變得跟"舌"、"矢倒"的上部很接近了。陳丽子戈(《集成》11082)用爲"造"的"窹"作 ![], 所從"*告(造)"的寫法即是一例。傳世兩件羊子戈銘中的"艁(造)"字,字體規整的一件作 ,字體潦草的一件作 。後一體所從的"*告(造)",不僅上部變得與"舌"、"矢倒"相近,下部的"口"也綫條化爲"∨";黻鐘銘文中的 ![]、![] 或作 ![]、![],下部"口"形的變化與此相類。③ 古文字形體勾廓與填實常無别,"∨"應該是由"口"被填實後進一步簡化而來的。羊角戈"艁(造)"字作 ,所從"*告(造)"的下部正處於由填實的"口"綫條化爲"∨"的中間環節。陳子戈最末一字的左旁,跟上引羊子戈後一種寫法的"艁(造)"的聲旁顯然是一個字,只不過前者"*告(造)"的中間一豎與下部的"∨"相連,訛變得更加厲害而已。

此字右旁的形體十分怪異,頗疑是"辵"旁的訛變。君子□戟(《集成》11088)中"戟"上一字作如下之形:

---

① 董珊《戰國題銘與工官制度》第五章《齊國題銘》,200 頁。
② 孫剛《齊文字編》,413 頁,福州:福建人民出版社,2010 年。
③ 參看李家浩《黻鐘銘文考釋》,《著名中年語言學家自選集·李家浩卷》,67~68 頁,合肥:安徽教育出版社,2002 年。

各家多已正確釋作"造"。① 其聲旁"＊告（造）"的上部也訛作似"舌"、"矢[例]"之形，但下部仍作"口"形，尚未綫條化爲"∨"。從字形輪廓和用法看，這個釋讀爲"造"之字跟陳子戈的最末一字當爲一字。1978 年山東省新泰市放城鄉南澇坡村出土一件戰國時代的戈，其銘云：

　　　　　陳□（此字不識）造戠（戈）。（《考古與文物》1991 年第 2 期 109 頁圖二）

"造"字作如下之形：

只要把此"造"所從"辵"旁的最上一斜筆略拉平，最下的"止"形簡化爲"∨"，即成君子□戟"造"字右旁之形。仕斤徒戈的"徒"或作 ■（《集成》11050），陳子□戈"徒"作 ■（《集成》11086），陳侯因𣄪敦"趩"或作 ■（《集成》04649），所從"止"亦簡化得近乎"∨"形。上引陳丽子戈"窖"字右下的"口"，與"止"形極近（莒公潮子鐘"窖（造）"字右下爲正常的"口"，見《近出殷周金文集錄》1.9），亦可作爲"止"、"口"、"∨"形互訛的旁證。上文已説，"口"形可簡省爲"∨"形。君子□戟"造"所從"辵"的下部"∨"很容易被誤認作"口"之省，因而轉寫爲"口"。這種"辵"旁的中間折筆如向右轉正，加以規整，就有可能變成陳子戈此字的右旁。上述訛變可圖示如下：

■→■→■②

―――――――

① 何琳儀《戰國古文字典》，172 頁，北京：中華書局，1998 年（按此書所摹"造"的字形與原形出入較大，失實）。中國社會科學院考古研究所編《殷周金文集成釋文》第六卷，395 頁，香港：香港中文大學出版社，2001 年。張亞初《殷周金文集成引得》，166 頁，北京：中華書局，2001 年。中國社會科學院考古研究所編《殷周金文集成（修訂增補本）》，第 7 册 5909 頁，北京：中華書局，2007 年。

② 蒙審查人蘇建洲先生指示，■若還原爲■，則"辵"旁更易於辨認。

結合"陳侯因𬀉造"(《集成》11081、11260)、"子賞(商)子造"、①"淳于公之喬豫造"(《集成》11124、11125)等兵器銘文的格式來看，陳子戈的這個字沒有問題可徑釋爲"造"，全銘當讀爲"陳子□造"。【編按：有人疑此戈銘爲偽。但從上考可溯其字形演變之迹、卻又不見完全相同寫法的"造"字來看，憑空偽造恐無可能。】

附帶討論一下上舉君子□戟的時代問題。《殷周金文集成(修訂增補本)》定君子□戟的時代爲春秋晚期，②從有關情況看似可商榷。董珊先生把此戟"君子"下的人名■、本文討論的陳子戈的人名■，以及另兩件陳子戈人名■(《集成》11086)、■(《集成》11087)等皆釋寫爲"召"。③ 殷墟晚期的黃組卜辭中有一個用作田獵動詞之字，可隸定爲"䍦"(見《甲骨文合集》36661、37468等)，陳劍先生分析爲在"䍙(罩/䍜)"上加注"𠙴(𥂴之省形)"聲而成。④ 上舉君子□戟的人名之字，疑即從"羽"、從"䍦"聲，但是"䍦"所從的"网"形已被省略。也有可能此字除去"羽"的部分，是一個從"𠬢"從"召"、"召"亦聲之字，跟"與"字同例。《集成》11086、《集成》11087的人名之字則進一步省去了"𦥑"，並將聲旁"召"替換爲"酉"。⑤ 陳子戈的這個人名，大概是從君子□戟的人名之字省訛而來的，即省去了"𠬢"形，"召(刀)"、"羽"皆有不同程度的訛變。由此可見，董珊先生以這些人名爲一字、並釋讀爲"召"，是有道理的。"召"、"酉"、"壽"古音相近，⑥ 上舉人名之字疑爲"翻"之異體。《說文·四上·羽部》："翻，翳也。所以舞也。從羽、殹聲。詩曰：左執翻。"《廣韻·蕭韻》有"䎱"字，與

---

① 此戟銘見董珊《戰國題銘與工官制度》202頁引。
② 中國社會科學院考古研究所編《殷周金文集成(修訂增補本)》，第7冊6228頁。
③ 董珊《戰國題銘與工官制度》第五章《齊國題銘》，200、201頁。
④ 陳劍《楚簡"𠬢"字試解》，《簡帛》第四輯，144～145頁，上海：上海古籍出版社，2009年。
⑤ 黃組卜辭中的地名"𥂴"，《甲骨文合集》37468從"召"聲；在《甲骨文合集》36735中"𥂴"則從"酉"聲。此"召"聲、"酉"聲可通之證【編按：此說不確。"𥂴"中的"酉"當是意符。參看上引陳劍《楚簡"𠬢"字試解》，《簡帛》第四輯，145頁。
⑥ "召"聲、"壽"聲有間接相通之例，參看高亨、董治安《古字通假會典》，780頁【禂與幬】，【禂與裯】條，【倜與悎】，【惆與幬】條，濟南：齊魯書社，1989年。

"翿"構成疊韻聯綿詞,意爲"毛兒"。此字跟我們討論的人名之字當無關。)爲了稱説的方便,以下姑且用"翿"代替這個人名。【編按:"召"、"酉"聲韻皆不近,"召"、"壽"韻不近,均無法相通。疑此人名爲"翿"之説不可信。但這裏只是以"翿"作爲代號,姑妄仍之。】

《集成(修訂增補本)》所印君子翿戟銘的拓本十分模糊,"君"字所從"尹"似乎斷開,但從《三代吉金文存》20.15.1 所收較清晰的拓本看卻是相連的,①釋爲"君"無可懷疑。1938 年河南輝縣出土智君子鑑(《集成》10288),唐蘭先生解釋"智君子"爲"智君之子"。② 其説可信。"君子翿"大概也應理解爲"君之子名翿",可見此戟的主人是一位貴族;陳子戈自稱"陳子翿",可見其主人也是一位貴族;彼此的身份、名字皆能相合。它們跟上文提到的另兩件陳子戈的"陳子翿"很可能是同一個人。君子翿戟的"造"字寫法與陳子戈的"造"接近(這種寫法的"造"在其他兵器銘文裏似未曾見),説明二器可能是同一時代鑄造的。《集成》把陳子戈的時代定爲戰國,③從銘文字體和内容看是合適的。如果上文關於"君子翿"與"陳子翿"爲一人的推測離事實不遠的話,君子翿戟亦以看作戰國時代器爲宜。

二 釋句吴王之孫殘盉銘中的"伐"

1997 年,江蘇省邳州市九女墩春秋晚期墓葬中出土一件殘損的提梁盉,僅存部分口部及上腹部。其肩部有殘存銘文,《江蘇邳州市九女墩春秋墓發掘簡報》(以下簡稱"《簡報》")釋爲"自作鑄工□王之孫",④不够準確。此器又著録於《新收殷周青銅器銘文暨器影彙編》(以下簡稱"《彙編》")

---

① 羅振玉《三代吉金文存》,下册 2059 頁,北京:中華書局,1983 年。
② 唐蘭《智君子鑑考》,故宫博物院編《唐蘭先生金文論集》,45 頁,北京:紫禁城出版社,1995 年。
③ 中國社會科學院考古研究所編《殷周金文集成(修訂增補本)》,第 7 册 6225 頁。
④ 徐州博物館、邳州博物館《江蘇邳州市九女墩春秋墓發掘簡報》,《文物》2003 年第 9 期,20 頁。

東周題銘零釋（兩篇）　423

第二册 1283 號，釋文爲"自乍□鑄工虞王之孫"，①把《簡報》闕釋的"虞"字釋了出來。所謂"鑄"作 之形，根本不是"鑄"字，後來收入此器的吴鎮烽先生《商周金文資料通鑒》14747、《近出殷周金文集録二編》（以下簡稱《近二》）3.941② 釋爲"鎣"，無疑是正確的。

"乍（作）"、"鎣"之間還有一字，《簡報》漏釋，《彙編》釋文闕釋。此字原作如下之形：

《近二》3.941 釋爲"爲"，③顯然與字形不符。此字應隸定爲"啟"。裘錫圭先生指出，"弢"即"弢"之簡體，"弢""象弓弦被撥後不斷顫動之形"，乃"發"之表意初文。④ 上海博物館藏戰國楚竹書《周易》26 號簡中，兩見一個上"弢"下"肉"之字。⑤ 馬王堆帛書本《周易》與之相應的字均作"𦠂"；今本一處作"腓"，一處作"股"。季旭昇先生釋楚簡之字爲從"肉"、"弢（發）"聲，並指出"發"、"肥"、"非"音近可通，此字或即"腓"之異體。⑥ 清華大學藏戰國竹簡《繫年》64 號簡有一個整理者釋爲"射"、讀爲"席"之字，⑦郭永秉先生指出此字從"弓"、從"夬"（整理者之說）或"支"之寫訛，"會以手或器物'撥'、'發'弓之義"，應改釋爲"發"，在簡文中讀爲當"草止"講的"茇"（"茇於楚軍之門"），跟《左傳·宣公十二年》"席於軍門之外"的"席"（指"布席而舍止"）是一回事。⑧ 凡此皆可印證裘先生釋"弢"爲

---

　① 鍾柏生、陳昭容、黃銘崇、袁國華《新收殷周青銅器銘文暨器影彙編》第二册，889頁，臺北：藝文印書館，2006年。
　② 劉雨、嚴志斌《近出殷周金文集録二編》第三册，266頁，北京：中華書局，2010年。
　③ 同上注。
　④ 裘錫圭《釋"勿""發"》，同作者《古文字論集》，78頁，北京：中華書局，1992年。
　⑤ 馬承源主編《上海博物館藏戰國楚竹書（三）》，圖版 38 頁、釋文考釋 172 頁，上海：上海古籍出版社，2003年。
　⑥ 季旭昇《上博三周易簡 26"欽其腓"說》，簡帛研究網，2004年5月16日。
　⑦ 李學勤主編《清華大學藏戰國竹簡（貳）》，釋文注釋 166 頁，上海：中西書局，2011年。
　⑧ 郭永秉《疑〈繫年〉64 號簡的"射"字實是"發"字》，復旦大學出土文獻與古文字研究中心網論壇"學術討論"，2012年1月7日。

"發"之初文的看法。

西周早期金文中有一個寫作 ▨（《集成》00901）、▨（《集成》03236）、▨（《集成》01772）的人名之字，跟作 ▨（弢觶，《集成》06067）、▨（弢伯鬲，《集成》00697）等形的"弢"字比較一下，不難看出這個字也是从"弢"的，只是比"弢"多一"口"而已（後二形"口"變爲"○"，或進一步加點；第三形"弢"省作"弢"。又，《集成》05275 有人名"弢"作 ▨，其右上殘泐處也許正好是"口"）。不知這個字跟殘盉銘的"啜"是否有關。

根據漢字一般結構通例，"啜"當是从"口"、"弢（發）"聲之字（《改併四聲篇海·口部》引《龍龕手鑑》有一"嚉"字，訓"呵"，係後出之字，與此無關），可讀爲"發"。古文字从"口"與不从"口"往往無別，如金文"粵"既作 ▨，又作 ▨，①"考"既作 ▨，又作 ▨，②"受"或作 ▨（《集成》06007）等。1975 年山東莒南縣大店鎮二號春秋墓出土莒叔之仲子平鐘（《集成》00172～00180），鐘銘"聖智恭良"的"良"寫作"哴"。"哴"在古代有二讀，一讀"魯當切"，爲平聲，一讀"力讓切"，爲去聲。讀平聲的"哴"，《廣韻·唐韻》："哴吭，吹兒。"讀去聲的"哴"，《方言》卷一："平原謂啼極無聲謂之唴哴。"這些疊韻聯綿詞中的"哴"不像是很古就有的字。鐘銘中用作"良"的"哴"大概跟這些"哴"並非一字，而應該是贅加"口"形的"良"字。所以，"啜"也有可能就是加了"口"形的"啜（發）"之繁體。

根據以上所說，殘盉銘可重新釋寫爲：

　　　　▨自乍（作）啜（發）䀉，工（句）䖒（吳）王之孫▨

爲了排印的方便，以下就將"啜"字直接寫作"發"。

上文提到的《近二》釋"發"爲"爲"雖然在字形上講不通，但從銘文文例看卻是很合理的。下面舉一個類似的例子：

　　（1）姞氏自作爲寶尊簋（姞氏簋，《集成》03916）

---

① 容庚《金文編》，320 頁，北京：中華書局，1985 年。
② 同上注所引書，595～600 頁。

此外還有"自作鑄"的說法：

(2) 酅(莒)叔之仲子平自作鑄其游鐘(莒叔之仲子平鐘,《集成》00172~00180)

(3) 愠兒自作鑄其盞盅(盞)①(愠兒盞,《銘圖》06063)

(4) 自作鑄其盤(者尚余卑盤,《集成》10165)

(5) □子季□□自作鑄盆(□子季□盆,《文物》1993年第1期5頁圖九、十)

"發"所代表的詞應該也是"爲"、"作"、"鑄"那一類意思。

1997年,吳振武先生在臺灣的《訓詁論叢》上發表《趙鈹銘文"伐器"解》一文,指出見於趙國銅鈹銘文的"邦左伐器"、"邦右伐器"的"伐"當訓爲"治"。② 吳先生在那篇文章裏,主要根據齊戟中與"伐"處於同一語法地位的詞爲"造",推斷"伐器"之"伐"與"造"義近,當"攻治"講。他還以"攻"、"敦"二詞由攻伐義引申爲攻治義爲其比,證明"伐"也可以由攻伐義引申爲攻治義。

2009年6月2日,吳振武先生在復旦大學出土文獻與古文字研究中心所作"若干新發現的古文字資料對舊說的印證"的演講中,提到了《文物》2006年第4期發表的三年大將吏弩機和一件私人收藏的五年春平相邦葛得鼎③有可以進一步證明"伐"當"攻治"講的新證據。關於這些資料,吳先生或其他學者可能會專文詳述,這裏就不多介紹了。

"發"、"伐"古音極近("發"是幫母月部字,"伐"是並母月部字,二者的中古音都屬於合口三等),在古書和古文字資料中都有相通之例。古書中

---

① 此器自名之字的考釋,從趙平安先生說。見趙平安《金文考釋五篇·釋咢及相關諸字》,同作者《金文釋讀與文明探索》,101~102頁,上海：上海古籍出版社,2011年。

② 吳振武《趙鈹銘文"伐器"解》,《訓詁論叢》第三輯,795~805頁,臺北：文史哲出版社,1997年。

③ 董珊先生在《論春平侯及其相關問題》一文中已提到這件鼎,並介紹他有《五年春平相邦葛得鼎考》待刊稿對鼎銘及有關問題作過詳細的考證(看校追記：此文已正式發表於李宗焜主編《古文字與古代史》第三輯,臺北："中研院"歷史語言研究所,2012年)。見北京大學考古文博學院編《考古學研究(六)：慶祝高明先生八十壽辰暨從事考古研究五十年論文集》,460頁,北京：科學出版社,2006年。

的相通之例請參看《古字通假會典》654頁【發與伐】條，茲不贅述。古文字中的相通之例如：郭店楚墓竹簡《老子》甲組7號簡"果而弗發"，①馬王堆漢墓帛書《老子》乙本"發"作"伐"。② 郭店楚墓竹簡《忠信之道》2號簡："至忠如土，爲物而不發（按：字作从'址'从'聿'之形）。"裘錫圭先生按語説："'夋（發）'疑當讀爲'伐'。此句蓋謂土地化生萬物而不自伐其功，故爲忠之至。"③銀雀山漢墓竹簡《守法守令十三篇》"兵令"有"全攻發之得"之語，整理者指出"發"當讀爲"伐"。④ 在上海博物館藏戰國楚竹書《鮑叔牙與隰朋之諫》8號簡中，"晋人伐齊"之"伐"就寫作从"戈"、"發"聲，⑤可見"發"、"伐"之音近。⑥ "自作發鎣"的"發"讀爲"伐"在語音上是没有問題的。對於青銅器製造而言，"作"、"爲"、"鑄"、"造"與"治"無疑是一回事；殘盉銘的"發"讀爲"伐"、訓爲"治"，跟上引(1)~(5)的文例也能相合。

從青銅器的用途來説，盉是盥洗器，或用於温水，可能也兼作温酒、調和酒之用。⑦ 這就限定了殘盉銘"自作伐鎣"的"伐"只能講成與"作"義近的"攻治"，而絶對不會是"伐鎣"連讀、當"攻伐之鎣"講。過去何琳儀先生曾提出"伐器""由'攻伐之器'引申爲'藏兵之所'"的説法。⑧ 我們對殘盉銘"發（伐）"字的考釋如果可以成立，就給此説提供了一個有力的反證。
【編按："伐"的"攻治"義，當是從"伐＋目的賓語/結果賓語"一類構式（如"伐輪"、"伐輻"、"伐琴瑟"、"伐棺槨"等）中的"伐"演變而來的。参看王挺

---

① 荊門市博物館《郭店楚墓竹簡》，圖版3頁，釋文注釋111、114頁，北京：文物出版社，1998年。
② 國家文物局古文獻研究室《馬王堆漢墓帛書[壹]》，圖版245行下，釋文注釋97頁，北京：文物出版社，1980年。按：甲本此字適殘，今本《老子》亦作"伐"。
③ 荊門市博物館《郭店楚墓竹簡》，163頁。
④ 銀雀山漢墓竹簡整理小組《銀雀山漢墓竹簡[壹]》，釋文注釋152頁，北京：文物出版社，1985年。
⑤ 馬承源主編《上海博物館藏戰國楚竹書（五）》，圖版38頁，上海：上海古籍出版社，2005年。
⑥ 侯馬盟書中的人名"閎夋"，"閎"下一字或作"伐"，亦"發"、"伐"相通之例。參看朱德熙、裘錫圭《關於侯馬盟書的幾點補釋》，《朱德熙古文字論集》，57頁，北京：中華書局，1995年。
⑦ 朱鳳瀚《中國青銅器綜論》，上册295~297頁，上海：上海古籍出版社，2009年。
⑧ 何琳儀《戰國文字通論（訂補）》，122、278~279頁，南京：江蘇教育出版社，2003年。

斌《戰國秦漢簡帛古書訓釋研究》201~205頁,北京:中國社會科學出版社,2022年。所以,有些"伐×"中的"伐"究竟如何解釋爲好,似乎是兩可的。如里耶秦簡8-2146云"一人伐牘"(BⅡ),"伐牘"不知是"治牘"的意思,還是"伐木爲牘"的意思,當然這兩種理解其實是一回事。】

2012年2月據舊稿改定

原載《中國文字》新三十八期,(臺北)藝文印書館,2012年12月。

説 "妣"

一、古文字與傳世文獻中"妣/孚"的用例概覽

殷墟甲骨卜辭在命辭或占辭之後、驗辭之前,屢見帶"妣"字的簡短之辭,兹舉二例以示:①

(1) 己丑卜,貞:王迍于召,往來亡(無)災。在九月。兹妣。獲鹿一。(《合集》37429)

(2) 乙未卜,在[ ]:丙[不雨]。子占曰:不其雨。妣。(《花東》10.2)

此字舊皆誤釋。裘錫圭先生據傳本《緇衣》引《詩》"萬邦作孚"之"孚"在《上海博物館藏戰國楚竹書(一)》所收《緇衣》簡1中的寫法"與'妣'爲一字"(郭店簡《緇衣》簡2此字就作"孚"),指出卜辭"妣"應釋讀爲"孚"。②後來的甲骨學者多依裘説稱此類之辭爲"孚辭",③本文從之。孚辭中的"妣(孚)"一般訓爲"信"、"合","表示貞卜或占斷會與事實相符合,跟'應

---

① 更多的辭例參看裘錫圭《釋"厄"》,《裘錫圭學術文集·甲骨文卷》,449～460頁,上海:復旦大學出版社,2012年;姚萱《殷墟花園莊東地甲骨卜辭的初步研究》,92～97頁,北京:綫裝書局,2006年。
② 裘錫圭《夒公盨銘文考釋》,《裘錫圭學術文集·金文及其他古文字卷》,161、166頁。
③ 參看姚萱《殷墟花園莊東地甲骨卜辭的初步研究》,92～97頁。

驗'的意思其實也差不多"。①

西周中晚期的儠匜銘文記伯陽父命牧牛"卬誓"、"卬乃誓"(《集成》10285),西周中期的豳公盨銘有"永卬于寧"之語(《銘圖》05677),裘錫圭先生亦讀"卬"爲訓"信"、"合"的"孚",並引陳劍先生說指出盨銘"永卬(孚)于寧"可與《尚書·君奭》"永孚于休""相對照"。② 西周中期師虤鼎銘中一般釋讀爲"用厥烈祖介德"的"介"字(《集成》02830),裘錫圭先生"疑亦是'卬'字別體"。③ 其說可信。"介"皆從"人",鼎銘此字卻明顯從"卩",也表明不能是"介"。從拓本看,所謂"介"字右邊那一點,無法排斥是泐痕而非筆畫的可能性;即使確是筆畫,作爲"'卬'字別體"也可從字形上得到解釋,詳後文"三"。

周原齊家村所出FQ2卜甲刻辭中有如下二條:

(3) 囟(思)卬于永終。(《周原甲骨文》FQ2①)

(4) 囟(思)卬于休令(命)。(《周原甲骨文》FQ2④)

裘錫圭先生引陳劍先生說,指出此二辭的"卬"也應讀爲"孚",可與豳公盨銘"及《君奭》互證"。④

河南安陽殷墟四盤磨西區SP11探方所出的一塊商代晚期有字大卜骨,其中兩行在數字卦之後也有"卬(孚)"字:⑤

(5) 七五七六六六,曰:囟(思)卬(孚)。(04-004)

(6) 七八七六七六,曰:囟(思)卬(孚)。(04-006)

吴雪飛先生指出"曰:囟孚"爲占辭,"表示視察卦象後得出的斷占",其所用之詞與周原卜甲(3)、(4)相合。⑥ 殷墟甲骨卜辭中的命辭或占辭也有

---

① 姚萱《殷墟花園莊東地甲骨卜辭的初步研究》,94頁。
② 裘錫圭《豳公盨銘文考釋》,《裘錫圭學術文集·金文及其他古文字卷》,161、165頁。
③ 裘錫圭《豳公盨銘文考釋》,《裘錫圭學術文集·金文及其他古文字卷》,161頁;參看裘錫圭《釋厄》,《裘錫圭學術文集·甲骨文卷》,459頁。
④ 裘錫圭《豳公盨銘文考釋》,《裘錫圭學術文集·金文及其他古文字卷》,166頁。
⑤ 賈連翔《出土數字卦文獻輯釋》,66頁,上海:中西書局,2020年。
⑥ 吴雪飛《殷墟四盤磨"易卦"卜骨及相關問題研究》,宋鎮豪主編《甲骨文與殷商史》新八輯,479頁,上海:上海古籍出版社,2018年。

用"卟(孚)"的,其見於占辭者如《花東》252.3"子占曰:女(毋)又(有)卟(孚),雨"等,姚萱先生已加以指出。① (5)、(6)的情況與此一致。

已發表的戰國竹簡中數見"卟"字,整理者皆徑讀爲"孚"。除前面提到的上博簡《緇衣》"萬邦作孚"之"卟(孚)"外,又如:

(7) 朕其卟(孚)于龜筮,以静(靖)求嘉若。[《清華(玖)·成人》簡4]

(8) 獄成而逾(渝),典獄寺(時)惠。勿亞(惡)成卟(孚),以求䣃(物)青(情)。[《清華(玖)·成人》簡20]

(9) 小子弗聞,唯上帝命其卟(孚)于戾,小子亦弗聞,唯上帝命其卟(孚)于若。[《清華(拾)·四告》簡43~44]

(7)"卟(孚)于龜筮"、(9)"卟(孚)于戾""卟(孚)于若",也都在"卟(孚)"後帶介詞"于",但我們認爲其語義與上舉圅公盨"永卟(孚)于寧"、(3)"卟(孚)于永終"、(4)"卟(孚)于休命"等有别。説詳後文。

清華簡中還有一個从"卟"之字,整理者亦讀爲"孚":

(10) 凡人有獄有訟,女(汝)勿受幣,不明于民。民其聖(聽)女(汝),寺(時)唯子乃弗受幣,亦尚夏(弁)逆(訴)于朕。凡人無獄亡(無)訟,廼唯德享,享卻(嗀)不(丕)閒(孚),是亦引休。女(汝)則亦受幣,女(汝)廼尚祇逆(訴)告于朕。[《清華(捌)·攝命》簡21~23]

這段文字不好理解,我們引文的括注與整理者也有一些不同之處,後文將作具體説明。

這個通常訓爲"信"、"合"的"卟(孚)",在戰國竹簡中有時寫作"孚"或从"孚"聲之字。除郭店簡《緇衣》簡2引《詩》"萬邦作孚"即作"孚"外,又如:

(11) 龜筮孚貣(忒),五寶變色,而星月亂行。[《清華(伍)·殷高宗問於三壽》簡11]

---

① 姚萱《殷墟花園莊東地甲骨卜辭的初步研究》,94頁。

说"卬"　431

　　（12）今及吾君,弱幼而嗣長,不能莫（慕）吾先君之武徹（轍）壯功,孚淫枀（遊）于庚（康）……［《清華（陸）·鄭文公問太伯》甲本簡10、乙本簡8～9］

　　（13）凡市賈争訟,反背欺巳,察之而評（孚）,則劼（詰）誅之。［《清華（柒）·越公其事》簡38］

　　（14）医（殹—抑）吾爲人罪戾,已（巳）貯（孚）不稱乎?［《清華（捌）·治邦之道》簡26］

　　（15）其民偷敝（拂）以解（懈）悁,閧固以不颮（孚）于上,命是以不行,進退不耆,至（致）力不勉。［《清華（捌）·治邦之道》簡14、1］

(12)甲本"孚"誤寫作"色",此取乙本。① 作"孚"者,用字與傳世文獻同。疑甲本可能是把"孚"與"卬"兩種用字的本子糅合爲一,各取一半字形,因而訛成"色"字。(14)"貯"字從"貝",有可能是"俘獲"之"俘"的專字,"俘"從"貝"與"得"從"貝"同意。

(15)的簡序排列以及"偷"、"解（懈）"、"耆"、"勉"的讀法,悉從賈連翔先生説。② 但他讀"敝"爲"弊"、讀"閧"爲"訖"、讀"固"爲"痼",③恐不可信。我們的讀法將於後文説明。"颮"字整理者原未釋,賈連翔先生指出此當是"颮"而稍有寫訛,"颮"字已見於《清華（壹）·耆夜》簡7。④ 其説可從。"颮"從"風",似即飄浮之"浮"字。⑤ 賈連翔先生讀"颮"爲"孚",訓"信從"。⑥ 他應該認爲這個"颮（孚）"就是我們所討論的"卬/孚"。"不孚于上"也屬於上文提過的"孚"後帶介詞"于"的結構,我們認爲此例當與(7)、(9)以及下舉(22)、(26)爲一類。

――――――――――

　　① 參看清華大學出土文獻研究與保護中心編、李學勤主編《清華大學藏戰國竹簡（陸）》,下册123頁,上海:中西書局,2016年。
　　② 賈連翔《從〈治邦之道〉〈治政之道〉看戰國竹書"同篇異制"現象》,《清華大學學報（哲學社會科學版）》2020年第1期,43～45頁。
　　③ 同上注所引書,45頁。
　　④ 同上注。
　　⑤ 參看郭永秉《清華簡〈耆夜〉詩試解二則》所引劉洪濤説,同作者《古文字與古文獻論集續編》,255頁,上海:上海古籍出版社,2015年。
　　⑥ 賈連翔《從〈治邦之道〉〈治政之道〉看戰國竹書"同篇異制"現象》,45頁。

戰國竹簡中偶爾還使用其他音近之字表示這樣的“卪/孚”：①

(16) 我聞昔在二又(有)國之哲王，則不共(邛)于恤，乃唯大門宗子埶(暬)臣，懋揚嘉德，气(迄)又(有)寚(寶—孚)，以薵厥辟，勤恤王邦王家。[《清華(壹)·皇門》簡2～3]

“气又寶”一句，今本《逸周書·皇門》作“訖亦有孚”。整理者從今本讀“寶”爲“孚”，訓爲“信”。② 過去注《逸周書》者已多訓“訖亦有孚”之“孚”

① 《上海博物館藏戰國楚竹書(四)》所收《柬大王泊旱》有字，可隸定爲“㡒”。此字見於“尚(當)謐(蔽)而卜之於大夏。如㡒，將祭之”(簡3～4)、“謐(蔽)而卜之，㡒”(簡4)、“既謐(蔽)而卜之，㡒”(簡4～5)、“如㡒，速祭之，吾瘵(瘙)一病”(簡5)等語，整理者釋爲“表”之古文“褜/穮”[馬承源主編《上海博物館藏戰國楚竹書(四)》，釋文考釋198頁，上海：上海古籍出版社，2004年]。陳劍先生據此疑讀爲“孚”，訓“信”(陳劍《上博竹書〈昭王與龔之脽〉和〈柬大王泊旱〉讀後記》，同作者《戰國竹書論集》，129頁，上海：上海古籍出版社，2013年)。按此説缺乏可靠的依據。“㡒”如釋爲“褜/穮”，從古音來説，恐怕就不能讀爲“孚”。因爲“褜/穮(表)”、“孚”古韻不同部(二字主元音相差較遠)，文獻中亦無直接相通之例。不少學者已指出，《柬大王泊旱》的“㡒”與《上海博物館藏戰國楚竹書(三)》所收《周易》簡6用爲“終朝三褫之”的“褫”的爲一字，後者當分析爲从“衣”、“鳫”聲[參看單育辰《由清華四〈别卦〉談上博四〈柬大王泊旱〉的“㡒”字》，《古文字研究》第三十一輯，312～313頁，北京：中華書局，2016年。按上博簡《周易》此字所从之“鳫”，似是正面身體“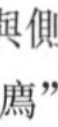”與側面身體“”的糅合之形，其中側面“鳫”的寫法與《清華(叁)·赤鵠之集湯之屋》簡14“鳫”作類似，唯左右朝向不同。《清華(拾壹)·五紀》簡26、79用爲星宿“尾”的(可分析爲从“鳫”、“眉”聲)，其“鳫”身的寫法當由此變來，猶“矦/矣”之作、或]，大概就是“褫”的異體。這樣一來，《柬大王泊旱》的“㡒(褫)”就更無法讀爲“孚”了。疑此“㡒(褫)”可讀爲“施”(“施”从“它”聲，“終朝三褫之”的“褫”，《經典釋文》引“鄭本作拕”。睡虎地秦簡《日書》甲種《吏》篇時稱“日虒”，即文獻所載的“日施”，字或作“暆”。參看張富海《説清華簡〈繫年〉之“褫”及其他》，同作者《古文字與上古音論稿》，92～97頁，上海：上海古籍出版社，2021年。馬王堆帛書《太一將行圖》中武弟子像之三題記“我虒裘”之“虒”，廣瀨薰雄《談〈太一將行圖〉的復原問題》讀爲“施”，訓“加穿”，並引馬王堆帛書《五十二病方》“白瘧方”中“白虒”、“白瘧”之“虒/瘧”有時就寫作“施”爲證。見其《簡帛研究論集》，384～386頁，上海：上海古籍出版社，2019年)。《禮記·禮器》“禮，……施則行”，孔穎達疏：“施，用也。若以禮用事，事皆行也。”簡文是説“蔽志”之後卜問於“大夏”(一種神龜)，龜卜的結果顯示“施”，即“神同意施用所蔽之志”，就按“蔽志”進行祭祀。這裏的“施”與殷墟甲骨卜辭中所謂“用辭”的“用”同意[關於“用辭”，參看下文“四(一)1”的討論]。所以，我們不以上博簡《柬大王泊旱》“㡒”爲“孚”的用例。

② 清華大學出土文獻研究與保護中心編、李學勤主編《清華大學藏戰國竹簡(壹)》，下册166頁，上海：中西書局，2010年。

爲"信"。①

下面介紹傳世文獻中訓"信"、"合"的"孚"。

《周易》經文屢用"孚"字,其見於占卜術語者,有"有孚"等,兹舉一例以示,更多的用例詳後文"四(一)3":

(17) 君子維有解,吉,有孚于小人。(《解卦》"六五"爻)

前人或解爲"應驗"、②"符合",③於義較順。《周易》的這種"孚"當來自於甲骨卜辭的"卬(孚)"。④ (17)"有孚于小人"也在"孚"後使用介詞結構,我們認爲其語義與上舉圅公盨、(3)、(4)等爲一類。

舊注訓爲"信也"的"孚"頗多,⑤下面把時代較早的《詩》、《書》中的例子盡可能窮舉出來:

(18) 儀刑文王,萬邦作孚。(《詩·大雅·文王》)

(19) 王配于京,世德作求。永言配命,成王之孚。
成王之孚,下土之式。永言孝思,孝思維則。(《詩·大雅·下武》)

(20) 惟天監下民,典厥義。降年有永有不永,非天夭民,民中絶命;民有不若德,不聽罪。天既孚命,正厥德,乃曰:"其如台?"(《尚

---

① 黄懷信、張懋鎔、田旭東《逸周書彙校集注(修訂本)》,546頁,上海:上海古籍出版社,2007年。

② 最早大概是宋代程頤、朱熹提出來的((宋)程頤《周易程氏傳》,230頁,北京:中華書局,2011年;(宋)朱熹《周易本義》,154頁,北京:中華書局,2009年)。趙建偉《出土簡帛〈周易〉疏證》(19頁,臺北:萬卷樓圖書股份有限公司,2000年)、陳鼓應、趙建偉《周易今注今譯》(79頁,北京:商務印書館,2005年)、李零《死生有命,富貴在天——〈周易〉的自然哲學》(49~50頁,北京:生活·讀書·新知三聯書店,2014年)、張玉金《〈周易〉"有孚"新探——兼論〈周易〉卦爻辭的性質》(《出土文獻》第三輯,242~247頁,上海:中西書局,2012年)、王化平《〈周易〉卦爻辭校釋》(42、288等頁,重慶:西南師範大學出版社,2020年)等皆取此説。

③ 參看黄凡《周易——商周之交史事録》(107~108頁,汕頭:汕頭大學出版社,1995年)、張玉金《〈周易〉"有孚"新探——兼論〈周易〉卦爻辭的性質》(《出土文獻》第三輯,242~247頁)等。

④ 張玉金《〈周易〉"有孚"新探——兼論〈周易〉卦爻辭的性質》,《出土文獻》第三輯,240~248頁。

⑤ 參看宗福邦等主編《故訓匯纂》,549頁,北京:商務印書館,2003年。

書·高宗肜日》）

（21）孺子來相宅，其大惇典殷獻民，亂爲四方新辟，作周恭先。曰其自時中乂，萬邦咸休，惟王有成績。予旦以多子越御事，篤前人成烈，答其師，作周孚先。（《尚書·洛誥》）

（22）我不敢知曰：厥基永孚于休。（《尚書·君奭》）

（23）故一人有事于四方，若卜筮，罔不是孚。（同上）

（24）兩造具備，師聽五辭；五辭簡孚，正于五刑；五刑不簡，正于五罰……簡孚有衆，惟貌有稽；無簡不聽，具嚴天威。（《尚書·呂刑》）

（25）其刑其罰，其審克之。獄成而孚，輸而孚；其刑上備，有并兩刑。（同上）

《逸周書》中的"孚"見於《皇門》篇，即與上引(16)相當之文，不必重複徵引。此篇又有"先用有勸，永有□于上下"之語，前人或將闕文補爲"孚"。① 清華簡《皇門》此句作"先王用又(有)勱(勸)，以瀕(賓)右(佑)于上"(簡5)，可知傳本的闕文當是"瀕"、"賓"或其他音近之字，補"孚"不可信，故我們不取此例。傳本"上下"之"下"爲衍文；② "有"似與簡本"右(佑)"相當，可能"瀕(賓)"字闕失後誤竄至其上。

《尚書》中還有一個應讀爲"孚"的"浮"字：

（26）后胥慼，鮮以不浮于天時。（《尚書·盤庚中》）

孫星衍提出"浮""當讀爲'孚'，言君民親附，罕有不孚于天時者"。③ 讀"浮"爲"孚"可從，但所說"鮮以"句意非是，其解"后胥慼"爲"后亦與民共憂患"，亦甚牽強。或據熹平石經"慼"作"高"之誤文，以"鮮"屬上讀，更不可信（所謂石經"高"，實乃"邊"或"毫"之訛，④不足爲憑）。江聲《尚書集

---

① 黃懷信、張懋鎔、田旭東《逸周書彙校集注（修訂本）》，549 頁。
② 黃懷信《清華簡〈皇門〉校讀》，簡帛網，2011 年 3 月 14 日。
③ （清）孫星衍《尚書今古文注疏》，233 頁，北京：中華書局，2004 年。
④ 于省吾《雙劍誃尚書新證》，76 頁，北京：中華書局，2009 年；顧頡剛、劉起釪《尚書校釋譯論》，905 頁，北京：中華書局，2005 年。

注音疏》謂"胥"即"聿來胥宇"之"胥",訓"相度"之"相",①似較有理。竊疑"感"當讀爲"就"[熹平石經用爲《春秋·文公》"戚"的"邍"(下"京"變作"高"),在楚簡中常用爲"就"],在此指"所就","后胥就"意謂先王相度其所趨就之處。先王所相擇之居處無不"孚于天時",正是爲下言"今予將試以汝遷"作鋪墊。

限於篇幅,傳世先秦文獻中其他"孚"的用例不一一列舉了,但有些重要之例下文會討論到。

二、前人對"卩/孚"的訓釋

從上面的介紹可以看出,學界多將此種"卩/孚"訓爲"信"、"合"或"應驗",尤其是甲骨卜辭和《周易》經文的"卩/孚",訓爲"應驗"或"符合",無疑比訓"信"更合適。不過,如師虎鼎、(18)、(19)等條中的"孚",訓爲"應驗"、"符合"卻不如訓爲"信"好講;儠匜"卩誓"、"卩乃誓"的"卩(孚)"也顯然不是"應驗"的意思。在(8)、(13)、(14)、(24)、(25)等有關獄訟的語境中,"卩/孚"又以訓"合"爲勝。可見各種辭例還不能用同一義位加以通釋。進一步說,翻檢漢唐古注,"孚"只有"信也"、"誠信也"之訓,而未見訓"合"、"驗"者。②"符合"、"應驗"云云,大概是宋以降的學者們主要根據文義推導出來的,至於這樣訓釋在詞義上有何理據,則並無交代。

《說文·三下·爪部》:"孚,卵孚也。……一曰:信也。""卵孚"義的"孚",後寫作"孵"。自古文字學興起以來,古文字研究者大多認爲"孚"乃"俘"之初文。甲骨文"孚"或增從"彳"旁,③俘獲之事當然可以發生在道路上,"孵"從"彳"則不好解釋。這也對"孚"爲"俘"之初文說有利。《說文》又訓"孚"爲"信",前人多以"鳥之乳卵皆如其期,不失信也"或"雞卵之

---

① (清)江聲《尚書集注音疏》,《儒藏》精華編第 17 册,234 頁,北京:北京大學出版社,2017 年。
② 參看宗福邦等主編《故訓匯纂》,549 頁。
③ 李宗焜《甲骨文字編》,178 頁,北京:中華書局,2012 年。

必爲雞,鼉卵之必爲鼉,人言之信如是矣"言其引申,①荒唐難信。當"信"或"符合"、"應驗"講的"孚",顯然是一個假借字。②

上引(20)"天既孚命"的"孚",漢石經、《漢書·孔光傳》作"付",《史記·殷本紀》作"附"。孫星衍認爲此句"今古文皆作付","付"當訓"與"。③ 孫氏還在(22)"我不敢知曰厥基永孚于休"下説"孚、付古字通",釋其意爲"我不知殷之始長付畀以慶者"。④ 按孫解"永孚于休"不可信。"殷之始長付畀以慶"云云,對應的原文當作"厥基永付以休"或"永付休于厥基"才是。但"天既孚命,正厥德"的"孚命"作"付命",確實比語義曖昧的"孚命"容易理解得多。

楊筠如根據(20)的上舉異文,把(22)(23)(24)(26)的"孚"、"浮"都讀爲"符","符"有"信"、"合"之義[(25)楊氏主要解釋了"輪",未及"孚"]。⑤ 按"符"不但常訓爲"合也",而且確有"驗也"的故訓[楊云(24)"簡孚有衆"的"簡孚""謂明驗也"⑥],一般認爲這些意義是由其本義"符信"引申而來的。這是楊説較爲合理的地方。在楊筠如之前,清代吳汝綸在他的《易説》所收《釋孚》一篇中,把《周易》經文的"孚"分爲六義,其中第四義爲"孚、符通借",訓"合也"。⑦ 但吳氏認爲此種假爲"符"的"孚"僅限於《泰卦》"六四"爻"不戒以孚"、《睽卦》"九四"爻"交孚"、《解卦》"九四"爻"朋至斯孚"、《升卦》"九二"爻和《萃卦》"六二"爻"孚乃利用禴",並未遍及全部《周易》經文,更未提到其他文獻裏的"孚"。王寧先生認爲"卩"是符信之"符"的"本字","象人受符或讀符形","符本是古人用以徵信的信物,因而引申出可信、誠信、確實之類的意思,只是戰國之後這個字形消失了,被

---

① 丁福保編纂《説文解字詁林》,3390~3391頁,北京:中華書局,1988年。
② 前人已有指出"信"是"孚"的假借義的,但所找出來的本字皆不可靠(丁福保編纂《説文解字詁林》,3393~3394頁),此不贅引。
③ (清)孫星衍《尚書今古文注疏》,244頁。
④ 同上注所引書,447頁。按上引(26)孫星衍雖讀"浮"爲"孚",但以"君民親附"云云解之,大概也把"孚"與"付"聲字加以通讀。
⑤ 楊筠如《尚書覈詁》,107、242~243、306、307頁,西安:陝西人民出版社,1959年。
⑥ 同上注所引書,307頁。
⑦ (清)吳汝綸《易説 附周易大義》,49頁,合肥:黃山書社,2002年。

'符'或'孚'所取代"。① 這是明確主張古文字和傳世文獻中的"卩/孚"實際上都是"符"。

但是,上古音"孚"屬幽部,"符"、"付"屬侯部,二字雖音近,畢竟不同韻。(19)《詩·大雅·下武》"孚"與"求"爲韻,(18)《大雅·文王》的"孚"與我們未曾引出的"無聲無臭"的"臭"爲韻,"求"、"臭"都是幽部字。如依楊、王等人說讀"孚"爲"符",(18)、(19)就都要看作"幽侯合韻",總歸難愜人意。(16)的"孚"假借"寶"字爲之,"寶"也是幽部字,似可印證我們討論的"卩/孚"這個詞確讀幽部而非侯部。

第一節已舉古文字資料與傳世文獻中的不少"卩/孚"就寫作"孚"。清華簡《繫年》簡 5 所見褎人、褎姒之"褎"均作"孚",西周中期孚公枕瓿(《集成》00918)、春秋前期公父宅匜(《集成》10278)"孚公"之"孚"當讀爲"褎"。② "褎"本作"襃",實从"孚"聲。"褎"上古也屬幽部。

"孚"、"復"聲爲同系,韻爲幽覺對轉(中古都屬三等),二聲之字多有相通。《上海博物館藏戰國楚竹書(三)》所收《仲弓》簡 20 上半段的"孚過",陳劍先生指出當讀爲"复過"(《呂氏春秋·似順》、《誣徒》等篇有此語)。③ 馬王堆帛書《春秋事語》"吳伐越章",開頭"吳伐越,復其民"的"復"(85 行),裘錫圭先生"疑是'俘'之音近訛字"。④ 上文提到的《周易》中的"孚",阜陽雙古堆漢簡本皆作"復";⑤馬王堆帛書本除見於《兌卦》"九二"爻辭者外,也都作"復"。⑥ 馬王堆帛書《繆和》中,《周易》"中孚"、"有孚惠心"之"孚"寫作"覆"(見 30 行下、62 行上。按此篇"孚"亦有作

---

① 王寧《申說"符(孚)"》,復旦大學出土文獻與古文字研究中心網,2017 年 8 月 27 日。
② 趙平安《迄今所見最早的褎國青銅器》,同作者《金文釋讀與文明探索》,169~174 頁,上海:上海古籍出版社,2011 年。有一件私人收藏的戟銘"郛氏之造戟"(《銘圖續編》1128),"海天游蹤"(網名)讀作"褎氏之造戟"(簡帛網"簡帛論壇",2014 年 11 月 5 日)。如其說,這個"郛"似可視爲褎國之"孚(褎)"的專字,跟當城郭講的"郛"未必是一字。
③ 陳劍《上博竹書〈仲弓〉篇新編釋文》,同作者《戰國竹書論集》,109 頁。
④ 裘錫圭《帛書〈春秋事語〉校讀》,《裘錫圭學術文集·簡牘帛書卷》,430 頁;裘錫圭主編《長沙馬王堆漢墓簡帛集成》,第叁册 194 頁,北京:中華書局,2014 年。
⑤ 白於藍《簡帛古書通假字大系》,134 頁,福州:福建人民出版社,2017 年。
⑥ 高亨、董治安《古字通假會典》,767 頁,濟南:齊魯書社,1989 年。

"復"者。關於《周易》的異文，下文另有討論）。① 上古漢語中有一個義爲"安定""安寧"、讀*P-系幽覺部音的詞，在《清華（壹）·耆夜》裏寫作"厴"（簡7）、《上博（七）·吴命》簡6和楚帛書寫作"敦"、《清華（叁）·説命中》簡3寫作"孚"，在隨州文峰塔M1所出曾侯腆編鐘銘文裏寫作"返"、漢代銅鏡銘文等資料裏寫作"復"，②也是"孚"、"復"二聲之字通用的例證。《方言》卷十一"蜉蝣，秦晋之間謂之蟆蟆"，錢繹引《論衡·論死篇》"蟬之未蜕也爲復育"等文獻，謂"復育，即蜉蟒一聲之轉"。③ "蟒"、"育"亦幽、覺對轉，與"蜉"、"復"關係平行。

殷墟黄組卜辭中著名的小臣牆刻辭（《合集》36481）所記俘獲的戰利品，"馘千五百七十"之後的一項，數字"百"後之文已殘，"百"上一字上從"阝"、下從"妥"（以下暫用"△"替代此字）。方稚松先生指出此字"緊接於'馘'之後，根據金文及文獻中常見的'折首執訊'的表達順序"，"應屬於'執訊'類"，並推測"很可能是某類俘虜的專稱，類似於賓組卜辭常用爲人牲的'反'"。④ 其説很有啓發。我們曾指出古文字中讀爲"鮑"、"庖"、"寶"的舊釋爲"陶"之字，實由這種俯伏人形上加短横的"阝"變來，並非真正的"陶"，"阝"可能應該釋爲"埋伏"、"覆蔽"義的"覆"的表意初文。⑤ 小臣牆刻辭的這個△字，也許可以分析爲從"妥（反）"、"阝（覆）"聲，即俘虜之"俘"的形聲字。甲骨文"孚"有在"子"上加"倒'又'"形的寫法，⑥"妥"作"又"加於"女"上之形，也有可能是"孚（俘）"的異體。若此，△可分析爲在"妥（孚—俘）"上加注"阝（覆）"聲。西周早期的小盂鼎銘記"獲馘"之後爲"孚（俘）人"若干人，其後緊接"孚（俘）馬"、"孚（俘）車"（《集成》02839）；

---

① 裘錫圭主編《長沙馬王堆漢墓簡帛集成》，第叁册130、142頁。
② 參看王凱博《出土文獻資料疑義探研》，260～270頁，吉林大學博士學位論文（指導教師：林澐），2018年6月。
③ （清）錢繹《方言箋疏》，395頁，北京：中華書局，1991年。
④ 方稚松《殷墟甲骨文五種外記事刻辭研究》，78頁，上海：上海古籍出版社，2021年。
⑤ 鄔可晶《説古文字裏舊釋"陶"之字》，《文史》2018年第3輯（總第124輯），5～20頁【編按：已收入本書】。
⑥ 李宗焜《甲骨文字編》，178頁。

據方稚松先生復原，小臣牆刻辭"鹹千五百七十，△百[□十□]"之後，緊接着就是"馬□丙（兩），車二丙（兩）"，其順序與小盂鼎銘合，△與"孚（俘）人"相當，釋讀爲俘虜之"俘"似頗合適。如果這一說法成立，就可爲"孚"、"覆"相通再添一例。

總之，在出土先秦至西漢早期文獻中，"孚"只與幽、覺部字發生關係，從這一點看，"卪/孚"所表示之詞也不可能是讀侯部的"符"或"付"。

上文提到《尚書·高宗肜日》的"孚"在漢代有作"付"、"附"的異文。《禮記·聘義》"孚尹旁達，信也"的"孚"，鄭玄注"或作'莩'"。《說文·七上·禾部》"稃"或體爲"粰"。《禮記·投壺》"若是者浮"，鄭注："浮或作符。"《淮南子·俶真》"蘆苻之厚"，高誘注："苻讀匏瓠之瓠。"《史記·律書》："甲者，言萬物剖符甲而出也。"《索隱》："符甲，猶孚甲也。""付"和從"付"聲的"附"、"符"、"苻"、"莩"、"粰"都是侯部字。順便說一下，《古字通假會典》有"【附與郛】"條，其例爲《呂氏春秋·貴直》"趙簡子攻衛附郭"，《韓非子·難二》"附"作"郛"。① 按高誘注《貴直》"附郭"爲"近郭也"，"附郭"與"攻衛"對文，"附郭"即逼近外城。但《韓非子·難二》此句作"趙簡子圍衛之郛郭"，"衛之郛郭"是"圍"的賓語，"郛郭"只能合起來指外城，其語法結構與《呂氏春秋》之文不同，所以這不是"附"、"郛"通用的例證。②

上舉"孚"聲字與"付"聲字的異文，幾乎都見於漢代（甚至多是東漢）文獻而不見於先秦文獻，這大概不是沒來由的。從音理上說，有些上古幽部字沒有從上古的 $*$-u 繼續變向 $*$-əu 而停滯在了前一階段，以至於跟已由 $*$-o 變爲 $*$-u 的侯部字合流。③ 有些"孚"聲字在漢代或從"付"聲，便是這一現象的反映。但這樣的異文用作釋讀先秦文獻的依據，恐怕是不太

---

① 高亨、董治安《古字通假會典》，368頁。陳奇猷《呂氏春秋新校釋》亦以爲"'附'與'郛'同"（1549～1550頁，上海：上海古籍出版社，2002年）。

② 但《呂氏春秋·貴直》與《韓非子·難二》之文當由一源分化，所以分化如此，蓋與"附"、"郛"音近有關。

③ 潘悟雲《南方漢語中的"毒"字》，《漢語與漢藏語前沿研究——丁邦新先生八秩壽慶論文集》，755頁，北京：社會科學文獻出版社，2018年；邊田鋼、盧鷺《論東漢發生了拉鏈式"元音大轉移"——立足於河洛地區的音類、音值證據》，未刊稿【編按：已正式發表於《浙江大學學報（人文社會科學版）》2024年第6期】。

適宜的。

　　馬王堆漢墓帛書《老子》乙本卷前古佚書《十六經·行守》有如下之文,很可注意:

　　　　(27) 是故言者,心之符【也】;色者,心之華也;氣者,心之浮也。(59 上/136 上～59 下/136 下)

整理者注引《韓詩外傳》卷四"目者,心之符也"、《大戴禮記·曾子立事》"目者,心之浮也"等文與此對照。① 《曾子立事》一句,王聘珍《解詁》:"浮,孚也。"② 今按,"浮"與"符"義近,應即本文討論的"卬/孚",帛書和《大戴禮記》以"浮"爲"孚",與(26)用字同。但《行守》此文第一句已用了"符",第三句同樣位置上的"浮(孚)"必不能也用爲"符",讀"卬/孚"爲"符"的問題在這裏就完全暴露了出來。

　　上面舉過"孚"與"復"、"覆"相通的例子,本文討論的"卬/孚"能否據此讀爲"復"或"覆"呢? 事實上確有學者就《周易》中的有些"孚"提出過此類主張。劉大鈞《帛書〈易經〉異文校釋》據今本《周易》之"孚"帛書本絶大多數作"復",認爲"有的卦爻辭作'復',較之今本作'孚',似於義更勝"。③ 他在此文中舉到的例子有《隨卦》"九五"爻、《革卦》卦辭、《豐卦》"六二"爻、《未濟卦》"上九"爻等;④ 在《周易概論》的《疑難卦爻辭辨析(上經)》中只舉了《隨卦》"九四"、"九五"爻等,較前者爲少。⑤ 劉氏《校釋》認爲"孚"、"復"之異"恐家法不同耳",⑥《概論》明謂"通觀《周易》言'孚'之卦辭及爻辭,還以訓'信''誠'爲宜"。⑦ 看來劉大鈞先生只是認爲《周易》少數卦爻辭中的"孚"可讀爲"返復"之"復",主要集中在"有孚/有孚于"、"孚于"一類辭例。王建慧《馬王堆帛書〈周易〉異文考》在討論《小畜卦》"九

---

① 參看裘錫圭主編《長沙馬王堆漢墓簡帛集成》,第肆册 170 頁。
② (清) 王聘珍《大戴禮記解詁》,76 頁,北京: 中華書局,1983 年。
③ 劉大鈞《帛書〈易經〉異文校釋》,《周易研究》1994 年第 3 期,30 頁。
④ 同上注。
⑤ 劉大鈞《周易概論》,150 頁,成都: 巴蜀書社,2016 年。
⑥ 劉大鈞《帛書〈易經〉異文校釋》,《周易研究》1994 年第 3 期,30 頁。
⑦ 劉大鈞《周易概論》,150 頁。

五"爻"有孚攣如"的"有孚"時,根據帛書本"孚"作"復"以及其他材料,懷疑"孚"當訓作覆蓋之"覆","'有孚'可釋作'(上天)有所覆蓋(於人)'",又説"'孚'有讀爲'覆'的條件",①似認爲"孚"、"覆"音義皆通。

追根溯源,古代已有人將"孚"與"覆"或"復"相聯繫的。《國語·周語下》記單襄公有疾,召其子頃公而告,中有如下一句:

(28)信,文之孚也。

韋昭注:"孚,覆也。"此文與(27)"氣者,心之浮(孚)也"、《大戴禮記》"目者,心之浮(孚)也"極類,"文之孚也"的"孚"無疑就是我們討論的"卪/孚"。王建慧先生所以訓"孚"爲"覆",韋注是其最重要的根據。不過,韋注頗簡,他所説的"覆"究爲何義,恐怕不易遽斷(古代"覆"、"復"常通,反復之"復"也可寫作"覆")。北宋時期的宋庠爲此條韋注加注説:"注'覆',言可復之復。"②宋庠就把韋注的"覆"讀爲"復"了。按照他的理解,與"卪/孚"的詞義有關者應是"復"而非"覆"。

我們認爲,如果承認本文第一節和本節舉到的所有"卪/孚"應該統一作解的話,"卪/孚"無論讀爲"復"還是讀爲"覆",都是不可取的。讀"卪/孚"爲"復"或"覆",語音上雖無問題,但(18)、(19)就都要看作"幽覺通韻",這跟讀"卪/孚"爲"符"需要動用"幽侯合韻"來解釋一樣,終非良策。那麼,"卪/孚"訓爲"復"或"覆",是否可行?

宋庠所謂"可復之復",當指《論語·學而》"信近於義,言可復也"而言。皇侃《義疏》謂"復,猶驗也",又以"復驗"解説"可復"之"復"。③朱熹《集注》訓"復"爲"踐言"。④朱説曾遭到程樹德的批評:"'復'訓反覆,漢唐以來舊説如是,從無'踐言'之訓,《集注》失之。"⑤邢昺《論語注疏》、劉

―――――――
① 王建慧《馬王堆帛書〈周易〉異文考》,《香港中文大學中國文化研究所學報》第19卷,49～50頁,1988年。
② 徐元誥《國語集解》,88頁,北京:中華書局,2002年。
③ (梁)皇侃《論語義疏》,18頁,北京:中華書局,2013年。
④ (宋)朱熹《四書章句集注》,52頁,北京:中華書局,1983年。
⑤ 程樹德《論語集釋》,第一册51頁,北京:中華書局,1990年。按朱熹所以釋"言可復"之"復"爲"踐言",大概還跟他的"知爲先""行爲重"的"知行觀"有關,這裏不能多説。

寶楠《論語正義》等，也都釋"復"爲"反復/覆"。① 雖然如此，晚近講《論語》者，仍多信從朱説。②

劉殿爵先生有《"復言"解》一文，專論"言可復也"及相關文句之意。③ 劉先生贊同程樹德對朱熹"踐言"之訓的批評，認爲傳世文獻中"復言"的"復"是"重複"、"再次"的意思，"'復'含'又'之義，'再'則是'再次'或'第二次'之義。兩者相通之處，在於均指'重複'"。④ 其説與舊訓"反復"相近。皇侃所謂"復驗"云者，可能也認爲當"復驗"講的"復"來自於"重複"、"復又"之義。我們同意這一看法。古書中"復言"、"復其願"、"復期月"等（參看442頁注②），解釋爲"踐行諾言"、"踐行其願"或"應驗了'期年狄必至'之言"看似可通，其實這只是"重複"、"復又"義的"復"在某種特殊語境中的語境義。此種語境規定，"非現實"的内容要"重複"、"復又"於"現實"之中，而不是"非現實"的内容或"現實"的内容在各自場域内"重複"、"復又"。如"復言"、"復其願"就是"使其所言、所願在現實中重複、復又一遍"，這當然可以理解爲"踐行諾言"、"踐行其願"；"復期月"就是"使'期年狄必至'之言重複、復又於現實中"，這當然可以理解爲"'期年狄必至'之言應驗"。但"復"本來並無"踐行"、"應驗"之義。

如"卪/孚"不能讀爲"復"，"卪/孚"何以也有反復、復又之"復"義？這顯然是無法解釋的。

在現有諸説中，我們認爲王建慧先生訓"孚"爲覆蓋之"覆"、並指出

---

① 《十三經注疏》整理委員會整理《論語注疏》，12頁，北京：北京大學出版社，2000年。（清）劉寶楠《論語正義》，30～31頁，北京：中華書局，1990年。

② 高尚榘主編《論語歧解輯録》，上册29頁，北京：中華書局，2011年。楊逢彬《論語新注新譯》，13頁，北京：北京大學出版社，2016年。楊柳岸、楊逢彬《"言可復也"究竟謂何》，《武漢大學學報(哲學社會科學版)》2021年第3期，79～86頁。《左傳》中也有一些此類"復"字，如《僖公八年》"復期月"、《僖公九年》"能欲復言而愛身乎"、《襄公二十八年》"欲復其願"、《昭公五年》"終無不復"、《哀公十六年》"吾聞勝也好復言""復言，非信也"等，楊伯峻注皆謂即"言可復也"之"復"，"實踐諾言曰復，其言效驗亦可曰復"。《春秋左傳注(修訂本)》，352、359、1263、1402、1899頁，北京：中華書局，2016年）

③ 此文原於20世紀70年代用英文寫成發表，後由楊鍾基先生譯成中文，收入《採掇英華——劉殿爵教授論著中譯集》，61～71頁，香港：中文大學出版社，2004年。

④ 劉殿爵《"復言"解》，《採掇英華——劉殿爵教授論著中譯集》，68頁。

"孚"與"覆"音通,其説最近事實。不過,他對"孚"的句例的解釋相當有限;上引有些辭例,如(18)、(19)等,直接以"覆蓋"義代入,尚嫌扞格不通。所以,關於"卩/孚"的詞義,有必要進一步加以研究。

三、説"卩/孚"的本義和它的本字

除上引《國語》韋昭注"孚,覆也"之訓,還有一些材料也表明"孚"及"孚"聲字與"覆"義有關。

《廣雅·釋詁下》"孚,生也"條,王念孫《疏證》云:

> 孚者,《夏小正》"雞桴粥",《傳》云:"桴,嫗伏也;育,養也。""桴粥"即"孚育","孚育"猶"覆育"耳。伏卵謂之"孚",卵化亦謂之"孚"。《説文》:"孚,卵孚也。"《方言》:"北燕朝鮮洌水之間,雞伏卵而未孚始化之時謂之涅。"《淮南子·人間訓》云:"夫鴻鵠之未孚於卵也,一指蔑之,則靡而無形矣。"①

這是説"孚育"之"孚"與"覆育"之"覆"音近義通。王建慧先生文中已引到此條。②

《説文》以"孚"爲"孵"之初文,徐鍇《説文解字繋傳》解釋"孚"的字形與"孵"的詞義關係説:"鳥抱恆以爪,反覆其卵也。會意。"③前面説過,"孚"當是"俘"的初文。但"孵"字晚起,"孵"本寫作"孚",如上引王念孫所舉諸例。徐鍇把"孵"、"抱"與"覆"聯繋起來,是有道理的。孵卵稱爲"孵",似來自於鳥、雞之"覆"其卵。

《釋名·釋言語》:"覆,孚也,如孚甲之在物外也。"王先謙《疏證補》引蘇輿曰:

> 《詩·大田》箋:"方謂孚甲始生。"孔疏:"孚者,米外之粟皮甲者,以在米外,若鎧甲之在人表。"案莩爲葭裏白皮(見《漢書·中山王勝

---

① (清)王念孫《廣雅疏證》,147頁,上海:上海古籍出版社,2016年。
② 王建慧《馬王堆帛書〈周易〉異文考》,50頁。
③ 丁福保編纂《説文解字詁林》,3391頁。

傳》注），桴爲木表麤皮（見《詩·角弓》箋）。孚與莩桴同聲，字並爲在物外之稱。覆者，覆物之具，物在覆内，則覆在物外，故以孚釋之。①

蘇輿這段論述十分重要。由此可知，粟皮甲因覆於米外，故曰"孚"，其字後作"稃"、"秠"；植物莖稈裹的白膜因覆於内壁，故曰"莩"，字或作"筟"；麤皮因覆於木表，故曰"桴"。凡此似皆得名於"覆"。

葉德炯曾爲《釋名》"覆，孚也"條舉出"罦"字。②《詩·王風·兔爰》"雉離于罦"，毛傳："罦，覆車也。"孔穎達疏引孫炎曰："覆車，網可以掩兔者也。"从"孚"得聲的"罦"，似乎也是得名於"覆"的。

《禮記·聘義》："孚尹旁達，信也。"鄭玄注："孚，讀爲浮。尹，讀如竹箭之筠。浮筠，謂玉采色也。采色旁達，不有隱翳，似信也。"孔穎達疏："孚，浮也。浮者，在外之名。尹，讀如筠，筠者，若竹箭之筠，筠亦潤色在外者。"③這裏的"孚"指"玉采（彩）"，後有專字作"玾"（《玉篇·玉部》）。所謂"玉采（彩）"，即覆於玉表者，"孚（玾）"也可解釋爲得名於"覆"。鄭注讀"孚"爲"浮"，這個"浮"當如孔疏所説，乃"在外之名"。"在上曰浮"的"浮"與覆蓋的"覆"義亦相因。

"郛"指"外城"，即"郭"。《説文·六下·邑部》"郛"字下徐鍇《繫傳》曰："郛猶柎也，草木華房謂柎，在外苞裹之也。"包覆内城的"郛"，似與"孚（稃/秠）"、"莩/筟"、"桴"、"孚（玾）"等相類。④

以上所舉的是"孚"及从"孚"聲之字與"覆"語源上可能有關的材料。不但如此，文獻中另有一些"孚"，在我們看來只能解釋爲"覆"，這就可以證實《國語》韋昭注訓"孚"之"覆"確是覆蓋的"覆"而非"復"。

《左傳·莊公十年》所記"長勺之戰"中的"曹劌論戰"，魯莊公説"犧牲玉帛，弗敢加也，必以信"，曹劌對曰：

小信未孚，神弗福也。

---

① （清）王先謙《釋名疏證補》，123 頁，北京：中華書局，2008 年。
② 同上注。
③ 《十三經注疏》整理委員會整理《禮記正義》，1949、1950 頁，北京：北京大學出版社，2000 年。
④ 參看蔣紹愚《古漢語詞彙綱要》，183 頁，北京：商務印書館，2005 年。

杜預注:"孚,大信也。"前人已批評此爲"隨文生訓",①不足信。楊伯峻先生説:

> 孚借爲覆,古音平入通轉。《孟子·離婁上》"而仁覆天下矣",覆有蓋被之意,即徧及之意,與上文之徧異字同義,意謂祝史告於鬼神之言必誠實可信。②

楊注對"小信未孚"之意的理解十分正確,唯"孚"讀爲"覆"則不必。王建慧先生釋"小信未孚"之"孚"云:

> "小信未孚"與上文"小惠未徧"句式一樣,"徧"是"周徧"之意,則"孚"字當釋作"覆蓋","徧"與"孚"意義正相接近。③

其説甚是。《國語·魯語上》記"長勺之戰",這段議論與《左傳》文字有異:

> 小賜不咸,獨恭不優。不咸,民不歸也;不優,神弗福也。將何以戰? 夫民求不匱於財,而神求優裕於享者也,故不可以不本(引者按:俞樾認爲"本"當作"大")。

韋昭在"小賜"二句下加注:"咸,徧也。優,裕也。"又在"而神求優裕於享者也"下加注:"裕,饒也。享,食也。民和年豐爲優裕也。""小賜不咸"與"小惠未徧"相當,"獨恭不優"與"小信未孚"相當。"優"指裕足,"獨恭不優"是説祭祀時"一身之恭"(韋注語)而未優裕充足到"民和年豐"。"獨恭"即"小信","未孚"之"孚"講成"覆蓋"、"徧及",正與"不優"之"優"相合。

《後漢書·班彪列傳》所附《班固列傳》收入班固《典引》篇,其中有"亦以寵靈文武,貽燕後昆,覆以懿鑠"之語,李賢注:"貽,遺也。燕,安也。後昆,子孫也。言此並以光寵神靈文王、武王之德(引者按:此釋有問題,這裏不討論),遺燕安於子孫也。《詩·大雅》曰:'貽厥孫謀,以燕翼子。'覆

---

① (清)劉文淇《春秋左氏傳舊注疏證》,155 頁,北京:科學出版社,1959 年。
② 楊伯峻《春秋左傳注(修訂本)》,198～199 頁。
③ 王建慧《馬王堆帛書〈周易〉異文考》,49 頁。

猶重也。懿、鑠，並美也。"按"覆以懿鑠"與"貽燕後昆"對文，"覆以懿鑠"也可以說成"覆後昆以懿鑠"，"貽燕後昆"也可以說成"貽後昆以燕"，"覆"、"貽"義近。"覆"即"覆被"，"覆被後昆以懿鑠之美"等於說給後昆增加了"懿鑠"，故李賢說"覆猶重也"。① 上舉(20)"天既孚命，正厥德"的"孚"，我們認爲當訓爲"覆"，"天孚命"與《典引》"文武覆後昆以懿鑠"之語頗似，"天孚命"也就是"天孚民以命"。下民之年雖"有永有不永"，但其命本爲上天所賦予，出生之時已由天定，所以說"民中絕命"不是"天夭民"。"天既孚命"的意思就是天已覆被民命。"孚命"不讀爲"付命"，其義自通。王建慧先生曾舉《尚書·湯誥》"上天孚佑下民"作爲"孚"可指"(上天)有所覆蓋(於人)"的例證。② 但今本《湯誥》係僞古文，不宜用。我們討論的(20)"天既孚命"出自《高宗肜日》，堪爲其例。

楊雄《太玄·迎》"上九"："濕迎牀足，罦于牆屋。"范望注："罦，覆也。"有些本子"罦"作"累"，③似非。如本作"累"，原文當說"累及牆屋"而不能說"累于牆屋"。④ "累于牆屋"是"爲牆屋所累"的意思，在這裏顯然講不通。范望訓"罦"爲"覆"，於義甚洽。這個"罦"有沒有可能實是訓"覆"之"孚"呢？這種可能性是存在的，三國吳人韋昭尚且知道"孚"有"覆"義，博古淹通的楊雄當然可以在《太玄》中使用這樣的"孚"。不過，當"覆車"講的"罦"畢竟與"覆"義也有聯繫，楊雄爲文好造奇語，也有可能他是讓指"覆車"的名詞"罦"臨時活用作動詞，意謂濕氣由下而上，像覆車之網一樣徧覆牆屋。

既然"孚"本有"覆"義，上面提到的"孚(孵)"、"孚(稃/秠)"、"莩(筡)"、"桴"、"罦"、"孚(玶)"、"郛"乃至於"浮"，與其說與"覆"同源，不如說就與訓爲"覆"的"孚"同源，無疑更爲直截。上引(28)"信，文之孚也"的

——————

① 《漢語大字典》"覆"字條下有義項"⑥重複"，所舉第一條書證即《後漢書·班彪傳附班固》"覆以懿鑠"李賢注："覆，猶重也。"(3001頁)他們對《典引》文義和李賢注的理解是錯誤的。
② 王建慧《馬王堆帛書〈周易〉異文考》，50頁。
③ (宋)司馬光《太玄集注》，89頁，北京：中華書局，1998年。
④ 司馬光《集注》取作"累"之本，他把"累于牆屋"解釋爲"將累及牆屋"(89頁)，不難看出在這樣的句意中，"累"後的介詞只能用"及"而不能用"于"。

"孚",韋昭訓"覆";《大戴禮記·曾子立事》與之文例相同的"目者,心之浮也",王聘珍解"浮"爲"孚",他所謂的"孚"應即韋注訓"覆"之"孚"。王氏似已體會到"浮"的語源就是"孚"。以"浮"爲"孚"(也許還可加上《太玄》以"罧"爲"孚"),跟由"丩"分化出來的"糾"表示"丩"、由"含"派生出來的"函"表示"含"等情況,①十分相似。

"孚"是"俘"的初文,此字表示"覆"義的"孚"顯然是假借。我們認爲這個詞的本字很可能就是古文字中的"卬"。

大家熟悉的甲骨文"卬",一般作 ⿰卩丄 、 ⿰卩丄 等形,②"卩"旁的正前偏上方有一短豎。這樣的字形表示什麼字義,殊難索解。③ 在屬於武丁時代的殷墟花園莊東地甲骨卜辭中,只有少量"卬"的短豎位於"卩"的正上方,多數"卬"作如下諸形:

　　(10.2)　　(87.2)　　(87.4)　　(108.1)

　　(252.3)　　(259.1)　　(289.7)　　(490.5)

這些"卬"隸定爲"卬"或許更精確些。在以前發表的甲骨卜辭中,作"卬"形的"卬"已出現過,裘錫圭先生《釋厄》一文曾有列舉:

　　(《合集》34345)　　(《合集》24122)　　(《合集》21586)

---

① 裘錫圭《文字學概要(修訂本)》,145～147頁,北京:商務印書館,2013年。
② 李宗焜《甲骨文字編》,123頁。
③ 前引王寧《申説"符(孚)"》認爲"卬""象人受符或讀符形",顯然不可信;"人受符或讀符形"也無法表示"符"的字義。侯乃峰《談"腸"論"腹"兼釋甲骨文中用爲"孚"之字》據《合集》32042、32043等片中"卬"的寫法,認爲"卬"字象在向外凸出的腹部加一指事符號,由讀"孚"之音推測當是"腹"的表意初文(《逐狐東山——先秦兩漢出土文獻與古文字論集》,103～106頁,上海:上海古籍出版社,2020年)。其實,侯乃峰先生以爲象腹部凸出之形者,不過是"卩"旁的一種寫法而已,此種"卩"形在"卸"(《甲骨文字編》119～123頁)、"印(抑)"(《甲骨文字編》125頁)、"㕜"(《甲骨文字編》126～127頁)等字中都可以看到,決不可能象凸出的腹部。此外,"卬"的短豎多數位於"卩"的偏上方,恐怕也不大可能指"腹"的部位。

這三例都晚於武丁時代。現在由花東卜辭"卬"的寫法，可知"卬"並不晚出。"卬"中位於"卪"前上方的彎筆的弧度減少一些（上舉花東 87.4 一例，彎筆實已近於短豎，只是由於"卪"旁是歪的，所以看起來其前上方的筆畫仍有弧度；259.1 一例彎筆的弧度已微乎其微），彎筆很容易變爲短豎，即成甲骨文習見的"卬"。西周金文和戰國竹簡中的"卬"，其"卪"前的短豎往往頗有傾斜度，甚至不妨看作一撇，有些學者喜歡把它們隸定作"卬"形。這一筆正是彎筆弧度的殘留。因此，我們有理由把"卬"定爲"卬"較古的形體。

"卬"象一跪坐人形爲某物所覆蓋，應可用於記録"覆蓋"義的"孚"這個詞。甲骨文有作、等形之字，① 于省吾先生釋爲《説文·八下·見部》所收的"見"，謂其字"象人目有蒙蔽形"，並據段玉裁、承培元等小學家的意見，認爲"見"即"蒙"的本字。② 甲骨文"見"或作（《合集》12971），蒙蔽之物有所簡省，與"卬"字中象徵覆蓋的東西更近。"見"與"卬"的表意構思也很相似，只不過前者爲了表示蒙蔽不可見，才特别突出"目"形（如"見"確是"蒙"的本字，"蒙"與"矇"同源，其突出"目"形就更好理解了）。【編按：甲骨文此字釋"見（蒙）"恐不可信，詳另文。但此字確實表示目有所遮蔽而不可見之意，仍可與"卬"比較。】

上文提到過古文字中記録"鮑"、"庖"、"寶"等詞的"阞"字，其較古形體作、等，我認爲可能是"埋伏"、"覆蔽"義的"覆"的表意初文，其字象有人埋伏於山間隱蔽處，"'阞'所從'勹'上的短横或小點，如非無意義的贅畫，似可認爲表示趴伏的人身上有所覆蓋、遮蔽，以防暴露"。③ 現在我們説"卬/卬"字象跪坐之人前上方有物覆蓋，乃是"覆"義的"孚"的表意初文，"卪"前的彎筆或短豎也表示"有所覆蓋、遮蔽"，彼此可以互證。本文第一節提到的師虎鼎"'卬'字别體"作，"卪"右後一筆如非泐痕，似當視爲與"阞

---

① 李宗焜《甲骨文字編》，206 頁。
② 于省吾《甲骨文字釋林》，113～114 頁，北京：中華書局，1979 年。
③ 鄔可晶《説古文字裏舊釋"陶"之字》，《文史》2018 年第 3 輯（總第 124 輯），16 頁。

（覆）"字"人/ㄅ"上的短横一致，都表示覆蓋、遮蔽之物。如此則"叺/叺（孚）"與"冎（覆）"從字形上就完全聯繫起來了。不過，"叺"在背上加短横或小點的寫法不見於他例，師虎鼎"叺"的這一筆究竟是筆畫還是泐痕，尚須研究。

當初裘錫圭先生根據"叺"一類字形，將"叺"釋爲《説文·九上·卩部》的"厄"字，"厄"音"五果切"，因而裘先生讀甲骨金文中的多數"叺"爲"果"。① 後由戰國竹簡的資料斷定"叺"當讀"孚"音，裘先生也已放棄了原先讀爲"果"的看法。② 不過，"叺"與"厄"字形頗似，卻是不容否認的。裘先生指出甲骨文"叺"的"叺"一類寫法"顯然很容易演變成《説文》的'厄'"。③《説文·十二下·女部》所收的从"厄"聲的"妸"（此字在韻書中有"五果切"、"奴果切"二讀，前一讀與"厄"同音），亦見於北京大學藏西漢竹書《蒼頡篇》簡72"樊厭妸秩"之文，其字作 ▨ 。《清華（玖）·成人》"叺"作 ▨ （簡4）、▨ （簡20），與漢代"厄"的寫法僅差"卩"上一撇而已。

大徐本《説文》對"厄"的説解如下：

▨ （厄），科厄，木節也。从卩，厂聲。賈侍中説以爲：厄，裹也。一曰：厄，蓋也。

"木節"義的"厄"不見文獻實例，從字形看也相當不合理，顯非"厄"字本義。值得注意的是後面的"賈侍中説"和"一曰"。賈侍中（賈逵）以"裹"訓"厄"，乃是由於讀"五果切"的"厄"與"裹"音近，有聲訓的用意（"厄"、"裹"疊韻，聲亦相近）。④ "一曰：厄，蓋也"，⑤這個訓釋與我們主張的"叺"的

---

① 裘錫圭《釋"厄"》，《裘錫圭學術文集·甲骨文卷》，449~460頁。
② 裘錫圭《釋"厄"》，《裘錫圭學術文集·甲骨文卷》，460頁；裘錫圭《虢公盨銘文考釋》，《裘錫圭學術文集·金文及其他古文字卷》，161、166頁。
③ 裘錫圭《釋"厄"》，《裘錫圭學術文集·甲骨文卷》，452頁。
④ 參看丁福保編纂《説文解字詁林》，9020頁。
⑤ 有人認爲"厄，蓋也"的"厄"是"㔷"的譌字。桂馥《説文解字義證》説："一曰'厄，蓋也'者，當爲'㔷'。蓋本書'𥃲，小厄有耳蓋者'。"（772頁，上海：上海古籍出版社，1987年）此説不可信。"𥃲"雖爲"小厄有耳蓋者"，但"厄"字《説文》釋曰："圜器也。一名觛。所以節飲食，象人卩在其下也。"可見不能把對"𥃲"的説解隨便移於"厄"。退一步説，就算"厄"指"有耳蓋者"，顯然也不能用"厄，蓋也"這樣的訓釋來表示。此條的"厄"應非誤文。

本義爲"覆蓋"密合(《説文・七下・襾部》："覆，……一曰：蓋也。")。撇開"厄"、"裹"聲訓的因素，"裹"的意思與"覆"、"蓋"亦近。"厄"象跪坐人形前上方爲"厂"所包裹、覆蓋，"裹"、"蓋"應該就是它的本義。這也可以爲我們對"丣"字形義的分析提供一個佐證。

"孚"與"復"、"覆"均音近可通，比較而言，"孚"與"覆"的語音關係更爲密切。"覆"中古有好幾個反切，當以"芳福切"爲正(敷母屋韻合口三等入聲)，其上古音可擬作 *pʰuk；"孚"中古讀"芳無切"(敷母虞韻合口三等平聲)，其上古音可擬作 *pʰu，二字僅韻尾有無 -k 之別，其餘全同。本義爲"覆"的"丣/孚"與"覆"無疑是一對音義皆近的同源詞。當"覆蓋"講的"丣/孚"與覆蓋的"覆"，在詞義和用法上有何同中之異？"丣/孚"與"覆"又是如何從同一語源分化開來的？由於資料不足，這些具體細節難以逐一復原。不過有一點可在此指出：一般的"覆蓋"概念，如《詩・大雅・生民》"鳥覆翼之"、《呂氏春秋・音初》"覆以玉筐"等，似乎只用"覆"而不用"丣/孚"來表示；上文所舉訓爲"覆"的"丣/孚"，如(20)"天既孚命"的"孚"，是"覆蓋"義的隱喻，《左傳》"小信未孚"[也許還可加上《太玄》"罩(孚)于牆屋"]，訓爲"徧及"、"徧覆"，是"覆蓋"的隱喻義的進一步引申，它們都不是一般意義上的"覆蓋"(當然"覆"也有這些隱喻、引申義)。這也許可以算作"丣/孚"與"覆"這對同源詞在用法上的一個細微的差別。

附帶説一下，有些學者認爲"孚"及"孚"聲字的語源爲"勹/包"。如楊樹達《字義同緣於語源同例證》謂"凡勹聲字皆有包裹在外之義"，"孚古音與勹同"，孚甲之"孚"、玉采之"孚(琈)"、"稃"、"桴"、"莩"都是"在外之稱"，指膀胱的"脬"亦"包裹在外之辭"，"郛"之得名，"謂包於郭之外"。[①] 這也是有道理的。有些"孚"聲字，如"脬"、"郛"，説得義於"勹/包"似乎比説得義於"覆"合適。不過，結合"孚"有訓"覆"之例以及"丣(孚)"的字形像"覆蓋於人"等綫索來看，我們仍相信"丣/孚"應更近於"覆"。"脬"、"郛"有可能跟"丣/孚"及其他"孚"聲字不同源。

---

① 楊樹達《積微居小學金石論叢(增訂本)》，53～54頁，北京：科學出版社，1955年。

四、有關"冎/孚"的辭例的解釋

從"覆蓋"義出發，上文列舉的"冎/孚"的所有辭例就能得到較爲真切的理解。爲了說明問題的方便，下面不嚴格按照我們爲例句所編的順序進行討論；在必要的時候，還將補充一些上文沒有列出的用例。

（一）由神施動的"冎/孚"

1. 甲骨卜辭中的"孚辭"及其他

先說甲骨卜辭中所謂"孚辭"的"冎（孚）"。裘錫圭先生在全面研究"冎辭"的文章（當時裘先生把"冎"釋讀爲"果"，稱"果辭"）中指出，"孚辭"與"用辭"在許多方面有相似之處，"我們在區分果辭和用辭的同時，也應該承認二者的實際意義的確差不多"；"孚辭"當是"在占卜之後、所占卜之事有結果之前刻記的"，"大概根據對本辭卜兆的、與占吉凶不同的另一種角度的考察"可以"判斷占卜會不會果"，"所以嚴格說，'兹厄'應該理解爲'此次占卜會應驗'。這是事先的判斷，而不是事後的記錄"。① 接着裘先生就"用辭"說了如下一段話：

> 附帶說一下，在上述這方面，用辭的情況跟果辭很相似。各條卜辭中的用辭，不論是記錄關於"用卜"的卜問結果的，還是記錄根據原辭卜兆所作的判斷的，也都不會等到所占卜之事有了結果之後，才跟驗辭一起去刻。②

其說可從。

近年吳盛亞先生專門討論過用辭的刻記時間。他同意上引裘說，並對"用辭"作了新的界定："用辭指的是，占卜主體在占卜之事有結果前，對可能影響占卜的客觀事實進行判斷，從而決定是否采用該條貞卜的刻辭。記錄實際施用情況的刻辭不宜劃入用辭。"③吳先生不把"記錄實際施用

---

① 裘錫圭《釋"厄"》，《裘錫圭學術文集·甲骨文卷》，455~458頁。
② 同上注所引書，457頁。
③ 吳盛亞《關於殷墟卜辭中用辭刻記時間的考察》，《出土文獻》第十五輯，43頁，上海：中西書局，2019年。

情況的刻辭"歸入"用辭",甚爲有理;不過他說"用辭"指占卜主體"決定是否采用該條貞卜",我們認爲似可商榷。命辭是問神的,占卜主體采不采用,在遇事必卜的商代,從根本上說應由神來決定,至少名義上當如此。占卜主體如能根據一些客觀事實自己判斷是否采用,就没有必要履行卜問的程序了。吴盛亞先生文中已有總結:"用辭僅包括'兹用'、'不用','兹用'有時省作'用'、'兹'、'幺用'或'幺','不用'或作'兹不用',有時省作'不'。"① 從用辭的否定詞只用"不"而從不用"勿"、"弜"來看,用辭應該是占卜主體根據原辭卜兆和一些客觀事實推斷神將采用此卜還是不采用此卜(即命辭所問的内容),他們再根據"兹用"或"不用"來決定實際施用與否。所以"用辭"本質上是占卜主體無法控制的。

"孚辭"的意義、刻記時間既與"用辭"差不多("孚辭"的否定詞也只用"不"而不用"勿"、"弜"),我們認爲"孚辭"也應該是由神(如上帝)施動的。(9)説"唯上帝命其卬(孚)于戾"、"唯上帝命其卬(孚)于若","孚于戾"、"孚于若"出自上帝之命,亦可參證。所謂"兹卬(孚)"、"卬(孚)",是説神會把命辭或占辭的内容覆加於現實(或覆加於占卜主體身上),言下之意就是卜問或占斷能在現實中應驗、現實合於占卜。上引王建慧先生説《周易》的"有孚""可釋作'(上天)有所覆蓋(於人)'",② 已準確地把握到了由神施動的"孚"的詞義。神把占卜内容"覆加"於現實或"覆加"於占卜主體,這種"覆"當然也是一般意義上的"覆蓋"的隱喻,與上文講過的(20)"天既孚命"的"孚"用法相同。以上舉(1)、(2)爲例,(1)的"兹卬(孚)"是指神會讓"王迍于召"時"往來無災"的願望覆加於現實、覆加於"王"身上,也就是説,此命辭將得到應驗。(2)的"卬(孚)"是指神會讓"丙"(即乙未的次日丙申)這一天不下雨的占斷覆蓋下來,使占卜的願望與現實相闔。上舉(5)、(6)那塊商代晚期大卜骨上的占辭"囟(思)卬(孚)",也是"卜問的内容會覆加於現實"的意思。《花東》173.3 的占辭有"亦惠兹卬(孚)"之語,(5)、(6)的"囟(思)"與"惠"的語氣正可類比。

---

① 吴盛亞《關於殷墟卜辭中用辭刻記時間的考察》,《出土文獻》第十五輯,43 頁,上海:中西書局,2019 年。

② 王建慧《馬王堆帛書〈周易〉異文考》,50 頁。

"覆"的"覆蓋"義引申而有"覆蔭"、"覆護"義,古書中常以"天覆"比喻恩澤廣被,即含上天覆蔭之意。如《管子·版法解》:"天覆而無外也,其德無所不在。"《漢書·匈奴傳下》:"今聖德廣被,天覆匈奴。""孚"也有與"覆"相似的詞義引申。《合集》947 正:"戊午卜,内,貞:若由。○貞:由不若。"947 反:"王占曰:不其叩(孚)。"①可知這個"叩(孚)"當與"若"義近。《合集》4530 正:"貞:叩(孚)由。○由不叩(孚)。"②此版"叩(孚)"的用法也與《合集》947 正的"若"一致。頗疑這些"叩(孚)"就指受神(上帝或先祖)覆蔭、庇護。《英藏》1177 正有數條"王恆錫叩(孚)"之貞,似即卜問殷先公王恆是否會降賜覆蔭,其事近於後來的"天覆"。

2. "孚于×"格式原型

有一條出組二類卜辭中出現了"叩(孚)于×"的說法:

甲子卜,王曰貞:翌乙丑咸毓祖乙歲,其𠬝,方其害□。

甲子卜,王曰貞:肆(?),毋𠬝。兹不用。叩(孚)于雨。[《合補》8378(《合集》22758+《合集》25015)+《合補》7518,王雪晴綴合③]

裘錫圭先生指出"孚于雨""大約是驗辭"。④ 此辭文義不大明白,估計是說"肆(?),毋𠬝"之貞所以不被神采用(也就是未實現),從實際的情況看,是由於"孚于雨"的緣故。上文約略引過的《花東》252.3,全辭曰:

丁丑卜:其𠬝于先,惠入人,若。用。子占曰:女(毋)又(有)叩(孚),雨。

此占辭的大意是說卜問的祭祀之事不會覆加於現實(也就是無法實現),

---

① 《合集》947 與他版有綴合,不過與這裏討論的問題關係不大,兹不多引。以下碰到同類情況不再說明。
② 參看裘錫圭《釋"厄"》,《裘錫圭學術文集·甲骨文卷》,458~459 頁。
③ 王雪晴《甲骨綴合一則》,先秦史研究室網,2020 年 11 月 9 日。此文蒙陳琦先生賜示。
④ 裘錫圭《釋"厄"》,《裘錫圭學術文集·甲骨文卷》,451 頁。

因爲下雨的緣故。① 如爲此辭擬一條驗辭，或許就可移用《合補》8378＋7518 的"孚于雨"。由於《合補》8378＋7518 未記占辭（推想其中也有涉及"雨"的内容），因而驗辭"孚于雨"顯得頗爲突兀，這就需要參考《花東》252.3 才能理解。

從《花東》252.3 的占辭看，其占斷内容既有關於命辭所問是否實現的，也有影響命辭的實現的因素（即"雨"）的，《合補》8378＋7518 如有占辭，諒亦如是。由於前面占辭的内容不止一項，後面驗辭僅針對其中一項來説，所以要用"孚于雨"這種句式，介詞結構"于×"指明動詞的範圍。"孚于雨"的字面意思當是"對於下雨來説或在下雨方面，神讓它覆加了下來"，②言下之意即下雨之事應驗、實現。隨着用途的擴展，"孚于×"大概很早就不限於用在指若干内容中的某一項的場合了（也許一開始就不專用於此種場合），"于×"似有凸顯題元的意味（介詞"于"起標記作用）。以上可説是"孚于×"格式的原型。

下面把屬於"孚于×"格式原型的上舉諸例集中解釋一下。

（3）"囟（思）叩（孚）于永終"、（4）"囟（思）叩（孚）于休命"的字面意思當是"對於'永終'、'休命'來説或在'永終'、'休命'方面，希望會覆加下來"，也就是願"永終"、"休命"能應驗、實現。（3）、（4）二辭刻於 FQ2 同一版卜甲上，彼此位置大體相對，顯然是對比着説的，所以要用介詞結構"于×"以凸顯不同的祈願内容。

豳公盨銘文"永叩（孚）于寧"，裘錫圭先生説"疑是永遠安寧之意"。③如緊扣原文字眼，當釋爲"對於安寧來説或在安寧方面，神將永遠覆加給我們"。這就是説，我們將永遠實現安寧。盨銘上一句爲"神復（訓'報'）用髟（被）录（禄）"，可證"永孚于寧"的施動者確是"神"。在"神復用被禄，永孚于寧"這樣的上下文裏，"復被禄"與"永孚寧"這兩件事也是對着説的，前後兩句都使用"有標記"的介詞結構（前一句介詞爲"用"，猶"以"；後

---

① 參看姚萱《殷墟花園莊東地甲骨卜辭的初步研究》，94 頁。
② "孚于×"的"于"的用法，與卜辭"若于下上"、"不左于受有佑"之類的"于"相同。關於此類句式的分析，參看沈培《關於殷墟甲骨文中所謂"于字式"被動句》，《北京大學中國古文獻研究中心集刊》第二輯，54～61 頁，北京：北京燕山出版社，2001 年。
③ 裘錫圭《豳公盨銘文考釋》，《裘錫圭學術文集·金文及其他古文字卷》，161 頁。

一句爲"于")來表達,足以凸顯神所賜予的不同類型的福祉。

《周易》經文中用到"孚于×"句式者共計四次,除(17)"有孚于小人",又有《隨卦》"九五"爻"孚于嘉"、《兑卦》"九五"爻"孚于剥"、《未濟》"上九"爻"有孚于飲酒"。(17)的"小人"與"君子"對舉,"有孚于小人"的語義又承"君子維有解"而來:"君子之繫縛得解脱"①【編按:"君子維有解"的"解"當訓爲"判"、"割",參看拙文《清華簡〈別卦〉札記》(《中國古典學》第五卷(古文字與出土文獻專號),北京:北京大學出版社,2024年)】,對於小人來説則有覆加其身的情况,亦即小人將遭受繫縛。"有孚于小人"、"有孚于飲酒"的句式與甲骨卜辭"有若于☒"、"有不若于父乙"等同例。"孚于嘉"意謂在"嘉"的方面或對於"嘉"來説,將覆加到現實。"孚于剥"的文義可以類推。《未濟》"上九"爻全辭曰:"有孚于飲酒,无咎。濡其首,有孚,失是。"其意蓋謂:"在飲酒方面,有覆加到現實的情况(亦即飲酒可實現),没有過失。飲酒致濡其首,此事有覆加到現實的情况(亦即會實現),失其正。"《易經》的"孚于×"與甲骨卜辭、西周金文等早期文獻所用者相合,可見《周易》卦爻辭中的專門術語有其存古的一面。

3.《周易》中與"孚于×"的"孚"同義的"孚"

《周易》經文中還有不少"孚"字,有些與上面所説的"孚于×"同,有些則有其他用法(如讀爲"俘"等)。這裏列舉我們認爲屬於前一種的"孚"字,並稍作説明。爲了節省篇幅,各辭徑以我們認可的斷句引出。

《需卦》卦辭:

> 有孚光,亨。貞吉。利涉大川。

"有孚光"的意思是"有覆加光寵的情况",即遇上"需卦"會實現光寵。

《訟卦》卦辭:

> 有孚窒惕,中吉,終凶。……(下略)

"有孚窒惕"的意思是"有覆加'窒惕'的情况",即遇上"訟卦"會實現"窒惕"。

《比卦》"初六"爻:

---

① 高亨《周易大傳今注》,305頁,濟南:齊魯書社,2009年。

> 有孚比之，无咎。有孚盈缶，終來有它，吉。

"比"訓"輔"，"有孚比之"的意思是"有覆加'輔佐其主'的情況"，即"輔佐其主"會實現；"有孚盈缶"的意思是"有覆加'盈缶（滿盆滿罐）'的情況"。"終來有它"承此而言，似是說"盈缶"之實現，乃因終有它物（意外之財之類）來，故曰"吉"。

《小畜》"六四"爻：

> 有孚血（恤）去惕出，无咎。

"恤去"、"惕出"對文義近。此句是説"有覆加'恤去惕出'的情況"，即"恤去惕出"會實現。同卦"九五"爻：

> 有孚攣如，富以其鄰。

孔穎達疏謂"攣如"乃"相牽繫不絕之名"（見《中孚》"九五"爻辭下）。"有孚攣如"的意思是"有覆加'相牽繫不絕'的情況"，即指"富以（猶'及'）其鄰"之事。"有孚攣如"之語又見於《中孚》"九五"爻。

《大有》"六五"爻：

> 厥孚交如威如，吉。

"厥"猶"其"，在此指示"孚交如威如"的情況。《家人》"上九"爻與此頗類：

> 有孚威如，終吉。

"厥/其"、"有"功能相近，都是"那個覆加'交如威如'於現實的情況"或"有覆加'威如'於現實的情況"的意思，指"交如威如"或"威如"能實現。

《隨卦》"九四"爻：

> 隨有獲，貞凶。有孚在道，以明，何咎？

"有孚在道，以明，何咎"疑爲驗辭之屬。"有孚在道"是講"隨有獲"的應驗情況，意謂"在道上有覆加'追逐有獲'的情況"，[①]亦即"追逐有獲"之事在

[①] 此爻及"六三"爻"隨"訓"追逐"，從高亨説（《周易大傳今注》，160、161頁）。

道上實現。"以明"之"以"爲連詞,訓"而";上博簡本(簡17)、馬王堆帛書本(66下)"以"作"巳",當讀爲"已"。追逐而獲獵物於道,其事光明正大(並非説不清楚的不義之得),何咎之有?這是針對前面的"貞凶"説的。

《觀卦》卦辭:

  盥而不薦,有孚顒若。

"盥",當從前人説讀爲灌禮之"灌",字或作"祼"。① "薦",帛書本作"尊"(85上),皆進獻義。行灌祭而不進獻,本不合禮;然"有孚顒若",意即"有覆加'肅敬貌'的情況"(李鼎祚《集解》引馬融曰:"顒,敬也。"),行禮時的肅敬莊嚴之態彌補了"灌而不薦"之過。

《坎卦》卦辭:

  有孚維心。亨。行有尚。

"維心"之義費解(帛書本"維"作"襦",乃"維"之音近借字)。疑"維"訓"繫縛","維心"猶言"繫心"。《白虎通·嫁娶》:"《春秋穀梁傳》曰:'男二十五繫心,女十五許嫁,感陰陽也。'……所以繫心者何?防其淫佚也。"《坎卦》"六四"、"上六"等爻辭皆與繫獄之事有關,"初六"爻也説"入于坎窞"。"有孚維心"可能是説"有覆加'繫心'的情況",亦即"繫心"之事能實現。

《大壯》"初九"爻:

  壯于趾,征凶,有孚。

"征凶"之"征",馬王堆帛書本作"正"(33上)。疑今本"征"當從帛書本讀爲"正","正"訓"當","壯于趾"之事當對、合於"凶"。"有孚"是説"'壯于趾,正凶'之事有覆加下來的情況",亦即應驗。此種"有孚"可能就來源於甲骨卜辭的"孚辭"——"兹卬(孚)"、"卬(孚)"之屬,以下碰到同類"有孚"不再説明。

《晋卦》"初六"爻:

---

  ① 參看李道平《周易集解纂疏》,227~229頁,北京:中華書局,1994年;高亨《周易大傳今注》,176頁。

晋如摧如，貞吉。罔，孚裕，无咎。

此爻辭馬王堆帛書本有頗重要的異文（"晋"作"溍"之類的音近通假字從略）："摧"作"浚"，"罔"作"悔亡"，"裕"作"浴"（71 上）。據帛書本，可知今本的"罔"當爲"悔亡"二字的脱誤（脱去"悔"，"罔"爲"亡"的音近誤字）。① 帛書本的"浚"、"浴"，一般都從今本讀。竊疑"浚"、"摧"異文當以帛書本作"浚"爲是，"浚"訓爲"深"。今本的"摧"可能是在較晚的時代才産生的"浚"的音近誤文。《困卦》"初六"爻"幽谷"之"谷"，帛書本作"浴"（以"浴"爲"谷"是戰國楚文字的用字習慣，也見於馬王堆帛書《老子》等），疑這裏的"浴"、"裕"異文亦以帛書本作"浴"爲是，"浴"當讀爲"谷"。"谷"與前言"浚如"相應，"孚谷"意謂"覆加山谷於浚深的樣子"，也就是説能實現"谷浚如"（開頭的"晋如"二字又見於"六二"爻"晋如愁如"、"九四"爻"晋如鼫鼠"，"上九"爻有"晋其角"，疑"晋如"之"如"猶"而"，連詞。"晋"，《彖辭》、《序卦》皆釋爲"進也"）。《後漢書・馬融傳》所録馬融《廣成頌》有"窮浚谷"之語，《隸釋》卷三載《無極山碑》云"浚谷千仞"，並其例。所以此爻辭可據帛書本改讀爲：

晋如浚如，貞吉。悔亡，孚谷，无咎。

如依今本，則文義不易講通。

《睽卦》"九四"爻：

睽孤，遇元夫。交孚，厲，无咎。

"交孚"的意思是説"睽孤"與"遇元夫"這兩件事情俱覆加下來，同時實現。

《損卦》卦辭：

有孚，元吉，无咎。可貞，利有攸往。……（下略）

"有孚"，表示有覆加於現實、會應驗。

《益卦》"有孚"之語不止一見，"六三"爻有云：

---

① 参看王化平《〈周易〉卦爻辭校釋》，252 頁。

有孚中行,告公,用圭。

此辭很不好斷句。"中行"又見於《泰卦》"九二"爻"得尚于中行"、《夬卦》"九五"爻"夬夬中行"等,本爲"道中"之義,其例猶《詩》之"中谷"(《葛覃》)、"中逵"(《兔罝》)、"中林"(《兔罝》)、"中阿"(《菁菁者莪》)、"中沚"(《菁菁者莪》)等。頗疑"有孚"就管到"中行",大意是説"告公侯,執用圭"之事能實現於"道中"。同卦"九五"爻二見"有孚":

有孚惠心,勿問,元吉。有孚惠我德。

"惠心"、"惠我德"之"惠"疑即來自殷墟甲骨卜辭的與"唯"對舉的虚詞"惠",《詩》、《書》中亦有殘遺,不過在《周易》時代其用法應已與"唯"無别。"有孚惠心"、"有孚惠我德"即"有孚唯心"、"有孚唯我德","心"、"我德"前加語氣詞"惠(唯)",當也有凸顯題元的作用,與"孚于×"的"于"有些相似。"有孚惠心"、"有孚惠我德"意謂心有實現者、我德有實現者。

《姤卦》"初六"爻:

繫于金柅,貞吉。有攸往,見凶。羸豕,孚蹢躅。

"羸"讀爲"纍","羸豕"大概指被繫束的豬。① "孚蹢躅"意謂這隻拘繫的豬實現了徘徊不前。②

《萃卦》"初六"爻:

有孚不終,乃亂乃萃。……(下略)

"有孚不終"是説"有覆加'不終'於現實的情況",亦即實現"不終"。同卦"六二"爻:

引吉,无咎,孚乃,利用禴。

此辭我們認爲當在"乃"下斷句,"利用……"乃爻辭習語。"乃"讀爲"仍",

---

① 參看(唐)李鼎祚《周易集解》,273 頁,北京:中華書局,2016 年;尚秉和《周易尚氏學》,204～205 頁,北京:中華書局,2016 年。

② 按讀"羸"爲"纍",是爲了與前文"繫于金柅"呼應。也有可能"羸"當如字讀,"羸豕,孚蹢躅"是説羸弱的豬有徘徊不前的表現。此蒙王睿哲先生賜示。

"孚仍"意指因仍前一爻之占筮能應驗、實現。"孚乃(仍),利用禴"之語又見於《升卦》"九二"爻。《萃卦》"九五"爻:

> 萃有位,无咎。匪孚元,永貞,悔亡。

"匪孚元"亦不當與"永貞"連讀。"元"訓"始","匪(非)孚元"意指不覆加開始之占筮於現實,亦即始占不能實現。此爻之"元"與"六二"爻之"仍"都指本卦"初六"爻,但一言不能實現、一言實現,義相反。

《井卦》"上六"爻:

> 井收勿幕,有孚,元吉。

這裏的"有孚"當指"井收勿幕"能應驗、實現。

《革卦》卦辭:

> 巳(改)日乃孚,元亨,利貞,悔亡。

"改日乃孚"可能是說所卜問之事要到"改日"才能覆加下來(亦即實現)。① 王化平先生解釋"改日乃孚"的"孚"說:"這裏的'孚'雖指由神靈做出的對人的某些行為的回應,其實也是應驗一類。"② 他已悟到此類"孚"的施動者應是神。同卦"九三"爻:

> ……(上略)革言三就,有孚。

這裏的"有孚"應指"革言三就"而言。同卦"九四"爻:

> 悔亡,有孚改命,吉。

這是說"改命"之事能實現,故曰"吉"。或在"有孚"下點斷,似非。同卦"九五"爻:

> 大人虎變,未占有孚。

"未占有孚"倒不是說真的不用占卜,竊疑"未占"與《萃卦》"六二"爻的"乃

---

① 參看王化平《〈周易〉卦爻辭校釋》,344～345頁。
② 王化平《〈周易〉卦爻辭校釋》,345頁。

（仍）"所指相同，是説没有另行占筮，因仍前一爻即有實現。

《豐卦》"六二"爻：

……（上略）有孚發若，吉。

這是説"有覆加'發若'於現實的情況"，亦即"發若"之事能應驗、實現。"發若"的構詞與《觀卦》卦辭的"顒若"、《小畜》"九五"爻和《中孚》"九五"爻的"攣如"同例。

《兑卦》"九二"爻：

孚兑，吉，悔亡。

"孚兑"是説"兑"之事能應驗、實現。此卦"九五"爻還有"孚于剥"之語，上文已講過。

《未濟》"六五"爻：

……（上略）君子之光，有孚，吉。

"有孚"當指"君子之光"而言，意思是説"君子之光寵有覆加下來的情況"，亦即君子之光寵會實現。其意與本小節開頭引的《需卦》"有孚光"同。本卦"上九"爻有"有孚于飲酒"、"有孚"之語，前已述及。

此外，"中孚"卦與我們討論的"孚"不知是否有關，待考。

今本《周易》的"孚"在馬王堆帛書本中絶大多數都寫作"復"，劉大鈞先生認爲此"恐家法不同耳"。① 前面講"復言"的"復"時已指出，"復"有"重複"、"復又"義，在某種特殊語境中可以認爲含有"應驗"之類意思，那麼帛書本的"復"能不能就用此種"復"義加以解釋而不必從今本讀爲"孚"，並視之爲"家法不同"的表現呢？

應該看到，前面講的那種"復"，主要用於言、行關係一類特殊語境之中，這跟《周易》卦爻辭裏的"孚"的語境迥異，後者與甲骨卜辭的"卪（孚）"有明顯的承繼關係，則是不少研究者都承認的。把帛書本《周易》的"孚"全按"復"來讀，就詞義來説，已難成立。阜陽雙古堆西漢早期墓所出竹簡

---

① 劉大鈞《帛書〈易經〉異文校釋》，《周易研究》1994年第3期，30頁。

本《周易》在卦爻辭之後，往往附有實用性的占辭，爲今本及其他出土《易》所無。這種《周易》本子與馬王堆帛書本《周易》大概不會是同一家法的東西。但是阜陽簡《周易》裏的"孚"也都寫作"復"，與帛書本用字一律。在全部今本的"孚"中，帛書本有一處不作"復"而寫作从"虫"、"浮"聲（即《兑卦》"九二"爻"孚兑"之"孚"，見帛書本56上。此卦"九五"爻"孚于剥"的"孚"字帛書正好殘去，難明其用字），應即"蜉"字，成爲一個例外。這個"蜉"的用法與作"復"者完全相同（上文已討論過），它們無疑應該有一個統一的釋讀，而不能只把"蜉"讀爲"孚"，大量的"復"卻如字讀。我們只得承認，帛書本和阜陽簡本《周易》卦爻辭中的"復"都應從今本讀爲"孚"，以"復"爲"孚"大概就是漢代的用字習慣而已，與所謂"家法"無關。不過，帛書《易》傳《繆和》篇引用《益卦》"九五"爻的"有孚惠心"，"孚"作"覆"（62上）。按照我們的看法，這個"孚"就是"覆"的意思，不知道以"覆"爲"孚"者，僅僅是用了一個一般的音近假借字，與同篇以"復"爲"孚"並無本質差異，還是有意换用一個更爲通俗易懂的音近義同的詞？有待於進一步研究。

　　從本小節和上一小節對《周易》"孚"的辭例的討論可以看出，在無須限定若干項内容中的一項來説或與其他内容對比着説的情況下，"孚于×"的真值語義與"孚×"没什麽區别。比如"孚于嘉"、"孚于剥"、"有孚于飲酒"，實即"孚嘉"、"孚剥"、"有孚飲酒"之義。所以，周代以後文獻中的此類句式，似可認爲是對較古的商代語言中的"孚于×"原型格式的仿用。《周易》經文中"孚于×"的用例遠不如"孚×"多，也許正是這種格式能産性已不高的反映。不過，《周易》的問題還比較複雜。既然"有孚于小人"一例是跟"君子"的情況對比着説的，我們不能保證"孚于嘉"、"孚于剥"、"有孚于飲酒"幾例在其所從出的原始卜筮記録中，就一定也没有對比項或與之相關的其他多項内容，只是這些在經删選、重組而形成的《周易》文本中難以還原出來罷了。這涉及對《周易》卦爻辭的性質和材料來源的看法，無法在此展開。

4. 餘例

　　第一節所舉的例子中，還有二例可以認爲也屬於由神發動的"覆加"

義的"孚",附説於此。

(11)"龜筮孚忒"一句,整理者認爲"龜筮""泛指占卜",並訓"孚"爲"信"、訓"忒"爲"疑","簡文云卜筮信疑混亂"。① 其説"龜筮"之義可從,對"孚"、"忒"以及全句的解釋則不確。"孚忒"與"五寶變色"的"變色"、"星月亂行"的"亂行"處於對文位置,應該都是動賓結構,整理者所釋顯然不合此例。我們認爲此"孚"也是"覆蓋"、"覆加"的意思,這裏"孚"的發動者是"龜筮",但"龜筮"仍可視爲廣義的神。"忒"當訓爲"差忒"。此句的字面意思是"龜卜筮占覆加於差錯之上"。古人相信龜、筮皆神靈之物,龜卜筮占應是無不靈驗的,但現在卻實現爲差忒失靈,也就是占卜的結果屢屢與實際情況不符,此可謂"殷邦之妖祥並起"(簡10)之一端。

(23)的"罔不是孚"是拿"卜筮"來比喻"一人有事于四方"的結果的,所以雖然説的是商王之事("一人"即指天子、商王),所用的仍是占卜語言。占卜中的"孚",如上文所説,都是指神覆加卜問占斷之事於現實。"故一人有事于四方,若卜筮,罔不是孚"的意思是:所以商王只要對四方有所行動,就好比龜卜筮占一樣,沒有不覆加於現實,没有不應驗、實現的。此即"一人克逞志于四方"之謂。

(二) 由人施動的"卬/孚"

另一類"卬/孚"的"覆蓋"、"覆加"動作,是由人施動的,這類"卬/孚"又有一些引申義。以下分若干小類加以討論。

1. 施事爲人的"覆蓋、覆加"義

將某物覆蓋、覆加於彼,這一行爲神可以施動,人當然也可以施動。從實例看,人所施動的"孚",仍然都是隱喻意義上的"覆蓋、覆加"。

亻雚匜記伯揚父定下關於牧牛的判决之後,對牧牛説:

……女(汝)上(尚)卬(敕/飭)先誓。今女(汝)亦既又(有)卬(孚)誓:"專赽、嗇、睦、懱、寏,亦兹五夫。"亦既卬(孚)乃誓,女(汝)亦既從辭從誓。……

---

① 清華大學出土文獻研究與保護中心編、李學勤主編《清華大學藏戰國竹簡(伍)》,下册154頁,上海:中西書局,2015年。

"尃赹、嗇、睦、儠、歾，亦茲五夫"是牧牛起誓的內容，誓言的具體字詞，這裏無暇詳細解釋。

"汝上卬先誓"的"卬"，從多數人釋。但各家對此字的讀法似皆不可從。"卬"从"弋"聲，我們認爲在此當讀爲"敕/飭"。《清華（壹）·耆夜》簡5"輅乘既飭"的"飭"本作"伐"，《清華（柒）·晋文公入於晋》簡4"飭車甲"的"飭"本作"貣"；北大漢簡《周馴》"周昭文公自身貳之"的"貳"爲"貣"字之訛，讀爲"敕"。① 皆"弋"聲字用爲"敕/飭"之例。【編按：匜銘所謂"卬"原作 ，左半與"弋"差別甚大，釋"卬"非是。《清華大學藏戰國竹簡（拾叁）·大夫食禮記》簡8有 字，整理者指出其上半即儠匜所謂"卬"，可從。其字待考。本文誤從"弋"之釋而讀爲"敕/飭"，現在看來不能成立。但本文對匜銘此句大意的理解尚可備參。】"上"讀爲"尚"，"尚"即後來的"當"。此句意謂你應當整敕先前的誓言，但銘文未記牧牛整敕之後的誓言。"今汝亦既有孚誓"便是針對所整敕的"先誓"而"孚"的。從下引霸姬盤銘的情况可以推知，整敕之後的誓言應該跟"孚誓"相差無幾。

山西翼城大河口西周墓地2002號墓出土的西周中期霸姬盤銘有如下文句：

气誓曰："余某弗廛（展）禹（稱）公命，用虩霸姬。余唯自無（誣），鞭五百，罰五百孚（鋝）。"報氒（厥）誓曰："余禹（稱）公命，用虩霸姬。毁（若？）余亦改朕辭，則鞭五百，罰五百孚（鋝）。"气則誓。曾（增）氒（厥）誓曰："女（汝）某弗禹（稱）公命，用虩霸姬。余唯自無（誣），則鞭身，傳出。"報氒（厥）誓曰："余既曰禹（稱）公命。毁（若？）余改朕辭，則出棄。"气則誓。②

---

① 參看張富海《"敕"字補說》，同作者《古文字與上古音論稿》，170頁。
② 謝堯亭、王金平、楊及耘、李永敏、趙靜《山西翼城大河口西周墓地2002號墓發掘》，《考古學報》2018年第2期，223～286頁。銘文釋讀吸取各家意見，擇善而從，恕不一一注明。只有"毁"括注"若？"，是我們自己的意見【編按：山西絳縣橫水西周墓地M2022出土棋伯盤銘云："我□無金，畀我萬年，毁我廼其于宗彝大寶肆厥名（銘）。"（參看謝明文《棋伯盤銘文考釋》，《出土文獻與古文字研究》第十輯，74頁，上海：上海古籍出版社，2022年）"毁"疑亦讀爲"若"】。

其結構爲"气誓曰……報厥誓曰……气則誓"、"增厥誓曰……報厥誓曰……气則誓"。已有學者指出,"增厥誓"相對於第一次誓言,指"增加、加重其誓言"。① 我們認爲僰匜的"卬(敕/飭)先誓"與霸姬盤的"增厥誓"相類;牧牛大概跟气一樣,前面已發過第一次誓,即伯揚父所謂的"先誓","敕先誓"不是"增厥誓"就是"改厥誓"。霸姬盤的"增厥誓曰……報厥誓曰……气則誓",很可以跟僰匜的"卬(敕/飭)先誓……今汝亦既有孚誓……亦既孚乃誓"類比。前者的"气則誓"顯然就指"气則報厥誓"、"气既報厥誓"。何景成先生明確指出,"乞盉銘文在先提及誓語後,再說'報厥誓';這與訓匜先提及'先誓',再說'有孚誓'是相一致的。因此,乞盉的'報厥誓'即訓匜的'孚誓'"。② 此說可從。霸姬盤記誓言甚爲詳盡,气第一次"報厥誓"的話與"气誓曰"的具體語句雖稍有出入,但意思是完全相合的;第二次"報厥誓"與"增厥誓"的情況跟第一次相同。據此,僰匜中牧牛"敕先誓"的内容也應跟"有孚誓"那句話的意思相合,匜銘省去前者未記,顯然也是節錄其事。跟霸姬盤所記气"報厥誓曰"對比一下,可知僰匜"今汝亦既有孚誓"之後的話應是摘取"孚誓"中最關鍵的一句,亦非全錄。

　　白軍鵬、何景成先生都主張霸姬盤和气盉(按"气盉"實爲霸姬盤銘的節錄,應稱"霸姬盉",這裏仍稱"气盉"是從俗)"報厥誓"的"報"讀爲僰匜"孚誓"的"孚",何先生並說"報(孚)厥誓""是指乞以再次發誓的形式確保原來誓言的可信"。③ 他們把霸姬盤的"報"與僰匜的"孚"聯繫起來,有助於我們理解文義;但"報"或"孚"實際上没有必要破讀。嚴志斌、謝堯亭先生對盤銘"報厥誓"有很好的解釋:

　　　　報,復也。……報厥誓就是從誓者气按照上文命誓之辭之樣進行發誓,也就是從誓。此從誓的内容,大體上是對命誓的重複,這種

---

① "帝企鵝"(網名)《翼城大河口墓地出土气盤銘文考釋》第9樓發言,簡帛網"簡帛論壇",2018年5月28日。
② 何景成《西周金文誓語中的詛咒》,《社會科學》2018年第1期,130頁。
③ 白軍鵬《翼城大河口墓地M2002所出鳥形盉銘文解釋》,復旦大學出土文獻與古文字研究中心網,2011年5月4日。何景成《西周金文誓語中的詛咒》,《社會科學》2018年第1期,130頁。

不避重複的記敘，正是要强調誓辭的重要性與不可變改性。但具體字詞上也並不是對命誓之辭完全的重複……①

所言近是。

從霸姬盤銘文的記載看，作爲第一次誓言的"气誓曰"、"增厥誓曰"，很可能是穆公代气擬定的；"增厥誓曰"那一段開頭説"女（汝）某弗稱公命"，"女（汝）"並非誤字，嚴志斌、謝堯亭先生指出這正透露出此段爲"命誓之辭"。② 甚確。"報厥誓曰"才是气按照擬定的誓言正式發誓。儦匜銘文中，伯揚父命牧牛"尚敕先誓"，估計也是伯揚父代爲修改、讓牧牛如此言，隨後牧牛就"照葫蘆畫瓢"發一遍誓。這大概是西周時代的司法訴訟程序中所以存在"報厥誓"、"孚乃誓"環節的原因。基於這樣的認識，我們認爲，霸姬盤"報厥誓"的"厥誓"指前面"气誓曰"的"誓"，也就是穆公代擬的"命誓之辭"，"厥"猶"其"，用於指示或强調前面提到過的對象。"報"訓"答"、"復"，"報厥誓"指答報"命誓之辭"、與"命誓之辭"形成相應的答對和復報。儦匜"孚誓"、"孚乃誓"的"誓"、"乃誓"，則指牧牛自己的誓言；"孚"即由人施動的"覆蓋、覆加"，其意是説覆蓋你的誓言到伯揚父代"敕"的"命誓之辭"上。牧牛的誓言把"命誓之辭"覆蓋了，當然就指照着先前的"命誓之辭"重説一遍（不至於説得一模一樣）。由於霸姬盤的"厥誓"與儦匜的"誓、乃誓"所指有別，所以其前的動詞一用"報"、一用"卬/孚"，也彼此有別，但它們所説之事卻是相同的。

（12）説"今及吾君"，年弱幼而繼君位，卻不能仰慕、遵循先君的文治武功，反而"孚淫遊于康"。③ "于"猶"與"。"康"即"淫逸康樂"之"康"。④ 從文例看，"孚"之義當與"慕吾先君之武轍壯功"之"慕"相近，可訓爲"覆蓋、覆加"。鄭之幼君（指鄭文公）把自己的所作所爲覆蓋到"淫遊康樂"之

———————

① 嚴志斌、謝堯亭《气盤、气盉與西周誓儀》，《中國國家博物館館刊》2018 年第 7 期，49 頁。

② 同上注。

③ "柔"，整理者原讀"媱"，此從"ee"（網名）説讀爲"遊"。見《清華六〈鄭文公問太伯〉初讀》帖子第 11 樓，簡帛網"簡帛論壇"，2016 年 4 月 17 日。

④ 王寧《清華簡六〈鄭文公問太伯〉（甲本）釋文校讀》，復旦大學出土文獻與古文字研究中心網，2016 年 5 月 30 日。

上,這無疑是一種隱喻的表達,等於說文公慕行"淫遊于康"。值得注意的是,《鄭文公問太伯》開篇文公自謂"幼弱","卑(譬)若雞雛,伯父是(寔)被複(覆)"(甲本簡2。乙本此殘),已用"覆"一詞。這也可證明訓"覆"的"孚"不當直接讀爲"覆"。

(16)、(10)、(19)三例"孚"都與"德"有關。

(16)的"气(迄)有寶(孚)",今本《逸周書·皇門》作"訖亦有孚"。前人皆訓"孚"爲"信";①簡本發表後,討論簡文者亦多如此訓。"气有孚"、"訖亦有孚"的"气、訖",應該讀爲"迄",當"最終、終究"講。甲骨卜辭中已常見此種用法的副詞"迄"。② 前言"大門宗子埶臣""懋揚嘉德","有孚"承此而來,所"孚"者即爲"嘉德"。這是説"大門宗子埶臣"勉力發揚嘉美之德,最終還能使言行覆蓋到"嘉德"之上;亦即他們不但勉揚嘉德,終且踐行嘉德、言行合於嘉德。

在討論(10)"廼唯德享,享卻(卻)不(丕)間(孚)"之前,需要先對這段文字逐句作些解釋。

"凡人有獄有眚,汝勿受幣,不明于民",與"獄"並提的"眚",衆說紛紜,其字雖尚不能確釋,但應指與"獄"同類之事,則是可以肯定的。"受幣"之"幣",大概指人際交往時用於聘享的禮物,如玉帛之屬(簡文"幣"字本从"帛")。所以無論"有獄有眚"還是"無獄無眚",主管獄訟者都可以接受他人贈送的禮物。但周王對攝"受幣"十分關心,是擔心攝會因"受幣"而影響司法的公正,即"不明于民"("汝勿受幣,不明于民"相當於説"汝勿受幣,如受幣,不明于民")。③ "民其聽汝,時唯子乃弗受幣",是説民聽從你的判決,乃因你不接受玉帛之類的聘享禮物,故民以爲你能保持公正。"亦尚夐逆于朕"的"夐",可讀爲"弁",訓"急"。《禮記·玉藻》:"端行,頤

---

① 黃懷信、張懋鎔、田旭東《逸周書彙校集注(修訂本)》,上冊546頁。
② 沈培《申論殷墟甲骨文"气"字的虛詞用法》,《北京大學中國古文獻研究中心集刊》第三輯,11~28頁,北京:北京大學出版社,2002年。
③ 參看陳妹羽《〈清華大學藏戰國竹簡(捌)〉集釋》,112~113頁引【宣柳2019】、【桂珍明2019】,華東師範大學碩士學位論文(指導教師:白於藍),2020年;杜勇《清華簡〈攝命〉"受幣"考略》,《中國古代法律文獻研究》第十四輯,1~7頁,北京:社會科學文獻出版社,2020年。

雷如矢；弁行，剡剡起屨。"鄭玄注："端，直也。弁，急也。""逆"，讀爲"訴"。"訴"的聲符"厈"本从"屰"聲，"訴"又有从"朔"聲的異體"愬"，其字可與"逆"相通。下云"汝廼尚祇逆告于朕"，"逆"當與"逆告"同意，"訴"有訴説、告訴義，與"告"義近，故可連用〔校按：馮勝君《清華簡〈尚書〉類文獻箋釋》已讀"逆"爲愬告之"愬"（362頁，上海：上海古籍出版社，2022年）〕。"弁訴于朕"意謂急速告訴於我（周天子），屬於非常態；下文"汝則亦受幣，汝廼尚祇訴告于朕"的"祇訴告于朕"，意謂恭敬地告訴於我（周天子），實指按部就班地以禮稟告，屬於常態。周天子似乎更關心攝"弗受幣"。大概"受幣"是合乎禮的常態，故"祇訴告"即可；"弗受幣"則是超出常規的要求，故需"弁訴"。"祇訴"、"弁訴"之别，與上引《玉藻》的"端行"、"弁行"有些相似。周天子的意思是在"有獄有訾"的情況下，爲了保證司法判决的公正，主獄訟者應該"弗受幣"，以取得民衆的信任；在"無獄無訾"的情況下，主獄訟者自然可以按常規"受幣"。

"凡人無獄無訾，廼唯德享，享卻不間，是亦引休"，"唯德享"猶言"享德"，"享"之義與古書所謂"享其生禄"、"享天永命"、"享利"、"享名"等"享"同，古注訓"受也"。① 《清華（壹）·祭公之顧命》簡4~5"惟時皇上帝宅（度）其心，卿（享）其明德"，《墨子·明鬼下》"帝享女（汝）明德"，謂上帝予人明德，與"廼唯德享"謂人受德，説話的立足點彼此相對。"享"亦"施受同辭"之屬。"卻"即"卻"，在此讀爲"載"，訓"則"。② 本篇"不"或用爲"不"，或用爲"丕"（如簡3、15、25、26、27等），頗疑這裏的"不"也讀爲"丕"，訓"大"。"間"讀爲訓"覆"之"芐"。"芐"承"享"言，所"丕芐"者亦當是"德"。這幾句話的大意是："無獄無訾"之人唯德是享，受德之餘，進而大爲覆蓋到德上，亦即言行大合於德、踐德而行，這自可算是"引休"。

（19）"王配于京，世德作求。永言配命，成王之孚。成王之孚，下土之式"等句，各家解釋頗多分歧，這裏只介紹我們認爲合理的説法，並參以己見。

---

① 宗福邦等主編《故訓匯纂》，74頁。
② 訓"則"之"載"，參看宗福邦等主編《故訓匯纂》，2249頁。

"世德作求"的"求",當從陳奐、馬瑞辰説讀爲"逑",訓爲"匹配"。①但他們對句意的理解則有問題。"世德作求(逑)"與後文"(二)3"將要講到的(18)"萬邦作孚"語近。其意是説成王所以能"配于京",乃是有周王朝世代累積之功德爲其匹。林義光認爲"成王之孚"、"下土之式"猶言"成王是孚"、"下土是式",②可從【編按:林義光認爲相當於"成王是孚"、"下土是式"的"成王之孚"、"下土之式","成王之(是)孚(付)"是"斂聚三后之德付之成王"的意思,猶言"孚(付)成王"。這跟我們的理解頗爲不同。"下土之(是)式"爲何意,林氏没有解釋。這裹對林説全面肯定是不妥當的。此點蒙王鵬遠先生指出】。"永言配命"是説永久地配享天命,要做到這一點,就需"成王是孚"。成王所"孚"者,應該就是前面提到過的、作爲"配于京"的條件的"世德"。成王因有"世德作逑"而"配于京",現在要"永言配命",自然得讓"世德"延續下去以至於"永"。"成王之孚"的意思是成王覆蓋到"世德"上,合德而行。成王既孚於德,下土便可效法之。

2. "覆蓋、覆加"義與"合"、"信"義,"孚于×"格式變體

"由神施動的'覆蓋、覆加'"義的"孚",我們在串講時爲求通順,往往用"實現"、"應驗"來對譯;上面"施事爲人的'覆蓋、覆加'義的"孚",我們在串講時爲求通順,往往用"合於……"來對譯。漢唐古注雖未見訓"孚"爲"合"之例,但據有關字典辭書,時代較晚的古漢語中的"孚"没有問題已有"符合"義。如《漢語大詞典》"孚"字有義項"4.相應;符合",所舉最早的書證爲南朝宋鮑照《征北世子誕育上疏》:"雲光麗輝,巖澤昭采。嘉祥爰孚,柔顔載晬。"(5272頁)又列【相孚】一詞,釋曰"猶相符",舉《二刻拍案驚奇》卷七"知與足下兩意相孚"等例(10745頁);又列【情孚意合】一詞,釋曰"同'情投意合'",舉《水滸傳》第二十五回"我如今卻和你眷戀日久,情孚意合"等例(10181頁)。事實上"孚"的"合"義出現的時間,還可以提前,先秦時代應已有之。覆蓋物把被覆蓋者完全覆蓋上,便是"相合",由

---

① (清)陳奐《詩毛氏傳疏》,《儒藏》精華編第34册,696頁,北京:北京大學出版社,2009年。(清)馬瑞辰《毛詩傳箋通釋》,863頁,北京:中華書局,1989年。

② 林義光《詩經通解》,325頁,上海:中西書局,2012年。

人施動的"覆蓋"義引申出"符合"義,僅一步之遥。

"庇"由其"庇蔭"義引申爲"凡覆庇之稱"(段玉裁《説文解字注》語),《國語·周語下》所記單襄公的話,有"夫目以處義,足以踐德,口以庇信,耳以聽名者也"之語,韋昭注:"庇,覆也,言行相覆爲信也。""言行相覆"猶言"言行相合"。前面講過,與𤼈匜"孚乃誓"可以類比的霸姬盤"報厥誓"指答報"命誓之辭"、成"命誓"之復,就是讓發的誓言去與"命誓之辭"相符合,這種"報"也很容易被理解爲"合"。《禮記·喪服小記》:"下殤小功,帶澡麻不絶,本諸而反以報之。"鄭注:"報,猶合也。""庇"、"報"的情況可與"孚"比勘。"相合"義的"盍(闔)"派生出"覆蓋"義的"蓋",與"孚"的詞義演變途徑則正好相反。

上舉"施事爲人的'覆蓋、覆加'義的"孚"的例子,已可從中看出"相合"義的苗頭,在"孚于×"格式的演變過程裏,這一點可以看得更爲清楚。

由神施動的那一類"孚"中的"孚于×"格式,我們在上文稱爲此種格式的"原型",並作過討論。由人施動的"孚"中當然也會有"孚于×"格式,但其意義較"'孚于×'格式原型"有明顯的變異,可稱之爲"'孚于×'格式變體"。

我們從(22)"我不敢知曰:厥基永孚于休"講起。單就"永孚于休"來説,此語與屬於由神施動的豳公盨"永孚于寧"、(3)"思孚于永終"、(4)"思孚于休命"確實無甚差別,"永孚于休"可以解釋爲"對於'休'來説或在'休'的方面,神會永遠覆加下來",也就是神會永遠覆加"休"下來。但是,(22)"永孚于休"前另有明確的主語"厥基"[由神施動的"孚于×"格式中,神作爲施事往往是隱没不顯的,這就使在"孚于×"格式原型前加一個受事主語或話題成爲可能(填補語法空位)。因此,像"厥基永孚于休"這樣的句子恐怕不是偶見的],而且從文義看,"永孚于休"説的就是"厥基"的情況;所以,即使"厥基永孚于休"本來的意思是"我們的功業會永遠被神覆加'休'下來"或"對於我們的功業來説,在'休'的方面,神會永遠覆加下來","厥基"本是受事主語或話題(如是受事主語,此句似可看作無被動標誌的被動句),也顯然容易被重新分析爲"我們的功業會永遠覆蓋在'休'上",即以"厥基"爲施事主語。重新分析之後,這個句子的真值語義大體不變,其語法結構反而變成"無標記"(施事主語＋謂語＋受事賓語),比原來的語法關係更加自然。從人類語言的演變來看,追求"無標化"正是重新分析得以發生的重要原因。① 此種經過重新分析的"孚于×"便是"'孚于×'格式變體",其中介詞"于"變爲引介動作所及的對象(上引楊雄《太玄》"罩于牆屋"的"于"即屬此類),與格式原型中的語法意義大不相同。

我們知道,"重新分析的前提是在特定語境中真值語義不變的雙重分析"。② "厥基永孚于休"所以可以存在雙重語法結構的分析,並最終轉向"孚于×"格式變體的分析,前一種"我們的功業會永遠被神覆加'休'下來"或"對於我們的功業來説,在'休'的方面,神會永遠覆加下來"與後一種"我們的功業會永遠覆蓋在'休'上"在語義上必須等值,是其前提。"(神讓)'休'覆蓋到'我們的功業'上"與"'我們的功業'覆蓋到'休'上"要實現語義等值,最簡便有效的辦法就是認爲這句話的意思指"我們的功業"與"休"相合,"'我們的功業'合於'休'"。只有彼此相合,"'休'覆蓋到'我們的功業'"與"'我們的功業'覆蓋到'休'"才真正是一回事。"孚于×"格式從原型演變爲變體與"孚"從"覆蓋、覆加"義引申爲"符合"義,是可以互相成就的。

(26)"后胥慼,鮮以不浮(孚)于天時","鮮以不浮(孚)于天時"是就"后胥慼(就)"即先王相度所趨就之處而言的(參看上文第一節),"不孚于天時"的字面意思固然可以理解爲"對於'天時'來説或在'天時'方面,神不覆加到先王相度所趨就之處這件事上"。但是,"不孚于天時"的施動者看作"后"或"后胥慼(就)"這件事,無疑更符合"后胥慼"與"鮮以不浮于天時"的自然語序。若此,整句話就應理解爲"后胥慼(就)以不浮(孚)于天時者鮮",這裏的"不孚于天時"就是"不覆蓋於天時"或"不合於天時"的意思。

(7)"朕其卭(孚)于龜筮","孚"的施動者顯然是人,"孚于龜筮"也屬於"孚于×"格式變體。此句可按字面解作"我將覆蓋到龜卜筮占上",意

---

① 劉丹青《重新分析的無標化解釋》,《劉丹青語言學文選·從語言類型學到語言庫藏類型學》,327~347頁,北京:商務印書館,2020年。

② 同上注所引書,329頁。

思是説我將使所修政刑覆蓋到占卜所得的神的指示上，以謀求"嘉若"；其實也就是使所修政刑合於占卜結果，遵"龜筮"而行。"孚"的"合"義顯然是從"覆蓋"義來的。

(9)的情況與(7)相同。"唯上帝命其叩（孚）于戾"、"唯上帝命其叩（孚）于若"既可以解釋爲"上帝命其（指代召虎所從屬之宗）覆蓋到'戾'或'若'上"，也可以解釋爲"上帝命其合於'戾'或'若'"。覆蓋到"戾"或"若"上"就是與"戾"或"若"相合的意思。

按説"孚于戾"、"孚于若"是符合"孚于×"格式原型的語義的，即本指"在'戾'或'若'方面，神覆加下來"。不過，"孚于戾"、"孚于若"在(9)中用作使令句的兼語，並且"孚于×"格式原型中隱含的施事——"上帝"，已經被提取出來作爲整個使令句的主語了。在這樣的句子結構中，"孚于戾"、"孚于若"的施事只能是"命"的對象"其"，"孚于戾"、"孚于若"也只能歸爲"孚于×"格式變體，而無法像(22)那樣作雙重分析。所以，"孚于戾"、"孚于若"的話雖然頗古，可以上溯至殷墟甲骨卜辭，但是它們被鑲嵌進"上帝命其……"這樣的使令句中，作者並不是在"'孚于×'格式原型"而是在沒有雙重分析的可能性的"'孚于×'格式變體"的意義上使用它們的，由此似可看出其寫定時代不會很早。清華簡《四告》由四篇禱辭組成，據學者研究，《四告三》、《四告四》兩篇"文辭不古"，"很可能是春秋以後的擬作"。① (9)見於《四告四》，我們對此句的分析可爲學者對其時代的判斷提供一個例證。

(15)"其民偷敝以懈悁，闬固以不甐（孚）于上"，"偷"指怠惰，與"懈"相應；"敝"與"悁"相應，"悁"即"怨"，指民怨違其上。據此，"敝"當讀爲"拂"，意謂"違戾"。《詩·大雅·皇矣》"四方以無拂"，鄭注："拂，猶佹也。言無復佹戾文王者。""闬固"義近連文，"固"疑訓爲"固陋"、"固執"；"闬"與本篇簡1用爲"杜愿"之"杜"的"闬"似是一字異體（"毛"、"石"二聲音近可通），"杜塞"義用"杜"是假借字，據《説文》，其本字爲"敝"，"敝"的聲旁

---

① 程浩《清華簡〈四告〉的性質與結構》，《出土文獻》2020年第3期，21頁，參看35～36頁。

"度"即从"石"聲,"閈"、"閛"可能也是訓"閉"之"敷"的本字。"閛(敷/杜)固以不覆(孚)于上"是説民拒斥、固陋而不覆蓋到上級、不與上級配合(另參下一小節),下接"命是以不行"云云,恰通理順。

馬王堆帛書《老子》乙本卷前古佚書《經法》中的《四度》小篇,有如下一段文字:

> 名功相抱,是故長久。名功不相抱,名進實退,是胃(謂)失道,亓(其)卒必□身咎。(45下～46上)

"名功相抱"、"名功不相抱"的"抱",整理者括注"孚",①大概認爲"孚"訓"合"。今按,彼此環抱即相圍合,"抱"本有"合"義。《漢語大字典》、《漢語大詞典》都爲"抱"列"合"或"符;合"的義項,舉《論衡·無形篇》"體氣與形骸相抱,生死與期節相須"爲書證(1964頁;8471頁),《大詞典》還把上引馬王堆帛書《經法·四度》"名功相抱"舉在"符;合"義下(8471頁),這是很正確的。

上引帛書文字是有韻的,整理者已指出此段"幽之合韻",韻腳字爲"抱"、"久"、"抱"、"道"、"咎"。② 按"久"、"道"、"咎"皆上聲字,"抱"亦上聲字,彼此相押聲調(韻尾)十分和諧。如讀"抱"爲"孚","孚"則是平聲字,似破壞了韻例。從這一點看,"抱"也無須讀爲"孚"。總之,帛書"名功相抱"、"名功不相抱"的"抱"不是訓"合"之"孚"的確例,應該剔除。

在"孚于×"格式變體之外的有些"孚",不但可以看到由"覆蓋"義到"合"義的引申,還能看到與舊注所謂"信"之間的聯繫。

(8)"獄成而逾(渝),典獄時惠。勿亞(惡)成卩(孚),以求䞔(物)青(情)",清華簡整理者爲此句加注,已引《尚書·吕刑》"獄成而孚,輸而孚"與之對讀。③ 按《吕刑》此句即上引(25),兩條可一併討論。(25)的"輸",王引之《經義述聞》指出與"成"對文,當讀爲"渝","謂變更也"。④ 所以

---

① 裘錫圭主編《長沙馬王堆漢墓簡帛集成》,第肆册138頁。
② 同上注所引書,140頁。按整理者所列韻腳字,"抱"作"抱(孚)",今删去括注。
③ 清華大學出土文獻研究與保護中心編、黄德寬主編《清華大學藏戰國竹簡(玖)》,下册164頁,上海:中西書局,2019年。
④ (清)王引之《經義述聞》,242頁,上海:上海古籍出版社,2018年。

(8)"獄成而逾"的"逾"也當讀爲"渝"。① 結合(25)的"獄成而孚，輸（渝）而孚"來看，(8)"勿惡成孚"大概也是就"獄成"與"渝"兩方面而言的。無論"獄成"還是"渝"，都必須經過"孚"的手續加以核實，是爲"成孚"。吴汝綸《尚書故》解釋(25)的"孚"説：

> 獄定謂之成，《禮記》"獄成，有司讞于公"（引者按：見於《文王世子》篇）。《周禮・司寇》"聽其成于朝"。"孚"者，猶云成讞。②

其説很可參考。從吴氏所説"成讞"看，所謂"孚"，應指把"獄成"、"渝"兩類覆蓋到事實上，使它們合於事實、"得其實情"。

(24)的"五辭簡孚"、"簡孚有衆"與(25)見於同篇。(24)"五辭簡孚，正于五刑"之後，有"五刑不簡"之語；"簡孚有衆，惟貌有稽"之後，有"無簡不聽"之語，可見"簡孚"與"簡"義近，"簡"、"孚"並列。清人于鬯在他的《香草校書》卷八有專條討論"五辭簡孚"。他對"簡"的具體解釋不可信，這裏就不贅引了。但他引到《禮記・王制》"有旨無簡不聽"鄭注"簡，誠也"，云"誠者，實也。誠實之義，即證驗之謂矣"，③卻很可注意。《禮記・王制》這句話顯然來自《吕刑》，鄭注在説了"簡，誠也"之後，還説"有其意無其誠者，不論以爲罪"。其意當謂"無簡不聽"的"簡"就指"誠"，亦即"情實"。"簡"有"核察"義，《周禮・夏官・大司馬》"簡稽鄉民，以用邦國"，鄭注："簡謂比數之。"核察而得其情實，便是"誠"。"孚"本指"覆蓋、覆加"，彼此完全覆蓋上便是"合"，覆於事實便是"與事實相合"。二者詞義引申途徑相類。"五辭簡孚"的意思是"五辭得其情實、合於事實"。"簡孚有衆，惟貌有稽"的意思大概是"欲得情實、與事實相符於'有衆'，惟有仔細稽考衆之容貌、表情，察言觀色"。

(13)"察之而諔（孚）"的"孚"訓爲"合"，是相當明顯的。這句話的意思是説舉凡市賈争訟、顛倒欺詐等行爲，核察而合於事實，便問罪懲罰之。

---

① 參看清華大學出土文獻研究與保護中心編、黄德寬主編《清華大學藏戰國竹簡（玖）》，下册164頁。
② （清）吴汝綸《尚書故》，《吴汝綸全集》第二册，915頁，合肥：黄山書社，2002年。
③ （清）于鬯《香草校書》，165頁，北京：中華書局，1984年。

"合於事實、與事實相符",其實就是覆蓋到事實之上。

(14)"殹(抑)吾爲人罪戾,已孚(孚)不稱乎"意不甚明。從上言"殹(抑)吾作事,是其不時乎?殹(抑)吾秅(賦)税,是其疾重乎"來看,"吾爲人罪戾"的"爲"可能當讀爲"訛"或"化",《詩·小雅·節南山》:"式訛爾心,以畜萬邦。"鄭箋:"訛,化。"這裏是判決、處置的委婉的説法。"已孚不稱"的"已孚"即上舉(8)之"成孚","稱"當指稱行"爲(訛、化)人罪戾"之舉。這句話的意思大概是説,是不是我教化、判處人之罪愆,已覆蓋到事實上、得其罪愆之情實卻不施行?

上面討論的大量"孚",傳世文獻之例古注多訓爲"信";出土文獻之例,如(7)、(10)、(11)、(12)、(13)、(14)、(16)等,清華簡整理者亦都訓"信"、"信用,誠信"。① "覆蓋於事實"、"與事實相合"云云,即可謂"信"。尤其是上舉(8)、(25)、(24)、(13)等與獄訟有關的場合,所言"孚"指核驗之後與事實相符,已合於事實,"信"的意思就更爲凸顯。(24)"簡孚"連文中,"簡"據鄭注可訓"誠","孚"訓爲"信"與"簡"更貼合。(13)"察之而孚"的"孚"指察驗之後合於事實,這可以説就是"信"(整理者即訓"信")。簡文"孚"寫作"諻",戰國齊、燕、晋、楚、秦各系文字中的"信"字都有從"言"的寫法,②從"言"的"諻"如確是爲訓"信"的"孚"所造的,似可證明當時"孚"應已有"信"的義位。

不過,從上面的分析也不難知道,不論是訓爲"合"還是訓爲"信"的例子,都可用"覆蓋、覆加"加以解釋。"孚"的"信"義跟"合"義一樣,大概本是"覆蓋、覆加"義的語用意義,後來才形成獨立的語義意義的。

---

① 清華大學出土文獻研究與保護中心編、李學勤主編《清華大學藏戰國竹簡(壹)》,下册166頁。清華大學出土文獻研究與保護中心編、李學勤主編《清華大學藏戰國竹簡(伍)》,下册154頁。清華大學出土文獻研究與保護中心編、李學勤主編《清華大學藏戰國竹簡(陸)》,下册123頁。清華大學出土文獻研究與保護中心編、李學勤主編《清華大學藏戰國竹簡(柒)》,下册134頁,上海:中西書局,2017年。清華大學出土文獻研究與保護中心編、李學勤主編《清華大學藏戰國竹簡(捌)》,下册118、147頁,上海:中西書局,2018年。清華大學出土文獻研究與保護中心編、黄德寬主編《清華大學藏戰國竹簡(玖)》,下册158頁。

② 參看何琳儀《戰國古文字典》,1135~1136、1139頁,北京:中華書局,1998年。

3. "覆蓋、覆加"的另一種引申義

由人施動的"覆蓋、覆加",有時見於這樣一種情況:施加覆蓋者與被覆蓋者的社會地位有高低之別,彼此存在主從關係,一般是施加覆蓋者的地位低、社會角色爲"從",被覆蓋者的地位高、社會角色爲"主"。這種情況下的"覆蓋到某人"、"合於某人",實指"配合某人",覆蓋者往往就是被覆蓋者的附屬物、從屬者或配合者。從"信"的角度來説,則是覆蓋者"信從"被覆蓋者。上一小節講"'孚于×'格式變體"時討論過的(15)"其民偷敝(拂)以懈悁,閲(敵/杜)固以不甄(孚)于上","不孚"的施事爲"民"、受事爲"上",正屬於這裏所説的角色關係的類型,賈連翔先生已訓此"孚"爲"信從"(見前文引),"其民不孚于上"就是"民不配合、不信從上級"的意思。此例移入本小節亦可。

(18)"儀刑文王,萬邦作孚",前一小句是説"你應當效法文王";①後一小句的"作"當爲動詞"作爲、成爲",即(21)"作周恭先"、"作周孚先"的"作"。此句是説周天子(蓋指成王)效法文王,那麽萬國就會成爲周之"孚"。毛傳:"孚,信也。"鄭箋:"儀法文王之事,則天下咸信而順之。"按鄭玄的意思,此訓"孚"的"信"當指"信從"。他的理解是對的。這裏的"孚"本來也是"覆蓋、覆加"的意思,萬邦覆蓋於周王朝、合於周王朝,即成爲周的配合者或從屬者。在周代統治者看來,周之於萬邦,當然有主從之分。

《公羊傳·僖公十五年》解釋《春秋》"震夷伯之廟"有云:

(29)夷伯者,曷爲者也?季氏之孚也。季氏之孚則微者,其稱夷伯何?大之也。

何休注:"孚,信也。季氏所信任臣。"《漢書·五行志下之上》此句下顏師古注説同。從文義看,"季氏之孚"的"孚"訓爲"信任"恐不合適,如强調"信任","季氏之孚"的意思就難與"微者"相應。王闓運《春秋公羊傳箋》云:

---

① (瑞典)高本漢著、董同龢譯《高本漢詩經注釋》,742頁,上海:中西書局,2012年。

孚者,家臣之號,《雒誥》曰"作周孚先"。①

"家臣之號"的説法反而可以避免這一問題。王氏認爲"季氏之孚"的"孚"即《尚書·洛誥》"作周孚先"[見上舉(21)]的"孚",這也是很有見地的。

(21)"作周孚先"與"作周恭先"對文,孫詒讓謂"作周恭先"之"恭"當讀爲"共","據共給職事言之","爲在朝臣工之倡,率當與共給職事者爲先",②此説甚爲有理。"作周孚先"之"孚",孫氏認爲"據四方萬民言之","爲四方萬民之倡,率當與信從政令者爲先"。③ 所謂"信從政令者"就指"四方萬民",由此可知孫詒讓是把訓"孚"的"信"理解爲"信從"而非"信任"。此亦可取。不過,"信從政令者"或"信從周天子者"未必一定指"四方萬民",完全有可能像王闓運所説,指"周之贄臣",猶如夷伯之爲季氏家臣。總之,(21)、(29)的"孚"所以能指"周之贄臣"或"家臣",就因爲此種"孚"乃是地位低者"覆蓋"於地位高者,從"配合"主,爲主之"表",與上言"稃/粰"、"莩/箄"、"桴"、"珤"等爲物之"孚甲"、"表膜"相埒。

西周中期的師虎鼎銘的主要意思是周天子讓師虎像輔佐先王一樣繼續輔佐自己,並仿效、發揚其先祖輔佐歷代先王的傳統,師虎也對此表了態。銘文提到不少關於"德"的詞,如"孔德"、"安德"、"先王德"、"謨(胡)德"、"剌(烈)德"、"懿德"、"卬(孚)德"等,"卬(孚)德"一詞見於如下之語:

虎敢肈王,卑(俾)天子萬年,範圍伯太師武,臣保天子,用氒(厥)剌(烈)且(祖)卬(孚)德。

這是說要遵循、承用其先祖的"孚德"。鼎銘上文云"夙夕尃(敷)由(迪)先且(祖)剌(烈)德,用臣皇辟","由(迪)"訓"行",或作"道"、"蹈"。④ 師虎踐行先祖烈德,以臣君上,可知所謂"先祖烈德"當與"臣皇辟"有關,或者説就是如何"臣皇辟"的德。"用厥烈祖孚德"的前一句"臣保天子"與"臣

---

① (清)王闓運《春秋公羊傳箋》,291頁,長沙:嶽麓書社,2009年。
② (清)孫詒讓《尚書駢枝》,149~150頁,北京:中華書局,2010年。
③ 同上注所引書,150頁。
④ 于豪亮《陝西省扶風縣强家村出土虢季家族銅器銘文考釋》,《于豪亮學術論集》,242頁,上海:上海古籍出版社,2015年。

皇辟"同意,所以"厥烈祖"的"孚德"大概也指如何"臣保天子"、"臣皇辟"的德。我們認爲"孚德"的"孚"即"萬邦作孚"的"孚",意指"配合、信從天子"的德。師虢"用厥烈祖孚德",也就是要"作周孚先",充當"天子之孚"。

(29)"季氏之孚"的結構與(27)馬王堆帛書《十六經·行守》"氣者,心之孚也"、《大戴禮記·曾子立事》"目者,心之浮也"、(28)《國語·周語下》"信,文之孚也"的"心之孚"、"文之孚"等一致,後之諸例亦當解釋爲"氣是心的配合者、外現者"、"目是心的配合者、外現者"、"信是文的配合者、外現者"。《説苑·談叢》:"取予者,義之符也。"此"符"即(27)"言者,心之符也"、《韓詩外傳》卷四"目者,心之符也"的"符"。《文選》卷四十一載《報任少卿書》引此句作"取與者,義之表也","表"指"表徵、外現者",與"符"、"孚"義近。韋昭爲(28)的"孚"注"覆",可知"孚"的此類意思歸根結底也是來源於"覆蓋"義的。

2022 年 5 月 6 日寫完
2022 年 7 月 3 日改定

附識:本文初稿完成後,蒙蘇建洲、陳琦、王睿哲先生惠賜寶貴修改意見和重要失引文獻,作者十分感謝。

原載《戰國文字研究》第六輯,安徽大學出版社,2022 年 11 月。

説 "回"

　　戰國竹書中,"回"時常表示"圍繞"、"包圍"之意。如《上博(七)·鄭子家喪》:"乃起師,回鄭三月。"(甲本簡3,乙本簡3)①《清華(貳)·繫年》第十七章:"平公率師會諸侯,爲平陰之師以回齊,焚其四郭,殹(驅)車至于東畝。"(簡92)②《繫年》中此種用法的"回"甚多,不贅舉。③《清華(柒)·晋文公入於晋》記晋文公五年"回許"(簡8),同書《越公其事》記勾踐"襲吴邦,回王宫"(簡69)。④ 西漢早期墓葬出土的古書也不乏這樣的"回"字,如馬王堆漢墓帛書《戰國縱橫家書》"二十二 蘇秦謂陳軫章":"齊宋攻魏,楚回雍氏,秦敗屈匄。"(236~237行)⑤【編按:又如《清華(拾壹)·五紀》簡112"夫是故凡侯王親自率師攻邦回邑",湖南沅陵虎溪山1號西漢早期墓出土竹簡《閻昭》"□兼□回燕國以甲子"(下489)、"功(攻)燕,回□"(下115)、"舍中宫,以回城邑"(下527)等。】各批出土文獻的整理者和研究者一般都把此種"回"讀爲"圍",即認爲"回"字代表語言裏圍

---

① 馬承源主編《上海博物館藏戰國楚竹書(七)》,釋文考釋175、181頁,上海:上海古籍出版社,2008年。本文引出土文獻,除需要討論的字外,一般用通行字形或通用字寫出,不嚴格隸定。
② 李學勤主編《清華大學藏戰國竹簡(貳)》,下册177頁,上海:中西書局,2011年。
③ 參看白於藍《簡帛古書通假字大系》,574~575頁,福州:福建人民出版社,2017年。
④ 李學勤主編《清華大學藏戰國竹簡(柒)》,下册101、103、150頁,上海:中西書局,2017年。
⑤ 裘錫圭主編《長沙馬王堆漢墓簡帛集成》,第叁册252頁,北京:中華書局,2014年。

繞、包圍之"圍"這個詞。①

銀雀山漢墓竹簡有《五名五共》篇，整理者最初歸於《孫臏兵法》，後剔出改入"論政論兵之類"。此篇有云："出則擊之，不出則回之。"（簡1166）整理者注："回，圍。"②並未加以破讀。此篇被編入《孫臏兵法》時，整理者已如此注，③所以《漢語大字典》"回"字條義項①"運轉；回繞"下，認爲又可引申出"包圍"義，所舉書證即"《銀雀山漢墓竹簡‧孫臏兵法‧五名五恭》"此例（767頁）。跟《五名五共》一樣曾被誤歸於《孫臏兵法》、後改入"論政論兵之類"的《雄牝城》，有"營軍取舍，毋回名水"之語（簡1217）。此篇編入《孫臏兵法》時，整理者曾爲"毋回名水"句加注："回，環繞。"④改歸"論政論兵之類"之後，雖已刪去原來對"回"的解釋，但仍未將"回"字括注爲"圍"。⑤ 不過，銀雀山漢簡"陰陽時令、占候之類"《三十時》數見"可以回衆"、"不可攻回"、"可攻回軍"之語（簡1744、1751、1754、1756、1818），整理者卻在這些"回"後括注"圍"，⑥與對《五名五共》、《雄牝城》的"回"的處理不一致。《漢語大詞典》"回"字單列義項②"環繞；包圍"，所舉書證即銀雀山漢簡《孫臏兵法‧雄牝城》和《五名五恭》，此外又舉上面引過的"馬王堆漢墓帛書《戰國縱橫家書‧蘇秦謂陳軫章》"的"楚回雍氏"（607頁）。我們所見到的發表《戰國縱橫家書》釋文注釋的著作，均讀"回"爲"圍"；⑦"回"如字讀、訓爲"環繞、包圍"，似是《漢語大詞典》編者的創見。

"回"是匣母微部合口（中古一等）字，"圍"是云母微部合口（中古三

---

① 參看白於藍《簡帛古書通假字大系》，573～575頁；禤健聰《戰國楚系簡帛用字習慣研究》，327～328頁，北京：科學出版社，2017年。
② 銀雀山漢墓竹簡整理小組《銀雀山漢墓竹簡[貳]》，153頁，北京：文物出版社，2010年。
③ 銀雀山漢墓竹簡整理小組《孫臏兵法》，103頁，北京：文物出版社，1975年。
④ 同上注所引書，116頁。
⑤ 銀雀山漢墓竹簡整理小組《銀雀山漢墓竹簡[貳]》，161頁。
⑥ 銀雀山漢墓竹簡整理小組《銀雀山漢墓竹簡[貳]》，212、213、216頁。
⑦ 馬王堆漢墓帛書整理小組《馬王堆漢墓出土帛書〈戰國策〉釋文》，《文物》1975年第4期，23頁；馬王堆漢墓帛書整理小組《馬王堆漢墓帛書‧戰國縱橫家書》，98頁，北京：文物出版社，1976年；馬王堆漢墓帛書整理小組《馬王堆漢墓帛書[叁]》，71頁，北京：文物出版社，1983年；裘錫圭主編《長沙馬王堆漢墓簡帛集成》，第叁冊252頁。

等)字,古音至近。《上博(六)·申公臣靈王》簡5"王子回",即見於《史記·楚世家》等篇的"公子圍",①後者"康王寵弟公子圍"句下《集解》引徐廣曰"《史記》多作'回'",與楚竹書用字相合。"顔回"之"回",《上博(五)·君子爲禮》《弟子問》作"韋"(簡1和9、簡15),②《上博(八)·顔淵問於孔子》作"愇"(簡5、10)。③ 據介紹,《詩·秦風·蒹葭》"溯洄從之"的"洄",安徽大學藏戰國竹簡《詩經》作"韋"。④ 曾侯乙墓竹簡常見一個從"巿"、"回"聲之字(如簡43等),同批簡中有異文從"韋"聲。⑤ "回"讀爲"圍",稱得上是"律例兼備"。前舉清華簡《越公其事》"回王宫",《國語·吳語》正作"圍王宫";馬王堆帛書《戰國縱橫家書》"楚回雍氏",《史記·田敬仲完世家》正作"楚圍雍氏",似可坐實"回"確表包圍之"圍"。

我們認爲,從文獻通讀的角度說,讀"回"爲"圍"當然無可厚非,但如果站在語言研究的立場來看,銀雀山漢簡《五名五共》《雄牝城》的整理者和《漢語大詞典》《漢語大字典》編者對那些"回"的處理方法,也許更爲可取。爲了說明這一點,必須從古文字中有兩個"回"字談起。

《說文·六下·囗部》:"回,轉也。从囗,中象回轉形。囘,古文。"篆文作 ⌀,"回"是其隸定形;古文作 ⌀,"囘"是其隸定形。古文字中屢見"囘",並且早在殷墟甲骨文中就已大量出現(指"囘"這個字形而言,說詳下文);"回"在目前掌握的資料裏,最早只見於戰國文字。所以不少古文字研究者認爲篆文"回"是從古文寫法的"囘"演變而來的。⑥ 但是,過去

---

① 馬承源主編《上海博物館藏戰國楚竹書(六)》,釋文考釋247、248頁,上海:上海古籍出版社,2007年。
② 馬承源主編《上海博物館藏戰國楚竹書(五)》,釋文考釋254、260、276頁,上海:上海古籍出版社,2005年。
③ 馬承源主編《上海博物館藏戰國楚竹書(八)》,釋文考釋145、146、152頁,上海:上海古籍出版社,2011年。
④ 郝士宏《新出楚簡〈詩經·秦風〉異文箋證》,《安徽大學學報(哲學社會科學版)》2018年第3期,79~81頁。按今本《蒹葭》"溯遊從之"的"遊",安大簡亦寫作"韋",不知何故。
⑤ 參看湖北省博物館《曾侯乙墓》,上冊515頁注104,北京:文物出版社,1989年。
⑥ 黄德寬主編《古文字譜系疏證》,2883頁,北京:商務印書館,2007年。李學勤主編《字源》,559頁,天津:天津古籍出版社,2012年。季旭昇《說文新證》,516頁,臺北:藝文印書館,2014年。張富海《漢人所謂古文之研究》,102頁,北京:綫裝書局,2007年。高佑仁《談〈唐虞之道〉與〈曹沫之陣〉的"沒"字》,簡帛網,2005年12月25日。

研究《説文》的學者，曾提出"冏"、"回"字形取象有别，二者本非一字（具體説法下文會有引述）。我們同意後一種看法。下面先介紹"冏"在古文字裏的有關情況，再説"回"。

《説文·十三下·二部》："亙（⊚），求亙也。从二、从冏。冏，古文回，象亙回形。上下，所求物也。"這裏所説的"亙"是"桓"、"宣"、"洹"、"烜"等字的聲旁，與"亙"的隸變譌形"亙"無涉。殷墟甲骨文中一般釋爲"亙"之字作 Ϭ、ᗡ，"宣"作 ⌂，"洹"作 ⍥、⍬、⍜，①"亙"與"冏（即'古文回'）"同形，原不"从二"。學者多以爲"亙"、"冏""實本一字，後始分化"，②是很正確的。"亙"在甲骨文中已出現了"冏"上加一短横的寫法，③西周金文則或加短横（所加短横一至二畫不等）、或重複"冏"形（且有在此形上加三短横者），④遂與"古文回"即"冏"字分化開來。從現有資料看，至晚在西周中期，已有在"冏"的上下各加短横的"亙"，⑤即《説文》"从二、从冏"所本。春秋戰國銅器銘文"宣"、"洹"、"趄"等字所从之"亙"，以重複"冏"形並於上中下部加三短横者居多。⑥戰國楚簡中的"亙"，也多作重複"冏"、並加一至三短横之形。

"冏"形爲"古文回"即"冏"字所承。《集成》08906著録一件容庚先生舊藏的，鑄"父丁"之名的爵，其上有 Ϭ 字，《金文編》釋爲"回"，引《説文》"古文回"之"冏"形爲證。⑦ 雖説"冏"、"亙"本用一形，但此爵爲西周早期器，當時獨體的"亙"字已寫作"重複'冏'"形，⑧所以定爵銘此字爲"冏"是

---

① 李宗焜《甲骨文字編》，861、474頁，北京：中華書局，2012年；劉釗等《新甲骨文編（增訂本）》，758～759、441、624～625頁，福州：福建人民出版社，2014年。
② 引號裏的話引自姚孝遂先生爲《甲骨文字詁林》"亙"字所加按語，見于省吾主編《甲骨文字詁林》，2224頁，北京：中華書局，1996年。
③ 李宗焜《甲骨文字編》，861頁；劉釗等《新甲骨文編（增訂本）》，759頁。
④ 參看季旭昇《説文新證》，905頁。
⑤ 參看董蓮池《新金文編》上册143頁"趄"字下所收"瘋鐘"、"齊史逗簋"二例（北京：作家出版社，2011年）。
⑥ 董蓮池《新金文編》，上册144頁、中册986、1507～1508頁。
⑦ 容庚編著，張振林、馬國權摹補《金文編》，425頁，北京：中華書局，1985年。
⑧ 參看董蓮池《新金文編》中册1865頁"亙"字下所收"亙弢方簋"例。

合適的。戰國陶文▨、秦始皇陵所出秦陶文▨，①皆"囘"字，可見並非六國古文專有。安徽阜陽雙古堆西漢初期墓所出《涉江》殘簡，尚有"囘"字作▨。②

《説文·三下·又部》：" 𠬧，入水有所取也。从又在囘下。囘，古文回。回，淵水也。""𠬧"即"没"、"殁"、"頮"等字聲旁。春秋時代的侯馬盟書"頮"作▨、▨，③戰國秦駰玉版"𠬧"作▨，秦簡文字"没"作▨（睡虎地秦簡《秦律十八種》簡103），確从"囘"。戰國楚簡"𠬧"、"没"作▨（郭店《唐虞之道》簡2）、▨[《上博（四）·曹沫之陣》簡9]、▨[《清華（捌）·心

---

① 高明、涂白奎《古陶字録》，111頁，上海：上海古籍出版社，2014年。
② 《出土文獻與中國古代文明——李學勤先生八十壽誕紀念論文集》書前插頁，上海：中西書局，2016年。參看胡平生《阜陽雙古堆漢簡辭賦簡》，同書，389頁。
③ 最近公布的隨州棗樹林春秋中晚期曾國墓地M169所出嬭加編鐘亦有此字，見於"余減頮下屖（遲）"之語，學者們已指出"減頮"即《爾雅·釋詁上》之"鼉没"，《詩·邶風·谷風》"黽勉同心"之"黽勉"，阜陽漢簡本作"汒没"（夏立秋《嬭加編鐘銘文補釋》，小新《新見嬭加編鐘銘文補説》，復旦大學出土文獻與古文字研究中心網，2019年8月9日；《關於嬭加編鐘銘文的一些看法》帖子第4樓陳民鎮引石小力説、第5樓"藝槃pan"，簡帛網"簡帛論壇"，2019年8月9日）。今按：從聲音上説，鐘銘的"減頮"與"鼉没"最合，應爲一詞，"汒没"、"黽勉"等皆其變體。

"下屖"[此詞又見於曾子斿鼎，"御簡齋（董珊網名）《曾伯棗壺銘簡釋》已指出，復旦大學出土文獻與古文字研究中心網，2018年1月17日；又參看上引夏立秋文]以及楚大師登編鐘之"叚屖"，各家皆讀爲"舒遲"。但"下"、"叚"與"舒"聲母不近。李守奎先生説"叚屖"即楚系鐘銘所見之"獣（胡）遲"（如王孫遺者鐘等），這是對的；可惜他把"獣（胡）遲"、"叚屖"一併讀爲"舒遲"，則未達一間（《楚大師鄧辥慎編鐘與楚大師鄧子辥慎編鎛補釋》，李守奎《古文字與古史考——清華簡整理研究》，236頁，上海：中西書局，2015年。按讀"獣遲"爲"舒遲"，乃承襲郭沫若《兩周金文辭大系考釋》之誤）。西周中期史牆盤已有"害屖"，即"獣遲"，"或疑當讀爲'胡夷'，'胡'和'夷'都是古代常用的稱美之詞"（裘錫圭《史牆盤銘解釋》，《裘錫圭學術文集·金文及其他古文字卷》，15頁，上海：復旦大學出版社，2012年）。所以"下屖"、"叚屖"也應讀爲"胡夷"。"胡"訓"大"、訓"遠"（《儀禮·士冠禮》"眉壽萬年，永受胡福"鄭注："胡，猶遐也，遠也。遠，無窮。"）"夷"訓"平易"（參看沈培《新出曾伯棗壺銘的"元屖"與舊著録銅器銘文中相關詞語考釋》，《出土文獻：語言、古史與思想——〈嶺南學報〉復刊第十輯》，19～32頁，上海：上海古籍出版社，2018年），"胡夷"大概是形容此人"大度平和"。王孫遺者鐘等銘"獣遲"與"溫恭"並提，解釋爲"大度平和"也很合適。楚大師鄧子辥慎編鐘"哀哀叚（胡）屖（夷）"是形容鐘聲的，"胡夷"意謂鐘聲既大氣遠揚，又平和安易（"叚"就是讀爲"遐"，亦無不可）。

是謂中》簡6]、󰀀[《清華(陸)・子儀》簡20]、󰀀[《清華(捌)・邦家處位》簡4],前二例"又"上之形有些像甲骨金文中"旬"、"勹"等字的聲旁"勹"。可能由於秦系文字(春秋文字可視爲其前身)"囘"需逆時針方向運筆,寫起來不大方便,所以楚簡的書手對"囘"的形態加以改變,以求維持順向書寫。後二例"叟"、"没"較爲工整,試與楚簡󰀀[《清華(陸)・鄭文公問太伯(甲本)》簡4]所從"亘"比較,可以看出前者的"囘"相當於截取後者的"亘"的上半形體。前面說過,此種"亘"本即重複"囘"形而成;楚文字"囘"的這種寫法,恰可印證"亘"、"囘"一字分化的結論。①

附帶說一下,《說文》以"囘"爲"叟"之意符,可信;《清華(壹)・祭公之顧命》簡19"我亦惟以没我世"之"没"作󰀀/󰀀【編按:同篇簡15舊釋"沁"之字,賈連翔《清華簡〈祭公〉對應傳世本"既畢丕乃有利宗"段異文討論》指出實亦是"没",寫法與簡19"没"同(《首屆出土文獻語言文字研究國際學術研討會論文集》,306~308頁,2022年12月17~18日)。其說甚是】,其右旁應視爲"叟"之省形("囘"的寫法與上引《心是謂中》"叟"所從頗近),不得據此推論"囘"爲"叟"之音符,更不能釋此字爲"洄"而通爲"没"。楚文字"叚"也常省去"又"旁,②與此"没"字變化同例。

《說文》"叟"字下謂"囘,淵水也",楊樹達引《荀子・臣道》"水深則囘"楊倞注"囘,旋流也"、《說文・十一上・水部》"淵,囘水也",認爲"囘爲淵水,淵訓囘水,二字互相訓。孔子弟子顔淵字囘,取義於此也"。③ 他又據《說文》"亘"从"囘"以及"亘"的字音,認爲"亘"乃"淀"之初文;《說文》訓

---

① 《上博(五)・姑成家父》簡9記强門大夫對晋厲公說:"如(意即'不如')出内庫之繰(囚),󰀀而余(舍、予)之兵。"户内俊介《上博楚簡〈姑成家父〉第9簡"󰀀(回)"字考釋》釋󰀀爲"囘",讀爲"忽而"之"忽"(復旦大學出土文獻與古文字研究中心網,2010年12月2日)。今按,󰀀與上舉楚簡"囘"形不合。楚文字"囘"雖改爲順向書寫,但仍不失逆向迴旋的意味;󰀀則顯然是順向迴旋。退一步講,就算此字可釋"囘",讀爲"忽"也不合音理。"忽"的上古聲母當是清鼻音(*m-),"囘"是匣母(*g-),二者難以相通。

② 參看徐在國《說楚簡"叚"兼及相關字》,《安徽大學漢語言文字研究叢書・徐在國卷》,239~245頁,合肥:安徽大學出版社,2013年。

③ 楊樹達《釋亘》,《積微居小學述林全編》,上册80頁,上海:上海古籍出版社,2007年。

"淀"爲"回泉也",即今之"漩"字。① 其說有理。"囘"固然有可能是囘水之"囘"的本字,後增"水"旁作"洄"(玄應《一切經音義》卷一引《三蒼》:"洄,水轉也。"),但更可能"囘"以迴旋的曲綫表迴旋之義,是迴旋之"迴"的本字。"亘"、"囘"既爲一字分化,"亘"也更有可能以迴旋的曲綫表迴旋之義,是迴旋之"旋"的本字。"洄"、"漩"反而是從"迴"、"旋"派生出來的。【編按:"亘"、"旋/漩"上古韻母的主元音不近(前者爲*-on 或*-ʷan,後者爲*-ʷen),"亘"爲"旋"或"漩"之本字的説法恐有問題。"亘"的迴旋之形可能表示較爲抽象的"週徧"義("週徧"與"迴旋"義相因),疑即古書訓"徧"之"宣"的母字。】無論如何,"囘(迴、洄)"與"亘(旋、漩)"都應是音義皆近的同族詞,所以它們在歷史上曾共用過同一個表意字形。

　　西周早期的父丁爵銘的 ◎ 釋爲"囘",字形上雖有道理,畢竟無法從辭例上加以證實。如不計此例,真正可以肯定的最早的"囘",就只見於春秋時代的侯馬盟書的"顋"等字之中了,上舉殷墟甲骨文的"囘"其實都是"亘"字。那麼,甲骨文裏究竟有沒有確鑿的"囘"字呢? 我們認爲是有的,這可從"云(雲)"字中找到綫索,但需要花費較多的筆墨予以辨明。

　　殷墟甲骨文"云(雲)"字作 ⁊、⁊、⁊,是大家熟悉的寫法。但這些"云"均見於典賓類、歷組二類和無名組,時代更早的𠂤組小字類卜辭中的"云"作 ⁊(《合》21022)、⁊(《合》21021),上下兩部分本是分開的,彼此相連當係後起的變化。在𠂤組小字類、典賓類、出組二類和歷組二類中,還有寫作 ⁊、⁊、⁊ 的"云"。按𠂤組小字類"云"或作 ⁊(《合》21022),⁊、⁊、⁊ 當是"一"與下部形體相連而成的。"一"似可視爲"二"的簡化(比較:⁊—⁊、⁊—⁊)。②

　　《説文・十一下・雲部》:"雲,山川气也。从雨,云象雲回轉形。"受此

---

① 楊樹達《釋亘》,《積微居小學述林全編》,上册80頁,上海:上海古籍出版社,2007年。

② 本段所引甲骨字形,皆據李宗焜《甲骨文字編》,420頁;劉釗等《新甲骨文編(增訂本)》,659~660頁。

影響，前人或以爲"云"象雲氣之形，或以爲从"二(上)"、"㔾"象雲氣。①從甲骨文早期"云"的字形看，説"云"整體象雲氣恐難成立。"二(上)"下之"㔾"象雲氣，似不無可能；不過，如果"㔾"即代表雲氣，爲何從未見過甲骨文"云"就寫成"㔾"的？可見此説仍有不足。蔡哲茂先生認爲卜辭以"㔾"、"㔾"表"云"，乃是借"勹"爲"云"；早期"云"或作"㔾"，所以"云"當分析爲从"二(上，代表天上或上空)"、"勹"聲。②所謂"勹"就是"旬"、"匀"等字的聲旁，此字卜辭屢見，多用爲"旬"。當初唐蘭先生爲《殷契卜辭釋文》加按語，讀"兹云"之類卜辭中的"云"爲"旬"，又讀作爲燎祭對象的"三云"、"六云"爲"三旬"、"六旬"，並謂"云、匀(引者按：唐先生釋'勹'爲'匀')聲類相近，蓋本一字，而後世誤歧之也"。③唐先生讀卜辭"云"爲"旬"，現已不爲人所信，但他的"云"、"勹""聲類相近，蓋本一字"的設想，卻或明或暗地影響了後來的研究者。蔡哲茂先生分析"云"从"勹"聲，或許也可以在唐説那裏追溯到源頭。但此説實不可信。

不少學者指出過甲骨文"勹"、"云"字形有別。如姚孝遂、肖丁《小屯南地甲骨考釋》在批評有人把作"㔾"之"云"釋爲"旬"後，説："'旬'字作'㔾'，其上部必須出頭，'云'字之上部不得出頭，兩者的區分是很明顯的。"④姚孝遂先生在《甲骨文字詁林》"云"字條下的按語裏，再次强調"云""或作㔾，與旬之作㔾者判然有別"，但退一步認爲二者"很可能爲同一形體所分化"，⑤由此可見唐説影響之深遠。全面地看，絕大多數"勹"確實上部出頭，但是也有個別"勹"就寫作㔾、㔾，與从"一"的"云"完全同形。甲骨文裏還有一個从

---

① 參看季旭昇《説文新證》，819頁。
② 蔡哲茂《甲骨文考釋兩則》，《第三届中國文字學國際學術研討會論文集》，36～40頁，臺北：輔仁大學出版社，1992年。
③ 容庚《殷契卜辭》，《容庚學術著作全集》第一册，121～122頁，北京：中華書局，2011年。
④ 姚孝遂、肖丁《小屯南地甲骨考釋》，21頁，北京：中華書局，1985年。
⑤ 于省吾主編《甲骨文字詁林》，1148頁。又參看同書，1153頁。

"口"從"勹"之字,所從"勹"偶爾也不出頭,已爲蔡哲茂先生所舉出。① 不過,這種上部不出頭的"勹"的數量很少,②而在全部"云"字中,卻幾乎找不到一例上部出頭的寫法。③ 這仍可作爲"勹"、"云"有別的反映。

殷墟卜辭又以"罔(𦉪)"表"旬",且"罔"、"勹"在偏旁中有通用之例。裘錫圭先生在陳夢家對"勹"、"罔"關係看法的基礎上,較爲明確地指出"勹"很可能是"罔"的簡體。④ 其説可從。⑤ 甲骨文"夢"、"蔑"等字所從橫寫的"目",皆有省作"一"的例子,⑥與"罔"省作"勹"情況相同。"罔"省"目"爲"一",按説最應該寫成𠃌形,事實上這種"罔(勹)"確已見於時代最早的𠂤組肥筆類(《合》21324);所以甲骨文中存在少量上部不出頭的"勹",正是理所當然的事。

甲骨文中作𠃌、𠃌、𠃌之形的"云",雖然數量也較少,但"陰"字異體所從的"云",卻都采用此形。⑦ 而且這種寫法的"云"後世頗有繼承者。

---

① 蔡哲茂《甲骨文考釋兩則》,《第三届中國文字學國際學術研討會論文集》,32 頁。
② 李宗焜《甲骨文字編》"旬"字條下所收約 84 例,與"云"同形的"勹"僅有《合》21324、00559 正、05600、12484、26675、29726,共計 6 例(421~422 頁)。《合》10405 正用爲"旬"之字,從拓本看似亦與從"一"的"云"同形。但是吴麗婉先生指出,此片即《國博》56 正,從彩照看,此形與一般的出頭的"勹"字無別,拓本上不易看出(《談談甲骨實物上的字形在拓本上的訛誤》,《先秦兩漢訛字學術研討會論文集》,71 頁,清華大學出土文獻研究與保護中心,2018 年 7 月 14~15 日【編按:吴麗婉《談談甲骨實物與拓本的字形差異》,趙平安主編《訛字研究論集》,83~84 頁,上海:中西書局,2019 年】)。所以上舉那些與"云"同形的"勹",可能還有實際上應予排除之例。
③ 蔡哲茂《甲骨文考釋兩則》所摹《合》20944+20985 的"云"字從"勹"(《第三届中國文字學國際學術研討會論文集》37 頁)。核查蔡文所附此版原圖(見 48 頁圖 20),"云"的寫法與上引《合》21021 一例相同,只是字形有朝左與朝右之别而已,並非從"勹"。
④ 裘錫圭《殷墟甲骨文考釋(七篇)·釋勻》,《裘錫圭學術文集·甲骨文卷》,354~355 頁。
⑤ 蔡哲茂《甲骨文考釋兩則》亦同意此説,見《第三届中國文字學國際學術研討會論文集》32~33 頁。
⑥ 參看李宗焜《甲骨文字編》,1202~1204、897~898 頁。按此書將𦉪、𦉪與"蔑"分立兩個字體,其實𦉪、𦉪大概就是𦉪(蔑)的簡省。
⑦ 如𦉪《合》28537,參看沈建華《釋卜辭中方位稱謂"陰"字》,《初學集——沈建華甲骨學論文選》,88 頁,北京:文物出版社,2008 年;𦉪《合》35346、𦉪《合》36971、𦉪𦉪《英藏》補 59,參看孫亞冰《卜辭中所見"𡵂美方"考》,《甲骨文與殷商史》新三輯,93~101 頁,上海:上海古籍出版社,2013 年;田煒《説"今""貪"——從商代甲骨文與西周金文中的"陰"説起》,《文史》2014 年第 2 輯,242~243 頁)等,"云"旁皆從"一"。

春秋晚期的攻吳太子姑發𧊒反劍"云"作🔲(《集成》11718),戰國早期的曾國文字"囩(圓)"作🔲、🔲(《曾侯乙墓竹簡文字編》32頁),顯即沿襲从"一"之"云"。戰國楚簡、帛書"云"作🔲(郭店《緇衣》簡35)、🔲[《上博(七)·君人者何必安哉》甲本簡9]、🔲(楚帛書丙篇91行),从"云"之"陰"作🔲[《清華(肆)·筮法》簡14、17]、🔲[《清華(壹)·保訓》簡6]、🔲[《清華(貳)·繫年》簡85、86],或勾廓而作🔲[《清華(貳)·繫年》簡54、55"芸"字],似有可能是將"云"頂端的"一"改成墨團(古文字中"一"、"●"常可互作),使之整體上更像雲氣的形狀。① 由此推測,在商代文字裏,這種从"一"的"云"應該不是偶見的。"罗"的省體"勹"所以選用上部出頭的特殊寫法爲其主流形體,大概就是爲了避免與此種"云"字相混。②

在上下兩部分分開書寫的"云"字中,"二"或"一"之下多作🔲,但"勹"(包括獨體的和合體字中的偏旁)根本沒有不从"一"或"丿"的寫法。上文已説🔲、🔲應即🔲之變體,猶🔲變爲🔲,🔲是從來沒有人釋爲"勹"的。總之,"云"从"勹"聲的説法在字形上也是有問題的。

楊樹達認爲《説文》所收"雲"之古文🔲,"爲最初古文,純象回轉形",他同意段玉裁"云"从古文上,象自下回轉而上"的分析,指出"云受形義於回轉",从"云"聲的"囩"、"沄"等字,"皆从云之回轉義孳乳者也"。③ 按《説文》"古文雲",一般認爲是上引楚文字"云"或三晋文字🔲之類形體的訛變。④ 此種"云"實由从"一"的"云"字改造而來,所以不宜將"古文雲"視爲"云"之最初象形。但楊氏把"云"與"回轉"之形義聯繫起來,還是值得肯定的。徐中舒主編《甲骨文字典》分析"云"字説:"从二从🔲,二表上

---

① 秦漢文字中有些"陰"字所从的"虫",可能就由這樣的"云"訛變而來。
② 戰國晉系文字中的"云"作🔲(《古璽彙編》1632"沄"字),似亦上部出頭。但當時的"勹(旬、匀)"已不這樣寫,所以即使出頭也不致相混。
③ 楊樹達《説云》,《積微居小學金石論叢》,117~118頁,上海:上海古籍出版社,2007年。
④ 張富海《漢人所謂古文之研究》,151頁。

空，◯即亘字，亦即回字，於此象雲氣之回轉形。"①䨻、䨺所從之◯，與"勻"不合，與上文舉過的甲骨文"亘"則密合。《字典》根據"亘"、"回（按本文的看法，當作'囘'）"一字説，認爲◯"象雲氣之回轉形"，已點明"云"字從"囘"，這是十分正確的。

我們認爲"囘"更可能是迴旋之"迴"的初文，這對於説解"云"的字形有利："二"或"一"指天上，"囘"指迴旋之形，二者合起來正可表示"云（雲）"之爲物。"云"是云母文部合口字，其韻部與"囘"陰陽對轉（主元音相同）；聲母與"囘"的關係，如"圍"之與"回"相通。"囘"的古音比"勻（姑取'旬'音）"更近於"云"（"勻"、"云"韻部不合）。"云"字從"囘"，無疑具有表音作用，可視爲意兼音符。賓一類卜辭裏有一個◯字（《合》13159 反+11728 反，李延彦先生綴合②），裘錫圭先生疑即"云"，③似可信。這個"云"可分析爲從"日"從"囘"、"囘"亦聲，從"日"與一般的"云"字從"二"或"一"代表天上，其意相類。④"云"字中的◯應取"囘"之音義而非"亘"，這就證明"囘"字在殷墟甲骨文的時代已見行用。至於個別上下分書的"云"所從的"囘"作◯，這一短豎可能只是起筆頓挫所致，也可能跟楚文字"囘"寫作◯者具有同樣的構思。

"䀠"，當從陳夢家、林澐先生釋爲"眴"，"眴"即"旬"，《説文》訓"目搖也"（見《四上·目部》）。⑤ 陳夢家對"䀠"、"勻"字形的解釋牽强附會，林澐先生已有批評。林先生認爲"旬"以"勻"爲聲符，"勻""是一個抽象表意字，是用一條迴旋的曲綫表示旋轉之義"，從"勻（旬）"得聲之字"多有迴

---

① 徐中舒主編《甲骨文字典》，1251 頁，成都：四川辭書出版社，2006 年。
② 李延彦《龜腹甲新綴第 62 則》，先秦史研究室網站，2011 年 1 月 8 日。
③ 據黃天樹先生説，此爲裘先生講課時的意見。參看上注所引李延彦文。
④ 甲骨文中還有◯（《合》20975）、◯（《合》20980 正），裘錫圭先生在講課時也懷疑是"云"字，但黃天樹先生主張釋爲"易（陽）"（黃天樹《説甲骨文中的"陰"和"陽"》，《黃天樹古文字論集》，216～217 頁，北京：學苑出版社，2006 年）。此字不從"囘"，釋"云"非是，釋"易"也不可信。竊疑此字與《合》20974 的◯爲一字異體，後者是"舞"的對象，《合》20975 之字是"奏"的對象，且同版有言"舞"者，《合》20980 正之字則是"燎"的對象，彼此辭例亦相似。
⑤ 林澐《釋眴》，《林澐學術文集（二）》，186～189 頁，北京：科學出版社，2008 年。

旋、週轉之義","旬"意爲"眼珠轉動",其聲符"勹""兼起表意作用",甲骨文"旬"字"也可以説是含有表音成分的表意字"。① 我們既贊同"勹"是"罗"的簡體,就應該反過來認爲"罗"是一個表示"眼珠轉動"的整體表意字;甲骨文"罗(旬)"或作 ⊠、⊠,②從"目"中延伸出的"週轉"的曲綫十分形象地描繪出了"目搖"之意。雖然從語言上説,"目搖"義的"旬"由"週徧"、"週轉"義派生出來比較合理,如同"徧行"義的"旬/徇"也是由"週徧"義派生出來的;③但從文字上看,含有"週徧"、"週轉"這一語源義的"勹"卻是"罗(旬)"的簡省之形("罗"字失傳後,又造出从"目"从"勹"、"勹"亦聲的"旬"字④)。文字創製的邏輯與語言衍生的邏輯,沒有必要强求完全一律。從"罗(旬)"分化出"勹",似乎是讓它專任"週徧"、"週轉"義的(傳世古書已不見"勹"字,但有訓"徧"的"均"字,⑤"均"的"皆"、"都"副詞用法即由此虛化),所以甲骨卜辭用"勹"表示由"徧歷記日的十個天干而得名"的"旬",不是純粹的音借,彼此在語源上也有聯繫[以"罗(旬)"爲"旬"者,也有較遠的語源聯繫]。原本象徵視綫"週轉"的曲綫與"迴旋"的初文"⊠"形近,是很自然的。但二者字源不同,不能混爲一談。⑥

———————

① 林澐《釋昀》,《林澐學術文集(二)》,188～189頁。
② 參看李宗焜《甲骨文字編》,203頁。
③ 關於"徧行"義的"旬/徇",參看裘錫圭《説清華簡〈説命〉的"旬求"》,裘錫圭、陳劍《説"徇"、"譐"》,《漢語歷史語言學的傳承與發展——張永言先生從教六十五週年紀念文集》,249～251頁,上海:復旦大學出版社,2016年。
④ 董蓮池《新金文編》,上册411頁"旬"字、503～504頁"筍"字。按此書"旬"字下所收第一例實从"⊠"、"罗"聲的"匀(鈞)"字。
⑤ 參看《墨子·尚同下》"其鄉里之人皆未之均聞見也"句《閒詁》。孫詒讓《墨子閒詁》,97頁,北京:中華書局,2001年。
⑥ 古文字研究者一般認爲"軍"字从"勹"聲,或从"車"从"勹"、"勹"亦聲。但"軍"也是文部合口字,與"勹"的韻部不合。我們認爲既然"云"不从"勹"聲,"軍"也不應以"勹"爲聲旁。據《説文·十四上·車部》,"軍"的本義爲"圜圍也"。銀雀山漢簡"論政論兵之類"所收《十陣》:"疏而不可戚(蹙),數而不可軍者,在於慎。"(簡1357)整理者注引《廣雅·釋言》,訓"軍"爲"圍"(銀雀山漢墓竹簡整理小組《銀雀山漢墓竹簡[貳]》,釋文注釋191頁)。"勹"有"週徧"、"週轉"之義,當"圜圍"講的"軍"以"勹"爲意符是合適的。西周中晚期金文癲鐘、禹鼎有从"勹"从"合"的"匌"字(參看董蓮池《新金文編》,1328頁)。鼎銘用法不很清楚;鐘銘用於"匌受萬邦"之句(《集成》00251),此語顯然就是史牆盤銘的"逌受萬邦"(《集成》10175),可證"匌"當从"合"聲。《説文·九上·勹部》:"匌,帀(匝)也。""匌"亦以"勹"爲意符,與"軍"同。
(轉下頁)

現在來説"回"。段玉裁接受《説文》以"轉也"爲"回"的本義,但他感到篆文"回"與古文"回"字形取象明顯不同。《説文》謂"回""从口,中象回轉之形",段氏認爲"中當作'囗',外爲大囗,内爲小囗,皆回轉之形也";古文"回",他則認爲"象一气回轉之形"。① 徐灝對段注有所補正。他先肯定段氏"回"象"内外回轉"之説,但認爲段説"中當作'囗'"非是,"小口亦口字耳";"古文回,蓋象水旋轉之形,故顔回同字淵,《水部》曰:'淵,回水也。'"②其説較段注爲優。但是他們仍爲《説文》所束縛,千方百計要把"回"的字形與"轉"義相比附。馬叙倫對篆文"回"與古文"回"的關係有一個突破性的認識:

説解當曰:"轉也。象形。"然當在⊙古文下,乃説⊙字者也。⊙即"㳅"之初文,本與"圓"同音(引者按:此説不確,"回"應爲"迴"與"亘"的共同初文)。旋爲足轉,㳅爲水轉,語原同也。而"回"則與

(接上頁)郭店簡《語叢三》簡 2 "三軍"之"軍"作𩁹,與中國歷史博物館收藏的弁(偏)將軍虎節的"軍"字𩁹相合,此形又見於《汗簡》、《古文四聲韻》等所收"軍"字下(參看李家浩《貴將軍虎節與辟大夫虎節》,《中國歷史博物館館刊》1993 年第 2 期,51 頁)。傳抄古文此字从"古文'光'",舊多以爲實假"輝"爲"軍"。但郭店簡和偏將軍虎節的"軍"顯然从"兄",傳抄古文所从的"古文'光'",有可能是"兄"的形變。這個與"軍"通用之字當分析爲从"兄"、"軍"省聲,頗疑即"終遠兄弟,謂他人昆"的"昆"的專字(《詩·王風·葛藟》毛傳:"昆,兄也。")。"混"、"渾"古通,故昆弟之"昆"亦可从"軍"聲。總之,這個字所从的"勹"或"匀",應視爲"軍"之省形,此非"軍"从"勹"聲的證據。

現存古文字資料中最早的"軍"字見於春秋晚期齊國的庚壺(《集成》09733)和叔弓鎛(《集成》00285),時代不算太早。西周晚期的晉侯蘇鐘提到一地名"匌城"(《商周青銅器銘文暨圖像集成》15300、15301),"匌"字从"勹"、从"熏"。馬承源先生讀爲"鄆城",分析"匌"从"熏"聲,"熏、鄆古韻同爲文部,熏爲曉紐、鄆爲匣紐,是同部旁紐,可以通假",其説已爲學者們普遍接受[參看李曉峰《天馬—曲村晉侯墓地出土青銅器銘文集釋》,14~16 頁,吉林大學碩士學位論文(指導教師:吳振武),2004 年]。"匌"又見於西周晚期蘇匌壺(《商周青銅器銘文暨圖像集成》12343)。有些文字編如《西周文字字形表》,以"匌"爲"軍"之異體(江學旺編著,580 頁,上海:上海古籍出版社,2017 年)。晉侯蘇鐘裏有一例"匌"寫作𩁹,《西周文字字形表》580 頁和《新金文編》下册 1996 頁都逕歸於"軍"字頭下(《新金文編》1331 頁又歸此字於"匌"字下)。細審其形,此字仍當从"熏",不過確實簡化得較爲接近"車"形。有没有可能从"勹"、"熏"聲的"匌"確爲"軍"的古體,"軍"所从的"車"是其音符"熏"的省變(變爲意符)呢? 這是一個根據還不充足的猜想,志此以待後考。

① 段玉裁注、許惟賢整理《説文解字注》,488 頁,南京:鳳凰出版社,2007 年。
② 徐灝《説文解字注箋》,《續修四庫全書》,第 225 册 634 頁,上海:上海古籍出版社,1995 年。

"垣"之初文作"囗"者是一字（引者按：以"囗"爲"垣"之初文不可信），特復其形耳。……"回"與"⊜"非一字，但形音並近，古文因以"⊜"爲"回"。……①

他的説法雖有不少問題，如以"回"與"囗"爲一字，後文又説"冋""亦爲冎之異文"，皆不可信（另見引文中所加按語）；但敢於指出"回"、"冋"非一字，"轉也"之義當歸於"冋"，只是由於"形音並近"，《説文》才以"冋"爲"回"之古文，這一見解相當精闢。

"回"字目前在戰國之前的古文字資料裏尚未發現，但戰國文字資料最爲豐富的楚、秦二系皆有此字。文首所舉上博簡、清華簡意爲"包圍"、"圍繞"的"回"，便是楚文字的實例，而且楚竹書中這種"回"字的數量並不算少。秦文字從戰國後期的詛楚文（《湫淵》、《亞駝》）到統一六國前後的睡虎地秦簡（如《秦律十八種》簡 148）、北大秦簡（如《公子從軍》篇）等，也都有"回"字。值得注意的是，凡意如"圍"的"回"，這些出土文獻中全都寫作"回"而從不寫作"冋"。另一方面，在楚、秦文字中，同時又存在着不少"冋"。如上文説過的"叟"，代表"入水有所取"的"水"的"冋（泂）"都寫作"冋"而從不寫作"回"。阜陽雙古堆漢墓所出《涉江》殘簡的"冋"字，見於"淹回水而凝滯"一句，亦用作"回水"之"回"。② 這種用字的區分似正表明"回"、"冋"來源有異。戰國楚、秦文字"冋"的寫法已詳上舉，"回"則皆作⊘、◎。可見"冋"、"回"字形出入較大，尤以楚文字爲甚。在這種情況下，"冋"恐怕没有可能演變出"回"。

"回"、"圍"音義皆近，字形也頗有相似之處。一般認爲"韋"象以"止（代表人）"圍"囗（代表城邑）"，是"圍"的初文，後於外重加"囗"而成分化字"圍"。不過，"圍"的出現倒不算晚，西周晚期的柞伯鼎中已見此字，就用爲"圍城"之"圍"（《商周青銅器銘文暨圖像集成》02488）。戰國文字中，

---

① 馬叙倫《説文解字六書疏證》，第四册 32 頁，上海：上海書店，1985 年。
② "回（迴）風"之"回（迴）"當以"冋"爲其本字。《清華（伍）·殷高宗問於三壽》簡 8～9："我思天風，既牽（冋/迴）或止。"假"牽"爲之。顔回之"回"，楚竹書或假"韋"、"悼"爲之，與此同例。

楚、秦、齊各系亦皆有"圍"字（齊系"圍"不但見於戰國齊印，還見於時代更早的春秋庚壺銘）。① "回"的字形跟"圍"相比，不過少了最初表示圍城者的"止"形而已，其字可說爲取兩"囗"相圍之形，以表"圍繞"、"包圍"意。"回"字的出現似確不早，我懷疑就是仿照"圍"的字形而造的。

秦、楚二系文字中的"冋"的寫法雖不盡相同，但都不如"回"好寫。隸變之後，"冋"變得與"回"形近，再加上"冋"、"回"同音，迴旋之"冋"與包圍之"回"，義亦相涵（另參文末一段）；所以入漢以後，除"叟"等合體字中的偏旁以及由"古文回"產生的隸定形之外，一般情況下就不再使用獨體的"冋"字了。阜陽漢簡《涉江》中的"冋"，也許是從其戰國底本繼承下來的少數殘遺。阜陽漢墓所出《儒家者言》章題木牘中，有一條"□□（孔子？）曰回有君子之道"。② 這裏顔回的"回"不寫作"冋"而就作"回"，符合"冋"在漢隸中逐漸被"回"所吞併的大勢。

既知古文字中本有一個爲"圍"義的"回"所造的"回"字，語言層面上"回"與"圍"的關係也就不難明白了。魏克彬先生在《溫縣盟書 T4K5、T4K6、T4K11 盟辭釋讀》的一個注裏指出，"回"、"圍"可考慮爲同源詞，並舉表示"違背"、"邪僻"義的"回"、"違"也是同源關係作爲類比。③ 其說很有參考價值。表示"違背"、"邪僻"義的"回"，古人多謂"猶違也"、訓"邪"，並不破讀爲"違"。馬王堆帛書《周易》的《損》卦"六五"爻、《益》卦"六二"爻，有"弗克回"之語（13 下～14 上，92 上）；④帛書《繫辭》云"與天【地】相枝，故不回"（6 下～7 上）、"出言而不善，則千里之外回之"（13 上）。⑤ 今本"回"皆作"違"。《詩·大雅·常武》："徐方不回，王曰還歸。"鄭箋："回猶違也。"孔疏："徐方先嘗叛者，已不敢違命，則無復有事。王乃告之曰：可以還歸矣。"是"回"古有"違背"義，帛書本的"回"不從今本讀

---

① 參看徐在國、程燕、張振謙《戰國文字字形表》，833 頁，上海：上海古籍出版社，2017 年。
② 郭永秉《阜陽漢簡考釋兩篇》，同作者《古文字與古文獻論集》，268～269 頁，上海：上海古籍出版社，2011 年。
③ 《出土文獻與古文字研究》第五輯，361 頁注④，上海：上海古籍出版社，2013 年。
④ 裘錫圭主編《長沙馬王堆漢墓簡帛集成》，第叁冊 17、38 頁。
⑤ 同上注所引書，63、66 頁。

"違",自亦可通。① 徐灝《說文解字注箋》:"回之引申爲回旋,爲迂回。迂有曲義,故回亦訓衺曲,因之有姦回之偁。"②已把"回"何以有"違(依《說文》,'邪'義之'違'當以'奎'爲其本字)"義説得很清楚。"迂迴"、"衺曲"即不順,故"回"亦有"違背、違逆"之義。從徐氏所指出的詞義引申綫索來看,訓"違背"、"邪違"之"回"本當作"冏"(上引馬王堆帛書《周易》、《繫辭》的"回",既可視爲"冏"之同音通假,也可認爲是"回"字吞併了"冏"字的結果)。"冏"之於"違(奎)"與"回"之於"圍",是平行的語言現象。

從用字習慣上看,前面提過的、使用意如"圍"的"回"字的銀雀山漢簡"陰陽時令、占候之類"中,《禁》篇云"諸侯出獵不合圍"(簡 1699),也用"圍"字。《清華(叁)·說命上》簡 5:"説(指傅説)于韋(圍)伐失仲……"以"韋"爲"圍"。睡虎地秦簡、天水放馬灘秦簡和隨縣孔家坡漢簡《日書》中,"圍"常用"韋"字爲之。③ 這種"韋"似是"圍"的省借,而非回到"圍"的初文的"復古"。出土文獻中本來就不缺少"圍",把"回"與"圍"分爲二詞,對於"圍"來説不會有太大的損失。

古今漢語一直在使用的雙音節詞"圍繞"、"回(迴)繞",無疑是讀音意義都相當接近的兩個詞。作爲這兩個詞的構成語素的"圍"、"回",在單音節詞占主導地位的上古時代,當然也應看作兩個詞。我們釋讀出土文獻時,如果把意如"圍"的"回"直接括讀爲"圍",無異於取消了一個實際存在過的詞彙或詞彙的某一義位的合法地位,從本文的討論來看,這樣做是不妥當的。把訓"又"之"或"讀爲"又"、訓"報"之"復"讀爲"報"、訓"定"之"成"讀爲"定"等等,都屬同類問題。

《上博(七)·凡物流形》:"十回之木,其始生如蘖。"(甲本簡 9、乙本簡 7)"回"一般都讀爲"圍"。今按,"一抱謂之圍"的量詞"圍",顯然是從"圍繞"、"週圍"義引申而來的。按理"回"也可從"回繞"、"週回"義引申出類似於"圍"的量詞用法,只是傳世文獻没有保存這種用例。即使"回"的

---

① 《清華(叁)·芮良夫毖》簡 23"人頌(訟)攸(姧)害"之"害",一般讀爲"回",其實不如讀爲"邪僻"義的"違"直接。
② 徐灝《說文解字注箋》,《續修四庫全書》,第 225 册 634 頁。
③ 白於藍《簡帛古書通假字大系》,575 頁。

確未曾產生過類似於"圍"的量詞用法,《凡物流形》"十回之木"的"回"只能讀爲"圍"才符合先秦漢語的實際,這對於意如"圍"的"回"與"圍"是兩個詞的結論,也不構成致命的反證。在我看來,這種情況正好反映了"回"、"圍"這兩個同源詞在詞義方面的某些差異,如量詞"一抱"的用法就是"回"所不具備的。①

馬王堆帛書《繫辭》"犯回天地之化而不過"(7 上～7 下),"犯回"二字,今傳韓康伯本作"範圍",據《釋文》,他本或作"犯違",用字與帛書本接近。② 按"犯違"當讀爲"範圍",《九家易》:"範者,法也。圍者,周也。"李道平疏引《爾雅·釋詁》"法、範,常也",謂"'法''範'同訓常,故云'範,法也'",③不如孔穎達疏"範謂模範"得其源。關於"圍,周也",李疏云:"圍,古文作囗,《説文》云'囗,回也',《漢書·劉向傳》'周回五百里','囗''周'同訓回,故云'圍,周也'。"④此説很可參考。《説文·六下·囗部》:"囗,回也。象回帀(匝)之形。"按本文區分"囗"、"回"的看法,李疏中的"囗"似當改作"回"。不過,"回"、"囗"早已混同,對於傳世文獻中二字的用法自無須強爲分別。李疏通過"囗"爲中介,點出了"範圍"之"圍"與"回"的密切聯繫。由此可知帛書本"犯(範)回"之"回"跟文首所舉的當"圍繞"、"包圍"講的諸多"回"一樣,不必改讀爲"圍"。

這種意如"圍"的"回",是否也見於傳世古書呢?下面討論一例。

《墨子·辭過》云:

---

① 《上博(七)·君人者何必安哉》記范戊進諫楚王説"君王有白玉三回而不戔(察?)",下舉出王的三種實際行爲謂"此其一回也"、"此其二回也"、"此其三回也"(見甲本簡 1～6,乙本簡 1～6)。有些學者主張"回"讀爲"表示周長的單位"的"圍"[參看楊真《〈上博竹書(七)〉集釋》,48～50 頁,武漢大學碩士學位論文(指導教師:蕭毅),2011 年;白於藍《簡帛古書通假字大系》,574 頁]。按此説恐不可信。從上下文看,范戊實以"白玉三回"比喻楚王的三種缺點、瑕疵,"回"讀爲量詞"圍"於文義難洽。或讀爲"違",有"邪僻"和"違背"二解(參看上舉楊真《集釋》)。但依"違背"解,需要增添不少話才能講通;作爲臣下進諫君王,謂其"邪僻"則言之過重。竊疑"回"似有可能讀爲"煒"或"暉",指赤色。"白玉三回(煒/暉)"是説白玉上有三個赤色的斑點,即白玉微瑕之義。

② 裘錫圭主編《長沙馬王堆漢墓簡帛集成》,第叁冊 63 頁。

③ 李道平《周易集解纂疏》,557 頁,北京:中華書局,1994 年。

④ 同上注。

凡回於天地之間,包於四海之内,天壤之情,陰陽之和,莫不有也,雖至聖不能更也。

有些人認爲這句話裏的"回"是譌字(按此文"回"、"囘"各本雜出,我們徑寫作"回")。孫詒讓説:"'回'字譌,蘇(引者按:指蘇時學)云'當作同'",亦未塙。"①王闓運亦疑爲"同"之誤。陳漢章疑是"囩(亘)"字。②但"同於天地之間"與"包於四海之内"文義不稱;"亘"缺乏古書實例,不知其具體用法,故皆難信從。

大多數學者相信此文的"回"字不誤。于省吾先生讀"凡回於天地之間"的"凡回"爲"盤回","猶言盤旋"。王焕鑣已指出于説之非,"凡"應是總括之辭。在不以"凡回"連讀的諸家中,王樹枏引《吕氏春秋·上德》"德迴乎天地"注"迴,通也"爲釋,但"通"與下一句的"包"義也不能對舉。除此之外,曹耀湘、劉師培、劉昶、孫人和等訓"回"爲"周迴"、"周匝"、"回轉",持論相近。他們的説法從文義看都較爲合理。

《上博(二)·容成氏》簡9有如下一段話:

是以視賢,履地戴天,篤義與信。會在天地之間,而包在四海之内,畢能其事,而立爲天子。③

史黨社先生率先指出"會在天地之間,而包在四海之内"與《墨子·辭過》"凡回於天地之間,包於四海之内"相似。④ 這對我們理解"回"的意義很有幫助。

《容成氏》整理者李零先生指出"會"與"包""互文","俱有囊括無遺之義"。⑤ 邱德修先生釋爲"會合在天與地的中間",⑥爲史黨社先生所贊

---

① 孫詒讓《墨子閒詁》,37頁。
② 王焕鑣《墨子集詁》,上册561頁,上海:上海古籍出版社,2005年。下引諸説皆見此頁,不另注。
③ 馬承源主編《上海博物館藏戰國楚竹書(二)》,釋文考釋257頁,上海:上海古籍出版社,2002年。
④ 史黨社《讀上博簡〈容成氏〉小記》,簡帛研究網,2006年3月6日;收入同作者《〈墨子〉城守諸篇研究》,254頁,北京:中華書局,2011年。
⑤ 馬承源主編《上海博物館藏戰國楚竹書(二)》,釋文考釋257頁。
⑥ 邱德修《上博楚簡〈容成氏〉注譯考證》,247頁,臺北:臺灣古籍出版有限公司,2003年。

同。黃人二先生説"會"、"合"義近,簡文此處"可通假亦可不通假"。① 按"會"、"合"音義皆近,"會"字本从"合"作。古書中"會"或指器蓋,即其會合、蓋藏義之引申。古有"天覆地載"之説,所謂"會合在天地之間",意思就是因天地之覆蓋、承載而被聚合於其間。銀雀山漢簡《孫臏兵法》有《月戰》篇,以"孫子曰"引出的第一句話爲"閒於天地之間,莫貴於人"(簡 330 正)。② 整理小組所編單行本《孫臏兵法》解釋"閒於天地之間":"猶言介於天地之間。"③《素問·寶命全形論》記黃帝問,起首就説:"天復(覆)地載,萬物悉備,莫貴於人。"可證"會在天地之間"、"閒於天地之間"當即"天覆地載"之意。

《墨子·辭過》"回於天地之間"的"回"不但與"包於四海之内"的"包"對文,而且應與上博簡《容成氏》"會在天地之間"、銀雀山漢簡《孫臏兵法》"閒於天地之間"的"會"、"閒"意義相容。但史黨社先生認爲"回"與"會"通,④則不必。王闓運在懷疑"回"當作"同"之餘,還提出"或作'囗'(音圍)"。此説差近事實。我們認爲"回於天地之間"的"回"無煩改爲"囗"或"圍",而就是"圍"的意思。"凡回於天地之間,包於四海之内"是説舉凡被包圍在天地之間、四海之内者,蓋指一切生物。【編按:《左傳·襄公十八年》:"楚師伐鄭,次於魚陵。右師城上棘,遂涉潁,次於旃然。蒍子馮、公子格率鋭師侵費滑、胥靡、獻于、雍梁,右回梅山,侵鄭東北,至於蟲牢而反。""右回梅山"之"回"義同"圍",亦是一例。】

最後還想就"囘"、"回"的關係再説幾句。上文主要强調了"囘"、"回"二字有不同的來源,但也應該指出,從詞義上看,"囘"由"迴旋"、"迴轉"的本義引申出"圍繞"、"包圍"義,是很容易的事(參看本文第二段引《漢語大字典》"回"字條義項①),這也可説明"圍繞、包圍"義的"回"不是假借爲

---

① 黃人二《〈孟子·萬章上〉篇諸章與上博藏簡〈容成氏〉涉及堯舜禪讓之竹簡》,《儒家文化研究》第一輯,205~206 頁,北京:生活·讀書·新知三聯書店,2007 年。
② 銀雀山漢墓竹簡整理小組《銀雀山漢墓竹簡[壹]》,釋文注釋 59 頁。
③ 銀雀山漢墓竹簡整理小組《孫臏兵法》,58 頁。
④ 史黨社《讀上博簡〈容成氏〉小記》,簡帛研究網,2006 年 3 月 6 日;收入同作者《〈墨子〉城守諸篇研究》,254 頁。

"圍"的。所以,在"回"字產生之前,如果語言裏已存在"圍繞"、"包圍"義的"回",很可能就是用"囘"字表示的。"回"字被造出之後,可以認爲分擔了"囘"的部分義項。由於"回"字是專門承擔"囘"的"圍繞"、"包圍"之類的引申義的,"囘"的本義及其較近引申義——如指"囘水"等,當然就不用"回"字來表示。二字似有較爲明確的分工。從這個意義上説,"回"不妨看作"囘"的分化字,只不過"回"這個分化字與其母字"囘"之間本來缺乏字形上的聯繫(倒是隸變之後,二者字形才趨近),而是根據其同源詞"圍"的字形仿造的,情況較爲特殊。①

2019 年 8 月 2 日寫完

附識:

拙文曾在吉林大學主辦的"古文字與出土文獻青年學者論壇"(長春, 2019 年 9 月 21～23 日)宣讀。會上蒙鞠焕文先生告知,張世超先生近撰《〈説文〉"回"字考》一文,與拙文主要觀點相合,會後又蒙焕文先生轉賜張文,十分感謝。張先生亦指出《説文》篆文"回"與古文"囘"本是二字,並將"回"與"圍"、"囘"與"云"聯繫了起來。但在某些具體提法上,拙文與張文不完全一致。如張先生認爲"回"字是爲"圍"所造的簡體,"囘"字來自於"云"之簡體。張文現已發表於《中國文字學會第十屆學術年會論文集》下册 435～441 頁(鄭州:鄭州大學,2019 年 10 月 11～14 日)【編按:張文後正式刊於《中國文字學報》第十一輯,33～41 頁,北京:商務印書館,2021 年】,讀者可與拙文合觀。

拙文投寄《中國文字》後,蒙匿名審稿專家賜告,駱珍伊先生在她的碩士論文《〈上海博物館藏戰國楚竹書(七)～(九)〉與〈清華大學藏戰國竹簡(壹)～(叁)〉字根研究》裏,已懷疑"楚簡'回'字可能有兩個來源":"一個是![]、一個是![]。![]應該是表達'回水、迴旋'之義的'回'字,與'圍'是通假關係,字屬象形。而![]應該是表達'周圍、外圍'之義的'圍'字……與

---

① 造與其母字没有字形上聯繫的分化字的現象,在漢字發展史上是確實存在的。參看裘錫圭《文字學概要(修訂本)》,225～226 頁,北京:商務印書館,2013 年。

'圍'可能是異體關係。"(臺灣師範大學碩士學位論文,指導教師：季旭昇、羅凡晸,2014年)她所說的《姑成家父》的 ⟩ 是不是"回"字,尚待研究,但區分"囧"與"回"、認爲"回"可能是"圍"的異體,都很有道理,與張世超先生和拙文的看法相同,且其提出時間最早。本人完全不知駱文,以致失於徵引,實在孤陋寡聞。感謝審稿專家的教示。

2019年10月27日

原載《中國文字》2019年冬季號(總第二期),(臺北)萬卷樓圖書股份有限公司,2019年10月。

"弱"、"約"有關字詞的考察

出土與傳世文獻所呈現的漢語字詞關係的複雜面貌,學界已有不少描寫和研究。本文想具體地考察一下{弱}、{約}的記錄形式及相關文字所表之詞,①以期對上古漢語字詞關係的準確認定有所推進。我們的考察主要圍繞{弱}展開,兼及與{弱}、"弱"有關的{約}。

{弱}的用字情況,周波、禤健聰等先生作過很好的總結。② 本文在他們的論述的基礎上,補充新見資料,進一步討論一些問題。

一

秦漢文字{弱}一般用"弱"字表示,與傳世文獻的用字方法相同,其多數字形也與《説文》小篆"弱"一致。③

戰國楚文字中記錄{弱}的字不止一類,最常見的作如下諸形:

Ⅰ. 㲃（左塚漆梮）

---

① 爲了行文的方便,本文采取裘錫圭《文字學概要》的辦法,用外加"{}"標識語言中的"詞",以此區别於記錄詞的文字。

② 周波《戰國時代各系文字間的用字差異現象研究》,142～143 頁,北京:綫裝書局,2012 年。禤健聰《戰國楚系簡帛用字習慣研究》,269～270 頁,北京:科學出版社,2017 年。

③ 參看王輝主編《秦文字編》,1398～1399 頁,北京:中華書局,2015 年;徐正考、肖攀《漢代文字編》,1303 頁,北京:作家出版社,2016 年。

"弱"、"約"有關字詞的考察　501

[□][《清華(陸)·鄭文公問太伯》甲本簡1、10，乙本簡1、9]

[□][《清華(柒)·越公其事》簡32]

[□][《清華(拾)·四時》簡1]

[□][《清華(柒)·子犯子餘》簡5]

[□][《清華(叁)·芮良夫毖》簡15]

[□][《清華(捌)·治邦之道》簡22]

[□][《上博(二)·容成氏》簡36]

[□](郭店《老子》甲組簡37)

[□][《上博(五)·姑成家父》簡10。同簡"弪(強)"字所從"弓"寫法與此同]

Ⅱ. [□](包山簡7)

Ⅲ. [□][《清華(玖)·治政之道》簡16]

Ⅳ. [□](郭店《太一生水》簡9)

不少學者把它們都釋爲"溺"，表示{弱}就是假借用法。① 晚近發表的清

---

① 持此種釋法的論著俯拾即是，爲避繁瑣，恕不一一列舉。

華大學藏戰國竹簡各輯整理報告中，整理者把歸於Ⅰ的清華簡諸字例釋爲"弱"，歸於Ⅲ的《治政之道》那一例則釋爲"溺"、讀爲强弱之{弱}。① 我們認爲清華簡整理者的釋法是合理的。

戰國文字"弓"、"尸"、"人"旁屢見相混，②Ⅱ、Ⅳ的"人/尸"旁顯然是從"弓"旁省變而來的，③Ⅰ中後幾例"弓"已漸近"尸"形，可證。有些學者反以爲"弓"由"人"變成，④恐不可信。Ⅰ類字形中的"弓"居於左半，"水"只占右下角，其字自以析作左右結構爲宜；Ⅱ類字形雖"弓"變爲"人"，但依舊保持着左右結構。{强}、{弱}是一對經常對舉或並提的反義詞，"弜(强)"字从"弓"，所以古人爲{强}的反義詞{弱}所造之字也从"弓"，⑤這是不難理解的。戰國文字"强"或增从"力"，《上博（五）·鮑叔牙與隰朋之諫》簡3"弱"字也跟着增从"力"，可以類比。楚簡"弜(强)"所从"弓"或譌變爲"人"，即《説文·四下·刀部》"古文剛"" "所從出者。⑥ 這跟上舉Ⅱ、Ⅳ的"弓"譌變爲"人"也是一致的現象。{强}、{弱}往往指人的力量而言，其字變从"人"，似仍與字義不失關聯。楚文字記録{弱}時大量使用Ⅰ類字形。釋Ⅰ爲"溺"的人，只承認从"力"（見於《鮑叔牙與隰朋之諫》簡3）和从"子"者（見於包山簡5【編按：又見於《清華（拾叁）·畏天用身》簡1】）爲强弱之{弱}或幼弱之{弱}的專字。⑦ 可是這樣的表示{弱}的專字實在太少了，絕大多數的{弱}需要假借"溺"字爲之，這未免有些奇怪。如果Ⅰ、Ⅱ本即"弱"字，用它們來記録語言裏的{弱}，就恰然理順了。

――――――
① 清華大學出土文獻研究與保護中心編、黃德寬主編《清華大學藏戰國竹簡（玖）》，下冊127頁，上海：中西書局，2019年。
② 參看袁瑩《戰國文字形體混同現象研究》，61頁，上海：中西書局，2019年。
③ 參看謝明文《談談甲骨文中可能用作"庭"的一個字》，《出土文獻綜合研究集刊》第六輯，30頁，成都：巴蜀書社，2017年。
④ 劉釗《金文字詞考釋（三則）·王孫遺者鐘的"和跶"》，同作者《古文字考釋叢稿》，133頁，長沙：嶽麓書社，2004年。禤健聰《戰國楚系簡帛用字習慣研究》，269頁。
⑤ 同類造字現象，參看陳劍《説"規"等字並論一些特別的形聲字意符》，楊榮祥、胡敕瑞主編《源遠流長：漢字國際學術研討會暨AEARU第三屆漢字文化研討會論文集》，1～22頁，北京：北京大學出版社，2017年。
⑥ 張富海《漢人所謂古文之研究》，80頁，北京：綫裝書局，2007年。
⑦ 周波《戰國時代各系文字間的用字差異現象研究》，142～143頁。禤健聰《戰國楚系簡帛用字習慣研究》，269～270頁。

"弱"、"約"有關字詞的考察　503

《上博（七）·武王踐阼》所記盥銘曰："與其溺於人，寧溺於淵。溺於淵猶可遊，溺於人不可救。"（簡8）"溺"作如下諸形（第二、三處"溺"用加重文號表示，故共計三見）：

、、

"水"都寫在全字之下，與上舉Ⅲ、Ⅳ相同。由於《武王踐阼》這三處正好表示的是{溺}，故其字應以"水"爲意符，即溺没、沉溺之{溺}的專字。Ⅲ、Ⅳ幾例就是假"溺"爲{弱}，不過這種假借用法並不多見。

左塚楚墓所出漆梮文字中不但有作Ⅰ形的从"水"的"弱"，還有不从"水"的"弱"字：

（此字三見。辭例分别爲"弱德"以及"三弱"、"五弱"，後二者與"三强"、"五强"相對）

也許有人會據此否定釋Ⅰ爲"弱"，而主張仍釋爲"溺"。事實上漆梮文字中的"Ⅰ"確有讀爲{溺}者。①

今按，漆梮"Ⅰ"見於方框内的所謂D邊，與它構成一詞的另一字，下爲"心"，上爲"龜"。蘇建洲先生指出，"龜"當是"蠿"之形省，後者在楚簡中常用爲{宛}、{琬}等，所以此从"心"、"蠿"聲之字可釋爲"惌/惋"，在此讀爲婉順之{婉}，"Ⅰ"讀爲柔弱之{弱}，{弱婉}與{猛剛}相對。② 其説甚是。從同處D邊的{背斷}、{賊貪}、{猛剛}、{虐暴}皆"義涉連用"之例來看，③"惌（婉）Ⅰ"之"Ⅰ"讀爲{弱}以與{婉}搭配，也顯然比讀爲{溺}合適（另參下文）。

---

①　參看朱曉雪《左塚漆梮文字匯釋》，《中國文字》新三十六期，149頁，臺北：藝文印書館，2011年。

②　蘇建洲《釋〈上博九·成王爲城濮之行〉的"肆"字以及相關的幾個問題》，《中正漢學研究》總第24期，58～59頁，2014年。

③　王凱博《左塚漆梮字詞小劄（四則）》，《中國文字》新四十期，268頁，臺北：藝文印書館，2014年。"背斷"的讀法，"斷"訓"棄"，亦從王説。其餘諸詞的釋讀，參看朱曉雪《左塚漆梮文字匯釋》，《中國文字》新三十六期，148～149頁。

楚文字"弱"字右半作"彡、勿"形者,劉釗先生指出當來自甲骨文中舊釋爲"尿"之初文的 ![字形] 、![字形]。① 其説可從。謝明文先生雖誤信東周文字中從"水"的"弱"爲"溺"字,但已指出"强弱之弱本應从弓从尿之初文得聲",② 這一認識是很對的。秦印"溺"、"弱"或作如下之形:③

A1. ![印章圖]〔《珍秦齋藏印(秦印篇)》99〕

A2. ![印章圖]〔《珍秦齋藏印(秦印篇)》266。原反書,今已翻轉〕

B1. ![印章圖]（《中國璽印集粹》840）

B2. ![印章圖]（《陝西新出土古代璽印》696）

與多數秦漢文字和《説文》小篆"弱"寫法有別,其時代當較古。這些"弱"的右半與甲骨文"尿"的聯繫更爲明顯。甲骨文"尿"字近年有些學者改釋爲"彡"。④ 然而對於"弱"字來説,如其所從爲"彡",於音於義都很難解釋得通;如釋爲"尿",由於古書"尿"、"溺"屢通,"弱"就可以分析爲從"尿"得聲。所以我們認爲舊釋甲骨此字爲"尿",還是可取的。從字形上看,釋爲"尿"也比釋爲"彡"更容易得到説明。⑤

---

① 劉釗《金文字詞考釋(三則)·王孫遺者鐘的"和弱"》,同作者《古文字考釋叢稿》,133 頁。甲骨文"尿"字,參看李宗焜《甲骨文字編》,9 頁,北京:中華書局,2012 年;劉釗等《新甲骨文編(增訂本)》,623 頁,福州:福建人民出版社,2014 年。

② 謝明文《談談甲骨文中可能用作"庭"的一個字》,《出土文獻綜合研究集刊》第六輯,30 頁。

③ 參看劉釗《金文字詞考釋(三則)·王孫遺者鐘的"和弱"》,同作者《古文字考釋叢稿》,134～135 頁;周波《戰國時代各系文字間的用字差異現象研究》,142 頁;趙平安、李婧、石小力《秦漢印章封泥文字編》,972 頁,上海:中西書局,2019 年。

④ 何景成《甲骨文字詁林補編》,1～2 頁錄劉桓、宋鎮豪、王暉説,北京:中華書局,2017 年。黃天樹《説"昔"》,《黃天樹甲骨學論集》,10～11 頁,北京:中華書局,2020 年。

⑤ 參看謝明文《談談甲骨文中可能用作"庭"的一個字》,《出土文獻綜合研究集刊》第六輯,30 頁。按"彡"字從何而來,字形如何分析,目前還不清楚,有待於進一步研究。

不過，"尿"之初文大概很早就不獨立行用了，戰國文字"弱"、"溺"所從的"尿"已與"㣎"、"勿"形混，爲了較明確地標識讀音，楚文字"弱"的聲旁多用"㣎(尿)"下加"水"之字，以與真正的"㣎"、"勿"相區別。王孫遺者鐘是春秋晚期的楚器，鐘銘"弱"字的聲旁已從"水"作：

（《集成》00261）

戰國楚簡作Ⅰ形的"弱"，即承此而來。從"水"、"㣎(尿)"聲之字，可能就是"尿"的繁體(如"勿"之於"刎"、"益"之於"溢"、"然"之於"燃"等)。① 清華簡《祝辭》有一個用爲{溺}的"弱"字：

[《清華(叁)·祝辭》簡1]

其右旁作"人"下有"水"之形，像是把從"水"從"㣎(尿)"之字改造(簡化)成簡明直觀的"尿"。上舉王孫遺者鐘"弱"所從的"水"亦位於"㣎(尿)"中"人"形之下，多少可以看出"水"有表{尿}的意味。當然，從"水"、"尿"聲之字是溺没之溺的可能性也是存在的。

現在看到的春秋戰國時代的楚文字"弱"，其聲旁絕大多數都作從"水"的"㣎(尿？溺？)"，唯包山簡簡5從"子"的幼弱之{弱}的專字【編按：再加上《清華(拾叁)·畏天用身》簡1的幼弱之"弱"字】和上文舉出的左塚漆梮{弱德}、{三弱}、{五弱}的"弱"字不從"水"。包山簡簡5的"弱"字，很可能由於下增從"子"而擠掉了"水"旁【編按：《清華(拾叁)·畏天用身》簡1的"弱"作，情況同此】。所以，楚文字中真正不從"水"的"弱"字，目前只有左塚漆梮那三例。在"尿"之初文已廢棄不用、其形又與"㣎、勿"混同的情況下，這種偶見的"弱"未嘗不可以看作從"水"的"弱"的簡省之體。但也可認爲是保存了從"弓"、"尿"聲的"弱"之古體。作Ⅲ、Ⅳ之形的"溺"，也許只是把"弱"的聲旁"㣎(尿？溺？)"所從的"水"挪至全字

---

① 劉釗《金文字詞考釋(三則)·王孫遺者鐘的"和弱"》，同作者《古文字考釋叢稿》，133頁。

下方書寫而已，亦即稍變从"水"的"溺"字而成的。

上引秦印 A1、A2，"水"旁寫在全字之左，與楚文字"溺"的"水"旁位置不同，所以前者只能釋爲从"水"、"弜（弱）"聲的"溺"。此"溺"的聲旁"弜（弱）"从"弓"、"㐱（尿）"聲，乃{弱}之初文，與楚文字从"水"的"溺"僅有聲旁簡繁之別。B1、B2 較 A1、A2"溺"所从之"弜（弱）"，在"弓"下多出"三小點"，而且這"弓"下"三小點"與本象"尿"形的"人"下"三小撇"形態有異。《秦文字集證》圖版 183.731 著録一方秦人名印"闕弱"，其中"弱"的寫法亦可注意：

此"弱"字右旁的"人"雖已類化爲"弓"，但其下"三撇"的形態與左旁"弓"下"三撇"猶有差異，透露出二者來源不同的消息。我們知道，秦文字遠在隸書尚未完全形成之時，已出現了將篆文"水"旁簡化成"三小點"的寫法；秦隸形成以後，篆文寫法的"水"旁與"三小點"形的"水"旁是長期並存的。① 頗疑 B1、B2"弓"下的"三小點"（亦即"弱"字"弓"下的"彡"形），就是 A1、A2"水"旁的簡寫，二者本爲一字之正俗體。據郭永秉先生觀察，用秦隸書寫的秦簡中"'水'旁在左寫成篆文'水'形的字"，"其出現的場合基本都是地名"，這可能跟"人名、地名等專名用字中往往存古"的現象有關。② 《説文》定"溺"爲弱水之{弱}字，而非溺没、沉溺之{溺}字。由此看來，A1、A2 左旁作篆文"水"的"溺"很有可能是作爲弱水之{弱}的專字"溺"來用的，B1、B2 簡化成"三小點"者才是用爲溺没、沉溺之{溺}字；秦人似乎有把"溺"的正體與俗體分化爲二字的傾向（後者"三小點"形位於"弓"的下方，與前者"篆文'水'形"的位置不同，大概也是有意分化的一種表現）。

就字形演變來説，从"三小點"的 B1、B2 的右旁"人"形受左旁"弓"的

---

① 郭永秉《有關隸書形成的若干問題新探》，楊榮祥、胡敕瑞主編《源遠流長：漢字國際學術研討會暨 AEARU 第三屆漢字文化研討會論文集》，78～82 頁。

② 同上注所引書，81 頁。

類化，即成後世常見的"弱"字。① 上舉上博簡《武王踐阼》"溺"的前二形，"水"上部分的左右構件也類化得相當近似，可資參照。總之，傳世文獻習用的{强弱}之"弱"字，未必就是{弱}的本字，而有可能是爲溺没、沉溺之{溺}造的；强弱之{弱}的真正本字"弜"、"弲"，反被這種訛變之後其形義難明的"弱"字完全吞併了。

這裏順便談一下戰國文字中另一個表示{弱}的"伋"字。此字用爲{弱}，見於傳抄古文以及一般認爲具有齊系文字特徵的郭店《語叢二》簡36，後者作如下之形：

同簡另有一個从"邑"从"水"之字，從文義看也用爲{弱}，裘錫圭先生指出是"伋"之譌體。② 按此字也有可能當分析爲从"邑"、"伋"省聲。此外，"伋"還見於齊陶文（用爲偏旁）、三晋陶文和燕璽，都是人名。③ 清華簡《筮法》第二十六節《祟》簡 48 有一個用爲{溺}的整理者隸定爲"伋"的字：

此字既讀爲{溺}，顯然也是《説文·十一上·水部》訓"没水也"、"讀若與溺同"（皆用小徐本）的"伋"。

《説文》以"伋"爲溺没、沉溺之{溺}的本字，分析爲"从水、从人"會意。但出土古文字中"伋"往往寫作左右結構，或"水"位於"人/尸"下（如《語叢二》之例），不太看得出人溺没於水中的字義。賓組卜辭有 字（《合集》

---

① 參看周波《戰國時代各系文字間的用字差異現象研究》，142 頁注【2】引陳劍先生說；謝明文《談談甲骨文中可能用作"庭"的一個字》，《出土文獻綜合研究集刊》第六輯，30 頁。按陳説也提到了"類化"，但具體講法與我們不同；謝先生只籠統地説："後來尿之初文訛作彡或勿形，最後左右兩部分相互類化即作'弱'形。"未及具體描述其類化過程，也未討論"弱"字"弓"下"彡"形的來源。

② 荊門市博物館《郭店楚墓竹簡》，釋文注釋 206 頁，北京：文物出版社，1998 年。

③ 周波《戰國時代各系文字間的用字差異現象研究》，143 頁。

8344），或釋爲"伙"。① 其辭雖殘，但從字形和殘辭文例看，這個字應該就是甲骨文屢見的[字]字的省體，與"伙"無關。周原甲骨 H11：54 有[字]字（陳全方摹本），或釋"伙"，②亦不可信。此字從字形看，似宜釋爲"衍"或"沈"（左有殘損）。看起來"伙"字並無很古的來源。前揭Ⅱ、Ⅳ"弱"、"溺"所從"弓"已變爲"尸/人"，"弜（强）"字所從"弓"變爲"人"後，還分化出了"古文剛"字。我懷疑"伙"字可能也是從Ⅱ、Ⅳ一類寫法的"弱"簡省分化出來的（即"豫（弱）"左旁變爲"尸/人"後，又省去右旁"彡（尿）"或"人"），與"弜（强）"分化出"古文剛""信"同例。試將上引《祝辭》簡 1"弱"所從"人"旁省略，其形與《筮法》的"伙（伙）"顯然很接近。

二

隨着出土戰國竹書的不斷公布，人們發現{弱}還可以用"勺"聲字來表示。

清華簡《繫年》第十八章末云："諸侯同盟于鹹泉以反晉，至今齊人以不服于晉，晉公以弱。"（簡 103）整理者讀爲{弱}之字原釋"仢"，③陳劍先生改隸作"豹"，也有學者認爲當隸定爲"月"。④ 從字形看，此字隸定爲"月"或"豹"都是可以的；蘇建洲先生指出同篇簡 50"弜（强）"所從"弓"亦作此形，⑤所以此字隸定爲"豹"也完全没有問題。我們傾向於隸作"豹"之説。學者們已經舉出，中山王鼎銘"奪其汋于人也，寧汋于淵"的"汋"用爲{溺}；《春秋·昭公元年》、《昭公十一年》"齊國弱"的"弱"，《公羊傳》皆作"酌"。⑥（不過，

---

① 李宗焜《甲骨文字編》，50 頁；劉釗等《新甲骨文編（增訂本）》，629 頁；夏大兆《商代文字字形表》，440 頁，上海：上海古籍出版社，2017 年。
② 江學旺《西周文字字形表》，457 頁，上海：上海古籍出版社，2017 年。
③ 清華大學出土文獻研究與保護中心編、李學勤主編《清華大學藏戰國竹簡（貳）》，下册 180 頁，上海：中西書局，2011 年。
④ 蘇建洲、吴雯雯、賴怡璇《〈清華二·繫年〉集解》，734 頁，臺北：萬卷樓圖書股份有限公司，2013 年；李松儒《清華簡〈繫年〉集釋》，265~266 頁，上海：中西書局，2015 年。
⑤ 蘇建洲、吴雯雯、賴怡璇《〈清華二·繫年〉集解》，736 頁。
⑥ 蘇建洲、吴雯雯、賴怡璇《〈清華二·繫年〉集解》，734~735 頁；李松儒《清華簡〈繫年〉集釋》，265 頁。

《春秋》經傳"齊國弱"的"國弱"乃人名,非強弱之{弱}。)"弜"亦从"勺"聲,應該就是"孨(弱)"字改換聲旁的異體["勺"中古有禪母、章母二讀,讀章母者實與"酌"通。从"勺"聲的"釣"、"的"、"駒"、"靮"等字皆讀端母(*t-),故"勺"的上古聲母當爲*d-。"弱"的上古聲母爲*n-。"勺"聲字表示{弱},與"淖(*n-)"从"卓(*tr-)"聲、"愵(*n-)"从"叔(*t-)"聲相類]。

上博簡《成王爲城濮之行》甲本簡 3 有"遠(蔿)白(伯)珵(嬴)獣(猶)約"之語。① "無語"(網名)讀"約"爲{弱},"'猶弱'相當於《左傳》說蔿賈'尚幼'"。② 古書中{約}從無指年少、幼小的用法,所以簡文"約"無法如字讀。③ 指年少、幼小的{弱},《左傳》等書屢用,讀"約"爲{弱},文義十分允當。但是,有學者根據"約"中古爲影母,與"弱"聲母不近,提出"約"當讀爲同屬影母的{幼}。④ 我們認爲簡文的"約"只能讀爲{弱}而不能讀爲{幼},爲了說明這一點,有必要討論一下"約"的上古聲母的問題。

"約"是中古影母字。但至晚從西周時代開始,"約"字已寫作从"勺"聲了(毛公鼎"約"字从"束"、"勺"聲,見《集成》02841);上文說過"勺"的聲母爲*d-,⑤如果"約"的上古聲母也是影母*q-,就跟它的聲旁"勺"相抵牾。馬王堆漢墓所出竹簡《天下至道談》簡 28"飲藥約灸以致其氣"的"約"與"灸"並提,無疑當讀爲{灼}。⑥ "灼"是中古章母字,上古聲母爲*t-。上博簡《曹沫之陣》簡 22、29+24 下:"三軍出,君自率,必訋邦之貴人

---

① 馬承源主編《上海博物館藏戰國楚竹書(九)》,圖版 19 頁、釋文考釋 148 頁,上海:上海古籍出版社,2012 年。按整理者原誤讀"遠白珵"爲"蓮伯玉",此已據學者所指出的正確意見改讀。參看于立芳《上博(九)楚國故事相關竹書的文本集釋》,57 頁,河北大學碩士學位論文(指導教師:張振謙),2016 年。
② 于立芳《上博(九)楚國故事相關竹書的文本集釋》,37 頁引。引號裏的話引自"不求甚解"(網名)說,見同頁。
③ 同上注所引文,37~38 頁引高佑仁說以及作者自己的按語。
④ 同上注所引文,38 頁。
⑤ 从"勺"聲的"豹"、"杓"、"鮑"、"趵"等字中古讀幫組唇音,其上古聲母當如何構擬,尚待研究。我有些懷疑,西周金文裏"豹"字(參看董蓮池《新金文編》1369 頁,北京:作家出版社,2011 年)所从的"勺",實際上是從甲骨文"豹"的象形初文(參看李宗焜《甲骨文字編》599 頁)的畫有豹紋圓斑的身體簡省割裂出來的,並非真正的"勺"字;讀幫組唇音的"杓"、"鮑"、"趵"等字,可分析爲"'豹'省聲"。這一系字的讀音最好跟"勺"分開來。
⑥ 裘錫圭主編《長沙馬王堆漢墓簡帛集成》,第陸册 165 頁,北京:中華書局,2014 年。

及邦之可(奇)士、氽卒,使兵毋復前常。"①整理者李零先生讀"訋"爲{約},謂"指約束規定",②於文義甚洽,應可信從。【編按:據《安徽大學藏戰國竹簡(二)》所收《曹沫之陳》簡31～32,可知上博簡本簡29+24下("必訋邦之貴人……"以下)當排在簡51下之後,"使(?)兵"二字亦不當屬下讀,上引簡序有誤。"訋"一般讀爲"召",但從文義看,讀爲"約"的可能性還無法排除。】"訋"字從"言",楚簡多用爲{召},③很可能就是楚文字裏的"召"或"詔"字,與字書所收的"訋"未必是一字。"召"的上古聲母爲*dr-。戰國楚墓所出遣册記載的"紛約"或作"紛弔",宋華强先生認爲"弔"是"勺"、"弔"皆聲的兩聲字。④"弔"是中古端母字,其上古聲母爲*t-。湖北天門彭家山楚墓M18出土一件鑄有鳥蟲書的青銅席鎮,其自名"勺鈞"之"鈞",曹錦炎先生讀爲{約},"覆壓、節制之義"。⑤古漢語{約}有"求取"義,如"約禄"、"約功"等;{鈞}也有"求取"義,如"鈞名"等,{約}、{鈞}當是音義極近的同源詞。"鈞"也是中古端母字,其上古聲母亦爲*t-。上述證據表明,"約"的聲母很可能本來就屬*T-(至於具體讀*t-還是讀*d-,限於材料,無從斷定)。⑥

我們曾在一篇小文裏,認爲"弔"字象"人"、"奚(一種奴隸)"或某種東西上纏束繳繩之形,並據"紛約"之"約"又寫作"弔"等材料,推測"弔"是當

---

① 簡29與簡24下半段相拼,從陳斯鵬《上海博物館藏楚簡〈曹沫之陳〉釋文校理稿》説(收入同作者《簡帛文獻與文學考論》第十章《戰國竹簡散文文本校理舉例之二——〈曹蔑之陣〉校理》,100頁,廣州:中山大學出版社,2007年);簡29接在簡22之後,從白於藍《〈曹沫之陣〉新編釋文及相關問題探討》説(同作者《拾遺録——出土文獻研究》,127頁,北京:科學出版社,2017年)。

② 馬承源主編《上海博物館藏戰國竹書(四)》,釋文考釋262頁,上海:上海古籍出版社,2004年。

③ 參看白於藍《簡帛古書通假字大系》,660～661頁,福州:福建人民出版社,2017年。

④ 宋華强《新蔡葛陵楚簡初探》,302頁,武漢:武漢大學出版社,2010年。

⑤ 曹錦炎《鳥蟲書青銅席鎮初探》,同作者《披沙揀金——新出青銅器銘文論集》,189頁,杭州:浙江人民美術出版社,2019年。

⑥ 《上博(八)·顔淵問於孔子》簡12下和簡11都有"豫絞而收貧"之語,有學者讀"豫絞"爲"舉約"[徐尚巧《〈上海博物館藏戰國楚竹書(八)〉集釋》46頁録孟蓬生評論,安徽大學碩士學位論文(指導教師:徐在國),2013年],拋開讀音不論,義亦難通。簡文"絞"當如何讀,尚須研究。

"纏束"講的{約}的表意初文。① 但囿於"約"讀影母的固有認識,對拙説一直不敢自信。現在知道"約"本讀 *T-,與"弔"聲母同系,韻亦較近,字音上溝通的顧慮便可打消。如果"弔"即{約}之初文的説法能夠成立,就又爲{約}的上古聲母爲 *T-提供了一條佐證。不過,白於藍、王錦城先生認爲"弔"字"應是一個从虫纏繞人形的會意字","很可能是'毒害'之'毒'字之會意初文,就是'毒害'之'毒'之本字"。② 他們對"弔"字字形的理解與拙説不同,但"毒"、"弔"讀音亦近。"弔"字究竟應該如何解釋,還可以繼續研究。【編按:"弔"爲{約}之初文的拙説大概是有問題的,參看本書所收《甲骨文"弔"字補釋》文末的"編按"。】

"約"的中古音讀爲影母,我們懷疑是受"要"的影響所致。{約}有"約束"、"盟約"、"邀約"、"攔止"、"簡要"、"求取"等義,這些義項{要}統統都有。古人常以"約"、"要"互訓,例多不贅舉。③ "約"、"要"還有連文成詞者,如《新序·善謀下》"天下黔首約要之民,無不憂者",《史記·越王勾踐世家》"復約要父子耕畜",同書《春申君列傳》所録春申君黄歇上説秦昭王書,有"要約天下"之語(又見於《新序·善謀上》)。中古以後"要約"之説更多。本讀 *T-的{約}可能由於意義和用法跟{要}大量相重(甚至不排除在有些場合可能曾被同義換讀爲{要}過),又經常與{要}連用,所以其聲母也漸漸被{要}"感染",變讀爲影母。④ 如同"軒"本讀開口,因在"軒轅"一詞中與"轅"連用,故受"轅"同化而變讀合口;又如四川南溪李莊等地方言"他""不讀口音聲母[t'-],而讀鼻音聲母[n-],這是受了'我、你'兩個鼻音聲母字的感染"。⑤

從以上討論來看,上博簡《成王爲城濮之行》"蒍伯嬴猶約"的"約"的聲母實與{幼}相隔甚遠,讀爲{弱}則音義兩方面都毫無窒礙。

---

① 鄔可晶《甲骨文"弔"字補釋》,《中國文字》新四十二期,151~164 頁,臺北:藝文印書館,2016 年【編按:已收入本書】。
② 白於藍、王錦城《釋"弔"》,《江漢考古》2019 年第 3 期,135~139 頁。
③ 參看宗福邦等主編《故訓匯纂》,1712、2082~2083 頁,北京:商務印書館,2003 年。
④ 古文獻裏有"葯"字,指白芷或白芷葉,中古讀爲略切、於角切,亦屬影母。這個字本來也讀讀 *T-,讀影母大概是隨着"約"讀爲影母而變的。
⑤ 李榮《吳語本字舉例》,同作者《語文論衡》,102 頁,北京:商務印書館,1985 年。

從"勺"聲的"彴"、"約"等字可以表示{弱}，那麼有沒有反過來用"弱"聲字表示{約}的呢？下面介紹幾個我們注意到的例子。

清華簡《治邦之道》簡 22～23：

夫邦之弱張、階落有常，卑（譬）之若日月之敘，弋（代）陰弋（代）陽。①

所引"弱"原作上舉Ⅰ形。單育辰先生指出，從文義看，此"弱"當讀爲"約"，與"張"反義，舉《淮南子·原道》"約而能張"之文爲證。②"子居"（網名）同意單説，並舉出清華簡《管仲》簡 26"受命雖約，出外必張"，亦"約"、"張"對言。③ 他們的意見正確可從。

本篇簡 1 有"古寰爲弱"，整理者讀"古"爲"固"。④ 但這句話文義不明，"寰"字之釋尚有疑問，⑤"古"的讀法也不易決定，"弱"字很有可能並不表{弱}。⑥ 清華簡整理者已指出，《治邦之道》與《清華（玖）》所收《治政之道》應合爲一篇。在《治政之道》簡 16 上正好有"以強征弱"之語，{弱}

---

① 清華大學出土文獻研究與保護中心編、李學勤主編《清華大學藏戰國竹簡（捌）》，下册 138 頁，上海：中西書局，2018 年。按我們釋讀爲"階"之字原作𱎒，整理者注："字不識，從上下文分析，其義當與'落'意相反，表示上升，疑爲'升'字異構。"（下册 146 頁）此字左爲"阜"、右上爲"身"（整理者已如此隸定），右下應是楚文字之"凡（几）"，爲全字聲符。《周易》"渙卦"九二爻"渙奔其机"之"机"，馬王堆帛書本作"階"（見 90 上），故讀簡文此字爲"階"。《禮記·少儀》"不得階主"，孔疏："階是等，故人升階必上進，故以階爲上進。"楊雄《太玄·上》"次五"："鳴鶴升自深澤，階天不悠。"司馬光注："階，猶登也。""階"與"落"義亦相反。殷墟花園莊東地甲骨有一個作𱎒（《花東》205）、𱎒（《花東》349）、𱎒（同上）等形的字（參看周忠兵《釋甲骨文中的"阰"——兼説"升""祼"之别》，《鼎甲杯甲骨文字有獎辨識大賽論文集》，1～15 頁，鄭州：中州古籍出版社，2015 年），竊疑即{階}之表意初文。《治邦之道》我們釋讀爲"階"的字，可能是變此種初文所从人形爲"身"（大概是無意義的繁化），並加注"凡（几）"聲而成的。書此以備考。"弋"讀爲"代"，從"哇那"（網名）説，參看《清華八〈治邦之道〉初讀》帖子第 47 樓，簡帛網"簡帛論壇"，2018 年 11 月 19 日。

② 單育辰《〈清華大學藏戰國竹簡（捌）〉釋文訂補》，《出土文獻》第十四輯，170 頁，上海：中西書局，2019 年。按單文原釋"弱"爲"溺"，此據本文的意見改。

③ 子居《清華簡八〈治邦之道〉解析》，中國先秦史網站，2019 年 5 月 10 日。

④ 清華大學出土文獻研究與保護中心編、李學勤主編《清華大學藏戰國竹簡（捌）》，下册 136，139 頁。

⑤ 參看單育辰《〈清華大學藏戰國竹簡（捌）〉釋文訂補》，《出土文獻》第十四輯，168 頁。

⑥ 如陳民鎮《清華簡（捌）讀札》就讀"弱"爲"溺"（清華大學出土文獻研究與保護中心網，2018 年 11 月 17 日），可以參考。

寫作"溺"而不寫作"弱",上文第一節已作爲Ⅲ舉出其形。所以"弱張"之"弱"表示{約},就全篇用字來說,是没有衝突的。

郭店《老子》甲組簡8:

古之善爲士者,必非(微)溺玄達,深不可志(識)……

與"非溺"相應者(此簡"溺"作上舉Ⅲ形),傳本以及馬王堆帛書本(乙本230上)、北大漢簡本(簡159)皆作"微妙/眇",所以各家多讀簡本之"溺"爲{妙}。① 雖然＊n-、＊m-偶有相諧,但以"溺"爲{妙}的用字缺乏旁證,總覺未安。據上文所説楚簡{約}寫作"弱",不知"非溺"有没有可能讀爲{微約}。《禮記·學記》:"善歌者使人繼其聲,善教者使人繼其志。其言也約而達,微而臧,罕譬而喻,可謂繼志矣。""約而達,微而臧"的表達與"微約玄達"有相似之處。

上一節講過左塚楚墓漆梮位於方框内 D 邊的{弱婉}。如果考慮一下漆梮上好幾處强弱之{弱}一律寫作不從"水"的"弜",{弱婉}之"弱"則寫作"豫",彼此字形有繁簡之别,似乎後者也有讀爲{約}而不讀{弱}的可能。{約婉}即{婉約},《國語·吴語》記申胥諫吴王夫差不可"許越成",言越人"故婉約其辭,以從逸王志"。韋昭注:"婉,順也。約,卑也。"{約婉}與{猛剛}亦相對。

三

有些"勺"聲字讀爲{弱}的例子是否可靠,需要加以辨析。

清華簡《四時》篇屢見"𢖩"字,除用爲{四勺}、{青勺}、{玄勺}之{勺}外,又見於"凡行,揆日月之位,以定四維之互(亟)需、佝(縮)弱、濫盈、𦥑(節)𢖩……"(簡1)、"四𢖩(勺)皆𢖩"(簡6)、"四維皆𢖩"(簡9)等例。整理者讀簡1"𢖩"爲節約之{約},其餘諸"𢖩"皆讀爲{弱}。② "汙天山"(網

---

① 參看彭裕商、吴毅强《郭店楚簡老子集釋》,107~109 頁,成都:巴蜀書社,2011年。
② 清華大學出土文獻研究與保護中心編、黄德寬主編《清華大學藏戰國竹簡(拾)》,下册128、136 頁,上海:中西書局,2020年。

名)指出,簡1已有"弱"字(引者按:此"弱"字作上舉Ⅰ形),簡6、9的"皮"不宜再讀爲{弱}。① 這是正確的。他懷疑簡6、9的"皮""或可讀爲'消',意思與'弱'接近"。② 其實,從用字習慣和文義看,這兩例"皮"應即簡1"以定四維之……旮(節)皮(約)"的{約},其義與{縮弱}之{縮}較近。

郭店簡《語叢四》簡23~24云:

君有謀臣,則壞地不鈔(削);士有謀友,則言談不勺。

"勺"字爲裘錫圭先生所釋,一般亦多從裘説讀爲{弱}。③ 但陳偉先生讀"勺"爲{約},引《大戴禮記·虞戴德》"居小不約,居大則治"王聘珍《解詁》"約,猶窮也",認爲簡文"不約"亦"不窮"之意。④ 比較而言,以強弱之{弱}言{言談},似不如以{約}、{窮}言合適。此語蓋謂"士有謀友",則不會陷於言談卑約、理屈詞窮的境地。《國語·吳語》記大夫種爲勾踐獻謀曰:"王不如設戎,約辭行成,以喜其民,以廣侈吳王之心。"韋昭注:"約,卑也。……言不如設兵自守,卑約其辭以求平於吳,吳民必喜。""約辭"就是上文引過的"婉約其辭"。這是爲了麻痺吳人、保存實力而故意以"言談約"示弱。{約}亦屬藥部,簡文"勺"讀爲{約},不妨礙與上一句藥部的{削}押韻。【編按:《四時》"皮"既表示{勺}又表示{約},《語叢四》{約}由"勺"字記錄,皆{約}的聲母本爲* T-的證據。】

清華簡《治邦之道》簡1~2有云:

古寖爲弱(溺?),以不□于志,⑤以至于邦家昏亂,魘小削損,以及于身。凡皮(彼)削邦疠君,以及滅由虛(墟)丘,□□瀘(廢)興之不度,古(故)禍福不遠,盡自身出。

---

① 《清華十〈四時〉初讀》帖子第37樓,簡帛網"簡帛論壇",2020年12月24日。
② 同上注。
③ 荊門市博物館《郭店楚墓竹簡》,釋文注釋219頁。
④ 陳偉《郭店竹書別釋》,241~242頁,武漢:湖北教育出版社,2003年。
⑤ 用缺文號代表之字尚難確釋,整理者隸定爲从"厂"从"盍",讀爲"掩"(清華大學出土文獻研究與保護中心編、李學勤主編《清華大學藏戰國竹簡(捌)》,下冊136、139頁),學者們據此有其他改讀意見;蔣陳唯《清華八〈治邦之道〉"不盧于志"小議》認爲整理者視爲"去"的構件,實爲"酉",此字當讀爲"猛"(未刊稿)。

"疠"字原誤釋爲"戏"，①此從楊蒙生先生改釋。② 楊先生讀"疠"爲{約}，訓"削弱"，"約君，義近'約公室'，清華二《繫年》第 21 章所記宋悼公初即位時，'宋司城㤭之約公室'一事可參"。③ 清華簡整理者在爲《治邦之道》與《治政之道》合編爲一而重作的釋文裏，已改釋此字爲"疠"，但括注爲"弱"。④ 可見他們認爲此字代表的是{弱}這個詞，與楊說不同。

從楊蒙生先生和清華簡整理者的釋讀來看，他們對文義的理解並無本質出入，而且這兩種讀法也都能找到文獻上的印證：關於{約君}，詳下一節討論；讀爲{弱君}，有《管子·法禁》"此皆弱君亂國之道也"可參看，二說難分軒輊。不過，我們認爲應該充分注意此處字形本身所提供的信息。

"疠"字前已見於上博簡《競公瘧》簡 10"是皆貧苦約疠病"，此句所在文段與《晏子春秋·內篇諫上》"景公信用讒佞賞罰"章大致對應，後者與簡文相當之句作"民愁苦約病"。陳劍先生敏銳地指出，《競公瘧》"約"、"疠"二字皆從"勺"聲，與《晏子春秋》之文對讀，"可知其必有一字係衍文"。⑤ 其說甚是。由不同傳本的不同用字糅合在一處而形成的衍文，在出土文獻與傳世古書中還能找到一些，學者們已有列舉，⑥下文也會碰到一個類似的例子。陳先生根據《晏子》作"約"，認爲所衍之字當是"疠"，蓋

---

① 清華大學出土文獻研究與保護中心編、李學勤主編《清華大學藏戰國竹簡（捌）》，下冊 136、139 頁。
② 楊蒙生《讀清華簡第八輯〈治邦之道〉叢札》，《中國文字研究》第三十一輯，78～79 頁，上海：華東師範大學出版社，2020 年。按楊文曾發表於《紀念清華簡入藏清華大學出土文獻研究與保護中心成立十周年國際學術研討會論文集》，437 頁，清華大學出土文獻研究與保護中心主辦，2018 年 11 月 17～18 日。初發表時文中附有紅外綫字圖。
③ 同上註。
④ 清華大學出土文獻研究與保護中心編、黃德寬主編《清華大學藏戰國竹簡（玖）》，下冊 150 頁。
⑤ 陳劍《〈上博（六）·孔子見季桓子〉重編新釋》，同作者《戰國竹書論集》，298～299 頁，上海：上海古籍出版社，2013 年。
⑥ 參看蔡偉《誤字、衍文與用字習慣——出土簡帛古書與傳世古書校勘的幾個專題研究》，95～97、104、106、200～203 等頁，新北：花木蘭文化事業有限公司，2019 年。按文獻中有些重出的不同用字的衍文，究竟是不同來源的本子的糅合，還是旁註或背註之字竄入正文，似難分辨。

有的本子受下"病"字類化而變"約"爲"疠"，又與作"約"之本誤合。① 現在我們在清華簡《治邦之道》裏也看到了"疠"字，可知此決非因上下文類化而偶然寫成的錯別字；從文義看，"疠"倒更像是"貧苦約病"之{約}的本字(詳下文)。二本一作"約"、一作"疠"，用字皆有所據，不必強分正誤。

《左傳·昭公二十年》、《晏子春秋》"景公有疾梁丘據裔款請誅祝史晏子諫"章也有與《競公瘧》相近之文，此句作"民人苦病"。陳劍先生指出"苦病"是"愁苦約病"的"緊縮説法"。② 由此可見，{約病}之{約}當與{病}義相近，所以才能緊縮成"苦病"。吳則虞解釋《晏子春秋》"民愁苦約病"句，謂"約者，猶言貧困也"，即《論語·里仁》"不可以久處約"之{約}。③ 按此{約}實是"困苦、不得志"之義，跟{病}的意思尚有距離，吳説不確。

《呂氏春秋·士容論·審時》："是故得時之稼興，失時之稼約。"高誘注："興，昌也。約，青病也。""青病"指米有"青腰"之病。夏緯瑛認爲"興即興盛，言其增産；約即節約，言其減産"，以此反對高氏"約，青病也"之訓。陳奇猷引《國語·楚語》"不爲豐約舉"韋昭注"豐，盛也。約，衰也"，謂"豐、約與此興、約同義，猶言豐盛與衰減"，從而肯定"夏説近之"。④ 我們認爲，高注的問題在於以"青腰之病"這種具體的米病解説"約"，與泛言"昌也"的"興"義不相稱，故很難讓人接受。如果把"青病也"改爲"病也"，其釋與陳、夏之説實可會通。"得時之稼"長勢喜人，因而"莖重、粟多、米多"；⑤"失時之稼"容易得病，因而"莖輕、粟少、米少"。⑥ "病"與"衰"語義密切相關。指病況而言的{約}大概正是從{約}的"衰"、"少"、"縮"等義派生出來的。《競公瘧》的"疠"無疑就是衰病義的{約}的本字。從戰國竹

---

① 陳劍《〈上博(六)·孔子見季桓子〉重編新釋》，同作者《戰國竹書論集》，299頁。按"病"原襲整理者誤釋爲"疾"，此從郭永秉《楚竹書字詞考釋三篇》説改正(郭永秉《古文字與古文獻論集》，74～78頁，上海：上海古籍出版社，2011年)。
② 陳劍《〈上博(六)·孔子見季桓子〉重編新釋》，同作者《戰國竹書論集》，299頁。
③ 吳則虞《晏子春秋集釋》，31頁，北京：中華書局，1962年。
④ 陳奇猷《呂氏春秋新校釋》，1815頁，上海：上海古籍出版社，2002年。
⑤ 同上注。引號中的話引自陳奇猷語。
⑥ 同上注。

書{疒}與困苦、約束等義的{約}使用不同的字形來看，也有可能當時衰病義的{約/疒}已與一般的{約}分化爲二詞，讀音也與{約}略有不同，只是現已難於確考了。

楚人宋玉所作的編入《楚辭》的《九辨》，有如下之句：

　　離芳藹之方壯兮，余萎約而悲愁。

王逸注前一句云"去已盛美之光容也"，注後一句云"身體疲病，而憂貧也"。蓋以"身體疲病"釋"萎"，以"憂貧"之"貧"釋"約"。後人大都訓"約"爲"窮"。① 然王注不合語法，如其說，原句當改作"余萎而悲愁約"。"約"訓爲"窮"，也與"萎"義乖違。② 朱季海舉《九辨》下文"柯彷彿而萎黃"和《離騷》"雖萎絶亦何傷"二句，引王逸注訓"萎絶"之"萎"爲"病也"，洪興祖《補注》訓"草木枯死也"，指出"平賦'萎絶'，猶玉賦'萎約'、'萎黃'"，"'萎絶'、'萎約'、'萎黃'，俱謂病也"，並謂"萎"當以《說文》訓"病也"的"矮"爲本字。③ 其說實已暗示{萎約}之{約}亦"病"義，十分精當。這個{約}就是"貧苦約病"的{約}，亦即"疒"。我們推測此種{約/疒}來源於"衰"、"縮"等義的{約}，這跟{萎約}之{萎/矮}來源於"草木枯死"的{萎}適可比勘。

《左傳·昭公十年》："國之貧約孤寡者，私與之粟。"這裏的{貧約}，一般認爲指貧窮者。但也有可能{貧}、{約}並提，乃指貧窮者、衰病者兩種人，與{孤}、{寡}分指失怙者、喪偶者兩種人同例。

前面提過殷墟甲骨文的"尿"字，此字在卜辭中或作人名，個別用於祭祀場合（如《合集》23340），皆難確解。下錄幾條卜辭文義較明：

　　（1）己巳卜，[貞]：ㄓ(有)夢，王尿。八月。一。（《合集》17446）
　　（2）辛亥皿(望)壬子，王亦夢尹，尿，ㄓ(有)□于父乙示，余見害

---

① 參看崔富章、李大明主編《楚辭集校集釋》，下冊 2061 頁，武漢：湖北教育出版社，2003 年。

② 《文選》所錄本"萎"作"委"，五臣注"使余委棄而悲愁也"，訓"約"爲"棄也"。其說雖合於語法，但於訓詁無據，"約"並無"棄"義。"余萎約"一句承"離芳藹之方壯"而言，悲愁委棄失職云云，顯然不如王注悲愁"身體疲病"的理解於文義順適。

③ 朱季海《楚辭解故》，76 頁，上海：上海古籍出版社，2011 年。

才(在)之。(《合集》17375)

　　　(3) 癸丑卜，争，貞：旬亡囚。三日乙卯允有艱。單丁人豐尿于录(麓)。[三日]丁巳旡子豐尿☒鬼亦得疾。☒(《合集》137 正。反面卜辭從略)

(1)、(2)王因做夢而"尿"，"尿"的意思當與他辭"貞：王夢，唯之孽"(《合集》17412＋12052)、"夢，疾"(《合集》20463)之"孽"、"疾"相類，①(2)的"尿"與下言"害"相應，也可證明這一點。(3)是説"單丁人豐"與"旡子豐"二人皆"尿"，"鬼"這個人"亦疾"，②亦"尿"、"疾"意近之證。疑諸辭"尿"所表之詞即衰病義之{疒}。"尿"通爲{疒}，猶上舉《治邦之道》从"尿"聲的"弱"通爲{約}。【編按：加拿大維多利亞博物館藏一片龜腹甲(藏品編號2002.024.001)，其上有辭曰："壬子卜，賓，貞：辛亥王入自〿，王〿，㞢(有)夢，唯害。一月。"(參看孫亞冰《釋"瘆"和"殤"》，《古文字研究》第三十四輯，29～31頁，北京：中華書局，2022年)竊疑"王"下一字从"疒"从"尿"，"人"旁爲"疒"、"尿"共用，即衰病義的"疒"字。"王疒，有夢，唯害"與(1)"有夢，王尿(疒)"、(2)"王亦夢尹，尿(疒)……余見害在之"語近。】

既然上古漢語裏確實存在表示衰病義的{約}這個詞，戰國竹簡中的"疒"字就是專門爲此詞或此義而造的，那些讀《競公瘧》的"疒"爲{弱}的意見③也就不攻自破了。

現在回到清華簡《治邦之道》上來。簡文"削邦疒君"就寫作衰病義的{約}的本字"疒"，我們不妨優先考慮如字讀是否可通。事實上是講得通的，"疒君"大概就相當於"病君"，意謂"使君病敗"。《説苑・臣術》："從命利君謂之順，從命病君謂之諛，逆命利君謂之忠，逆命病君謂之亂。""病

---

① 參看謝明文《説"瘆"與"蔑"》，同作者《商周文字論集》，62～63頁，上海：上海古籍出版社，2017年。
② 參看黃天樹《説"昔"》，《黃天樹甲骨學論集》，10～11頁。
③ 參看劉建民《上博竹書〈景公瘧〉注釋研究》，18頁，北京大學碩士學位論文(指導教師：李家浩)，2009年；高强《上博簡〈鮑叔牙與隰朋之諫〉等四篇集釋續補》，73～74頁，復旦大學碩士學位論文(指導教師：劉嬌)，2019年。

君"與"利君"相對，其意不難體會(《荀子·臣道》相似之語作"從命而不利君謂之諂"、"逆命而不利君謂之篡")。《治邦之道》上文説"邦家昏亂，蠻小削損，以及于身"，正是君主由"削邦"而身陷"約(疛)病"之境的意思。總之，《治邦之道》的這個"疛"讀爲{弱}或{約}雖不能算錯，但似無必要。而且此篇已有確定無疑的{弱}、{約}二詞，分别寫作"溺"、"弱"（參上文），從這一點看，"疛"也没有必要加以改讀。

四

前面説過"弱"、"約"二字音近可通，偏巧{弱}、{約}二詞又有十分近似的意義和用法。如果碰上這種情況，要推斷文獻所用爲何詞，就相當困難了，有時簡直無法定奪。

《吴越春秋·夫差内傳》記吴王夫差親對晋軍曰：

> 天子有命，周室卑弱，約諸侯貢獻，莫入王府……（下略）

周生春《吴越春秋輯校匯考》、張覺《吴越春秋校證注疏》等均如此斷句，"約諸侯貢獻"一句皆無注。① 實則"莫入王府"乃是就"諸侯貢獻"而言的，其前不當多一"約"字。此文又見於《國語·吴語》：

> 天子有命，周室卑約，貢獻莫入……（下略）

胡敕瑞先生據此指出，《吴越春秋》"約諸侯貢獻"的"約"應來自《國語》"周室卑約"的"約"；{卑約}、{卑弱}音義並近，他認爲《吴越春秋》的"約"字由注文攙入正文。②

胡先生的校讀十分正確。不過，在"周室卑弱約"之文的形成上，恐怕還存在另一種可能性。我們推測，《吴越春秋》流傳過程中或其書所據之材料（如《國語》之類）可能曾有作"周室卑約"與"周室卑弱"的不同本子，

---

① 周生春《吴越春秋輯校匯考》，92頁，上海：上海古籍出版社，1997年。張覺《吴越春秋校證注疏(增訂本)》，216頁，長沙：嶽麓書社，2019年。

② 鍾馨《胡敕瑞教授來我中心作講座》，復旦大學出土文獻與古文字研究中心網，2017年6月17日；胡敕瑞《讀〈吴越春秋〉札記》，未刊稿。

二本誤合而成"周室卑弱約","弱"、"約"當有一衍。按照這種解釋思路,"約"或"弱"就可以不必看作旁注攙入了。至於《吳越春秋》原本當作"卑弱"抑或"卑約",則難下按斷。

上引清華簡《繫年》第十八章"諸侯同盟于鹹泉以反晉,至今齊人以不服于晉,晉公以叧",末句讀作"晉公以弱",有"魯弁、費寔弱襄公"(《國語·楚語上》)等{弱}的用法爲參照,當然是文從字順的。但讀作"晉公以約",未始不可通。{約}本有"約束"、"困頓"義。晉公因齊人不服、諸侯反晉而陷於困頓,其志不得逞,謂之{約}似亦貼切。

清華簡《繫年》第二十一章開頭說:

> 楚柬(簡)大王立七年,宋悼公朝于楚,告以宋司城皮之約公室。王命莫嚻(敖)昜(陽)爲率師以定公室,城黄池,城雍丘。(簡114～115)

劉雲先生在網上討論簡103那個從"勺"聲的"弱"字時,已說上引簡文中的"約""恐亦當讀爲'弱'","古書中有'弱某室'的說法,如《左傳·襄公十七年》'華臣弱皋比之室'"。① 禤健聰先生也有同樣的看法。② 此說頗爲人所信。

《左傳》不但有"弱皋比之室"之說,還說"弱寡王室"(《昭公二十七年》)、"蕩澤弱公室"(《成公十五年》),後者與"弱公室"的讀法密合。《成公十五年》敘宋共公葬後,"蕩澤弱公室,殺公子肥",華元曰:"……今公室卑,而不能正,吾罪大矣。不能治官,敢賴寵乎?""公室卑而不能正"的{正}與簡文"定公室"的{定}音近義通,前後似皆可相互印證。

清華簡整理者原如字讀"約",訓爲"削弱"。③ 上舉《國語》有"周室卑約"之說,可見就算要表達"卑弱公室"的意思,像整理者那樣讀作"約公室"也是有根據的。上博簡《競公瘧》"舉邦爲欽(禁),約夾(挾)者(諸)關,

---

① 參看蘇建洲、吳雯雯、賴怡璇《〈清華二·繫年〉集解》,794頁;李松儒《清華簡〈繫年〉集釋》,284頁。
② 禤健聰《戰國楚系簡帛用字習慣研究》,270頁。
③ 清華大學出土文獻研究與保護中心編、李學勤主編《清華大學藏戰國竹簡(貳)》,下冊190頁。

縛纆者(諸)市"(簡8)、《容成氏》"至(桎)約者(諸)侯"(簡50、53)、詛楚文"幽豹(約)親戚"等{約},指"管束、拘禁、控制"之類的行爲,可視爲"約束、節制"義的義位變體;{要}也有類似用法。① "約公室"的{約}似也可如此解。可能當時出現了司城皮拘束、劫持公室的局面,導致宋國公室危亂不寧,最終由宋悼公引入楚莫敖陽爲以定之。司城皮與史籍中弑宋桓侯自立的司城子罕(亦即皇喜,又稱易成肝或剔城)是否爲一人,由於其間年代對應較爲錯亂,學界尚有争議,② 這裏不想討論。不過,《韓非子・二柄》論述子罕亂宋之事,其用詞很可參考:"子罕謂宋君曰:'……'於是宋君失刑而子罕用之,故宋君見劫。田常徒用德而簡公弑,子罕徒用刑而宋君劫。……故劫殺擁蔽之主,非失刑德而使臣用之而不危亡者,則未嘗有也。""宋君見劫"、"宋君劫"、"劫殺擁蔽之主"云云,正是"約公室"之謂。

面對上述出土文獻中{弱}、{約}皆通之例(有的是因{弱}、{約}的某一具體意義和用法近同;有的則因語境限定性不夠强,以致{弱}或{約}的某些不同義項都可講通),研究者該如何作出傾向性選擇呢?我們認爲不能不顧及用字的情况。雖説"弱"聲字可用爲{約},"約"等"勺"聲字也可用爲{弱},但此類確例是相當少見的;從出土先秦文獻的用字習慣來看,"弱"字表示{弱}、"約"字表示{約}無疑仍是主流。所以,在{弱}、{約}兩讀皆通的語境裏,最穩妥的辦法是就按所用之字讀。《繫年》第十八章"晋公以豹"的"豹"爲"弱"之異體,在此以讀{弱}爲宜;同理,第二十一章"告以宋司城皮之約公室"的"約",自以讀{約}爲宜。上文討論《治邦之道》的"疒"的讀法時,采取的也是這一立場。

{弱}、{約}古音雖近,但它們那些相同或相近的意義和用法,都是從各自的不同本義或常用義引申而來的,二者並無共同的詞義來源。所以嚴格説來,{弱}、{約}二詞連同源關係都算不上,③ 更不能混爲一詞。在

---

① 參看鄔可晶《甲骨文"弔"字補釋》,《中國文字》新四十二期,160~161頁。按當時限於舊有認識,認爲"約"、"要"代表同一個詞,現在看來是不對的,應加以糾正。

② 陶金《由清華簡〈繫年〉談洹子孟姜壺相關問題》,復旦大學出土文獻與古文字研究中心網,2012年2月14日;蘇建洲、吳雯雯、賴怡璇《〈清華二・繫年〉集解》,792~794頁。

③ 關於同源詞的判定標準,參看蔣紹愚《漢語歷史詞彙學概要》,322~323頁,北京:商務印書館,2015年。

對它們進行詞彙辨析的時候，很有必要藉助於字形的提示作用。下面通過對雙音節詞{淖弱}、{淖約}等的考察，再次强調一下這一作用。①

{淖弱}、{淖約}這一批詞寫法多樣，前一音節有"淖"、"綽"、"汋"、"弱"等寫法，後一音節有"弱"、"溺"、"約"等寫法，但不是前後二字各種組合都出現過，也未見前後同字者。據我們初步調查，文獻裏計有"淖弱"、"淖溺"、"淖約"、"綽約"、"汋約"、"弱約"等形。這些寫法各異的雙音節詞究竟是同一詞的不同異寫，還是記錄不同的詞？②

從聲音上講，"卓"、"勺"、"弱"諸聲都有相通的可能性；從詞義上講，這些詞都含有"柔弱、柔和"或"柔美"之義（"柔美"、"柔弱"二義相因，無庸贅言）。想要知道它們是不是同一個詞，僅憑讀音與意義恐怕是難於奏效的。我們試從字形入手加以分析。

這批詞前後二音節所用之字，以後一音節的用字較爲簡單，只有"弱"、"溺"與"約"。其實還可進一步歸併。用"溺"者只見於"淖溺"一形，如《淮南子·原道》說水"淖溺流遁"，又說："夫水所以能成其至德於天下者，以其淖溺潤滑也。"這顯然是形容水之柔性，前人指出"淖溺"即《管子·水地》"夫水，淖弱以清，而好洒人之惡，仁也"的"淖弱"。③《漢書·郊祀志下》載谷永說漢成帝，"言世有仙人""黃冶變化，堅冰淖溺"，顏師古注引晋灼曰："方士詐以藥石若陷冰丸投之冰上，冰即消液，因假爲神仙道使然也。"使堅冰柔軟、弱化，正是"消液"之義。但{溺}沒有"柔弱"或"消融"的意思，上述"淖溺"之"溺"當假借爲{弱}；或許是受了前一"淖"字的類化而使"弱"也增從"水"旁（古書中另有{淖溺}，與此非一詞，詳下文）。把此種"淖溺"併入"淖弱"，後一音節就只有"弱"、"約"之異了。

在"卑弱"、"柔約"一類意義上，{弱}、{約}是讀音相近、但沒有語源關係的兩個詞。對此前面已舉過一些例子；關於{約}，還可舉馬王堆帛書

---

① 關於漢字對語素分析的作用，可參看朱德熙著、袁毓林整理注釋《語法分析講稿》，28～31頁，北京：商務印書館，2010年。

② 有些學者認爲"淖弱"、"淖溺"、"淖約"、"綽約"、"汋約"、"弱約"等是疊韻聯綿詞，前後二音節不得分釋。我們不同意這一觀點，從下文的具體討論不難看出，這一批詞的前後二音節都是可獨立使用的、有確實意義的單純詞。

③ 何寧《淮南子集釋》，4頁，北京：中華書局，1998年。

《十六經·順道》"卑約主柔"之説(61上/138上)。① 因此，在這一批雙音節詞中，後一音節作"弱/溺"者與作"約"者，應該分爲兩個不同的詞。古人的訓釋也可以印證這一點。《荀子·在宥》論述水的品質，有"淖約微達，似察"一條。"淖約"當與《管子·水地》説水"淖弱以清"的"淖弱"同意。楊倞注"淖約"曰："淖當爲綽；約，弱也。綽約，柔弱也。"可見在楊氏的心目中，{約}與{弱}也並不是同一個詞，只是彼此意義近同。《楚辭·九章·哀郢》："外承歡之汋約兮，諶荏弱而難持。"上句有{汋約}之{約}，下句有{弱}，亦可證二者非一詞。

這批詞的前一音節有"淖"、"綽"、"汋"、"弱"等寫法，{弱}符合整個雙音節詞"柔弱、柔和"或"柔美"的詞義，有没有可能"淖"、"綽"、"汋"皆假借爲{弱}呢？上引《哀郢》"汋約"句下，洪興祖《補注》："汋，音綽。"② 《楚辭·遠遊》："質銷鑠以汋約兮，神要眇以淫放。"洪興祖《補注》曰："汋，音綽。汋約，柔弱貌。"並引《莊子·逍遥遊》"肌膚若冰雪，綽約若處子"。③ 按洪氏所引"綽約若處子"，今本《莊子》作"淖約"；上引楊倞注《荀子·在宥》，讀"淖"爲"綽"。看來古人普遍以爲"汋"、"淖"、"綽"表一詞，並且傾向於把它們通讀爲{綽}。既然如此，那就不能把"汋"、"淖"、"綽"所表之詞認同爲{弱}。因爲上文已舉出文獻中有"淖弱"、"淖溺(弱)"的寫法，如果"淖"等字也表示{弱}，"淖弱、淖溺"就變成了{弱弱}，這是不可能的。我們只得承認"淖"、"綽"、"汋"代表的是一個不同於{弱}的詞。

那麼，能不能像古人那樣認爲"淖"、"綽"、"汋"表示{綽}呢？恐怕也不行。{綽}只有"寬緩、寬裕"義，没有"柔弱、柔美"義，其義與整個雙音節詞的詞義不符。古人所以產生"當爲綽"、"音綽"的讀法，大概由於在形容女子體態柔美的場合，此詞以寫作"綽約"爲常，在詞源已不甚明瞭的情況下，人們很容易照文字本身來讀，並進而把形容水或其他事物柔性的"淖

---

① 裘錫圭主編《長沙馬王堆漢墓簡帛集成》，第肆册170、171頁。
② (宋)洪興祖《楚辭補注》，136頁，北京：中華書局，1983年。
③ 同上注所引書，168頁。

弱"、"淖約"、"汋約"等"淖"、"汋"也一併統讀爲"綽"。這可以算是一種積非成是的"誤讀"。後來還把讀"綽約"的這個詞寫作"婥約"，改从"女"以迎合"柔美"義。

我們認爲就詞義來説，只有{淖}是最符合條件的。{淖}有"濡濁"義，又有"調和"義，皆與"柔"相涉。《儀禮·士虞禮》之"祝辭"云："敢用絜牲剛鬣、香合、嘉薦、普淖、明齊、溲酒……"鄭注謂"香合，黍也。大夫士於黍稷之號，合言'普淖'而已"，又謂"普淖，黍稷也。普，大；淖，和也。德能大和，乃有黍稷，此以爲號云"。王引之據"明齊、香合已言黍矣"，駁斥鄭注"以普淖爲黍稷"：

> 淖者，濡且濁之稱。《廣雅》："淖，濕也。"又曰："淖，濁也。"《爾雅·釋言》釋文引《字林》曰："淖，濡甚也。"《管子·水地篇》："夫水淖弱以清。"《吕氏春秋·別類篇》："漆淖水淖，合兩淖則爲蹇，濕之則爲乾。金柔錫柔，合兩柔則爲剛，燔之則爲淖。"《淮南·原道篇》"甚淖而滒"，高誘注曰："饘粥多瀋者謂之淖。"（引者按：原有小注，從略。）是"淖"爲濡且濁之稱也。《釋名》曰："羹，汪也。汁汪郎也。"是"羹"爲濡且濁之物也。"淖"又訓和。和味者莫如羹。……（引者按：此處略刪。）普淖之名，非鉶羹不足以當之也。①

"濡濁"者其性"柔和"，故易"調和"，最典型者莫過於水。王氏所引《吕氏春秋·別類》"金柔錫柔，合兩柔則爲剛，燔之則爲淖"，已把{淖}與{柔}的關係很好地説了出來。《淮南子》的《兵略》《脩務》、《老子指歸》等書還有"滑淖"一詞，{滑}亦"潤澤"、"柔和"之義。順帶説一下，王引之在講{淖}之"濡濁"義時引《管子·水地》"夫水淖弱以清"，②表明他也認爲{淖弱}一系詞的前一音節當以"淖"爲其本字而非讀爲"綽"。

前引春秋晚期王孫遺者鐘的"弱"字，其所在銘文曰：

> 余恁台心，延（誕）□余德，龢（和）弱民人。……（下略）

---

① （清）王引之《經義述聞》（虞思徵、馬濤、徐煒君校點），605～606頁，上海：上海古籍出版社，2018年。
② 尹知章注已訓"淖"爲"和也"，而不像其他注家那樣"讀綽"。

"弱"字學界有種種讀法,此不具引。① 我們認爲從文義和通假關係看,網上"水之甘"(網名)提出來的讀爲{淖}的説法,②似較有理。在他所引到的書證中,《太玄經·樂》一條最值得注意:"陽氣出奧,舒疊得以和淖,物咸喜樂。"司馬光《集注》:"淖,奴教切,和也。清明之初,陽始發出幽奧,舒展疊積之物,皆得和淖而喜樂。"不但"和淖"連言,且與"喜樂"相及。"和弱(淖)民人"大概也含有和柔民人使之喜樂的蕴意。

鐘銘"余恁台心"的"恁",舊釋讀爲{信}固不可信,學者已有批評;③但"恁"仍可讀爲訓"信"之{任}。"余任台心,誕□余德"意思是説我使我的心誠篤可信,並使我的德"□"(此字不識)。清華簡《耆夜》記周公所作《樂樂旨酒》詩,有"絍(任)尸(夷)兄弟,庶民和同"之句(簡3～4),前言"任"、後言"庶民和同",與鐘銘前言"余任台心"、後言"和弱(淖)民人"文思相近。

與上引《荀子·在宥》言水"淖約微達,似察"同源之文,《大戴禮記·勸學》作"弱約危通,似察"。"通"、"達"義通。前人或以爲"危"、"微"字通或"聲誤",或以"險"訓"危"。④ 後説本鮮少人信;前説則信從者頗多,實亦非是。"危"、"微"聲母一屬疑母、一屬明母,難有相通或聲誤之理。今按,"危"當係"兔"之形訛,⑤"兔"之通"微",猶"浼"之通"浘"(《詩·邶風·新臺》"河水浼浼",《釋文》引《韓詩》"浼浼"作"浘浘")。《考工記·輪人》"欲其微至也",鄭玄注引鄭司農云:"'微至'書或作'危至'。"按此"危"亦"兔"之訛字,故可通"微"。前面講過,在{淖弱}、{淖約}這批詞中,前一音節作"弱"者,當與作"淖、綽、汋"者分别作解。《大戴禮記》的{弱約}與

---

① 參看薛培武《楚器王孫遺者鐘中"和溺民人"試釋》,《文物鑒定與鑒賞》2020年第18期,30～31頁。
② 《〈王孫遺者鐘〉'和溺民人'直接讀爲'和樂民人'如何?》帖子第10樓,簡帛網"簡帛論壇",2016年1月24日。
③ 參看魏宜輝《金文新釋(四題)·二、王孫遺者鐘》,《古文字研究》第三十輯,246頁,北京:中華書局,2014年。
④ 參看方向東《大戴禮記彙校集解》,797頁,北京:中華書局,2008年。
⑤ 文獻中"危"、"兔"形訛之例,參看蔡偉《讀書叢札·十七、古文獻中所見"危、兔互訛"之例》,《出土文獻與古文字研究》第三輯,510～511頁,上海:復旦大學出版社,2010年。

《荀子》的{淖約}也當看作音通義近的兩個詞。不過，作"弱約"者僅此一見，不能排斥是傳抄者覺得"淖"或"綽"義不易解，故臨時改成字義顯豁、字音又近的"弱"的。

現在把上面討論的結果總結一下。參考前後二音節的用字情况，{淖弱}、{淖約}這批詞可根據其不同用字大體分爲三系：一系作"淖弱"、"淖溺"之形，其詞爲{淖弱}；一系作"淖約"、"綽約"、"汋約"之形，其詞爲{淖約}；一系作"弱約"之形，其詞即{弱約}。"淖溺"之"溺"是受"淖"類化而從"水"的，"綽約"之"綽"就有可能是受"約"的類化而變"水"旁爲"糸"旁（"汋約"二字則不能類化爲相同的形旁，如果那樣的話，就變成前後同字了）。"汋約"之"汋"似可視爲"淖"的異體，猶如"焯"、"灼"爲一字異體。若此，{淖約}一系的三種寫法也可以歸併爲一。經過整理、歸併，這一批音近義通的雙音節詞可分爲{淖弱}、{淖約}、{弱約}三詞，就顯得更加明朗了。

文獻中又有意指沉溺、陷溺的{淖溺}一詞。《楚辭·大招》"東有大海，溺水㴉㴉只"，王逸注："言東方有大海，廣遠無涯，其水淖溺，沉没萬物，不可度越，其流㴉㴉，又迅疾也。"同書所收相傳爲東方朔所作的《七諫·怨世》"世沈淖而難論兮"，王逸注："言時世之人沉没財利，用心淖溺，不論是非，不別忠佞……"這是由於{淖}的"濡濁"義可引申出"浸溺"義（如《怨世》"世沈淖"的"淖"，王逸注即訓"溺也"），故與溺没、沉溺之{溺}連文。這個{淖溺}與意指"柔弱、柔和"的可寫作"淖溺"的{淖弱}，實非一詞，所以我們上文討論{淖弱}、{淖約}那批詞時，已先將{淖溺}剔除在外。

2021年1月26日寫畢

附識：本文初稿蒙蘇建洲、陳哲先生審閱賜正，並指示若干失引的重要論著，使拙稿避免了不少疏失；又蒙胡敕瑞先生惠贈未刊稿《讀〈吳越春秋〉札記》供作者參考。在此謹向三位先生致以謝忱。

陳劍先生爲《儒藏》所撰《上海博物館藏楚竹書〈容成氏〉》"强弱不辭讓"句的注釋，對"弱"的字形有較詳分析，與本文第一節所論頗有相合之處（《儒藏》精華版第282冊，上冊601頁注①，北京大學出版社，2020年4

月)。寫本文時失於徵引,極不應該,此承陳哲先生指示。因文已定稿,無法大改,敬希讀者和陳劍先生見諒。陳哲先生讀拙文後還告訴我,《史記·呂后本紀》載趙王歌有云:"諸呂用事兮劉氏危,迫脅王侯兮彊授我妃。"《漢書·高五王傳》"危"作"微",王念孫《讀書雜志》據與"妃"押韻認爲"危"乃後人以意而改。陳先生懷疑此處似有可能也是假"免"爲"微","免"又訛作"危",與本文第四節所説《大戴禮記·勸學》"危"等情況一致。其説很有啓發,録此供讀者參考。

原載陳斯鵬主編《漢語字詞關係研究(二)》,中西書局,2021年10月。

"三壽"辨義

《詩·魯頌·閟宮》末四句云：

> 不虧不崩，不震不騰。
> 三壽作朋，如岡如陵。

"三壽"一詞如何作解，是《詩經》詮釋史上聚訟紛紜的熱門話題之一。自宋人引入晉姜鼎銘"三壽"與《閟宮》比讀開始，這個話題又一直與出土文獻如影隨形。近年出版的蔣文《先秦秦漢出土文獻與〈詩經〉文本的校勘和解讀》一書（以下簡稱"蔣書"），頗爲詳盡地引述了前人説法和所涉出土文獻，並提出了新的解釋，[①]很有參考價值。我們對此素有興趣，也曾發表過不成熟的意見。讀"蔣書"後，進一步細繹有關材料，感到"三壽"的解釋尚題有餘義。因草此文，以就正於方家。

一、古人關於"三壽"的主要説法

在古人關於《閟宮》"三壽作朋"的"三壽"的解釋裏，孔穎達《毛詩正義》（以下簡稱爲"孔疏"）和范處義、戴震、馬瑞辰、王夫之、魏源、郝懿行等人，都有"三老"之訓，[②]但他們的實際所指並不相同。

[①] 蔣文《先秦秦漢出土文獻與〈詩經〉文本的校勘和解讀》，59～67頁，上海：中西書局，2019年。

[②] 參看蔣文《先秦秦漢出土文獻與〈詩經〉文本的校勘和解讀》，60～62頁。

毛傳：“壽，考也。”鄭箋：“‘三壽’，三卿也。”孔疏：“老者，尊稱。天子謂父事之者爲三老，公卿大夫謂其家臣之長者稱室老。諸侯之國立三卿，故知三壽即三卿也。”①“考”、“老”同意，看起來孔疏以“三壽”爲“三老”即“三卿”，有調和毛、鄭二説之嫌。不過孔説也不是没有根據的。《文選》卷三載張衡《東京賦》：“降至尊以訓恭，送迎拜乎三壽。”薛綜注：“三壽，三老也。言天子尊而養此三老者，以教天下之敬，故來拜迎，去拜送焉。”②薛綜是三國吴人，遠早於孔穎達。從《東京賦》的上下文來看，薛氏的解釋是合乎原意的。由此可知，東漢和帝永元年間的張衡已稱“三老”爲“三壽”。李善爲《東京賦》“三壽”作注説：“……蔡邕《獨斷》曰：天子事三老，使者安車頓輪迎送而至家，天子獨拜。《毛詩》曰‘三壽作朋’也。”③李善注的時代雖比孔穎達《五經正義》晚，此説卻是有所本的。《漢書·禮樂志》“養三老五更於辟雍”，顔師古注引李奇曰：“王者父事三老，兄事五更。《詩》云‘三壽作朋’。”李奇大約是東漢末年南陽人，④較鄭玄稍晚，可見當時有不止一位學者將“三壽作朋”的“三壽”與“三老/三卿”聯繫了起來。

然而《閟宫》的“三壽作朋，如岡如陵”乃是爲魯僖公頌壽之辭，把其中的“三壽”解釋爲“三老五更”的“三老”，雖然稱致仕的“三公”爲“三老”，亦源自“老壽”之意，終究與“祝其壽考”（馬瑞辰語）的詩旨隔了一層。“考”、“老”是同義詞，但致仕“三公”未見有“三考”之稱，説明它們還不能隨意替换。毛傳訓“壽”爲“考”，蓋指壽考而言，與“三老”無涉。鄭玄、李奇、孔穎達等人所説的“三壽”可以肯定跟《閟宫》的“三壽”不是一回事。

宋、清二代學者多以“三壽”爲上壽、中壽、下壽之人，“猶‘三老’”。除了個别人認爲此種“三壽（三老）”即“三老五更”的“三老”，多數學者並未把它們加以認同。⑤ 指上壽、中壽、下壽的“三壽”或“三老”，是“壽之三

---

① 《十三經注疏》整理委員會整理《毛詩正義》，1662～1663、1667～1668 頁，北京：北京大學出版社，2000 年。
② （梁）蕭統編、（唐）李善注《文選》，120 頁，上海：上海古籍出版社，1986 年。
③ （梁）蕭統編、（唐）李善注《文選》，120 頁。
④ 參看踪凡《東漢賦注家及其賦注研究》，同作者《賦學文獻論稿》，94 頁，北京：商務印書館，2017 年。
⑤ 參看蔣文《先秦秦漢出土文獻與〈詩經〉文本的校勘和解讀》，61～62 頁。

等"或享三等壽之人的意思，這顯然與指致仕三公的"三壽"或"三老"異義。"蔣書"總結持此說者所據文獻"主要來自張衡《東京賦》薛綜《注》及李善《注》引《養生經》等，以及王應麟所論的晉姜鼎銘文"。① 關於晉姜鼎銘文，留待下一節再說；這裏只討論傳世文獻中的依據。

從"蔣書"的引錄看，用到張衡《東京賦》薛綜注的似乎只有陳奂《詩毛氏傳疏》。② 但讀一下《疏》文就可知道，陳氏是贊成"三壽"指致仕三公的"三老"的，薛綜注也是這個意思（見上引）；陳氏甚至懷疑毛傳訓"壽"的"考""乃'老'之誤"，並認爲鄭箋釋"三壽"爲"三卿""應是申成毛訓"。③ 所以陳奂不屬於以"三壽"指上壽、中壽、下壽之人這一派，"蔣書"誤歸。④ 除去《東京賦》薛綜注，可作爲此派文獻依據的，就剩下李善注引《養生經》了。

《文選》卷五十三載嵇康《養生論》"或云上壽百二十，古今所同。過此以往，莫非妖妄者"，李善注引《養生經》云：

　　黃帝問天老曰：人生上壽一百二十年，中壽百年，下壽八十年，而竟不然者，皆夭耳。⑤

同書卷二十載孫楚《征西官屬送於陟陽候作詩》"三命皆有極，咄嗟安可保"，李善注亦引《養生經》云：

　　黃帝曰：上壽百二十，中壽百年，下壽八十。⑥

其語似有簡省。按《養生經》一名《天老養生經》（"天老"即老子），乃道教

---

① 蔣文《先秦秦漢出土文獻與〈詩經〉文本的校勘和解讀》，61頁。
② 蔣文《先秦秦漢出土文獻與〈詩經〉文本的校勘和解讀》，62頁。
③ （清）陳奂《詩毛氏傳疏》，《儒藏》精華編第34册，936頁，北京：北京大學出版社，2009年。按陳氏疑毛傳"考""乃'老'之誤"，從《正義》所說"《釋詁》"文來看（《爾雅·釋詁上》有"老，壽也"之訓)，可能是對的。此蒙陳琦先生閱拙文初稿後向我指出。不過，我認爲即使毛傳訓"壽"之"考"本當作"老"，毛氏所謂的"老"大概也不是"三老五更"的"三老"，似仍指"老壽"而言。
④ （清）胡承琪《毛詩後箋》遵從陳奂《傳疏》說（1630頁，合肥：黃山書社，1999年），也不能歸於此派。
⑤ （梁）蕭統編、（唐）李善注《文選》，2287頁。
⑥ （梁）蕭統編、（唐）李善注《文選》，975頁。

養生書，已佚。① 從前引《東京賦》李善注可知，李善認爲《閟宫》的"三壽"指"三老五更"的"三老"，所以他應該不會再把"上壽、中壽、下壽"視爲《閟宫》的"三壽"，所引《養生經》中也没有稱"上壽、中壽、下壽"爲"三壽"的明文。孫楚詩下李善注引《養生經》"上壽、中壽、下壽"之説，是解釋"三命皆可極"的，説不定在他的心目中，"上壽、中壽、下壽"當合稱爲"三命"而非"三壽"。

《左傳·昭公三年》記晏嬰對叔向説齊國陳氏邀買人心，削弱公室，致使"公聚朽蠹，而三老凍餒"，杜預注：

> 三老，謂上壽、中壽、下壽，皆八十已上，不見養遇。

孔穎達《正義》：

> ……故杜以爲上、中、下壽，言皆八十以上，則上壽百年以上，中壽九十以上，下壽八十以上。此亦以意言之，釋此文耳，不通於餘文也。若秦伯謂蹇叔云："中壽，爾墓之木拱矣。"不言九十而死，木已拱矣。②

孔穎達既認爲"三壽"指致仕的三公，即"三老（三卿）"，應該也不會再把"上壽、中壽、下壽"視爲"三壽"。杜預也只是以"上壽、中壽、下壽"爲"三老（與孔疏所謂指'三卿'的'三老'不同義）"，未及"三壽"之稱。服虔注："三老者，工老、商老、農老。"孔氏《正義》雖是杜注而非服注，但衡之《左傳》本文，服説似更適宜。大概當時未必真有"上壽、中壽、下壽"合稱"三老"的成説，就像未必有"上壽、中壽、下壽"合稱爲"三命"一樣，都不過是注家爲了解釋"三老"、"三命"等詞而臨時湊泊的。

古籍中關於上壽、中壽、下壽的具體享壽，頗有異説。《莊子·盗跖》："人上壽百歲，中壽八十，下壽六十，除病瘦〈瘐〉死喪憂患，其中開口而笑者，一月之中不過四五日而已矣。"《論衡·正説篇》："或説春秋二百四十

---

① 參看（清）姚振宗《漢書藝文志條理》卷六，《二十五史藝文經籍志考補萃編》第三卷，445頁，北京：清華大學出版社，2011年。
② 《十三經注疏》整理委員會整理《春秋左傳正義》，1360頁，北京：北京大學出版社，2000年。

二年者，上壽九十，中壽八十，下壽七十，孔子據中壽三世而作，三八二十四，故二百四十年也。"《太平經·解承負訣》"上壽一百二十，中壽八十，下壽六十"（同書《盛身御災法》説同），再到上引《養生經》云上壽一百二十歲、中壽一百歲、下壽八十歲，孔穎達《春秋左傳正義》云上壽一百歲以上、中壽九十歲以上、下壽八十歲以上，大體上呈時代愈後，上壽、中壽、下壽所享年歲愈高的趨勢。① 值得注意的是，先秦至唐文獻中，凡言"上壽、中壽、下壽"者，從不稱之爲"三壽"，更無人把它們與《閟宫》"三壽作朋"的"三壽"聯繫在一起。②

所以，就現有資料而論，南宋范處義《詩補傳》卷二十七所引"或曰""三壽謂上中下也，上壽百二十、中壽百歲、下壽八十"，可算是釋"三壽"爲"上壽、中壽、下壽"的始作俑者。此釋跟以"三壽"爲指致仕三公的"三老"説比起來，在《詩經》闡釋史上實是一種相對後起的"新説"。此"新説"出現以後，從之者甚衆，風靡至今，這可能由於説"三壽"爲"上壽、中壽、下壽"的合稱，文法上毫無問題，字面上十分湊巧，且比"三老（三卿）"説更切合詩意，因而易於爲人所接受。此外，出土文獻中的相關辭例也起了推波助瀾的作用。

---

① 參看張政烺《〈説文〉燕召公〈史篇〉名醜解》，《張政烺文集·文史叢考》，136 頁，北京：中華書局，2012 年。

② 張政烺先生主張"三壽"指"上壽、中壽、下壽"之説，他舉《儀禮·喪服傳》"年十九至十六爲長殤，十五至十二爲中殤，十一至八歲爲下殤"即《文選》卷二十一所載謝宣遠《張子房詩》"苛慝暴三殤"的"三殤"，作爲"上壽、中壽、下壽"也可合稱爲"三壽"的旁證（《〈説文〉燕召公〈史篇〉名醜解》，《張政烺文集·文史叢考》，136 頁。又見《張政烺批注〈兩周金文辭大系考釋〉》，上冊 130 頁，北京：中華書局，2011 年）。今按，"上壽、中壽、下壽"之稱爲"三壽"，畢竟缺乏直接的早期書證。謝宣遠《張子房詩》中的"三殤"是否真指"長殤、中殤、下殤"而言，前人也有不同看法。如李周翰注和李善注都引《禮記·檀弓下》"苛政猛於虎"故事中婦人所説"吾舅死於虎，吾夫又死焉，今吾子又死焉"爲"三殤"，謂"横死曰殤"。雖然古代所謂"殤"，一般"指二十歲以下的死亡"［《張政烺批注〈兩周金文辭大系考釋〉》的重新整理與初步研究》，47 頁，復旦大學碩士學位論文（指導教師：郭永秉），2014 年］，但也有不限於年齡而指非正常死亡的，如《楚辭·九歌·國殤》中的"國殤"乃"死於國事者"（王逸注），當不限於"二十歲以下"。又如新見漢代簡牘《史篇一》第五有"妻寡子孤，遠爲強殤"之語，胡敕瑞先生指出"強"即"強死"之"強"，義爲"横妄"，"殤"指"非自然的横妄而死"，"強殤"義近連文，"指横妄而死的孤魂野鬼"（胡敕瑞《新見漢牘〈史篇一〉〈史篇二〉校讀札記》，《早期中國的經典與語言——〈嶺南學報〉復刊第十五輯》，34～35 頁，上海：上海古籍出版社，2021 年）。所言甚是。因此舊説似乎還不能完全否定。

二、出土文獻中的"三壽"材料

與"三壽"有關的出土文獻,見於兩周金文和戰國竹書者,已爲"蔣書"悉數揭出。① 下面依器物時代之序把金文材料再列舉一遍,所引較"蔣書"爲詳:

(1) 曩仲作倗生飲壺,匄三壽、懿德、萬年。(曩仲壺,西周中期,《集成》06511)

(2) (先王)降余多**福**,福余沈(沖)孫,參(三)壽佳(唯)**△1**。鈇其萬年,畯保四**或(國)**。(鈇鐘,西周晚期,《集成》00260)

(3) 晋姜用祈綽綰、眉壽,作憲爲**亟(極)**;萬年無疆,用享用**德**;畯保其孫子,三壽是**△2**。(晋姜鼎,春秋早期,《集成》02826)

(4) ……用祈眉壽繁釐于其皇祖皇考,若召公壽,若參(三)壽……(者減鐘,春秋中期,《集成》00196~00198)

(5) □□(器主名)參(三)壽,其永鼓之,百歲外,述(遂)以之逝。(河南固始侯古堆 M1 所出鎛,春秋晚期,《新收》276~282)②

(6) □□(器主名)參(三)壽,其永鼓……(鄱子成周鐘背面,春秋晚期,《新收》289)

(3)所從出的晋姜鼎,北宋時已出土。王黼等編《博古圖》卷二:"又言'保其孫子,三壽是利',則'三壽'者,與詩人言'三壽作朋'同意。蓋晋姜觀其始,特保我子孫,而外之三卿亦冀壽考也。"③此應是最早將鼎銘與《閟宫》"三壽"合證者。④ 王應麟《困學紀聞》卷三則是最早據晋姜鼎銘"三壽"的

---

① 蔣文《先秦秦漢出土文獻與〈詩經〉文本的校勘和解讀》,63~64 頁。
② 參看謝明文《固始侯古堆一號墓所出編鎛補釋》,同作者《商周文字論集》,141~154 頁,上海:上海古籍出版社,2017 年。
③ 劉慶柱、段志洪主編《金文文獻集成》第一册,311 頁,北京:綫裝書局,2005 年。
④ 薛尚功《歷代鐘鼎彝器款識法帖》卷十亦有相同説法,但其書約成於南宋高宗紹興十四年,較編寫於北宋宣和年間的《博古圖》爲晚(古代知識階層對《詩經》一般都很熟稔,觀晋姜鼎銘的"三壽"而想到《閟宫》的"三壽作朋",是相當容易的事)。蔣文《先秦秦漢出土文獻與〈詩經〉文本的校勘和解讀》似將繫聯的發明權歸於薛尚功(7頁),失之。

用法反對鄭箋"三卿"之釋的。①

前人大多釋讀△1、△2為"利",如(3)的"三壽是利",猶言"利三壽",用"上壽、中壽、下壽"的"壽之三等"義解之,似頗可通。這對他們棄箋、疏"三老(三卿)"說而取"壽之三等"以解《閟宮》"三壽作朋"也是一種支持。② 按△1、△2作如下之形:

△1. [圖]　△2. [圖]

△1、△2用法相同,△1必從△2得聲。此字又見於春秋晚期的王子午鼎:

△3. [圖] (《集成》02811,《近出》358、360、361、362、363)

下文在無需分別時,以"△"統指這個從"木"從"刀"之字。△從"木",與"利"從"禾"不合,此字釋"利"顯然無據。

清人吳式芬《攈古錄》卷三之二"宗周鐘"引許瀚(印林)說,對△字有極為重要的考釋意見。許氏據△1與"福、或"為韻,△2與"亟(極)、德"為韻,指出△象"刻木录录之形","疑即刻字"。③ 其說甚確。△1"木"旁的小點,大概就象刻木的碎屑。許瀚未及見的王子午鼎中,△3用於如下之語:

令尹子庚,殿(緊)民之所亟(極)。萬年無期,子孫是△3。

鼎銘前有"溫恭默(胡)犀(夷),畏忌趩(翼)趩(翼)。敬厥盟祀,永受其福"之文,"趩(翼)"、"福"隔句押職部韻。此亦當以"亟(極)"、"△3"隔句為韻,"亟(極)"也是職部字[上引(2)、(3)亦皆隔句押韻,韻腳字已下加橫綫標出,請參看]。△釋為"刻"之表意初文,也符合王子午鼎此字入韻的要

---

① 蔣文《先秦秦漢出土文獻與〈詩經〉文本的校勘和解讀》,7、61頁。
② 參看蔣文《先秦秦漢出土文獻與〈詩經〉文本的校勘和解讀》,62頁引馬瑞辰、王夫之、魏源等說。
③ 周法高主編《金文詁林》,2647頁,香港:香港中文大學,1974年。

求。近年有些學者把△改釋爲"割"的表意字,在上引諸銘中讀爲"匄"。①他們的新釋罔顧或曲解銘文押韻之例,不可從。古文字中已有從"索"、從"刀"的"割"的表意字,②再以△爲"割"的表意字,對於文字系統來説也不很經濟,恐無必要。

郭沫若肯定△字"釋刻近是",並"疑讀爲晐備之晐"。③按"晐備"之"晐"古或作"該"、"賅"等。"晐"有"兼包"、"完備"之義,其所述對象當是多個,似對(2)"三壽唯晐"、(3)"三壽是晐"的"三壽"指上壽、中壽、下壽"壽之三等"的説法有利。郭沫若本人卻以(2)、(4)等"參壽"的"參"爲本字,解釋爲"壽如參星之高"。④這跟他所讀的"晐"的詞義反而不協。⑤

2015年公布的《清華大學藏戰國竹簡(伍)》所收《殷高宗問於三壽》篇,記殷高宗武丁與"少壽"、"中壽"、"彭祖"三老先後的問答,而以與彭祖的問答爲主。⑥文章開頭説:

> 高宗觀於洹水之上,參(三)壽與從。(簡1)

"三壽"顯然指少壽、中壽、彭祖三位長壽老人。在簡文正式發表之前,王挺斌先生根據李學勤先生的介紹文章,率先提出依《殷高宗問於三壽》的"三壽與從",《閟宫》與兩周金文的"三壽""可以確指爲三位長壽之人"。⑦

我在2015年8月21～22日由吉林大學古籍研究所主辦的"'出土文獻與學術新知'學術研討會暨出土文獻青年學者論壇"的《殷高宗問於三

---

① 董珊《吳越題銘研究》,40頁,北京:文物出版社,2014年。田煒《西周金文字詞關係研究》,204～205頁,上海:上海古籍出版社,2016年。薛培武《説〈閟宫〉"三壽作朋"之"朋"及相關》,簡帛網,2018年6月19日。

② 郭永秉、鄔可晶《説"索"、"割"》,郭永秉《古文字與古文獻論集續編》,60～84頁,上海:上海古籍出版社,2015年。

③ 郭沫若《兩周金文辭大系考釋》,53頁下,《郭沫若全集·考古編》第八卷,北京:科學出版社,2002年。

④ 同上注。

⑤ 王挺斌先生也曾指出過"參(參星)壽"説所存在的一些問題,見其《利用清華簡來解釋〈詩經·魯頌·閟宫〉"三壽作朋"》,簡帛網,2014年10月23日。

⑥ 清華大學出土文獻研究與保護中心編,李學勤主編《清華大學藏戰國竹簡(伍)》,下册149～161頁,上海:中西書局,2015年。

⑦ 王挺斌《利用清華簡來解釋〈詩經·魯頌·閟宫〉"三壽作朋"》。

壽》導讀"上發言，認爲只有采用前人的"三壽"指上壽、中壽、下壽"壽之三等"説，才能把所有材料都講通。我那時信從釋金文△爲"刻"、讀爲晐備之"晐"説，"三壽是晐"的意思與《閟宫》"三壽作朋"相近，前者指上壽、中壽、下壽等各種長壽都具備，後者的"朋"從王夫之《詩經稗疏》説訓爲"並",①意謂上壽、中壽、下壽等各種長壽合並，都是祝頌"無疆之壽"。《殷高宗問於三壽》的"三壽"指三位長壽老人，我認爲是從兩周金文和《詩經》中指上壽、中壽、下壽"壽之三等"的"三壽""人格化"而成的，並舉了古代民間傳説裏的一些人或神由思想觀念演化而來的例子，作爲類比。②

"蔣書"同意"三壽"本指上壽、中壽、下壽"壽之三等"，(2)、(3)讀爲"三壽唯晐"、"三壽是晐"，此二例"三壽"就指"上、中、下三等之壽"；她引用我"壽之三等""人格化"爲"上、中、下三等壽之人"的説法，認爲《閟宫》"三壽作朋"的"三壽"應該"理解成上、中、下三位長壽之人"，(4)"若召公壽，若三壽"的"三壽"疑爲"'三壽壽'之省"，"義爲三壽之人之壽"，它們已開《殷高宗問於三壽》中"三壽"指三位長壽老人的先河。至於(1)、(4)、(5)、(6)的"三壽"，"蔣書"認爲與"眉壽"、"萬壽"等義近，這是由"上、中、下三等壽"引申爲較籠統的"長壽"義。③

現在經過反復思考，我對"三壽"的看法有了很大的改變。

上一節已指出，以"上壽、中壽、下壽""壽之三等"爲"三壽"，大概是宋代才興起來的一種"新説"，唐以前的文獻中並無"三壽"指"上壽、中壽、下壽"的確據。那麼，新刊清華簡《殷高宗問於三壽》稱"少壽、中壽、彭祖"爲"三壽"，是否可以推翻上述結論呢？我們認爲不能。"少壽、中壽、彭祖"與"下壽、中壽、上壽"，只有"中壽"之名彼此相合；"少壽"之名不見於先秦兩漢文獻，揆之簡文，應是"壽之少者"的意思，這跟"下壽"的含義也不相同。

---

① （清）王夫之《詩經稗疏》卷四，《船山全書》第3册，215~216頁，長沙：嶽麓書社，1996年。

② 鄥可晶《〈殷高宗問於三壽〉新注》，未刊稿；蔣文《先秦秦漢出土文獻與〈詩經〉文本的校勘和解讀》，65、66~67頁有引述。

③ 蔣文《先秦秦漢出土文獻與〈詩經〉文本的校勘和解讀》，65~67頁。

從上一節引用的傳世文獻所載"上壽、中壽、下壽"的年歲來看,下壽有六十、七十、八十之異,最高者不過八十歲以上(孔穎達《春秋左傳正義》説),何況這還是晚出的唐人的説法。《殷高宗問於三壽》一開始説:

　　高宗乃問於少壽曰:"爾是先生,爾是知二有國之情……"(簡1~2)

整理者注:

　　二有國,指兩個朝代,如清華簡《皇門》:"我歆(聞)昔才(在)二又(有)或(國)之折(哲)王則不共(恐)于卹。"其二有國即夏、商。本篇所指年代或更早。①

殷高宗武丁明謂少壽"知二有國之情",也就是説少壽很可能經歷了夏、商甚至更早的朝代,到武丁時必已在百歲以上,超過了"下壽"的最高年限。據《世本》載,彭祖爲顓頊玄孫,壽及八百多歲。② 位於少壽、彭祖之間的中壽,其年歲估計也在四、五百歲左右。總之,《殷高宗問於三壽》中少壽、中壽、彭祖的年歲,已是神仙者流的享壽(彭祖即入《列仙傳》),與指普通人壽命的"下壽、中壽、上壽"之數完全不符,不當加以牽合。

把"少壽"、"中壽"、"彭祖"三位壽者稱爲"三壽",與《左傳》稱鄧國的騅甥、聃甥、養甥爲"三甥"(《莊公六年》),稱晉國的外嬖梁五、東關嬖五爲"二五"(《莊公二十八年》),稱工老、商老、農老爲"三老"(用服虔説),後人稱爲避秦禍而隱居商山的四位老人爲"商山四皓"等,十分相似,是漢語中常見的合稱同類人物的方式。不過,上古以享高壽而聞名者,似首推彭祖(老子也享高壽,但他顯然不適合出現在本篇簡文中);《殷高宗問於三壽》全篇與武丁的對答,也以彭祖爲主,少壽、中壽充其量只是引子。據此推

――――――――

① 清華大學出土文獻研究與保護中心編、李學勤主編《清華大學藏戰國竹簡(伍)》,下册152頁。

② (漢)宋衷注、(清)秦嘉謨等輯《世本八種》,王謨輯本5頁,雷學淇校輯本6頁,張澍稡集補注本86頁,秦嘉謨輯補本293頁等,北京:中華書局,2008年。按馬叙倫《列子僞書考》認爲"《莊子》言'彭祖上及有虞下及五伯',則其壽不止八百"(楊伯峻《列子集釋》附錄三《辨僞文字輯略》,304頁,北京:中華書局,1979年)。

測，簡文的"少壽"、"中壽"很可能是爲了跟彭祖湊成一組而假託、虛構出來的人物，無以名之，只能用意爲"壽之少者"、"壽之中者"的"少壽"、"中壽"敷衍代指。

(2)、(3)的"三壽"也不能解釋爲"上壽、中壽、下壽""壽之三等"，這裏的關鍵就在於"刻"字的讀法。

我原先相信郭沫若讀"刻"爲咳備之"咳"。但是仔細一想，(2)、(3)中"刻"所記錄之詞皆與職部字押韻，而咳備之"咳"是之部字，依郭說，就只能解釋爲職、之合韻。在一個較短的韻段裏出現這種情況，是十分勉强的。而且"出韻"的恰是有待釋讀的那個詞，這就更削弱了郭說的可信度。今按，許瀚在釋△爲"刻"之後，還說了一句："刻、克通。"①其意似謂(2)、(3)的"刻"當讀爲"克"。此說可從。"克"、"刻"古今皆同音，無疑可以相通。從出土漢代文字資料看，"剋"是從"克"的異體分化出來的，二者本爲一字。② 典籍中"剋"與"刻"就有不少通用之例。③ 西周春秋金文已有"克"字，此又借"刻"爲"克"，就跟古代早有"三"字，但又屢借"參"或其省體"厽"爲"三"差不多，是古文字中司空見慣的用字不固定的現象。"克"爲職部字，正好入韻。

"三壽唯克"、"三壽是克"相當於說"余沖孫"、"其孫子""克三壽"。王子午鼎"萬年無期，子孫是刻(克)"則是"子孫克萬年無期"的意思，陳逆簋云"陳純裔孫逆作爲皇祖大宗簋，……子孫是保"(《集成》04096)，意謂"子孫保此皇祖大宗簋"，與鼎銘此句同例。④ "克"是動詞，意謂能完成某事。因用於解釋"克"的"能"在現代漢語中已是助動詞，所以在對譯上古漢語的動詞"克"時，需要根據不同語境在"能"後補出具體的動作。《尚書·無

---

① 周法高主編《金文詁林》，2647頁。
② 于淼《漢代隸書異體字表與相關問題研究》下編《漢隸異體字相關問題研究》，112～113頁，吉林大學博士學位論文(指導教師：吳振武)，2015年。
③ 高亨、董治安《古字通假會典》，384頁，濟南：齊魯書社，1989年。
④ 一般認爲"三壽是刻(克)"、"子孫是刻(克)"、"子孫是保"等是賓語前置句，"是"爲複指代詞(但具體前置的情況和"是"的指代不同)。我們對此有不同看法，限於篇幅不能展開，有機會容另文詳論。不過，我們對文義的理解與一般的看法並無太大出入，所以這裏仍按賓語前置來解說句意。

逸》:"自時厥後,立王生則逸;生則逸,不知稼穡之艱難,不聞小人之勞,惟耽樂之從。自時厥後,亦罔或克壽:或十年,或七八年,或五六年,或四三年。""克壽"意指能享長壽。《尚書·文侯之命》:"即我御事,罔或耆壽俊在厥服,予則罔克。"此"克"指小子能勝任天子之位、能承受天命。《詩·大雅·雲漢》第二章云:"后稷不克,上帝不臨。"鄭箋:"克當作刻。刻,識也。"孔疏以"刻削所以記識"釋之,難信。林義光訓"克"爲"肩也","后稷不克,謂后稷不肯任其事"。① 其説甚是。后稷本是周之始祖,有護佑周運之責,現在"旱既大甚,蘊隆蟲蟲",故云后稷不克其任。"不克"與"不臨"對言,"克"爲動詞可以看得很明白。金文中也有這樣的"克"。《商周青銅器銘文暨圖像集成續編》0228號著録一件西周中期的賢鼎,其銘云:"唯十又二月,辰在甲申,王大射,在魯。王眔右即西六師,左即東八師。王克西師,左克東師,賢克厥啻(敵)。……(下略)""王克西師,左克東師"大概是説在射禮之中,王能很好地完成所即的西六師的任務,左能很好地完成所即的東八師的任務。"賢克厥敵"的"敵"即《禮記·玉藻》"敵者不在,拜於其室"的"敵者",指主人(參看孔疏),其意蓋謂賢能很好地完成輔佐、配合他的主人在射禮中的任務。既然"三壽唯克"、"三壽是克"的"克"不具有眩備之"眩"所述對象爲多個的詞義特點,把(2)、(3)的"三壽"講成"上壽、中壽、下壽""壽之三等"也就失去了必然性。

"蔣書"曾對(1)作過如下分析:

  吴仲壺"匃三壽懿德"中,"三壽"和"懿德"並舉,當是與其結構、性質類似的詞語(引者按:其實"懿德"之後還有"萬年",結構、性質也與它們類似),且金文多見祈匃"眉壽"之語,亦偶有"匃考壽"、"祈萬壽"、"匃萬年壽"、"祈魯壽",比勘辭例即可知吴仲壺的"三壽"義近"眉壽"等。②

她引謝明文先生説,指出(5)、(6)的"器主名+參壽""表示作器人祈'參壽'的意思";最後總結説這幾例"三/參壽""是長壽、多壽之義,略近於'眉

---

① 林義光《詩經通解》,371頁,上海:中西書局,2012年。
② 蔣文《先秦秦漢出土文獻與〈詩經〉文本的校勘和解讀》,65頁。

壽'、'萬壽'等"。① 這些意見都很正確。

(2)"三壽唯刻(克)"、(3)"三壽是刻(克)"猶言"克三壽",其文與上舉《尚書·無逸》的"克壽"相類,義亦當近。由此看來,(2)、(3)的"三壽"也是"長壽、多壽之義",與(1)、(5)、(6)的"三壽"無別。(4)"用祈眉壽繁釐于其皇祖皇考,若召公壽,若三壽","召公壽、三壽"與"眉壽、繁釐"都是祈福的内容(具體分析詳後文)。《詩·魯頌·閟宫》的"三壽作朋"明是頌壽之辭。王顯先生對"三壽作朋"的大意有較好的把握:

> 《閟宫》下一章中有幾句祝頌的辭語是這樣說的:"俾爾昌而大,俾爾耆而艾,萬有千歲,眉壽無有害。"這幾句只是在字句結構上不跟第四章所說的完全對等對稱而已,在意義上卻是相似相同的。"害"是"遏"的借字。《爾雅·釋詁》:"遏,止也。""無有害(遏)",就是沒有止境,沒有窮盡的界限。"萬有千歲,眉壽無有害",也就是千秋萬歲,壽命永永無窮的意思。"三壽作朋"句正跟"萬有千歲,眉壽無有害"是相似相同的,所以它也是說的千秋萬歲,長壽不死的意思。②

他讀"眉壽無有害"的"害"爲"遏",似不可信。"害"從舊說如字讀即可,意謂長壽而無患害。不過這一點不影響他的"三壽作朋"與"萬有千歲,眉壽無有害"意義相近的結論。這兩例"三壽"的使用場合、語境與(1)、(2)、(3)、(5)、(6)一致,沒有理由不用"長壽、多壽之義"來統一解釋。清華簡《殷高宗問於三壽》的"三壽"是"少壽、中壽、彭祖"三位老壽者的合稱,用法與它們不同,倒是應該加以區分。

三、"三壽"與"中壽"

文獻中表"長壽、多壽之義"的詞,習見的有"萬壽"、"眉壽"等。"萬壽"之"壽"指年壽,"萬壽"相當於說"萬歲"。"眉壽",按沈培先生等說,實

---

① 蔣文《先秦秦漢出土文獻與〈詩經〉文本的校勘和解讀》,66頁。
② 王顯《〈詩·閟宫〉"三壽作朋"解》,中國社會科學院語言研究所、古代漢語研究室編《古漢語研究論文集》,200頁,北京:北京出版社,1982年。

即"彌壽",原爲動賓結構,"彌"有"滿"、"終"、"盡"義,"眉(彌)壽"是説人能過滿、終盡上天所賦予的壽命。①【編按:"眉壽"之"眉"出土文獻皆作"釁(沫)","釁"讀爲"彌"恐難成立,參看張富海《"眉壽"之"眉"的音義辨析》,《出土文獻與古文字研究》第十一輯,178～187頁,上海:上海古籍出版社,2024年。】我們雖已推知"三壽"大體上是"長壽、多壽之義",但"三壽"二字如何也能表示這樣的意思?下面就來討論這一問題。

在前人關於"三壽"的諸多解釋中,約有二説符合"長壽、多壽"的詞義要求。上舉郭沫若等人認爲金文所用"參"爲本字,"參壽"喻指如參星之高壽。② 今按,王挺斌先生已指出,古書中"找不到'參星作爲長壽星'或是'參星代表吉星'的説法"。③ 高本漢指出"三"從來不假借爲參星之"參",但金文中作"三壽"者不止一見,這也是"壽如參星之高"説的問題。④ 從古文字字形看,"參"不是參星的象形字,而象一人頭上戴簪之形,趙平安先生認爲是"篸/簪"的本字。⑤ 所以"參"用爲參星之"參"也只是假借而已。總之,此説並無像樣的證據,可不必論。

真正值得重視的是另一説。高本漢注釋《閟宫》的"三壽",引(1)的"勻三壽懿德"云:

　　"三"是"壽"的形容語,正如"懿"是"德"的形容語。所以"三壽"的意義按理該是"三倍的年歲",也就是普通壽數的三倍。⑥

---

① 沈培《釋甲骨文、金文與傳世典籍中跟"眉壽"的"眉"相關的字詞》,《出土文獻與傳世典籍的詮釋——紀念譚樸森先生逝世兩週年國際學術研討會論文集》,19～27頁,上海:上海古籍出版社,2010年。

② 參看蔣文《先秦秦漢出土文獻與〈詩經〉文本的校勘和解讀》,64～65頁;王挺斌《利用清華簡來解釋〈詩經·魯頌·閟宮〉"三壽作朋"》。

③ 王挺斌《利用清華簡來解釋〈詩經·魯頌·閟宮〉"三壽作朋"》。王顯、杜正勝等學者也曾指出過這一點,參看陳英傑《西周金文作器用途銘辭研究》,392頁,北京:綫裝書局,2008年。

④ (瑞典)高本漢著、董同龢譯《高本漢詩經注釋》,1103頁,上海:中西書局,2012年。

⑤ 趙平安《釋"參"及相關諸字》,同作者《金文釋讀與文明探索》,139～143頁,上海:上海古籍出版社,2011年。

⑥ (瑞典)高本漢著、董同龢譯《高本漢詩經注釋》,1103頁。

他把我們上文引過的《左傳》"三老凍餒"的"三老"也説成"有三倍壽數的人"，①當然是不對的；但他釋"三壽"爲"三倍的普通壽數"卻很有道理。

王顯先生據前人已指出的古書中的"三"有時不是實指、而是"表示無限大的數字"（"數之極"）的説法以解"三壽"之"三"，因此"'三壽'的意義就等於'萬年'或'萬壽'"。② 白川靜等人亦主此説。③ 我認爲，"三壽"之"三"乃極言其多的虛指，這種可能性確實無法排除；但是，持此説者把"三壽"與"萬壽"、"萬年"的詞義等同爲一，恐有問題。(1)、(2)、(3)都既有"三壽"又有"萬年"，如其説，就變成無謂的同義重複了。陳英傑先生指出過金文中"三壽"的出現要晚於"萬年"。④ 在已有"萬年"、"萬壽"的情況下，古人有什麼必要再造出一個同義的"三壽"來呢？所以，還不如按高本漢説解釋爲"三倍或多倍的年歲"合理。

爲了討論的方便，以下我們暫取"三"的實指用法。指"三倍年歲"的"三壽"具體能達多少歲？上引先秦兩漢時代關於"上壽、中壽、下壽"的資料中，《莊子·盜跖》説"人上壽百歲"，如三倍其數，便有三百歲，這應該是"三壽"年歲的上限。至於下限，以《莊子·盜跖》"下壽六十"爲基數計算，當有一百八十歲（《論衡·正説篇》"上壽九十……下壽七十"，上下限都不及《莊子》）；此外，"三壽"的下限還與文獻裏提到的某一類"中壽"有關。

"中壽"一詞古有三義，也可以説是三個"異源同形詞"：⑤其一如《黄帝内經·靈樞經·天年》："黄帝曰：其不能終壽而死者，何如？岐伯曰：……故中壽而盡也。""中壽"與"終壽"對舉，意指中止其壽；其二即本文第一節已徵引過的，與"上壽"、"下壽"相對而言，意指中等壽年；其三指一般的、普通的壽年，有點類似於今天説的"平均壽命"。此義似少見有人

---

① （瑞典）高本漢著、董同龢譯《高本漢詩經注釋》，1103頁。
② 王顯《〈詩·閟宫〉"三壽作朋"解》，中國社會科學院語言研究所、古代漢語研究室編《古漢語研究論文集》，202～204頁。
③ 參看陳英傑《西周金文作器用途銘辭研究》，391頁；蔣文《先秦秦漢出土文獻與〈詩經〉文本的校勘和解讀》，65頁。
④ 陳英傑《西周金文作器用途銘辭研究》，391頁。
⑤ 中古以後"中壽"又有"滿壽"義，參看劉百順《漢魏六朝史書詞語考釋》，《西北大學學報(哲學社會科學版)》2002年第3期，162頁。此處不贅。

提及而多混同於第二義，需要結合具體用例予以辨明。

《呂氏春秋·安死》：

> 人之壽，久之不過百，中壽不過六十。以百與六十爲無窮者之慮，其情必不相當矣。

這是説人生最長壽者不過百歲，一般的壽年爲六十歲。"久之不過百"與"人上壽百歲"相當。《淮南子·原道》：

> 凡人中壽七十歲，然而趣捨指湊，日以月悔也，以至於死，故蘧伯玉年五十而有四十九年非。

這是説人的一般壽年爲七十歲，比《呂氏春秋》所説延長了十歲。《意林》卷四引《風俗通》佚文記漢靈帝時博士任敏曰：

> 凡人中壽七十，視父同儕亡，可制服也。……

説同《淮南子》。《孟子·梁惠王上》兩次説到"五畝之宅，樹之以桑，五十者可以衣帛矣；雞豚狗彘之畜，無失其時，七十者可以食肉矣"，以五十、七十者爲壽者，平均一下正好是六十歲。《左傳·文公十六年》："宋公子鮑禮於國人，宋饑，竭其粟而貸之。年自七十以上，無不饋詒也，時加羞珍異。"則以七十歲爲壽。大概先秦兩漢時人普遍的壽年是六、七十歲；也就是説，一般人活到六十、七十歲就能算長壽了。這應該是符合當時實際的營養條件和醫療衛生水平的。

《左傳·僖公三十二年》記著名的"蹇叔哭師"的故事，其中有云：

> 蹇叔哭之曰："孟子，吾見師之出而不見其入也。"公使謂之曰："爾何知！中壽，爾墓之木拱矣。"

《公羊傳·僖公三十三年》相關之文云：

> 百里子與蹇叔子諫曰："千里而襲人，未有不亡者也。"秦伯怒曰："若爾之年者，宰上之木拱矣。爾曷知！"

《穀梁傳·僖公三十三年》云：

>……（前略）秦伯曰："子之冢木已拱矣！何知！"

范寧注：

> 子之輩皆已老死矣。……言其老無知。

《左傳》"中壽"之義衆説不一，爲節省篇幅，恕不詳細徵引。欲知孰説爲是，須看它能否與《公羊傳》"若爾之年者"云云和范寧注"子之輩皆已老死"之意相容。

洪亮吉《春秋左傳詁》同意《正義》謂此"中壽"即"上壽、中壽、下壽"之屬，但不同意《正義》所説的具體年歲，"此云中壽，當在八十以下、六十以上"。① 楊伯峻注認爲洪説"或是也"，"句意謂使爾中壽，爾墓上之樹木早已成抱矣，言其老而不死，昏悖而不可用"。② 按殽之戰時蹇叔大概年在九十以上，所以前人用"上壽、中壽、下壽"之"中壽"（即上説第二義）説解這裏的"中壽"，顯然對不上，因爲先秦兩漢文獻提到的與"上壽、下壽"相對的"中壽"一般是八十歲（詳本文第一節所舉），"使爾'中壽'"而死，至此時也不過十餘年，不至於"爾墓之木拱矣"。洪亮吉説"中壽""當在八十以下、六十以上"，似有想把"中壽"的年齡往下拉的意圖，也是爲了使"中壽"離殽之戰時蹇叔的年紀更遠一些。但這不免迂曲。雖然如此，楊注對文義的理解還是可靠的。

我認爲秦穆公這裏所説的"中壽"，就指一般的、普通的壽年，其意是説：如果你只活了一般人普通的歲數，即六、七十歲就死了，那麼到現在（此時蹇叔九十多歲，也就是過了二、三十年）你墳墓上的樹木早已成抱了。③ 這也就是范寧注"子之輩皆已老死矣（'子之輩'的年歲就是'中壽'）"的意思（罵蹇叔"早就該死"）。秦穆公的話説全了實是"若爾中壽即

---

① （清）洪亮吉《春秋左傳詁》，343 頁，北京：中華書局，1987 年。
② 楊伯峻《春秋左傳注（修訂本）》，491 頁，北京：中華書局，1990 年。
③ 有的學者雖已據《呂氏春秋·安死》説把《左傳》的"中壽"解釋爲"六十歲"，但並未意識到這裏的"中壽"與"上壽、中壽、下壽"的"中壽"詞義有別，而只是認爲古人所謂"上壽、中壽、下壽"的具體年歲有出入，取其中較合理的一説［劉百順"中壽""拱"考辨，《古籍整理出版情況簡報》2004 年第 1 期（總 395 期）；又上引劉百順《漢魏六朝史書詞語考釋》文］，這與我們的看法仍有根本的不同。

死,及爾之年,爾墓之木拱矣",合《左傳》的"中壽"與《公羊傳》的"若爾之年者"併讀之,其義自明。

《莊子·盜跖》説"人上壽百歲,中壽八十,下壽六十",《論衡·正説篇》引"或説""上壽九十,中壽八十,下壽七十","下壽"爲六十、七十,跟《吕氏春秋·安死》的"中壽不過六十"、《淮南子·原道》的"凡人中壽七十歲"等相符,這不是偶然的巧合。因爲"上壽、中壽、下壽"是在壽年的範疇内説的(也就是把整個"壽年"分爲三等),①其中的"下壽"亦即最起碼的壽年;"不過六十、七十"的"中壽"指一般的、普通的壽年,一般來説普通的壽年就是最起碼的壽年,所以會有上面所説的對應。指一般的、普通的壽年的"中壽"從來不跟"上壽"、"下壽"對舉,也可看出這兩種"中壽"不宜混爲一談。

既然"一般的、普通的壽年"意義上的"中壽"就相當於"上壽、中壽、下壽"的"下壽","三壽"的下限也完全可以根據此義的"中壽"來計算。按《吕氏春秋·安死》"中壽不過六十",三倍其數也是一百八十歲,與按"下壽"計算的結果相合。"上壽、中壽、下壽"的"壽"與第三義的"中壽"的"壽",都指壽年,我們認爲"三壽"的"壽"也是"壽年"的意思,彼此是統一的。"萬壽"與"萬年"、"萬歲"同意,"萬壽"的"壽"當指"年歲、年壽",義與"三壽"之"壽"不同。

如上所述,先秦時代所謂"三壽"的具體年歲,約在一百八十歲至三百歲之間(如粗略一點,可以説是二、三百歲)。這雖不及"萬年"、"萬有千歲"誇張,但已超出"上壽、中壽、下壽"諸歧説中"上壽"的最高年歲(一百二十歲),無疑可稱長壽,作爲頌壽之辭是合適的。正因爲"三壽"所指年歲比"萬年"短,所以上舉(1)器主所祈之福中,"三壽"排在"萬年"的前面。"眉(彌)壽"是説能終盡天賦的壽數,一般人至多也不過百歲(彭祖等神仙除外),這當然比"三壽"要短,所以(4)的"三壽"就排在"眉壽"之後(召公

---

① 《太平經·盛身卻災法》:"故人生百二十上壽,八十中壽,六十下壽,過此皆夭折。"可證"上壽、中壽、下壽"屬於"壽",達不到的便屬於與"壽"相對的"夭"。《文選》所載嵇康《養生論》李善注所引《養生經》也有同樣的話。

以長壽著稱,大概比一般人的享壽久長,①故排在"眉壽"之後、"三壽"之前)。(3)中晉姜祈禱自己"眉壽",希望保其子孫能享"三壽",以我們解釋的"三壽"的詞義來看,這也很符合作爲晉侯夫人的晉姜爲子孫後代祈福勝於爲自己祈禱的心理。

當"三倍"講的"三",上古漢語中或用作謂語,如《周禮・天官・凌人》:"凌人掌冰正,歲十有二月,令斬冰,三其凌。"鄭玄注:"三其凌,三倍其冰。"《考工記・廬人》:"凡兵無過三其身。過三其身,弗能用也,而無已,又能害人。""三其身"意謂三倍於人身,"人長八尺,三其身則二丈四尺"。② 頗疑"三壽"最初也是謂詞性的述賓結構,猶言"三倍於壽年",後方演變爲體詞性的定中結構,指"三倍或多倍的年歲",其演變情況與"眉(彌)壽"、"永命"等一致。③ 上舉(5)、(6)"□□(器主名)參(三)壽",謝明文先生指出與叔朕簠的"叔朕眉壽"(《集成》04620)文例相近,都是不含祈求義動詞的祈禱語。④ 可從。但這不應視爲臨時省略祈求義動詞,而是祝禱語境中的"合法"表達。現代漢語裏的"祝小明生日快樂"、"祈願爺爺長命百歲"一類話,在事件的現場也可以只說"小明生日快樂"、"爺爺長命百歲"。在"叔朕眉壽"、"□□三壽"之句中,"眉壽"、"三壽"應是謂詞性的,意謂"叔朕彌終其壽"、"□□三倍於壽年"。這似可作爲"三壽"本係述賓結構的佐證。

最後還要解釋一下(4)的"若召公壽,若三壽"和《閟宮》的"三壽作朋"。

從文義上說,(4)"用祈眉壽、繁釐于其皇祖皇考,若召公壽,若三壽"當連作一句讀,"若"訓"與"、"及",⑤即"用祈眉壽及召公壽及三壽、繁釐

---

① 《論衡・氣壽篇》"邵公百八十"、《風俗通・六國》召公"壽百九十餘乃卒",都說召公享年一百八九十歲(參看張政烺《〈說文〉燕召公〈史篇〉名醜解》,《張政烺文集・文史叢考》,137頁)。
② (清) 李文炤《周禮集傳》,540頁,長沙:嶽麓書社,2012年。
③ 關於"眉壽"、"永命",參看沈培《釋甲骨文、金文與傳世典籍中跟"眉壽"的"眉"相關的字詞》,《出土文獻與傳世典籍的詮釋——紀念譚樸森先生逝世兩週年國際學術研討會論文集》,26、37等頁。
④ 謝明文《固始侯古堆一號墓所出編鎛補釋》,同作者《商周文字論集》,148頁。
⑤ 參看俞敏監修、謝紀鋒編纂《虛詞詁林》,301、302、304頁,哈爾濱:黑龍江人民出版社,1993年。

于其皇祖皇考"之意。現在把本應在前的"若召公壽，若三壽"移到(掛在)句子外邊，變得有些像補充、附綴的成分，一方面可能是考慮到如果不這樣外移的話，與"眉壽"並列的成分實在太長了("召公壽、三壽"與"眉壽"顯是一類，它們所以依此順序排列，上文已有解釋)，跟"繁釐"相比顯得失衡，①並且讓"眉壽及召公壽及三壽"在"繁釐"之前，不符合人類語言重成分傾向於後置的原則；另一方面是有意造成"若三壽"之"壽"與"皇考"之"考"押韻。鐘銘前有"清"、"平"爲韻，後有"倉(鏘)"、"旁(方)"、"尚"爲韻，中以"考"、"壽"爲韻，正合其例。

《詩·大雅·江漢》："虎拜稽首，對揚王休。作召公考，天子萬壽。""作召公考"，前人或釋爲"作召康公對王命成事之辭"，或讀爲"作召公簋"，皆不可信。張政烺先生指出"召公考"即"召公壽"，②甚是。"作召公考"是説成就召公那樣的長壽。詩前云"文武受命，召公維翰。無曰予小子，召公是似(嗣)"，故召伯虎此言"作召公考"，以匹"天子萬壽"。"召公考"既與"天子萬壽"的"萬壽"相匹，足見其長壽之意。大概到了者減鐘的時代，"召公壽"或"召公考"已入"詞庫"，且是長壽的代名詞。"三壽"指"三倍或多倍的壽年"，表達的也是"長壽"的意思，在(4)中與"召公壽"之意相稱，没有必要像"蔣書"那樣講成"三壽壽"[意即"'三壽(上、中、下三等長壽之人)'的'壽'"]之省。③

高本漢釋《閟宫》"三壽作朋"爲"你將和有三倍壽數的人作等儕"，④似因"朋"而不得不把這裏的"三壽"看作"'三壽'之人"，恐未妥。⑤《詩·唐風·椒聊》："彼其之子，碩大無朋。"毛傳："朋，比也。""比"、"類"義近。"三壽作朋"的"作"似可訓"則"。《尚書·洪範》："恭作肅，從作乂。"孔疏：

---

① 類似的例子如睡虎地秦簡《法律答問》簡 69 云"其子新生而有怪物其身及不全而殺之"，此句實是"其子新生而有怪物、不全其身而殺之"，大概也是由於嫌句子成分太長，而將"及不全"挪到"其身"之後"外掛"(參看拙文《孔家坡漢簡〈日書〉短札四則》，《戰國秦漢文字與文獻論稿》，314 頁，上海：上海古籍出版社，2020 年)。
② 張政烺《〈説文〉燕召公〈史篇〉名醜解》，《張政烺文集·文史叢考》，136 頁。
③ 蔣文《先秦秦漢出土文獻與〈詩經〉文本的校勘和解讀》，66 頁。
④ (瑞典)高本漢著、董同龢譯《高本漢詩經注釋》，1103 頁。
⑤ 薛培武《〈魯頌·閟宫〉"三壽作朋"之"朋"及相關》讀"朋"爲"陪"，亦不可信。此詩"朋"與"崩"、"騰"、"陵"爲韻，皆蒸部字；"陪"是之部字，如此讀則失韻。

"貌能恭則心肅敬也,言可從則政可治也。"即以"則"解"作"。同書《皋陶謨》:"烝民乃粒,萬邦作乂。""作"、"乃"對文。"三壽作朋"意謂"三壽則比",猶言"比類三壽";上舉(2)"三壽唯刻(克)"猶言"克三壽",可與此相參。不過,"作"就是訓"作爲"、"成就",即"作召公考"之"作",亦通。朱熹《詩集傳》録"或曰"釋《閟宫》"三壽"爲"願公壽與岡、陵等而爲三也"。①其説於金文諸例無一能通,本鮮少從者,上文也未加論列;然其"願公壽"云云,已體會到"三壽作朋"是對魯侯之壽的祝頌,則十分可取。用現代的話來說,"公壽(魯侯之壽)"應是"三壽作朋"的對象,或"三壽作朋"一句隱含的話題。據此,"三壽作朋"可解釋爲祝願魯侯之壽比類於"三壽"、願"三壽"成魯侯壽之比(這也是不說祝願祈求義動詞的例子)。"三壽作朋,如岡如陵"承"不虧不崩,不震不騰"而言,《詩·小雅·天保》云:"如南山之壽,不騫不崩。"二者頗有相似之處。"如南山之壽"後來演化出"壽比南山",那麽"三壽作朋(訓'比')"也可説成"壽比'三壽'"、"如'三壽'之壽"。

2022 年 4 月 12 日寫定於上海"大疫"中

原載《中國文字》2022 年冬季號(總第八期),(臺北)萬卷樓圖書股份有限公司,2022 年 12 月。

---

① (宋)朱熹《詩集傳》,367 頁,北京:中華書局,2017 年。

我的出土文獻與古文字
學習研究之路（代後記）

1. 請介紹一下您學習和研究出土文獻與古文字的經歷。

爲了更好地説明這個問題，請允許我先扯得遠一點。我上中學以後就比較喜歡讀書，對古代典籍和現代作家、學人的作品，尤爲愛好。高中時期粗略地讀過《莊子》、"四書"、《左傳》、《史記》（後二種未讀完）等。當然，像《莊子》這樣的古書讀來肯定是一知半解、似懂非懂的，只覺得《莊子》看問題的思路很有意思，無形之中，其思想對我的處世行事倒也産生了不小的影響。

我所以提這段早期的讀書經歷，主要是想講兩個留下深刻記憶的閱讀感受。我上高中的時候，既無電腦，也無智能手機，資訊相當閉塞，眼界遠不及今天的中學生開闊；對於古文字、出土文獻云云，更是一無所知，聞所未聞。就在這懵懵懂懂之際，某年暑假讀了一本浙江人民出版社出版的、今人所編的《胡適書話》。此書從胡適的著作中選了一些學術文章，我記得有關於《詩經》、《楚辭》、《老子》、《呂氏春秋》等先秦古書的論説與通信。但最令我感到印象深刻的，是此書所收的《〈紅樓夢〉考證（改定稿）》一文。那是一個炎熱的下午，我幾乎一口氣讀完《考證》。此前我從未讀過純考據性的學術文章，所以一讀之下，深爲胡適"層層剝筍"式的推理、剖析以及運用史料的手段所折服。雖然《考證》的具體內容現已記不太清了，但當時帶給我的那種震撼，卻迄今難以忘懷。

大概在讀過《胡適書話》不久，我又讀到了曹聚仁《中國學術思想史隨筆》。此書是曹聚仁晚年在香港報刊上發表的評述"國學"的連載，寫得深入淺出，見解也十分通達。我早年有關中國古代學術思想的知識，多是從此書上得來的。《隨筆》很推重高郵二王校讀古書的學問，在《揚學三談》一篇中，全文引錄了王引之《經義述聞》所述其父王念孫對《詩經》"終風且暴"等句中的"終"義的考證。王氏排比《詩經》所有"終……且……"的文例，指出這種句式中的"終"當訓"既"，糾正了舊有的誤釋。經過王氏的解說，像"密電碼"似的古語變得明白如話，使人豁然開朗。這給當時的我也帶來了很大的震撼。由於這個例子的具體內容比較簡短，所以我一直不曾忘記，不獨閱讀感受為然。

我後來學習、研究出土文獻與古文字，說穿了，也不外乎王氏父子解釋"終……且……"那樣的語文考證和胡適抉發《紅樓夢》原本面貌以及小說故事與作者關係那樣的文獻考證。由此看來，這顆考據的種子早在少年時代就無意間種下了，真有些"冥冥中自有定數"的趣味。

我高中時花了不少時間看那些所謂的"閒書"，功課自然就不算好，理科學得尤其差，所以高考成績不甚理想，進了杭州師範學院（現改稱杭州師範大學）中文系。大學本科期間，我雖然對中文系的各門課程都有興趣，而且學得都不壞，但最感興趣的還是古漢語與古典文獻學。不過，本科老師裏似乎沒有專門從事出土文獻與古文字研究的，所以那時我沒有條件系統地學習古文字。只是講授文字學、古漢語等課的老師，極力推薦裘錫圭先生的《文字學概要》。大一時教文字學的老師說："誰要是讀過《文字學概要》，這門課就可以免修。"於是我去圖書館借出《概要》閱讀。但裘先生此書很不好懂，特別是開頭講"文字形成的過程"、"漢字的性質"兩章，如無一定的感性積累和理性頭腦，是讀不下去的。以我大一時的水平，讀《概要》顯然無法終卷，免修的願望也就落了空。直到大四考研之前重讀《概要》，才真正把它讀完，並且自以為能讀出一些妙處。《概要》雖一時讀不下去，但從圖書館借來的裘先生的《古代文史研究新探》一書，卻讓我讀得津津有味。讀《新探》所收的《考古發現的秦漢文字資料對於校讀古籍的重要性》、《談談地下材料在先秦秦漢古籍整理工作中的作用》、《閱讀古籍要重視考古資料》、《讀書札記（九則）》等利用出土文獻校讀古書的文章，仿佛一下子就與當初讀到《經義述聞》訓釋"終風且暴"時的感受接上了頭。這也許可以算是我接觸出土文獻與古文字的起始。

　　我在本科階段雖然没怎麼接觸、學習過古文字，但一直保持着讀古書的習慣。過去讀古書主要關注其中的思想内容、故事情節，對於文句往往不求甚解，或雖欲"甚解"而無從求解。上了古漢語、訓詁學等課之後，初步了解到訓釋古書難解語詞的方法，也在摸索中大致掌握了一些古代文史類工具書的使用。那時我經常在圖書館翻檢《經籍籑詁》，感到此書對讀通先秦典籍很有幫助；後來《故訓匯纂》出版，就改用此書了。高亨、董治安《古字通假會典》可供查找古書裏的通假字，也是我在圖書館翻檢工具書時自己發現，並經常使用的。本科時還讀過俞樾等《古書疑義舉例五種》、郭在貽《訓詁叢稿》、吴小如《讀書叢札》等訓詁著作，也從圖書館找到了王念孫《讀書雜志》，讀過其中一部分。一度曾對《詩經》興趣很大，抄録過前人著作中解釋《詩經》的一些資料，印象較深的有馬瑞辰《毛詩傳箋通釋》、于鬯《香草校書》、揚之水《詩經名物新證》以及聞一多、孫作雲等學者的著作集。現在這些書大都買了紙本，甚至有了電子本，就不再關心當初那些手抄的筆記本的去向了。我的本科學年論文好像是討論《詩經》裏的一個訓詁問題的，爲了查找古人的有關注釋，記得還去學校圖書館的"閉架書庫"查閱過《四庫全書》影印本。後來讀博士期間，受郭永秉先生委託，幫裘錫圭先生去復旦圖書館覈查過《四庫全書》所收宋人著作裏的一條資料。我爲數不多的直接翻檢《四庫全書》影印本原書的機會，好像就這兩次（現在即使要查《四庫全書》，也都用電子資源了）。

　　前面説我本科階段没有系統學習、深入接觸過古文字；不過，我從有關的課上聽到老師介紹《説文》和古文字方面的工具書，課後就設法去圖書館把館藏的《説文》著作和古文字學書籍，統統翻過一遍，粗知其大略（圖書館這方面的藏書不多，翻一遍很容易做到）。就是在這樣的隨意瀏覽之中，知道了如何從《甲骨文編》、《金文編》查找甲骨文、金文字形，從《殷墟甲骨刻辭類纂》查找卜辭辭例，從《甲骨文字詁林》查找前人的考釋意見等。因此，我 2005 年本科畢業考上浙江大學古籍研究所中國古典文獻學專業的碩士研究生，在同級的同學之中，對於古文字還算略知一二。針對這一情況，導師吳土法先生有意指導我細讀重要的西周金文，並命我注意搜集各家對銘文的不同解釋，以供取捨。這引起了我對出土文獻與古文字更大的興趣。那時，顧頡剛、劉起釪《尚書校釋譯論》剛出版不久，吳土法先生就建議我們購買一套，結合楊筠如《尚書覈詁》、曾運乾《尚書正讀》加以研讀。楊、曾二書當時買不到，我是從圖書館借出複印的。《尚書》與金文配合起來讀，對於理解《尚書》和理解金文，都很有好處。

　　吳土法老師是沈文倬先生的學生，專治禮學。他指導我們讀金文，估計是想讓我們關注商周古文字中跟禮有關的材料，以與傳世典籍的記載相對照。可惜我的主要興趣點在字詞釋讀上，未能很好地踐行老師的期望；又由於浙大碩士研究生實行二年制，没讀多久的書，就臨近畢業了。所以，在古文字方面，我實際上只比本科階段多讀了若干篇金文以及相關的考釋文章、多翻了些甲骨文精粹之類的讀本而已。

　　浙大古籍所有每年舉行學生論文報告會的傳統。我在碩士二年級的論文報告會上，提交了一篇關於金文的讀書報告，當然是很不像樣的東西。時任古籍所所長的張涌泉先生聽後主動問我，願不願意報考復旦大學裘錫圭先生的博士研究生（當時裘先生團隊已從北大調入復旦）？這是我做夢都没想過的事，不料被張先生一點，竟也開始做起了這個無數古文字學子都做過的美夢了。十分幸運的是，2007 年我竟然僥倖考上了裘先生的博士研究生，美夢得以成真。得知被錄取的消息後，吳土法先生笑着對我說："你這是祖墳冒青煙了。"2007 年 3 月中旬到復旦參加博士入學考試，面試那天下午，我們這些考生在光華樓 27 樓的走廊上等了很久。後來聽説那天正好是出土文獻與古文字研究中心成立之後的第一個重大科研項目——裘錫圭先生領銜的"戰國文字及其文化意義研究"的開題，老師們參加完項目開題之後匆匆趕來面試我們。2011 年我博士畢業留中心工作，不久就接任"戰國文字及其文化意義研究"項目的秘書，並承擔其中一部分撰稿工作。2014 年 3 月中旬的某一天，我用手推車拉着一大摞打印出來的"戰國文字"項目的書稿和有關材料，向文科科研處提交，申請結項。最終項目獲得了"優秀"的鑒定。如果從我博士面試那天算起，可以説我碰巧見證了"戰國文字及其文化意義"項目的全過程，這更像是"冥冥中自有定數"吧。

話説回來，由於我在博士入學之前，實際上接觸過的古文字資料十分有限，甲骨金文僅略有所涉，當時最爲火熱的戰國竹書，我只知道郭店簡和上博簡中不多的幾篇（基本上都是從裘錫圭先生的《中國出土古文獻十講》裏看來的），出土文獻與古文字方面的基礎，跟大多數剛入學的博士研究生相比，差距甚遠。所以，我讀博之初交給導師裘錫圭先生批閲的談古文字釋讀的札記，往往被裘先生批得體無完膚。原以爲的"美夢"，在幾次遭受打擊之後，一定程度上變成了"噩夢"，難免讓人有些心灰意懶。雖然我在古文字方面"還不上道"，但有一次請裘先生批閲的札記裏，裘先生對我的一個結合古書所作的文義理解，並未明確表示反對。這讓我隱隱感到可能我在文獻方面還"寸有所長"。因而我在努力補古文字課的同時，不放棄對古書的閲讀。好在我自覺記性還不算太差，看過的比較重要的古文字字形、辭例和研究論著，即使不能記得千真萬確，也會留下一些印象，需要用時往往想得起來（現在記性已大不如前了）。這也讓我逐漸增强了學習的信心。

真正重拾自信的機緣，是在 2008 年底。那一年的 12 月末，《上海博物館藏戰國楚竹書（七）》出版，鄔中心有幸較早拿到了書，遂組織學生們召開讀書會。老師們指定我們這一批博士生各自認領一到兩篇竹書，重新撰寫釋文，在最短的時間內發到網站上，以利學界討論。我被分配到《凡物流形（甲、乙本）》。當時我把已發表的郭店簡、上博簡等資料，差不多摸過一遍，對楚文字的熟悉程度較初入學時有所提高。憑藉這一點以及我平時讀古書積累的古漢語語感，感覺《凡物流形》的原釋文中不但有一些釋錯的字，而且文句讀不大通，上下不連貫，懷疑竹書編聯有問題。於是，我熬了一天一夜，按照我的理解爲《凡物流形》重調了一個新的竹簡編聯方案，並寫出相應的釋文。我們讀書會寫好的釋文初稿，照例都要發給陳劍先生審定。那年陳先生在美國芝加哥大學客座，跟國內還有時差，大家只能通過中心的 QQ 群交流。爲了盡快得到陳先生的回應，我想把我重編的《凡物流形》簡序先發到 QQ 群裏。不意就在我發出重編簡序的那一刻，陳劍先生也同時發出了他在美國重編的《凡物流形》的簡序。我們所編的簡序竟然完全一致，可謂不謀而合。陳先生又對我所作的初步釋文做了細緻的修改，我在他的修改稿的基礎上，執筆寫成《〈上博（七）·凡物流形〉重編釋文》，於 2008 年 12 月 31 日發表在中心網站。後來知道，我們的那套編聯方案，並非盡善盡美，最關鍵的一處錯誤後由美國學者顧史考先生指出。儘管如此，我第一次嘗試重編竹書，就能跟如日中天的陳劍先生不謀而合（不但對得一樣，連錯也錯得一樣），對於彼時正不知如何是好的我，實在是一個很大的鼓舞。自此以後，我在出土文獻與古文字的學習、研究上，似漸有"柳暗花明"之感。

2010 年我還在讀博士時，就很榮幸地參加了中心與湖南省博物館、中華書局三方合作的《長沙馬王堆漢墓簡帛集成》的撰稿，藉此機會對秦漢文字有了初步的涉獵。我的博士論文題目幾經更換，最終在裘錫圭先生的指導下，選定結合出土文獻對《孔子家語》的成書時代和性質問題進行研究（後以《〈孔子家語〉成書考》爲題，於 2015 年 8 月由中西書局出版）。這個題目也正好符合當時的我對文獻比對古文字更熟悉一些的實際情況。2011年博士畢業，順利留中心任教至今。後面的研究大家通過我發表的論文可以了解到，這裏不必多説（有些情況下面的題目也許會講到）。

總起來説，我對出土文獻與古文字雖早有興趣，但一直處於自己的胡亂摸索之中，不得其法；直到考入復旦大學出土文獻與古文字研究中心讀博士，才開始接受正規的出土文獻與古文字的學術訓練。我學習和研究出土文獻與古文字正式起步較晚，資質也不高，這當然是劣勢；但是換個角度看，我本科和碩士階段讀了一些古書和文史論著，閱讀面不算太窄，興趣也比較廣泛，在古漢語與古文獻方面打下了一定的基礎，這些對於我後來研讀出土文獻與古文字，其實是有始料未及的助益的。每個人的學習經歷不可能完全相同，處境和際遇也不可能都很理想。我們只要認清自己，善於揚長避短，並努力補短，還是可以根據自己的條件和興趣作出一些成績來的。

我把這個"介紹學習和研究出土文獻與古文字的經歷"的題目，答成了"我的讀書經歷"，有些文不對題，十分抱歉。

2. 您目前主要的研究領域有哪些？該領域今後的預想研究或擬待研究的方向和課題有哪些？

出去開會碰到同行，我一直很怕别人問起"最近在研究什麽"之類的問題（我只能用"在研究古文字"敷衍一下）。我没有什麽周詳的研究計劃，寫的論文也隨興"打一槍换一個地方"，現在當然也很怕回答這個問題。如果一定要回答，勉强可以説目前主要的研究領域有三大方面。第一方面是古文字本體的研究。如古文字疑難字的考釋，出土文獻裏疑難文句的讀解等，從甲骨金文到戰國秦漢文字，以前寫過一些，今後還將繼續寫。第二方面是早期儒家思想的研究。近些年，裘錫圭先生承擔了學校"傳世之作"項目"中國古典學的重建"，我有幸參與其中；因爲此前寫過關於《孔子家語》的博士論文，對思想史也素有興趣，所以裘先生建議我做"從出土文獻看早期儒家思想"的研究。這個研究暫定兩階段的任務：第一階段是撰寫一系列研究論文，適時結集出版；第二階段是吸收出土文獻和前人研究的成果，爲《論語》作一個新的注本。現在第一階段剛剛起步。第三方面是古文獻的研究。包括傳世古書字詞文句的校讀，利用出土文獻討論古書的形成、流傳等問題。這方面以前寫過一些文章，今後也還將繼續寫（過去關於第一、三兩方面研究的部分文章，已編爲《戰國秦漢文字與文獻論稿》，於 2020 年 6 月由上海古籍出版社出版【編按：上述第一方面的另一部分文章今已結集，是爲本書】）。

這三大方面的研究是齊頭並進的，所以未來寫出來的文章大概仍不免"打一槍换一個地方"，甚至不排除"换出其他新的地方"的可能。

3. 您在從事學術研究的過程中，在閲讀、收集資料、撰寫論文、投稿發表等方面有什麽心得體會？

這個問題很不好回答，因爲每個人的資質稟賦、工作習慣、學術興趣、環境狀況各異，很難全盤借鑒。比如黄永年先生在文章裏説，他平時躺在床上讀史書，從不做卡片，也不記筆記，寫論文時材料自然會在腦海涌現。

這種輕鬆愜意的讀書境界，需要很高的天賦，我輩是可望而不可及的。在古文字學界，據我所知，蘇建洲先生在分門別類地搜集各種資料、整理各家學術觀點方面，下過很深的工夫。我自忖又達不到蘇先生那樣勤勉。這裏只能稍微談一點個人體會。

我在讀碩博士階段，也曾試過按不同的主題、内容對古文字與文獻資料加以系統彙集（一開始是記在筆記本上，後來改記於電腦），類似於過去所謂的"做卡片"。但感到效果並不理想。一則太浪費時間，分散注意力，效率不高；二則由於所設主題較多，需要搜集、整理的材料過於龐雜，以至於我常常忘記究竟是否記過一筆，也發現確有在不同主題下、甚至同一主題中重複記錄的情況。因此，我後來乾脆放棄了這種大規模集團式"作戰"的"路綫"，改爲圍繞有想法、有考慮的具體問題，"單打獨鬥"地搜集資料。因爲這些具體問題的想法，多是在閲讀原材料或學者論著時產生、並時刻縈繞於心的，即所謂"讀書得閒"，而不是預先刻意設定一些題目，然後鋪陳其事，所以爲它們搜集有關資料，就有很強的針對性，而且可以隨着資料的積累、考慮問題的深入，不斷調整甚或顛覆原先的想法，以求更逼近事實。一旦時機成熟，就能較快地寫出文章。

當然，由於讀書的增多、學識的提高，有些本來以爲很值得考慮、很值得爲之積累資料的問題，有朝一日可能會覺得根本不值一提，甚至很幼稚可笑。但曾經的積累、思考，並不是毫無意義的，説不定在將來討論其他問題時可以派上意想不到的用場。總之，就我個人的經驗而言，任何積累過的資料、思考過的問題，哪怕是已寫的"廢稿"，總有一天會找到真正適合它的位置的，不應輕易捨棄。

4. 對您迄今爲止的學習和研究影響較大的著作或學者有哪些？

在我不同階段的學習和研究中，產生影響、給予幫助的學者、著作有不少，如果逐一細數，恐怕太占篇幅；如果只選一位學者作爲代表，無疑首推裘錫圭先生。

前面講我本科時讀過裘先生的《古代文史研究新探》和《文字學概要》，但匯輯裘先生主要古文字文章的《古文字論集》，我念本科的那所大學的圖書館裏沒有；此書出版時間既久，一般書店也不再有售，所以遲遲不得拜讀。上了浙大的研究生之後，我從古籍所的資料室借出《古文字論集》，很快複印了一部（被複印店分爲兩册裝訂）。我這人生活作息比較有規律，連吃飯睡覺的時間都很固定，除非碰上特殊情況，一般不會隨便打亂它。但我拿到《古文字論集》複印本的那天上午，跑回宿舍趕緊閱讀，卻真的一讀就錯過了午飯的時間。在我而言，因讀書而"忘餐"，這是第一次，似乎也是唯一的一次。可見裘先生文章的吸引力之大。這部複印本《古文字論集》前後讀過多少遍，已難數清；裘先生的其他幾部文集（如《中國出土古文獻十講》、《古代文史研究新探》、《文史叢稿》等），也都反復讀過多次。由於我對裘先生的文章讀得比較熟，所以後來能爲《裘錫圭學術文集》的編校工作稍盡綿薄之力。

我讀碩士時雖然對古文字很感興趣，但古文字書籍往往價格昂貴，學生購置無力，當時電子書也不如現在這麼普及，連網絡都不甚發達，再加上我生性不善交際，獨學而無友，因而頗苦於古文字資料之不易得。不得已，只能琢磨出一個辦法：爭取把裘先生《古文字論集》、《中國出土古文獻十講》等書裏討論過的重要的古文字資料看熟、記住。這就等於先知道了釋文、考釋等"謎底"，將來再看到相應的拓本或照片等"謎面"時，或許能比較正確地對應上、釋讀出來，至少想得起來裘先生在哪篇文章裏討論過，可以"按圖索驥"。這是限於當時條件的"下策"，不足爲訓，不過客觀上也增加了我對裘先生文章的熟識度。

裘先生對學生的學術要求是很嚴格的，批評起來可說是不留情面。也許有些人會感到不適應，我一開始也有過較深的挫敗感。但是冷靜一想，裘先生指出的問題的確是客觀存在的，而且是切中肯綮的。有的問題，我寫文章時隱約感覺到了，但沒有加以重視；有的問題則完全沒有意識到。經裘先生一指出，既嚇出一身冷汗，又不得不心服口服。現在我也開始指導研究生了，才真正體會到裘先生對學生的嚴厲批評，其實是出於對學生的愛護，希望學生能更快更好地成長。

裘先生不但對學生要求嚴格,對自己恐怕更是如此。大家都知道裘先生習慣在著作中不斷加"編按",以改正自己的錯誤。前幾年,我幫裘先生打印過幾篇文章,親見過他不放過一切機會反復修改自己文章的"自苦"的學術精神。2013 年寫那篇後來全文發表於《出土文獻》第四輯的《出土文獻與古典學重建》時,臨近截稿期限,有一天裘先生打來電話,叫我 20:30 左右到他家取最後部分的稿子。我到了之後,裘先生説快好了,讓我坐着稍等一會兒。結果我一等就等了兩個多小時,看裘先生一直在查資料、修改、謄抄文章,直至 22:48 在裘師母的不斷催促之下,才告完工。裘師母在裘先生手稿的"2013/10/10"後面,拿起筆來加了兩行字:"22 點 48 分。鄔可晶静坐 2 小時。"那年裘先生已 78 歲高齡了,爲了寫好這篇文章,前後花費數月之久,最後還開夜車到將近 23 點,精益求精。這讓我很受感動。我相信,裘先生對待學術的態度,對不少後學的學術人格的塑造都産生過深刻的影響。

(裘先生《出土文獻與古典學重建》手稿並裘師母附記)

5. 請結合您的學習和研究經歷,爲初學者提供一些建議。

爲初學者提供治學的建議,裘錫圭先生的《談談學習古文字的方法》、《治學的三種精神》二文已説得很透闢了,請大家參看。我個人的建議,在前面幾個問題的回答中多少也已涉及,下面再補説一二:

(1) 關於文字音韻訓詁的學習

研究出土文獻與古文字,需要各方面的知識,加以綜合運用,但各種知識中最重要的,應該是文字音韻訓詁知識,即所謂"語文學"基礎。學古文字的人一般都比較注意文字學方面的知識,尤其對古文字字形最爲關注，這是很自然的。不過，我以爲訓詁、音韻亦不可偏廢，從某種意義上説，訓詁反而可能處於最核心的地位，是連結文字、音韻等知識，把古文字資料正確釋讀出來的關鍵。事實上，出土先秦文獻不過是用古文字書寫的上古漢語，如果只認識字而不懂古漢語的語義，怎麽可能讀通出土文獻本身？甚至連字都有可能認得不對。提高訓詁能力，既不能靠讀訓詁通論之類的書，也不能"臨渴掘井"，靠臨時翻查字典、辭書；最好的辦法還是細讀幾部在語言上有代表性的傳世古書，培養良好的古漢語語感。這一點裘先生《談談學習古文字的方法》已有詳説，我這裏不嫌囉嗦地再強調一下。

關於學習音韻學知識的重要性，我比較有切身體會。以前我跟大多數古文字研究者一樣，在上古音方面用的是王力先生的系統；新的古音研究成果，如鄭張尚芳《上古音系》，雖然在初版時就已購置，但始終無暇認真閱讀。2017年春季，中心聘請當時還在首都師範大學任教的張富海先生來集中講授"上古音概説"，我全程旁聽，感到很有收穫（張先生調入本中心之後，再開"上古音"的課，我也去旁聽過）。張先生的課是站在新的古音研究的立場上講的，且結合古文字材料，間出己意。從這時開始，我意識到古文字研究者不應該對古音研究的新成果深閉固拒；如同古文字學者迫切希望上古音研究者能吸收最新、最正確的古文字釋讀成果作爲古音研究的依據，古文字研究者有什麽理由不吸納新的、更爲合理的上古音構擬成果呢？古文字研究者所以對新的古音研究興趣不大，可能因爲對上古音構擬的理論、方法不大了解，甚或有些誤解。藉由張富海先生授課的契機，我仔細拜讀了鄭張尚芳《上古音系》、潘悟雲《漢語歷史音韻學》等專著以及一些討論上古音的文章，試圖真正了解其所以然。2017年以後，我再寫古文字考釋的文章，就有意改用新的上古音知識了。回過頭去看此前寫的文章，發現在古音方面有不少錯誤或不謹嚴之處；如果我能更早學習最新的音韻學知識，那些疏誤也許就能有所避免，而不至於"深悔少作"了。不過，我在這方面的知識目前仍很欠缺，仍需繼續學習。

（2）關於"跑得快"與"站得高"

出土文獻與古文字研究要想"出人頭地"，似乎有兩條途徑：一曰"跑得快",二曰"站得高"。所謂"跑得快",就是及時追蹤新材料、新研究,第一時間對新公布的材料作出反應,提出新見,跑在研究的前列;所謂"站得高",就是研究者憑藉其深厚的學養、高超的眼光、智慧的頭腦,看出别人看不出的問題,提出别人提不出的見解,達到超邁群倫的研究高度。前者靠的是"速度",後者靠的是"深度"。

對於初學者來説,"跑得快"不難做到,只要勤奮刻苦,真心好學,完全可以通過追蹤新材料而有所得。出土文獻與古文字研究有一特點,即隨着某一批新材料(如戰國秦漢簡牘)的公布,在專業學術網站或相關論壇裏,一夜之間會冒出不少糾正整理者釋讀、編聯等錯誤的帖子或文章。這裏肯定有不少初學者的身影,我自己偶爾不免技癢,也喜歡去跟帖。某批材料如整理得不大理想,初學者精力旺盛、好勝心强,"跑得快",不少説法的首發權可能就收入囊中了。但是如果因此而沾沾自喜,或僅滿足於此,恐怕也難有大出息。因爲那些靠"跑得快"就能指出的問題,往往含金量不高,别人也看得出來,只是手不够快或不屑於説而已。衡量一個學者真正的學術成績,最終還得看是否"站得高"。"站得高"固然無法一蹴而就,需要經年累月的積累、磨礪,但這不應該成爲初學者不予追求的理由。

(3) 關於"材料"與"眼光/理論"

出土文獻與古文字研究對材料的依賴性很大,有些問題的解決,可能就是依靠某一條新材料的出土或發現了過去不曾注意到的材料;還有相當一部分工作,其實就是整理材料。所以大家都對材料相當重視。準確地整理、釋讀材料,確實是初學者首先應該掌握的基本功。不過,我認爲光有材料是不够的。

語言學界向來重視"語言事實"與"理論"的關係。如沈家煊先生在爲劉丹青編著的《語法調查研究手册》所作的序中指出,"没有一定的理論框架是觀察不到語言事實的"(《語法調查研究手册(第二版)》,1頁,上海教育出版社2017年4月)。這話很有道理。對於出土文獻與古文字研究而言,"理論"未必談得上,也許説"眼光"較爲切實一些。出土文獻與古文字研究的"材料",可謂汗牛充棟,俯拾即是,從來不缺。如果不具備一定的

"眼光"或"理論",很容易被五光十色的各種"材料"牽着鼻子走,不管三七二十一,"撿到籃子裏就是菜",寫出來的文章多是"鄰貓生子"式的。那樣的研究價值就不大。可以這樣説,没有一定的"眼光"或"理論",是發現不了有意義的"材料"或"材料"本身的意義的。這也是上一條所説的"站得高"的要求,當然不易做到,但有這個意識跟没有這個意識是大不一樣的,這裏姑且提出來與大家共勉。

我們應該既有沉潜於材料本身的細膩功夫,又能超越於個別材料,用更高的"眼光"或"理論"加以統攝、把握,才不致迷失在海量的古文字資料之中而不知所向。即使是釋字之類"具體而微"的工作,僅憑勤於搜尋材料,而缺乏科學理性的"眼光"和頭腦,恐怕也難以正確認識發掘出來的材料,或雖有材料擺在面前而無法建立起合理的聯繫。

6. 在數字化和信息化的時代,電腦技術或網絡資源對您的研究具有什麽樣的影響或作用?

從前面介紹"我的讀書經歷"大致可以看到,我從本科階段的"借書+買書"到碩士階段的"印書+買書",到博士階段的"印書+電子書+買書",再到工作後的"電子書+買書",電子資源在個人的學習、研究中所占的比例越來越高。這可能也是古文字從業者的共性。

現在不單是使用電子書了,還比較頻繁地使用有些學術網站的檢索系統,十分便捷,極大地提高了工作效率。然而這也是"機遇與危機並存",在得到便利的同時,不確定性也隨之而來。比如學術網站會在猝不及防的情况下,涉於版權等種種原因而無法使用,而且現在對網絡資源的限制似有不斷加强的趨勢。既然無力改變現狀,就只能稍微改變一下自己。我認爲,我們當然應該充分利用網絡檢索資源,但不應過分依賴它,被它"異化";"刀耕火種"式的手翻目治紙質書或電子書,也自有它的優長。我們當年就是從"刀耕火種"的讀書、查書起步的,現在最不濟再回到起點,權當是"不忘初心"也罷。這樣就不必隔三差五地來一回"××大師崩而天下如喪考妣",頂多發幾句牢騷,然後還能"該幹嘛幹嘛"。

7. 出土文獻與古文字研究與衆不同的一點，在於許多論文或觀點是發布在專業學術網站上甚至相關論壇的跟帖裏的，您如何看待這一現象？您對相關的學術規範有何認識或思考？

研究者在學術論壇發帖有時比較隨意，未經深思熟慮，論證也較草率。但是，真有價值的說法，無論發在什麽地方，都應一視同仁地對待。不過，有些把想法發在自己的微博、朋友圈裏的，或微信群裏的討論等，算不算正式發表，寫文章時是否必須引用，較難處理，有待規範。而真正對學術負責的研究者，也最好能在適當的時候把自以爲有價值的論壇觀點整理成正式的文章，以便學界更好地使用。這個問題還可參看上面第5題的回答(2)。

8. 您如何處理學術研究與其他日常生活之間的關係？學術之外您有何鍛煉或休閒活動？

我除了學術研究，日常生活比較簡單，似乏善可陳。我一向缺乏運動細胞，過去爲了減肥，曾跑過一段時間的步；自從減重成功之後，也就不再跑步，最多"健步走"。

至於休閒活動，倒還較爲豐富。臨睡前一般會抽出一點時間看與本專業無關的消遣的書。最近半年看的此類書中，感到最有意思、印象最深的是《鄒逸麟口述歷史》和《曾彥修訪談錄》。此外，我從中學開始就喜歡京劇。但隨着老演員逐漸凋零或退隱舞臺，現在值得看的戲已愈來愈少，只能聽聽老唱片，看看老的演出錄像了，這是無可奈何的事。平時也會看一些好玩的電視劇，不過多是"炒冷飯"，如《我愛我家》就"刷"過多次，百看不厭。

看電視劇、聽京戲等活動，主要是爲了休閒放鬆，但有時對讀書學習也不無啓發。隨便舉個例子。有一次我讀到林燾先生寫的《北京話去聲連讀變調新探》，此文指出北京話兩個去聲音節連讀，在文化水平較低的人群裏，第一個去聲往往讀成升調，即由"51＋51"變爲"35＋51"。這種變調大概來自外城的某一派社會地位不高的人，比較"土"。我不是北京人，又未做過專業的方言調查,按説没有這方面的感性認識,但我立刻想起了《我愛我家》裏宋丹丹飾演的和平的口音。如她説:"聽了賈志新的英雄事迹以後,我是心潮起伏熱(ré)浪翻。""您體諒我二十多年没上過電(diǎn)視。好容易有這麼一次機會,您説我能輕易錯(cuó)過嗎?"《我愛我家》裏的和平是唱大鼓的藝人,文化水平不高,小市民氣比較濃。宋丹丹在演出時故意用了這樣一種"連讀變調",既生動鮮活,富於喜劇感,又非常符合角色的身份。如果不是看電視劇,恐怕對北京話裏的"去聲連讀變調"就不會感到如此親切了。

讀者提問

1. 您平時是如何指導學生進行學術研究的？請您介紹一些經驗或教訓。

我指導學生的時間不長,數量也不多,並無很豐富的指導經驗或教訓。很大程度上,還是模仿當年裘先生是如何指導我的,"怎麽蓽來的怎麽賣"。我自己的體會是,就像我前面説過的,每個人有各自不同的禀賦、性格,不同的成長、學習經歷和環境,不可能是一個模子裏刻出來的,所以我們也没有必要把學生們都刻成一個模子,最好根據他們自身的特點,讓他們成爲應該成爲的樣子。我爲我指導的學生們考慮學位論文題目,也盡可能適應他們各自的學術能力和興趣,這樣他們寫起來大概不至於十分痛苦。要做到這一點,恐怕還得多花費一些時間和精力去跟他們交流,這當然是作爲老師應盡的義務。這是事情的一方面。另一方面,我認爲也不能過於放任自流。任何一門學科都有一定的"門檻",學生要想順利"入門",走上學術正途,除非有很高的天賦,一般都得經過一番比較嚴酷的"雕琢",即所謂的"學術訓練",比如學術論文的寫作規範,學術問題的思考路徑等等。這個"雕琢"的過程決不能遷就學生。往往愈有特點的學生,身上的毛病也會愈多,這就需要花大力氣把他們糾正過來。過去京劇界認爲教"開蒙戲"最難,也最重要,因爲那是"捏骨縫"的活兒;我覺得指導學生學術入門也是同樣的道理。

2. 您説:"從某種意義上説,訓詁反而可能處於最核心的地位,是連結文字、音韻等知識,把古文字資料正確釋讀出來的關鍵。"這一説法前人多未注意或未明確提出,請進一步談談您對這一問題的思考。

理由事實上前面已經説了,因爲古文字資料記錄的是當時實際使用的語言,我們釋字(文字)也好,破假借(音韻)也罷,最終都要落實到講通文義(訓詁)這一點上。從中國古文字學研究的傳統來看,準確讀通材料也一直是研究的核心目的。所以我説"訓詁反而可能處於最核心的地位";脱離具體語境的爲釋字而釋字,意義恐怕是不大的。當然這樣説,也含有一些現實的無奈,那就是大規模的釋字時代已經過去,客觀上幾乎不再具備可以"爲釋字而釋字"的條件了,現實逼得我們不得不另謀出路。

不過,我還想在此重申一下問題的另一面。雖然"訓詁反而可能處於最核心的地位",但對於古文字資料的釋讀來説,字形和字音無疑仍是釋義(訓詁)的必要前提,這只要回想一下古文字學史上的成功考釋案例,就不難明白。如果我們對一個字的字形或讀音還一無所知,單憑此字在文例中的大致用法,即使能從古漢語中找出一個相近的詞,也不能算是完成了考釋此字的任務。何況,我們現在見到的古文字資料和傳世文獻都相當有限,尚不足以反映上古漢語的全貌,只是"管中窺豹"而已。在這種情況下,誰也不能保證根據有限的文例歸納出來的用法就一定合乎語言事實。作爲古文字考釋的"定點",用法恐怕不如字形、字音可靠。林澐先生在《古文字學簡論》中反復申説的"以形爲主"的考釋立場,是怎麼強調都不過分的。

原載《日就月將——出土文獻與古文字研究青年學者訪談錄》,中西書局,2022年10月。